Werner Skrentny / Jens R. Prüß

Immer erste Klasse
Die Geschichte des Hamburger SV

HAMBURGER SV
LASST UNS FEIERN DIE
HAMBURGER
YOU'LL NEVER WALK

Werner Skrentny
Jens R. Prüß

Immer erste Klasse

Die Geschichte des Hamburger SV

VERLAG DIE WERKSTATT

Bibliografische Information der Deutschen Bibliothek
Die Deutsche Bibliothek verzeichnet diese Publikation in der Deutschen Nationalbibliografie; detaillierte bibliografische Daten sind im Internet über http://dnb.ddb.de abrufbar.

Lotzestraße 24a, D-37083 Göttingen
www.werkstatt-verlag.de

Satz und Gestaltung: Verlag Die Werkstatt
Druck und Bindung: Westermann-Druck Zwickau

ISBN 10: 3-89533-539-8
ISBN 13: 978-3-89533-539-6

Inhalt

HSV
Hamburger SV

Rafael van der Vaart wurde einer der Erfolgsgaranten des HSV und auf Anhieb ein Publikumsliebling.

Prolog

Hamburg im Herbst 2006: Trainer und Mannschaft bereiten sich auf das Bundesligaspiel in Frankfurt vor. Alle brennen auf ihren Einsatz... oder besser: *fast* alle. Rafael van der Vaart, der Kapitän, liegt in den Niederlanden darnieder, während drei seiner Teamkollegen ganz ohne Verletzung fehlen werden. Sie sitzen Platzverweise ab; aktueller Sperren-Stand: „HSV drei, restliche Liga null, danke, bitte."

Fängt man so ein Buch an, das „Immer erste Klasse" heißt? Wir wagen es mal, in der begründeten Hoffnung, dass ein paar Wochen später, wenn es erscheint, aller schwere Saisonanfang vergessen ist. Nütscha nix, wie wir Nordelbier sagen: Es ist Manuskriptschluss, der HSV seit elf Pflichtspielen sieglos (bei sechs Unentschieden), schon kommen die ersten Treueschwüre auf Thomas Doll – da darf man die Serie roter Karten vielleicht als Zeichen von Nervosität werten; in Moskau, im zweiten Gruppenspiel der Champions League, musste schon wieder einer runter. Doch unsereiner kann ja nicht einfach sein Laptop abgrätschen, sondern muss cool bleiben und bei der Wahrheit.

Die lautet, wie auch immer der aktuelle Punktestand ist, so: Im 120. Jahr seines Bestehens, im 88. seit der Fusion dreier Vorläufer zum heutigen Hamburger SV, im 44. seit Gründung der Bundesliga, ist der Verein noch „Immer erste Klasse" und der einzige in Deutschland, der seit seinem Entstehen 1919 durchgehend der ersten Liga angehört.

Das gilt nicht nur für die Fußball-Ligamannschaft, von der das Buch hauptsächlich handelt. Es gilt auch für ihre Fans, Supporters und sonstigen Anhänger, von denen bei den Heimspielen 2005/06 durchschnittlich 50.813 das – ebenfalls erstklassige – Fünf-Sterne-Stadion besucht haben – eine neue Bestmarke. Es gilt überhaupt für den Verein als solchen, der schon als „hanseatische Institution" bezeichnet wurde, als es im öffentlichen Leben noch Menschen gab, die sich für Fußball kaum interessierten und das auch zugaben.

Letzteres ist heute und vor allem nach der WM von 2006 kaum noch vorstellbar. Viele Jahre nach der zweiten großen Krise der Bundesliga, deren Zuschauerzahlen damals über lange Zeit drastisch gesunken waren, ist der Profifußball heute das goldenste Kalb, um das sich tanzen lässt. Politik, Kultur und Wirtschaft drängen sich um die freien Plätze in Vorständen, Aufsichtsräten oder zumindest VIP-Lounges, und die Medien sind selbst mitgestaltender und -tragender Teil der Show und ihrer Vermarktung – also tatsächlich „mitten drin statt nur dabei", wie einmal die Werbekampagne eines TV-Senders überschrieben war.

Das zahlende Publikum ist längst scharenweise zurückgekommen, feiert sich selbst und das „Event" Bundesliga auch dann, wenn auf dem Rasen eigentlich gar nicht so viel passiert. Blieben früher viele zu Hause, wenn es regnete oder der Gegner nicht attraktiv schien oder die eigene Mannschaft enttäuscht hatte, so hält sie heute schon vor Saisonbeginn nichts und niemand auf, wenn es um den Erwerb einer Dauerkarte geht.

Beigetragen zu dieser Entwicklung hat natürlich, dass der HSV sportlich auf die Erfolgsspur zurückfand. Nach der Entlassung von Trainer Klaus Toppmöller am 17. Oktober 2004 hatte man sich mit Thomas Doll für eine hausgemachte Lösung entschieden, aus der erst einmal zum Saisonende 2005 der achte Bundesliga-Rang resultierte. Wie groß die Nachfrage nach internationalem Fußball in der Region war, bewiesen im UI-Cup fast 28.000 Zuschauer gegen FK Pobeda Prileb aus Mazedonien und annähernd 26.000 gegen Uniao Leiria aus Portugal, zwei doch eher unbekannte Teams. Man traf nun im UEFA-Cup auf größere Namen wie AS Monaco, Slavia Prag, ZSKA Sofia, umso überraschender kam nach guten Leistungen das Aus im Achtelfinale gegen die Vertretung des Eisenbahner-Sportvereins Rapid Bukarest.

Die Euphorie aber war entfacht, auch wenn das „Endspiel" um die direkte Champions-League-Qualifikation am 13. Mai 2006 im Volkspark für den späteren Tabellendritten gegen Werder Bremen mit 1:2 verloren ging. Gegen Osasuna erreichte man dennoch wieder nach sechs Jahren Pause die „Königsklasse", musste aber auch feststellen, dass der Weg zum avisierten Platz unter den europäischen Spitzenklubs so einfach nicht zurückzulegen war. Gute HSV-Akteure hatten woanders Begehrlichkeiten geweckt, denen van Buyten und Boulahrouz in Richtung München bzw. London gerne nachkamen. Und manche Spieler, die der HSV haben wollte, kamen aus diversen Gründen nicht. Weil die Erwartungshaltung aber hoch angesiedelt war, gaben die Medien kaum Pardon; Zeit für eine neu zusammengestellte Mannschaft, sich zu finden, bleibt heute sowieso nicht mehr. Ein Kevin Keegan, der seinerzeit immerhin ein Jahr benötigte, um in Hamburg zu großer Form aufzulaufen, wäre heute nach wenigen Spieltagen als „Fehleinkauf" gebrandmarkt worden.

Es gibt beim HSV jedenfalls zu Saisonbeginn 2006/07 noch Steigerungsbedarf, bis endlich wieder ein „großer" Titel in Reichweite ist. Den bisher letzten gab es 1987, als Trainer Ernst Happel in seinem Abschiedsjahr mit der Mannschaft den DFB-Pokal gewann. Dietmar Beiersdorfer, der bislang als Teil des Trios mit dem Vorstandsvorsitzenden Bernd Hoffmann und Trainer Thomas Doll erfolgreich agierende sportliche Leiter, war da noch als Spieler im Team und steuerte im Berliner Endspiel ein Tor zum 3:1 über die Stuttgarter Kickers bei.

Bis zu künftigen Großtaten wird das immer noch neue Stadion gefeiert, mitten im Volkspark, inzwischen als „AOL-Arena" mit allen Vorzügen ausgestattet, die von solch einer Kultstätte heute erwartet werden. Dort entsteht bei Heimspielen jene Nackenhaar sträubende Atmosphäre, ohne die Fußball nur Rasenschach wäre.

In der Ägide des neuen Vorstandsvorsitzenden Hoffmann ist die Arena ein Mittelpunkt des Vereinslebens geworden, mit dem HSV-Museum als neuer Attraktion. Beim

Dreizehn „Falken" vor dem Stellinger Rathaus (ca. 1913). Fünfter von links ist der spätere HSV-Meisterspieler Hans Krohn, Vater des noch späteren Präsidenten und Generalmanagers Dr. Peter Krohn. Falke 06 war ein Vorläufer des HSV.

Stadion trainieren nun die Profis (und nicht mehr in Schleswig-Holstein). Im Catering-Poker hat Hoffmann zusätzliche Mittel für die Verstärkung der Profimannschaft freigemacht, und die Idee, Sitzplätze in zusätzliche Stehplätze umzuwandeln, stieß in der Fanszene bundesweit auf viel Sympathie.

Was übrigens AOL betrifft, den Namensgeber für die Arena, so schien vor ein paar Jahren die passende Namenswahl getroffen, denn von der schönen neuen Medienwelt, zu der dieser US-Konzern gehört, schien so oder so das künftige Schicksal des Profisports abhängen. Inzwischen sind manche Träume von realistischeren Einschätzungen abgelöst worden. Und wer weiß heute schon, wie lange das Stadion nach America On Line benannt bleibt? Der neue Hauptsponsor sind die Emirates Airlines, und die haben sich bereits in London-Highbury beim FC Arsenal den Stadionnamen gesichert.

Was sollen wir zu dem vorliegenden Buch noch als Vorrede sagen? Natürlich haben wir es, gegenüber der vorigen Ausgabe, um die aktuellen Kapitel erweitert, die sich mit dem Geschehen seit 2004 beschäftigen. Die Personalien wurden überarbeitet, die Statistik ergänzt, ebenso historische Beiträge, und gesondert gewürdigt wird das HSV-Museum, eines der modernsten Projekte dieser Art in Deutschland. Erstmals bilanzieren wir die Einsätze der HSV-Spieler in den internationalen Wettbewerben und die Begegnungen des Vereins im früheren Intertoto-Cup. Erneut versuchen wir, auch das Frauen-Bundesligateam angemessen zu würdigen, diesmal auch mit den Saison-Bilanzen.

Unbescheiden wie bisher behaupten wir, dass unsere Langzeit-Recherchen manches an den Tag gebracht haben, was zuvor kaum bekannt war. Oder wussten Sie, dass die großen Erfolge der 1920er Jahre durchweg ohne hauptamtlichen Trainer errungen wurden, aber unter Mitwirkung dreier Männer, die man einst als „ruhmgierige Abtrünnige“ geschmäht hatte? Dass die schwerste Vereinskrise nicht in den 1990er, sondern schon in den 1930er Jahren heraufzog, als der Klub vor dem Aus stand? Auszüge aus der „HSV-Feldpost“ des Zweiten Weltkriegs, einer für deutsche Fußballklubs seltenen Publikation, waren seither nie veröffentlicht worden – und alle Spielerkader mit Einsätzen und Toren und, soweit zu ermitteln, Vornamen der Akteure seit 1919/20 überhaupt noch nicht. Treue Leserinnen und Leser, die das eine oder andere herausgenommene Kapitel aus den früheren Auflagen vermissen, finden diese jetzt im Internet unter www.j-r-pruess.de.

Am Stellenwert des Vereins hatten die Autoren nie gezweifelt, hat sie der HSV doch fast zeitlebens begleitet bzw. sie ihn. Der eine Autor ging jeden zweiten Sonnabend hin, in der Frühzeit der Bundesliga noch von Elmshorn aus unter Dampf bis Elbgaustraße oder Eidelstedt, dann zu Fuß an der stinkenden Lackfabrik vorbei zum Stadion, wo vielleicht 12.000 weitere Unentwegte zum Spiel gegen Borussia Neunkirchen gekommen waren oder 25.000 gegen Köln. Der andere hat den HSV erstmals im September 1963 gesehen, 4:0 in Karlsruhe, und 20 Jahre später hat ihm die Beantwortung der Frage „Where you from?“ inmitten eines wüsten Krawalls nach einem Basketballspiel (!) auf dem Bahnhof von Piräus Unannehmlichkeiten erspart – „Hamburg, Hamburg SV, fine!“, freuten sich gewaltbereite Jugendliche; der HSV hatte gerade in Athen den Europapokal der Meister gewonnen.

Dieses Datum 1983 (nicht der Krawall) ist einer der Höhepunkte in diesem Buch. Gerne kommen wir auch künftig unserer Chronisten-Pflicht nach, um hoffentlich weitere in diesem Buch festzuhalten.

Hamburg, im Oktober 2006
Werner Skrentny (sky)
Jens Reimer Prüß (jrp)

1887 bis 1919

Fair Play und Germanentreue

Engländer, Deutsche und Fußball – im Prinzip ist das immer eine glückliche Dreiecksbeziehung gewesen. Doch, ist es. Vergangene Fehden zwischen englischen und deutschen Boulevardjournalisten – beziehungsweise die Artikel, die daraus entstanden sind – kann man getrost vergessen. Führen wir uns lieber den mehr als hundert Jahre alten Kampfruf vor Augen und Ohren: „Play up Germania"! Mit dem feuerten Hamburgs (noch nicht sehr zahlreiche) Fußballfans damals ihre Spieler an. Denn aus England und Schottland war das neue Spiel nach Germany und zur Germania gekommen. So hieß die wichtigste Vorläuferin des HSV.

Begonnen hatte alles mit dem Zusammenschluss zweier Sportklubs aus Hohenfelde und Wandsbek-Marienthal am 15. Februar 1887. Dies war das Gründungsdatum des SC Germania „zu Hamburg" – ein wichtiger Zusatz, denn die Stadt Wandsbek gehörte damals noch zur preußischen Provinz Schleswig-Holstein, ebenso wie Hohenfelde, Marienthal und andere Nachbardörfer.

Die einzigen namentlich bekannten Mitgründer hießen Emil Hartmann, später Ingenieur in Hannover, und Stürcken; Vereinsfarben waren Schwarz und Blau. Die beiden Vorläufer hatten – ohne Wettkampfehrgeiz – (Leicht-) Athletik betrieben. Dies tat anfangs auch der SC Germania, bevor er unter den Einfluss fußballbegeisterter Engländer geriet. Es gab zahlreiche britische Geschäftsleute und Akademiker in Hamburg, das enge Handelsbeziehungen mit London unterhielt und sich geradezu als Schwesterstadt verstand. „Wenn es in London regnet", so sagt man noch heute, „spannen die Hamburger ihre Schirme auf." Ein reger gegenseitiger Austausch von Kaufmannssöhnen brachte zwangsläufig den Fußball über die Nordsee.

1891-1897 „Eifrig mit dem Ball sich getummelt"

1891 traten, lange vor Kevin Keegan, die ersten Engländer dem Verein bei, so eine Jubiläumschronik aus dem Jahr 1912: „Genannt seien Hilton, Webb, Humphries, Cotterell." Es gibt die Legende, dass Versammlungsprotokolle zeitweise in englischer Sprache abgefasst gewesen seien; erhalten sind davon leider keine. Jedenfalls wurde der Ruf „Play up Germania!" noch 20 Jahre später angestimmt, und die neuen Mitglieder standen auch dafür, dass man nach englischen Regeln spielte.

„Auf den Wandsbeker Gefilden wurde eifrig mit dem Ball sich getummelt", heißt es in der Chronik weiter. Tatsächlich dürfte es weit mehr als ein bloßes Tummeln gewesen sein. Als Germania zwei Jahre später die ersten „Wettspiele" gegen andere Vereine austrug, zeigte sich, welche Fortschritte sie im Training schon gemacht hatte und wie überlegen sie der Konkurrenz war. Die Premiere war 1893 ein 17:0 gegen Association, einen ebenfalls als spieltüchtig bekannten Verein aus Eilbeck; in ähnlichem Stil ging es weiter. Der Vorsprung hielt jahrelang und brachte den Anglo-Germanen auch die ersten beiden Meistertitel.

Übrigens hatte man schon im Jahr zuvor ein Spiel gegen den Fußball-Club von 1888 geplant; die Cholera, die Hamburg 1892 heimsuchte, verhinderte jedoch das erste Duell mit dem anderen schon bestehenden HSV-Vorläufer.

Ein bedeutender Meilenstein wurde im Oktober 1894 gesetzt: mit der Gründung des Hamburg-Altonaer Fußball-Bundes (HAFB). Dessen Zweck: Meisterschaften zu organisieren und „auch nach außen hin den schon in Berlin, Frankfurt u.a. bestehenden Verbänden kräftig gegenüberstehen zu können". Der Bindestrich zwischen Hamburg und Altona hatte eine andere Bedeutung als heute: Altona war noch kein Stadtteil, sondern gehörte, wie Wandsbek, bis 1937 zu Schleswig-Holstein; der HAFB ignorierte die Landesgrenze souverän.

Fünf Vereine nahmen im Herbst 1895 den Kampf um die erste Meisterschaft auf: Germania, Altona 93 – der einzige noch heute bestehende Klub! –, Association FC, Borgfelder FC und der schon erwähnte HFC von 1888. Es war die erste Fußballmeisterschaft in ganz Deutschland, abgesehen von Berlin, wo ein „Deutscher Fußball- und Cricket-Bund" schon drei Meistertitel ausgespielt hatte (er umfasste hauptsächlich Vereine aus Berlin und ist nicht mit dem 1900 gegründeten DFB zu verwechseln).

Gespielt wurde nach dem aus England übernommenen System, das sich in Deutschland ziemlich genau hundert Jahre lang bewähren sollte: In einer doppelten Runde trat jeder zweimal gegen jeden an; es gab zwei Punkte für einen Sieg, einen Punkt pro Unentschieden. Noch irrelevant war der Unterschied zwischen „Heim-" und „Auswärtsspielen", da die Vereine von eigenen Plätzen zunächst nur träumen konnten; die Meisterschaftstreffen fanden durchweg auf dem Kleinen Exerzierplatz in Altona, gelegentlich auch auf dem Heiligengeistfeld in St. Pauli statt.

Germania blieb in den ersten beiden Spielzeiten unbesiegt und gewann fast immer nach Belieben. Zum Beispiel gab es in der ersten Saison ein 11:0 über Altona 93, ein 14:0 über Association und, als einzigen Punktverlust, ein 0:0 gegen die 88er, als nur neun Germanen zur Stelle waren. 1896/97 konnten ihnen zwei Gegner jeweils ein Unentschieden abtrotzen. In dieser zweiten Spielzeit machten bereits acht Vereine mit, und allmählich begannen die Zeitungen von der Hamburg-Altonaer Fußballmeisterschaft Notiz zu nehmen. Nicht ohne Anerkennung, wenn auch hinter den Meldungen über Pferde- und Radrennsport versteckt, berichteten sie von ersten überregionalen Kräftemessen. Zu dem Prestigekampf Hamburg gegen Berlin, der später zur alljährlichen Tradition wurde, sollen 1899 bereits mehrere tausend Zuschauer zum Heiligengeistfeld gepilgert sein. Regelmäßig fanden Spiele Hamburg gegen Altona sowie Deutsche gegen Ausländer (von HAFB-Vereinen) statt, wobei die Einnahmen mehrfach für wohltätige Zwecke gestiftet wurden, zum Beispiel 1909 für die Erdbebenopfer von Messina auf Sizilien.

Derweil hatte Germania begonnen, auch auf sich allein gestellt, in Berlin, Leipzig und anderswo anzutreten; im Frühjahr 1895 war sie beim mehrmaligen Berliner Meister Viktoria 89 nur 0:2 unterlegen. Zu den herausragenden Spielern gehörte Francis Duhne, der auch ein erstklassiger Mittelstreckler war, 1898 sowie 1899 jeweils Deutscher Meister über 1.500 m wurde und im Jahr darauf bei den Olympischen Spielen startete.

1897-1900 „Keile" und herrsche...

Die dritte HAFB-Meisterschaft 1897/98 bringt das vorläufige Ende der Germanenherrschaft – Altona 93 verdrängt sie mit drei aufeinander folgenden Titeln. Diesem Rivalen unterliegt Germania nun viermal hintereinander; zwei dieser Spiele sind wiederum als fußballhistorische Meilensteine zu betrachten. Das eine (1:2) sieht im November 1897 erstmals „zahlreiche Damen" im Publikum, so die *Neue Hamburger Zeitung (NHZ)*. Das andere, am 30. April 1899, gewinnt Altona mit 2:0 durch Tore von Wittmaack (6. Minute) und Behr (Mitte 2. Halbzeit); es ist das erste hiesige Meisterschaftsspiel, von dem beide Aufstellungen komplett überliefert sind. Germanias Elf:

► L. Friese – Bock, Boler – Muuhs, H. Friese, Duhne – Morris, Bove, Kaufmann, Bradbury, Suismann.

In jener Saison gewinnen die Altonaer den Titel souverän ohne Verlustpunkt. Eine Saison später, 1899/1900, geht es sehr viel knapper zu – so knapp, dass den Berichterstattern die Spannung offenbar zu groß wird und sie über das Saisonende nicht mehr berichten. Germania gewinnt erstmals wieder gegen Altona (2:1, trotz Platzverweises für Hermann Friese), verliert aber kurz darauf mit dem gleichen Ergebnis gegen Victoria, nachdem sich zwei Mann im Städtespiel gegen Berlin verletzt haben und ausfallen. Mitte Mai sind Altona und Germania punktgleich; beide haben noch je 1 Spiel nachzuholen – und das ist der Wissensstand bis heute. Die 93er erhalten später einen Silberpokal – der dann gestohlen wird – für den dritten Titel in Folge; ergo müssen sie irgendwie Meister geworden sein. Ob durchs Torverhältnis oder über ein Entscheidungsspiel, ist im Treibsand der Zeit untergegangen.

Größer ist das Interesse der Zeitungen an gewissen Randerscheinungen, die dem Fußball schon zu schaffen machen. Denn nach und nach wird die Angelegenheit ernster genommen und das „Keilen" oder „Ziehen" von Spielern reißt ein.

Da gibt es zum Beispiel die Brüder Friese, Ludwig und Hermann, die bei Association begonnen und dann bei Alemannia gespielt haben. Ludwig Friese gilt als Hamburgs, womöglich Deutschlands bester Torwart; er darf als erster inoffizieller Nationalspieler der Hansestadt gelten, denn schon 1898 ist er mit etlichen Berlinern und Süddeutschen zu zwei Auswahlspielen in Paris angetreten. Die Einladung zu der Reise, die der berühmte badische Fußballpionier Walther Bensemann geleitet hat, soll Friese erst nach einer Bedenkzeit angenommen haben, weil ihm die Abwehr, hinter der er spielen sollte, nicht stark genug erschien. Das behauptet jedenfalls die *NHZ.*

Dieser Keeper wechselt mitten in der Saison 1898/99 zum SC Germania, mit seinem Bruder im Schlepptau, der Mittelläufer spielt, fast genauso gut ist (aber für Paris nicht berücksichtigt wurde; dafür wird er 1902 die Germanen-Tradition fortsetzen und den Deutschen Meistertitel über 1.500 m nach Hamburg holen). Alemannia, bisher im Mittelfeld der Tabelle, lässt sich den krassen Fall von Abwerbung nicht gefallen, tritt unter Protest aus dem HAFB aus und stürzt diesen in eine ernste Krise. Dafür hat Germania endlich einen erstklassigen Torwart. Er bleibt übrigens nicht lange Germane, sondern siedelt im Frühjahr 1900 nach – Paris über.

Erst der HAFB-Bundestag im September 1900 fasst einen Beschluss zur Beendigung der „unerquicklichen inneren Kämpfe durch Vereinswechsel“ *(NHZ),* indem er verbindliche Sperrfristen festlegt. Die Bezeichnung „Bundestag“ ist inzwischen etwas missverständlich, denn im selben Jahr ist der Verband mit seinen acht Vereinen der neuen Dachorganisation DFB beigetreten.

1901-1903 Lieber in Prag als auf St. Georg

Für Germania geht es nun darum, im neuen Jahrhundert wieder die Nr. 1 in Hamburg (und Altona) zu werden. Es gelingt: 1901 und 1902 trägt der Meister wieder Schwarz-Blau. In diesen beiden Saisons und der folgenden probiert der HAFB ein neues System aus: Nach der Herbstserie wird die Tabelle geteilt, so dass die ersten Vier in der Rückrunde unter sich sind und die Mannschaften der unteren Tabellenhälfte ebenfalls.

Germania hat sich mit Spielern wie „Tommy“ Ritscher, Woodin, Hans Duhne (dem jüngeren Bruder und späteren 1. Vorsitzenden) und anderen wesentlich verstärkt, und mit Wüstendörfer ist auch ein neuer Torwart als Friese-Nachfolger im Team. Es wird ein respektabler, nach wie vor „britischer“ Ball gespielt – Kapitän und Spielertrainer ist der Engländer Boler – und von insgesamt 19 Punktspielen in den zwei Jahren geht nur ein einziges real verloren (dazu ein weiteres durch Verzicht, als 1902 der Titel schon sicher ist und man lieber nach Prag reist, statt noch ein uninteressantes Meisterschaftsspiel gegen St. Georg nachzuholen).

Nicht nur im Raum Hamburg, sondern im gesamten Norden war Germania zu der Zeit klar führend, was zum Beispiel Eintracht Braunschweig (5:0, im Jahr darauf 3:2) und der Bremer SC (7:1) zu spüren bekamen. Beide waren die Nr. 1 in ihrem jeweiligen Verbandsgebiet. Niederlagen gab es für die Hamburger allerdings beim DFC Prag (0:4), in Leipzig (1:4 gegen Wacker) und Berlin (2:4 gegen BFC Preußen). Zu Hause begann ein Neuling den führenden Teams auf den Pelz zu rücken: Victoria war bereits zweimal Vizemeisterin des HAFB geworden. Im April 1901 hatte sie Germania 2:1 besiegt; das war sie, die einzige reale Niederlage in zwei Jahren, allerdings unter skandalösen Umständen. „Das dem Fußball anhaftende Odium der Rohheit“, orakelte die *NHZ,* werde so nicht verschwinden: „Derartige Ausschreitungen, wie sie sich Spie-

Die Mannschaft vom SC Germania im Jahr 1904 (von links): Menge, Oving (Holländer), Willis (Engländer), Cazeaux (Spanier), Heinemann, Ritscher, Woodin (Engländer), Weil (Österreicher), Goedheart (Holländer), van Lier (Holländer), Wüstendörfer.

ler der führenden Klubs zu Schulden kommen ließen, müssen unser edles Spiel in den Augen unbefangen urteilender Zuschauer unbedingt herabsetzen; jedenfalls ist eine solche Spielweise wenig geeignet, das Fußballspiel populär zu machen und das bei den meisten Laien immer noch herrschende Vorurteil gegen den Fußball zu beseitigen."

Soviel zum Thema „Gute Alte Zeit". Rein sportlich war 1902/03 nochmals ein Kopf-an-Kopf-Rennen Germania gegen Altona 93 angesagt. Beide besiegten einander je einmal und blieben ansonsten ohne Punktverlust. So musste der Titel in einem Entscheidungsspiel vergeben werden; als Qualifikation für die erste Deutsche Meisterschaft kam ihm erhöhte Bedeutung zu.

HFC 1888: Der Ball war rund – oder achteckig

Währenddessen bereitete mitten in Hamburg ein weit bescheidenerer Verein sein 15. Stiftungsfest vor. Dieser Rivale konnte mit Recht behaupten, der älteste überlebende *Fußball*-Verein der Stadt zu sein, obwohl er sich ein Jahr später zusammengefunden hatte als die Germania-Athleten: der Hamburger Fußball-Club von 1888.

Zwölf Jungmannen, kaum einer älter als 16, hatten den Klub am 1. Juni des Dreikaiserjahrs gegründet. Zum großen Teil waren sie Schüler des renommierten Wilhelm-Gymnasiums in Harvestehude, dessen Turnlehrer Wendt das Fußballspiel daselbst eingeführt hatte. Beim HFC betrieb man deshalb von Beginn an dieses Spiel, „eine Art Mischung aus Assoziation und Rugby; doch der Ball war rund, wenn das Alter ihn nicht schon achteckig geformt hatte". Auf solch nostalgische Weise erinnerte 20 Jahre später die Vereinszeitung an die bescheidenen Anfänge:

„Anfangs spielte man auf der Moorweide, hatte dort mit großen Schwierigkeiten zu kämpfen, denn wie der Passus eines alten Protokolls kündet, wurde beschlossen, ‚auf der Weide die Löcher zuzustopfen und den Viehmist fortzuschaffen'. Bald aber gefiel es dort nicht mehr, und man siedelte auf die Eisbahn Sternschanze über, gleichzeitig wegen dieser Errungenschaft den Beitrag von 30 Pfg. auf 50 Pfg. pro Monat erhöhend. Die Sternschanze war (bereits damals) ein steinharter Platz, auf dem sich überdies noch zwei Wasserkästen und ein Dutzend Pfähle für elektrische Beleuchtung breitmachten. Nach Gras hatte man dort vergeblich gesucht, aber es gedieh dort spärlich eine Art Heidekraut. Allerdings hatte man einen Umkleideraum, wenn man ihn auch mit einigen hundert Turnern und Schülern teilen musste."

Solche Schilderungen sind freilich dazu angetan, unser Bild von der Pionierzeit des Fußballs zu verzerren. Sicher waren Ballfertigkeit, taktisches Verständnis, vor allem die Kondition der Spieler im Vergleich zu heute unterentwickelt, und natürlich traf das erst recht auf ihre Ausrüstung zu. Aber das Vorurteil, „Opas Fußball" sei ein kopfloses Hin- und Hergerenne gewesen, lässt unberücksichtigt, dass es in England und Schottland schon Profifußball gab und dass diejenigen, die das Spiel von dort nach Deutschland brachten und hier als „Captains" und Trainer fungierten, durchaus wussten, worauf zu achten war. Dass es ums „sich Stellen" und Freilaufen, ums Kombinieren und Flanken ging, beziehungsweise darum, die gegnerischen „Wings" am Flanken zu hindern (lange Zeit war und blieb das die Aufgabe der „Halves", also der Außenläufer). Dass man trainieren und auf eine sportliche Lebensweise achten musste; letzteres durchzusetzen, war noch der schwierigste Punkt.

Interessant ist in dem Zusammenhang, dass das alte Klischee gar nicht stimmt, früher seien beim Fußball viel mehr Tore gefallen als in neuerer Zeit (weil sich niemand etwas unter „Abwehrverhalten" habe vorstellen können). Es sind mehr Tore gefallen, aber nur deswegen, weil das Leistungsgefälle unter den Mannschaften einer Liga viel größer war. Solange die höchste Spielklasse auf Bezirks-, später regionaler Ebene kickte, waren Kantersiege alltäglich, wenn die Ersten gegen die Letzten spielten. Sobald aber die führenden – oder auch die schwächsten – Teams aufeinander trafen, waren vor hundert Jahren Ergebnisse wie 1:1, 1:0, 2:1, auch 0:0 genauso üblich wie heute; zumindest gilt das für die frühen Meisterschaften des HAFB.

Wahr ist, dass die „Fußlümmelei" auf starke Vorbehalte der gutbürgerlichen Gesellschaft und zunächst auch ihrer Presse traf. Noch war kein Geld damit zu verdienen, noch galt Fußball nicht als Kulturgut, und das Entfachen nationaler Leidenschaften suchte diese kosmopolitische Sportart auch erst später heim. Manche Gymnasien relegierten Fußball spielende Schüler, sofern sie sich erwischen ließen und nicht lieber gleich ein Pseudonym zulegten, und niemand ahnte, dass es einmal wichtig werden könnte, in einer „VIP-Lounge" im Stadion zu sitzen und huldvoll mit dem Fußvolk zu jubeln.

Zurück zur Moorweide, auf der anfangs der HFC 88 gespielt hatte. Sie liegt im Süden des Stadtteils Rotherbaum, gegenüber dem jetzigen Bahnhof Dammtor in enger Nachbarschaft zur Universität, und sollte noch traurige Berühmtheit erlangen als Ausgangsort von Deportationen vieler tausend jüdischer Bürger Hamburgs. Heute dient ihr größter Teil als kastaniengesäumte innerstädtische Liegewiese und auch wieder als Bolzplatz für Freizeitkicker. (An der Sternschanze gibt es keine Eisbahn mehr, aber einen Grand- und einen Rasenplatz.)

Der HFC – oder „Hamburg 88“, wie der Verein in der Fachpresse genannt wurde – entstammte also den Stadtteilen am westlichen Alsterufer, Harvestehude und Rotherbaum. Dort lebte schon damals ein wohlhabendes, gebildetes Bürgertum in schönen Häusern zwischen Parks und Wasserflächen und noch ohne Autostellplatzprobleme. Dieses Milieu prägte den Verein, dem noch in viel späteren Zeiten ein ausgeprägter bourgeoiser und akademischer Dünkel nachgesagt wurde.

In den Anfangsjahren kamen jedoch zu den äußeren Widrigkeiten viele interne. Der HFC – erster Vorsitzender und Kapitän: Richard Eichler – war ein recht unorthodoxer Haufen, dem Frühschoppen mindestens so zugetan wie dem Sport, aber ohne rechten Zusammenhalt. 1890 waren dem Verein noch ganze drei Mitglieder geblieben, darunter Wilhelm Schaaf als einziger Mitgründer. Doch irgendwie hielten er und noch ein paar Unentwegte das Schiff über Wasser. Verdient machte sich auch Max Siemsen, der 1893 die englischen Regeln (Association) übersetzte, welche der Klub anschließend übernahm.

Kegelabend und erster Trainer

„Wettspiele“, also Spiele gegen andere Vereine, konnte man nun ernsthaft ins Auge fassen. Das erste Kräftemessen mit Germania hatte höhere Gewalt, wie erwähnt, verhindert; wann die 88er tatsächlich debütierten, darüber finden sich unterschiedliche Angaben. Fest steht aber, dass ein 1:0 (nach einer späteren Quelle 3:2) über Association das erste Meisterschaftsspiel der 88er zu Beginn der Saison 1895/96 war. An deren Ende war der Verein stolzer Zweiter hinter Germania, mit allerdings bescheidenen 7:9 Punkten (ein Vizemeister mit negativem Punktekonto, das wäre reif fürs Guinness-Buch!). In den folgenden Jahren aber konnte Hamburg 88 dem Siegeszug der Germanen und der Altonaer nur bewundernd zusehen. Selber war man Mittelmaß – bis man auf andere Weise für einen Paukenschlag sorgte.

Die Rede ist von der „Affäre Sommermeier“. Dieser Spieler war vom HAFB mit einer einjährigen (!) Sperre für Meisterschaftsspiele belegt worden, welche beim Verbandstag im Februar 1898 jedoch auf ein Vierteljahr verkürzt wurde. Mit dieser Begnadigung war sein bisheriger Verein, der HFC, nicht einverstanden; es ging um einen beabsichtigten oder schon vollzogenen Vereinswechsel. In der nächsten Saison spielte Walter Sommermeier – ein guter Verteidiger – beim Neuling Victoria, die bis dahin eine Unterabteilung des HFC gewesen war und nun selbständig wurde.

Der HFC aber erklärte seinen sofortigen Austritt aus dem Verband und blieb der Punktrunde zwei Jahre lang fern. Später sah man diesen Entschluss selbst als kurzsichtig an: „Die Spieler des Clubs waren dadurch in ihrer Tätigkeit nahezu lahmgelegt; am Platz bot sich keine Konkurrenz, auswärtige Mannschaften waren nur unter großen

Die Liga-Mannschaft von Hamburg 88 in der Saison 1908/09. Obere Reihe von links: Kurtz, Weitnauer, August Flohr, Lässig, Gillespie; mittlere Reihe: Lenzen, Kalckhorst, Clarkson; untere Reihe: Teschner, Borck, Hay. Der „Zivilist" ist unbekannt.

Geldopfern heranzuziehen, so dass Wettkämpfe überhaupt nicht mehr ausgetragen wurden." Die Folge waren zahlreiche Austritte und der Verein überlebte nur mühsam.

In der Frühjahrsserie 1900 nahmen die 88er wieder an der Meisterschaft teil, um sich dann im Sommer 1901 erneut zurückzuziehen; diesmal nicht im Streit, sondern weil nicht mehr genügend Aktive für eine „Erste" vorhanden waren. Es gab jedoch etliche begabte Nachwuchsspieler, und so führte man nun das Juniorenteam gezielt an höhere Aufgaben heran, um ein Jahr später einen dritten Versuch zu wagen. Währenddessen sollte die Einrichtung eines Kegelabends neue und alte Mitglieder (wieder) an den Verein binden, was auch tatsächlich funktionierte.

Als feststand, dass man sich wieder an der Meisterschaft beteiligen würde, bekam die Mannschaft erstmals einen Trainer. Dieser – Dr. Hans Engelhardt – wurde von der Generalversammlung gewählt, war also ehrenamtlich tätig, und richtete in der allerersten Nummer der Vereinszeitung eine „Mahnung an die Spieler", welche aus fünf Punkten bestand: Pünktlichkeit beim Erscheinen; kein Schreien und Schimpfen; keine Proteste gegen Entscheidungen des Schiedsrichters; Teamwork und „harmonisches Zusammenwirken" statt Egoismus; unbedingte Fairness.

Wie lange Engelhardt sein Amt ausgeübt hat, ist nicht bekannt; in den folgenden Jahren wurde auf einen Trainer wieder verzichtet, und es war – wie früher schon – der „Captain" gleichzeitig für Training und Spieltaktik zuständig. Die Aufstellung der

Mannschaft oblag, wie bei anderen Vereinen auch, dem gewählten Spielausschuss. Der Wiederanfang war schwerer denn je; alle sieben Spiele der Herbstrunde 1902/03 gingen verloren, unter anderem gegen Germania mit 1:11. Erst in der Rückrunde, bei zweigeteilter Tabelle, wurde es besser. Der HFC besiegte Victoria 3:1, Alemannia und Sperber je 5:1 und den Neuling Hohenzollern (Altona) 3:2, was in der Endabrechnung Platz 6 einbrachte. Die Sportleitung war's zufrieden: „Es waren alles hübsch getretene Goals, welche unsere Leute machten."

Auch mit dem Mitgliederverzeichnis ging es voran; es umfasste im Frühjahr 1903 genau 47 Namen und war ein halbes Jahr später auf doppelte Länge angewachsen. Das war nötig, denn wieder einige Monate darauf wurde der Verein stolzer Pächter eines eigenen Platzes. Wenigstens auf diesem Gebiet konnte man mit den Germanen konkurrieren.

1903-1905 Elf vergessene Tore

Das Entscheidungsspiel um die HAFB-Meisterschaft zwischen Germania und Altona 93 stieg am 5. April 1903 auf dem Exerzierplatz vor 1.500 Zuschauern. Es endete mit 3:1 für den Erzrivalen aus Preußen, womit nun beide Vereine je viermal den Titel gewonnen hatten. Für die Germanen eine besonders bittere Niederlage, weil zum ersten Mal eine Deutsche Meisterschaft ausgetragen werden sollte, an der nun die Altonaer teilnahmen. Zwar scheiterten sie im Halbfinale am VfB Leipzig, aber dafür konnte ihr Kapitän Franz Behr als Schiedsrichter zum allerersten Endspiel bitten, nachdem er persönlich die Eintrittsgelder kassiert hatte. Ort des Geschehens: Altonas Exerzierplatz, heute längst überbaut (er befand sich – dies für Einheimische – westlich der Altona-Kieler-Bahn im heutigen Gewerbegebiet nördlich vom Friedhof Diebsteich). Behr übrigens war schon seit 1894, mit kurzer Unterbrechung, Vorsitzender des HAFB; er wanderte später, wie etliche andere bekannte Fußballer, nach Südamerika aus.

Aber auch Germanias große Stunde in der „Deutschen" soll noch kommen, sogar sehr bald. 1903/04 ist sie wieder an der Reihe, HAFB-Meister zu werden, und da hat sie inzwischen auch endlich ein eigenes Domizil gefunden: die ehemalige Mühlenkamper Trabrennbahn unweit vom östlichen Alsterufer, halbwegs zwischen Uhlenhorst und Winterhude.

Dieses Gelände ist am 24. April 1904 Schauplatz des historischen 11:0 von Germania Hamburg über den ARBV Hannover in der Vorrunde der Deutschen Meisterschaft. Kein anderer norddeutscher Verein hat in diesem Wettbewerb, oder später in der Bundesliga, jemals einen zweistelligen Sieg landen können. Der Lokalpresse ist das Ganze kaum eine Meldung wert, und leider wird das Fachblatt *Spiel und Sport* erst ein paar Monate später erstmals erscheinen. Germanias siegreiches Team ist wie folgt überliefert (ganz eindeutig ist die Quelle nicht, da Hamburgs Zeitungen keinen Spielbericht zustande gebracht haben):

► Westendarp – Woodin, Ritscher – van Fluut, H. Duhne, Liefmann – van Lier, Weil, Willis, Cazeaux, B. Oving.

Leider ist es bisher keinem Fußballhistoriker gelungen, die Torschützen zu recherchieren.* Der Spanier Victor Manuel Cazeaux, ein leidenschaftlicher Torjäger, dürfte mit einigen Treffern dabei gewesen sein, aber das sind Mutmaßungen. Sinnlos übrigens, die Stätte aufsuchen zu wollen: 1907 wurde das zwischen Goldbekufer und Osterbekkanal gelegene Gelände für die Bebauung erschlossen, und Wohnblocks stehen jetzt dort, wo vorher die Mühlenkamper Rennbahn war und bis 1901 Trabrennen stattgefunden hatten.

Zwei Wochen nach dem 11:0 scheiden die Schwarz-Blauen durch ein 1:3 (Tor: Willis) gegen Britannia Berlin aus der „Deutschen" aus. Die folgende Saison 1904/05 sieht sie noch einmal an der Spitze der hamburgischen Vereine; jedenfalls scheint es so. Zum Schluss gibt es Kuddelmuddel, denn Victoria, zunächst einen Punkt hinter Germania ins Ziel gekommen, protestiert erfolgreich gegen die Wertung einer 0:1-Niederlage am Rothenbaum, wo die 88er einen nicht spielberechtigten Akteur eingesetzt haben sollen. Ein Wiederholungsspiel wird an- und nächstinstanzlich wieder abgesetzt; inzwischen drängt die Zeit, weil die Deutsche Meisterschaft schon begonnen hat und der Hamburg-Altonaer Vertreter dringend gemeldet werden muss. Schließlich entscheidet der HAFB salomonisch: Germania und Victoria sollen nochmals gegeneinander antreten, um – unabhängig von der Protestangelegenheit – die Meisterfrage zu klären. Das Entscheidungsspiel, geleitet von Schiedsrichter Neumann aus Berlin, findet am 21. Mai in der Mühlenkamper Rennbahn statt und endet mit einer denkbar knappen Niederlage des Platzvereins:

► 1:0 Willis, 1:1 Fricke, 2:1 Willis, 2:2 Hagenah, 2:3 Garrn; nach der Pause 2:4 Hagenah, 3:4 Willis, 3:5 Friese (Eigentor) und 4:5 Friese.

Nichts für schwache Nerven! Thomas Willis und der unglückliche Willi Friese – vermutlich ein weiterer Bruder – stehen im Mittelpunkt; sie können nicht verhindern, dass Victoria erstmals die Meisterschaft davonträgt. Germania muss auf Woodin, Weil und Oving verzichten, die vor kurzem Hamburg verlassen haben – der Beginn des Zerfalls einer großen Mannschaft.

1905-1910 „Die alte Tradition gebrochen!"

Am 15. April desselben Jahres 1905 hatten sich – auf sanften Druck des DFB – die sechs Fußballverbände der Region zum Norddeutschen Fußball-Verband (NFV) zusammengeschlossen: Hamburg-Altona, Bremen, Kiel, Hannover, Herzogthum Braunschweig und Mecklenburg. Der NFV umfasste damit ein Gebiet, das ziemlich genau dem heutigen Sendegebiet des Norddeutschen Rundfunks entsprach (plus Radio Bremen) – oder

(*) Jedenfalls keinem mir bekannten. Wer diesen Schatz hebt und der Öffentlichkeit vorstellt – mit Quellenangabe, versteht sich – macht sich um die deutsche Fußballstatistik verdient, denn es sind beinahe die einzigen Tore aus sämtlichen Endrunden von 1903 bis 1963, deren Urheber noch unbekannt sind.

auch dem „Nordstaat", den heutige Politiker gelegentlich als Vision beschwören. Sieht man sich die politische Landkarte jener Zeit an, die – Kaiserkrönung hin, Bismarck her – dem berühmten Flickenteppich glich, erkennt man den Weitblick der NFV-Väter. 44 Gründungsvereine brachten rund 2.000 Mitglieder ein.

Die einzelnen Mitgliedsverbände waren gehalten, sich nach einer Übergangszeit aufzulösen und als Bezirke des NFV neu zu organisieren, was dem HAFB allerdings nicht leicht fiel. Erst 1907 gab er seufzend seine Eigenständigkeit auf und wurde zu einem Bezirk III unter acht – später bis zu zwölf – weiteren. Heftige Rivalitäten zwischen einzelnen Bezirken sollten jahrzehntelang die Geschichte des NFV durchziehen.

Aber Germania wird an derlei Querelen kaum beteiligt sein. Beinahe über Nacht ist es vorbei mit der Glanzzeit des Vereins, der in den folgenden Jahren hauptsächlich mit sich selbst beschäftigt ist. Die Mannschaft zerstreut sich in alle Winde, weil vor allem die ausländischen Spieler wieder abwandern; in der Frühjahrsserie 1906 gibt es Niederlagen in nie gekannter Höhe. Gegen Victoria muss man die Punkte gar kampflos hergeben, weil keine Mannschaft mehr zusammenzutrommeln ist. Ein Neuaufbau erweist sich als mühsam und immer wieder gibt es Rückschläge. Davon zeugen die Klubmitteilungen:

„Die Aussprache in der Versammlung hat gezeigt, dass die Leitung eines grossen Clubs von über 150 Mitgliedern nicht auf ein paar Schultern ruhen kann … Es ist ja nicht das schlimmste, dass wir seit Jahren nicht mehr die Meisterschaft gewonnen haben, darüber kann man sich schon trösten, man kann nicht immer der Beste sein, aber dass das nötige Interesse und der Sporteifer die grosse Zahl der Mitglieder verlassen hat, ist das Bedauerliche … Es nützt uns nichts, dass ein Spieler ein paar Mark Strafe bezahlt, wenn es ihm nicht beliebt, zum Spiel zu kommen; es giebt gewiss Verhinderungsgründe, wo aber solche nicht vorliegen, soll man dem Betreffenden kurz und bündig erklären, dass man auf seine weiteren ‚Dienste' verzichtet … Wir richten nochmals an alle diejenigen Mitglieder, die noch mit Beiträgen im Rückstande sind, die höfliche aber dringende Bitte, nunmehr endlich ihren Verpflichtungen nachzukommen … Ich halte es für weit besser, der Verein hat 75 Mitglieder, die den Namen ‚Gentleman' verdienen, als 250, von denen 100 den Ruf des Vereins nicht wahren, bei Spielen sich unsportlich, in gesellschaftlichem Leben unerzogen benehmen."

Das sind Auszüge aus Leitartikeln der Jahre 1908 bis 1910, übrigens in originalbelassener Orthografie. Sie zeigen das Bild eines Vereins, in dem sich wenige tatkräftige Leute von der Mehrheit im Stich gelassen fühlen. Das betrifft auch die Spieler der „Ersten". Im August 1907 ist die Trainingsbeteiligung dermaßen zurückgegangen, dass sich der Vorstand gezwungen sieht, auch da mit Geldstrafen zu drohen, „um die Mannschaft zum regelmässigen Erscheinen zu zwingen".

Dabei ist der Vorstand unter Waldemar von Holten, danach Hans Duhne rührig genug. Der 1. Mannschaft und ihren Zuschauern werden attraktive, sogar internationale Gegner geboten; man spielt zum Beispiel 1906 gegen Frem Kopenhagen und reist im Oktober 1908 nach Amsterdam, wo der dortige Verein R.A.P. 8:3 besiegt wird.

Auch die Standortfrage ist dauerhaft gelöst. Nach Ende des Gastspiels am Mühlenkamp pachtet Germania einen Sportplatz am Forsthof. Der liegt zwar weiter draußen – in Steilshoop zwischen der heutigen Gründgensstraße, dem Eichenloh- und Ruwoldtweg –, aber in angenehm grüner Umgebung. Es gibt inzwischen fünf Herren- und auch eine Schülermannschaft, doch die „Erste" absolviert ihre Punktrunde Jahr für Jahr mehr schlecht als recht.

So kommt im Februar 1907, was kommen muss: die erste Niederlage (0:2) gegen Hamburg 88, den (fast) gleich alten Klub, mit dem man eine herzliche Rivalität pflegt. Im März 1910 folgt die zweite: „Die alte Tradition gebrochen!", klagt das Mitteilungsblatt nach dem 2:3 und fügt säuerlich hinzu: „Nur durch einen Elfmeter konnte der H.F.C. den Sieg erringen. Wahrlich kein grosser Verdienst."

Germania legt 1909/10 die erste richtig grottenschlechte Saison hin mit 9:23 Punkten und dem vorletzten Platz. Über 30 eingesetzte Spieler sprechen nicht gerade für konzeptionelles Handeln des Spielausschusses. Dessen heftigster Kritiker, Willi Hostmann, lässt sich im Februar 1910 selbst hineinwählen und wird im Juni neuer Vereinsvorsitzender. Aber auch er bekommt die Sache nicht in den Griff, jedenfalls nicht sofort.

Die wenigen überdurchschnittlichen Spieler, die es zu der Zeit bei Germania noch gab, trugen – wie früher schon – zumeist fremd klingende Namen: Danielsen, Adams, ten Hove, Ohlson. Zwei besonders gute, Roberts und Ryberg, waren in ihre Heimatländer zurückgekehrt. Dass die meisten ausländischen Spieler nicht dauerhaft in Hamburg ansässig wurden, sondern ein Kommen und Gehen herrschte, lag in der Natur der Sache, denn es waren Geschäftsleute oder Angestellte ausländischer Firmen, die irgendwann wieder abberufen wurden. Doch auf der Suche nach Sündenböcken verfiel ein Teil der Mitgliedschaft auf „die Ausländer", so dass gegen Saisonende zu einer kuriosen Maßnahme gegriffen wurde: „Eine ganz deutsche Mannschaft stand dem Gegner gegenüber und auch hier war es uns nicht vergönnt, den Sieg zu erringen", klagte das Mitteilungsblatt. Britannia (!) gewann 2:0, das Experiment wurde nicht wiederholt, Danielsen & Co. wieder aufgestellt.

1911-1913 Keinerlei Aufregung und Anstrengung!

Man muss allerdings zugeben, dass in den folgenden Jahren mehr Kontinuität einkehrte, als die Briten, Holländer und Skandinavier nach und nach den Verein verließen. Der nächste Vorsitzende Dr. Max Lohse – ein erklärter Deutschtümler – und der neue Kapitän Rudolf Agte, der aus der eigenen Jugendabteilung kam, setzten auf eigene Ressourcen und brachten die „Erste" zumindest soweit auf Vordermann, dass sich nach und nach eine Art Stammformation herausschälte. Mit der Disziplin haperte es weiterhin. Trauriger Tiefpunkt: drei Platzverweise in einem einzigen Spiel im Januar 1911 gegen Altona 93. Schuld war natürlich der Schiedsrichter.

Während Victoria (Hamburg) und Altona 93 mehrfach Bezirks- und Norddeutsche Meister wurden, Holstein Kiel 1912 sogar die „Viktoria" (die DFB-Trophäe) gewann, als erster Deutscher Meister aus dem Norden, drohte Germania ausgerechnet im Jahr des 25. Stiftungsfestes der Abstieg. Erstmals mussten die beiden Letzten der A-Klasse mit dem Meister und Vizemeister der B-Klasse eine Relegationsrunde auf neutralen Plätzen austragen. Jetzt war wirklich Feuer unterm Dach; es wurde Sondertraining angesetzt und die Spieler waren zu absoluter Enthaltsamkeit aufgefordert – kein Alkohol, kein Rauchen, „keinerlei geschlechtliche Aufregung".

Der erste Gegner war gleich der schwerste: Union Altona wurde mit 1:1 in Schach gehalten, obwohl Kapitän Erich Büttner fehlte. Bruno Volkmann war Germanias Torschütze; der ansonsten gut haltende Schulze verbockte den Ausgleich. Am selben Tag empfing die Reserve übrigens die „Torpeder" … nicht Moskau, sondern Friedrichsort. Die Kriegsmariner aus dem Kieler Vorort wurden nach einem „soliden Frühschoppen" 5:1 besiegt, unter Mitwirkung von Heino Gerstenberg aus dem Vorstand und – Erich Büttner. Gute Beziehungen zu des Kaisers Matrosen waren da, scheint's, noch wichtiger als der Klassenerhalt der „Ersten".

Deren folgende Partie gegen Ottensen 07 musste nach einer halben Stunde wegen Regens abgebrochen werden. Die Nervosität stieg, gegen Blankenese gab es auch nur ein Unentschieden, und letztendlich musste doch das direkte Aufeinandertreffen gegen Ottensen entscheiden. Dieses war am 9. Juni 1912 neu angesetzt, und obwohl Germania mehrfachen Ersatz einstellen musste und anfangs nur zehn Mann auf dem Platz hatte (Ottensen allerdings neun!), war nach einem glatten 3:0 alles wieder im Lot und die Klasse gerettet. Held des Tages: Mattheides. Der vollschlanke Mittelstürmer schoss zwei Tore, nachdem der „Mottenburger" Keeper ein Eigentor vorgelegt hatte. „Es ist erreicht", jubelte Dr. Lohse, und es wurden „zu einem gemütlichen improvisierten Kommerse" 150 Liter Bier bewilligt.

Der Kater sollte nicht ausbleiben … Ein knappes Jahr später entschloss sich der NFV zur Einführung einer verbandsweiten „Norddeutschen Liga", und der Weg dahinein führte über eine gute Platzierung in der Saison 1912/13 in Hamburg. Germania hielt nichts von dieser Innovation und stimmte dagegen: „Die Mannschaften werden ungebührlich angestrengt, die Kosten sind sehr erheblich und eigentlich nur von ganz großen kapitalkräftigen Vereinen zu tragen." Aber insgeheim hatte man sich schon seit Monaten alle Mühe gegeben, einen möglichst guten Tabellenplatz zu erreichen, um die Chance zu wahren. Mit Gamerdinger, einem exzellenten Torwart, und den Wandsbeker Concorden Flohr und Stolzenhain waren wesentliche Verstärkungen angeheuert worden.

Es wurde eine richtig spannende Saison, und Germania, endlich mit fester Stammelf, hielt lange Zeit gut mit. Es fehlte nur das Stehvermögen, denn auf 10:12 Punkte bis Anfang Februar folgte ein vermurkstes Ende mit 3:11 Zählern; Schlusspunkt war ein 0:8 gegen den Uralt-Rivalen Altona 93. Mit diesem und anderen Weggefährten würde man nun ersteinmal keine Punktekämpfe mehr austragen; Platz 8 reichte nicht für die Liga. Schwarz war der Fleck auf der Weste, blau der am Schienbein: Germanias Farben hingen traurig vom Mast.

Vom Velodrom in die Nationalelf

Die 88er hatten sich inzwischen dort etabliert, wo Hamburgs Fußball bis 1997 seine traditionsreichste Adresse haben sollte: an der Rothenbaumchaussee. Anfangs handelte es sich noch nicht um „den" Rothenbaumplatz, der so berühmt werden sollte, sondern man trainierte und spielte ein paar hundert Meter weiter „beim Velodrom" an der Stelle des jetzigen Völkerkundemuseums. Eingeweiht wurde der Platz im Februar 1904.

Sportlich buk der Verein weiterhin kleine Brötchen. Zwar wurde Otto Goetzel – Spieler, Vereinskassierer und Schiedsrichter – die ehrenvolle Aufgabe zuteil, das Deutsche Meisterschafts-Endspiel 1908 in Berlin zwischen Viktoria 89 und den Stuttgarter Kickers zu pfeifen. Seine eigene Mannschaft hatte aber keinerlei Aussichten auf solche Erfolge. Lange Zeit hatte sie sich kaum aus Hamburg hinausgewagt. Eine Zusammenstellung aller bis 1903 ausgetragenen Spiele nennt lediglich zwei auswärtige Gegner: den Bremer SC und einen nicht näher bezeichneten Verein aus Bremerhaven. Im Frühjahr 1904 hatte der HFC erstmals Gäste aus dem Obotritenland (Mecklenburg) und gewann gegen Rostock 95 mit 5:0.

Trist war zumeist der Alltag in den Punktspielen, wenn sie denn überhaupt stattfanden. 1903/04 wurden von insgesamt 12 Partien drei (!) kampflos verloren, jeweils wegen Nicht- oder zu späten Erscheinens oder weil man als „bauender" Verein versäumt hatte, rechtzeitig die Tore und Eckfahnen aufzustellen. Bericht eines (anonymen) frustrierten Spielers in der Vereinszeitung: „Der HFC könnte von dem Stürmerspiel Victorias viel lernen und vor allem sich von deren Zusammenspiel etwas annehmen. Bei Hamburg waren entschieden die Stürmer am besten, insofern sie sich möglichst soweit vorstellten, dass der Ball ihnen nur nicht vor die Füße kam … Jeder ihrer 5 passte genau auf, dass die Verteidigung auch gut spielte und grinsten wie die Paviane wenn vor ihrem Tor eine Kiste gemacht wurde und dieses in Gefahr geriet. Erst dann kamen die Stürmer zurück um ihre Urteile über dies oder jenes zu geben." So war es beim Spiel gegen Victoria im Oktober 1904; Ergebnis 1:10.

Konnten aus so einer Gurkentruppe Nationalspieler hervorgehen? Abwarten. Ersteinmal reiste Hamburg 88 nach Schweden, spielte dort Ostern 1905 in Göteborg und empfing im Oktober des folgenden Jahres den gastgebenden Verein, Örgryte Idrott Sällskap, zum Retourspiel in Hamburg. Wieder ein Jahr darauf war Stockholm das Ziel. Das erweiterte den Horizont und trug zum Renommee des Klubs bei, der sich im Sommer 1906 noch durch ein anderes Ereignis aufgewertet sah: „Seine Magnificenz" Bürgermeister Dr. Burchard übernahm das Protektorat über den Verein. Die Auszeichnung sei, schrieb der Berliner *Sport im Wort*, „von nicht zu unterschätzender Bedeutung für die fernere Entwicklung des gesamten Hamburger Fußball- und Leichtathletiksportes, der in Zukunft den Anfeindungen, denen er bislang ausgesetzt war, neu gekräftigt entgegentreten kann".

Ihren Velodrom-Sportplatz hatten die 88er neu eingesät und mit einem Drahtzaun umgeben, so dass ein geschlossener Platz entstanden war und Zaungäste draußen bleiben mussten. Hierzu war die Zustimmung der Finanzdeputation nötig, da es sich um ein städtisches Grundstück handelte; Zuschüsse scheint es aber nicht gegeben zu haben. Stattdessen kam Werder Bremen am 2. September zur Einweihung und gewann 7:1.

Vorsitzender des HFC war seit Dezember 1903 Conny Blome (senior); er war Prokurist einer internationalen Handelskompagnie, hatte gute Beziehungen zur Politik und sollte bis Dezember 1912 – ein halbes Jahr vor seinem plötzlichen Tod – im Amt bleiben. Sein langjähriger Vorgänger Max Kiel, früher Torwart der 1. Mannschaft, fand endlich auch in dieser Position einen sehr guten Nachfolger: Walter Borck. Im zarten Alter von 16 stand „Baby", so der naheliegende Kosename, schon im Tor der „Ersten" von Hamburg 88, und fast immer wurde der junge Mann als „äußerst zuverlässig und ruhig" gelobt. Er sollte, um es vorwegzunehmen, die Antwort sein auf die Frage, ob aus dieser Mannschaft Nationalspieler hervorgehen könnten. Im Dezember 1911 spielte er in München gegen Ungarn, musste allerdings vier Tore durchlassen. Zu dieser Zeit war der MTV München sein Verein, denn das Studium hatte den künftigen Dr. Borck an die Isar verschlagen.

„Falken-" und Höhenflüge

Zurück ins Jahr 1906, denn es ist von einer weiteren Vereinsgründung zu berichten. Der FC Falke gesellte sich vom Namen her zu den Räubern unter den Vogelklubs (es gab und gibt: Sperber, Adler, Paloma, Bergedorfer „Elstern", Kieler „Störche"); in Wirklichkeit handelte es sich um eher harmlose Untertertianer, also 14-, höchstens 15-jährige Pennäler der Oberrealschule in Eppendorf. Dass es ihnen gelang, einen regelrechten Fußballklub zu gründen, ohne dass er gleich wieder einging, war erstaunlich. Dabei erging es den Falken zunächst wie Germania, denn auch ihr Platz am Voßberg musste bald der Wohnbebauung weichen. Der nächste, am Grindel, war eher ein Bolzplatz und entsprach nicht den Anforderungen des Verbandes, der außerdem eine gewisse Anzahl erwachsener Mitglieder zur Voraussetzung für eine Aufnahme machte.

So mussten die Väter ins Geschirr; etliche traten dem Verein bei und sorgten für einen akzeptablen Sportplatz nebst Klubheim in Stellingen. Der FC Falke hatte dort als unterklassiger Verein meistens nur die „Zweiten", „Dritten" oder „Vierten" der großen Klubs als Gegner, aber er wuchs und gedieh und brachte es bis 1913 immerhin auf sechs Mannschaften. Auch eine bescheidene Jugendabteilung unterhielten die ehemaligen, mittlerweile schulentlassenen Tertianer. Vereinsfarben waren Blau und Weiß.

Beim HFC 88 stehen inzwischen die Ex-Germanen Sierig und Pfalzer in der Mannschaft, während Ivar Ryberg, ein guter Mittelläufer und Kugelstoßer, den umgekehrten Weg geht und zum Forsthof wechselt. Ein munterer Austausch also zwischen den rivalisierenden Klubs; doch wie unterschiedlich gefärbt die Vereinsbrillen immer noch sind, mögen folgende Zitate aus den Klubzeitungen deutlich machen:

„Trotzdem war unsere Erste im Felde stets überlegen, konnte aber wegen der reichlich scharfen und unfairen Spielweise der Germania-Hintermannschaft nichts Zählbares erreichen … Nachdem Germania noch ein drittes Tor erreicht hatte, wurde Adams, und gleich darauf Ryberg und Flohr, vom Schiedsrichter hinausgesetzt. Germania verteidigte jetzt eine halbe Stunde lang mit 9 Mann ihr Tor." Soweit der HFC, und nun die anderen: „So häufig war dies betont worden, dass die 1. Mannschaft des H.F.C. beinahe schon selbst glaubte, dass sie nicht zu schlagen sei. Unsere 1. Mannschaft belehrte sie, sowie ihre Gesinnungsgenossen, eines Besseren … Auf Geheiß des Schiedsrichters mussten jedoch bald 2 Spieler von unserer und einer der gegnerischen Partei ihre Tätigkeit einstellen. Das numerische Übergewicht des H.F.C. machte sich bemerkbar. Zu einer Belagerung kam es jedoch nicht, auch wurde an dem Resultat nichts mehr geändert." Es ging um ein und dasselbe Derby (3:1 für Germania am 7. Februar 1909)!

Die 88er trösten sich mit einer Galaveranstaltung und verpflichten für Pfingstmontag die englische Profimannschaft Hartlepool United. Die Reisekosten teilt man sich übrigens mit Werder Bremen, wo die Geordies auch antreten, und verliert ehrenvoll 1:4 dank einer Glanzleistung von Borck.

Tull oder nicht Tull…

Die nächste Saison verläuft ähnlich wie die vorige: ein toller Start, diesmal mit 10:2 Punkten; sogar Altona 93, der amtierende Hamburger und Norddeutsche Meister, wird 4:1 besiegt, obwohl er sein Sturm-As Adolf Jäger extra vom Militärdienst losgeeist hat. Nach acht Minuten steht es 2:0, und selbst Clarksons Platzverweis wenig später hilft Altona nicht, weil zehn 88er für elf kämpfen. Gillespie, Clarkson und Lässig (2) steuern zu dem bemerkenswerten Sieg „unter tosendem Beifall eines Teils des Publikums" die Tore bei. Erst im 7. Spiel kommt die erste Niederlage. Muss man noch sagen gegen wen? In der Rückrunde gelingt mit 3:2 die Revanche gegen Germania, aber da ist der Zug längst wieder abgefahren, und der HFC wird Fünfter.

Nachzutragen sind zwei bedeutsame Premieren, die das Jahr 1908 den Fußballanhängern gebracht hatte. Weiter oben war von Walter Borck die Rede und noch vorher von Ludwig Friese, Hamburgs erstem inoffiziellen Nationalspieler. Den ersten „richtigen" gab es am 5. April 1908 in Basel, wo erstmals eine DFB-Bundesauswahl gegen die Schweiz antrat (das Wort „Nationalelf" kam erst viel später in Gebrauch). Im selben Jahr bestritt in Leipzig die erste Repräsentativmannschaft des NFV ihr Vorrundenspiel um den Pokal des Kronprinzen. Dieser Wettbewerb wurde fortan alljährlich ausgespielt und war sehr populär. Hans Weymar, ein ehemaliger 88er, inzwischen bei Victoria, spielte in Basel und Leipzig mit.

1910 begannen die Ausbauarbeiten am Rothenbaum, über die an anderer Stelle des Buches ausführlicher berichtet wird. Die Vereinszeitung vermeldete seinerzeit die Erweiterung, während man eine andere wichtige Nachricht vergebens sucht: Am 25. Mai 1911 hat der NFV durch ein 4:2 nach Verlängerung über Süddeutschland den Kronprinzen-Pokal erstmals gewonnen. Im Team und Torschütze: Martin Lässig, Hamburg 88, vor Jahren mit dem VfB Leipzig sogar Deutscher Meister gewesen.

Der Name „Harder“ findet sich erstmals im Januar 1912 in der Vereinszeitung, unter der Rubrik „Aufnahme neuer Mitglieder“. Am 11. August trägt der aus Braunschweig gekommene Otto Harder in einem Freundschaftsspiel erstmals den 88er Dress. Am 1. Oktober wird „Tull“ aus dem Verein schon wieder ausgeschlossen, „nachdem von verschiedenen Seiten, insbesondere vom Obmann des Sportausschusses, das Verhalten des Herrn Harder als ein höchst unsportliches und den Interessen des Vereins entgegen handelndes geschildert worden“. Der Obmann heißt Emil Martens. Die Enttäuschung über Harder rührt daher, dass er „uns in recht unfairer Weise im Stich gelassen“ und den Zug zurück in die Welfenstadt bestiegen hat. Am Saisonende wird er mit Eintracht Braunschweig Norddeutscher Meister, während Hamburg 88 sich verzweifelt abstrampelt, um in die Liga zu kommen.

Von der neuen Spielklasse war schon im Zusammenhang mit Germanias verpasster Qualifikation die Rede. Der NFV hatte sich das Ganze nicht leicht gemacht. Zehn Vereine sollten 1913/14 dabeisein, davon sechs direkt nominierte und weitere vier über eine Qualifikationsrunde.

Hamburgs führender Stellung wurde durchaus Rechnung getragen. Die ersten drei durften unmittelbar in die Liga einziehen; das waren Victoria, Altona 93 und der Eimsbütteler TV (dazu aus den anderen Bezirken Holstein Kiel, Eintracht Braunschweig und Hannover 96). An der Qualifikation nahmen aus Hamburg die nächsten vier Klubs teil, also diejenigen, die die Plätze 4 bis 7 belegt hatten, und während Germania dazu ein Punkt fehlte, schaffte der HFC mit Hängen und Würgen Platz 6. Dass es für die Liga nicht reichen würde, war abzusehen, und in der Tat war schon nach den ersten vier Spielen der Qualifikationsrunde alles vorbei: null Punkte, letzter Platz. Hätte man nur einen Harder gehabt…

Die düstere Voraussage der Vereinszeitung vom Dezember 1912 hatte sich nun bewahrheitet: „Der nächste Jahrgang steht im Zeichen des 25-jährigen Bestehens… Trotzdem die Mitgliederzahl ganz beträchtlich zugenommen hat, trotzdem die Finanzen des Klubs eine erfreulich feste Basis gewonnen haben und uns eine mustergültige Sportplatzanlage zur Verfügung steht, sind wir in keiner Weise sportlich vorwärts und nie über einen guten Durchschnitt hinausgekommen.“

1913/14 Germanentreue „light“

So spielen denn unsere beiden Klubs 1913/14 erstmals zweitklassig. Germanias Aussichten sind bescheiden. Da sich Gamerdinger den Altonaer „Joniern“ anschließt, steht die Mannschaft, mittelmäßig wie sie ist, auch noch ohne erstklassigen Torwart da. Willi Schulze kann 2:12 Punkte vom Start weg nicht verhindern. Vorne sieht es nicht besser aus: „Die Hilflosigkeit der fünf Stürmer vorm feindlichen Tor war geradezu rührend“, schreibt Otto Schwabe in den Klubmitteilungen nach dem 1:5 gegen Sperber in Alsterdorf. Hans Flohr muss nun in den Kasten und die Saison geht noch mit einem versöhnlichen Mittelplatz zu Ende. „Auf die Liga“, so das Fazit, „verstiegen sich unsere Wünsche sowieso nicht.“

Dort oben hat währenddessen Altona 93 den Titel eines Norddeutschen Ligameisters gewonnen, mit einem Punkt mehr als Holstein Kiel. Die Zuschauerzahlen sind durchweg enttäuschend. Dafür haben Randalierer in Braunschweig einen Spielabbruch herbeigeführt – und den hat es auch eine Klasse tiefer am Forsthof gegeben. Neuling FC Bergedorf führt wenige Minuten vor Schluss 1:0, als der heftig beschimpfte Schiedsrichter die Nase voll hat und vorzeitig abpfeift. „Besondere sportliche Wohlerzogenheit hat unser Publikum sicher nicht gezeigt", räumt Germanias Vorsitzender Dr. Lohse ein. Die Partie wird annulliert und neu angesetzt; da Bergedorf nicht antritt, kommt für die Schwarz-Blauen noch eine völlig unverdiente 5:0-Wertung heraus.

Im Frühjahr 1914 bekommt der Verein zu spüren, was es heißt, abseits der Elite zu stehen. Zwei seiner Besten wandern ab und schließen sich den aufgestiegenen 88ern an. Bei Germania ist man außer sich. „Was für Gründe", fragt das Mitteilungsblatt, „hatten nun diese beiden Abtrünnigen und weshalb legen wir keine Trauer an? Der Eine, ehrgeizig, ruhmgierig, aus einem B-Verein zu uns gekommen, wollte wahrscheinlich in die Liga. Seine Art passte nicht zur Germanenart, sein Herz weiß nichts von Germanentreue." Gemeint ist Hans Flohr. Fünf Jahre später wird das Blatt auf ihn zurückkommen; dann aber folgendermaßen: „Concordia konnte uns noch immer nicht vergessen, dass wir ihnen vor Jahren Flohr, Stolzenhain und Steiger nahmen… Uns war damals dieser Zuwachs sehr willkommen, weil wir selbst krabbelten. So schlage ich denn Concordia vor, diese kleine Angelegenheit endlich zu vergessen." Das ist eben das Schöne an der Doppelmoral: dass sie so doppelt ist.

Immerhin werden Rudolf Agte, dem anderen Abtrünnigen, mildernde Umstände zugebilligt: „Er war ein eifriger Germane, allzu eifrig und hat uns viel genützt, aber auch viel geschadet. Wir können daher nichts weiter tun, als ihm alles Gute bei unserem ‚glücklicheren' Rivalen wünschen." Was mit den Andeutungen gemeint ist, bleibt im Dunklen; Agte war zuletzt wieder Mannschaftskapitän, im September für „Opferwilligkeit und Klubtreue" und noch im April 1914 für seinen „stimmungsvollen Vortrag" bei einem Vereinsfest gelobt worden. Ein Platzverweis und zwei Eigentore hatten ihm den sportlichen Teil der Saison jedoch vergällt.

Wie auch immer – in der Liga, der Norddeutschen, haben beide, Flohr und Agte, 1914/15 nicht gespielt. Das hat niemand, denn die wurde aufgelöst, bevor der *kick-off* zur neuen Spielzeit stattfinden konnte. Der Beginn des 1. Weltkrieges beendete vorerst jeglichen Fußball auf überbezirklicher Ebene.

1914-1917 Liebesgaben und ein 3:24

Scharenweise meldeten sich im Zeichen der anfänglichen Kriegsbegeisterung Freiwillige zu den Fahnen, und viele Fußballer stürmten voran. Im Sommer 1914 verzeichnete der NFV 28.459 Mitglieder; 1930 hieß es dann in einem offiziellen Chronikband: „Über ein Drittel unserer Mitglieder hatten wir bei der großen Musterung nach dem Kriege als Gefallene zu beklagen."

Bei Germania scheinen gemischte Gefühle vorgeherrscht zu haben. „Der freventlich heraufbeschworene Krieg", schreibt Dr. Lohse im September 1914, „dessen für uns so ruhmvoller Fortgang unseren Lesern ja allgemein bekannt sein wird, hat auch in das Sportsleben und unser Vereinsleben weithin eingegriffen." Für den 2. August hatte der Verein sein alljährliches „Sechserturnier" geplant, eine beliebte Veranstaltung mit lauter Spielen „6 gegen 6", die wichtige Einnahmen brachte. Doch, so der Vorsitzende, „gerade wie ausgerechnet, fiel der erste Mobilmachungstag auf den Turniertag!" Der chronisch finanzschwache Klub, der gerade einen neuen Umkleideraum baute, musste seine Alten Herren zu einer Umlage aufrufen, um nicht in einem Schuldenloch zu versinken.

Breiten Raum widmete das Blatt in den folgenden Monaten und Jahren den Kriegsteilnehmern des Vereins. Namenslisten mit den jeweiligen Einsatz- und Standorten wurden veröffentlicht und regelmäßig aktualisiert, solange dies noch erlaubt war. Aus Feldpostbriefen wurde ausführlich zitiert, und umgekehrt erhielten die Soldaten Post und Geschenkpäckchen, „Liebesgaben" genannt. Die oft geschmähte Vereinsmeierei zeigte sich da von ihrer anderen, sozialen Seite. In den Briefen aus Frankreich und Russland, Belgien oder Sansibar herrschte anfangs noch trotzige Zuversicht vor, doch musste der SC Germania im April 1915 schon sieben Mitglieder als Gefallene auflisten.

Die Norddeutsche Auswahl als Gewinner des Kronprinzen-Pokals 1917. Stehend von links: Betreuer Meis, Schmincke, Lorenz, Jäger, Hilbert, Gamerdinger, Frahm, Buchmann, Faust; vorn von links: Gilge, Fick (Holstein Kiel, später HSV), Lange.

Sportlich ging es in der Hamburger A-Klasse mit 15 Vereinen weiter, die eine einfache Runde ausspielten. Unter ihnen befanden sich die bisherigen Ligaklubs sowie ein Verein namens Blücher – kein neuer, sondern es verbarg sich dahinter die bisherige Britannia, die ihren verdächtigen Namen nun schleunigst abgelegt hatte (das „B" musste bleiben, weil man sonst neue Trikots hätte kaufen müssen). Germania hielt in der ersten Kriegssaison ordentlich mit, solange noch genügend Spieler aus der „Ersten" in Hamburg waren. Im Frühjahr musste mehr und mehr improvisiert werden, und die letzten vier Partien gingen mit insgesamt 1:33 Toren verloren. Noch Schlimmeres verhinderte der neue Torwart Fritz Bombeck, der es in den folgenden Jahren mehrfach zu Auswahlehren brachte. Platz 10 bedeutete gerade mal so den Verbleib in der A-Klasse, die nun wieder verkleinert wurde. Es folgten – rein sportlich gesehen – fast nur noch Katastrophenjahre, doch unverdrossen traten Woche für Woche elf, manchmal auch nur zehn oder neun Germanen zu den Spielen der A-Klasse an. Auch die unteren und Schülermannschaften hielten das schwarz-blaue Panier aufrecht.

1915/16 konnte Germania nur einen einzigen gültigen Punkt verbuchen; dabei hatte sie ein Spiel gewonnen, im Januar gegen „unseren Freund und Jubiläumsgenossen" Hamburg 88 mit 2:1, aber das wurde dann für ungültig erklärt, weil der ehemalige Sperberaner Westphal nicht spielberechtigt gewesen sei. Krieg oder Frieden, die Statuten galten! Noch im Frühjahr 1918 gingen aus ähnlichen Gründen erneut mehrere Punkte verloren.

Dazwischen lag der allertiefste Tiefpunkt der Vereinsgeschichte: der 14. Januar 1917. Lassen wir die Klubmitteilungen selbst berichten: „Hoher Schnee, 9 Mann da, ein richtiges Fressen für die torhungrigen Altonaer ... Es hätten auch mehr als 24 werden können, aber v. Drey (der Torwart, jrp.) beseitigte noch eine ganze Menge. Wo das Schicksal derartige Ungleichheiten bringt, da ist eben nichts zu machen. Dass unsere neun Leute heute nach Kräften gearbeitet haben, ergibt sich daraus, dass sie trotz der tor- und trostlosen Vorhälfte den Mut nicht verloren und 3 Tore zuwege brachten."

1916 hatte Germania zu allem Unglück den Forsthof, wo sie so heimisch geworden war, verlassen und nach Fuhlsbüttel umziehen müssen. Die Kündigung des Forsthofs war nur indirekt kriegsbedingt, denn der Grundbesitzer wollte dort eine Viehweide anlegen, weil er sich davon höhere Pachteinnahmen versprach – dieses Motiv unterstellte ihm jedenfalls der Verein. Nebenan waren vorher schon Schrebergärten angelegt worden und daraufhin „unser Platz vielfach von unberufenen Gästen heimgesucht, die mitnehmen, was sie kriegen können... Ja, kürzlich stahl man uns sogar das eine Tor vom Sechserplatz, welches zersägt in einer Bude aufgefunden wurde."

Der Fuhlsbütteler Platz an der Heinrich-Traun-Straße war damals noch recht abgelegen (obwohl der Stadtteil seit 1911 einen Flughafen besaß, aber die U-Bahn wurde erst später gebaut); man ging erneut auf Wanderschaft, spielte zuletzt auf der Schmuckshöhe beim langjährigen Nachbarn St. Georg, mit dem man sich auf dem Rasen oft heftig zu beharken pflegte.

1917-1918 Offene Zweierbeziehungen

Als immer mehr Fußballer im Felde standen und immer mehr gefangen, invalide oder tot waren, kam der Betrieb manch kleinerer Vereine zum Erliegen, oder aber sie schlossen sich zu Spielgemeinschaften zusammen. Germania ging im Februar 1917 eine feste Verbindung mit Uhlenhorst-Herta ein, die, so war es gedacht, auch nach Ende des Krieges bestehen bleiben sollte. Ein gemeinsamer Vorstand war bereits gewählt. Damit schien ein Verein mit 700 Mitgliedern entstanden und auch das Platzproblem gelöst. Doch nach einem Jahr und ganzen fünf kombiniert ausgetragenen Freundschaftsspielen war es wieder vorbei mit „Germania-Herta", angeblich weil die Vereinigung wegen eines Formfehlers vom Verband nicht anerkannt wurde. Stattdessen schloss sich der SC Germania am 15. August 1918 mit den Wandsbeker Concorden zusammen – als Kriegsvereinigung und ausdrücklich mit getrennten Kassen und Mitgliederlisten: „Die 1. Mannschaft spielt im Germaniadress, alle anderen Mannschaften, wie es passt."

So war man denn nach vielen Jahren zu den „Wandsbeker Gefilden" zurückgekehrt. Schon vorher hatte Concordia einige Spieler an Germania abgetreten, und aus der Frühjahrsserie 1918 lagen recht gute Resultate vor, zum Beispiel ein 3:2 über Altona 93 und ein 4:0 über Hamburg 88, jeweils auswärts. Doch auch die Verbindung mit Concordia hielt nicht.

Als der Krieg im Herbst desselben Jahres zu Ende war, Demobilisierung und Revolution die Menschen in Atem hielten, Philipp Scheidemann und Karl Liebknecht in Berlin zwei Republiken ausriefen, auch in Hamburg und Altona in den Straßen gekämpft wurde, gingen die Punktspiele im Fußball nahtlos weiter. Gefallen waren 40 von über 400 Mitgliedern der Germania, darunter mindestens 15 ehemalige und aktuelle Spieler der „Ersten". Walter Wüstendörfer, Torwart der Meistermannschaft von 1904, war unter ihnen, ebenso die langjährigen Stammspieler Max Kuball, Helmuth Zilian und Hermann Lührs. Im August 1915 hatte es angesichts der ums Leben gekommenen Germanen noch geheißen: „Zwölf liebe Kameraden und wahrlich nicht die Schlechtesten, deckt nun die feindliche Erde, wir werden sie niemals wiedersehen, nie wieder werden sie unsere Farben tragen … Wir rufen auch diesen Freunden unsere Wünsche über das Grab, sie sollen nicht vergessen sein. Im übrigen: dulce et decorum est, pro patria mori!" (Süß und ehrenvoll ist es, für das Vaterland zu sterben). Im Februar 1917 war die Sprache des Leitartikels zurückhaltender: „Schwer liegt auch der Krieg auf uns, doch hoffen und wünschen wir weiter, dass Sie alle, die im Felde draußen sind glücklich heimkehren mögen, um wieder mitzuhelfen an dem Blühen und Gedeihen unserer alten lieben Germania." Und im August 1918 schreibt Vorstandsmitglied Hans Oehlmann: „Wir können mit gutem Gewissen sagen, dem Vaterland genügend Männer zur Verfügung gestellt zu haben und wünschen, dass uns weitere Opfer erspart bleiben."

Germania und Concordia, durch aus dem Krieg zurückgekehrte Mitglieder verstärkt, trennten sich zu Weihnachten 1918, und die Frühjahrsserie in der A-Klasse bestritt Germania wieder solo. Sie landete auf dem letzten Platz.

Amateure ja, Hungerleider nein

Inzwischen gab es längst den „Hamburger Sportverein von 1888". Es handelte sich aber nur um eine Namensänderung, die der HFC im Februar 1914 vollzogen hatte. In jener letzten Vorkriegssaison gelang den 88ern endlich der lang ersehnte sportliche Erfolg. Zum ersten Mal überhaupt wurde der Verein Meister, und dass die A-Klasse nur die zweithöchste war und die wirklichen Topvereine in der Norddeutschen Liga spielten, konnte man nun abhaken. Mit einem Jahr Verspätung war, so schien es, der Aufstieg geschafft.

Entscheidenden Anteil am Erfolg hatte Otto Harder. 1913 waren die früheren Streitigkeiten ausgeräumt und der Stürmer erneut zum Rothenbaum geholt worden; diesmal blieb er. Der Wechsel erregte einiges Aufsehen, denn immerhin gehörte sein bisheriger Klub Eintracht Braunschweig zu den spielstärksten in Deutschland. Dagegen war Hamburg 88 nicht einmal in die Liga gekommen. Was also bewog einen ehrgeizigen Fußballer, zu einem zweitklassigen Verein zu wechseln?

Mit Sicherheit hatte das mit den guten Beziehungen des Vereins zur Hamburger Geschäftswelt zu tun. Zweitklassig war er „nur" fußballerisch gesehen, und eben das musste sich schleunigst wieder ändern. Da warf man denn auch mal mit der Wurst nach dem Schinken. Dem 21-jährigen Harder wurde eine Versicherungsagentur verschafft und er konnte auf Torejagd gehen. Dass gute Spieler nicht darben mussten, wenn sie zum Rothenbaum kamen, wurde bald Tradition und blieb es.

Am 5. April 1914 debütierte „Tull" in Amsterdam in der Deutschen Bundesauswahl, wo er gegen die Holländer mit Adolf Jäger und dem Braunschweiger Richard Queck ein norddeutsches Innentrio bildete und ein Tor schoss. Nach Weymar und Borck, den Ehemaligen, endlich ein aktueller 88er im DFB-Trikot! Es sollte für sechs Jahre das letzte deutsche Länderspiel sein. Genau dieselben drei Innenstürmer hatten sechs Wochen vorher für den NFV gegen Mitteldeutschland gespielt und geholfen, den Kronprinzen-Pokal zu gewinnen – vor 15.000 (!) Berlinern mit 2:1, Tore: Harder und Queck.

In den nächsten beiden Jahren findet der Pokalwettbewerb nicht statt, und der Kriegsbeginn bringt die 88er um die Früchte des Aufstiegs, denn die Liga gibt es nun nicht mehr. Es folgen wie bei Germania problematische Jahre, in denen der Spielbetrieb oft nur mühsam aufrechtzuerhalten ist: „Auch unser Verein hat durch den Krieg gelitten, sportlich mehr als wirtschaftlich ... Was irgendwie waffenfähig von uns war, stand im Felde. Uns standen keine Spieler zur Verfügung, die in kriegswichtigen Betrieben, im Garnison- oder Verwaltungsdienste hier am Orte tätig und für uns erreichbar waren".

Im Sommer 1918 geht auch Hamburg 88 eine Kriegsspielgemeinschaft ein – mit Victoria, die laut Vertrag drei Viertel der Spieleinnahmen behalten darf. Es wird eine sportlich sehr erfolgreiche Saison, ganz abgesehen davon, dass kurz nach ihrem Beginn der Krieg zu Ende ist. Die Vereinigten werden Hamburger und Norddeutscher Meister 1919. Zwei Drittel der Spieler aus dem engeren Kreis sind Victorianer, aber einiger Glanz fällt doch auch auf den HSV von 1888. Und aus dem wird am 2. Juni 1919 der „Hamburger Sport-Verein e.V. (Hamburg 88-Germania-Falke)".

1918/19 Sieben Tore gegen „Adsch"

Nach 31 Jahren Rivalität und 38 nachgewiesenen „Derbys", von denen Germania 20 gewonnen hat und die 88er 16, bei zwei Unentschieden und 116:77 Toren, wird die 1913 von Germania noch abgelehnte Vereinigung nun doch vollzogen, mit den Falken als Dritten im Bunde. Die Wege von Victoria und 88 trennen sich wieder, was angesichts des Erfolges viele nicht verstehen. Doch die außerordentliche 88er Mitgliederversammlung, die am 21. März zwecks „Beschlussfassung über eine Vereinigung mit dem S.C. Victoria v. 1895" einberufen wird, entscheidet sich nach langen Debatten mit 50:42 Stimmen dagegen. Acht Wochen später tritt stattdessen der SC Falke den 88ern bei – mit 100 Mitgliedern und einem „netten Kassenbestand".

Die Falken waren 1913 ebenfalls einmal Meister geworden und dadurch von der C- in die B-Klasse aufgestiegen. Sonst haben sie keine Schlagzeilen gemacht, und wann aus dem FC ein SC geworden ist, muss offen bleiben. Im Krieg hat man den Spielbetrieb vorübergehend einstellen müssen, weil der Stellinger Platz zum Gemüseanbau gebraucht wurde. Die Geschichte dieses echten Amateurvereins endet 1919 mit einer stimmungsvoll-wehmütigen Pfingstfahrt nach Bad Oldesloe. Es gibt drei Mark Strafe für einen Falken wegen „nächtlicher Ruhestörung und Heimbegleitung", doch man verträgt einiges, und das Spiel wird anderntags 4:0 gegen die dortige Teutonia gewonnen.

Kalt war's im Winter 1918/19, doch die Kriegsspielgemeinschaft Victoria/88 wärmte sich mit Schals und zwei Meistertiteln. Vor der später abgebrannten ersten HoheluftTribüne von links: Hay (88), Müller, Harder (88), Pohl, Meyer, O. Zilgas, Wendt, Eikhof, Mechling, Krause. „Etje" Garrn hat sich schon in die Kabine verzogen.

Der Reisebericht ist voller interessanter Anspielungen: „Der Mond hat dies gesehen und mir erzählt und noch mehr, er schielte in Euer Kämmerlein und fiel dort auf ein Bild: Still ruht der See.“

Hohe Wellen schlägt währenddessen die bevorstehende Vereinigung. Die Vorstände von 88/Falke und Germania sind sich einig geworden, und diesmal stimmen auch die Mitglieder zu. Da es zum offiziellen Gründungsdatum mehrere Varianten gibt, hier der Beschluss im Wortlaut: „Der Zeitpunkt der Vereinigung wurde auf den 2. Juni 1919 festgesetzt.“

Jedenfalls ist alles in trockenen Tüchern, bevor der 1. Juni gekommen ist und mit ihm der größte Erfolg in der 88er Vereinsgeschichte. Die Endrunde um die „Norddeutsche“ ist ein einziger Triumphzug für die Spielgemeinschaft. Schwerin 03 – mit Walter Borck im Tor! – wird auf dem Victoria-Platz 10:0 besiegt, sodann Borussia Harburg auswärts 4:1 (vier Harder-Tore), und im Halbfinale ist Holstein Kiel dran. 6.500 Zuschauer sehen auf Hoheluft ein ungemein packendes Spiel, in dem die Gäste bei Halbzeit 0:1 führen und Tull erst wenige Minuten vor Schluss per Kopfball ausgleicht. In der Verlängerung verschießt „Etje“ Garrn einen Handelfmeter, aber dann fliegen Kiels berühmtem Torwart „Adsch“ Werner die Bälle nur so um die Ohren: Harder (weitere 3), Oscar Zilgas, Garrn und Schneider bringen das Ergebnis auf kaum glaubliche 7:1 Tore.

Mit 2:0 besiegt Victoria/88 am 1. Juni 1919 den Bremer SC auf dessen Platz vor 7.000 lokalpatriotischen Endspielbesuchern. Es wird keine ganz so klare Sache wie erwartet, obwohl die Bremer ihren etatmäßigen Torwart Kirchmeyer ersetzen müssen und ihrem Läufer Miehe ein Eigentor unterläuft. Zilgas, der Bruder des im Krieg gebliebenen Nationalspielers, fügt den zweiten Treffer hinzu. Acht Victorianer und drei 88er werden in einem harten Spiel Norddeutsche Meister:

► Pohl – Müller, Agte – Wendt, E. Eikhof, Krause – O. Zilgas, Garrn, Harder, Mechling, Schneider.

Neben Mittelstürmer Harder und dem linken Verteidiger Agte ist Kalle Schneider der dritte 88er, seit 1916 im Verein, erst während der Saison wieder nach Hamburg gekommen, früher bei den Karlsruher Vereinen Phönix und KFV. Von den Hoheluftern sind Mechling (ehemals Freiburger FC) und Garrn Nationalspieler; Henry Müller, Eikhof und Krause werden es später noch.

Walter Krause („Wakra“), der in den 20er Jahren auch bei Holstein Kiel spielte, war übrigens ein angeheirateter Großonkel meines Mitautors. Dafür kenne ich die Großnichte eines damaligen Victoria-Reservespielers. Hamburg war schon immer ein globales Dorf und der Ball rund, auch wenn er im nächsten Kapitel gelegentlich Ecken zu bekommen scheint. *jrp*

▶ RIVALEN 1

SC Victoria: Saure Zitronen

„Kennst du das Land, wo die Zitronen blüh'n?" – eine Frage, mit der Goethe noch geheimnisvolle Sehnsüchte wecken konnte. Heute gibt es die saure Frucht im Supermarkt oder im Tee, und um die „Goldene Zitrone" (oder Ananas) geht es im Fußball, wenn Auf- und Abstieg entschieden sind und Langeweile droht.

Zitronengelb und azurblau waren die Farben, in denen der FC (später SC) Victoria vor bald hundert Jahren die ersten beiden Norddeutschen Meistertitel nach Hamburg holte. Fremdländisches Flair brachte der Verein damals gern in die Stadt, indem er Gegner wie Racing Paris, Manchester City oder Ferencvarosi TC aus Budapest in sein Stadion einlud, wo diese Spiele beachtliche Zuschauermengen anzogen. Eingeweiht hatte man den Tribünenplatz Hoheluft im September 1907 mit einem Sieg über den VfB Leipzig. Für Jahrzehnte sollte es „das" Hamburger Stadion bleiben.

In den 20er Jahren wurden die „Zitronen" zum Erzrivalen des HSV – nicht so sehr auf dem Fußballfeld, wo Victoria bald nicht mehr mithalten konnte, sondern in bitteren Fehden, die in Verbandsgremien und Zeitungsspalten ausgetragen wurden. Sieg oder Niederlage in der Alsterstaffel – dem alljährlichen Großereignis eines Staffellaufs rund um den Stadtsee, der in Wahrheit ein Fluss ist – wurden zwischen den beiden Vereinen zur Ehrensache. 1918/19 hatten sie kriegsbedingt eine erfolgreiche Spielgemeinschaft gebildet, aber später war die Stadt einfach nicht groß genug für beide Klubs.

„Vicky" war letztendlich die Verliererin, jedenfalls im Fußball. 1933 wurde sie erstmals zweitklassig, zehn Jahre später gewann sie noch eine Hamburger Kriegsmeisterschaft, doch nach drei Abstiegen aus der Oberliga Nord war die (Hohe)Luft raus. „Zwischen Enttäuschungen und Erfolgen, zwischen Optimismus und tiefem Pessimismus hin- und hergeworfen, vollzog sich an uns das Schicksal des alten Amateurvereins, ‚zwischen den Zeiten' zu stehen", hieß es 1955 in der Festschrift zum 60-jährigen Bestehen.

2006/07 spielte die 1. Mannschaft wieder in der – jetzt fünftklassigen – Hamburg-Liga; nur noch Legende sind die elf (!) Nationalspieler des Vereins, von denen Henry Müller die meisten Länderspiele machte (9) und Hans Schwartz das letzte (1934). Immerhin gibt es das denkmalschutzwürdige Stadion samt Tribüne noch, und alljährlich ist es Schauplatz des Endspiels um den Hamburger Oddset-Pokal der Amateure, auch wenn es inzwischen vom Universitäts-Krankenhaus überragt wird und dessen Erweiterung schon mal weichen sollte. *jrp* ■

► EINWURF

William Townley: The Man Who Wasn't There

William Townley als Spieler.

„Ein cleverer Coach, der beim HSV leider nur die Saison 1923/24 blieb. Ihn zog es auf die Insel zurück…" So steht es in der Jubiläumschronik aus dem Jahr 1987, und gemeint ist der berühmte Engländer William Townley, der schon vor dem 1. Weltkrieg verschiedene Vereine – vor allem in Süddeutschland – zu höchster Blüte geführt hatte.

Trainer der HSV-Ligamannschaft ist Townley aber nach heutigem Wissensstand nie gewesen. Nicht nur lässt sich kein Beleg für sein Wirken am Rothenbaum finden, sondern es kommt gerade die Saison 1923/24 nicht in Frage, denn da war er – mitsamt seinem Sohn, einem Stürmer – beim FC St. Gallen in der Schweiz. Zuvor hatten beide tatsächlich in Hamburg gelehrt und gespielt, aber beim Nachbarn und Rivalen Victoria. Dass der HSV ein Auge auf das Duo geworfen hatte, darf man gern annehmen.

Townley schrieb schon als Spieler Fußballgeschichte, als er mit den Blackburn Rovers zweimal den Englischen Cup gewann und 1890 beim 6:1 über Sheffield Wednesday drei Tore erzielte, als Erster überhaupt in einem Endspiel. In die Nationalelf wurde er dennoch nur zweimal berufen – zwei Tore. Spätere Stationen waren Darwen FC und Manchester City, bevor er Trainer wurde. Erster großer Erfolg: der Deutsche Meistertitel mit dem Karlsruher FV (1910). Später stiegen die SpVgg Fürth und Bayern München unter seiner Regie zur Spitzenklasse auf, gewann Westdeutschland als krasser Außenseiter den Kronprinzen-Pokal (1913), trainierte er die holländische Nationalelf und Vereine in weiteren europäischen Ländern, zuweilen auch als Kurzzeit-Honorarkraft.

So verpflichtete ihn von Januar bis März 1921 der SV Waldhof, dessen Mannschaft der Praktiker und Taktiker auf die süddeutsche Meisterschafts-Endrunde vorbereiten sollte. Auf Ballbeherrschung, Raumaufteilung und direktes Spiel legte der Engländer besonderen Wert. Im Mannheimer Team standen damals Sepp Herberger und Karl Höger, die später erfolgreiche Trainer wurden – Höger eine Zeit lang beim HSV – und sich vermutlich das eine oder andere von Townley abgeguckt haben. *jrp* ■

1919 bis 1933

Höhenflüge im Husarenstil

Januar bis Juni 1919 – sechs Monate, in denen die Menschen in Deutschland, auch in Hamburg, andere Sorgen hatten als Fußball. Oder doch nicht?

Es gehört zu den absonderlichen, aber immerhin festen Gewissheiten im vorigen und in unserem Jahrhundert, dass gerade in Krisenzeiten der vertraute Anblick einer Fußballtabelle zum rettenden Orientierungspunkt werden kann, wenn rundherum alles im Dunst versinkt und täglich neue Nebelhörner einem die Ohren volldröhnen. Links stehen die Vereine in der aktuellen Reihenfolge, rechts daneben die Zahlenkolumnen: Spiele, gewonnen, unentschieden, verloren, Tore für, Tore gegen, Punkte. Das versteht jeder, und Zahlen lügen nicht.

Man lasse sich nur mal die folgende Amtliche Bekanntmachung auf der Zunge zergehen, die im Januar 1919 im Fachblatt *Turnen, Spiel und Sport (TSS)* erschien: „Der von Holstein gegen die Entscheidung des Ausschusses eingelegte Einspruch bezüglich Spiel No. 64 ist anerkannt worden, da der Kampf infolge Einflusses höherer Gewalt (Revolution) nicht einwandfrei ausgetragen worden ist. Es ist daher – analog den Entscheidungen des NFV – zu wiederholen. Das Spiel wird, da der MSC seine Mannschaft zurückgezogen hat, 5:0 für Holstein gewertet."

Soviel zum Kieler Matrosenaufstand, zu Revolution und Kriegsende aus der Sicht des NFV-Bezirkes II. Mit „Holstein" ist der bekannte Kieler Verein und mit „MSC" der dortige Marine-Sportclub gemeint. Und hatten sie nicht irgendwie Recht, die Männer des Spielausschusses, die mit der ordnungsgemäßen Abwicklung ihrer Bezirksmeisterschaft betraut waren? Wer seine Mannschaft zurückzieht, bevor die Saison zu Ende ist, kriegt die Punkte aberkannt. Damit ist ja noch nichts für oder gegen die Revolution als solche gesagt.

Noch ein Beispiel: Am 10. November 1918 hätte eigentlich das Halbfinale um den Kronprinzenpokal stattfinden sollen. Weil zu der Zeit gerade besondere Aufregung herrschte und viel geschossen wurde, verlegte man die beiden Spiele zunächst auf einen späteren, noch zu findenden Termin. Als am 25. Mai des folgenden Jahres in Hamburg und Leipzig angepfiffen wurde, war die Monarchie abgeschafft, gab es demzufolge auch keinen Kronprinzen mehr. Was also tun mit dem Pokalwettbewerb? Abbrechen? Nicht doch. Er wurde umbenannt, hieß hinfort „Bundespokal", und der Weg war frei für die Mannschaft Norddeutschlands, die ihn zum insgesamt vierten Mal gewann.

Matrosen hatten nicht nur an der Kieler Förde, sondern auch an Elbe und Alster die Bildung eines revolutionären Arbeiter- und Soldatenrates ausgelöst. „Dieser Rat“, schreibt 78 Jahre später anerkennend das *Hamburger Abendblatt (HA)*, „hatte vier Monate lang die Geschicke der vom verlorenen Ersten Weltkrieg schwer mitgenommenen Handels- und Hafenstadt gelenkt, 135 Verordnungen erlassen, die später von der Bürgerschaft fast durchweg bestätigt werden sollten, und die ‚Demokratisierung des Wahlrechts‘ durchgesetzt.“ Rund 650.000 Hamburger und erstmals auch Hamburgerinnen durften unabhängig von Stand, Grundbesitz, Einkommen, Herkunft und Glauben ihr Parlament wählen. Das war im März 1919; über 80 Prozent machten von ihrem Wahlrecht Gebrauch. Der neu gebildete Senat beruhte auf einem breiten sozialdemokratisch-liberal-bürgerlichen Bündnis. Straßenkämpfe, nächtliche Schießereien, schließlich die Verhängung des Belagerungszustandes zeigten jedoch, auf welch dünnem Eis sich die Demokratie bewegte.

Wer spätabends oder gar erst frühmorgens nach Hause ging, musste immer ein mulmiges Gefühl haben. Hunderte von Sportvereins-Mitgliedern hielt das nicht davon ab, nächtelang über Satzungsfragen, Vereinswappen und die Zusammensetzung von Spielausschüssen zu debattieren. Auf diesem Gebiet herrschte überall Aufbruchstimmung, und der HSV war nicht der einzige neue Großverein mit dem Gründungsjahr 1919.

Folgende Zahlen illustrieren die damalige Entwicklung: 131 Vereine mit zusammen 10.362 Mitgliedern hatte der NFV im Jahre 1910 umfasst. 1914 waren es schon 280 Klubs und 28.459 Mitglieder. Im Jahr nach dem Kriegsende gab es dann – trotz der vielen Gefallenen – 59.577 Fußballer und Leichtathleten; die Zahl der Vereine war demgegenüber weit langsamer auf 323 gewachsen, so dass sich die durchschnittliche Mitgliederzahl gegenüber 1910 mehr als verdoppelt hatte.

HSV-Werbung noch ohne Raute: Fahrbare Plakatwand in den 20er Jahren.

Wir sind die Zukunft!

Noch wichtiger war das enorme Anwachsen der absoluten Zahl an aktiven und passiven Fußballern. Zur gleichen Zeit stiegen nämlich auch die Zuschauerzahlen in nie gekannte Höhen. Als ab 1920 wieder die Deutsche Meisterschaft ausgetragen wurde und DFB-Mannschaften aufs internationale Parkett zurückkehren durften, wurde es eng in den Stadien. Am 2. Januar 1921 gastierte die Auswahl Nordhollands nach fast sieben Jahren wieder in Hamburg. Weit über 30.000 Menschen ließen den Victoria-Platz Hoheluft beinahe aus den Nähten platzen, es gab Flaggen und Hymnen, und trotz des 1:2 herrschte begeisterte Stimmung. Binnen zwei, drei Jahren war Fußball vom Nachtschattengewächs zur Sonnenblume und zum Lichte emporgewachsen, und die Sportteile der Zeitungen schwollen an.

Das brachte dem Sport nicht nur Gutes. Viele Deutsche sahen sich durch das Kriegsdesaster und den Versailler Vertrag mit seinen harten Bedingungen gedemütigt, zudem durch Massenarbeitslosigkeit und die heraufziehende Inflation in ihrer Zukunft bedroht. Es war dies die Zeit, in der Fußballstadien zu Ersatzkriegsschauplätzen wurden – nicht unbedingt in der Realität, wohl aber in der Berichterstattung, wobei die Fachpresse das Feuer zuweilen mitschürte. „In Scharen eilten unsere Anhänger zu den Fahnen", schrieb *TSS* rückblickend im August 1919, „vorwiegend Sport-Regimenter waren es, die in Flandern immer wieder gegen die feindlichen Mauern anrannten... In späteren Zeiten soll es heißen: Am Sport ist das deutsche Volk wieder gesundet!" Die Nachbarvölker, besonders das westliche, hielt dasselbe Blatt offenbar für geisteskrank: Ob sich durch afrikanisches Blut „die französische Degeneration (...) noch wird aufhalten lassen, wird von Kennern bezweifelt" – so der höhnische Kommentar, als 1923 ein Speerwerfer aus dem Senegal den französischen Rekord gebrochen hatte.

Von anderem Geiste beseelt äußerte sich Erich Lüth im Februar 1919 in den gemeinsamen Vereinsnachrichten von Victoria und Hamburg 88: „Alles erwies sich als morsch, und das Übergewicht des Veralteten, Untauglichen war so groß, dass selbst das wenige Gute und Dauerhafte in die Katastrophe hineingerissen wurde. Noch aber sind wir da, das heranwachsende, sieghafte Geschlecht ... *Wir sind die Zukunft unseres Vaterlandes!* ... Selbständigkeit des Denkens und Handelns (ist) das, was man Charakter nennt. Wie kein anderer, ist der Sportverein geeignet, in diesem Sinne seine jugendlichen Mitglieder zu erziehen ... Leitet uns an zu selbständigem Schaffen, lasst uns unsere Führer selbst wählen und zwar aus unserem Kreise (Selbstverwaltung), befürwortet die Bildung einer Jugendabteilung, die den neuzeitlichen Gedanken in sich zu verkörpern vermag."

Der Verfasser dieses Aufrufs sollte mehr als drei Jahrzehnte später immerhin die Hamburger Politik mitbestimmen – als langjähriger sozialdemokratischer Chef der Senats-Pressestelle. Ob die *TSS*-Redakteure, ins Jahr der Weltmeisterschaft 2002 versetzt, Frankreichs 0:1 gegen den Senegal mit Schadenfreude oder Entsetzen angesehen hätten, muss uns zum Glück nicht mehr interessieren. Damals gab es noch weitere ideologische Probleme, zum Beispiel die zwischen Sportlern und Turnern. Etliche nach dem Ersten Weltkrieg neu fusionierte Vereine waren Zusammenschlüsse dieser „feindlichen Brüder“, die einander bis dahin nicht die Margarine zum Brot gegönnt hatten. Und der Versuch, durch Verschmelzungen die Eintracht im „bürgerlichen“ Sport und Turnen herbeizuführen – es gab ja auch noch den Arbeitersport, der mit beiden nichts zu tun haben wollte –, scheiterte denn auch. Weder St. Georg 1816 noch der VfTuR Hamburg noch der VfL Altona bestanden länger als zwei, drei Jahre. Danach spielte und turnte man wieder getrennt, und die alten Vereinsnamen wie Sperber oder Altona 93 lebten neu auf.

Drei Mann, acht freie Plätze

All das ist zwar nur eine Fußnote der Geschichte des HSV, aber keine unwichtige, da er von vornherein *keine* Turner dabei hatte. Sein steiler Aufstieg sollte sofort 1919/20 beginnen. 1.000 Mitglieder – im Oktober wurde diese Zahl erreicht – und enge personelle Verflechtungen mit dem hanseatischen Kaufmannsadel bedeuteten, dass mit dem neuen Verein zu rechnen war. Mit den Plätzen am Rothenbaum und alsbald auch wieder am Forsthof konnte er seinen zahlreichen Mannschaften Spielmöglichkeiten bieten.

Trotzdem war am Morgen des 2. Juni 1919, nach dem Kommers zur Jubiläums-, Vereinigungs- und Meisterschaftsfeier der vergangenen Nacht, noch ein kleines Problem zu lösen: dass es kein Ligateam gab. Zwar hatte laut Bericht in den Vereinsnachrichten „das erste Spiel, das wir als neuer Verein austrugen“, schon am 1. Juni in Recklinghausen stattgefunden. Dort, fern der Heimat, war allerdings nur eine bessere Reserve- oder Reisemannschaft angetreten. Nicht dabei waren die eigentlichen Asse Harder, Schneider und Agte, denn sie hatten ja am selben Tag in Bremen um die „Norddeutsche“ zu spielen. Auch Christian von Drey, der 88er Torwart (früher Germania), dürfte für alle Fälle dorthin mitgereist sein; er wechselte jedoch anschließend zu St. Pauli. Armando Hay, der Italiener, der während seiner Militärdienstzeit beim FC Neapel gespielt hatte, fiel wegen einer Knieverletzung monatelang aus und tauchte später nur noch in der Reserve und Altliga auf. Alle übrigen 88er hatten im kombinierten Team mit Victoria keine Chance auf einen Stammplatz gehabt. Somit bestand der Nucleus der neuen HSV-Ligamannschaft tatsächlich nur aus Harder sowie Kalle Schneider und Rudi Agte, der gleichzeitig „Außenkapitän“ und Spielertrainer war.

Es mussten also neue Spieler her. Und der HSV ließ vom ersten Tag an nichts anbrennen. Für die Positionen, die nicht optimal besetzt waren, gezielt „einzukaufen“, war in den ersten Jahren die konsequent verfolgte Linie und die Grundlage für große Erfolge, aber auch dafür, dass sich die Beliebtheit des Vereins bei der Konkurrenz in engen Grenzen hielt. Es ist nicht auszuschließen, dass der HSV heute noch Punktspiele gegen Blankenese oder Sperber bestreiten müsste, wenn er damals nicht geklotzt, sondern gekleckert hätte. Das Klotzige, Kommerzielle, Krakenhafte wurde dann sehr bald von der Konkurrenz kritisiert. Doch wer zu spät kam, den bestrafte schon damals der Tabellenstand.

Nicht, dass die anderen es nicht auch versucht hätten. Aber der HSV kriegte die Leute, die er wollte, meistens tatsächlich. In den Wochen und Monaten vor Beginn seiner „Jungfernsaison" waren das allein drei namhafte Spieler von Holstein Kiel: August Werner (ein Bruder von „Adsch"), Carl Ohrt (früher Germania) und Hugo Fick, den man den Altonaern wegschnappte. Außerdem kamen: Hans Flohr von Concordia (zum zweiten Mal nach 1912), Hans Popp von Hannover 96 und noch ein alter Bekannter: Walter Borck, einst „Baby", jetzt „Doc", der zuletzt das Tor von Schwerin 03 gehütet hatte.

Der 14. September 1919 sieht dann das erste Meisterschaftsspiel des HSV. Gegner am Rothenbaum ist Concordia, das Ergebnis 8:0, und es spielt folgende historische Elf: ▶ Borck – Werner, Agte – Flohr, Ohrt, Fick – Wagner, Stürmer, Harder, Schneider, A. Hansen.

Harder schießt vier Tore, Schneider zwei, Stürmer eines und „Adje" Hansen per direkt verwandeltem Eckball ebenfalls. Fünf Neuzugänge stehen mit vier 88ern (inklusive Hansen) und zwei Falken (Wagner und Stürmer) in der Mannschaft, während sich die Germanen damit trösten müssen, dass drei Spieler in Vorkriegszeiten mal ihren Dress getragen haben. Zwei von ihnen, Agte und Flohr, hat man damals mächtig hinterhergeschimpft, als sie zu 88 wechselten.

1919-1921 Erste Erfolge, erster Ärger

Mit dem 8:0 über Concordia erobert der HSV gleich in seinem ersten Punktspiel die Tabellenspitze, die er bis in den März des folgenden Jahres souverän behauptet. Neun Siege und drei Unentschieden bringen die Herbstmeisterschaft mit 21:3 Punkten und beachtlichen 56:10 Toren; allein Harder hat bis dahin schon 20 Treffer erzielt. Allerdings täuschen hohe Siege über schwache Gegner eine Überlegenheit vor, die nicht wirklich besteht. Noch gelingt es Victoria (2:2), Ottensen 07 (2:2) und Eimsbüttel (0:0), den Rothosen jeweils Unentschieden abzutrotzen, und der VfL Altona lässt sich am Rothenbaum nur knapp 2:1 besiegen.

In der Liga, die immer noch auf den Bezirk Hamburg begrenzt ist, spielen jetzt 13 Vereine. Nach Ende der Herbstserie wird, wie früher schon mal praktiziert, die Tabelle geteilt, so dass nur die ersten Sechs und die letzten Sieben untereinander die Rückrunde bestreiten. Der HSV ist klarer Favorit, aber: „Die errungenen Erfolge sind so glänzend, dass sie leicht den Blick trüben können", warnt *TSS* im Januar 1920 und fährt fort: „Die Schwächen liegen in der Geschichte der Mannschaft. Diese besitzt nur eine äußerliche Einheit. Die Spieler sind größtenteils aus fremden Kulturen hervorgegangen und nicht organisch aus den verbundenen Vereinen erwachsen. Es fehlt eine gesunde Tradition, die Blüte ist somit nur eine künstlich erzeugte... Ihre Echtheit könnte erst in Stürmen der Not erwiesen werden."

Das erste Spiel der Frühjahrsserie steigt am 15. Februar auf dem neu eröffneten Sportplatz Kreuzweg (den gibt's auch nicht mehr) gegen Union Altona. Der HSV gewinnt 5:2. Harder, im Hinspiel vom Platz gestellt, rächt sich mit drei Toren, und nichts scheint den kommenden Meister mehr aufhalten zu können. Doch im März kommt alles ganz anders. Zunächst bejubeln 5.000 Altonaer das 1:0 ihres VfL über den Spitzenreiter; Adolf Jäger lässt es sich nicht nehmen, höchstpersönlich das Tor zu schießen. Am Sonntag darauf gewinnt Victoria das Gipfeltreffen mit 3:1, und wieder eine Woche später setzen die „Stürme der Not" das HSV-Schiff vorerst in den Schlick. Der Eimsbütteler TV stürmt am Rothenbaum zu einem 6:2 und stürzt den Tabellenführer.

Damit nicht genug, hat inzwischen auch noch der Bezirk dem HSV fünf Punkte aus der Herbstserie aberkannt, die er unter Mitwirkung des Spielers Popp gewonnen hatte. Dieser – früher bei Sperber, dann vorübergehend bei Hannover 96 – soll keine formgerechte Freigabe besessen haben. Und das 2:6 gegen Eimsbüttel wird als Punktspiel gewertet, obwohl sich die beiden Kapitäne vorher geeinigt hatten, es nur als Freundschaftsspiel durchzuführen, weil der angesetzte Schiedsrichter nicht zur Stelle war. Empörung am Rothenbaum. Man geht den Instanzenweg, aber vergebens: Korrekt sei die Partie gegen Eimsbüttel von einem ordnungsgemäß lizenzierten Ersatzreferee gepfiffen worden, und Privatvereinbarungen zwischen den Kapitänen seien gegenstandslos. So entscheidet der Bezirk, der dem HSV auch die Popp-Punkte nicht wiedergeben will. Der Meistertitel geht an Victoria. „Mit allen Mitteln, selbst den unlautersten" seien die Gegner des HSV vorgegangen, so Emil Martens noch Jahre später in einer Rede an die Mitglieder, „unterstützt ... durch eine restlos von ihnen beherrschte Presse und durch die Besetzung aller maßgebenden Posten im Verband und Bezirk mit ihren Leuten."

Offenbar ist damals die schlechte Chemie angerührt worden, die später noch oft für Stunk zwischen dem Verein und dem Bezirk sowie Teilen der Presse sorgen sollte. Auch wenn sich der HSV in der Popp-Angelegenheit im Recht fühlte, hätte er ruhig zugeben können, dass Victorias Meisterschaft verdient war, denn so oder so hatten die Blau-Gelben mindestens einen Punkt mehr, und von den sechs Spielen gegen die drei stärksten Konkurrenten hatten die Rothosen selber nur eines gewonnen.

Aber man blickte auch nach vorn. Die Mannschaft musste weiter verstärkt werden, besonders im Angriff, wo Harder und Schneider zu wenig Unterstützung hatten. Obendrein gingen Ohrt und Werner nach Kiel zurück, so dass auch Abwehr und Mittelfeld auseinander gerissen waren. Also Neuaufbau, Teil 2: Sperbers rechter Flügel Kolzen/ Breuel kam im Doppelpack, dazu der Verteidiger „Gosch" Schmerbach von Union – wieder drei NFV-Repräsentative. Den langen Torwart Martens holte man aus Rothenburgsort und den neuen Mittelläufer Ernst gar aus Frankfurt. Er war, abgesehen von Kalle Schneider, der erste „Quiddje" (Zugereiste) in der ansonsten norddeutsch geprägten Mannschaft. Aus der eigenen Reserve rückte Hans Krohn auf.

Als i-Tüpfelchen heuerte man nun auch einen richtigen Trainer an. Der Engländer A.W. Turner, schon vor dem Krieg Vereinsmitglied bei 88, bemühte sich als Erster, der Position ein Profil zu geben. Seine erste Amtszeit als Trainer dauerte jedoch nur ein paar Monate, ebenso wie die seiner Nachfolger Richard Girulatis und Ludwig (Lajos) Banyai, die fachlich renommierte Fußball-Lehrer waren. Immerhin wurde Banyais Kündigung im April 1922 nur gegen die Verpflichtung akzeptiert, „drei Jahre lang im Bereich des N.F.V. keine Trainerstelle anzunehmen gegen eine Konventionalstrafe von M. 20.000,–". Interimsweise übernahm wieder Turner das Amt. Allerdings wurde zunächst keinem der Trainer ein wirklicher Einfluss auf Zusammensetzung und Aufstellung der Mannschaft zugestanden, sondern sie waren lediglich Trainingsleiter; es gab sogar lange Perioden ganz ohne angestellten Trainer. Bemerkenswert ist, dass die Ligamannschaft gerade dann die größten Erfolge erzielte.

Es kamen und gingen auch die Präsidenten und Vorstände, doch der eigentlich starke Mann blieb: Rudi Agte. Bis 1923 noch selbst im Ligakader, saß er bereits im Vorstand und war zudem „Außenkapitän" – eine Art Teamchef/Manager –, während Turner im August 1922 zum neuen Ligaobmann gewählt wurde. Ab Februar 1923 teilten sich dann beide die Leitung des fünfköpfigen Ligaausschusses, der ausdrücklich die alleinige Entscheidungsbefugnis über Training und Aufstellung hatte.

Ohne Zweifel füllte Agte seine vielen Ämter optimal aus. Im Team von 1920/21 stand der hünenhafte Oldtimer noch als Verteidiger seinen Mann. Souverän gewann der HSV seinen ersten Titel, den des Norddeutschen Meisters; Hannover 96 wurde in zwei Endspielen 8:0 und 3:1 besiegt. Durchschnittlich 3.500 Zuschauer verfolgten am Rothenbaum die Heimspiele in der Norddeutschen Liga, die es (zweigleisig) seit Saisonbeginn wieder gab. Nur 15 eingesetzte Spieler – Minusrekord bis heute! – und ein Torverhältnis von 65:19 bei 34:2 Punkten (ohne Endspiele) zeugten von konstanter Form und mannschaftlicher Geschlossenheit. Inzwischen bildete sich bereits der „Husarenstil" heraus, für den die Rothosen bekannt werden sollten: nichts Filigranes im Mittelfeld, sondern schnelles Überbrücken desselben, eingeleitet durch den Mittelläufer, der selbst für die langen Pässe auf die Außenstürmer zuständig war. Diese – noch ohne Defensivaufgaben – hatten ohne Unterlass zu flanken, und im Strafraum herrschte Tull Harder, dem „Luten" Breuel wirkungsvoll assistierte. Allein 54 Tore gingen auf das Konto dieser beiden.

1921/22 „Meister gemäß § 111 Abs. 4"

Doch noch waren Agte & Co. nicht zufrieden, zumal in der Deutschen Meisterschaft das Aus in der 1. Runde kam (1:2 nach Verlängerung beim Duisburger SV). Nochmals wurde nachgelegt, nun auch ohne Rücksicht auf die eigene Person, denn durch „Ali" Beier drängte sich der Chef selbst aus der Mannschaft. Der kampfstarke neue Verteidiger wurde zu einem der Langzeitstars und Publikumslieblinge beim HSV. Dann kam noch Asbjørn Halvorsen dazu, den eigentlich Victoria verpflichten wollte. Der HSV war schneller, lud den Norweger ins richtige Café ein, und mit ihm und dem Eigengewächs Hans Rave war das Team erst abgerundet. Rave, schon in jungen Jahren einen „Mollenfriedhof" vor sich her tragend, war trotzdem als Linksaußen das ideale Gegenstück zu Walter „Lauf" Kolzen am rechten Flügel, und Halvorsen gab zwölf Jahre lang einen glänzenden Mittelläufer.

Der HSV steht nun am Beginn eines Abschnitts, der für Jahrzehnte der erfolgreichste in der Vereinsgeschichte sein wird. 1921/22 erringt er im legendären „unendlichen Endspiel" – faktisch, wenn auch nicht offiziell – den Deutschen Meistertitel. Ein Jahr später, als ein Exemplar von *Turnen, Spiel und Sport* 750 Mark kostet und ein Monatsbeitrag im HSV 20.000 (Fördermitglieder: 35.000 Mark), schlagen Halvorsen und seine Männer im Berliner Stadion die Elf von Union Oberschöneweide mit 3:0, und damit sind sie tatsächlich und unbestritten die Champions.

So gefühlt hatten sie sich schon im Sommer 1922. Vor mittlerweile 80 Jahren stieß der große Showdown mit dem 1. FC Nürnberg auf ein Medieninteresse und entfachte Leidenschaften, die es in Deutschland um den Fußball noch nie gegeben hatte: der fränkische „Club", Favorit und Titelverteidiger, Inbegriff süddeutscher Fußballkunst, gegen den Emporkömmling vom Rothenbaum, der mit seinem Trainer Willie Turner auf den „Husarenstil" setzte. Am 18. Juni stieg im Berliner Stadion am Grunewald der erste Akt des Finales. 30.000 sahen ein 2:2 nach 189 (!!) brütend heißen, hochdramatischen, phasenweise sehr hektischen und überharten Minuten (Tore für den HSV: Rave und Flohr). Gegen 21 Uhr war es endgültig zu dunkel – Abbruch.

Erst sechs Wochen später ging es im VfB-Stadion zu Leipzig weiter, diesmal vor 50.000. Langwierige Ausfälle (Harder, Schneider, Schmerbach verletzt, Halvorsen krank, Beier nach dem Vereinswechsel noch gesperrt), zwei Trainerwechsel und andere Vorkommnisse hatten dem HSV monatelang Probleme bereitet. Doch obwohl der „Club" in Leipzig auch ohne Hans Kalb, der in beiden Spielen verletzt fehlte, noch sechs Nationalspieler auf den Platz brachte, waren die Hamburger guten Mutes.

Eine Entscheidung fiel auch im Wiederholungsspiel nicht; nach 90 Minuten stand es 1:1 durch Tore von Träg (1. FCN) und Schneider. Immer wieder ist der Verlauf dieser zweiten Partie analysiert und nachempfunden worden, meistens anhand des anschaulichen Spielberichts von Schiedsrichter Peco Bauwens:

„Bevor ich die erste Verlängerung anpfiff, hörte ich eine heftige Auseinandersetzung zwischen Träg und Agte. Ich frug, um was es sich handelte, worauf Träg sehr erregt sagte: ‚Der hat Lump zu mir gesagt und Sie haben es nicht hören wollen.' Zunächst wies ich wiedermal Träg wegen der letzten Bemerkung zurecht (...). Agte versuchte, sich bei Träg zu entschuldigen. Dieser ließ dies aber nicht gelten, sondern erklärte ihm, ihn fünf Minuten vor Schluss kaputt zu treten."

Bauwens lässt den Kapitän und Wutnickel nochmal mit einem Ordnungsruf davonkommen – „da ich Rücksicht auf seine Erregung nahm" –, doch das Verhängnis nimmt seinen Lauf: Fünf Minuten vor Schluss der ersten Verlängerung, wie angekündigt, wird Träg zwar nicht gegen Agte, aber gegen Beier tätlich, und Bauwens, der nunmehr „nahe daran war, das ganze Spiel jetzt schon abzubrechen", verweist ihn des Feldes. Das bedeutet für den „Club", dass er nur noch acht Spieler auf

Kalle Schneider (HSV), Torschütze im zweiten Endspiel 1922, kommt hier gegen Torwart Heiner Stuhlfauth zu spät. Rechts Gustav Bark.

dem Rasen hat, denn Kugler ist kurz zuvor verletzt ausgeschieden und Böß schon lange vorher rausgeflogen.

Weiter in Bauwens' Text: „Mit dem Schlusspfiff der ersten Verlängerung brach Popp (gemeint ist der Nürnberger Luitpold, jrp.) zusammen. Ich ließ einige Zeit verstreichen, damit er sich erhole. Es wurde mir dann nach weiterem Befragen von Riegel (jetzt Kapitän, jrp.) erklärt, Popp könne nicht mehr weiterspielen. Ich machte nochmals darauf aufmerksam, dass ich dann das Spiel abbrechen müsste, da weniger als acht Mann auf dem Spielfelde seien. Auch dann erklärte Riegel nach einiger Zeit, Popp konne nicht mehr eintreten und so brach ich dann das Spiel vor Beginn der zweiten Verlängerung ab."

Soweit der Schiedsrichter über ein Spiel, das trotz alledem „in seinem Gesamtausdruck … ohne Zweifel wesentlich fairer (war) als in Berlin. Auch war das Benehmen beider Mannschaften bedeutend ruhiger." Nach dem Schlusspfiff sollen aber fast sämtliche HSV-Spieler erbost dem Bankett ferngeblieben sein.

Nach vier Stunden und 54 Minuten Netto-Spielzeit (Berlin plus Leipzig) konnte nun erstmal der HSV den Titel führen, denn, so der DFB-Spielausschuss: „Da der erste F.C. Nürnberg durch das unsportliche Verhalten zweier seiner Mitglieder, das dann deren Ausschließung zur Folge hatte, den Abbruch selbst verschuldete, ist der Hamburger Sport-Verein gemäß § 111 Abs. 4 der Satzungen des D.F.B. als Sieger anzusehen." Doch Hamburgs Freude darüber, Deutschlands Fußballmeister zu sein, war verfrüht. Der „Club" erhob Einspruch, und es folgte ein verbandsjuristischer Rattenschwanz ohnegleichen. Es ist auch in diesem Buch weder genug Platz noch dient es der Wahrheitsfindung, das Ganze im Detail aufzurollen. Fest steht, dass der HSV den Titel zunächst wieder hergeben musste und Schiedsrichter Bauwens – der spätere DFB-Chef – den Schwarzen Peter bekam, denn das Vorgehen beim Spielabbruch – *während der Pause* – sei ein Formalverstoß seinerseits gewesen (die Pause gehörte nach Regel 5, Abs. 2 bis 4, nicht zum Spiel!). Die Meisterschaft aber solle für diesmal „in Fortfall kommen". Ein weiterer DFB-Bundestag im November in Jena entschied dann mit 53:35 Delegiertenstimmen zugunsten des HSV, der somit für ein paar Minuten wieder Deutscher Fußballmeister war. Doch nun trat Henry Barrelet im Namen des Vorstandes vor und gab die historische Jenaer Erklärung ab: „Der H.S.V. erhebt keinen Anspruch auf die diesjährige deutsche Meisterschaft."

Endlich eine klare Aussage, doch besteht der Verein bis heute darauf, dass er vom DFB zu dem Verzicht genötigt worden sei. „Tatsache ist und bleibt", schrieb Jupp Wolff in der Vereinschronik von 1962, „dass der HSV der Meister des Jahres 1922 ist. Denn der Verzicht war ihm aufgezwungen worden."

1922/23 Meister gemäß 3:0

Das Geheimnis, wenn es eines gab, haben die Beteiligten nach und nach mit ins Grab genommen. Moralische Sieger waren letztendlich die Spieler beider Vereine, jedenfalls die meisten – weil sie aus der Treterei keine Erbfeindschaft ableiteten. Meister 1923 wurde der HSV, 1924 der „Club"; danach vertrug man sich wieder und ließ sich nach ein paar Jahren sogar gemeinsam fotografieren.

3:0 lautet das unmissverständliche Resultat des Finales von 1923. 64.000 Zuschauer, große Scharen davon aus Hamburg nach Berlin angereist, sehen am 10. Juni in einem überlegen geführten Spiel Tore von Harder, Breuel und Schneider – „und nun ging alles in Jubel über. Wehmütig standen manchem alten Fußballer die Tränen in den Augen", berichtet das Vereinsblatt des (endlich!) Deutschen Meisters. *TSS*, generell sehr HSV-kritisch, zollt höchste Bewunderung: „Woran ein Jäger mit Altona und eine Hamburger Victoria mit vielen internationalen Größen gescheitert ist, der H.S.V. hat die Aufgabe bewältigt. An erster Stelle aller Schilderung steht der Dank, den Hamburg als Sportstadt dem H.S.V. schuldet." Und das Berliner Fachblatt *Der Rasensport* schwärmt: „Es kann nach diesem Spiel keine Frage nach dem Besseren geben … Die spielerisch hochklassigste Leistung bot Halvorsen." Willie Turner und Rudi Agte werden vom Verein zu Ehrenkapitänen ernannt. Harders Ruhm ertönt derweil schon von Schellack-Platten: „Spielt der Harder Tull / Wird es Drei zu Null." In Berlin hat das bestmögliche Team Geschichte gemacht:

► Martens – Beier, Speyer – Carlsson, Halvorsen, Krohn – Kolzen, Breuel, Harder, Schneider, Rave.

Als neuer „Einkauf" ist inzwischen der Schwede Otto Carlsson hinzugekommen, und Agte lässt weiter die Telefondrähte glühen. Hans Lang, SpVgg Fürth, hat in Hamburg eigentlich nur Zwischenstation machen und dann nach Amerika auswandern wollen

Tull Harder im Meisterschafts-Endspiel 1923.

(im Januar hatte der HSV übrigens ein Freundschaftsspiel in Fürth 0:10 verloren, peinlich, trotz Ersatztorwart). Alsbald trägt Lang ebenso den HSV-Dress wie der Düsseldorfer Walter Risse. Beide sind bereits Nationalspieler, bleiben es auch weiterhin, werden nach Absitzen längerer Sperren im Laufe der Saison 1923/24 spielberechtigt – und tragen dazu bei, dass den HSV zunehmend der Geruch des verkappten Profitums umweht.

1923-1926 Wo kaufst Du Deine Zigarren?

„Merkantilismus" wirft die *Schweizerische Fußball- und Athletik-Zeitung* in einer Neujahrsbetrachtung dem Deutschen Fußballmeister vor – heute würde man sagen: Kommerzdenken –, und mit unverhohlenem Kopfnicken zitiert *TSS* die Kollegen: „Das Großziehen von Spielern im Jugendbereich nahm bei ihm Formen an, die später zu einem großen Skandal führten; das ‚Keilen' von Mitgliedern wurde eine unfaire, hässliche Wettläuferei um den besten Mann; die Spielerübertritte erscheinen, bei Licht besehen, als nichts anderes als Meistbegünstigungsofferten, die angenommen wurden; ja selbst bis in das Gebiet der kaufmännischen Stellenvermittlung muss man gehen, um die Zusammenhänge zwischen neuer Mitgliedschaft und diesem Verein herauszufinden."

Kein Zweifel, dass „diesem Verein" mit dem Erfolg auch Neider erwachsen waren. Kein Zweifel, dass manche Vorwürfe übertrieben und andere Vereine auch nicht immer moralischer, sondern nur später aufgestanden waren. Manches aber traf zu. Den erwähnten „großen Skandal" hatte es schon im Sommer 1921 gegeben. Wegen Verstoßes gegen die DFB-Satzung war der HSV für einen Monat disqualifiziert und waren mehrere Funktionäre gemaßregelt worden. Obendrauf gab es 25.000 Mark Geldstrafe. Anlass: das „Keilen" des 15-jährigen Victoria-Spielers Ernst Borregaard, indem man ihm die Teilnahme an einer Hollandreise der Schülermannschaft versprach. Gut zwei Jahre später waren 500 Millionen Mark (Inflation!) zu zahlen als Strafe in der Angelegenheit Ruffelse. Der HSV hatte den niederländischen Nationalspieler Altona 93 abgeluchst und in zwei Freundschaftsspielen unter Missachtung der Sperrfrist eingesetzt. Natürlich kamen all die anderen erstklassigen Spieler auch nicht nur wegen der guten sportlichen Aussichten zum Rothenbaum. Der HSV kümmerte sich um das Wohlergehen seiner Stars, und die meisten Ligaspieler waren oder wurden selbständige Geschäftsleute – angesichts der Notzeiten ringsum kein schlechtes Los. Einige Beispiele anhand von Kleinanzeigen in den Vereins-Nachrichten:

Vom blauen Dunst bis Bölkstoff: Uralt-Werbeträger Fußball.

„Wo kaufst Du Deine Zigarren und Zigaretten? Nur bei Hugo Fick … Albert Beier, Lokstedt, empfiehlt feinste Kolonialwaren … Versicherungen aller Art deckt der HSVer bei Tull … Hans Lang, Café und Konditorei, Beim Strohhause… H.S.V.er, fahrt nur Nimbus-Fahrräder, zu beziehen durch Otto Carlsson" (er hatte außerdem eine Anzeigenvermittlung und verlegte die Vereins-Nachrichten, jrp.).

Über die Unterstüzung der hanseatischen Geschäftswelt für den Verein geben Geschäftsanzeigen von HSV-Vorstandsmitgliedern und/oder wichtigen Förderern Aufschluss: „Oscar Algner, Öle u. Fette … S. Becker G.m.b.H., Einfuhr – Ausfuhr … Antholz Gebrüder, Import und Versand von Kaffee, Tee und Kakao … Franz Kayssner, Meissner Porzellane … Paul Hauenschild, Import – Export – Agenturen … Die Johannes Lenzen A.G. kauft Grundstücke aller Art im Hamburg. Staatsgebiet."

Die Armut kommt von der Poverteh, hatte der Dichter Fritz Reuter einst geunkt, aber der war ja auch Mecklenburger. Rund um den Hamburger Rothenbaum wusste man die Inflationszeit zu überstehen, und man war nicht immer nett zu den „Kleinen". So im Sommer 1923, als noch das Endspiel um die Groß-Hamburger Meisterschaft ausstand. Gegner war Union Altona als Meister des Elbekreises (der HSV war im Alsterkreis auf Platz 1 gekommen*). Gern hätten die „Jonier" ihre Kräfte mit dem frisch gebackenen Deutschen Meister gemessen, doch der verzichtete. Da Union keinen geschenkten Titel annehmen wollte, gab es in dem Jahr gar keinen Hamburger Meister.

Überhaupt der ständige Ärger um Termine, Privatspiele und Veranstaltungen des Bezirks oder des NFV. Der HSV verfolgte oft Sonderinteressen, boykottierte gemeinsame Planungen und gelegentlich auch Repräsentativspiele, die seiner Meinung nach überhand nähmen und dem Verband lediglich Einnahmen zuschanzen sollten. Im Herbst 1925 gelang es – nicht zum letzten Mal –, ein gemeinsames Vorgehen der großen Hamburger Klubs zu organisieren. Gefordert wurde die Trennung des Bezirks vom NFV, so dass Hamburg direkt dem DFB unterstünde und nichts mehr mit der hannoverschen Provinz zu tun haben müsse. Vorsitzender des NFV war zu dem Zeitpunkt pikanterweise der HSVer Henry Barrelet, der dann dazu beitrug, den Streit zu entschärfen – bis zum nächsten Mal.

Alles nur Krähwinkeleien? Man muss gerechterweise einräumen, dass die höheren Instanzen tatsächlich von „einnehmendem Wesen" waren, besonders während der Endrunden, und den Klubs nur einen geringen Anteil der Eintrittsgelder zugestanden. Undurchschaubar war zudem oft die Spielansetzungspolitik, auch die des DFB in der Deutschen Meisterschaft.

Der sportliche Teil blieb rundum erfreulich, auch wenn es mit der Titelverteidigung nicht ganz klappte. 1924 erreichte der HSV zum dritten Mal hintereinander das Endspiel um die „Deutsche" und verlor es in Berlin mit 0:2 gegen den 1. FC Nürnberg. In den folgenden drei Jahren reichte es „nur" zu einem Halbfinale, das 1926 gegen Hertha BSC 2:4 verlorenging. Die Bäume wuchsen nicht in den Himmel, obwohl die Mannschaft jetzt sehr konstant beieinander blieb; es kam mit „Fiete" Blunk ein neuer Torwart, und Franz Horn – ein weiteres Sturmass – trat in die Fußstapfen von Kalle Schneider, der sich aufs Altenteil zurückzog.

(*) Seine zuerst zwei-, dann sechsgleisige Norddeutsche Liga gab der NFV 1922 auf. Der Weg zur Deutschen Meisterschaft hatte nun wieder drei Etappen: Jeder Bezirk ermittelte seinen eigenen Meister, wobei Groß-Hamburg eine zweigleisige Liga unterhielt (Alster- und Elbekreis); deshalb das alljährliche Endspiel. Dieses war jedoch ohne Belang für die zweite Etappe, die Norddeutsche Meisterschaft, an der beide Groß-Hamburger Kreismeister teilnahmen. Dritte Etappe war die eigentliche DM-Endrunde. Kompliziert, aber so war's.

1926/27 Charleston und andere Wagnisse

Mit Beginn der Saison 1926/27 gab es wieder einen angestellten Trainer mit Autorität; das hing damit zusammen, dass Rudi Agte 1925 wegen beruflicher Überlastung – auch er war Geschäftsmann – seine Ämter aufgegeben hatte. Erfolge des HSV bis dahin: zweimal Deutscher Meister (eigentlich), einmal „Vize", fünfmal hintereinander Norddeutscher und einmal (1924) Groß-Hamburger Meister. Daran sollte nun ein Berufstrainer anknüpfen. Zuerst versuchte man es wieder mit einem Engländer, Jack Burton, der aber schon nach vier Monaten resignierte. Bis Saisonende sprang abermals Turner ein und dann kam der Österreicher Adolf Riebe. Er hatte mehr Stehvermögen und Fortune, aber eine lange Serie riss ab: Norddeutscher Meister wurde 1926 und 1927 jeweils Holstein Kiel. Die „Störche", schon jahrelang die Nr. 2 im Norden, setzten zum Überflügeln an; dazu kam ihnen der NFV-Pokal gerade recht, ein eigentlich ungeliebter Wettbewerb, der nur viermal ausgespielt wurde. Auch den hatten die Kieler bereits zweimal gewonnen, und im Dezember 1926 sollte der Hattrick komplettiert werden. Endspielgegner war aber der HSV, und er siegte auf dem Victoria-Platz Hoheluft mit 2:0 und war Norddeutscher Pokalsieger – Riebes Titel. Im Jahr darauf schied man gegen den FC St. Pauli aus – durch Verzicht auf das Wiederholungsspiel nach einem Unentschieden.

Eines änderte sich nicht: dass der Punktspielalltag in Hamburg trist war. Zu selten wurde die Mannschaft wirklich gefordert, mussten die aktuellen Nationalspieler und die, die es später noch wurden, ihr ganzes Können zeigen. Endrundenspiele gab es pro Jahr gerade mal eine Hand voll – also half man sich selbst, lud berühmte Gegner ein und ging auch selbst auf Reisen. Freundschaftsspiele, besonders die internationalen, hatten in diesen Zeiten – lange vor Beginn des Europacups – eine enorme Bedeutung. Der HSV bot seinem Publikum Erlesenes, spielte so oft wie möglich gegen Mannschaften aus etlichen europäischen Ländern und sogar gegen Teams aus Ägypten und Uruguay, mit oft gutem sportlichen Erfolg. Eine enge Beziehung entstand zu den Corinthians aus London, einem spielstarken Amateurverein, der mehrfach in Hamburg zu Gast war, zuerst im April 1924: „An jenem Tag, an dem Deutschland wieder in den ‚sportlichen Völkerbund' der Nationen eintrat, hat der Deutsche Meister sein Meisterstück geliefert und (…) den gesamten deutschen Sport würdig und vornehm vertreten", urteilte der *Kicker*-Chefredakteur und Kosmopolit Walther Bensemann. Solches waren die frühen eigentlichen „Festtage am Rothenbaum", und die Spielberichte lesen sich oft wie begeisterte Theaterkritiken.

Eine besondere Reise gab es, die ebenfalls politische Bedeutung hatte. Paris war im Januar 1927 das Ziel einer kombinierten Schiffs- und Bahnfahrt der Ligamannschaft, und dass sie Le Red Star 7:5 besiegte, war eher nebensächlich. Die Reise als solche war ein derartiges Erlebnis, dass einige Spieler noch Jahrzehnte später von Champs Elysées, Louvre, Notre Dame und den Folies Bergère schwärmten, wo angeblich Josephine Baker mit den Spielern Charleston getanzt haben soll. Außerdem legte eine Abordnung, der u.a. Tull Harder als Kapitän angehörte, am Grabe des Unbekannten Soldaten (beim

„Erbfeind"!) einen Kranz nieder. Eine Geste, die in Frankreich wie auch in Deutschland erhebliches Aufsehen erregte. Nationalkonservative deutsche Zeitungen fanden sie skandalös und behaupteten, es habe einen „Zwischenfall" gegeben, was offenbar nicht stimmte. „Der HSV", so Julius Wolschendorff in den Vereinsnachrichten, „hat ein Wagnis unternommen, als er in einem politisch gespannten Augenblick seine Mannschaft nach Paris schickte... Auch ohne diplomatische Anerkennung darf er auf den Erfolg seiner Expedition stolz sein." Die deutsche Botschaft in Paris hatte den Fußballern die kalte Schulter gezeigt.

Gut ein halbes Jahr später, im Oktober 1927, wählte sich der HSV einen neuen Ligaausschuss-Vorsitzenden. Keinen unbekannten; sein Name: Rudolf Agte. War da noch länger Platz für einen Trainer? Nein. Dennoch knüpfte der HSV nun wieder an seine großen Erfolge an. Erneut wurde Agte für die Liga das, wofür acht Jahrzehnte später vier Männer gebraucht wurden: Beiersdorfer, Bester, Wehmeyer und Doll.

1927/28 **HSV gegen Bayern 8:2**

In der Saison 1927/28 traten 27 verschiedene Spieler an, um 28 Meisterschaftsbegegnungen auszutragen. Es sollte ein Jahr der Superlative werden, doch zum Punktspielauftakt schickte man erstmal die Reserve (verstärkt durch Ali Beier) als Ligavertretung auf den Platz. Ihr 6:2 über den Wandsbeker FC legte den Grundstein zur nächsten Deutschen Meisterschaft. Währenddessen machten die eigentlichen Cracks eine Sachsen-Tournee, gewannen beim Dresdner SC 1:0 und bei Fortuna Leipzig 5:3. Tull traf dort insgesamt viermal.

Ein knappes Jahr später sollte der Mittelstürmer sein letztes und wertvollstes Saisontor zelebrieren; es war das 92ste, wobei Freundschafts- sowie Auswahlspiele für Norddeutschland und Hamburg ausnahmsweise mitgezählt sind. Meisterschaftstore schoss Tull 56, davon allein 11 in einem einzigen Spiel: Am 15. Januar gewann es der HSV mit 18:5. Leidtragender war wieder der unglückselige Wandsbeker FC.

Allein diese zwölf Monate hätten genügt, Harder zur lebenden Legende zu machen; aber er war es ja sowieso schon. Trotzdem war es kein ungetrübtes Jahr für den 15fachen Nationalspieler, denn er fehlte beim Olympischen Fußballturnier im Mai und Juni 1928 in Amsterdam. Ausgerechnet da war er verletzt, sonst wäre Reichstrainer Otto Nerz kaum daran vorbeigekommen, dem HSV-„Sturmtank" ein Comeback zu gewähren. Ali Beier war in Amsterdam dabei, als die Nationalelf gegen die Schweiz und dann gegen Uruguay antrat – zum ersten Mal überhaupt gegen ein nicht-europäisches Land – und in einer wenig rühmlichen Partie mit zwei Platzverweisen 1:4 ausschied.

Im Vereinsteam schien es selten Probleme zu geben, jedenfalls von den Ergebnissen her. Mit 3:0 über St. Pauli Sport (nicht den FC!) hatte der HSV im März zum 4. Mal die Groß-Hamburger Meisterschaft eingefahren. Bei allen Erfolgen wusste der Teamchef, dass schwache Gegner kein Maßstab waren und im Angriff, trotz der vielen Tore, noch nicht alles rund lief. Eine Woche nach dem Groß-Hamburger Endspiel zog Agte überraschend zwei Joker aus dem Hut: Walter Kolzen und Heini Ziegenspeck. Beide Oldtimer waren seit Monaten nicht mehr in der Liga aufgetaucht, und zu Ziegenspeck bestand ohnehin eine Art Hassliebe; das galt für die Zuschauer, Mitspieler und auch für Agte, der ihm schon 1925 folgenden Brief geschrieben hatte (Auszüge): „Lieber Heini! Ich habe für das sonntägige Spiel gegen Kilia Dich diesmal nicht berücksichtigt… Wenn ich so lange Geduld gehabt habe, so ist dieses geschehen, weil ich immer noch glaubte, aus Dir mehr zu machen… Wenn Du weiter mit Lust und Liebe zur Sache stehst, besteht auch die Möglichkeit, aus Dir doch einmal einen brauchbaren Stürmer zu machen." Soviel zu den Motivationskünsten Agtes, der ständig brieflich mit seinen Spielern verkehrte, sie zu herzhaftem Einsatz und eisernem Training verdonnerte. Ziegenspeck heftete alle Schriftstücke sorgfältig ab, spielte mal Fußball, mal Hockey und wurde nach jeder „Verbannung" früher oder später zurückgeholt.

Und diesmal klappte es, denn mit dem neuen/alten rechten Flügel wurde der HSV erst richtig unwiderstehlich. Elf unterlegene Gegner sollten seinen Weg noch pflastern auf dem Weg zum Deutschen Meistertitel; mancher Verein erinnert sich garantiert noch heute, 78 Jahre danach, nur ungern. 8:2 wird der Südmeister Bayern München im Halbfinale zu Duisburg abgeledert; sein Torwart Bernstein ist zum Schluss derart mit den Nerven herunter, dass er vor Spielende das Feld verlässt. Der Kalender zeigt da schon Mitte Juli. In der 1. Runde ist Schalke 04 mit 4:2 nach Hause geschickt worden – die große Zeit auch dieses Vereins sollte erst kommen –, und im Viertelfinale hat man sich beim VfB Königsberg 4:0 durchgesetzt. Vorher, im Juni, hat ein 2:1 über Holstein Kiel dem HSV die 6. Norddeutsche Meisterschaft gebracht (im Rahmen einer „Miniliga"-Endrunde) – ohne Harder! Auch er, inzwischen 36, ist bei Agte vorübergehend in Ungnade gefallen: „Unser lieber Tull … verfügt im Moment nicht mehr über die nötige Spannkraft." Doch nach der eher enttäuschenden Vorstellung gegen Schalke fordert das Publikum Tull zurück; der kommt, sieht und trifft gegen Bayern dreimal.

Der Sieg im Volkspark

Am 28. Juli 1928 stellen sich im völlig überfüllten Altonaer (auch: Bahrenfelder) Stadion – dem späteren Volksparkstadion – Hertha BSC und folgende elf HSVer den 40.000 Zuschauern zum Endspiel:
► Blunk – Beier, Risse – Lang, Halvorsen, Carlsson – Kolzen, Ziegenspeck, Harder, Horn, Rave.

Der HSV krönt sein einzigartiges Erfolgsjahrzehnt mit der dritten (offiziell: zweiten) Deutschen Meisterschaft und lässt den technisch besseren Berlinern beim 5:2 keine Chance. Nach einer mitreißenden halben Stunde haben Harder, Rave und Kolzen schon ein 3:0 vorgelegt. Kirsei verkürzt, aber Horns Kopfball zum 4:1 bringt nach der Pause die Vorentscheidung. Kolzen erhöht auf 5:1, Grenzel kann nur noch etwas Ergebnisoptik betreiben. *TSS*, jenes Blatt, das bekanntlich jeglichen HSV-Fanatismus' unverdächtig ist, berichtet: „Der HSV war eben noch besser, nicht technisch, aber tak-

Deutscher Meister 1928. Hinten von links: Agte, Kolzen, Ziegenspeck, Harder, Horn, Rave; Mitte v.l.: Lang, Halvorsen, Carlsson; vorn v.l.: Beier, Blunk, Risse.

tisch und an Einzelkönnern. Die gefürchtete Abseitsfalle der Gäste tat sehr häufig ihre Schuldigkeit, kostete aber 2-3 Tore... Von brausendem Beifall überschüttet verlässt der neue Deutsche Meister den Platz... So kämpferisch, so frisch und so zielstrebig, so begeistert wünscht man sich den H.S.V.!“ Das findet auch die Stadtregierung, die ihre Meisterkicker im Rathaus empfängt und mit der Senatsmedaille auszeichnet.

Albert Beier, Asbjørn Halvorsen, Otto Carlsson, Walter Kolzen, Otto Harder und Hans Rave haben damit ihre zweite offizielle Deutsche Meisterschaft gewonnen. Auch Ziegenspeck war 1923 bereits im Kader, wenngleich im Endspiel damals nicht eingesetzt, so wie jetzt umgekehrt Krohn. Zum engeren Kreis gehörten noch Willi Schnurstein, 2006 mit 99 Jahren nach wie vor in Hamburg ansässig, und der Torwart Walter Brauer. Ganz bitter aber muss es Otto Sommer gefunden haben, wie schon 1923 im Finale nur Ersatzmann zu sein, nachdem er diesmal in 26 Spielen 12 Tore beigesteuert hatte. Die Ära Agte wird schon im darauffolgenden Januar beendet sein; nach Unstimmigkeiten im Vorstand tritt der Meistermacher erneut zurück, nunmehr endgültig. Die Vereinsnachrichten bescheinigen ihm, der bis dahin verdienteste HSVer überhaupt zu sein.

Die Polizei sperrte den Platz: Endspiel 1928 im Altonaer Stadion.

1928/29 Ochsenzoll als Maß der Dinge

Genau eine Woche lag zwischen dem Endspielsieg über Hertha BSC und dem ersten Punktspiel der neuen Saison 1928/29. Dieses führte den HSV mit Barmbeck-Uhlenhorst zusammen und beendete die kürzeste Sommerpause, die je einem Deutschen Meister vergönnt war. Auch war dies ein harter Kontrast zwischen Sahnekuchen und Brotrinde. Doch während die Meisterelf am Liganeuling herumnagte (6:2), ward an der Rothenbaumchaussee schon ein dicker Rosinenteig geknetet. Auf dem Höhepunkt des sportlichen Erfolges fühlte sich der Verein stark genug, drei sehr weit reichende Entscheidungen umzusetzen.

Als wirklich segensreich sollte sich nur eine davon erweisen: das Projekt Ochsenzoll. Dieses gehört bis zum heutigen Tage zu den besten und mutigsten, die der HSV je geplant und verwirklicht hat (mehr darüber auf S. 66). Allerdings waren damit auch hohe Kosten verbunden, und die zweite Neuerung hing insofern mit der ersten zusammen.

Wie im deutschen Vereinswesen üblich, waren auch im HSV die Führungs- und Entscheidungsstrukturen recht kompliziert. Sie beruhten auf einer Satzung mit zuletzt 59 Paragraphen; Rückgrat der Verwaltung waren die zahlreichen Ausschüsse, deren Obleute eine starke Stellung innehatten. Das war tadellos demokratisch, aber nicht immer funktionierte die Zusammenarbeit. Es gab gut und schlecht geleitete Abteilungen, Querelen aller Art, und oft mussten sich Vorstände und Mitgliederversammlungen mit ermüdendem Kleinkram befassen. Sieben Präsidenten mit insgesamt zwölf Amtsperioden hatten sich in neun Jahren schon auf- oder jedenfalls wundgerieben. In einem Großverein mit weit reichenden Plänen musste man die Kräfte doch besser bündeln – so die Stimmung, in der sich Vorstand und Mitgliedschaft offenbar einig waren.

Um dabei nun gleich den richtigen Mann* an den richtigen Platz zu bekommen, wurde im Februar 1928 einer Außerordentlichen Mitgliederversammlung dieser Antrag vorgelegt: „Für die Zeit vom 4.2.28 bis zur nächsten ordentlichen Generalversammlung im Juni d.J. liegt die Leitung des Vereins ausschließlich in den Händen eines Vorstandes, bestehend aus den Herren Barrelet, E. Martens und Moss. Für diese Zeit treten die nachfolgenden §§ unserer Satzungen außer Kraft: (…, fast alle, jrp). Die neue Vereinsleitung ernennt … sämtliche Sport- und Verwaltungsausschüsse."

Ein regelrechter Putsch, könnte man meinen, aber die Versammlung war's zufrieden. Nur drei der 150 anwesenden Mitglieder stimmten gegen den Antrag, bei fünf Enthaltungen. Künftig gab es nur noch eine einzige Generalversammlung im Jahr, die den Vorstand zu wählen hatte und sonst niemanden. Diese Änderungen im Vereinsaufbau, ursprünglich befristet, blieben fortan bestehen und die fraglichen Paragraphen außer Kraft. Ausdrücklich wurde 1930 die „Leitung des Vereins … für ein weiteres Jahr

(*) Frauen waren im HSV bis in die 1930er Jahre hinein nur im Hockey, Kleinkaliberschießen (!) und Kegeln geduldet, nicht aber in der Leichtathletik, im Handball, Fußball (kein Gedanke!) oder gar im Vorstand.

den Herren Emil Martens und Ernst Moss auf einmütigen Beschluss der Versammlung übertragen mit Beibehaltung der bisherigen unbeschränkten Vollmacht". Mittlerweile war Henry Barrelet ausgeschieden und aus dem Triumvirat ein Duo geworden. Die eigentlich bestimmende Persönlichkeit wurde und blieb Emil Martens, ein typischer Vereinspatriarch, dem es gelang, gleichermaßen respektiert, beliebt und gefürchtet zu sein – sozusagen ein Inbegriff des „Löwen vom Rothenbaum". In offiziellen Vereinsschriften erscheint er denn auch als (einziger) „Präsident 4.2.1928 – 25.1.1934".

Alljährlich wiedergewählt, war Martens in Wirklichkeit der ständige „primus inter pares" (Erster unter Gleichen) innerhalb des Vorstandes, bis der Nationalsozialismus die Abschaffung solch kollektiver Leitung verlangte und es nur noch einen einzigen „Vereinsführer" geben durfte.

Revolution mit Sportgruß

Die dritte Neuerung des Jahres 1928 war noch ein typisches Produkt des deutschen Fußball-Föderalismus rund um den eigenen Kirchturm. Die Gründung der „Interessengemeinschaft der Ligavereine", kurz IG genannt, ging zwar nicht allein vom HSV aus, aber er war eine treibende Kraft hinter der hanseatischen „Fußball-Revolution".

Die bestand zunächst in einem Brief, den zehn führende Vereine – neun aus Hamburg und Altona, dazu Holstein Kiel – Anfang August „mit Sportgruß" an den Bezirksvorstand schickten. „Die unterzeichneten Vereine", hieß es darin, „haben sich entschlossen, den ferneren Fußball-Meisterschaftskämpfen der ersten Herrenklasse und Reserve im bisherigen Rahmen fernzubleiben, da sie sich für die Zukunft des Sportes nichts mehr davon versprechen können." Stattdessen werde man eine interne Punktrunde veranstalten.

Wortreich – und wohl auch ein bisschen scheinheilig – war die Begründung: „Was für den Amateur auf diesem Wege für die Bewegung erreicht werden konnte, dürfte erreicht sein. Was jetzt kommt, wird sich zu immer größeren Sensationen auswachsen, die uns den ferneren Weg des Sportes als gefährdet erscheinen lassen. Die heutige Spieleinteilung mit ihrer Voranstellung des Erfolges um jeden Preis und ihren Abstiegskämpfen, wo außerordentlich wertvolle Vereine in Gefahr geraten, verbürgt uns nicht mehr jene Stetigkeit der Entwicklung, die wir im Interesse des Massensportes verlangen müssen."

Der HSV und seine Mitstreiter als Gralshüter des Amateurgedankens? Das war eher unglaubwürdig. Einen anderen Beweggrund hinter den blumigen Floskeln vermuteten 1994 die Autoren des Buches *100 Jahre Fußball in Hamburg:* „Die Großvereine Hamburgs waren mit der Klasseneinteilung nicht mehr zufrieden, in erster Linie vermutlich wegen zu geringer Einnahmen."

Dass die führenden Klubs von der Zersplitterung der obersten Spielklasse die Nase voll hatten, war verständlich. Sechs Jahre war es her, seit der NFV den Versuch aufgegeben hatte, eine Norddeutsche Liga zu etablieren; zu stark war der Widerstand und die

Stimmenmehrheit der kleinen Vereine und des „platten Landes". Dabei war der Verband – inzwischen unter dem Namen Norddeutscher Sport-Verband (NSV) – einer der fortschrittlicheren; anderswo lief der Punktspielbetrieb noch viel kleinteiliger ab. Aber immer noch war der HSV nur einer von über 80 Vereinen im Verbandsgebiet, die den Status „erstklassig" für sich reklamieren konnten; noch immer musste er in der zweigleisigen Hamburger Liga (Alsterkreis) Punktspiele gegen Unitas 02, den Wandsbeker FC oder Barmbeck-Uhlenhorst bestreiten. Um dem Publikum ab und zu etwas zu bieten und Geld in die Kasse zu bekommen, blieb nur die Möglichkeit, attraktive Gegner für Privatspiele zu verpflichten. Doch just an den Terminen, die dafür in Frage kamen, mussten oft Spieler für Auswahlmannschaften abgestellt werden, denn auch der NSV und der Bezirk brauchten Einnahmen.

All das war eine Quelle ständigen Ärgers, und die Autorität der Verbände wurde schon längst nicht mehr so selbstverständlich akzeptiert wie zu Kaisers Zeiten. Dennoch war es ein unerhörter Schritt, dass sich die zehn Vereine ausdrücklich gegen den Bezirk und indirekt gegen den NSV stellten. Sie präsentierten auch gleich einen IG-Vorstand, bestehend aus Emil Martens vom HSV sowie Kinckhorst (Altona 93) und Oberst Danner von der SVgg. Polizei. Offenbar waren die Pläne lange und konspirativ ausgeheckt worden. Nun war die Machtfrage gestellt; da der Bezirk aber ahnte, welch schlechte Karten er im Zweifelsfall haben würde, setzte er gleich auf Deeskalation. Die IG-Vereine wurden zwar umgehend suspendiert, aber schon ein paar Tage später hob der Bezirk unter Vorsitz von Heino Gerstenberg die Sperre wieder auf, nachdem die „Revolutionsvereine" eingelenkt und zugesagt hatten, wieder mitzumachen, wenn das Spielsystem reformiert würde. Dieses versprach denn auch der NSV (nicht zum ersten Mal), und die Krise schien abgewendet, zumal der Verbandstag am 1. September auch in Finanzierungs- und Stimmrechtsfragen Zugeständnisse gemacht hatte. Alle Meisterschaftsspiele der höchsten Klasse wurden bis Jahresende 1928 ausgesetzt; währenddessen sollte die Reform ausgearbeitet werden.

Kleeblätter „entfürthen" den Titel

So konnte nun die „Runde der Zehn" wie angekündigt stattfinden, und auch am Rothenbaum wandte sich die Aufmerksamkeit wieder dem Geschehen auf dem Rasen zu. Das lohnte sich, denn der HSV bewies, dass es in der Tat einen Fußball jenseits von Bezirksmeisterschaften und Abstiegskämpfen gab. Er lieferte eine Galavorstellung nach der anderen, sei es in der „Runde der Zehn", die er souverän gewann, oder auch in zahlreichen attraktiven Privatspielen gegen bekannte deutsche und internationale Teams.

Kein Zweifel, sie hatte etwas, diese Herbstserie ohne verbissene Punktekämpfe. Gelackmeiert waren allerdings die übrigen Vereine der „eigentlichen" Liga, die zusehen konnten, wie sie sich miteinander die Zeit vertrieben. Ein außerordentlich strenger Winter legte den Fußball rund um Hamburg dann vorübergehend lahm. Vielleicht waren es ja die Temperaturen, die die „Revolution“ endgültig einfroren – die „Runde der Zehn“ verzichtete auf ihre Frühjahrsserie – und allmählich die Lösung reifen ließen.

Am 10. März 1929 bringt der berühmt gewordene Hildesheimer Verbandstag mit knapper Mehrheit – 38.070 von 75.943 Stimmen, also 50,1 Prozent! – ein Ergebnis zustande. Erstens soll die Norddeutsche Meisterschaft nun doch ausgetragen werden, und zwar mit 16 Teilnehmern, die der Verbandstag gleich an Ort und Stelle benennt. Zweitens wird ab 1929/30 eine sechsgleisige Oberliga (wieder)eingeführt, je eine Staffel pro Bezirk mit insgesamt 52 Vereinen. Das ist zwar nicht der erhoffte große Wurf und „Oberliga“ ein etwas hochtrabender Name, aber beide Seiten haben das Gesicht gewahrt.

Der HSV verliert zum Auftakt der „Norddeutschen“ bei Hannover 96 (1:3), holt sich aber doch zum 7. Mal den Titel, und ohne nennenswerte Pause geht es weiter. Den Titel und Nimbus des Deutschen Meisters gilt es zu verteidigen, doch schon im Wedau-Stadion zu Duisburg fällt der Sieg über den Meidericher SV dünn aus. Franz Horn gelingt in der 88. Minute das 3:2. Im Viertelfinale kommt die SpVgg Fürth nach Altona, und ausgerechnet an der Stätte des großen Triumphes vom Vorjahr verlieren die Rothosen mit 0:2 gegen die „Kleeblätter“, die kurz darauf auch Meister werden.

Keine Arbeit, keine Beiträge

In gewisser Weise hatte die „Interessengemeinschaft der Ligavereine“ ihre Interessen erfolgreich durchgesetzt. Damit waren die Gemeinsamkeiten aber auch erschöpft, und es folgte neuer Ärger. 1930 gehörte ausgerechnet der HSV zu den ersten beiden IG-Vereinen, die aus dem exklusiven Zirkel wieder austraten (desgleichen die Polizei). Daraufhin verhängte die Rest-IG einen regelrechten Boykott über die abtrünnigen Rothosen, der sich auf sämtliche Abteilungen erstreckte und offenbar strikt durchgezogen wurde.

Allerdings saß der HSV hier nun eindeutig am längeren Hebel, denn den Nachteil hatten die Sportler der IG-Vereine selbst. Vor allem die Fußball-, Handball- und Hockeyspieler – und gerade auch die Jugendlichen – hätten sich nur allzu gern auf den Ochsenzoll-Rasenplätzen getummelt; stattdessen mussten sie sich mehr denn je um die staubigen und ständig belegten innerstädtischen Grandplätze streiten. Im Sommer 1931 wurde der Boykott aufgehoben, und alsbald war die Interessen- und Intrigengemeinschaft nur noch eine Episode.

Das war schon deshalb gut so, weil es mittlerweile Probleme ganz anderer Art gab, die den Lebensnerv aller Sportvereine bedrohten: den regelmäßigen Einnahmezufluss. Die globale Wirtschaftskrise machte sich mit Beginn der 1930er Jahre in allen Bereichen des öffentlichen und privaten Lebens stark bemerkbar, und mancher arbeitslos gewordene Sportler, ob aktiv oder passiv, musste an Mitgliedsbeiträgen und Eintrittsgeldern sparen, was häufig gleich die ganze Familie betraf. Auch einen scheinbar so finanziell gesunden Verein wie den HSV musste das in Schwierigkeiten bringen. Ab Herbst 1931 hatten stellungslose Mitglieder freien Eintritt zu den Ligaspielen. Auch die Beiträge wurden ihnen erlassen; die allgemeine Zahlungsmoral und -fähigkeit sank und der Kassenstand gleichfalls. Die Zukunftsaussichten waren getrübt, zumal die wirtschaftliche Not offenbar noch andere Auswirkungen auf das Vereinsleben und den sportlichen Umgang miteinander hatte. Immer wieder beklagen die Vereinsnachrichten das Schwinden des Zusammenhalts, „mehr Unruhe und Nervosität".

1929/30 Und wieder: Tull oder nicht Tull?

Unruhe gab es auch im Umfeld der Ligamannschaft. Zunächst hatten Halvorsen & Co. die Oberliga-Meisterschaft 1929/30 in Hamburg noch souverän gewonnen ... ohne Tull! Mehr und mehr von Verletzungen geplagt, war der inzwischen 37-jährige Veteran nur zweimal aufgelaufen und ohne Torerfolg geblieben. Manche sahen das gar nicht ungern, denn es war klar, dass die Mannschaft schrittweise verjüngt werden musste. Für Hans Lang war bereits ein gleichwertiger Nachfolger da: Carl-Heinz Mahlmann aus Braunschweig, wieder ein Außen- und Mittelläufer von Klasse, schon auf dem Sprung ins Nationalteam. Und nun schien es ja auch im Sturm ohne die Alten zu gehen – Kolzen und Ziegenspeck waren ebenfalls nicht mehr im Team –, dafür mit Horn (20 Tore), Sommer und Sveistrup (je 11) als regelmäßigen Goalgettern. Weiterer Beweis: Erstmals nach fünf Jahren gewann Norddeutschland wieder den Bundespokal, mit sechs HSVern (Ali Beier, der die Trophäe zum zweiten Mal gewinnen half, außerdem Blunk als frischgebackener Nationaltorwart, Risse, Sommer, Horn und Rave). Das Endspiel im Bahrenfelder Stadion sah am 9. März 1930 den Norden mit 2:0 über Brandenburg siegreich; Tore: Otto Sommer – endlich der verdiente Lohn für ihn – und Franz Horn, der wie beim HSV nun Mittelstürmer war.

Fünf – nach anderen Quellen sieben – Tore von ihm trugen eine Woche später zum 13:1 über den VfB Braunschweig bei. Das war der Start in die Norddeutsche Meisterschaft, und Tulls Fangemeinde hatte immer schlechtere Karten. Phönix Lübeck war auch kein Hindernis (5:2), aber dann! Nur ein Punkt und 2:7 Tore sprangen aus den drei entscheidenden Partien der abschließenden Punktrunde heraus, mit Niederlagen gegen beide Klubs aus Hannover, gegen Arminia sogar 1:5. Damit war der HSV draußen, die „Deutsche" fand zum ersten Mal seit genau zehn Jahren ohne ihn statt. Holstein Kiel kam ins Endspiel und verlor es unter dramatischen Umständen nur hauchdünn 4:5 gegen Hertha BSC.

„Reorganisation und Verjüngung unserer Ligamannschaft" – tapfer beharrte der Vorstand auf diesem Konzept, während Harders Anhänger und auch er selbst der Meinung waren, es gehe eben doch nicht ohne ihn. In der Herbstrunde 1930/31 konnte sich keines der beiden Lager entscheidend durchsetzen; Tull war *in and out of the team,* und am Jahresende lautete der Punktestand 14:8 – grottenschlecht, gemessen am üblichen Standard und Tabellenbild. HSV in der Krise – das war ungewohnt und für damalige Verhältnisse gab es schon ein ordentliches Bohei. Sogar die Lösung ähnelte der heutzutage üblichen: Ein neuer Trainer wurde als Retter zum Rothenbaum geholt, und anders als die meisten seiner Vorgänger erhielt er weitgehende Vollmachten.

Torwart Blunk, Beier und Risse als Abwehr-Trio... Im Sommer 1933 fielen die drei Nationalspieler der Team-Verjüngung zum Opfer.

Mit Julius (Gyula) Kertesz war ab Januar 1931 ein alter Fahrensmann am Ruder, der das Schiff sofort wieder auf Kurs brachte. Der Ungar, dem ein sagenhafter Ruf vorauseilte – schon 1926, zur Zeit der Verpflichtung von Riebe, war er der eigentliche Wunschkandidat gewesen – übernahm Liga, Reserve und A-Jugend, sichtete, sortierte, entschied, machte Schluss mit dem Herumexperimentieren und baute auf eine feste Stammbesetzung, die von Januar bis Juli in 14 Meisterschaftsspielen nur einen Punkt abgab bei 61:12 Toren.

Harder war endgültig draußen; sein Abschied vom HSV vollzog sich am 18. Januar 1931 beim 4:0 über Unitas mit einem Tor – seinem circa 380sten (364 sind nachgewiesen) in 204 Meisterschaftsspielen, nicht gerechnet seine Treffer für Hamburg 88 vor 1919. Aber Tull machte noch nicht Schluss. Mitten in der Saison wechselte er zum Erzrivalen Victoria und nahm die alten Kumpel Kolzen und Rave mit. Nicht, dass man ihnen keine Krokodilstränen nachgeweint hätte: „Drei alte Kämpen, die unsere Farben in unzähligen Kämpfen zu Sieg und Ruhm geführt, haben den H.S.V. verlassen, mit einer einzig dastehenden Tradition gebrochen und sich einem anderen Hamburger Verein angeschlossen." So das Kommuniqué des Vorstandes, wobei die Tradition offenbar darin gesehen wurde, dass Fußballer von anderen Vereinen zum HSV zu wechseln hatten und nicht umgekehrt. „Die Tatsache ist erschütternd", hieß es abschließend, „und selbst wenn auch Fehler gemacht wären, nicht zu verstehen. Right or wrong my country!"

1930-1933 Neue Stars als Zugvögel

Besonders interessant ist vor dem Hintergrund dieser Erklärung, dass man soeben zwei neue Stürmer von der anderen Elbseite zum Rothenbaum geholt hatte. Der eine war Richard Dörfel, dem zweieinhalb Jahre später sein jüngerer Bruder Friedo folgte. Sie begründeten eine der beiden „Dynastien", die den HSV jahrzehntelang prägen sollten. Der andere Neuzugang des Sommers 1931 war 18 Jahre alt und aus einem Verein des Arbeitersportkartells hervorgegangen; er gilt bis zum heutigen Tage als vielleicht bester Fußballer, der je den HSV-Dress getragen hat. Rudi Noack hieß der Wunderknabe, von dem noch mehrfach die Rede sein wird.

Die Saison 1930/31 hatte, wie schon erwähnt, doch noch ein gutes Ende gefunden. Überlegen wie selten war der HSV Norddeutscher Meister geworden (zum 8. Mal); mit 15 Endrundentoren hatte Walter Wollers als Mittelstürmer den Durchbruch geschafft, und auch in der „Deutschen" lief es besser als erwartet. Siege über Beuthen 09 (auswärts 2:0) und Eintracht Frankfurt (in Altona ebenfalls 2:0) brachten Kertesz' Mannschaft ins Halbfinale, und da wartete der Titelverteidiger Hertha BSC und brannte auf Revanche für 1928. Vor 25.000 Zuschauern auf dem Leipziger Wacker-Platz lief anfangs alles nach Wunsch für die Berliner, die durch Tore von Kirsei und Sobeck nach 21 Minuten 2:0 führten. Anschließend stürmte der HSV, aber Gehlhaar im Berliner Tor war nicht zu bezwingen, und schiere Verzweiflung herrschte, als Otto Sommer einen Elfmeter verschoss. Sieg für Hertha … oder doch noch nicht? Wenige Minuten nach seinem Missgeschick traf Sommer in der 85. doch ins Tor, und in der 89. gelang Wollers tatsächlich der Ausgleich. Aber ein heftig umstrittenes Tor in der Verlängerung machte den Hoffnungen ein Ende – 2:3. Hertha war zum sechsten Mal hintereinander im Finale und wurde erneut Meister.

Dennoch, der Erfolg hatte dem HSV-Vorstand und Trainer Kertesz Recht gegeben. Das Comeback nach dem Umbau war geschafft, und nun, mit den neuen Stürmerstars Dörfel und Noack, konnte die Post richtig abgehen. Beide trafen 1931/32 zusammen 74-mal in gegnerische Tore – und dann lockte der Westen, genauer: der Kölner CfR. Womit er lockte, blieb offiziell im grauen Bereich; Geldbündel waren ja nicht erlaubt, und so wird es der blaue Himmel über Rhein und Ruhr gewesen sein oder der Karneval. Jedenfalls konnte der HSV nicht mithalten.

Zwar kehrten die beiden Abtrünnigen nach wenigen Monaten reumütig zurück, wurden mehr (Noack) oder weniger lange gesperrt (Dörfel) und verstärkten dann wieder das HSV-Team. Aber der Neuaufbau war gestört, auch Kertesz inzwischen zum VfB Leipzig weitergewandert, und es sollte Jahre dauern, bis die Mannschaft in der „Deutschen" wieder Furore machte. 1932 und 1933 schied sie jeweils frühzeitig aus; immerhin wurde zum 9. und 10. Mal die Norddeutsche Meisterschaft gewonnen. 1932 hatte der Norden zum 7. Mal den Bundespokal geholt, mit vier HSVern sowie dem zweifachen Torschützen „Edu" Wolpers (ex-HSV) beim 2:1 über Süddeutschland in Leipzig. Es waren für lange Zeit die letzten Titel dieser Art, denn die neuen Machthaber ließen den NSV sich auflösen und zwangen den Sport in neue, streng zentralistische Strukturen. Hamburgs Vereine gehörten nunmehr zum Sportgau Nordmark, deren Gauliga-Meister direkt für die reichsweite Endrunde qualifiziert war. Die regionale Meisterschaft entfiel.

Ein radikal anderes Gesicht erhielt im Sommer 1933 auch die HSV-Ligamannschaft, über deren Abwehr die Verjüngung nun ebenso hereinbrach wie vorher über den Sturm. Asbjørn Halvorsen, zuletzt Spielertrainer, ging in seine Heimat Norwegen zurück; er wurde immerhin noch angemessen verabschiedet und gewürdigt. Blunk, Beier und Risse hingegen – drei langjährig verdiente Kämpen – erhielten schon vor Saisonbeginn regelrechte „blaue Briefe" des Inhalts, man werde sie aus Altersgründen nicht mehr berücksichtigen. Dabei war gleichwertiger Ersatz nicht unbedingt vorhanden, und es sollte infolge dieser Hauruck-Maßnahme noch Probleme geben, sportlich und auch sonst. Namentlich Walter Risse fand sich mit seiner Ausbootung nicht ab, und einige Sturmtiefs, die auf den HSV warteten, trugen seinen Namen.

Emil Martens aber fühlte sich zu einsamen Entscheidungen mehr denn je berechtigt. Im August 1933 kam es laut Versammlungsprotokoll zur „Verlesung der neuen Satzung, die der neuen Zeit angepasst werden musste". Martens sah sich voll auf der Höhe der neuen Zeit und beantragte schon vier Wochen später: „Der Führer hat das Recht, Satzungsänderungen vorzunehmen, wenn diese sich im Interesse des Vereins als erforderlich erweisen." Gemeint war der Vereinsführer, also er, Martens. Auch dieser Antrag wurde ohne Debatte einstimmig genehmigt, und das Amtsgericht in Hamburg, Abteilung für Vereins- und Güterechtsregister, konnte die Anpassung des HSV an die neue Zeit beglaubigen und abstempeln. *jrp*

Ochsenzoll: Wo der „gute Geist des HSV" verewigt ist

Zu den weitsichtigsten Entscheidungen in der Geschichte des Hamburger Sport-Vereins gehört zweifelsohne der Ankauf eines fast 130.000 qm großen Areals, nach einem historischen Viehtriftweg Ochsenzoll genannt, vor den Toren der Stadt in Harksheide, das heute zur schleswig-holsteinischen Stadt Norderstedt gehört. Um einen Bauernhof, den Lindenhof, und auf Ackerland entstand seit 1928 Deutschlands damals größter und modernster vereinseigener Sportpark mit Fußball- und Hockeyplätzen, sog. Sportzentrum, Umkleidehaus (1963), dem Leistungszentrum der Profis (1971/1998), Tennisanlage (1974) und Restaurant-Neubau „Lindenhof" (1978). Letzterer offeriert zu Recht einen in Öl gemalten Uwe Seeler an der Wand (einmal gestohlen und wiedergefunden) – schließlich lernten sich Uwe und seine spätere Ehefrau Ilka beim Silvesterball im „Lindenhof" kennen.

Nach dem Verlust des Rothenbaum war Ochsenzoll (wie auch die gleichnamige, ein Stück entfernt liegende U-1-Station heißt) das Zentrum des Vereins, ehe die Profis 2004 in den Volkspark umzogen. Seit Februar 2000 besteht am Ochsenzoll ein vom DFB/DFL verlangtes Fußball-Internat, das dank der Paul-Hauenschild-Stiftung für 2,8 Mio. Euro erbaut wurde und in dem 14- bis 19-jährige Talente ausgebildet werden. Benannt ist die jährlich mit 450.000 Euro bezuschusste Einrichtung seit April 2003 nach dem einhundertprozentigen HSVer Jürgen Werner.

Vorrangiges Ziel des HSV-Nachwuchsleistungszentrums ist die Ausbildung von Spielern für die Lizenzmannschaft, was bislang noch nicht gelang. Dafür listete die Presse im Sommer 2006 „Problemfälle im HSV-Internat" (*HA*) auf: Zwölf Akteure waren im Laufe der Jahre verwiesen worden (wegen einer Schlägerei, Diebstählen, der Entwendung eines Pkw, unerlaubten weiblichen Besuches). Von den „Verstoßenen" schaffte es immerhin einer in eine erste europäische Liga, andere findet man in der 3. bis 5. Liga wieder.

„Die Hoffnung, der Lichtblick, der Grundpfeiler"

Ende 1930 eröffnet – „Ochsenzoll ist die Hoffnung, der Lichtblick und der Grundpfeiler", hieß es beim HSV –, trat auf dem Gelände ab 1932 der Freiwillige Arbeitsdienst (FAD) mit 50 Mann in Aktion. Im 2. Weltkrieg wurde das Gelände von der Reichspost beschlagnahmt, die auf den Sportplätzen Baracken errichtete. Mit Kriegsende nahmen die Briten das Terrain für Nissenhütten in Anspruch.

Anfangs trugen die Sportplätze an der Ulzburger Straße 94 die Namen der elf Recken, die die Deutsche Fußball-Meisterschaft 1928 gewonnen hatten. Übrig war allerdings noch ein zwölfter Spielplatz, der sollte den Namen von „Außenkapitän" (eine Art Manager) Rudi Agte tragen. 51:50 fiel die Abstimmung für eine Benennung nach Agte aus, doch weil der im Klub nicht allgemein beliebt war, trat der HSV-Ochsenzoll-Vorstand aus Protest zurück. So blieb der zwölfte Platz schließlich namenlos.

„Onkel" bzw. „Papa" Paul Hauenschild

Zuständig für Ochsenzoll ist mit Gründungsdatum 16. März 1928 ein „Hamburger Sport-Verein Ochsenzoll", in dessen Vorstand „Gralshüter" wie der 2002 verstorbene Ex-Liga-Spieler Jürgen Werner mitwirkten, die bislang alle Zugriffe auf den bei einem Verkauf lukrativen Grundbesitz abgewehrt haben. So wollte HSV-Präsident Jürgen Hunke Anfang der 90er Jahre den Ochsenzoll zum „Herzstück" der von ihm geplanten HSV-Aktiengesellschaft machen und finanzielle Mittel für die Bundesliga-Profis aktivieren, indem das weitläufige Sportgelände mit einem Fitnesscenter und Wohnungen bebaut werden sollte – ein vergebliches Unterfangen.

Nur zweimal hat sich der Verein von Ochsenzoll-Land getrennt: Das war erstmals 1959, als 800 Quadratmeter an Uwe Seeler verkauft wurden. Präsident Carl-Heinz Mahlmann seinerzeit: „Dieser Verkauf ist und bleibt eine Ausnahme. Aber Uwe Seeler ist für das Gesamtwohl des Vereins von besonderer Bedeutung." Bei einer Gegenstimme und einer Enthaltung wurde Seelers Vorhaben, am Rande der Sportplätze ein Haus zu bauen, abgesegnet. 1962 kamen weitere 600 qm Land für die HSV-Legende hinzu: Schließlich hatte der Torjäger die Inter-Mailand-Offerte von 900.000 DM Handgeld für drei Jahre ausgeschlagen. Mit der Zeit hat Seeler sein Wohnhaus im Bungalow-Stil der 1960er Jahre im Weg am Sportplatz durch Anbauten erweitert; bescheiden sieht's nach wie vor aus, das passt zu „Uns Uwe". Jedenfalls hatte der Ex-Nationalspieler damit den kürzesten Weg aller Bundesliga-Präsidenten zu „seinen" Profis, die ja nebenan in Ochsenzoll trainierten.

Seit 1965 firmiert das Spielgelände als „Paul-Hauenschild-Sportplätze" (dem langjährigen Masseur ist an einer Sportplatzseite ein „Hermann-Rieger-Weg" gewidmet). 2006 trainierten dort die USA für die WM. Mit Hauenschild ist am Ochsenzoll „der gute Geist des HSV" und Ochsenzoll-Initiator verewigt. Paul Hauenschild (1882-1962) war ein Vertreter hanseatischer Kaufmannstradition: Abiturient des angesehenen Johanneum, kaufmännische Lehre, bis 1908 mehrjähriger USA-Aufenthalt, Eintritt in die väterliche Firma, deren Teilhaber 1920 und Alleinbesitzer 1930. Die spätere

Millionen von „Onkel Paul"

„Emil Hauenschild Formpolster Gesellschaft" besaß ein Fast-Monopol als Lieferant von aus Schweinehaaren und Gummi gegossenen Polstern an Autohersteller. Daneben sorgte der Import von Phosphat sowie von Baumwoll-Linter, für die Herstellung von Kunststoff-Seide, für ein solides Vermögen.

Der HSV hat schließlich fast das gesamte Hauenschild-Erbe in siebenstelliger Höhe erhalten. Der längst verblichene *Stuttgarter Sportbericht* 1962: „Die alte Volksweisheit, dass das Glück immer auf den dicksten Haufen fällt, hat sich einmal wieder bestätigt. Der an sich schon ‚betuchte' HSV, der sich Europa-Pokalsieger Benfica – wie es heißt für 150.000 DM – leisten kann, dürfte durch eine Millionenerbschaft wohl für alle Zeit aus jeden finanziellen Sorgen heraus sein."

Der mehrfache Millionär Paul Hauenschild hatte in seinem Testament verfügt: „Die Erträgnisse des Nachlasses fallen der körperlichen Ertüchtigung der Jugend, und zwar im besonderen der Fußballjugend, zu" (ca. 5 Mio. seit 1963). Weiter besteht die erwähnte „Paul-Hauenschild-Stiftung", in die von privater Seite u.a. 2,1 Mio. DM eingebracht wurden.

„Wie ein Ball zum Fußballspiel, so gehört Paul Hauenschild zum HSV", schrieb die *Welt am Sonntag* 1955, wobei „Onkel Paul" nicht nur als Mäzen und Philanthrop auftrat. Der Unternehmer war Sport-Pionier, gründete als Aktiver 1902 den Bergedorfer FC mit (dessen erster Sportplatz, eine gratis zur Verfügung gestellte Wiese, dem Schriftsteller und Bühnenautor Gerhart Hauptmann gehörte) und übernahm nach dem Umzug nach Hamburg 1908 über Jahrzehnte wichtige Positionen im HFC 88, HSV, HAFB, NFV und Leichtathletik-Verband. 40 Jahre lang amtierte Hauenschild zudem als Fußball-Schiedsrichter.

Der Gönner, zeitlebens ledig, widmete sich vorrangig der Jugendarbeit: Die Spiele der Youngster waren ihm oft wichtiger als die Liga, und auf dem „Holzhof" des VfR Pforzheim, wo lange Zeit alljährlich das bedeutendste deutsche Jugendturnier ausgetragen wurde, war „Onkel Paul" ein alter Bekannter. Dass die dort ausgetragene inoffizielle Deutsche Jugendmeisterschaft 1954 an die „Uwe Seeler-Mannschaft" aus Hamburg ging, in der auch Jürgen Werner, Gerd Krug und Klaus Stürmer mitwirkten, war eine seiner größten Freuden. Jene so genannte Jugend-Revolution war schließlich die Grundlage für die folgenden HSV-Erfolge wie drei Endspiel-Teilnahmen, Deutsche Meisterschaft 1960, DFB-Pokalsieg 1963 und Europacup-Halbfinale. 2006 wurde erstmals das E-Jugend-Turnier um den Paul-Hauenschild-Jugendförderverein in Ochsenzoll ausgetragen (Schirmherr Dietmar Beiersdorfer). *sky* ■

„Die Würfel sind gefallen"

„Ein Sportverein soll sich davor hüten, irgendwie politisch zu sein, aber jeder Sportverein soll danach streben, national zu sein und das Nationalbewusstsein zu pflegen." So sprach HSV-Mitglied Ebel am 7. Dezember 1932 im Klubhaus, wo es galt, „die schwarzen Ritter der Tiefe" und „ein leuchtendes Beispiel opferbereiter Vaterlandsliebe" *(Hamburger Nachrichten)* zu feiern, denn Thema des Kulturabends des Vereins waren beim Vortrag von Kapitänleutnant a.D. Johannes Spieß die U-Boote der kaiserlichen Marine im 1. Weltkrieg.

Nationalismus blieb beim nächsten HSV-Abend in der neugotischen „Burg", dem Klubhaus Rothenbaumchaussee 115, außen vor: Dafür erklangen Weisen von Mozart, Chopin und Rachmaninoff. In Hamburgs Straßen allerdings dominierte die Politik das Tagesgeschehen. Am Montag, den 30. Januar 1933, wurde Adolf Hitler Reichskanzler, ernannt vom Reichspräsidenten Hindenburg (dessen Namen die Hansestadt bis heute in einem ihrer längsten Straßenzüge bewahrt, wo doch selbst im tiefschwarzen Emsland das Meppener „Hindenburg-Stadion" seinen Namen verlor). In Hamburg stellen die Sozialdemokraten zum Zeitpunkt von Hitlers Berufung in einer Koalition mit den Bürgerlichen den Senat. Ihr Ordnungspolizeichef, Oberst Lothar Danner (1891-1960), von den Nazis später abgesetzt, propagiert vor dem HSV und anderen Vereinsvertretern im Sinne des „Reichskuratorium für Jugend-Ertüchtigung" den Wehrsport als „unbedingte Notwendigkeit für Sportvereine". Die *Hanseatische Sportzeitung (HSZ)* interpretiert Danner dahingehend, dass jene Vereine, die nicht am Wehrsport teilnehmen, keinen Anspruch mehr auf die Nutzung staatlicher Sportplätze hätten. Folgerung der *HSZ:* „Wer den freien Sport liebt, darf am 5. März 1933 (Anm.: Reichstags‚wahl') keiner Rechtspartei seine Stimme geben." Wochen später allerdings entpuppt sich auch der *HSZ*-Schriftleiter als „Märzgefallener", steht plötzlich hinter dem Nazi-Staat, doch 1934 soll das Blatt verboten worden sein.

Noch aber ist das (vermeintlich) „rote Hamburg" nicht „braun", auch wenn das *Hamburger Tageblatt* der NSDAP am 1. Februar mitteilt: „Heute halten wir die Macht in Händen. Wir werden uns diesmal aller Möglichkeiten bedienen, dass die schwarzen und roten Gegner endgültig zusammengeschlagen werden."

Am 6. März 1933, dem Tag nach der Reichstags„wahl", liest man in der Zeitung: „Die Würfel sind gefallen". Das meint nicht das Abstimmungsresultat, sondern das wegen Punktgleichheit notwendige Entscheidungsspiel um die Hamburger Fußball-

Meisterschaft vor 13.000 Zuschauern am Rothenbaum. Der HSV unterliegt mit 1:2 gegen Altona 93 und scheint damit erstmals seit 13 Jahren ohne Titel zu bleiben. Die Würfel sind aber auch politisch gefallen: Die NSDAP ist mit fast 39 Prozent stärkste Partei in Hamburg, SPD und KPD, beide seit Jahren bitter verfeindet, erreichen bei Wahlen, die man nur noch bedingt als frei bezeichnen kann, 26,9 bzw. 17,6 Prozent.

Als am Samstag vor Ostern 1933 wieder einmal die Corinthians aus London beim HSV gastieren (2:2), sehen 12.000 Besucher nicht mehr die schwarz-rot-goldene Flagge der Weimarer Republik am Mast, sondern eine schwarz-weiß-rote Fahne und die der NSDAP. Das „Horst-Wessel-Lied" erklingt. Als der Wiener SC (4:3) 1933 zum Rothenbaum kommt, wird in der Presse hervorgehoben: „Seine Spieler gehören fast ausnahmslos der Partei an. Der Verein hat schon vor dreiviertel Jahren den Arierparagraphen eingeführt" (der den Ausschluss jüdischer Mitglieder bedeutet).

Die jüdischen Mitglieder

Als bedeutendster Sportverein der Stadt hatte der HSV zahlreiche Mitglieder jüdischen Glaubens. 1926 waren dies 3.1 Prozent der Mitgliedschaft, eventuell liegt diese Zahl noch höher. Zum Vergleich: der Anteil der Juden an der Hamburger Bevölkerung lag 1933 bei 1.4 Prozent.

Spätestens seit Oktober 1933 nahm der Verein keine jüdischen Mitglieder mehr auf, wurde doch in den Aufnahme-Anträgen gefragt: „Sind Sie arischer Abstammung?" Andererseits konnten langjährige jüdische Mitglieder, oft auch finanzielle Förderer des Klubs, im Verein bleiben. Möglicherweise verfolgte der HSV hier eine Politik wie der 1. FC Nürnberg, der 1933 alle jüdischen Mitglieder ausschloss, nicht aber jene, „die an der Front gekämpft haben oder die einen Sohn oder den Vater im Weltkrieg verloren haben".

Jedenfalls annoncierte Walter Bamberger, der eines der führenden Reisebüros der Stadt besaß, noch im Juli 1934 als „langjähriges Mitglied" in den „Vereinsnachrichten", ebenso im Januar 1935 das jüdische Bekleidungshaus Gebrüder Feldberg. Louis Cornfield erhielt im Juni 1935 die silberne Ehrennadel für 25-jährige Mitgliedschaft, und unter den Spendern, die den HSV im Juli 1935 vor dem finanziellen Ruin retteten, waren die Kaufleute Adolph Kallmes, Hans Kallmes und Robert Simon. Walter Israel war bereits 1901 Mitglied der Germania geworden und Ligaspieler, Alfred Nachmann trat 1905 dem HFC 88 bei; beide erhielten die silberne Ehrennadel. Erwin Cohen war ebenfalls Ligaspieler, und Sally Becker hatte 1927 die Kontakte für das Gastspiel bei Red Star Olympique in Paris geknüpft.

Zahlreiche Mitglieder emigrierten. Ermordet wurden James Lewié (1884-1941), Direktor einer Annoncen-Expedition, der nach Riga in Lettland deportiert wurde, und Norbert Prenzlau (1865-1942), der mit seiner Ehefrau im KZ Theresienstadt ums Leben kam. Leopold Löwensberg, der die NS-Zeit in einer sog. Mischehe überlebte, ist 1947 wieder Mitglied des HSV geworden. Im HSV-Museum sind die Schicksale der jüdischen Mitglieder ausführlich dokumentiert.

„Der alte Löwe lebt noch!"

Erst zwei NSDAP-Bürgen, dann HSV: Bruno Heine vom „roten" VfL 05.

Die Vereinszeitung feiert die Machtübernahme durch Hitler und stellt sogar einen politischen Zusammenhang her, als der HSV wie geschildert zwar nicht Hamburger Meister, aber wider alle Prognosen zum zehnten Mal Nordmeister wird, Motto: „Der alte Löwe vom Rothenbaum lebt noch!". „Fassungslos standen sie (Anm. die Journalisten) vor dem politischen Umschwung und verständnislos bleiben sie, wenn es sich um Taten handelt, bei denen der Wille und das restlose Sicheinsetzen für ein höheres Ziel den Ausschlag gibt" – die HSV-Elf also eine NSDAP-Kopie auf dem Fußballfeld?

Während die Nazis die bedeutende Arbeitersportbewegung (aus der der spätere HSV-Heroe Erwin Seeler kam) auch in der Hansestadt zerschlagen, hat der HSV keine Schwierigkeiten mit dem neuen System. Präsident Emil Martens auf der Jahreshauptversammlung 1933: „Ein neues Deutschland ist erstanden, das mit seinen Ideen und Führern restlos von uns anerkannt und unterstützt wird. Wir brauchen deshalb auch nicht erst besondere Erklärungen abzugeben oder um- und gleichzuschalten, weil wir im Neuen nur unsere alten Ideen bestätigt und in die Tat umgesetzt finden. Schon 1928 haben wir als einziger Verein das Führerprinzip bei uns durchgeführt und uns abgewandt vom System der Vielredner und Besserwisser. Wir haben deshalb jetzt ein leichtes Einordnen in den neuen Staat."

Martens und dem HSV kommt der gute Kontakt zu den neuen Machthabern zugute: „Der HSV hat von Anfang an sofort die denkbar besten Beziehungen zur Partei und den Staatsbehörden unterhalten, indem er auch sofort seine Klubräume den Organisationen zur Verfügung stellte, als es noch an Versammlungsräumen mangelte, was uns von den leitenden Herren nicht vergessen werden wird" (1934 in der Vereinszeitung).

Aus dem Lager der Arbeitersportler erhält der HSV Verstärkung: Mittelstürmer Bruno Heine kommt aus einer kommunistischen Familie und spielte für den VfL-93-Vorläufer VfL 05 Hamburg (zeitweise im „Rotsport"). Er wird als „untrainiert" bezeichnet, war er doch infolge des Vereinsverbots zur Inaktivität gezwungen. Heine, der der Bundesauswahl des Arbeiter-Turn- und Sport-Bundes angehörte, muss zwei NSDAP-Mitglieder als Bürgen beibringen, erst dann darf er für den HSV stürmen (später wechselt er zu Victoria und erlebt dort seine Sternstunde, als „Vicky" im Tschammer-Pokal Schalke 04 dank seiner drei Tore 4:3 bezwingt).

Die neuen Verhaltensmaßregeln im Fußball teilt Nordmark-Gauführer Dr. Günther Riebow, zuvor Chef des Norddeutschen Sport-Verbandes (NSV), mit: Vor Spielbeginn Hitlergruß nach beiden Seiten, der vom Publikum erwidert wird; nach Spielende Aufstellung im Mittelkreis, die Spieler grüßen mit „Sieg Heil!".

Im HSV-Klubhaus häufen sich derweil die Glückwünsche zur zehnten Nordmeisterschaft 1933, darunter ein Brief von „drei HSV-Fanatikern aus Kiel", die nicht zum ersten Spiel der Deutschen Meisterschaft gegen Eintracht Frankfurt kommen können: „Eines unserer Räder ist kaputt, wir sind arbeitslos und haben kein Geld, um uns die Eisenbahnfahrt bzw. Autofahrt nach Hamburg leisten zu können." Die Drei versäumen nichts, denn der HSV unterliegt der Eintracht vor 12.000 Zuschauern mit 1:4; den Weggang der „Alten" hat man eben noch nicht verkraftet. Nach einem 14:0 gegen Schwerin in der neuen Runde verabschiedet sich auch „Assi" Halvorsen, der populäre Norweger.

Die Gauliga kommt

Umstellen müssen sich 1933 die Fußballvereine: Die Fragen nach Professionalismus und Reichsliga stellen sich unter den neuen Machthabern nicht mehr. Der HSV hatte zu den Themen kundgetan, „bis zum Letzten den Amateurismus zu verteidigen", andererseits aber auch einem italienischen Modell, nach dem die Einführung des Profitums Vereinssache sei, das Wort geredet. Organisatorisch wird das Reich für den Spielbetrieb in 16 Gaue aufgeteilt; der HSV gehört in den folgenden neun Jahren dem Gau VII Nordmark an, in dessen (erster) Liga zumindest zeitweise weitere Klubs aus Hamburg (Eimsbütteler TV, Victoria Hamburg, FC St. Pauli, SV Polizei) sowie aus Nordhannover (Viktoria Wilhelmsburg), der Provinz Schleswig-Holstein (Holstein Kiel, Borussia Kiel, Altona 93, Union Altona), Lübeck (Polizei) und Mecklenburg (FC Schwerin 03) vereinigt sind.

Der erwähnte SC Victoria von 1895 stand beim Gauliga-Start noch abseits. Der HSV war den „alten blau-gelben Freunden aus der Hoheluft", die dort ein prächtiges Stadion besaßen (und bis heute besitzen!), nicht nur von der Tradition her verbunden, sondern auch, weil HSV-Vorläufer HFC 88 im 1. Weltkrieg 1918-19 mit „Vicky" eine Spielgemeinschaft gebildet hatte. Die Weltwirtschaftskrise, die für die Sportvereine aufgrund der hohen Arbeitslosigkeit verringerte Beitragsaufkommen und Einnahmen zur Folge hatte, setzte beiden Vereinen offensichtlich mehr zu, als in der Öffentlichkeit bekannt wurde. Der HSV hatte zudem durch die Unterschlagungen eines Geschäftsstellen-Mitarbeiters reichlich Schaden genommen. Im Sommer 1933 jedenfalls trafen Vertreter beider Klubs zu Vorgesprächen über eine Fusion zusammen. Ein „HSV Victoria" oder gar ein gänzlich neuer Vereinsname war für die Rothenbaumer inakzeptabel, „weil der Name HSV über Deutschland hinaus bekannt ist und die Gründer von Victoria wahrscheinlich noch zur Schule gingen, als Germania und HFC bereits spielten" (das war recht vorlaut, spielte Victoria doch 1905 bis 1907 in Folge dreimal um die Deutsche Meisterschaft mit; Germania kam da nur einmal zum Zug).

Der Eimsbütteler TV: Vorbei, die Tage, ganz und gar

Als der Eimsbütteler Turnverband, in Hamburg als ETV ein Begriff, 1979 sein 90-Jähriges Bestehen beging, wollte er aus dem Anlass ein besonderes Fußballspiel gegen einen besonderen Gegner bieten: den amtierenden Deutschen Meister HSV. Günter Netzer allerdings, der damalige weltläufige Manager des Bundesligisten, dem vermutlich Rayo Vallecano oder Boca Juniors mehr vertraut waren als Hamburger Fußball-Historie, erteilte den Eimsbüttelern eine Absage. Der enttäuschte Gastgeber in spe fragte daraufhin öffentlich nach, ob Netzer denn gar nichts von jenen fünf Spieljahren der Gauliga-Nordmark-Zeit wisse, in denen der ETV den HSV hinter sich ließ?

Das „Festspiel“ mit dem HSV kam schließlich doch noch zustande – eine Geste, unbedingt angebracht gegenüber dem Traditions-Klub aus dem rund 55.000 Einwohner zählenden Stadtteil. Mit knapp 10.000 Mitgliedern ist der ETV heute nach dem HSV der größte Wettkampf- und Breitensportverein Hamburgs. Im Fußball allerdings wäre er seit der Saison 1999/2000 eigentlich jedes Jahr sportlich abgestiegen, was andere Vereine als Aus- und Aufsteiger verhinderten. Dennoch gehört man inzwischen der Bezirksliga (7. Liga) an, darf aber auf den Nachwuchs hoffen (700 Aktive, 17 Mannschaften).

Das Stadion ist jetzt ein Allerwelts-Sportplatz, denn 1978 hat man aus Anlass des Baues einer Tennishalle (!) die Tribüne niedergerissen – das Ende des sogenannten Tribunensportplatzes, der ehemals der Stolz des Vereins war. 1911 hatte man den Platz am Lokstedter Steindamm eröffnet, und mit der Zeit wurde daraus „eine gewaltige Anlage, die in Deutschland nur wenige ihresgleichen hat“ (1935). Die Holztribüne wurde 1920 gegen den 1.FC Nürnberg eingeweiht, Rekordbesuch waren 24.000 im Jahre 1938 gegen den HSV. Aus dem Standort an der „Lokstedter Grenze“ ergab sich bis zur Bildung von Groß-Hamburg ein Kuriosum, das ETV-Buchautor Folke Havekost beschreibt: „Ein Torwart musste in der einen Halbzeit seinen Kasten auf Hamburger Territorium sauber halten, in der anderen dann auf preußischem Gebiet.“

1948-1956 war der Eimsbütteler TV in der Oberliga Nord sogar noch einmal erstklassig (wie überhaupt in 49 von ersten 50 Fußball-Jahren!). Das Kräfteverhältnis ETV - HSV war da allerdings schon recht klar: Immerhin erreichten die „Rotjacken“ noch drei Siege in 16 Spielen, am Ende aber kam’s mit 1:8, 3:5, 2:9, 0:5 recht dick.

Die Glanzzeit des ETV waren die erwähnten Gauliga-Jahre, die dank Professor Walter Jens aus Tübingen, Jahrgang 1923, Literaturwissenschaftler und Schriftsteller, verewigt wurden (im Buch „Netzer kam aus der Tiefe des Raumes", 1974): „Als ich zur Schule ging, war alles ganz einfach: Das Identifikations-Objekt hieß TV Eimsbüttel; die Heroen, zu denen ich aufsah, waren Gemüsehändler (Nationalspieler Hans Rohde, ein- und ausgehend im elterlichen Geschäft), Eisverkäufer (Herbert Panse, Nationalspieler auch er, beim Füllen der Tüten: Sonntag geht der HSV baden), Lehrer (wie Otto Lüdecke), Angestellte (Rohwedder, ebenso schussgewaltig wie launisch, mit der Aktentasche unter dem Arm), Mechaniker, Maurer und Dreher. Die Stars, mit einem Satz, waren Menschen, die man in der Straßenbahn ansprechen konnte; die Fünferreihe des Sturms bestand aus Eimsbütteler Werktätigen (Anrainer dazu gerechnet): Derle Ahlers, Otto Rohwedder, Herbert Panse, Kalli Mohr und Hanno Maack ... wenn ich den letzten Goethe-Vers vergessen habe, werde ich den Eimsbütteler Sturm noch aufzählen können."

Diese Eimsbütteler und ihr Verein waren, wie es hieß, „ohne große eigene Mittel, ohne Gönner mit dicken Brieftaschen" groß geworden. Auf der Hoheluft vergaß man denn auch nie, den Gegensatz zum „mehr vom kaufmännischen Geist getragenen Rivalen vom Rothenbaum" zu betonen – gemeint war natürlich der HSV, der in den 1920er und bis Anfang der 1930er Jahre geeignete Spieler nicht allein mit guten Worten gelockt hatte. In der NS-Zeit waren derlei Manöver verpönt – sicherlich ein Vorteil für die Eimsbütteler, die auf eine Heerschar talentierter Jungs aus dem dichtbesiedelten Kleine-Leute-Viertel der Arbeiter, Angestellten und Gewerbetreibenden zurückgreifen konnten.

„Vorbild des deutschen Fußballsports"

Die Sportchronik jedenfalls lobte den bodenständigen ETV und „seine Methode, wie er es glänzend verstanden hat, aus eigener Kraft aus seinem eigenen Nachwuchs eine Elf heranzubilden, die Groß-Hamburg und darüber hinaus dem ganzen deutschen Fußballsport als Vorbild hingestellt werden kann".

Ende 1934 stürmten die temperamentvollen Rot-Weißen mit 8:3 über den HSV hinweg: „Man muss sich nur wundern, was alles in diesen jungen Kerls drin steckt" (*Der Fußball*). Prof. Dr. Dr. h.c. Walter Jens, Festredner zum 100-jährigen Jubiläum der ETV-Fußball-Abteilung 2006, erinnerte den Tag nur zu gut: „Ach, wie glücklich. Kein Asthma, und Eimsbüttel hatte seinen Erzfeind vom Rothenbaum mit 8:3 geschlagen!" „Eindeutig und unerbittlich" waren z.B. auch Partien beim HSV, die 7:0 und 6:0 für den ETV endeten. Es war wahr geworden, was die Eimsbütteler bereits früher nach Spielende gesungen haben sollen: „Und schlagt ihr uns auch heute noch, die Zukunft, die gehört uns doch!"

Als dreimaliger Gaumeister in Folge 1934/35/36 sowie Titelgewinner 1940 und 1942 konnte Eimsbüttel überregional nie die großen Erfolge erreichen. Im Endrunden-Rückspiel 1934 jedoch zog Eimsbüttel, 15.000 Anhänger hinter sich, ins Altonaer Stadion im Volkspark um und gewann nach 0:2-Rückstand 3:2 gegen den späteren Deutschen Meister Schalke 04. Die Westdeutschen verließen ohne Sportgruß das Feld. In der DM 1935 glückte wieder ein Sieg über Schalke, den Deutschen Meister, diesmal mit 2:1 auf dem Victoria-Platz.

Lokalderby ETV - HSV vor der berühmten Tribüne des Eimsbütteler Stadions.

Es war ein pikantes Detail der ETV-Erfolgsstory, dass daran als Trainer zeitweise ein „Alt-HSVer" beteiligt war: Ex-Nationalverteidiger Walter Risse, den das HSV-Ehrengericht Ende 1933 aus dem Klub geworfen hatte.

Es war nur logisch, dass die Asse des fünfmaligen Gaumeisters der Nordmark auch für die Nationalmannschaft infrage kamen. Die meisten Berufungen hatte dabei Hans Rohde (1914-1979), „der eiserne Hans", Chauffeur von Beruf, als Stopper und Außenläufer 25-mal eingesetzt, was lange Zeit Hamburger Rekord bedeutete. Nachdem er am 1. Weihnachtstag 1949 aus sowjetischer Kriegsgefangenschaft zurückgekehrt war, half er schon wenige Wochen später zweimal im ETV-Oberligateam aus.

Nach Kriegsende konnte der ETV nie mehr an die großen Zeiten anknüpfen. Die neue Fußballzeit hielt sich nicht an hehren Worten („wer die Jugend hat, wird die Zukunft haben") auf – sie ging einfach über Eimsbüttel hinweg. Der 1.FC Nürnberg gastierte nicht mehr am Lokstedter Steindamm, nicht Rapid Wien und nicht die Roma, die man 1939 zum 50-jährigen Jubiläum verpflichtet hatte. Heute kommen selten mehr als 50 Zuschauer zu den Heimspielen.

1953 allerdings hatte Eimsbüttel noch einmal die Jugend für sich, in Person von Klaus Stürmer, der beim UEFA-Jugend-Turnier von Brüssel für den DFB die schwarz-rot-goldene Fahne ins Stadion trug und neben Uwe Seeler spielte. Das wollte der Glinder fortan immer, doch die Eimsbüttler boten den „Kaufleuten von der Rothenbaumchaussee" letztmals Paroli: Der 18-jährige Stürmer erhielt keine Freigabe und war ein Jahr gesperrt, ehe er die HSV-Farben tragen durfte.

Wie Recht hatte doch Professor Jens: „Vorbei, die Eimsbütteler Tage." *sky* ■

Als Altona angeklagt war

Erster Gauliga-Meister wurde der Eimsbütteler TV, von da an für lange Jahre der große Rivale des Hamburger SV. Die ETV-Elf entsprach von der Zusammensetzung her den Ideal-Vorstellungen der NS-Sportführung, denn fast alle Spieler kamen aus der eigenen Jugend. So hatte Eimsbüttel keine Schwierigkeiten mit der ab 1.8.1934 gültigen Vorschrift, dass in jeder 1. Mannschaft mindestens sieben Spieler stehen müssen, „die entweder vor Vollendung des 18. Lebensjahrs Mitglied im Verein oder mindestens vier Jahre im Verein sind, von Unterbrechungen abgesehen" – eine Bestimmung, die die Nachwuchsarbeit in den Klubs forcieren und „Spielerziehung" oder Vereinswechsel unter Bereitstellung neuer Arbeitsplätze bzw. finanzieller Extras verhindern sollte.

Was derlei betraf, war Altona 93 bereits im Frühjahr 1933 in der *HSZ* gerügt worden: Von 17 Erstliga-Spielern der Altonaer kämen lediglich vier aus der eigenen Jugend, „nur ein weiterer Hamburger Großverein besitzt eine fast ähnliche Struktur" – damit war der HSV gemeint, laut *Deutsche Sportillustrierte* „kein Freundesbund", weil Noack, Politz, die Dörfels, Gloede, Koch, Heine, Mahlmann u.a. „zugewandert" waren.

Die neuen Bestimmungen wurden Altona zum Verhängnis: Am 16. Mai 1933 wurde der Klub bis zum 31. Juli 1933 – Ausnahme die Jugendmannschaften – vom Spielbetrieb ausgeschlossen.

Als der St. Paulianer Alex Schmidt 1934 Wechselabsichten hegte, leitete der DFB ein Verfahren ein. Henry Rehder, früherer FC St.-Pauli-Vorsitzender: „Ich verstehe die Herren des HSV nicht, dass sie dem Spieler in einem solchen Falle nicht einfach gesagt haben: ‚Mein lieber Junge, gehe zurück zum FC St. Pauli.' Auch der HSV muss seine sogenannten Vereinsinteressen nicht über alles stellen."

Als „bester linker Flügel Deutschlands" galten Karl Politz (links) und Rudi Noack; 1934 spielten sie gemeinsam in der Nationalelf.

Natürlich hatte der HSV als „Verein internationaler Spitzenklasse" – als solcher begriff man sich – seine Spieler entgegen den Regeln honoriert; genauso geschah dies bei den führenden Klubs im Westen, Süden und in Berlin. HSV-Präsident Martens: „Der Zweck heiligt die Mittel." Im Falle Schmidt aber hatte man Vorsicht walten lassen, und so bekam der vom DFB die Freigabe für die Reserve (in die Ligamannschaft stieg er nie auf und kehrte zu St. Pauli zurück).

Ein Geschäftsstellen-Skandal

Allerdings geriet der HSV auf anderer Ebene mit dem DFB in einen Konflikt, der seinen Ausgangspunkt auf der Geschäftsstelle hatte – genauso wie jener Skandal 64 Jahre später. Der einst aus Düsseldorf verpflichtete Ex-Nationalspieler Walter Risse (39) war Ende 1933 darüber verärgert, dass er nicht mehr zum Mannschaftskader gehörte und verlangte für sein zehnjähriges Engagement beim HSV ein Abschiedsspiel, das ihm mit 1000 bis 1500 Mark in bar oder in Schuldscheinen honoriert werden sollte. Für den HSV kam derlei nicht in Frage. Walter Risse sann daraufhin auf Revanche und fand in Mitarbeitern der HSV-Geschäftsstelle willige Helfer. Edgar Hartz, dortiger Mitarbeiter, war nämlich gerade gekündigt worden, „weil er seine Arbeiten grob vernachlässigte und nebenbei im Büro noch für sich dauernd private Arbeiten erledigte" (Präsident Martens). Dank seiner Kollegin Fräulein Hartz hatte Herr Hartz allerdings in der Geschäftsstelle noch einen Fuß in der Tür. Die Dame besorgte ihm Unterlagen, aus denen hervorging, dass der HSV seinen Spielern entgegen den Bestimmungen „schwarze Gelder" zahlte. Hartz gab das Material an Risse weiter, der leitete es den Sportbehörden zu.

Der HSV reagierte darauf am 8. November 1933 und schloss Risse durch sein Ehrengericht aus; Edgar Hartz wurde nochmals und auch Fräulein Hartz entlassen. Der verbitterte Präsident Martens später: „Risse hatte sich noch nicht einmal gescheut, selbst seine langjährigen Mitkämpfer bloßzustellen." Henry Barrelet vom HSV, der als Politischer Beauftragter der „Fachsäule Fußball" im Gau amtierte, warf Risse „minderwertigen Egoismus und verwerfliche Denunziationsgelüste" vor.

Der DFB allerdings, in Person seines Bundesführers Felix Linnemann, von Beruf Kriminaldirektor, glaubte SA-Mann Risse und den Unterlagen: Er wies den HSV an, seinen Vorsitzenden abzusetzen. Emil Martens hat im Nachhinein schriftlich eingestanden, dass am Rothenbaum Spieler bezahlt wurden: „Nach den neuen Amateurgesetzen und der Amnestie war eine Abkehr (Anm.: von den Spielergehältern) von heute auf morgen nicht möglich." Tatsächlich leistete sich der Klub von 1929 bis mindestens 1932 eine schwarze Kasse (Vereinsprotokolle: „Geheimbuchführung"), in die Eintrittsgelder einflossen und aus der „gewisse Ausgaben" gleich Spielerhonorare geleistet wurden. Eine Überprüfung dieses Finanzgebarens war später nicht mehr möglich: 1936 stellten die Revisoren fest, dass sämtliche Bücher und Belege verschwunden waren. Fest steht nur, dass Klubpräsident Emil Martens reichlich Eigenkapital in den HSV eingebracht hatte, um finanzielle Engpässe zu überbrücken.

Am 25. Januar 1934 musste der Verein auf DFB-Anweisung eine außerordentliche Generalversammlung durchführen. Einziger Tagesordnungspunkt: die Absetzung von Martens und Neuwahl des Vereinsführers. Obwohl der bewährte Versammlungsleiter Paul „Papa“ Hauenschild für bedingungslose Unterordnung plädierte – „so wie beim Pfiff des Schiedsrichters sich jeder ohne Diskussion zu beugen hat, so nehmen wir diesen Tatbestand zur Kenntnis, ohne darüber in eine Debatte einzutreten“ –, wurde die Versammlung zu einer Kundgebung gegen den DFB. Vorsitzender Emil Martens redete Klartext: „Denunzianten und Erpresser aus den eigenen Reihen haben versucht, das stolze Gebäude des HSV zu erschüttern, seine Farben zu beschmutzen. Ihre Absichten sind vereitelt!“ Martens wusste darum, dass sich im HSV eine „Opposition“ organisiert hatte, weil man mit dem fußballerischen Abschneiden unzufrieden war.

Nach Martens ergriff mit Oskar Algner ein alter, allseits geachteter HSVer das Wort und hielt ein flammendes Plädoyer, den vom DFB gestürzten Vereinschef zum Ehrenvorsitzenden zu ernennen. „Man hat uns unseren verdienten Emil Martens als Führer genommen! Wir müssen den Mut haben, mit der Wahl zum Ehrenvorsitzenden unseren Kopf hinzuhalten.“

Algners Rede stößt auf Begeisterung, an den dicht besetzten Klubhaus-Tischen brandet Applaus auf, man hört „Bravo!“-Rufe und natürlich wird Martens einstimmig zum Ehrenvorsitzenden gewählt. Gauführer Dr. Riebow und Kreisführer Heino Gerstenberg, die Vertreter des DFB, sitzen sprachlos dabei. Als am Tag darauf die HSV-Pressemitteilung „eine einzigartige Kundgebung der Geschlossenheit der Mitgliedschaft des HSV“ meldet, ist Dr. Riebow außer sich und lässt folgende Erklärung publizieren: „Die Veröffentlichung des Pressedienstes des HSV kann nur als eine außergewöhnliche Brüskierung des Gauführers angesehen werden. Dem HSV wird hiermit eine scharfe Verwarnung ausgesprochen. Im Wiederholungsfalle muss der HSV damit rechnen, dass er zeitweilig aus dem Spielverkehr ausgeschaltet wird.“

„Wen möchtest du in Hamburg sehen?“

Der neue Mann an der Spitze des HSV, Otto Schwabe, ist Mitgründer des Vereins und Sportleiter im Gau Hansa des Deutschen Automobil-Club (DDAC), den Gestapo-Chef Bruno Streckenbach führt. HSV-Vereinsführer Schwabe hat als Geschäftsführer Walter Gratenau zur Seite, der als Presse- und Propagandawart den HSV gleich ins Gespräch bringt. Über die NORAG, den Vorgänger des Norddeutschen Rundfunk (NDR), lässt er fragen: „Welche prominente Mannschaft des kontinentalen Europas möchtest du gern einmal in Hamburg spielen sehen?“ Mit Abstand Sieger der Umfrage wird Arsenal London vor Juventus und Ambrosiana Mailand; unter den deutschen Klubs rangiert Schalke vor dem 1. FC Nürnberg und Bayern München. „Die Verpflichtung der ausländischen Klubs“, kommentiert die skeptische Fachpresse, „dürfte wohl die finanziellen Kräfte des HSV übersteigen.“ Und Bayern München ist schon bei der konkurrierenden „Großhamburger Spiel-Gemein-

Harburg war ein nie versiegender Talent-Quell für den HSV: Hier beim „Fußball-Ballett" (von links) die Ex-Harburger Richard Dörfel, Paul Weber und Erwin Reinhardt (DM-Endrunde 1938 gegen York Boyen Insterburg aus Ostpreußen).

schaft“ von ETV/Union/FC St. Pauli/Victoria unter Vertrag. Immerhin präsentiert der HSV mit Düsseldorf den amtierenden Deutschen Meister (4:1 vor 14.000 Zuschauern) und Pfingstsamstag 1934 den 1. FCN (1:3). Der darauf folgende Tag steht am Rothenbaum „im Zeichen nationaler Selbstbesinnung“ – „Deutsch ist die Saar, immerdar!“, lautet die Parole. Der ETV muss gegen Sportfreunde Saarbrücken antreten (4:0), der HSV gegen eine Saarauswahl (2:5). Rudi Noack vom HSV macht derweil die WM in Italien mit, nach der der FC Madrid beim HSV gastiert, „eine Sehenswürdigkeit ohnegleichen die ganze Mannschaft mit dem berühmtesten Tormann Europas Zamora“. 16.000 pilgern an einem Dienstagabend zum Victoria-Platz und erleben ein 3:0 der Spanier. HSV-Entschuldigung: „11 Amateur-Spieler, die z.T. direkt von der Arbeitsstätte zum Sportplatz geeilt waren, gegen 11 Berufsspieler internationalen Ranges.“

Wie zur Saarkundgebung 1934 müssen die HSVer immer wieder zu diversen Aufmärschen hinaus in die Stadt. Am Tag vor der „Volksabstimmung“ bzw. Reichstags-„wahl“ am 12. November 1933 wird wieder ein solcher Umzug verordnet: „Dass hier jeder HSVer mitmacht, ist eine solche Selbstverständlichkeit, dass wir von Pflicht oder Zwang gar nicht erst sprechen wollen“ (Vereinszeitung). Stundenlang dauert der Aufmarsch der 15.000, darunter „ein großes HSV-Aufgebot“. In Hamburg bleibt das Ergebnis für Hitler zwar weit unter dem Reichsergebnis (83,6 zu 92,1 Prozent), andererseits sind prozentual viel mehr Hamburger Mitglied der NSDAP als im Reich. Und entgegen der Legende „Hitler kam selten nach Hamburg – es war ihm zu ‚rot' und zu ‚hanseatisch'" (*Abendblatt* 1983) war der „Führer" 31-mal da, enthusiastisch gefeiert wie anderswo auch im Deutschen Reich.

HJ, SA, SS – ein Vereinsproblem

Sportvereine wie der HSV haben Probleme mit der Inanspruchnahme der Aktiven durch die Organisationen der einzigen Partei. HSV-Präsident Martens: „Die Menge der Veranstaltungen und Aufmärsche nahmen den Zuschauern unserer Spiele Zeit und Gelegenheit, dieselben zu besuchen. Die Doppelmitgliedschaft in Partei, SA, SS und HJ wurde vielen zeitlich und auch wirtschaftlich einfach zuviel und manches liebe Mitglied sah sich veranlasst, dem HSV den Rücken zu kehren."

So berief die Hitler-Jugend (HJ) die jüngsten Mitglieder ein: Nur der erste und dritte Sonntag im Monat waren für den Sportbetrieb frei, ansonsten galt „HJ-Dienst". Im Sommer 1936 besaß der HSV mit 459 Jungen die größte deutsche Sportjugend-Abteilung, deren Spielbetrieb durch die HJ-Vorschriften allerdings arg eingeschränkt war. Nachdem die HJ ab Ende 1936 als Staatsjugend die Betreuung der Sportjugend übernommen hatte, wurde auf die Einheit Verein/HJ penibel Wert gelegt: Als 1938 zwei Spieler ihren HJ-Ausweis vergaßen, außerdem einer die HJ-Mitgliedsmarke nicht geklebt hatte, blieben diese nur Zuschauer, als die 1. HSV-Jugend beim FC St. Pauli 0:4 verlor (die St. Paulianer also waren „ordentlich").

Auch die SA beanspruchte die Vereinsmitglieder. Alle zwölf (deutschen) Spieler des HSV-Rugby-Teams z.B. gehörten SA und SS an. Die Hockeyer klagten über Ausfälle, die Fußball-Abteilung mit ihren vielen Teams benennt 1934 „den Konflikt mit dem SA-SS-Dienst". Die Handballer verloren Mitspieler, als verfügt wurde, dass Polizisten nur noch beim Polizei SV spielen dürfen. Als wiederum die Polizei ihre Jugendabteilung auflösen muss, weil Jugendliche nun mal keine Polizisten sein können, treten die Nachwuchs-Handballer geschlossen zum HSV über. Und als ob es nicht schon genug Pflichttermine gäbe, tritt mit dem NSDAP-Mitglied Ewald Dost auch noch ein „Dietwart", zuständig für die politische Schulung, im HSV auf, was offensichtlich ohne Resonanz blieb.

1934-1936 Der HSV am Abgrund

Eimsbüttel wird nach 1934 auch 1935 und 1936 wieder Meister. „Sie gestatten: Ha-Es-Vau / mit dem Wappen schwarz-weiß-blau / mit der Meisterschaft ist's mau", hatte die *Hanseatische Sport-Zeitung* schon früher gespöttelt. Im Herbst 1935 triumphiert der ETV am Rothenbaum sogar mit 7:0, doch das allein ist es nicht, was dort für Unruhe und Unmut sorgt: Das Gespann Schwabe/Gratenau ist dabei, den Verein in den Ruin zu wirtschaften. Die Alten im Klub haben das mitbekommen und stellen bei einem

„Kameradschaftsabend“ die beiden Verantwortlichen. Otto Schwabe gesteht „gänzliche Überlastung“ ein und ist bereit zu gehen. Auch Walter Gratenau stellt sein Amt als Geschäftsführer zur Verfügung. Am 5. September 1935 übernimmt Karl Mechlen die Vereinsführung.

Schwabe/Gratenau, so wird mit der Zeit deutlich, haben ein finanzielles Chaos hinterlassen: Etliche Lieferanten standen am Klubhaus Schlange, der Gerichtsvollzieher soll am Rothenbaum aus- und eingegangen sein, die fälligen Sportgroschen hat man nicht abgegeben. Gratenau besorgt sich im Rahmen der Weihnachtsaktion für „bedürftige HSVer“ einen Mantel, macht zuviele Spesen mit der Presse und verrechnet die Vereinszeitung-Inserate von Firmen mit Privat-Einkäufen. Bei der Generalversammlung – Schwabe ist kurzerhand aus dem Verein ausgetreten – werden beide nicht entlastet. Nachdem Friedrich Vietzen und Hans Krohn, Vater des späteren Managers Peter Krohn, 1935 die Kassengeschäfte geprüft haben, erklärt sich die Generalversammlung „mit der Ausgabenwirtschaft allgemein und speziell in einzelnen Punkten nicht einverstanden“. Die Geschäftsführung und Verwendung der Vereinsgelder der Ära Schwabe/Gratenau wird noch 1936 „bis zur letzten Konsequenz und Schärfe verurteilt“.

Schwabe/Gratenau sind zwar entmachtet, der HSV aber steht am Abgrund und ist fast pleite. „Der Bestand des Vereins ist gefährdet“, heißt es, man befinde sich in „schwerster Notzeit“. Den Verein rettet die Treue und Anhänglichkeit betuchter Mitglieder, die mit einer äußerst erfolgreichen Spendenkampagne für die „Wiedergeburt des HSV und des alten guten HSV-Geistes“ sorgen. Vereinsführer Karl Mechlen: „Wir verdanken es in erster Linie nur diesen Spenden, zunächst über die schwersten, einnahmelosen Wochen gekommen zu sein.“ Noch im Herbst 1935 werden die „Geldsorgen“ als „groß und akut“ bezeichnet und im Juli 1936 verfügt die Generalversammlung „rücksichtsloseste Sparmaßnahmen“. Der HSV überlebt so eine der schwersten, wenn nicht die schwerste Krise seiner Vereinsgeschichte. Ansonsten enden die Protokolle der Generalversammlungen wie stets: „Herr Algner schliesst die Versammlung mit einem dreifachen Sieg-Heil auf unser geliebtes Vaterland, unsern herrlichen Führer und unsern lieben Verein.“

Der Ärger über diesen Abschnitt der Vereinsgeschichte muss den sogenannten Alten des HSV 1961 noch präsent gewesen sein, denn in der Aufstellung der Vereinsvorsitzenden im Jubiläumsbuch wurde Otto Schwabe überhaupt nicht erwähnt.

Was schließlich die Personalia der führenden HSVer zu Beginn der NS-Zeit angeht, hat Matthias Müller Bemerkenswertes ermittelt. So war Karl Mechlen, Vereinsführer bzw. Präsident von 1935-37 und 1941-49, wie bereits in der 1. Auflage dieses Buches berichtet, nie NSDAP-Mitglied. Dies ist erstaunlich, da die Mitgliedschaft in der Partei als Voraussetzung für ein solches Amt galt.

Anders verhielt es sich mit Vereinsführer Emil Martens, Otto Schwabe und Hellmuth Schwarz im selben Amt sowie Walter Gratenau, dem Schriftführer und Geschäftsführer. Alle vier zählten nach Müller zu den sog. Märzgefallenen, d.h., sie traten nach der Aufnahmesperre am 1. Mai 1933 der NSDAP bei. Laut Gratenaus Entnazifizierungsakte hatte sie der Sportbeauftragte für das Staatsgebiet Hamburg, Egon Arthur Schmidt, zum Parteieintritt aufgefordert.

„Bilderbuch-Parteigenossen“ waren die HSV-Funktionäre allerdings z.T. nicht. Emil Martens trat bereits im September 1936 aus der NSDAP aus und war laut Müller von Oktober 1936 bis Januar 1944 mehrmals in Nazi-Haft. Hellmuth Schwarz verließ die NSDAP 1943 und wurde in einer Munitionsfabrik entlassen, weil er mit der Behandlung der ausländischen Zwangsarbeiter nicht einverstanden war. Als 1950 die USA-Tournee des HSV anstand, bestritt er allerdings, NSDAP-Mitglied gewesen zu sein. Walter Gratenau war bis zum 1. Februar 1942 NSDAP-Mitglied. Er hatte schon vorher einen Verweis „wegen Umgang mit einem Juden“ erhalten. Als Hilfskraft in der Lohnbuchhaltung der Geheimen Staatspolizei (Gestapo) in Kiel beschäftigt, wurde er „wegen politischer Unzuverlässigkeit und Begünstigung von Häftlingen“ entlassen und von den Nazis inhaftiert.

1936/37 Per Flugzeug nach Gleiwitz

Gaumeister wird der HSV wieder 1937, rechtzeitig zum 50-jährigen Jubiläum, sechs Zähler vor Holstein Kiel, Victoria und dem FC St. Pauli. Den Jubel über das 3:2 gegen Victoria „hörte man bis auf die andere Alsterseite, hinter den Mühlenkamp“ (das meint links der Alster und den Stadtteil Winterhude). Die „Löwen vom Rothenbaum“ haben unter Trainer Hans Lang, dem Altinternationalen von Fürth und dem HSV, der seit Juni 1935 amtiert und nebenbei als Anzeigen-Akquisiteur für die Vereinszeitung arbeitet, endlich die richtige Mischung gefunden. Der 19-jährige Versicherungslehrling Walter Warning steht im Tor, Youngster sind auch Mittelläufer Reinhardt (20), Stawe (20), Friedo Dörfel (21), Mittelstürmer Höffmann (19), Jessen (19); dazu kommen Routiniers wie Bohn (31), Greifenberg (25), Kahl (25), Carstens (24) und Noack (24). Dem 25 Jahre alten Richard Dörfel, Rechtsverteidiger und Kapitän, hat man als Autoverkäufer von Auto Union eine neue Existenz geschaffen.

In der Deutschen Meisterschaft 1937 erwischt der Meister eine leichte Gruppe. Erstmals fliegt eine HSV-Mannschaft zu einem Spiel, in einer JU 52, der Lufthansa-Sondermaschine, nach Gleiwitz zum 4:1 über Schlesien-Meister Beuthen 09 (der ETV soll 1935 bei der Reise nach Stettin das erste deutsche Fußball-Team gewesen sein, das dieses Beförderungsmittel nutzte). Die Lufthansa hat vorher Prospekte an die HSVer verteilt, um die Flugangst zu mildern. Auf dem VfB-Platz im ostpreußischen Königsberg wird ein neuer Zuschauerrekord aufgestellt, als dort 10.000 das 5:2 des HSV gegen Hindenburg Allenstein, eine Soldatenelf, sehen. Auch gegen den BC Hartha aus Sachsen bleibt der HSV verlustpunktfrei und zieht zum Halbfinale gegen den 1. FC Nürnberg ins Berliner Olympiastadion ein.

60.000 sind dort versammelt, darunter 5.000 HSVer und ein lautstarker Anhang der fränkischen „Cluberer“ mit Schalmeien und Kuhglocken; die Berliner tendieren überwiegend zu den Hanseaten. Erstmals seit 1931 hat der HSV an diesem 6.

Das HSV-Aufgebot 1938/39 (von links stehend): Höffmann, Jantz, Spundflasche, Warning, Reinhardt, Erwin Seeler, Danek, Richard Dörfel, Kahl; (vorn v.l.) Carstens, Jessen, Noack, Friedo Dörfel, Sikorski.

Juni 1937 in der Berliner Gluthitze wieder ein Endspiel vor Augen, doch der 1. FCN führt 2:0. „Höffi" Höffmann verkürzt; Noack, ohnehin angeschlagen in die Partie gegangen, muss verletzt vom Feld, ist „nur noch 50% kampffähig"; Bohn verlässt mit einer Augenbrauenverletzung zweimal den Platz, wird geklammert und verpflastert. „Guschi" Carstens gleicht dennoch zum 2:2 aus. Nach einem Foul steht Höffmann nur noch als Statist auf Rechtsaußen – so gewinnen die Franken letztlich 3:2 (das Endspiel geht mit 2:0 an Schalke).

„Der HSV braucht sich vor keinem zu verstecken", wird geurteilt. „Mit mehr Routine kann die Mannschaft ein Konkurrent von Schalke und Nürnberg werden." Für Gesprächsstoff in der „Sporthalle Heldenkeller", vis-à-vis dem HSV-Platz, ist jedenfalls gesorgt.

1937-1940 Ein Hassspiel am Ostragehege

Im Herbst 1937 gibt es erneut einen Wechsel an der Vereinsspitze: Karl Mechlen tritt „aus privaten Gründen" zurück (er wird ehrenamtlicher Geschäftsführer, 1941-1949 wieder Vereinschef, danach Schatzmeister), Hellmuth Schwarz heißt der neue Vereinsführer. 1938 verteidigt die Ligaelf, als „Zahnrad unserer Vereinsmaschine" bezeichnet, den Titel. Der ETV, gegen den man 2:2 und 1:1 spielte, ist zwar punktgleich, hat aber mit 89:27 gegen 103:26 das schlechtere Torverhältnis. Wieder gewinnt man die DM-Gruppe, diesmal gegen den Stettiner SC, York Insterburg und Eintracht Frankfurt (ein großartiges 5:0 vor 22.000 auf dem Victoria-Platz und die einzige Niederlage mit 2:3). Zum Halbfinale gegen Hannover 96 muss der HSV nach Dresden; der Einspruch beim Fachamt Fußball „gegen diese in ganz Norddeutschland mit größter Verwunderung aufgenommene Ansetzung“ im fernen Sachsen ist vergebens. War es dieser Einspruch oder waren es die Vorkommnisse der DM 1937, als der BC Hartha auf dem DSC-Platz in Dresden und im Rückspiel gegen den HSV überhart einstieg? Am Dresdner Ostragehege jedenfalls stößt man auf eine Mauer der Ablehnung. „Einfach skandalös war das Benehmen der Menge“, klagt der HSV. „Was sich hier eine von Berlin als neutral bezeichnete Umgebung leistete, dürfte kaum noch zu unterbieten sein.“ 2:0 führt der HSV zur Pause, dann wird Torhüter Warning durch Foul verletzt und für zehn Minuten durch Richard Dörfel ersetzt. 96 verkürzt in dieser Phase und siegt in der Verlängerung mit zehn Mann (Feldverweis) 3:2. Hannover geht auch gegen Schalke in den Endspielen zweimal in die Verlängerung und wird mit 4:3 sensationell Meister.

Überstunden muss auch der HSV noch absolvieren, denn im Spiel um Platz 3 (!) trennt man sich in Bremen von Düsseldorf 0:0 n.V. und unterliegt in der Wiederholung im Berliner Olympiastadion 2:4. Kurios: Die Statistiker melden für diese Begegnung 94.812 Zuschauer, für das anschließende Endspiel aber nur noch 92.895…

1938/39 schafft der HSV, in dessen Ligaelf inzwischen Talente wie Heinz Spundflasche und Walter Staats integriert wurden, den Meisterschafts-Hattrick, denn Eimsbüttel wird zweimal besiegt. Neu beim HSV ist auch der ehemalige Arbeitersportler und Victoria-Spieler Erwin Seeler, der am Buß- und Bettag 1938 debütiert und sich damals bestimmt nicht träumen ließ, dass er zum „HSV-Vadder“ avancieren würde. Wieder wird die DM-Gruppe gewonnen, wieder ist das Halbfinale der ersten „Großdeutschen Meisterschaft“ Endstation (1:4 gegen Admira Wien, das seit dem Anschluss 1938 mit Österreich, der so genannten Ostmark, zum Reich gehört).

1938 ist das Jahr, in dem beim Novemberpogrom die Synagogen Ziel der NS-Brandstifter und -Brandschatzer sind, in dem Geschäfte und Läden jüdischer Inhaber gestürmt werden, die jüdische Bevölkerung Mord und Misshandlungen ausgesetzt ist. Und 1938 wird vor Hamburgs Toren das KZ Neuengamme errichtet. Jenes Jahr 1938 beschließt der Schriftleiter der HSV-Vereinszeitung, Heinrich Hase, genannt „HeiHa“, der wohl eher die Besetzung des Sudetenlandes und den Anschluss Österreichs im Sinn hat, mit diesen Worten: „Wir sind ein Sportverein… Aber über allen Betrachtungen am Ausklange dieses 1938 steht ein tiefer Dank an den Führer unseres Volkes. 1938 ist die Erfüllung gewesen, die uraltes Sehnen Wirklichkeit werden ließ.“ Acht Monate später, am 1. September 1939, beginnt mit dem Überfall Deutschlands auf Polen der 2. Weltkrieg – die für jenen Monat angesetzte Generalversammlung des Vereins muss verschoben werden und findet im Dezember statt: 347 Mitglieder, so wird den 74 Anwesenden erklärt, „stehen unter den Fahnen“. Und das „Sensations-Gastspiel“ von Arsenal London, das der Verein für den 19. September 1939 durch Präsident Hellmuth Schwarz, Trainer Lang und Spieler Noack in England bereits klargemacht hat, ist durch den Kriegsbeginn erledigt.

Die Gauliga-Saison der Nordmark war am 20. August 1939 bereits mit zwei Begegnungen gestartet, als der Wettbewerb wegen des Kriegsbeginns gestoppt wurde. Veranstaltet wurde eine Übergangsrunde, die der HSV gewann. Erst am 26. November begann dann doch noch eine „Kriegs-Gaumeisterschaft" in zwei Gruppen, aus der sich Phönix Lübeck mangels Aktiven bald zurückzog. Der HSV gewann die eine, der ETV die andere Gruppe. Obwohl die Rothenbaumer Gastspieler wie Schweisfurth und Berg von Schalke 04 in ihren Reihen hatten, die durch den Militärdienst in die Hansestadt gekommen waren, dazu die Neuzugänge Rohwedder (ETV), Adamkiewicz (Wilhelmsburg/Eintracht Frankfurt) und Holdt (Victoria), triumphierten die Eimsbütteler mit 4:1 auf der Hoheluft und 6:0 am Rothenbaum.

1940/41 Die beste Spielzeit der Geschichte

Mit der Spielzeit 1940/41 ließ der HSV diese demütigenden Resultate vergessen. 21-mal trat er in der Gauliga Nordmark an, 21-mal gewann er: 42:0 Punkte bedeuteten reichsweit für die höchste Spielklasse Rekord. Da Stammspieler wie Torjäger „Höffi" Höffmann, ein SS-Mann, Mittelläufer Erwin Seeler, aus einer sozialdemokratischen Familie stammend, Torhüter Walter Warning, der Ex-ETVer Otto Rohwedder und andere nur selten zu Heimspielen anreisen konnten, hatte der HSV auf seine „Jungspieler" zurückgegriffen; insgesamt 29 Fußballer kamen zum Einsatz. Ebenso wie Kapitän Eugen Kahl war „Spund" Spundflasche, der schlaksige Halbstürmer, in allen Begegnungen dabei (18 Tore); Friedo Dörfel und Linksaußen Esegel Melkonian, „Hesi" oder „Melko" genannt (der aus einer Familie armenischer Abstammung kam und mit der 1. Tischtennis-Mannschaft des HSV „nebenbei" Hamburger Meister wurde) fehlten nur einmal. 5:0 gegen Concordia, 7:3 gegen Victoria („durch Rundschreiben gewaltig aufgeputscht", kommentierte der HSV den Gegner), 7:1 bei Altona hieß es im Finale der Glanz-und-Gloria-Serie.

Kurios: Das letzte Spiel der Saison wurde erst ein Jahr später am 22. März 1942 nachgeholt, als Freundschaftsspiel gegen die Barmbecker SG am Rothenbaum (6:2), womit der HSV die Rekordmarke auf 44:0 Zähler steigerte.

In der Deutschen Meisterschaft 1941 stellen der VfB Königsberg und der 1. SV Jena in der Vorrunden-Gruppe IIa kein Problem dar. Dem amtierenden Deutschen Meister Schalke 04 allerdings unterliegt man in Dortmunds Roter Erde 0:3; das 1:0 im Rückspiel ist zu wenig, um weiterzukommen (Schalke, krass benachteiligt, verliert im Endspiel 3:4 gegen Rapid Wien). Immerhin blieb dem HSV so Schalkes „Schicksal" erspart, denn die „Knappen" mussten als Spitzenelf regelmäßig zur „Verwundetenbetreuung" z.B. im thüringischen Oberhof, im „Wehrmachtstadion" Warschau oder in Stendal antreten, bekamen dafür aber 1941 auch 14 Tage Bodensee-Urlaub spendiert.

▶ EINWURF

Rudi Noack: „Ein König im Rothenbaum-Fußballreiche“

Er stand „nur“ dreimal in der Nationalelf, zweimal 1934 und noch einmal 1937, und doch gilt Rudi Noack älteren Fußballkennern bis heute als eine HSV-Legende, ja, es hatte sich sogar ein regelrechter „Noack-Kult“ etabliert, den z.B. Harald Nolte, seit 1934 Vereinsmitglied und ehemals für die HSV-Altliga zuständig, der verstorbene Journalist Horst Frese, wandelndes hanseatisches Fußball-Lexikon („Noack war ein Fußballgenie!“), und andere ehrenwerte Fußball-Enthusiasten nach Kräften gefördert hatten.

Halblinks stürmte Rudi Noack, er war Spielmacher, gleichzeitig Torjäger, beidfüßig schussstark. „Neben einem Besseren habe ich nie in einer Mannschaft gespielt“, hat HSV-Lenker Heinz Spundflasche, genannt „Spundbuddel“, gesagt. Und ein Uhlenhorst-Herta-Spieler namens Nane Kamin hat festgehalten: „Rudi war ‚Tull‘ (Harder) und Adolf Jäger in einem“ – in Hamburg gilt derlei als fußballerischer Adelstitel.

Der „schwarze Zigeuner“

Bestimmt hat die Aura des Rudi Noack nicht allein die großartige Beherrschung des Fußballspiels: Der wortkarge Arbeitersohn, geboren am 30. März 1913, dessen Vater wie so viele Harburger „in die Phoenix“ (Gummiwerke) ging, galt als eigenwillig. Das Unterordnen fiel ihm schwer in einer Zeit, in der Gehorsam erste Tugend war. Das war denn auch der vorrangige Grund dafür, dass ihm eine größere Karriere im DFB-Dress versagt blieb. Schon, dass er eine Frau als Tätowierung auf seinem Unterarm trug, ein Relikt seiner Seefahrerzeit, störte: Der Spieler wurde angewiesen, auf dem Feld niemals die Ärmel soweit aufzukrempeln, dass das Tattoo sichtbar wurde. „So nicht!“, wies ihn Carl-Heinz Mahlmann, der spätere Vorsitzende, an: „Zieh’ die Ärmel ’runter!“

1937 erläuterten die *Hamburger Nachrichten am Mittag:* „Wenn Rudi Noack in seiner Vereinsmannschaft den eigenen Intentionen folgen kann, dann ist er ein Führer seiner Truppe. In dem Augenblick, wo Instruktionen ihn einengen – und Noack empfindet jede Anweisung, die nun einmal bei einer Nationalelf nicht zu umgehen ist, als Behinderung –, dann wird er unfrei, unselbstständig. Er ist ein König in seinem Rothenbaum-Fußballreiche, aber denkbar ungeeignet zum Minister im Reiche des Herrn Nerz (Anm.: Reichstrainer Otto Nerz).“

Zudem fuhr der „schwarze Zigeuner“, wie er auch genannt wurde, gelegentlich aus der Haut: 1938 z.B. ereilte ihn in Schwerin ein Platzverweis – seltsam genug beim Endergebnis von 7:0 für den HSV. Andererseits beschwören seine Verehrer, dass Noack oft für andere Bösewichte herhalten musste – man hatte eben immer ihn „auf dem Kieker“.

„Zieh' die Ärmel 'runter!": Rudi Noack, Ex-Arbeitersportler und -Seemann, durfte seine Tätowierung auf dem Spielfeld nicht zeigen. „Der schwarze Teufel" war einer der HSV-Lieblinge der 1930er und 1940er Jahre: „Wir wollen Noack seh'n!", forderten Sprechchöre, als der Spielmacher gesperrt war.

Noch in den 1950er und 60er Jahren schwärmten Chronisten von Noacks Taten. Da war das Länderpokal-Spiel der Nordmark am 30. Dezember 1934 gegen ein damals starkes Südwest auf dem ETV-Platz, 5:4 das Resultat, alle fünf Tore von Noack; die Anhänger trugen ihn vom Feld. Beim Match gegen den Wiener AC, bei dem der legendäre Rudi Hiden zwischen den Pfosten stand, besorgte er beim 2:2 zwei Treffer, von denen sie noch lange sprachen. Er bezwang bei der WM 1934 den berühmten tschechoslowakischen Schlussmann Planicka (1:3). Noack/Politz, beide 1934 gemeinsam in der Nationalelf, galten zu der Zeit als bester linker Flügel in Deutschland. „Noack ist der Ballkünstler", wurde 1935 aus Kiel „vom schwarzen Teufel" berichtet; „wir wissen keinen, der ihn zur Zeit übertrifft".

Als sein Tod in sowjetischer Kriegsgefangenschaft 1947 zwei Jahre später in Hamburg bekannt wurde, schrieb Harald Nolte in den HSV-Vereinsnachrichten: „Wir können ihm das Denkmal setzen; er war der größte Fußballer und Techniker, der je im HSV war." Der Hamburger Sportjournalist Günther Rackow noch in den 1960er Jahren: „Ich bin kühn genug zu behaupten, dass Rudi Noack in spieltechnischer Perfektion bis heute in Deutschland von keinem Spieler übertroffen wurde. Fritz Walter wird mir nicht böse sein… Noack war in spielerischer Hinsicht ein Vertreter des typischen südländischen Fußballs."

Seemann und Arbeitersportler

„Rudel" Noack kam vom Harburger „Mopsberg" an der damaligen Elisenstraße (heute: Baererstraße), wo er mit den Nachbarskindern und späteren HSV-Teamkameraden Richard Dörfel und Friedo Dörfel aufwuchs – Straßenfußballer, die auch an „Harburgs Copacabana", im Sand des Badestrands am nahen Außenmühlenteich, praktizierten. Er begann, wie es sich für einen Jungen aus dem Arbeitermilieu damals gehörte, im Arbeitersport bei Herta 09 Harburg. Noack wechselte zu Rasensport Harburg (für den er sogar an seinem Konfirmationstag auflief) und 1931 zum SV Harburg. Für den debütierte er mit fünf Treffern zum 6:4 gegen Victoria in der Nordmeisterschaft – fortan war das außergewöhnliche Talent Stadtgespräch und natürlich auch Thema am Rothenbaum, zumal er gegen die „Rothosen" traf (allerdings lautete das Resultat 9:1 für den HSV). Nach diesen zwei Spielen ging der Ex-Seemann 1931 zum Hamburger Spitzenklub. Am Rothenbaum nahm der Arbeitslose im Juni 1932 – per Fahrrad! – mit seinem Harburger Kumpel Richard Dörfel Reißaus, um sich im „Goldenen Westen" dem CfR Köln anzuschließen. Zwar kehrten die beiden Norddeutschen im November 1932 wieder an die Wasserkante zurück (und wollten bei der Gelegenheit auch noch ihre Kameraden Paul Noack und Schwab von Borussia Harburg zum HSV mitbringen), doch das ging nicht gut: Der Westdeutsche Spiel-Verband (WSV) sperrte die beiden Ex-Kölner bis April 1933. Der Norddeutsche Spiel-Verband (NSV) gab Richard Dörfel vorzeitig frei, Rudi Noack aber blieb bis November 1933 gesperrt und durfte erst dank einer Begnadigung wieder auflaufen (die erwähnten Harburger Borussen mussten bei ihrem Klub bleiben; Noack-Bruder Hans schloss sich später dem HSV an).

Rudi Noack (rechts) am Rothenbaum: Der amtierende Deutsche Fußball-Meister Fortuna Düsseldorf, v. links „Schorsch" Hochgesang und „Tau" Kobierski, hatte 1934 mit 1:4 das Nachsehen.

1935 traf den HSV-Spielmacher erneut der Bannstrahl des Verbandes: „Noack, unser bester Stürmer, ist durch Herrn Thomas Schindler (Anm. ein Studienrat, der nach der NS-Machtübernahme als Sportwart Fußball im Gau Nordmark amtierte) seit Wochen kaltgestellt", wird berichtet. Im April 1940 werden Noack „persönliche Verfehlungen" vorgeworfen, weshalb er aus dem Nationalsozialistischen Reichsbund für Leibesübungen (NSRL) ausgeschlossen wird – das von ihm so geliebte Fußballspiel war ihm verboten. Erst im Laufe der Runde 1941/42 kehrte der 28-Jährige, vom NSRL rehabilitiert, in das HSV-Team zurück. Noacks HSV-Mannschaftskamerad Rudi Greifenberg (geb.1912), ebenfalls aus Harburg stammend: „Rudi war ein Gerechtigkeitsfanatiker, er hat sich nichts gefallen lassen, und auch Herberger seine Meinung gesagt. Vielleicht hatten die Sperren politische Gründe. Wir waren beide keine Kommunisten, aber gegen die Nazis, den Ruf hatten wir. Wenn wir eine Nazi-Fahne gesehen haben, sind wir in eine Nebenstraße gegangen, damit wir sie nicht grüßen mussten."

Noacks Lebenswandel kann nicht der Grund für Strafmaßnahmen gewesen sein: Der HSV-Dirigent und -Goalgetter war Antialkoholiker, war Nichtraucher, mied als Junggeselle wie Familienvater (ein Sohn, „Ronny", von dem sich „HSV-Papa" Hauenschild einen „neuen Noack" erhoffte) sämtliche Vergnügungen wie Tanzabende etc. Aber man sprach in Funktionärskreisen manchmal schlecht von Noack, auch von seinem Vater; das Arbeitermilieu, aus dem der Klassespieler kam, schien suspekt. Mannschaftskamerad Greifenberg, ebenfalls ein exzellenter Techniker: „Als Mensch ist er oft falsch eingeschätzt worden. Dabei war Rudi ein ehrlicher, stets hilfsbereiter Charakter."

Ein anderes Konfliktfeld mieden Noack und der HSV: Da die NS-Machthaber streng darauf achteten, dass die Spieler „feste Arbeit" hatten, sprang Maizena-Generaldirektor Karl Mechlen, zeitweise auch HSV-Präsident, ein. Im Maizena-Haus am Berliner Tor, wo im Bombenkrieg später 150 Menschen ums Leben kamen, tüteten Noack und Greifenberg Dextro-Energen-Proben für Apotheken ein und arbeitete Mannschaftskamerad Eugen Kahl im Büro. Regelmäßig konnten sich die Spieler bei der Maizena große Kisten mit Sirup und Traubenzucker abholen.

Noack war eine feste Größe beim meist führenden Hamburger Klub und nicht selten übertraf die Zahl seiner Treffer die seiner Einsätze: Das war in seiner Debüt-Saison 1931/32 beim HSV so, mit 48 Toren in 26 Spielen, wieder 1933/34 (17 Spiele, 31 Treffer), dann 1934/35 (18/22), 1936/37 (18/22), 1937/38 (22/26, jeweils nur Gauliga). Er war 1934 neben Victorias Schwartz erster Hamburger WM-Teilnehmer. Und wenn mal Pause war im Punktspiel, dann bot Noack seine Extra-Show: Er jonglierte das Leder vom Fuß aufs Knie, weiter auf den Kopf, das ging hundertmal so, ohne Bodenberührung, viele Hundert standen drumherum und feierten ihn. Ebenso zog er die Blicke auf sich, wenn er vom Rothenbaum-Platz bis zum Dammtor-Bahnhof unterwegs war – mit dem Ball am Fuß!

26 Spiele, 48 Tore

Seiner Klasse entsprechend hatte er Sponsoren: Der Klub steckte ihm etwas zu, die erwähnte Maizena beschäftigte ihn, ein Fabrikant namens „Tüten-Tiemann", der sich in Harburg stets für den HSV nach Talenten umsah, war ein Gönner. Als Noack aber nach einem Auswahlspiel fünf Reichsmark statt zwei RM einsteckte, war er wieder einmal dran. Die Sperre wurde aufgehoben, als die HSV-Gemeinde am Rothenbaum in Sprechchören verlangte: „Wir wollen Noack seh'n!"

Nachdem sein Harburger und HSV-Kumpel Richard Dörfel zur Wehrmacht nach Wien versetzt worden war, lockte der, Lebemann der er war, den in Moorwerder stationierten Flaksoldaten Noack im Oktober 1942 in Österreichs Metropole. Rudi Noack schloss sich wie Dörfel der Wiener Vienna an und spielte nur noch selten für den HSV. In Wien fühlte er sich pudelwohl und hätte es das Schicksal anders mit ihm gemeint, wäre er wohl dort geblieben. Das Schalke der Kuzorra und Szepan besiegte Vienna im Pokal 1943 mit Noack und Dörfel 6:2; zwei Treffer kamen von Noack, und der Ex-Reichstrainer Professor Nerz sagte: „Dieser Noack gehört unbedingt in die Länderelf!" (die ihren Spielbetrieb bereits eingestellt hatte). Herberger dagegen war dem Hamburger nicht so zugetan: Es mangele ihm an Balltechnik, meinte er – merke: Auch Fußball-Weise können irren!

Das Ende des 2. Weltkrieges erlebte der Hamburger in Böhmen, vergeblich hatten Gönner versucht, ihn in Wien zu halten. Der Obergefreite geriet in sowjetische Gefangenschaft. Wenig ist über seinen Tod bekannt: Eine russische Ärztin soll sich seiner angenommen haben, doch über zwei Jahre nach dem Kriegsende, am 30. Juni 1947, starb Rudi Noack, 34 Jahre alt, in Rakitianka nahe Orsk im Ural.

In einem Sitzungszimmer, vis-à-vis der einstigen HSV-Heimat Rothenbaum-Stadion, im früheren „HSV-Bierbrunnen", 2002 nach langem Leerstand „Nürnberg", existierte eine „Rudi-Noack-Ecke": Bilder und Memorabilia an einen der Großen des Klubs. Eine „Seeler-Ecke" gab's da vorher schon, aber Erwin Seeler persönlich hatte bei Noack-Verehrer Nolte angeregt: „Harald, mach' du das doch mit der ‚Noack-Ecke'."

„Old Erwin" wusste eben immer schon, was sich gehört. *sky* ■

1940-1942 Fast 900 Mitglieder im Krieg

Der Krieg fordert immer mehr Menschen: 600 HSV-Mitglieder sind Ende 1940 beim Militär, was für den Spielbetrieb erhebliche Probleme bedeutet. Die HSV-Reserve tritt bei Normannia Harburg mit acht Aktiven an, gewinnt aber 5:1 gegen einen kompletten Gegner. 1941 steht beim 2:1 gegen den Stadtrivalen ETV Handballtorwart Richter zwischen den Pfosten des Fußballtores. Pfingsten 1943 nominiert der 44-jährige Liga-Trainer Karl Höger, vorher bei Dessau 05 und zu Lehrgängen in Norwegen, gegen den Wilhelmsburger FV 09 14 Spieler. Beim Anpfiff sind aber nur acht anwesend, man verliert mit Höger als Spieler (und später vollzählig) 2:5. Sportwart Oscar Algner 1941: „Von einem Tag zum anderen wissen wir nicht, welche Spieler uns am betreffenden Spielsonntag zur Verfügung stehen."

„Mit meinem Krad hätte ich ihn herausgeholt" (HSV-Feldpostbrief): Herbert Feltz, junger Stürmer der Liga, kam in Stalingrad im 2. Weltkrieg ums Leben.

Ende 1941 meldet Algner von der „Heimatfront“: „Der HSV hat ein Recht, auf fast 900 Einberufungen stolz sein zu dürfen! Wir machen uns im Sport für höhere Ziele mannhaft und stark und sind als ganze Kerle zu gebrauchen.“ Die Geschäftsstelle, der Frau Lang, Gattin des HSV-Trainers, vorsteht, ist werktags nur noch von 12 bis 14 Uhr geöffnet. Der Absender so mancher Feldpost-Karte von der Front ist bereits tot, wenn seine Nachricht auf der Geschäftsstelle eintrifft. Zahlreiche Pokale und Ehrenpreise sind 1940 der „Metallspende“ geopfert worden. „Unter ungünstigen Reiseverhältnissen“ unternimmt der HSV mitten im Krieg 1942 sogar Gastspiele bei Werder Bremen (1:4) und Eintracht Braunschweig (0:3). In der Gauliga sehen beim 1:2 gegen den ETV am Rothenbaum 18.000 zu, Eimsbüttel wird wieder Meister.

1942/43 Janes und Jürissen

Anfang 1943 erwägt der HSV eine Kriegsspielgemeinschaft, wie sie sein Vorgänger HFC 88 im 1. Weltkrieg mit dem SC Victoria praktiziert hatte: „Unter den Aktiven reduziert sich die Zahl der zur Verfügung stehenden Kräfte immer mehr. Wenn es allein nicht mehr gehen sollte, dann müssen wir wohl zu Kriegszusammenschlüssen übergehen, wie das andere Vereine bereits mit gutem Erfolg vorgemacht haben.“ Eine „KSG“ wie Barmbeck oder Sperber / St. Georg muss der Klub aber nicht eingehen, erhält er doch infolge militärischer Versetzungen unerwartet Verstärkungen: Paul Janes, mit 71 Nominierungen langjähriger Rekord-Nationalspieler von Fortuna Düsseldorf und als Soldat für Wilhelmshaven 05 aktiv, verteidigt nun für den HSV; Nationalkeeper Willi Jürissen von RW Oberhausen steht seit November 1942 im Tor; Halbstürmer „Hänschen“ Heibach von der Fortuna lässt sich geschäftlich in Hamburg nieder; ab Frühjahr 1943 ist Nationaltorwart Alexander Martinek (Wacker Wien) Schlussmann. Rothenbaum-Liebling Rudi Noack wird dafür im Oktober 1943 nach Wien versetzt, wo er sich der Vienna anschließt.

Durch die kriegsbedingten Vereinswechsel ergaben sich kurioseste Situationen: Als der 1941 unterbrochene Reichsbundpokal im Herbst 1942 mit der Vorschlussrunde fortgesetzt wurde, musste die Nordmark (= Hamburg) nach Berlin. In der Auswahl standen die HSVer Adamkiewicz, Seeler, Melkonian, Heibach und Noack, aber auch zwei St. Paulianer – Uhlig im Tor, obwohl er bereits seit zwei Jahren den Dress von Hertha BSC Berlin trug, und Nationalspieler Karl Miller in der Verteidigung, der ansonsten für den LSV Berlin auflief. Im nach dem 1:1 notwendigen Entscheidungsspiel vor 20.000 auf dem Hamburger Victoria-Platz (4:1) baute die Stadtauswahl dann sogar auf das Nationalelf-Verteidigerpaar Janes/Miller, aber auch Berlin kam mit „Importen“ wie dem Augsburger Lehner, Sold aus Saarbrücken, Balogh aus Pressburg. Im Endspiel vor 25.000 am Essener Uhlenkrug scheiterten die Hanseaten gegen den Niederrhein beim 1:2 vor allem an Torhüter Jürissen – eben der Jürissen, der sonst Schlussmann des HSV war, und der als Oberhausener den Vorzug vor dem Duisburger Toni Turek erhalten hatte, der etatmäßiger Schlussmann des SSV Ulm im Schwäbischen war…

Den Gauliga-Titel 1943 gewinnt weder der ETV noch der HSV, sondern „Altmeister“ Victoria. Einen Wettbewerb um die Deutsche Meisterschaft erwartet allerdings niemand mehr, nachdem Reichspropagandaminister Goebbels im Sportpalast vor vielen Tausend enthemmter fanatischer Berlinerinnen und Berliner nach dem Ende der 6. Armee im Kessel von Stalingrad die Parole „Totaler Krieg – Kürzester Krieg!“ proklamiert hat. „Aus einer Deutschen Meisterschaft wird kaum etwas werden, denn für den Sportbetrieb über die Gaugrenzen hinaus kann kaum noch Meinung sein“, hält man beim HSV fest. Tatsächlich verkündet Reichssportführer von Tschammer und Osten Ende Februar 1943, dass keine Spiele mehr gegen Vereine ausgetragen werden dürfen, „die in über 100 km Entfernung vom Gaugebiet zuhause sind – alle Kraft gehört mit Recht dem totalen Krieg“. Geändert wird auch das Regelwerk: Kriegsversehrten mit Armverletzungen ist es von nun an erlaubt, den Ball mit nur einer Hand einzuwerfen.

Ab Ostern 1943 wird in Hamburg eine Pokalrunde mit 41 Mannschaften um die Ehrenpreise von Nazi-Senator Richter (nach dem Krieg langjähriger Stadtrat der Deutschen Partei in Oldenburg) und Staatsrat Stanik veranstaltet. Der Tschammer-Pokal, der heutige DFB-Pokal, beginnt für den HSV mit einem 9:0 über Rothenburgsort, soll aber nur noch auf Gauebene ausgetragen werden. Allerdings revidieren die Sportbehörden ihren Beschluss, wohl auch, um inmitten eines Krieges, der sich aus Sicht der Deutschen vom Angriffs- zum Abwehrkrieg gewandelt hat, Normalität zu demonstrieren: Der Sport, als „Vorstufe zum (militärischen) Kampf“ bezeichnet, organisiere „den im Krieg noch vorhandenen Bedarf an Entspannung und Erholung“, heißt es. Ab 2. Mai 1943 findet eine „vierte Kriegsmeisterschaft“, ab 15. September die Fortsetzung des Pokalwettbewerbs auf überregionaler Ebene statt.

1943/44 Luftwaffen-SV, ein neuer Rivale

Aus heiterem Himmel sieht sich der HSV in der Spielzeit 1943/44 mit einem neuen Rivalen konfrontiert: dem Luftwaffen-Sportverein Groß Hamburg, „in dessen Reihen fortan alle Spitzenspieler, soweit sie der Luftwaffe angehören, spielen werden“. Anfang 1943 tritt man erstmals in einem Freundschaftsspiel (0:0) gegen den künftigen neuen Gauklasse-Gegner an, der gespickt mit Nationalspielern und Könnern ist. HSV-Fazit: „Der Hecht im Hamburger Fußball-Karpfenteich soll nun und wird wohl auch der neue Luftwaffen-SV werden.“

Unter dem Titel „Hamburg streichelt schon der Frühling“ gibt der HSV„Feldpostbrief“ vom März 1943 den Mitgliedern fern in Russland, in Afrika, in Griechenland und anderswo ein Stimmungsbild von zu Hause. Die Arbeitszeit an der „Heimatfront“ beträgt inzwischen zwölf Stunden pro Tag. Gemeinsames Fußballtraining sei nicht mehr möglich, heißt es. „Die Hauptsache ist, dass überhaupt gespielt wird.“ Das Klubhaus ist zeitweise geschlossen. Es gibt keine Länderspiele mehr.

Als auch die „Jungspieler“ des HSV 1943 in den Krieg müssen, werden LSV und Luftwaffen-Angehörige, im Volksmund „die Flak“ genannt, 1944 mit 35:1 Punkten

Meister. Die Verantwortlichen vom Rothenbaum erläutern: „Die Mehrzahl unserer Kämpen steht da, wo der deutsche Mann von heute seine Pflicht erfüllt – an der Front, und da können wir nicht immer so gewappnet antreten, wie es zum Siege im Fußballkampf notwendig ist." Die höchste Niederlage der Kriegszeit erfahren die Rothenbaumer mit dem 1:8 gegen den FC St. Pauli. Erwin Seeler wird dabei (wieder einmal) wegen Meckerns des Feldes verwiesen, drei Strafstöße werden gegen den HSV verhängt. Der neue Gauklasse-Meister LSV erreicht als erster und einziger Hamburger Verein in der NS-Zeit das Endspiel um die Deutsche Meisterschaft (0:4 gegen Dresdner SC) und wird auch Hamburger Pokalsieger. Überregional wird dieser Wettbewerb 1944 allerdings nicht mehr ausgetragen.

Wer wo wann für wen spielt, ist kaum noch zu übersehen. Rudi Noack, der eigenwillige HSV-Spielmacher, auf Urlaub vom Krieg, verzichtet im Mai 1943 auf das Hamburger Pokalendspiel HSV - LSV auf dem ETV-Platz (0:1), in dem sein Bruder Hans mitwirkt. Stattdessen reist er an seinen Standort Wien und läuft im DM-Viertelfinale für Vienna Wien im Praterstadion vor 60.000 gegen 1860 München auf (2:0). Am 31. Oktober 1943 wird Noack gemeinsam mit seinem Ex-HSV-Mitspieler Richard Dörfel in Stuttgart mit der Vienna und einem 3:2 n.V. über den LSV Hamburg Reichsdeutscher Pokalsieger. Nationalverteidiger Paul Janes fehlt dem HSV gegen Dauer-Gegner LSV beim 3:0 auf dem Victoria-Platz, „weil die Briten ihm sein Elternhaus in Düsseldorf zerschlagen haben".

Der HSV, der in Friedenszeiten bis zu 16 Fußballmannschaften ins Rennen schickte, hat nun nur noch drei aktive Teams. In der Liga, 1944 Zweiter, werden 61 Akteure eingesetzt, davon sind 35 Gastspieler. Die Reserve wird Meister, setzt in 17 Begegnungen 52 Spieler ein, darunter zwölf verschiedene Torhüter.

Vom 25. Juli bis 3. August 1943 ist Hamburg Ziel der „Operation Gomorrha": Im Feuersturm der Bombenangriffe von Royal Air Force und US Air Force kommen 31.647 Menschen ums Leben. Ganze Stadtviertel wie die Arbeiterbezirke Barmbek, Hammerbrook, Hamm und Rothenburgsort werden zerstört. Der HSV-„Feldpostbrief", der monatelang nicht mehr erscheinen kann, meldet im Oktober 1943: „Die Geißel der Vernichtung ist über unser schönes Hamburg hinweggefegt." Viel Sportzeug sei verbrannt – die Sportartikelgeschäfte sind seit April 1943 geschlossen –, dazu 250 „Liebesgaben-Päckchen" des Vereins, gedacht für im Krieg verwundete Mitglieder, „was im Hinblick auf den jetzt in Hamburg bestehenden Mangel an derartigen Sachen natürlich recht betrüblich ist".

Sportgelände und Klubhaus am Rothenbaum allerdings sind inmitten der zerstörten Stadt „restlos erhalten", obwohl sich seit 1942 direkt neben dem HSV-Platz der Flak-Befehlsbunker des Luftgaukommandos befindet. Dass die Bomber den Stadtteil Harvestehude samt HSV-Areal weitgehend verschonten, soll daran gelegen haben, dass sich die Briten das noble Wohnquartier für ihre spätere Besatzungszeit ausgeguckt hatten (andere Stimmen behaupten, man habe früheres jüdisches Eigentum in dem einstigen Schwerpunkt jüdischen Lebens erhalten wollen).

1944/45 Das letzte Fußballspiel im Krieg

Als es zu Ende ging mit der Diktatur, hegte man beim HSV noch einmal Titelhoffnungen, denn der Rivale Luftwaffen-Sportverein war aufgelöst worden. „Wir haben der Übermacht oder Überlegenheit der starken Elf der Luftwaffe immer mit der Überlegung gegenüber gestanden: Es kommt auch einmal wieder die Stunde, die unsere alten Kämpen zurückbringt“ (HSV). Die neue Runde 1944/45 bringt ein 9:0 am längst verschwundenen Forsthof über St. Georg/Sperber/Post/BU, die sogenannte KSG Alsterdorf; acht Tore erzielt der in Hamburg stationierte Anhaltiner Erich Ebeling, zuvor bei Wilhelmshaven 05. Bei Altona 93 ist der HSV wieder einmal alles andere als willkommen und spielt 1:1. Das Zehnerfeld führt die Saison bis auf zwei Begegnungen bis zum April 1945 durch; Meister wird mit neun Punkten Vorsprung vor Altona und 100:21 Toren der Hamburger SV, für den im Februar 1945 im entscheidenden 5:1 gegen die Altonaer wieder der nunmehr 46-jährige Karl Höger auf Rechtsaußen steht. Hamburg war damit die einzige deutsche Gauliga, die 1944/45 noch eine (fast) komplette

Letzte Aufnahme einer HSV-Elf vor Kriegsende. Stehend von links: Stawe, Niemann, Ebeling, Janes, Warning, Reinhardt, Seikowski, Seeler; knieend von links: Melkonian, Zeidler, Jennewein.

Spielzeit austrug. Der 4:2-Erfolg des HSV über Altona 93 am 29. April 1945 in einer freundschaftlichen Partie gilt nach Fußball-Historiker Hardy Grüne als letztes deutsches Fußballspiel der Kriegszeit. Am 3. Mai 1945 besetzen die Briten die Stadt, am 8. Mai kapituliert Großdeutschland.

Am Ende von zwölf Jahren NS-Diktatur waren in Hamburg 55.000 Gefangene des KZ Neuengamme und seiner Außenlager umgekommen, 7.812 Bewohner jüdischen Glaubens bzw. jüdischer Herkunft in die Vernichtungslager deportiert, über 1.400 Gegner des Regimes getötet worden. „Katze" Hermann Kath, Hamburger Auswahltorhüter der 30er Jahre, Schlussmann von St. Georg und Concordia, wurde durch die Militärgerichtsbarkeit am Höltigbaum hingerichtet. Ihm warf man gegen Kriegsende „Entfernung von der Truppe" vor, ebenso dem für Victoria und den HSV aktiven Außenläufer Amann, der ebenfalls hingerichtet wurde.

Als Mitglieder von Wehrmacht, Marine, Luftwaffe, SS, Waffen-SS, Polizeieinheiten kamen 63.000 Bürgerinnen und Bürger der Stadt ums Leben. Als der Krieg zurückkehrte in das Land, das ihn begonnen hatte, starben 45.000 Menschen in Hamburg infolge von Luftangriffen.

So, wie es aufgehört hatte mit dem Fußball in Hamburg, in dem 1945 die Hälfte aller Wohnungen zerstört war, ging es weiter: Am 16. Juli 1945, fast drei Monate nach ihrer letzten Begegnung, standen sich am Rothenbaum erneut der HSV und Altona 93 (2:0) gegenüber. „Gute Freunde fehlten", berichtet die HSV-Vereinschronik 1961. „Aus der Ligamannschaft des HSV kehrten Werner Höffmann, Eugen Kahl, Walter Staats, Herbert Feltz, Walter Raun und der Wiener Martinek nicht mehr zurück. Rudi Noack geriet in russische Gefangenschaft, wo er später verstarb."

Aber es fehlten ja noch viel mehr gute Freunde. Dem von einem Stahlhelm gekrönten sogenannten Gefallenendenkmal am Rande des Rothenbaum-Platzes, das bereits jene nannte, die 1914-1918 erschossen, zerrissen, vergiftet worden waren, mussten jetzt viele neue Namen hinzugefügt werden. *sky*

LSV Hamburg: Gehorchen und gewinnen

LSV vor 12.000 Zuschauern auf dem Victoria-Platz gegen die „Roten Jäger" (inklusive Fritz Walter). Im Vordergrund die Spielführer Graf (links) und Münzenberg (LSV).

Zu einer Krisensitzung trafen sich hanseatische Sportführer im Mai 1944. Es ging um den Luftwaffen-Sportverein (LSV), der sich 18 Monate nach seiner Gründung als Nr. 1 im hamburgischen Fußball etabliert hatte. „Zwischen dem LSV", erläuterte der *Hamburger Anzeiger,* „und manchen alten Vereinen bestand nicht gerade unbedingte Harmonie."

Das war nicht erstaunlich. Ein Hamburger Meistertitel, zwei Pokalsiege und zwei Endspielteilnahmen auf Reichsebene – das war die Erfolgsbilanz des kurzlebigen Vereins, der nur von Dezember 1942 bis September 1944 am Spielbetrieb teilnahm. Guter Fußball wurde da durch außergewöhnliche Umstände begünstigt.

Sportvereine des Militärs oder einzelner Waffengattungen gab es an zahlreichen Orten in Deutschland und den besetzten Gebieten. Viele waren Retortenclubs und auf Initiative von Wehrmachtsoffizieren gebildet. So auch der LSV, angebunden an die in Hamburg stationierte Flakartillerie, weswegen die Mannschaft in der Presse auch „unsere Flaksoldaten“ hieß.

Zwei Vorteile hatten die Militär- gegenüber den Zivilvereinen. Sie konnten schnell und unbürokratisch, unter Zuhilfenahme einer Gastspieler-Regel, die während des Krieges galt, starke Mannschaften aus dem Boden stampfen. Viele Fußballer dürften – in der Hoffnung auf Erleichterungen beim Militärdienst – dem Ruf gern gefolgt sein (allein Werder Bremen verlor im Frühjahr 1943 auf einen Schlag vier Spieler an den LSV Hamburg). Der zweite Vorteil ergab sich automatisch: Da die Fußballer am Standort ihren Dienst versahen, standen sie auch jeden Sonntag zur Verfügung. Tatsächlich trat der LSV konstant in kaum veränderter Aufstellung an, während die Konkurrenten – auch der HSV – oft monatelang auf wichtige Spieler verzichten mussten, die sich an entfernten Fronten im Kriegseinsatz befanden.

Im Frühjahr/Sommer 1943 nahmen die Flaksoldaten erstmals an einem Wettbewerb teil, nämlich der Pokalqualifikation auf Hamburger Ebene. Sie kamen ins Finale, gewannen es gegen den HSV (1:0) und setzten den Lauf bis ins Stuttgarter Endspiel auf DFB-Ebene („Tschammer-Pokal“) fort. Erst nach Verlängerung mussten sich die Hamburger mit 2:3 geschlagen geben; es gewann der First Vienna FC aus Wien, zu der Zeit durch Rudi Noack (2 Tore) und Richard Dörfel verstärkt.

Trainer beim LSV war jetzt Karl Höger, ein Ex-Nationalspieler aus Mannheim, und das Team bestand aus klangvollen Namen: Torwart Jürissen, Münzenberg und der St.Paulianer Miller hatten in der Nationalelf gestanden, andere waren kaum weniger berühmt, wie „Zapf“ Gebhardt (1.FC Nürnberg, später St.Pauli), der Altonaer Heinz Mühle oder Ludwig Janda von 1860 München, nach dem Krieg erster deutscher Profi in Italien. Rechter Läufer spielte Walter Ochs, Victoria Hamburg, Vater des späteren HSV-Trainers.

1943/44 nahm der Verein auch an der Meisterschaft der Gauklasse Hamburg teil (anstelle der ausgeschiedenen Polizei). Souverän, mit nur einem Verlustpunkt und weit über 100 Toren, holte der LSV den Titel, und wieder riss die Erfolgsserie erst im Endspiel. Diesmal war es das um die Deutsche Meisterschaft, das letzte zu Kriegszeiten am 18. Juni 1944 in Berlin. Dort war der Dresdner SC beim 4:0 allerdings klar überlegen.

Letzter Titelgewinn des LSV, der seine Heimspiele als Gast auf dem Victoria-Platz Hoheluft austrug, war der Hamburger Pokal 1944. Erneut besiegte man im Endspiel den HSV, diesmal 2:1, nachdem die Rothosen als einziger Gegner in der Meisterschaft ein Unentschieden (2:2) erreicht hatten. Auf Reichsebene wurde der Pokalwettbewerb nicht mehr fortgesetzt.

Im September 1944 erging der zentrale Beschluss, dass der Wettkampfbetrieb der Luftwaffen-Sportvereine einzustellen sei. Das Fazit der oben erwähnten Zusammenkunft galt auch jetzt: „Wir haben Anordnungen höherer Stellen durchzuführen und zu gehorchen.“

jrp ■

Der HSV-„Feldpostbrief“: „Ich hoffe, dass alles bald vorbei ist...“

Im Mai 1941 erschien letztmals im 2. Weltkrieg die Vereinszeitung des HSV: Unter den Bedingungen der „Kriegswirtschaft“ war es nicht mehr möglich, ihr Erscheinen aufrecht zu erhalten. Ersatz war der *Feldpostbrief* des HSV, den der Verein ab September 1941 nach Möglichkeit monatlich herausgab – ein anfangs schlichtes, zweiseitig eng bedrucktes Blatt, später mit vier Seiten. Es konnte so gefaltet werden, dass ein Versand als Brief an die HSV-Mitglieder, die am Krieg teilnahmen, möglich war. Seit Dezember 1942 unterstützte Traubenzucker-Hersteller Dextro Energen den *Feldpostbrief* und bekam dafür im Gegenzug Raum für eine Anzeige; ab Februar 1943 gewährte die Malzbierbrauerei Hans Wilcken aus Lübeck „freundliche Unterstützung“.

Diese Publikation des Hamburger SV darf als außergewöhnlich gelten: Der Verein gab im *Feldpostbrief* in Auszügen Mitteilungen der Soldaten offensichtlich unzensiert wieder (nur die jeweiligen Aufenthaltsorte der Absender wurden nicht genannt). So ist der *Feldpostbrief* ein bemerkenswertes Dokument vom 2. Weltkrieg, das die Realität oftmals präziser schildert als der gleichgeschaltete Propaganda-Apparat. Andererseits lässt sich aus den Mitteilungen der Soldaten aber auch herauslesen, wie sehr sich teilweise dessen Ideologie in den Köpfen festgesetzt hatte. Der *Feldpostbrief* ist zudem ein Beleg der Verbundenheit mit dem Verein, wie sie in unserer Zeit kaum noch vorstellbar ist.

Mit Rücksicht auf die Verfasser der *Feldpostbriefe* und ihre Angehörigen haben wir die Familiennamen, sofern es sich nicht um bekannte Ligaspieler handelt, abgekürzt.

September 1941

„Eine kleine, hässliche, russische Handgranate, einige Löcher in der rechten Schulter und, welche Frechheit, in das rechte Fußballbein. Als wandernde Metallspende werde ich hoffentlich recht bald wieder die Fußballplätze Europas verwüsten.“
(Rolf D., Unteroffizier)

„Es ist wirklich kein Vergnügen in dieser öden trostlosen Gegend.“
(Heinz Sch., in Afrika)

„Ich hoffe und glaube, dass alles bald vorbei ist.“ (Erwin Reinhardt, Ligaspieler)

Oktober 1941

„Wir lassen uns von den Russen nicht einschüchtern. Gegen deutsche Waffen und Soldaten kann er nichts machen und steht auf verlorenem Posten." (William W.)

„Gestern allein wurden hier 38 Tommies abgeschossen. Ab und zu vertreiben wir uns die Langeweile mit Fußball." (Heinrich Sch., an der Kanalküste)

„Ich habe bei einem Panzerangriff einen Granatsplitter in die Lunge bekommen. Ich nehme an, dass es mit dem Fußball für immer vorbei sein wird."
(M.K., Unteroffizier, „100 km hinter Smolensk")

„Inzwischen ist man so richtig durch den Dreck gezogen. Von Kultur und Zivilisation keine Spur. Es ist mit einem Wort trostlos. Sachen, die man im Leben nicht für möglich gehalten hat, bekommt man hier zu sehen." (Gerd R., aus Russland)

November 1941

„Seit mehr als 4 Monaten sitze ich hier im nördlichsten Frontabschnitt; lausig kalt und öde ist es hier. Nur einen HSVer habe ich in dieser entlegenen Gegend nördlich des Polarkreises getroffen. Für mich besteht wenig Aussicht für eine baldige Rückkehr in die Heimat. Der Mangel an jeglicher Ausgabemöglichkeit veranlasst mich, euch für die Vereinskasse einen Betrag zu übersenden." (Carl E.)

„Es wird Zeit, dass wir aus diesem elenden Lande herauskommen. Mit dem Russen spielen wir wieder mächtig Häschen in der Grube und ihm geht es saudreckig. Sonst sind die Knochen total eingerostet, und ich sehe schwarz für mich, wenn ich wieder Runden um die Aschenbahn drehen soll. Viele Grüße allen Ligakameraden und speziell Rudi (Anm.: Noack)." (Siggi Jessen, Ligaspieler)

Dezember 1941

„Nächsten Sonntag werden wir hier an der Kanalküste wie auf Kohlen am Radio sitzen zu den Sportnachrichten um 19.45 Uhr. Wir vertrauen auf den Sieg HSV : ETV, 2:1 wird's!" (Kurt W.; das Spiel endete tatsächlich 2:1 für den HSV)

„Ich lese soeben in der Frontzeitung von unserem Siege über ETV. Hoffentlich liegt kein Druckfehler vor, das wäre für mich blamabel, denn die Siegesfeier ist schon gestartet; der vertilgte Alkohol dann schwer wieder zurückzubekommen." (Dr. Sch.)

„Nicht nur dic Weihnachtsspende (Anm.: des HSV) war es, die mich angenehm überraschte, sondern die dem Paket beigefügten Zeilen mit den guten Wünschen für uns Soldaten. Sie haben mir den Beweis erbracht, wie eng wir Kameraden unter der Führung unseres Führers Adolf Hitler zusammengeschmiedet sind, um das gesteckte große Ziel zu erreichen." (Sch., M.A. Maat)

„Aus der Ukraine die herzlichsten Grüße. Lange habe ich nichts mehr vom HSV gehört. Die Vereinszeitung hat wohl ihr Erscheinen einstellen müssen? Hier bolzen wir auch hin und wieder ein wenig. Unsere Gegner suchen wir uns aus den Reihen der rumänischen Wehrmacht." (Helmut Kallmann, späterer Schatzmeister)

Januar 1942

„Das schöne Spiel der Liga am Neujahrstag war für mich Urlauber ein richtiges Weihnachtsgeschenk!" (Gerd K.)

„Die leise Hoffnung, den russischen Winter nur aus Wochenschau und Zeitung kennen zu lernen, hat sich nicht erfüllt. Aber eines Tages wird schon die Stunde kommen, wo auch mit dem Rest der Sowjets aufgeräumt wird." (Rudolph Sch., Gefreiter)

„Hier ist allerhand gefällig gewesen. Wir sind als eiserne HSVer wieder zusammen und bewohnen, wenn wir in Ruhe sind, ein kleines russisches Häuschen."
(Herbert Holdt, Ligaspieler)

„Muss euch leider mitteilen, dass ich am 28. Dezember in den Kämpfen auf der Krim schwer verwundet worden bin. Habe einen Oberschenkel- und Hodendurchschuss. Vielleicht kann ich doch noch einmal wieder Fußball spielen." (Karl P., Gefreiter)

Februar/März 1942

„Sind zur Zeit auf einem langen Marsch. Bei der Kälte ein 2faches Training, aber wir werdens schaffen, es geht ja dem Frühling entgegen und damit dem Sieg über den ‚Genossen' Stalin." (B., Hauptfeldwebel)

„Von meinem Mann soll ich dem HSV Grüße und seinen Dank für das Weihnachtspaket aussprechen. Meinem Mann sind Anfang Dezember die Fingerspitzen erfroren, so hapert es doch immer noch mit dem Schreiben." (Frau S.)

April/Mai 1942

„Hier ist jeden Tag das gleiche Bild, allmählich fängt man an zu verblöden. Wollen hoffen, dass es ein gutes Ende nimmt." (S., Gefreiter, „aus dem Bunker ‚Lilofee' vor Sewastopol")

„Hier bei uns draußen beginnt nun wohl auch bald die 2. Halbzeit. Angepfiffen ist schon." (Ewald Sch., Unteroffizier)

„Die größte Freude wäre, wenn ich diesem Land bald den Rücken kehren könnte."
(G.M., Gefreiter, aus Russland)

„Mein Wunschtraum, mich nach dem Kriege wieder aktiv am Fußballsport beteiligen zu können, ist leider ausgeträumt. Ich liege noch immer im Lazarett und höre folglich auch wenig vom Sportgeschehen." (Hans-Jürgen W.)

„Hoffentlich kann ich Ende der Woche (Anm.: aus Erfurt) wieder abhauen und Sonntag zum Spiel wieder in Hamburg sein."
(Herbert Feltz, Ligaspieler, der noch im selben Jahr in Stalingrad ums Leben kam)

„Am 20. August von Sowjetien kommend bin ich in Wien eingetroffen, gerade an dem Tage, als unsere Liga gegen Rapid spielte. Es war mir aber unmöglich zum Spiel zu kommen, trotzdem es kaum 5 Minuten vom Lazarett weg war. Nun hoffe ich, bald wieder jeden Sonntag auf dem Platz zu sein." (Herbert Sch.)

Juli/August 1942

„Wir können von unserer Stellung aus Leningrad sehr gut beobachten; die haben ein Parteihaus, da passt unser Klubhaus sicher 100-mal hinein. Hoffen wir, dass wir es bald von innen besichtigen können. Hier in unserer Feuerstellung zwischen zerstörten Häusern fanden wir sogar Fußballstiefel und Bälle. In einem einigermaßen Stadion sind wir wie die jungen Götter hinter dem Ball hergetobt..."
(Rolf V.; vor Leningrad, das nie erobert wurde)

Januar 1943

„Als mir ein so elender Bolschewik eins an den Kopf pustete, hatte ich nicht im entferntesten daran gedacht, dass dieser Schuss mein Augenlicht gänzlich zerstört hat. Mit einem Kameraden von Wilhelmsburg 09 beschloss ich, noch einmal tüchtig auf dem grünen Rasen zu holzen, bis ich dann im Pleskauer Lazarett operiert wurde und mir beide Augen ausgenommen wurden. Augenblicklich kämpfe ich um Urlaub. Ich werde dann den Weg zu dir finden und unter all den vielen HSVern sein."
(Max Skiba; laut HSV „einer unserer talentvollsten Nachwuchsspieler"; Antwort des Vereins auf den Brief: „Das ist richtig, lieber Max. Komm zu uns, deine alten Kameraden warten auf dich.")

Februar 1943

Ab dieser Ausgabe zitiert die HSV-Schriftleitung die Briefe der Soldaten nur noch selten wörtlich, sondern meist zusammenfassend.

„Es ist nur schade und für mich als am Anfang meiner Sportlaufbahn stehend besonders schmerzlich, dass ich ausgerechnet ein Bein bis auf 18 cm verlieren musste. Aber wie Maxe Skiba (Anm. siehe oben) werde auch ich die frohe Laune nicht verlieren." (Günther H.)

„Der Iwan ist mächtig aktiv, doch jetzt taut es, und wir hoffen alle, dass es so bleibt – dann können wir wieder loslegen. Drückt den Daumen für uns."
(Rolf V.; Vereinsantwort: „Wir werden feste drücken, mein Jung.")

März 1943

Die HSV-Schriftleitung: „Der Eingang an Feldpost ist erheblich hinter den gewohnten und gewünschten und erhofften ‚Massen' zurückgeblieben. Wir wissen ja alle, dass vor großen Ereignissen zuerst die Post ins Stocken kommt. Nur, das ist eine große Bitte von uns Daheimgebliebenen: Wenn ihr Kameraden draußen eine Möglichkeit zum Schreiben habt, dann bitte schreibt."

„Meine beiden Füße sind erfroren, jedoch nicht so schlimm, dass ich nicht wieder laufen kann. Ob ich später wieder Fußball spielen kann, kommt auf den Versuch an. Auf einer längeren Fahrt hatte ich mit meinem Wagen eine Panne. Nichts als weite, weiße Steppe. So musste ich fünf Tage und Nächte bei einer Affenkälte im Wagen übernachten, d.h. am Tage schlafen und des Nachts wachen, denn umgekehrt bestand die Gefahr der Erfrierung. Ich hatte nichts zu essen, zu trinken, vom Rauchen ganz zu schweigen. Die erfrorenen Füße habe ich noch jetzt als Andenken."
(Walter Warning, langjähriger Ligatorwart)

April 1943

„Am letzten Sonntag wurde ich vom Gips befreit und mache nun die ersten Gehversuche mit Krücken. (Man fängt an, wie ein kleines Kind)."
(„Guschi" Carstens, Ligaspieler)

„Schlamm und Dreck haben die Herrschaft angetreten. Das hat uns aber nicht gestört, denn wir haben nach langer Zeit wieder einmal Fußball gespielt. Es gelang uns, eine Panzer-Abt. 3:2 zu schlagen. – In einem Abschnitt hatte der Russe 2.000 Tote und wir nur 12; die Bolschewisten hatten hier fast nur 15-16-jährige Jungens eingesetzt. Man sieht also, dass ihm sein Menschenmaterial doch einmal knapp wird."
(Herbert F., „im Nordabschnitt")

Mai 1943

„Ich habe die Kämpfe um Stalingrad auf einem Solokrad mitgemacht und bin dem Sport dankbar, dass er mir die nötige Härte und eiserne Ruhe für diese Kämpfe mitgegeben hat. Ich mache mir Sorgen, dass von meinem Freund Herbert Feltz (Anm.: der Ligaspieler kam ums Leben) nach dem Fall von Stalingrad keine Nachricht mehr vorliegt. Ich hätte es wissen sollen, dass Herbert in Stalingrad im Lazarett liegt. Mit meinem Krad hätte ich ihn herausgeholt. Es wären nur 70 Kilometer gewesen und es führte noch ein kleiner Keil dorthin." (Karl Schicker, Ligatorwart)

Weihnachten 1943

Die Vereinsleitung stellt dem *Feldpostbrief* u.a. diese Zeilen voran: „Wir werden am zweiten Weihnachtstage zusammenkommen und wir werden uns umsehen, weit mehr als früher, und wir werden feststellen, dass dieser und jener fehlt, dass der Kreis der Getreuen immer kleiner wird und dass die große Schar der HSVer, die den Soldatenrock tragen, noch weiter gewachsen ist. Es ist nicht Sportlers Art, lange bei wehmütigen Betrachtungen zu verweilen. Leider habt ihr in Euren Briefen außer der festen Zuversicht nicht allzu viel Günstiges zu berichten."

November 1944
(von da an erscheint der *Feldpostbrief* nur noch hektographiert).

Die Vereinsleitung: „Glauben und Vertrauen schöpfen wir aus diesem letzten Einsatz unserer Männer an den Fronten und wie sie wird weiterhin die Heimat stehen, die jetzt in den Massen des Volkssturmes weitere Kräfte mobilisiert. Möge Euch HSVer die Vorsehung in Schutz nehmen, bis der Tag gekommen, den wir alle zutiefst herbeiwünschen – der Tag des Sieges und des Friedens."

Dezember 1944

Vermutlich letztmals im Krieg erscheint der *Feldpostbrief*, u.a. mit einem Vorwort von Vereinsführer Karl Mechlen (der bis 1949 Vorsitzender blieb): „So schwer auch die augenblickliche Lage scheint und so unerhört groß die Anforderungen an die Heimatfront sind, so wollen wir doch den Kopf hochhalten, die Zähne zusammenbeißen und eisern durchhalten im unerschütterlichen Glauben an unser Deutschland und seinen Führer. Möge Euch das Soldatenglück immer treu bleiben und Euch alle nach siegreicher Beendigung des Krieges gesund in die Heimat zurückkehren lassen."

(Zusammenstellung: sky) ■

Widerstand und SS-Karriere „Assi" und „Tull": zwei Wege

In den 1920er Jahren, in denen der HSV seine Reputation als Spitzenklub und heutiger Traditionsverein erwarb, besaß der Verein zwei herausragende Akteure, die diesen Erfolgsweg über lange Jahre gemeinsam zurücklegten. Sie kämpften in den unendlich erscheinenden Endspielen 1922, sie erfreuten sich an zwei Deutschen Meisterschaften, an einer Vizemeisterschaft und etlichen regionalen Titeln. Beide waren Nationalspieler, und beide waren nicht nur Mannschaftskameraden, sondern auch Freunde. Als der HSV 1922 (vorübergehend) Deutscher Meister war, schenkten die Mitspieler Torjäger Tull Harder ein silbernes Zigarettenetui – fürs HSV-Museum von Andreas Heller entdeckt in der Tabakhistorischen Sammlung Reemtsma in Hamburg. „Und das von Rechts wegen, Dein Assi", hatte der Norweger Asbjørn Halvorsen an oberster Stelle eingravieren lassen.

Es war eine graue Morgenstunde im September 1933, als sich der eine, Asbjørn Halvorsen, langjähriger HSV-Mittelläufer und der Fußballwelt als „Assi" bekannt, von Hamburg verabschiedete, um in sein Heimatland Norwegen zurückzureisen. Auf dem Bahnsteig des Hamburger Hauptbahnhofs überreichte ihm Carl-Heinz Mahlmann vom HSV zum Abschied einen galvanisierten Fußball – jenes Leder, das „Assi" noch am Vortag am Rothenbaum in der 89. Minute zum 14:0 gegen Schwerin ins Tor befördert hatte. Im Vereinsheim des heutigen Drittligisten Sarpsborg FK, 80 Kilometer von Oslo, hat der Ball mit der eingravierten Mannschaftsaufstellung noch heute einen Ehrenplatz. Seinerzeit wurden Halvorsen Ovationen zuteil, und als dritter HSVer der Vereinsgeschichte erhielt er die Goldene Ehrennadel, obwohl sich der wie stets bescheidene Norweger „äußere Ehrungen" verbeten hatte. Zum Abschied im Bahnhof, wo der Zug bereits unter Dampf stand, eilte in letzter Minute auch noch ein anderer populärer HSVer herbei: Otto Fritz Harder, HSV-Torjäger, genannt „Tull", hatte irrtümlicherweise am Hafenkai auf seinen langjährigen Teamkameraden gewartet, kam aber gerade noch rechtzeitig, um Lebewohl zu sagen.

An diesem Septembermorgen 1933 haben sich „Assi" und „Tull" für 20 Jahre zum letzten Mal gesehen. Viel wird geschehen in diesen zwei Jahrzehnten, ehe sich die beiden in Hamburg wieder treffen. Denn 1945 befindet sich Halvorsen, der Norweger, als Gefangener in einem deutschen KZ. Und Harder kommandiert im selben Jahr als Lagerführer ein deutsches KZ.

Ein Norweger in Deutschland

Asbjørn Halvorsen, geboren 1898 im Städtchen Sarpsborg südlich von Oslo, war bereits ein namhafter Fußballer, als er 1921 nach

Asbjørn Halvorsen

Hamburg kam. Der junge Norweger wollte Deutsch lernen und sich bei der namhaften Reederei Sloman beruflich weiterbilden Mit 18 Jahren bereits Mannschaftskapitän, gewann er 1917 mit Sarpsborg FK die norwegische Meisterschaft, debütierte 1918 im Nationalteam und nahm 1920 an den Olympischen Spielen in Antwerpen teil (Norwegen besiegte dort die englische Amateurauswahl 3:1).

Um all das machte der Schiffsmakler in Hamburg kein Aufheben: Er sah sich, einer unter vielen Zuschauern, lokale Fußballkämpfe an und es heißt, er habe dazu tendiert, sich Altona 93 anzuschließen. Als ein Arbeitskollege ob Halvorsens Fußball-Interesse nachfragte und erfuhr, dass der norwegischer Nationalspieler war, verständigte der Sloman-Mitarbeiter Otto Schwabe vom HSV. „Wir konnten es anfangs kaum glauben, dass ein so bedeutender Spieler unerkannt in Hamburg weilte, ohne sich mit uns in Verbindung zu setzen", wurde von HSV-Seite später geschrieben; also fragte man vorsichtshalber erst einmal in Norwegen nach, ehe man den Neuzugang aus Zufall melden konnte.

Halvorsen wurde damit 1921 ein HSVer. Beruflich unterhielt er mit dem Partner Koch eine internationale Spedition und später eine Versicherungsagentur. Letztmals international – insgesamt 19 Berufungen – spielte er 1923 auf dem Hamburger Victoria-Platz vor 20.000. Gegen seinen Klubkameraden und DFB-Gegenspieler Harder behielt er meist die Oberhand, dennoch erzielte „Tull" das einzige Tor. Als Halvorsen Hamburg 1933 verließ, hatte er ebenso wie Harder fünf Endspiele um die Deutsche Meisterschaft mitgemacht und zweimal den Titel gewonnen. 28mal spielte er in der Endrunde um die Deutsche Meisterschaft – nur Berlins Fußballidol „Hanne" Sobeck und Popp vom 1. FC Nürnberg übertrafen den Norweger. Der 34-jährige Mittelläufer war der letzte der „Alten", den man nach 224 Pflichtspielen und 19 Toren am Rothenbaum verabschiedete; Harder war bereits 1931 gegangen worden.

Zurück in Sarpsborg, wurde Halvorsen Trainer seines früheren Klubs, im Februar 1935 Instrukteur des Landesverbandes Norges Fotballforbund (NFF), bald darauf Teamchef der Nationalmannschaft und 1936 Sekretär des NFF. Im Olympiajahr 1936 kehrte er – seine zweite Olympiateilnahme! – als Teamchef mit Norwegens Nationalelf nach

Deutschland zurück: 4:0 wurde die Türkei besiegt, dann war in der Zwischenrunde im Berliner Poststadion Gastgeber Deutschland der Gegner. Hitler sieht dort erstmals in seinem Leben ein Fußballspiel, Goebbels – „ein richtiges Nervenbad. Das Publikum rast" –, Hess, Reichssportführer von Tschammer und weitere Nazi-Prominenz unter den 55.000 Zuschauern erleben das Ereignis mit. Norwegen führt 1:0 und Goebbels schreibt später auf: „Der Führer ist ganz erregt, ich kann mich kaum halten." Norwegen erzielt das 2:0, dabei bleibt es; Hitler verlässt vorzeitig das Stadion. 2:0, das ist eine Sensation, der erste norwegische Erfolg im neunten Vergleich und – wie der *Kicker* noch in den 50er Jahren schreibt – „eine der dramatischsten und verhängnisvollsten Niederlagen unserer Fußballgeschichte". Norwegen gewann schließlich die Bronzemedaille.

Am 1. September 1939 begann der 2. Weltkrieg; Halvorsen amtiert in dem Jahr am 22. Oktober zum 39. und letzten Mal beim Länderspiel in Kopenhagen als Teamchef. Am 9. April 1940 wurde sein Heimatland von Deutschland überfallen. Die Kämpfe währten bis in den Juni hinein, dann war auch Norwegen ein besetztes Land.

Abgesehen von Kollaborateuren, war das norwegische Volk nicht bereit, sich zu unterwerfen. Ein landesweiter Streik von Sportlerinnen und Sportlern war Anfang 1941 die Antwort, als die Deutschen darin gingen, den Sportbetrieb nach dem „Führerprinzip" zu organisieren. 19 Sportorganisationen, auch die Mitarbeiter des Fußball-Verbandes, darunter Asbjørn Halvorsen, stellten ihre Arbeit ein und verließen die Büros.

Die Deutschen reagierten auf Widerstand in den besetzten Ländern mit Repressalien und machten „NN-Gefangene": „NN" stand für „Nicht namentlich" bzw. „Nacht-und-Nebel", gedacht als „wirksame und nachhaltige Abschreckung". In einem 1941 vom Oberkommando der Wehrmacht (OKW)-Chef Keitel unterzeichneten Geheimerlass heißt es, „die Angehörigen und die Bevölkerung müssen über das Schicksal des Täters im Ungewissen bleiben".

Am 5. August 1942 wurde auch der 43-jährige „Assi" Halvorsen als Repräsentant des norwegischen Fußballs Opfer der „NN-Aktion" und im Lager Grini bei Oslo inhaftiert. Als so genannter „germanischer Häftling" wurde er am 23. Juli 1943 in das KZ Natzweiler im Elsaß (in Frankreich bekannt als „Camp de Struthof") deportiert.

Verschollen: Ein „NN-Gefangener"

Als Ex-HSV-Spieler in Deutschland bestens bekannt, genoss Asbjørn Halvorsen im KZ Natzweiler nach norwegischen Quellen anfangs einige Privilegien. Dies änderte sich, als er sich weigerte, auf SS-Befehl einen Mithäftling zu schlagen: Er wurde gefoltert und erkrankte schwer. Nachdem die Allierten in der Normandie gelandet waren, begann im September 1944 die „Evakuierung" der Gefangenen von Natzweiler. Halvorsen wurde über den Rhein ins sogenannte Krankenlager des KZ Vaihingen/Enz, 30 km nordwestlich von Stuttgart, gebracht.

Die Verhältnisse in Vaihingen waren verheerend: Die Lebensmittelversorgung war miserabel, es gab nur in einem Block Waschgelegenheit und WC. Bei Temperaturen bis minus 15 Grad waren die Baracken nicht beheizt, das Bettzeug wurde nie gewechselt, die Desinfektionsanlage war außer Betrieb. Aufgrund dieser Bedingungen brach im Februar 1945 eine Flecktyphus-Epidemie im Lager aus.

Asbjørn Halvorsen war inzwischen auf 40 Kilogramm Körpergewicht abgemagert. Er litt an Typhus, Pneumonie, Rheuma, Fieber und mangelnder Ernährung, woraufhin er von der Lagerleitung in eine sog. Todeszelle verlegt wurde. Dass er das württembergische KZ am 5. April 1945 verlassen konnte, war den Verhandlungen des Schweden Folke Bernadotte mit SS-Reichsführer Himmler zu danken, die den skandinavischen KZ-Häftlingen die Freiheit brachten. Halvorsen wurde nach Hamburg transportiert, diesmal ins KZ Neuengamme vor den Toren der Stadt, das als Transitlager für die Skandinavier fungierte. Daran knüpft sich die bis heute kolportierte Legende, der KZ-Häftling Halvorsen hätte dort den SS-Mann Harder wiedergesehen. Harder allerdings war zu dem Zeitpunkt, wie zu lesen sein wird, längst an anderem Ort.

Am 11. April 1945 traf der Norweger mit anderen Gefangenen in den „weißen Bussen" der Evakuierungs-Transporte bei Padborg an der dänischen Grenze ein. Er wurde nach Schweden gebracht, wo sich insbesondere der Schwedische Fußballverband seiner annahm.

Im Juni 1945 kehrte Halvorsen, gezeichnet von den fast drei Jahren KZ-Haft, in sein Heimatland zurück. Er wurde noch im selben Jahr wieder Generalsekretär des Norges Fotballforbund, war in dem zerstörten Land bemüht, den Fußball zu reorganisieren und ein nationales Liga-System einzurichten. 1951 heiratete er.

Mit den WM-Qualifikationsspielen 1953, die Norwegen und den DFB zusammenführten, erinnerte sich auch Westdeutschland wieder an „Assi". „Halvorsen begründete bei uns seinen unsterblichen Ruhm als Mittelläufer des HSV", hielt der *Kicker* aus dem Anlass fest; Bundestrainer Herberger und Nürnbergs legendärer Torhüter Stuhlfauth lobten den früheren Hamburger in höchsten Tönen.

Aber mit Halvorsen kehrte auch die NS-Vergangenheit zurück. Dem Münchner Sportjournalisten Ludwig Maibohm († 1997) steht das Verdienst zu, Halvorsens Schicksal öffentlich gemacht zu haben. Unter anderem schrieb er im *Kicker:* „Zu groß war die Enttäuschung, zu tief die Erniedrigung, die ihm die von ihm so verehrten Deutschen bereiteten." Maibohm berichtete weiter, dass sich in der Nazizeit Sepp Herberger und der damalige wie auch spätere DFB-Generalsekretär Dr. Georg „Schorsch" Xandry bemüht hatten, den KZ-Häftling Halvorsen ausfindig zu machen „und zu versuchen, sein Los zu erleichtern". Beim Festbankett 1951 in London anlässlich des Länderspiels England – Österreich hatte Journalist Maibohm Halvorsen von dieser vorgesehenen Hilfsaktion der NSDAP-Mitglieder Herberger und Xandry informiert. Der Norweger besuchte daraufhin Xandry in Neu-Isenburg bei Frankfurt und Maibohm zog das Fazit: „Das Geschehene war vergessen."

Herberger kannte Halvorsen nicht nur als HSV-Akteur, sondern auch als Gegenspieler, auf den er in Begegnungen von Tennis Borussia Berlin bzw. der Berliner Stadtmannschaft getroffen war. Da Halvorsen allerdings ein „NN-Gefangener" war und

SS wie Gestapo seinen Aufenthaltsort nicht preisgaben, konnte der Reichstrainer für ihn keine Erleichterungen erreichen (was er in einem Brief an norwegische Fußballfreunde mitteilte).

Asbjørn Halvorsen starb auf einer Reise im Auftrag des NFF in den Norden des Landes am 16. Januar 1955 in Narvik; man fand ihn tot in einem Hotelzimmer. Halvorsen wurde auf dem Friedhof Ullern Kirkegard im Westen Oslos mit Ehefrau Sigrid († 1982) beerdigt. Den Grabstein schmückt ein Reliefbild des Fußballidols.

Kicker-Chefredakteur Dr. Friedebert Becker verfasste einen langen Nachruf, in dem u.a. stand: „Jene Plauderstunden mit ihm gaben uns unseren echten Assi. Auch durch das, ja, gerade durch das, was er verschwieg. Er verschwieg, dass Deutschland ihm auch die grauenvollsten Jahre seines Lebens bereitete. Und unseren Schmerz um Assi vertieft das Wissen darum, dass die unmenschlichen Martern des deutschen KZ den großen Norweger wohl viele Jahre seines nun so jung, so jäh beendeten Lebens gekostet haben. Die ganze menschliche Größe spricht aus dem Vergessen des KZ-Grauens. Und ausgerechnet er, der selber den Naziterror am eigenen Leibe verspürte, er war es, der mit leidenschaftlicher Fürsprache seine Landsleute, deren Wunden noch nicht vernarbt sind, für das Deutschlandspiel (Anm. WM-Qualifikation) begeisterte."

Autor und Historiker Kaare M. Torgrimsen, dem wir viele wichtige Informationen zu diesem Beitrag, u.a. aus der fußballhistorischen Zeitschrift *Libero*, verdanken: „Das norwegische Volk respektierte und vertraute Halvorsen. Das deutsche Volk jubelte ihm zunächst zwölf Jahre lang im HSV-Trikot zu, ließ es dann aber zu, dass er selbst in Deutschland KZ-Häftling wurde, dort gesundheitlich ruiniert wurde und dadurch bereits 56-jährig verstarb."

„Wenn spielt der Harder Tull..."

In dem Jahr 1945, als Asbjørn Halvorsen wieder in Freiheit kam, wurde sein früherer Mitspieler Otto „Tull" Harder ein Gefangener. Der HSV-Mittelstürmer war ein Fußball-Idol der 1920er Jahre, „so populär wie später Uwe Seeler" und „ein Begriff in ganz Deutschland", sagen Zeitzeugen. Als „Mann bester nordischer Prägung" hatte ihn die NS-Presse gefeiert: Ein 1,90-Meter-Recke, draufgängerisch, schussstark, 15 Länderspiele und 14 Tore (wobei 1914 bis 1920 Länderspiel-Pause herrschte), über 50-mal in Auswahlteams und in 21 HSV-Endrundenspielen eingesetzt. „Wenn spielt der Harder Tull, dann wird es drei zu null", sangen sie im Kabarett, und Hamburgs Jugend, sofern sie dem bürgerlichen Sport und dem HSV zugetan war, hat daraus einen Gassenhauer gemacht. Seine Karriere diente als Grundlage für den stummen Streifen der Olympia Film GmbH „Der König der Mittelstürmer" (1927). In der Edition filmmuseum (www.edition-filmmuseum.com) ist der 95-Minuten-Film zusammen mit „Die elf Teufel" (1927) seit 2006 auf DVD erhältlich.

Der Beiname „Tull" übrigens soll auf den Tottenham Hotspur-Mittelstürmer Walter Daniel Tull zurückgehen, dem Harder in einem Freundschaftsspiel mit Eintracht Braunschweig begegnete. Jener Tull, 1908-11 bei Tottenham, 1911-14 bei Northampton Town, war der erste schwarze Feldspieler im britischen Profifußball und der erste schwarze Offizier der Armee; er kam 1918 an der Somme um. Tull war immer wieder rassistischen Attacken ausgesetzt und erhielt den diskriminierenden Beinamen „Darkie". 1999 wurde er in Nähe des Stadions von Northampton mit dem Walter Tull Memorial & Garden of Rest geehrt, einem Ort, der ein Mahnmal gegen den Rassismus darstellt.

Otto Fritz Harder wurde 1892 in Braunschweig geboren und wuchs in einem deutschnationalen Elternhaus auf. Er war Soldat im 1. Weltkrieg, Unteroffizier, wurde dreimal in Flandern verwundet und erhielt das Eiserne Kreuz I. und II. Klasse. Aus seiner politischen Gesinnung hatte Harder schon in seiner HSV-Zeit keinen Hehl gemacht: Bei einem Köln-Gastspiel seines Klubs legte er sich im damals von den Alliierten besetzen Rheinland auf der Straße mit einem englischen Offizier und im Hotel mit einem französischen Militär und dessen Begleiterin an, Sudetendeutschen aus der Tschechoslowakei widmete er eine Ansprache. 1931 verließ Harder, der sich eine Existenz als Versicherungsvertreter geschaffen hatte und mit Frau Else aus dem HSV-Hockeyteam verheiratet war, nach einigen Unstimmigkeiten und Kapriolen, wohl auch im Zusammenhang mit exzessivem Alkoholkonsum, den Rothenbaum. Im Alter von fast 40 Jahren stürmte er noch einmal für den SC Victoria auf der Hoheluft.

Am 1. September 1932, noch vor der Machtübernahme der Nazis, wurde Harder Mitglied der NSDAP, am 10. Mai 1933 der SS, und zeigte sich fortan am Rothenbaum oder bei anderen großen Fußballereignissen gern in SS-Uniform. 1939 wird Otto Fritz Harder von der Waffen-SS als Wachmann in das KZ Sachsenhausen in Oranienburg bei Berlin eingezogen: „Ich bin aufgefordert worden", sagt er später. Dort fungiert er auch als Trainer der SS-Sportgemeinschaft und spielt mit 49 Jahren noch in der 2. Mannschaft mit.

Auf eigenen Wunsch wird Harder im November 1939 in das KZ Neuengamme bei Hamburg versetzt. Der SS-Rottenführer ist erst Wachposten, später in der Lagerverwaltung. Auszüge aus seiner späteren Vernehmung vor Gericht:

Verteidiger: „Haben Sie sich freiwillig (Anm. zum Dienst im KZ) gemeldet?"
Harder: „Nein."
Staatsanwalt (StA): „Warum nicht, haben Sie diese Arbeit nicht gern getan?"
H.: „Ich war alter Soldat und wäre lieber an die Front gegangen."
StA: „Ich frage Sie jetzt als alten Soldaten: Wie war Ihre Meinung über das KZ?"
H.: „Ich war der Meinung, dass Leute dort nur waren, wenn sie etwas ausgefressen haben und draußen nicht mehr sein durften."
StA: „Fanden Sie es richtig, dass man diese Leute so behandelte?"
H.: „Ich kann nur sagen, dass die Behandlung nicht so schlecht war, soweit sie sich gut führten."
(Anmerkung: Von 1939 bis 1945 kamen im KZ Neuengamme und seinen Außenlagern 55.000 Menschen ums Leben).

„Wenn stürmt der Harder Tull, dann steht es drei zu null" – aber nicht immer: Beim 2:4 am 19.8.1928 im Freundschaftsspiel beim Chemnitzer BC blieb der Mittelstürmer ohne Torerfolg.

Im August 1944 wird SS-Hauptscharführer Harder nach Hannover versetzt, wo er ab November als Lagerführer im KZ Ahlem eine 60-köpfige SS-Wachkompanie befehligt. Die Gefangenen arbeiten in unterirdischen Stollen für die Rüstungsproduktion der Continental Gummiwerke und der Maschinenfabrik Niedersachsen-Hannover (MNH). Kälte, hohe Luftfeuchtigkeit, mangelnde Ernährung, unzureichende Kleidung und Misshandlungen fordern von Ende November 1944 bis Anfang Februar 1945 230 Menschenleben.

Otto Fritz Harder, inzwischen SS-Untersturmführer, verlässt Ahlem im März 1945. Nach Zusammenbruch des Nazireiches wird er verhaftet und ins Internierungslager

Iserbrook gebracht, aufgrund eines Magenleidens für ein halbes Jahr freigelassen, dann wieder inhaftiert. Harder sagt 1946 im Neuengamme-Prozess aus und ist im Frühjahr 1947 Angeklagter im „Hannover-Ahlem-Case" vor einem britischen Militärgericht, das im Hamburger Curio-Haus an der Rothenbaumchaussee tagt; 300 Meter weiter die Chaussee hinauf bereitet sich sein früherer Verein zu dem Zeitpunkt auf die Zonenmeisterschaft vor.

Im Vorfeld der Verhandlung hat Harder versucht, seine Situation zu verbessern: „Ich bin in der europäischen Sportwelt als Tull Harder, Mittelstürmer des Hamburger Sport-Vereins und der Deutschen Nationalmannschaft bekannt", teilt er den Briten mit und führt an, ein 1942 über ihn herausgegebenes Buch („Tull Harder stürmt für Deutschlands Fußballruhm") habe 10.000 Stück Auflage erreicht. Außerdem sei er „eine Person der Zeitgeschichte". Dies ist gerichtlich belegt, denn als ein Zigarettenfabrikant seinen Packungen Harder-Sammelbildchen beilegte, klagte der Fußballer vergebens auf Entgelt – als „Person der Zeitgeschichte" musste er derlei Vermarktung in Kauf nehmen. Verteidiger Dr. Heynen beabsichtigt, die englischen Ex-Corinthians-Spieler Bowen und Ashton sowie den holländischen Nationalspieler Dr. Hans Tetzner vorzuladen, die „den anständigen Charakter von Herrn Harder bestätigen" sollen. Als Frontsoldat und Sportler, so schrieb der Ex-Nationalspieler an die britischen Ankläger, sei er „Pflichterfüllung und Gehorsam" gewohnt gewesen, weshalb er, ohne die „Arbeit" im KZ, wie er es nannte, zu mögen, Befehlen Folge geleistet habe. „Wenn ich über meine nur kurze Tätigkeit als Kommandoführer nachdenke, so habe ich das bestimmte Gefühl, dass ich mir bewusst nichts habe zuschulden kommen lassen." In dem von ihm geleiteten KZ Ahlem seien so viele Menschen gestorben, weil „die inneren Organe der Häftlinge" durch schlechte Ernährung im jüdischen Ghetto geschwächt waren, sodass sie „die gute und reichliche Nahrung im KZ nicht vertrugen".

„Ich habe mir nichts zuschulden kommen lassen"

Überlebende Häftlinge belasten Otto Fritz Harder nicht: „Ein sehr feiner Mann", heißt es; „freundlich". Manche vermuten, die Misshandlungen „passierten vielleicht hinter seinem Rücken". Ein Brief eines Harder unterstellten SS-Mannes wird bekannt, in dem der vom „Saubetrieb" im Lager berichtet. „Vor einigen Tagen hatte sich der Lagerführer Tull Harder mal wieder mächtig besoffen. Im Suff wurde der sonst so große Mann plötzlich ganz klein und hässlich."

Otto Fritz Harder wurde am 6. Mai 1947 als Kriegsverbrecher zu 15 Jahren Haft verurteilt. Zwei seiner Untergebenen aus Ahlem wurden im selben Prozeß zum Tode verurteilt und hingerichtet. Das Fußballidol einer ganzen Generation verschwand damit hinter Zuchthausmauern, totgeschwiegen, nicht mehr existent. Der Hamburger SV schloss Harder 1947 als Mitglied aus, allerdings nur kurzfristig.

1951 erfährt man aus dem *Abendblatt*, wo der fast 60-jährige frühere Internationale nun Fußball spielt: im westfälischen Zuchthaus Werl. „Als die spärlichen Zuschauer die Spieler anfeuerten, mag Tull Harder gewesen sein, als rauschte der große Vorhang der

Vergangenheit beiseite. Der enge Aschenplatz wurde zum grünen Rasen und die hohen Mauern zum dichtgefüllten Oval."

Das Fußballspiel in Werl allerdings wird untersagt, nachdem es bei einem Spiel der Gefangenen, das Harder als Schiedsrichter leitet, zu einer Schlägerei zwischen Deutschen und Polen gekommen ist. Der Ex-Nationalspieler arbeitet nun in der Kleiderkammer, er gibt Seife und Waschmittel aus wie früher im KZ Neuengamme, gilt als mürrisch und verschlossen.

Harders 15-jährige Haftstrafe wäre 1962 abgelaufen gewesen. Aber draußen, hinter den Mauern von Werl, ändern sich die Zeiten: Entnazifizierung, die Verfolgung von NS-Verbrechen, Antifaschismus verlieren an Bedeutung. Die junge Republik baut sich im Kalten Krieg mit Antikommunismus auf – NS-Blutrichter sprechen wieder Recht, Wehrmacht-Generäle sehen freudig dem neuen Bundesheer entgegen, Nazichargen sind wieder politikfähig. „Sportfreunde", was immer das meint, setzen sich per Gnadengesuch für „Tull" ein: Weihnachten 1951 kommt er frei.

Aus dem Zuchthaus kehrt Harder an die Stätte seiner größten Erfolge, zum Hamburger Rothenbaum, zurück. Der Stadionsprecher begrüßt ihn, das Publikum feiert ihn, die Medien stimmen positiv ein. „Die haben ihn mit dem größten Hallo begrüßt", weiß der ehemalige KZ-Gefangene Herbert Schemmel. Andere NS-Verfolgte berichten, „Tull" sei sogar auf den Schultern der HSV-Anhänger vom Platz getragen worden. Die Begeisterung teilen nicht alle: Als die damals sozialdemokratische *Hamburger Morgenpost* in einer Serie 1953 ausführlichst Leben und Wirken aller Hamburger Fußball-Nationalspieler schildert, ist „Tull" Harder lediglich ein Satz gewidmet.

„Du guter alter Tull"

Harder wird wieder Versicherungsvertreter und lebt im noblen Bendestorf am Rande der Lüneburger Heide. Als ehemaliger SS-Untersturmführer erhält er von Staats wegen eine Pension.

Otto Fritz Harder, genannt „Tull", stirbt am 4. März 1956 nach einer Operation im Krankenhaus von Hamburg-Barmbek. Die Urne mit seiner Asche wird auf dem Waldfriedhof Bendestorf beigesetzt. Bei der Trauerfeier im Krematorium von Hamburg-Ohlsdorf deckt die HSV-Fahne den Sarg; Spieler der 1. Jugend bilden die Ehrenwache, viele ehemalige Mitspieler sind gekommen. HSV-Präsident Carl-Heinz Mahlmann verspricht, Harder „als einen der Großen des HSV in Ehren zu halten". Ex-Mannschaftskamerad „Hannes" Krohn sagt: „Wir werden dich nie aus dem Gedächtnis verlieren, du guter alter Tull."

In Nachrufen und späteren Würdigungen wird Harders NS-Vergangenheit nur nebulös benannt oder gar nicht erwähnt. *Bild* 1956: „Auch jetzt kann nicht vergessen werden, dass diese große Sportkarriere in das tiefste Dunkel politischer Verirrung führte." Das *Abendblatt* im selben Jahr im seltsam verklausulierten Stil, der der Zeitung teils heute noch eigen ist: „Bei aller Begabung, die den großen Tull auf die Höhen sportlichen Ruhms führte, fehlte ihm und seinem Leben leider die Harmonie im Menschlichen. Das Schicksal schien es gut mit ihm zu meinen, als es ihm nach Jahren der Irrungen die Freiheit wiedergab" (eine SS-Karriere als „Irrungen" zu beschreiben, war in den 1950er Jahren zeitgemäß).

Die Schatten der Vergangenheit reichten weit, auch noch nach Harders Tod. Als Hamburg 1974 als Spielstätte der WM ausgewählt worden war, wollte man mittels einer Broschüre an die fußballhistorische Vergangenheit der Stadt erinnern. Als „Vorbild der Jugend" wurden da u.a. Uwe Seeler, Jupp Posipal und „Tull" Harder abgebildet. Irgendwer im Rathaus oder Sportamt muss sich dann aber doch noch an dessen Rolle außerhalb des Spielfeldes erinnert haben, und so verschwand Harders Konterfei aus dem Prospekt, der bereits in einer Auflage von 100.000 Stück gedruckt worden war und nun in den Müll wanderte. „Tull" Harder war also 18 Jahre nach seinem Ableben wieder eine persona non grata, als ob es nicht ehrlicher gewesen wäre, den großen Fußballer zu benennen, samt der kompletten Geschichte seines Lebens.

Ob sich Halvorsen, der KZ-Häftling, und Harder, der KZ-Lagerführer, noch einmal wiedergesehen haben nach dem Abschied auf dem Bahnsteig 1933? Es waren die erwähnten WM-Qualifikationsspiele 1953, als man sich an Halvorsen erinnerte. Für das Rückspiel im neu errichteten Hamburger Volksparkstadion gab das *Echo* einen Verhaltenskodex aus: „Unsere Anerkennung soll den norwegischen Kameraden, die von einem unserer alten Freunde und einstigen Sportmitstreiter, Asbjørn Halvorsen, geführt werden, genau so gelten, wie den deutschen Spielern."

Halvorsen also wieder in Hamburg: Das *Abendblatt* widmete ihm eine ausführliche Seite-3-Geschichte („Die große Zeit mit Assi"), in der vom Leiden des Norwegers nichts zu lesen war. Halvorsen selbst kündigte an: „Morgen wird es ein frohes Wiedersehen mit unserem alten Tull Harder, mit Ali Beier, vielleicht auch mit Heinz Dorn geben, der gerade erst aus Russland zurückgekommen sein soll."

So werden sie sich wiedergesehen haben nach 20 Jahren, der „Assi" und der „Tull", spätestens beim Länderspiel-Bankett im „Haus des Sports", wo der NFF-Generalsekretär und der Ex-Torjäger Ehrengäste waren. Aber vieles, was dazwischen geschehen war, von 1933 bis 1953, wird wohl kein Thema gewesen sein an diesem Abend. Und wenn: Erfahren werden wir es nicht.

Am 4. Mai 2002 beschäftigte sich eine niederländische Fernsehsendung des NOS Sport Studio mit dem Schicksal Harders und dem von Jur Haak, der 1912 gegen Deutschland in der holländischen Nationalmannschaft debütiert hatte. Haak, dessen Familie während der Nazibesatzung jüdische Kinder versteckt hatte, kam 1945 im KZ Sachsenhausen ums Leben, wo Harder Wachmann gewesen war. „Voetbaldromen in tijden van oorlog" („Fußballträume in Kriegszeiten") hieß der 45-minütige Streifen des Dokumentarfilmers Har Tortike und des Fußballhistorikers Matty Verkamman, den über 450.000 Menschen sahen. *sky* ■

1945 bis 1954

Spundflasche und Spitzenlagen

Die „Stunde Null“, gab es die? Im Mai 1945 im besetzten und doch befreiten Deutschland? Einerseits ja, andererseits nein. Aber fest steht: Wer zu spät kam, der hatte schon damals Schwierigkeiten mit der Ballkontrolle.
Zu spät kam die Direktive 23 des Alliierten Kontrollrats zur „Beschränkung und Entmilitarisierung des Sportwesens in Deutschland“ – zu spät jedenfalls, um der schon auseinander driftenden Entwicklung noch eine gemeinsame Richtung zu geben. Dabei hatten die Oberkommandierenden Clay, Robertson, Koeltz und Sokolowskij alle nötigen Befugnisse. Ihre Direktive trug das Datum vom 17. Dezember desselben Jahres und verfügte einerseits, dass allen Sportvereinen und -verbänden, soweit sie vor der Kapitulation bestanden hatten, „jegliche Betätigung untersagt“ und dass sie „bis zum 1. Januar 1946 spätestens aufzulösen“ seien. Andererseits gestattete sie ausdrücklich „das Bestehen nichtmilitärischer Sportorganisationen örtlichen Charakters“, jedoch höchstens auf Kreisniveau. Neugründungen mussten von der Alliierten Besatzungsbehörde vor Ort genehmigt sein.

Am Rothenbaum herrschte aber, wie auch anderswo, längst reger Spielbetrieb. Zwischen der Ausfertigung des Schriftstücks und dem Jahresende trat die Liga dreimal an; insgesamt 24 Spiele hatte sie damit seit Juli schon ausgetragen, zumeist auf dem heimischen, unzerstört gebliebenen Platz. Am 7. Oktober hatten 9.000 Besucher ein 7:0 gegen Lorbeer gesehen, zwölf Jahre nach dem Verbot von Erwin Seelers früherem Verein; der Erlös kam politisch Verfolgten zu Gute. Ob und mit wem Karl Mechlen, der im November im Amt bestätigte Vorsitzende, danach noch über eine Auflösung und Neugründung seines Vereins verhandelt hat, ist nicht aktenkundig. Im August war der Hamburger Verband für Leibesübungen gegründet worden, aus dem später der Hamburger Fußball-Verband (HFV) hervorging. Punktspiele einer neu gebildeten Liga begannen am 13. Januar 1946. Viel weiter war man in der US-Zone; dort hatte schon im November eine Oberliga Süd mit 16 Vereinen in die Saison starten dürfen.

Der Ball lief, trotz Eis und Schnee, schneller als die Politik, wenn auch nicht in allen vier Zonen. Zwar hatte der Kontrollrat seine Direktive, die eine Beschlusslage vom Frühjahr bekräftigte, auf englisch, französisch und russisch abgefasst, und für eine gleichlautende deutsche Übersetzung war gesorgt. Doch die scheinbare Einigkeit trog; tatsächlich hatten die Besatzungsbehörden unterschiedliche Pläne, was die sportliche Betätigung der Deutschen und deren Selbstverwaltung betraf (von noch bedeutenderen Weichenstellungen ganz zu schweigen). Im krassen Gegensatz zum „o.k." der Amerikaner durfte in der Ostzone, aus der später die DDR werden sollte, noch bis ins Frühjahr 1948 nicht einmal auf Länder-, geschweige denn Zonenebene um Punkte gespielt werden.

Hamburg gehörte zur Britischen Zone, in der schon bald Soldatenteams gegen deutsche Vereine antraten (auch beim HSV) und einzelne Engländer oder Schotten in hiesigen Klubs mitwirkten; der Schiedsrichter Captain Crane wurde in der Stadt enorm populär. Doch anfangs achtete die Besatzungsmacht streng darauf, dass sich die Sache nicht unzulässig ausweitete; so musste die Norddeutsche Meisterschaft im Sommer 1946 abgebrochen werden, weil keine Genehmigung vorlag. Davon abgesehen, rollte der Ball überall dort wieder, wo die Sportplätze intakt und nicht beschlagnahmt waren und es brauchbares Schuhwerk gab. Beim HSV war beides der Fall.

Vorspiel der Reserven

Der Verein hatte viele Kriegstote zu beklagen; vielen Menschen stand ein jahrelanger Existenzkampf um Lebensmittel und Heizmaterial, Wohnraum und Arbeit bevor. Hamburgs Hafen war voller Schiffswracks und das Stadtgebiet von 43 Millionen Kubikmetern Trümmerschutt bedeckt. Doch die Wohngebiete rings um den Rothenbaum waren weitgehend verschont geblieben, im Gegensatz zu Arbeiterquartieren wie Hammerbrook oder Rothenburgsort, wo sich kaum noch ein Stein auf dem anderen befand.

Die Militärregierung arbeitete und ließ arbeiten. Bürgermeister Rudolf Petersen – von den Briten eingesetzt –, seine Senatsmitglieder und die funktionsfähigen, notdürftig entnazifizierten Teile der Verwaltung flickten Schienenstränge und Wasserleitungen, räumten Trümmer und bauten „Nissen-Hütten" als Notunterkünfte. Sie ließen aber auch Kinos und Theater wieder öffnen, und schon am 14. Juli 1945 hob der Militärgouverneur, Feldmarschall Montgomery, das Fraternisierungsverbot auf.

Der HSV-Platz war bespielbar, die Geschäftsstelle und das Archiv unversehrt, und aus dessen Unterlagen geht hervor, dass die Reservemannschaft als Erste wieder auflief. Am Sonnabend, dem 9. Juni, gerade vier Wochen nach Kriegsende, traf sie sich um 17 Uhr am Ochsenzoll mit Eintracht Harvestehude; Ergebnis 3:3. Sechs weitere Spiele absolvierten die Reservisten – jeden Sonnabend oder Sonntag eines –, bevor sich die Liga zurückmeldete. Günther Wolf, damals 19, stand an dem bewussten 9. Juni im Reservetor: „Viele Ligaspieler waren noch nicht aus der Kriegsgefangenschaft zurück. Mein Schwager Erwin Seeler hat alles organisiert. Es waren harte Zeiten." Wolf hatte als Feldspieler beim HSV angefangen und stand in späteren Jahren bei Victoria zwischen den Pfosten.

Ob Liga oder Reserve, es wurde gespielt, fast pausenlos, vielfach um Kalorien (bei Gastspielen auf dem Lande), um Kohlen oder um andere schwer erhältliche Dinge des Alltagsbedarfs, aber natürlich auch zur Ablenkung vom täglichen Blick auf ausgebrannte Fassaden. Petersens Nachfolger wurde im Oktober 1946 der legendäre Max Brauer, Sozialdemokrat und vor 1933 bereits Bürgermeister von Altona, der nun aus dem US-Exil zurückgekehrt war. Von ihm ist überliefert, dass er die Zuversicht der Bevölkerung unter anderem damit stärken wollte, dass möglichst schnell die Straßenbahnen wieder Glasfenster bekamen und möglichst viele Sportplätze wieder benutzbar sein sollten.

Hans Tauchert, einst beim 1. FC Nürnberg und lange in Berlin tätig, versuchte derweil als neuer Trainer eine Mannschaft zu formen – oder zunächst einmal einen Überblick zu gewinnen. Ab dem 16. November 1945 hatte der Verein auch wieder einen ordentlich gewählten Vorstand; einstimmig wurde Karl Mechlen von 162 Mitgliedern erneut in „sein" Amt gewählt, das er de facto ununterbrochen seit 1941 ausgeübt hatte.

Karl Mechlen, erst „Vereinsführer," dann 1. Vorsitzender

1946 Wenn's uns wieder gold geht...

Aus dem „Vereinsführer" Mechlen war nun der 1. Vorsitzende geworden, und nach der Totenehrung konnte er „Worte der Anerkennung" an Karl Engelhardt richten, Mitglied im HFC und HSV seit 50 Jahren. Zu mehr reichte es augenblicklich nicht, doch hieß es im Protokoll: „Die goldene Ehrennadel soll ihm nachträglich überreicht werden, sobald solche wieder hergestellt werden können."

Im Januar 1946 begann die neue Meisterschaft, die wegen der fortgeschrittenen Zeit als einfache Runde stattfand. Die Rothosen hatten sich mittlerweile gut eingespielt, und Gegner wie TuS Finkenwärder (damals noch so geschrieben), der Post-Sportverein oder West-Eimsbüttel hatten allen Grund, vor der HSV-Torfabrik zu erzittern. 56-mal hatten Alfred Boller, der neue Mittelstürmer aus Kiel, und seine Nebenleute nach sieben Spielen schon getroffen; 14:0 Punkte standen zu Buch. Es spielte eine Mannschaft, die sich anfangs vorgekommen sein muss wie auf einem Klassentreffen zur Auffrischung von Jugenderinnerungen. Die Aufstellung las sich so, wie sie schon Jahre zuvor hätte lauten können, wenn sie nicht der Krieg auseinander gerissen hätte. Folgende Stammbesetzung trat in jener Frühjahrsserie zumeist an:

► Warning – R. Dörfel, Holdt – Seeler, Reinhardt, Rohwedder – Melkonian, Adamkiewicz, Boller, Spundflasche, Jessen.

Zum engeren Kreis gehörten noch Friedo Dörfel, der anfangs länger verletzt war, Niemann und Ebeling. Von diesen 14 Spielern hatten in der letzten Kriegssaison nur Warning, Erwin Seeler, Ebeling und der Armenier Melkonian ständig in der Liga gespielt. Abgesehen von Boller, dem Neuzugang, und Richard Dörfel, der den Verein 1939 im Streit verlassen hatte, waren alle anderen ebenfalls langjährige HSVer, aber gesehen hatte man sie am Rothenbaum in Folge des Krieges nur selten. Doch die fehlende Spielpraxis ist bald aufgeholt, und etliche erleben noch einen goldenen Karriereherbst. Das gilt für „Vadder“ Seeler (35) ebenso wie für die Dörfel-Brüder, für Herbert Holdt, der mit „König Richard“ ein exzellentes Verteidigergespann bildet, für den Stopper Erwin Reinhardt und den Stürmer Sigi Jessen. Noch im besten Alter sind Torwart Warning – schon seit zehn Jahren im Team – und der lange Heinz Spundflasche, der zum glänzenden Regisseur, Kapitän und Inbegriff des fairen Gentleman-Sportlers aufsteigt, sowie Edmund Adamkiewicz, ein an guten Tagen unwiderstehlicher „Reißer“ oder auch Verteidiger.

Trotz des guten Starts wird der Weg zur Hamburger Meisterschaft 1946 ab Ende April noch holprig. „Spund“ hat im Spiel gegen Union eine Nierenverletzung erlitten und fällt wochenlang aus; ohne ihn gibt es bei Altona 93 den ersten Punktverlust (1:1) vor 16.000, der größten Zuschauerkulisse seit fast fünf Jahren. Am folgenden Sonntag, dem 5. Mai, drängen sich 23.000 auf den Rängen des Rothenbaumplatzes zum Showdown mit dem FC St. Pauli. Dieser hat sich durch zahlreiche Dresdner und Berliner enorm verstärkt, gilt als spielerisch gleichwertig, ist Dauergast am Rothenbaum (weil sein eigenes Stadion schwer beschädigt ist) und hat noch keinen Punkt abgegeben.

Mit großem Respekt und ungewohnter Defensivtaktik, „gaaanz suutje“ also, tritt der HSV dem Herausforderer entgegen, zumal außer Spundflasche auch Boller zu ersetzen ist. Das 0:0 befriedigt nicht und scheint St. Pauli den Weg zum Titel zu ebnen. Aber da gibt es ja noch die Altonaer. Sie schlagen eine Woche darauf St. Pauli 2:0, und der Weg ist wieder frei für den HSV, der seine letzten drei Spiele gewinnt und Meister wird. Walter Müller aus Hildesheim, nach dem St. Pauli-Spiel als Verstärkung angeheuert, schießt beide Tore zum alles entscheidenden 2:1 über Eimsbüttel, nach einem 0:1 zur Pause.

1946/47 Zonenmeister und Oberliga

Die folgende Saison 1946/47 sah die Rückkehr zur gewohnten Doppelrunde mit zwölf Vereinen, und der Zuschauerschnitt am Rothenbaum pendelte sich bei 9.500 ein. Hans Sikorski war aus der Gefangenschaft zurück und stieß wieder zur Mannschaft, und eine weitere Verstärkung war der Ex-Nationalspieler Heinz Werner aus Jena. Sonst lief das gewohnte Team auf, aber plötzlich kam Sand ins Getriebe. Am 3. November lockte der FC St. Pauli 18.000 zum Rothenbaum, und die sahen zum ersten Mal nach drei Jahren (minus 1 Monat), 44 Spielen und einer Serie von 82:6 Punkten wieder eine HSV-Niederlage in einem Meisterschaftsspiel. St. Pauli trat mit zwei neu engagierten Stürmern aus der Oberliga Süd an – Machate, früher Dresdner SC, und Wilde, ehemals Tennis Borussia –, und beide trafen beim 3:2 in Warnings Tor. Die Neuen hatten zuletzt beim 1. FC Bamberg gespielt, galten als „Zonenspringer“ und unterlagen deshalb keiner Sperrfrist; der FC St. Pauli nutzte diese Lücke in den Bestimmungen geschickt aus und ließ bei anderen Gelegenheiten auch Helmut Schön aus Dresden anreisen.

Zonenmeister 1947. Stehend von links: R. Dörfel, Karl Mechlen, Ebeling, Erwin Seeler, Spundflasche, Jessen, Boller, F. Dörfel, Trainer Tauchert; vorn von links: Heinz Werner, Warning, Holdt, Niemann.

Aber dass es den Mannen vom Millerntor am Ende gelang, Meister zu werden und den HSV auf Platz 2 zu verweisen, war ohne Zweifel verdient. Sie spielten konzentrierter und beständiger als Spundflasche & Co., bei denen auf zweistellige Siege mehrfach böse Reinfälle folgten. Waren das erste Alterserscheinungen? Niederlagen in Eimsbüttel (2:6) und Altona (3:6 mit einem Ersatztorwart) warfen die Mannschaft, die inzwischen ohne Adamkiewicz antrat, weit zurück. „Adam“ hatte es fertig gebracht, sich in der Halbzeitpause des Spiels gegen Concordia Türen knallend zu verabschieden; zwei Wochen später stürmte er bereits erfolgreich im Trikot von Eintracht Frankfurt. Zehn HSVer erreichten gegen Concordia noch ein 3:3, aber derselbe Gegner brachte den amtierenden Meister in der Frühjahrsserie endgültig zu Fall. Zwar gewannen die Rothosen am Rothenbaum mühsam 2:1, doch hatten sie einen Spieler namens Jonka mitwirken lassen, der, wie sich anschließend herausstellte, gar kein HSV-Mitglied und nicht spielberechtigt war. Die Punkte gingen an Concordia, und dass danach bis Saisonende kein Spiel mehr verloren wurde, hatte nur noch statistischen Wert…

So schien es, aber dann hatten Hans Tauchert und seine Mannschaft doch das bessere Ende für sich. Die Besatzungsmacht erlaubte die Austragung einer Zonenmeisterschaft, für die acht Teams aus dem Norden und Westen qualifiziert waren, und da war der HSV nun in seinem Element. Das begeisterte Fußballvolk erlebte die ersten richtigen Festtage im großen Gebiet zwischen Flensburg und Aachen und strömte in Massen zu den Spielen, in denen erstmals wieder all die berühmten Vereine wie HSV und Schalke, Borussia Dortmund und Werder Bremen aufeinander trafen (während St. Pauli, Hamburgs Meister, recht hochmütig darauf verzichtete, zum Qualifikationsmatch gegen Holstein Kiel anzutreten). 60.000 sahen bei Gluthitze das Düsseldorfer Endspiel, in dem der HSV durch ein 1:0 über die Dortmunder (Tor: Boller) den Titel gewann. Erwin Seeler bestand noch 40 Jahre später darauf, dass ein Deutscher Meister 1947 bestimmt HSV geheißen hätte.

Immerhin brachte dasselbe Jahr noch einen wichtigen Fortschritt mit sich: die Einrichtung zweier Oberligen, Nord und West, nun auch in der Britischen Zone. Ein alter Traum wurde wahr, denn seit 1914 hatte es keine eingleisige regionale Liga im Norden mehr gegeben. Im Dezember wurde auch der NFV wiedergegründet, ohne Mecklenburg, das nun hinter der Zonen- und künftigen DDR-Grenze lag, dafür mit Osnabrück und Göttingen, die vom Westen „abgetreten" wurden. Die Erwartungen waren groß, und am Rothenbaum schuf man Planstellen für Stürmer: Heinz Trenkel kam aus Dessau, Rudi Voigtmann aus Planitz (vom heutigen FSV Zwickau), Erich Ebeling zurück

Spundflasche im Spiel gegen den VfB Stuttgart 1950.

aus Wilhelmshaven und – „Adam“ zurück aus Frankfurt. Türen knallen hin, Götz-Zitat her – jetzt waren Tore gefragt.

Sie fielen. „Boller-Bomben brachen Bremer Bollwerk“, bollerte der *Sport* (München) nach dem 3:1 des HSV in seinem ersten Oberligaspiel am 13. September 1947 beim Bremer SV. Alfred Boller hatte dreimal getroffen. Eine neue Ära war angebrochen, und es sollte eine schöne Zeit werden, vielleicht die schönste überhaupt in der Vereinsgeschichte. Sechzehn Jahre lang war die Oberliga Nord höchste deutsche Spielklasse, und 15-mal gewann der HSV den Meistertitel, zuerst sechsmal hintereinander bis 1953 und dann weitere neunmal bis 1963. Der einzige Aussetzer, 1953/54, war dramaturgisch notwendig, sonst wäre es allzu statisch geworden und die anderen hätten noch den letzten Mut verloren.

Zwischen Biedermeier und Beatles

Auch so klingt es zunächst nach gepflegter Langeweile, aber die gab es nicht. Die Oberligazeit, einhergehend mit Wirtschaftswunder, Hula-Hoops, Nyltesthemden, Facon-Haarschnitt, politischem Biedermeier, dem ersten Micky-Maus-Heft, dem Physiklehrer, dessen Versuche nie so recht klappten, Elvis, der Krönung von Elizabeth II., dann Kennedy gegen Chruschtschow, Martin Lauers und Armin Harys Weltrekorden, der Sturmflut 1962, Innensenator Helmut Schmidt und, während der letzten Saison 1962/63, den Beatles – das war eine Zeit, in der der Ball noch aus Leder war, der nächste Gegner (fast) immer abgeledert wurde und ein Spiel 90 Minuten dauerte, nicht mehr und nicht weniger, ohne zäh wie Leder sich ziehende Animation vor dem Spiel, in der Halbzeit und demnächst wohl noch auf dem Nachhauseweg.

Die Oberligazeit war nicht zuletzt deshalb so schön, weil alles seine Ordnung und seinen Stellenwert hatte und weil niemand versuchte, den „weißen Sand“ (= Arena) neu zu erfinden. Wenn der HSV gewann – also meistens –, nickte man kennerhaft und ging zur Tagesordnung über. Wenn er mal verlor, womöglich gegen Hildesheim oder Neumünster – und ganz ohne Niederlage kam er durch keine Saison –, nickte man kennerhaft, gönnte den „Kleinen“ den Erfolg, warnte vor Nachlässigkeit („der Schnoor wird ja auch viel zu selten gefordert“) und ging zur Tagesordnung über, denn der Ausgang der Meisterschaft war doch sowieso klar.

Allerdings galt das wohlgemerkt nicht für die Endrunden, die Gruppenspiele um die Deutsche Meisterschaft am Saisonende. Nie vergesse ich den Tag, an dem der HSV in Dortmund 2:7 verlor. Das war 1961 und brachte mein jugendliches Weltbild durcheinander. An dem Nachmittag hatte unsere eigene „Erste“ (SpVgg Lieth, Kreis Pinneberg, ebenfalls Rothosen) ein Heimspiel. Ein paar von uns hatten ein Kofferradio dabei und hörten die Übertragung aus Dortmund. Ich wollte das nicht, ging hinter das andere Tor, schaute den Unsrigen zu und hörte alle paar Minuten Gelächter, welches anzeigte, dass die Dortmunder wieder ein Tor geschossen hatten. Da stürzte ein Denkmal. Verlieren ja, aber 2:7 – und das nach den grandiosen Burnley- und Barcelona-Spielen vom selben Frühjahr.

▶ RIVALEN 4

Altonaer FC 93

Ein Uralt-Rivale des HSV war der Altonaer Fußball-Club Borussia von 1893, besser bekannt als Altona 93, angefeuert als „A-Eff-Ce". Der heutige Bezirk Hamburg-Altona, mit 241.992 Einwohnern größer als Kaiserslautern, war jahrhundertelang selbständig und ein Rivale des benachbarten Hamburg.

Altona 93 war kein Arbeiterverein (was aufgrund der Stadion-Lage zu vermuten wäre), womit sich die Rivalität mit dem großbürgerlichen HSV ja recht einfach begründen ließe, denn zu Altona gehören auch die Nobelvororte entlang der Elbe, von Othmarschen bis Blankenese, und gehörten potente Fußball-Sponsoren wie Rama und Reemtsma. Den Derby-Charakter schufen erst jahrzehntelange Konkurrenz und die erwähnte lokale Situation eines Nebeneinander à la Nürnberg-Fürth.

Altona 93 ist Fußball-Pionier wie die HSV-Vorläufer, und in der Frühzeit sogar noch bedeutender: 1894 hat man den Hamburg-Altonaer Fußball-Bund (HAFB) mitgegründet, 1900 den DFB; der Verein spielte um die erste Deutsche Meisterschaft 1903 mit, war Ausrichter des ersten Endspiels, bis zum 1. Weltkrieg achtmal HAFB-Meister, 1909 und 1914 Nordmeister.

Dass die Begegnungen am Rothenbaum und in Bahrenfeld, auf der 1944 nach dem legendären und als Luftschutzhelfer durch eine britische Sprengmine ums Leben gekommenen 18-maligen Nationalspieler Adolf Jäger (1889-1944) benannten Kampfbahn, immer hitzig waren, dafür gibt's ausreichend Belege. In der Runde 1940/41 klagte der HSV: „Das Altonaer Publikum legte ein Benehmen an den Tag, das jeder Beschreibung spottet."

Die Wege der alten Konkurrenten trennten sich nach Kriegsende nur kurzfristig, denn 1950 war auch Altona 93 wieder erstklassig und Oberligist („unsere alte Würde war wiederhergestellt!"). 1952 verpflichtete man nicht nur Dieter „Didi" Seeler vom HSV, sondern auch dessen großartigen Spielmacher Heinz Spundflasche, genannt „Spundbuddel", der fortan in der Bahrenfelder Straße 93 ein Zigarrenhaus samt Toto-Annahme besaß (das noch heute seinen Namen trägt) – die Sensation des norddeutschen Fußballsommers.

Altona gegen HSV oder umgekehrt, das mobilisierte Fußball-Hamburg. Vereins-Chronist Norbert Carsten (ein Pseudonym), der das Buch „Altona 93 - 111 Ligajahre im Auf und Ab" veröffentlichte: „Im März 1953 kamen 27.000 gegen den HSV nach Bahrenfeld, im März 1957 dieselbe Zahl. Da war schon Frühlingswetter, alles kam zu Fuß, Menschenkolonnen aus allen Richtungen. Wenn Altona beim HSV spielte, fuhren Sonderbahnen, 6.000 bis 7.000 hat der Verein oft zum Rothenbaum mitgebracht, die Menschen standen in den Straßenbahnen bis auf die Trittbretter. Die 27 Punktspiele zwischen Altona und dem HSV nach 1945 haben im Schnitt 15.000 pro Spiel gesehen." (1953/54 bis 1957/58 erreichte Altona 11:9 Punkte gegen den HSV!)

Als die Bundesliga nahte, hegte man noch Hoffnungen draußen in Bahrenfeld: „Wenn wir uns in der Oberliga Nord bewähren, wird man auch in der Bundesliga an uns interessiert sein." Im Gründungsjahr 1963 sah man dies als illusorisch an, wollte „keine Fußball-Aktiengesellschaft, unter deren Aufsichtsrat die Amateur-Abteilungen dahinsterben, weil das ‚Geschäft' jeden Groschen verschlingt." Just während der ersten Bundesliga-Spielzeit sorgte Altona noch einmal für Furore und drang bis ins DFB-Pokal-Halbfinale vor (1:4 n.V. gegen den Bundesligisten 1860 München vor 15.030 Besuchern).

Altona 93 gehört seit 2004 der Oberliga Nord (4. Liga) an. 2002 bereits hatte man mit der prämierten „Popstar-Werbekampagne" der Agentur Nordpol und des Fotografen Sven Glage Aufsehen erregt. Mit 490 Zuschauern im Schnitt hatte der Klub in dieser Klasse in der Spielzeit 2005/06 die viertbeste Zuschauerbilanz, besser als die Hamburger Konkurrenten FC St. Pauli II (314), Meiendorfer SV (262) und Bergedorf 85 (193). Die Altonaer dürfen sich damit zu Recht als die Nummer vier im Hamburger Fußball nach HSV (50.813), FC St. Pauli (17.191) und HSV II (1.268) betrachten.

Es gibt seit geraumer Zeit Überlegungen, das derzeit 8.324 Zuschauer fassende Stadion in eine Art Mini-Arena umzuwandeln. Weil es dazu (noch) nicht gekommen ist, findet man da immer noch Fußballgeschichte zwischen Klinker- und Wohnblocks und Fabriken, wo Leben und Arbeit zu Hause sind. Die Traversen sind teils überwuchert, und über einem der einstigen, nun für immer geschlossenen Haupteingänge sind von den schmiedeeisernen Buchstaben „Altona 93" nur noch ein A, ein N und ein weiteres A geblieben. Sei's drum: Fußballfreund, kommst du nach Hamburg, fahre hinaus nach Bahrenfeld, spüre den Atem der Geschichte unseres Sports und genieße den Nachmittag. Zumal in der Adolf-Jäger-Kampfbahn (am Zugang zu den Kabinen hängt das stets mit Blumen geschmückte Bild des Namensgebers) eine sehr interessante Fanszene besteht (www.altona93fans.de, www.altona93.com): Neben der überdachten Tribüne hat die „Meckerecke" ihren Standort, bürgerliches Publikum, inzwischen verjüngt. Hinterm Tor, vor der Pappelreihe, haben sich auf dem „Zeckenhügel" Punks u.a. niedergelassen, deren selbstgebastelte Anzeigetafel an einem Lasso vom Baum hängt (wenn das nicht Liebe zum Verein ist!). Und auf der Gegengerade findet man den familienfreundlichen „Black bloc" mit der entsprechenden Fahne. Ansonsten bestaune man Altonas Trikot, schwarz-weiß-rot quer gestreift – es sind die Farben des vergangenen Kaiserreichs, aber der Klub legt Wert darauf: „Mit Politik haben wir uns im AFC seit 1894 noch nie befasst!"

Jenen Traditionsdress hatte übrigens 1950 ein Leser des *Sport* als „groteske Hässlichkeit" bezeichnet; „die Spieler gleichen einem Zirkusclown". Die Antwort von Altona 93 auf die Kritik: „Uns sind unsere seit weit über 50 Jahren durch dick und dünn getragenen Vereinsfarben etwas Heiliges. Schöner grüner Rasen, der wundervolle schwarz-weiß-rote Dress, die weiße Hose – das ist ein prächtiges Bild von symphonischer Farbenschönheit." Man gehe hin und schau'!

sky ■

1947-1948 **Werder wird nur Zweiter...**

Noch eine Einschränkung muss gemacht werden zu dem Satz, der Ausgang der Meisterschaft „war doch sowieso klar". Er gilt für die Schlussphase der Oberliga, auch als „Ära Mahlmann" bekannt; das waren die letzten Jahre, bevor 1963 die Bundesliga kam und die Karten neu gemischt wurden. Während dieser späten 1950er und frühen 1960er war die Überlegenheit des HSV grundsätzlich von der Art, dass Werder Bremens Trainer Knöpfle trotz aller Anstrengungen immer nur „Schorsch der Zweite" blieb (fünfmal hintereinander wurde der frühere HSV-Coach mit den Bremern Vizemeister, mit durchschnittlich sechs Punkten Rückstand). Allein der Angriff der Hamburger mit Uwe Seeler, Klaus Stürmer, zuletzt auch „Charly" Dörfel war alljährlich für rund 100 Tore gut.

In der Anfangszeit der Oberliga war die Angelegenheit noch keineswegs so klar. Im Gegenteil, knapper als in den ersten beiden Saisons ist die Meisterschaft nie wieder entschieden worden. Beide Male waren HSV und FC St. Pauli punktgleich, und es zählten weder Torverhältnis noch -differenz. So wurden Hamburgs Fußballgemeinde zwei zusätzliche Highlights in Form von Entscheidungsspielen zuteil, und ob es nun die Nervenstärke, der Nimbus, die Trikotfarbe oder einfach das Quäntchen Glück war – beide Male hatte der HSV eine Idee mehr Wasser unter dem Kiel.

Am 2. Mai 1948 warteten 30.000 auf Hoheluft schon eine Stunde lang vergeblich auf Tore, als HSV-Keeper Warning verletzt wurde. Richard Dörfel ging zwischen die Pfosten, St. Pauli nutzte die Chance nicht, Warning kam wieder, Dörfel bezog seine alte Position am rechten Flügel, die „Blauen" (St. Paulis Ausweichdress) verloren einen Moment lang Adamkiewicz aus dem Blick – das war's. Zwei Toren von „Adam" binnen neun Minuten konnte Lehmann nur noch den Ehrentreffer zum 2:1 entgegensetzen.

Der HSV, im gewohnten Dress, hatte sich den Titel redlich verdient, zumal ihn Boller und Ebeling während der Saison im Stich gelassen hatten und Voigtmann schon längst weitergewandert war, so dass in den entscheidenden Spielen ein Notsturm auflaufen mußte. Dieser setzte St. Paulis Torwart Willi Thiele sechs Wochen später nochmal sechs (!) Treffer ins Netz, diesmal im Endspiel um die letztmals ausgetragene Zonenmeisterschaft. 6:1 war das Resultat, 37.000 Besucher waren diesmal im Stadion, und Thiele ging kurz darauf zum Heider SV (tauchte aber später beim VfL Osnabrück wieder auf).

Ein Jahr später fuhren die Millerntor-Leute – nunmehr vor 42.000 Zuschauern im Bahrenfelder Stadion – eine Art Geheimwaffe auf. Kein Geringerer als Alfred Boller verstärkte St. Paulis Sturm gegen seine alten HSV-Kumpel, die er so schnöde zurückgelassen hatte, um den SV Trossingen am Rande des Schwarzwaldes zu verstärken (und bei einem bekannten Hersteller von Musikinstrumenten angestellt zu werden). Es schien ein geradezu genialer Schachzug zu sein, nach 33 Minuten hatte es zweimal „gebollert", in der HSV-Hintermannschaft herrschte helle Aufregung – aber auch dieses Spiel dauerte 90 Minuten, und die Rothosen hatten den Nachfolger für Boller schon dabei. Herbert Wojtkowiak hatte man aus Rothenburgsort geholt, unter nicht ganz regulären Umständen, weswegen er erstmal ein paar Monate gesperrt wurde. Aber nun war seine erste Sternstunde gekommen, mit zwei Toren trug er zum 5:3-Sieg bei, und wieder konnte der HSV-Anhang jubeln. Dies war übrigens ein Spiel, das der weiter vorn erwähnte Captain Crane leitete.

Zweimal Oberliga-, zweimal Zonen-, einmal Hamburger Meister – die Bilanz von Hans Tauchert, dessen Amtszeit als Trainer 1949 endete, konnte sich sehen lassen. Zwei Pleiten hatte es jedoch auch gegeben. In der Deutschen Meisterschaft, 1948 erstmals wieder ausgespielt, war der HSV gleich nach dem ersten Spiel draußen – 1:2 gegen Neuendorf (den heutigen TuS Koblenz) auf neutralem Platz in Dortmund. Beim Gegner wirkte ein gewisser Rudi Gutendorf mit, und auch Voigtmann stand im Team des rheinischen Vereins (wieder ein geglückter Zonensprung wie schon bei Machate, Adamkiewicz und Boller, aber bald darauf wurde diese Übung untersagt, und Vereinswechsel während der laufenden Saison waren auch grenzüberschreitend nicht mehr möglich). 1949 war erneut gleich in der 1. Runde Schluss; in Frankfurt besiegte der VfR Mannheim den HSV in peinlicher Deutlichkeit 5:0.

Wunden lecken war nun angesagt, während die Mannheimer die Deutsche Meisterschaft gewannen; eine weitere Zäsur stand bevor, an der Schwelle zur zweiten Jahrhunderthälfte, nämlich die Einführung des Vertragsspielers.

Zehn einwandfreie Jahre

Aber kehren wir noch einmal in den Herbst 1945 zurück, zur Neu- oder Wiederwahl Karl Mechlens. Es lohnt sich, die erste Nachkriegs-Mitgliederversammlung genauer zu betrachten. Ihr Verlauf ist typisch für das Bestreben, zwei sehr widersprüchliche Ziele zu erreichen: einerseits möglichst nahtlos da anzuknüpfen, wo man stehen geblieben war, und andererseits klarzustellen, dass man mit all den Geschehnissen zwischen 1933 und 45 eigentlich gar nichts zu tun gehabt hatte. Wesentliche Teilabschnitte des westdeutschen „Wiederaufbaus" – des wirtschaftlichen wie auch des politischen, kulturellen, geistig-moralischen – sollten diesem Muster folgen und in die „Zweite Schuld" münden, wie es der Schriftsteller Ralph Giordano genannt hat: das Ausblenden der eigenen Rolle in der Nazizeit und die Weigerung, dafür eine Verantwortung zu übernehmen.

Die Versammlung am 16. November 1945, die erste seit mehr als zwei Jahren, eröffnet laut Protokoll „der 1.Vorsitzende Herr Mechlen". Genau genommen ist er noch gar nicht wieder im Amt, und unter dem Tagesordnungspunkt „Entlastung des Vorstandes" gibt es denn auch den einzigen Missklang. Ein Herr Schmidt spricht sich dagegen aus, „da er in einer vorher stattgefundenen Zusammenkunft des Vorstandes mit alten Mitgliedern eine Wahlbeeinflussung sieht. Außerdem sei ein aus politischen Gründen ausgeschiedenes Vorstandsmitglied einfach durch eine andere Person ersetzt und nicht neu gewählt worden." Mechlen antwortet, es habe „den alten Mitgliedern lediglich ein Bild über die allgemeine Lage gegeben werden" sollen.

Der Rest ist Harmonie. Im Bericht des Vorstandes (der bei einer Gegenstimme entlastet wird) führt Mechlen aus, „dass es aus bekannten Gründen erst heute möglich ist, die Mitgliederversammlung für das Geschäftsjahr vom 1.7.1943 bis 31.12.1944 abzuhalten... Im Fußball führte die Liga im zweiten Halbjahr 1943 22 Spiele durch, von denen 20 gewonnen und nur eins verloren wurde. Damit nahm die Mannschaft den 2. Platz hinter dem LSV ein... Die Bilanz vom 1.7. bis 31.12.1943 schließt mit einem Gewinn von RM. 4.948,06 ab, während das Jahr 1944 einen Überschuss von RM. 17.440,31 ergab... Gegenüber 1935 ist eine Verbesserung von RM. 198.000.– und während des Krieges noch eine von RM. 147.000. – eingetreten, was die außerordentlich gesunde Finanzlage beweist."

Es folgt die Neuwahl: „Herr Niemeyer übernimmt die Leitung der Versammlung und würdigt noch einmal kurz die einwandfreie Führung des Vereins während der letzten 10 Jahre." Die neue, nun wieder demokratische Satzung wird verlesen und zur Debatte gestellt: „Da sich keine Wortmeldungen ergeben, wird sofort zur Wahl geschritten, in der die neuen Satzungen einstimmig angenommen werden... (Nach dem Punkt ‚Verschiedenes') beschließt Herr Mechlen die Versammlung um 20.50 Uhr mit einem dreifachen Hipp-Hipp-Hurra auf den Sport und die blau-weiß-schwarzen Farben." Strich drunter und nach vorn geschaut – man kann dem Verein den Vorwurf nicht ersparen, dass auch er, wie so viele andere, ab 1945 unverzüglich auf diese Linie eingeschwenkt ist. Dabei deutet vieles darauf hin, dass sich der HSV gar nicht als übereifriger Bannerträger der Parteilinie hervorgetan, sondern eben „nur" mitgemacht und sich den verordneten Bedingungen unterworfen hatte. Dennoch, oder vielleicht ja deshalb, scheint es niemand für nötig gehalten zu haben, wenigstens hinterher ein Wort der Entschuldigung an diskriminierte und verfolgte Mitglieder zu verlieren.

1948-1953 Alle Guten her zu uns!

1949 werden zwei sehr unterschiedliche deutsche Republiken gegründet; in der westlichen ist es jetzt offiziell erlaubt, bis zu 320 Mark im Monat als Fußballer zu verdienen. Der Vertragsspieler – ein Kompromiss zwischen Amateur und Profi – ist nicht die wichtigste Errungenschaft jenes Jahres, aber dass die Nachkriegszeit zu Ende geht, wird auch auf den Fußballplätzen sichtbar. Allmählich tritt eine Normalisierung ein, und überhitzte Gemüter beruhigen sich, wenngleich überharte Spielweise und gelegentliche Zuschauerkrawalle die Oberligazeit weiterhin begleiten.

Die Saison 1948/49 ist noch eine ziemlich furchtbare, nicht für den HSV, aber für die Liga insgesamt. Nach etlichen Skandalen und aufgedeckten Machenschaften steht sie am Rande des Auseinanderbrechens, als zuerst Holstein Kiel und dann (vorübergehend) Eintracht Braunschweig während der laufenden Spielzeit ausgeschlossen werden. Obendrein überschattet ein tödlicher Unfall die Saison. Der junge Braunschweiger Torwart Gustav Fähland ist am 20. Februar, eine Woche nach seiner schweren Verletzung aus dem Spiel gegen Werder Bremen, gestorben. Daraufhin gibt es nicht etwa eine

Spielabsage; vielmehr muss die Eintracht am 20. beim HSV antreten, wo sie mit einem verunsicherten Ersatztorwart 2:7 verliert. Kurz darauf erfolgt eine Generalamnestie, und die Aufstockung der Oberliga auf 16 Vereine ermöglicht die bequeme Lösung der noch offenen Streitfragen. 1952 soll allerdings nochmal eine große Krise folgen – im Zusammenhang mit Bestechungs- und Nötigungsvorwürfen –, und 1954 auch der HSV, wie einst 1920, vom Verband mit Punkteabzug bestraft werden.

Bis dahin hatte der Verein seinen Rang als Platzhirsch im Norden eindrucksvoll behauptet. Auf die Einführung des Vertragsfußballs reagierte der Rothenbaum 1949

Robert Pluta (Arminia Hannover) und Manfred Krüger (HSV) 1949 am Rothenbaum.

mit einer radikalen Verjüngung der Mannschaft. Erwin Seeler, die Dörfels, Reinhardt, Jessen und Heinz Werner hörten auf oder verließen den HSV, der dafür wesentlichen Zuwachs aus Niedersachsen erhielt: „Schorsch" Knöpfle kam als neuer Trainer von Arminia Hannover und brachte den Banatdeutschen Josef Posipal von dort mit. Der Schlesier Werner Harden hatte zuletzt beim MTV Braunschweig und Rolf Rohrberg bei der dortigen Eintracht gespielt; der letztgenannte, 1945 schon mal ganz kurz am Rothenbaum, war von Beruf Lehrer und blieb Amateur.

Alle vier wurden zu Schlüsselfiguren des neu zusammenwachsenden Teams, das man in den folgenden Jahren kontinuierlich weiter verstärkte, so 1950 mit Fritz Laband aus Wismar (noch war die Grenze offen) und Rolf Börner vom Millerntor, oder später mit den Braunschweigern Liese (via St. Pauli), Schemel und Pendorf – auch Knöpfle hatte lange bei der Eintracht gewirkt – sowie Klepacz vom VfB Bielefeld und Schlegel aus Göttingen. Etliche dieser Spieler waren ursprünglich Ostdeutsche, aber die Strategie des HSV bestand zu der Zeit darin, nicht in die Ferne zu schweifen, sondern sich gezielt im norddeutschen Raum umzusehen. Anstellungen fanden Spieler bei Firmen wie Maizena oder Betten-Holm, bei denen führende und fördernde HSVer in der Geschäftsleitung saßen; solche Formen der Zusammenarbeit mit Sponsoren waren auch anderswo üblich.

Nicht immer ließ man sich dadurch abschrecken, dass womöglich schon andere Vereinbarungen oder (Vor-)Verträge existierten. Herbert Wojtkowiak, immerhin Hamburger, war sich eigentlich mit Eimsbüttel einig, und Schemel hatte zwei Unterschriften geleistet: beim VfB Mühlburg (Vorläufer des Karlsruher SC) und beim HSV. Sogar eine Ablösesumme war von Karlsruhe nach Braunschweig bereits geflossen. Die musste zurückgezahlt werden und Schemel zwölf Monate Sperre abbrummen; dann schoss er Tore für den HSV, genau wie auch „Woit", der mit sechs Monaten davongekommen war und 1950/51 Torschützenkönig aller Oberligen wurde mit genau 40 Treffern (plus drei weiteren in der Endrunde). 1952/53 war es Günter Schlegel, der – noch im Göttinger Trikot – die meisten Tore im Norden verbuchte; flugs holte der HSV auch ihn zurück: „Ich hatte da früher schon mal ein paar Spiele gemacht, unter falschem Namen, nachdem ich aus dem Osten rübergekommen war" (im HSV-Archiv ist in drei Aufstellungen vom Herbst 1948 sogar der korrekte Name verzeichnet).

Alles schon mal dagewesen! Aber meistens waren es keine falschen, sondern richtig klangvolle Namen, die am Rothenbaum auftauchten und das Team verstärkten... oder zumindest die Reservebank. Auch darauf beruhte die Stärke des HSV: dass er, abgesehen von den Spitzenkräften, einen ausgeglichenen Kader besaß. 1949/50 hatte er die Meisterschaft – trotz Portugal-Reise im Dezember mit zwei Spielen (und vier Zwischenlandungen beim Hinflug!) – erstmals sehr überlegen gewonnen, mit neun Punkten Vorsprung gegenüber St. Pauli. Aber in den folgenden drei Saisons war es wieder knapper. Diese verliefen im Grunde jedesmal ähnlich: In der Herbstrunde konnten Teams wie Holstein Kiel, Osnabrück, St. Pauli oder Werder Bremen noch gut mithalten; sie waren spielerisch nicht viel schlechter und oft wochenlang an der Tabellenspitze, solange sie alle Mann an Deck hatten. Doch dann kam der Winter, kamen Eis und Schneematsch, Verletzungen, Grippeviren und gelegentlich Platzverweise für wichtige Spieler, und dergleichen konnte der HSV besser kompensieren als die anderen. Spieler wie Ertel, Gorszka, Kubsch, Hentzschel, die Torwarte Schadly und Wolf wären anderswo Stammspieler gewesen (und waren es vorher oder nachher auch) – beim HSV drückten sie die Bank, konnten aber, wenn es darauf ankam, ausfallende Stammspieler fast gleichwertig ersetzen. War dann das Osterfest vorüber und frisches Grün an den Bäumen, standen die Rothosen wieder oben.

Es darf jedoch bei all dem nicht unterschlagen werden, dass auch der eigene Nachwuchs verstärkt gefördert wurde. Mit Jochen Meinke und dem 18-jährigen Torwart Horst Schnoor waren 1952 bereits zwei Jungspunde im Team, die acht Jahre später in der Deutschen Meistermannschaft stehen sollten. Weitere Talente wuchsen heran, unter der Obhut der Mahlmann-Brüder, deren Ära nun heraufzog; Carl-Heinz, der ältere, früher selbst in der Liga und Nationalspieler, war ab 1951 neuer Präsident, und Günter, der jüngere, fungierte als Geschäftsführer und Trainer der Jugendabteilung.

Dieses Tandem stand für eine langfristige Kontinuität und Planung, die dem Verein sehr gut tat und den Grundstein legte für das, was kommen sollte. 1953 begann der HSV auch damit, die Vertrags- und Amateurabteilung stärker voneinander zu trennen, indem es einen Präsidenten (direkt zuständig für den Ligabereich) und einen 1.Vorsitzenden gab (Paul Benthien, für die Amateure und anderen Sportarten).

1953/54 Erst Elfter, dann Weltmeister

Als Günter Schlegel 1953 angeheuert wurde, kündigte sich das Ende der Knöpfle-Zeit schon an. „Er war der typische Konditionstrainer und ein impulsiver Typ“, erinnert sich der Spieler. Dass es dann einen sehr abrupten Schnitt gab und Knöpfles Amtszeit mit einer ausgesprochenen Frustsaison endete, hatte „Schorsch“ nicht verdient (aber es war ja kein Abschied für immer!).

1953/54 übernahm ausnahmsweise Hannover 96 die Rolle der Führungsmacht im Norden. Nach elf Spielen hatte Helmut Kronsbeins Team bereits 22:0 Punkte, und mit neun Zählern Rückstand folgte Göttingen 05 auf Platz 2. Der HSV dümpelte irgendwo im Mittelfeld und wurde mit dieser ungewohnten Situation schlecht fertig. Es gab Streit, lustlose Vorstellungen, schwere Schlappen – ein 2:10 bei Arminia Hannover! –, und als den Rothenbaumern dann noch vier Punkte abgezogen wurden, war rein theoretisch sogar der Abstieg möglich. Dazu kam es natürlich nicht, aber am Ende war Platz 11 das schlechteste Saisonergebnis seit 41 Jahren. Knöpfle schmiss hin, es wurden vereinsinterne Sperren verhängt, und im Juni musste der 36-jährige Oldtimer Melkonian erstmals nach sechs Jahren (!) in der Liga aushelfen, weil die sonst zu einem Pokalspiel keine elf Mann zusammenbekommen hätte (auch Rudi Noacks Sohn Ronald wurde eingesetzt; es gab ein 2:1 gegen den Amateurverein ESV, übrigens einen Nach-Nachfolger der einstigen Britannia alias Blücher).

Hätte man da einen Willy Schröder aufstellen können! Sein Name steht für die relativ wenigen Fußballer, die der HSV damals haben wollte und (trotz Unterschrift) *nicht* bekam. Die halbe Oberliga hatte dem Bremer – noch Amateur, aber schon Nationalspieler – statutenwidrige Angebote gemacht. Schröder entschied sich 1953 für Hamburg, erhielt 15.000 Mark Handgeld, was zu der Zeit strikt verboten war, und träumte schon davon, als HSVer an der Weltmeisterschaft in der Schweiz teilzunehmen („Der Verein war ja damals der Traum jedes Spielers, so wie das heute für junge Leute Bayern München ist"). Dann stand im Schaufenster eines Bremer Autohauses ein Plakat: „Dieses Auto kaufte Willy Schröder." In Hamburg liefen sowieso schon Gerüchte um, und als alles herauskam, mußte der HSV zunächst 10.000 Mark Geldstrafe zahlen und dann noch vier Oberliga-Punkte hergeben, während der Spieler bis Jahresende gesperrt wurde. Schröder setzte nun noch eins drauf, trat „schwarz" für Racing Straßburg an – die Elsässer hatten 80.000 Mark geboten –, wurde aber vom österreichischen Schiedsrichter erkannt, verpetzt und für weitere sechs Monate gesperrt. Ab 1955 spielte er dort, wo er nach Meinung ganz Bremens sowieso hingehörte: bei Werder.

Währenddessen war Hannover 96 Deutscher Meister geworden, am 23. Mai 1954 durch ein 5:1 über den 1. FC Kaiserslautern – im Volksparkstadion zu Hamburg! Dem HSV blieb wirklich nichts erspart in jener Saison; es sollte die einzige in dem Zeitabschnitt bleiben, in der er nicht für die Endrunde qualifiziert war.

Und doch gab es ein Happyend. Ausgerechnet die verkorkste Saison 1953/54 bescherte zwei HSVern, Posipal und Laband, den höchstmöglichen Triumph überhaupt: Als „Helden von Bern" wurden sie mit Sepp Herbergers übrigen Auserwählten Weltmeister.

jrp

Saisonale Zuschauerrekorde der Oberliga

21.3.1948 FC St. Pauli 0:1, 30.000
31.10.1948 FC St.Pauli 0:2, 27.000
16.11.1949 Eimsbütteler TV 1:1, 25.000
12.2.1950 FC St.Pauli 6:0, 25.000
24.9.1950 Werder Bremen 1:1, 26.000
16.3.1952 FC St. Pauli 4:1, 23.000
22.3.1953 VfL Osnabrück 1:0, 24.000
6.9.1953 FC St. Pauli 0:2, 28.000
24.10.1954 Etr. Braunschw. 5:3, 26.000
21.11.1954 Hannover 96 4:2, 26.000
19.2.1956 Hannover 96 4:1, 24.000
11.11.1956 Holstein Kiel 5:0, 25.000
13.10.1957 FC St. Pauli 5:0, 20.000
7.12. 1958 Altona 93 3:1, 24.000
22.11.1959 FC St. Pauli 2:1, 20.000
3.4.1960 Werder Bremen 5:2, 20.000
27.11.1960 Werder Bremen 4:1, 18.000
4.2.1962 Werder Bremen 1:2, 21.000
14.10.1962 Werder Bremen 1:1, 45.000 im Volksparkstadion

HSV goes USA: „Tournee des guten Willens“

Eine USA-Reise, na und? Heute, wo schon Klassenfahrten auf den anderen Kontinent gang und gäbe sind, ist dies nichts Außergewöhnliches mehr. Die Nachricht allerdings, dass die Fußballer des Hamburger SV 1950 in die USA reisen würden, galt seinerzeit als Sensation: Erstmals gastierte eine deutsche Fußballmannschaft in Nordamerika!

Dies geschah vor dem Hintergrund der wenige Jahre zuvor untergegangenen Diktatur und angesichts der Tatsache, dass die gerade gegründete Bundesrepublik Deutschland nach wie vor vom internationalen Sportverkehr ausgeschlossen war. Zwar waren 1950 die politischen Weichen im Kalten Krieg bereits gestellt, die DDR im Ostblock angekommen, die BRD im westlichen Block. Dennoch betrachteten die im Hamburger Rathaus regierenden SPD-Politiker die Reise als hochsensible Angelegenheit, ahnten sie doch, dass die Vereinsdelegation möglicherweise in New York, der Stadt mit dem größten jüdischen Bevölkerungsanteil der Welt, mit den Verbrechen des Nationalsozialismus konfrontiert werden würde. Entsprechend akribisch verfolgte Erich Lüth, Brauers Senatsdirektor in der Staatlichen Pressestelle und erklärter Nazi-Gegner, die HSV-Vorbereitungen.

Die US-Tour war Ende 1949 konkret geworden, Veranstalter war der Deutsch-Amerikanische Fußball-Bund (DAFB). Der Fußball-Weltverband FIFA allerdings schrieb für das HSV-Gastspiel vor, dass die Hamburger ausschließlich gegen Klubteams spielen durften; das war seit Mai 1949 erlaubt (die US-amerikanischen Gastgeber, die Auswahlteams nominierten, hielten sich nicht an die Vorgabe).

Begleiten sollten die Mannschaft der gerade neu gewählte Vorsitzende Carl Compart, Geschäftsführer Paul Reymann, der frühere Vorsitzende Paul Hauenschild und Schulsenator Heinrich Landahl (SPD). Noch vor Reisebeginn, am 13. April, meldete sich allerdings ein alarmierter Sekretär des DAFB aus New York bei Bürgermeister Brauer: „Ein sehr ernster und verdammt gefährlicher Zwischenfall hat sich ereignet, der, wenn eine gewisse hiesige Presse davon Wind bekommt, der Durchführung der HSV-Reise immensen Schaden zufügen kann.“

Anonyme Post: „Der HSV-Nazivorstand“

Was war geschehen? In New York war ein Brief aus Hamburg eingetroffen, in dem der HSV-Vorsitzende Compart als „alter SA-Mann“ und „großer Judenhasser“, Geschäftsführer Reymann als „Parteigenosse Hitlers“, „Rundfunkansager in der Propagandaabteilung des Hamburger Rundfunks“ und „Kriegsberichterstatter“, Schatzmeister Hellmuth Schwarz als „Parteigenosse Hitlers vor 1933“ bezeichnet wurden. Der Briefschreiber:

„HSV goes USA" (und nimmt einen Lederball mit!). Vorn stehend von links: Reymann, dahinter Rohrberg, dann Seeger, Krüger, Ebeling, Klette, Warning, Spundflasche; mittlere Reihe von links: Hauenschild, Harden, Trenkel, Posipal, Adamkiewicz, Kubsch, Frahm; dahinter v.l. Ballin, Knöpfle; dahinter v.l. Wojtkowiak, Niemann; ganz oben ein Unbekannter; Laband und Gorszka sind verdeckt.

„Der Hamburger Sportverein wird augenblicklich ausschließlich von ehemaligen Nationalsozialisten geführt."

Absender dieses Briefes war ein Herr Grager, wohnhaft Holstenstraße 17 in Hamburg. Der aber, so stellte sich heraus, existierte im Einwohnerverzeichnis gar nicht, und unter der angegebenen Adresse fand man ein Trümmergrundstück vor.

Im Rathaus allerdings war man hellhörig geworden. Bürgermeister Brauer ließ dem HSV seinen Wunsch ausrichten, sich in den USA „durch politisch geeignete Repräsentanten vertreten zu lassen". Der Vorsitzende Compart war bereits 1931 Mitglied der NSDAP geworden; in der Entnazifizierung wurde er in die Gruppe V der so genannten Mitläufer eingestuft. Nochmals „entnazifiziert" wurde Compart außerdem durch einen Brief von Egon und Ralph Giordano, den Söhnen einer jüdischen Mutter, die die Nazizeit im Hamburger Versteck überlebt hatten (dargestellt im Bestseller „Die Bertinis" von Ralph Giordano) und nun der Vereinigung der Verfolgten des Naziregimes (VVN) angehörten. Ralph Giordano, damals noch Kommunist: „Ich weiß von Compart, dass er über die NSDAP-Mitgliedschaft hinaus nichts getan hat."

Senatsdirektor Lüth hatte derweil weiter recherchiert: HSV-Geschäftsführer Reymann und Paul Hauenschild waren ebenfalls NSDAP-Mitglieder gewesen. Schatzmeister Schwarz stritt dagegen (wahrheitswidrig) ab, der NSDAP angehört zu haben.

Vorsitzender Compart jedenfalls musste auf New York, Niagara Falls und Nightlife verzichten, denn die USA enthielten ihm ein Visum vor. Unverhofft zu einer USA-Reise kam nun HSV-Vize Hans Ballin, NS-Verfolgter und Enkel von Albert Ballin, dem berühmten jüdischen HAPAG-Generaldirektor.

Bevor man auf dem Idlewild Airport ankam, erhielt der HSV außer Ratschlägen vom Rathaus noch reichlich weitere Tipps.
HSV-Freund Gerhard E. schrieb an Hauenschild: „Es wäre gut, wenn jeder Teilnehmer vorher an einem diplomatischen Kurs teilnehmen würde."

DFB-Präsident Peco Bauwens erklärte sich: „Dass das erste Gastspiel einer deutschen Fußballmannschaft nach dem schrecklichen Krieg geschieht, rechtfertigt allein schon, die Spiele des Hamburger Sportvereins unter die Devise ‚Tournee des guten Willens' zu stellen." (Bemerkenswerterweise nennt der DFB-Präses „nur" den Krieg „schrecklich", nicht aber Diktatur, Verfolgung, Rassismus.)

Alt-HSVer Franz Bunge dachte weniger an Politik: „Ich bin immer in Sorge, dass Ihr Euch den Magen verkorkst. Seid bitte vorsichtig und vor allen Dingen lasst das Kettenrauchen sein. Die Amerikaner sind in dieser Hinsicht hemmungslos" (Bunges Brief nach USA war ein Gruß der „1. Schüler" mit Unterschriften beigelegt, darunter auch ein „U. Seeler").

Dass die Einfuhr von Lebensmitteln in die USA verboten war, hatte den HSVern allerdings niemand gesagt. Prompt wurde bei der Einreise eine Kiste Apfelsinen, ein Geschenk des Gemüsestand-Besitzers am HSV-Platz Rothenbaum, einbehalten. Jupp Posipal hatte von der jüdischen Familie, bei der er als Untermieter in der Isestraße lebte, ein Porzellan-Service für Emigranten dabei; der Zoll beschlagnahmte es.

Als die Tomaten flogen

Es war ein Freitagvormittag im Mai 1950, als die Hamburger Delegation in der New Yorker City Hall vom Bürgermeister-Stellvertreter Impellitteri empfangen wurde: „Eure ‚Good Will Tour' wird sich in sportlichster Weise abwickeln, denn letzten Endes werden sich alle diese Sportreisen zum Wohle der Demokratie auswirken", sagte der spätere Bürgermeister. Als man anschließend auf der Freitreppe fürs Erinnerungsfoto Aufstellung nahm, explodierten plötzlich Feuerwerkskörper, hagelten faule Tomaten und Äpfel auf die Hamburger nieder. Flugblätter wurden in die Luft geworfen, Rufe waren zu hören: „Geht zurück nach Deutschland, ihr lausigen Nazis!", „Schweine!", „Mörder!". Die jungen Demonstranten, 20 an der Zahl, teilten Reportern mit, sie besäßen Informationen, dass die HSV-Spieler frühere Wehrmacht-Soldaten seien. Delegationschef Hauenschild dagegen erklärte der *New York Times:* „Einige unserer Spieler waren als Hitler-Gegner in den KZ inhaftiert" – eine Behauptung, für die es keinen Beleg gibt.

Die Polizei traf rasch ein und drängte die Jugendlichen, meist College-Studenten und Mitglieder einer zionistischen Jugendgruppe namens „Betar" aus dem New Yorker East Village, ab. Drei von ihnen, darunter ein 18-jähriger deutscher Emigrant, wurden wegen ungebührlichen Verhaltens festgenommen, aufgrund von Geringfügigkeit ihrer Vergehen aber später freigelassen.

Normalerweise hätte die New Yorker Presse den HSV-Besuch nur am Rande erwähnt, hatte man doch für *soccer made in Germany* nicht allzuviel übrig. So erwähnte die *New York Times* in einem Bericht HSV-Coach Georg Knöpfle zwar, allerdings als „President of the Plattdeutscher Volksfestverein" (und das ihm, dem Ur-Schwaben!).

Nach dem Zwischenfall vorm Rathaus aber war der HSV in allen Schlagzeilen. Delegationsmitglied Ballin freute sich: „Das Ganze ist für uns eine Bombenreklame. Im Hotel jagt ein Anruf den anderen. Alle möglichen Leute wollen zum Ausdruck bringen, dass wir die Demonstration nicht ernst nehmen sollen." Jüdische Sportorganisationen hatten im übrigen bereits vor dem Zwischenfall ihr Spielprogramm abgesagt, damit ihre Mitglieder das HSV-Gastspiel in New York sehen konnten.

Der Lehrer und HSV-Spieler Rolf Rohrberg nach dem Vorfall: „Es war nur eine kleine Gruppe unreifer Jugendlicher. Solche Elemente gibt es auch in Hamburg und Berlin." Bürgermeister-Stellvertreter Impellitteri beschimpfte die jungen Juden als „eine Handvoll Kommunisten, eine ewige Schande für unsere Stadt". Fortan jedenfalls genoss die Hamburger Reisegesellschaft Polizeischutz, doch zu weiteren Zwischenfällen kam es nicht.

Daheim titelte das sozialdemokratische *Hamburger Echo* völlig übertrieben: „HSV-Elf in New York schwer beschimpft – Zionistische Demonstrationen vor New Yorker Rathaus – Handgemenge zwischen HSVern und jüdischen Angreifern." Senatsdirektor Erich Lüth missfiel das: „Ich habe meinen Kollegen erklärt, dass ich ihre dicken Headlines über diesen an sich nicht sehr bedeutungsvollen Zwischenfall bedauere. Letzten Endes treiben wir mit derartigen Exaltationen den Kommunisten das Wasser auf die Mühle."

Ansonsten mokierte man sich an der Wasserkante darüber, dass beim New Yorker Debüt des HSV keine Nationalhymne gespielt wurde, sondern das „Friesenlied" („Wo die Nordseewellen trecken an den Strand..."). Aber die Bundesrepublik Deutschland hatte im Jahre 1950 nun mal keine Nationalhymne. Ebenso gerügt wurde, dass die Hamburger hinter der Stadtflagge und nicht mit dem schwarz-rot-goldenen Tuch ins Stadion auf Randalls Island einmarschierten.

Die weiteren politischen Botschaften während der Reise waren eindeutig und ganz im Sinne des Unternehmens. Avery Brundage, Präsident des US-Olympiakomitees, erklärte den Hamburgern beim Treffen im 20-stöckigen „New York Athletic Club", er werde sich für die Teilnahme (West-) Deutschlands an den Olympischen Spielen 1952 in Helsinki einsetzen.

Überall stieß der HSV auf große Resonanz, denn die Propagandatrommel für die Besucher war zumindest auf regionaler Ebene reichlich gerührt worden. „You want to know about the Hamburg Sport-Verein?", fragte ein Journalist und lieferte die Antwort: „In Europa kennt jeder die Namen der Spieler. Die Begegnungen, die der Klub austrägt, ziehen jedesmal Zehntausende an." Trainer Knöpfle wurde „als vielleicht der größte Manager, den Fußball-Deutschland je hervorgebracht hat" bezeichnet, und liest man das „Make-up of the team representing Hamburg" nach, so schien ein neues Wunderteam geboren – Torhüter Warning wurde als „tops in his section of Europe" vorgestellt; Trenkel als „one of top technicians in European soccer"; Spundflasche als „Spiritual director of the team"; Ebeling als „dangerous goal shooter". Der wurde seinem Ruf gerecht, als er

„Eine Bombenreklame": Jüdische Jugendliche demonstrieren gegen die „Nazi-Invasion".

einen Freistoß aus 35 Metern „mit einer Wucht, über die man in zehn Jahren noch sprechen wird", einhämmerte; die US-Boys hatten allerdings auch keine Mauer gebildet.

Sogar Reservisten erfuhren großes Lob: „Sie sind kein Ersatz. Sie sind nur andere Glieder in einer goldenen Kette." Gut, dass sie dabei waren, denn ohne Verletzungen ging die Tour nicht ab. Wojtkowiak lief in Chicago vor einen Lkw und konnte aufgrund wackelnder Zähne nur noch „weiche Nahrung", z.B. acht Rühreier pro Tag, aufnehmen. Krüger und Posipal hatten andere Probleme: Sie legten in den USA gewichtsmäßig dermaßen zu, dass Schorsch Knöpfle „ein unerbittliches Training" anberaumte.

Dribbling um den Pitcher-Stand

Sportlich stellte die Tournee für den HSV keine sonderliche Herausforderung dar. Sechs Siege in sechs Spielen, der knappste ein 4:1 im Auftaktspiel von New York, das bei 20.483 Besuchern Volksfestcharakter hatte, der höchste das 10:0 im Soldiers Field von Chicago vor fast 27.000, waren die Bilanz. In Philadelphia traten drei Berufsspieler gegen die Norddeutschen an, dies nützte ebenso wenig etwas wie die Tatsache, dass die US-Kicker ständig ein- und auswechselten, in Rochester z.B. 16-mal (was der HSV nicht tat). Irritieren konnte die Hanseaten dort auch nicht, dass sie in der 2. Halbzeit erstmals unter Flutlicht spielten, mit einem weiß lackierten Ball. Und „der etwa 50 cm erhöhte Buckel inmitten des Rasens mit 31/2 Meter Durchmesser aus Grand" (Spundflasche), angelegt für die Baseball-Pitcher im Dexter Park auf Long Island, wurde eben umdribbelt. Neu waren für die HSVer auch die Rückennummern, die sie auf Wunsch der Veranstalter auf ihre Trikots aufdrucken ließen: „In Deutschland wurde das von uns bisher nicht durchgeführt, da die Spieler dort hinlänglich bekannt sind", hatte man den US-Amerikanern erläutert.

Bei der WM 1950 besiegten die USA sensationell England 1:0, aber noch galt es nicht, das eigene Nationalteam zu bejubeln, sondern den HSV als Ausnahmemannschaft – „a wonderful team of hard hitting soccer players" (*The Steuben News*). „Man muss bedenken, dass eine Mannschaft wie die Rothenbaumer Weltklasse darstellt" (*New York Staatszeitung*). Sogar die *New York Times* veröffentlichte zweimal (und seitdem nie wieder?) das „line up", die Aufstellung der Hamburger.

Noch mehr als auf dem Rasen waren die HSVer mit dem Rahmenprogramm gefordert: Freiheitsstatue und New Yorker Docks, Empire State Building, Pferderennen im Belmont Park auf Long Island, Visite in Milwaukee, der „deutschesten Stadt" der USA, der Michigansee, „gegen den die Alster wie eine Untertasse wirkt". Brooklyn lud zum Abschied in die „Schwabenhalle", wo HSV-Stürmer Rolf Rohrberg, Klassenlehrer einer 9a in Hamburg-Lokstedt, einen besonderen Auftritt hatte: Spontan hielt er eine Ansprache an den Kinderchor, nachdem dieser „Nach der Heimat möcht' ich wieder" intoniert hatte.

Besonders ins Herz schloss man den hochintelligenten Spundflasche, der als Kapitän meist die Reden halten musste. „Wenn sein Name fällt, leidenschaftlicher Applaus. Dieser lange, echteste aller echten Hamburger hat schon Weltklang."

Überhaupt lernten die Hamburger mehr Lokalitäten als Fußballplätze kennen: Man saß in New York bei „Luechow", man feierte im „Liederkranz", in der „Rheingold-Brauerei" der Bronx, im „Bratwurstglöckle", „Hofbrauhaus", „Switzerland" und „Schützenpark". In Chicago traf man Jesse Owens, den viermaligen Olympiasieger von 1936. Und in Rochester marschierten acht Kapellen im Vorprogramm zum Spiel auf, „ein Pfeiferchor aus Negerbuben und -mädeln spielte mit Hingabe".

Am 26. Mai 1950 hat Hamburg „seine" Mannschaft wieder: Hunderte Anhänger sind zum Empfang am Freitagabend im Nieselregen nach Fuhlsbüttel gekommen. „Ihr habt dem Namen Hamburgs Ehre gemacht!", verkündet Senatsdirektor Lüth den Kickern, die stolz ihre neuen Trenchcoats, Geschenk eines US-Gönners, und farbige, auffällige Hemden tragen. Kapitän Spundflasche, der erwähnte „Spiritual director", hat eine Kokosnuss mitgebracht: Die soll im Klubhaus an der Rothenbaumchaussee ausgestellt werden.

An jenem 26. Mai war der HSV zurückgekehrt; am 22. September wurde der DFB wieder Mitglied der FIFA, am 10. November wurde das erste Fußball-Nachkriegsländerspiel ausgetragen, und an den Olympischen Spielen 1952 nahmen wieder deutsche Sportler teil. Die „Goodwill tour" war also ein sportlicher wie sportpolitischer Erfolg geworden. *sky* ■

Das Aufgebot für die USA-Tournee:
Tor: Warning, Seeger; Verteidiger: Trenkel (3 Tore), Klette, Frahm; Läufer: Niemann (2 Tore), Posipal, Spundflasche, Gorszka; Stürmer: Krüger (7), Adamkiewicz (12), Harden (verletzte sich, kein Spiel), Wojtkowiak (4), Ebeling (4), Rohrberg (7), Kubsch (2).

▶ EINWURF

Alois Eisenträger: „A Good Close Control Player"

Ein paar hundert Zuschauer waren gekommen, als am Rothenbaum der HSV und Altona 93 gegeneinander antraten, ordnungsgemäß mit 22 Spielern; auch ein Schiedsrichter war zur Stelle. Man schrieb den 29. April 1945, früh morgens hatten britische Truppen bei Lauenburg die Elbe überschritten. Für weite Teile Norddeutschlands war der Krieg bereits zu Ende; Hamburg wurde einige Tage später kampflos übergeben. Der HSV gewann 4:2. Es dürfte das letzte Fußballspiel vor Kriegsende in Deutschland gewesen sein.

Für einen knapp 18-jährigen Hamburger hatte zur selben Zeit die Fußball-Zukunft schon begonnen; jedenfalls hoffte er das. Alois Eisenträger war in der Jugend-, gelegentlich Reservemannschaft des HSV aktiv gewesen und befand sich nun mit 4.000 weiteren Kriegsgefangenen im Lager Nottingham, oder war es schon Ashford in Kent? Er war im Juli 1944 eingezogen worden, nach zwei Wochen an der Front in Gefangenschaft geraten, seit Februar in England, arbeitete in der Lagerküche und spielte Fußball, wann immer es ging und erlaubt war. Sein bester Kumpel Heinz Schwarz, auch Hamburger, war mit dabei und verbesserte sein Torwartspiel. Eisenträgers Entschluss begann zu reifen: „Ich wollte unbedingt Berufsspieler werden."

Er wurde es, und in England nennen sie ihn seitdem „Alec" und lassen die Punkte über dem „ä" weg. Wer auf die Internet-Seiten von Bristol City gerät, findet noch heute aktuelle Kommentare zu seiner Person: „Saw him versus Accrington Stanley no less in 1957", schreibt ein Bewunderer bei www.citystats.org.uk. „He was a good close control player... he and Atyeo teamed up well." Ein guter Spieler mit enger Ballführung also, der sich 1957 gut mit Atyeo (dem damaligen Stürmerstar von City) verstand.

In Hamburg ist Eisenträgers Name kaum bekannt, obwohl „Alec" hin und wieder zu Besuch in der Stadt weilt (und beim nächsten Mal gern das neue Stadion besuchen möchte). Aufhebens um seine Person zu machen, ist seine Sache nicht. Dabei war der einstige HSVer womöglich der allererste deutsche Profi im Mutterland des Fußballs, knapp vor dem berühmten Bernd Trautmann.

Alois Eisenträger war (und ist) ein „Hamborger Jung", und ein bisschen hört man den Barmbeker heute noch heraus. Der Name klingt nicht besonders hanseatisch, und in der Tat war sein Vater Sachse, die Mutter Polin. Aber geboren ist „Alec“ im Juli 1927 in Hamburg, wo er auch aufwuchs. Die Familie wohnte damals in der Rosenstraße und zog bald darauf nach Barmbek; der Vater war Oberkellner u. a. im „Winterhuder Märzen“, wo sich regelmäßig HSVer zum Kegeln trafen.

Fußball spielte Alois, nach ersten Anfängen beim Hamburger FC 23, etliche Jahre in den Jugendmannschaften des HSV. Er war kaufmännischer Lehrling bei den HEW, lief mit knapp 17 schon gelegentlich in der Ligareserve mit solchen Größen wie Heinz Spundflasche und Alex Martinek zusammen auf, bevor ihn die Wehrmacht rief. Zuvor waren Reisen mit der Liga zu den Deutschen Meisterschafts-Endspielen nach Berlin (1941 Schalke 04 - Rapid Wien und 1943 Dresdner SC - FV Saarbrücken) besondere Erlebnisse mitten im Krieg, der sein Leben dann in eine völlig andere Richtung lenkte.

Denn während sein Freund Heinz Schwarz später – wie die meisten Gefangenen – nach Deutschland zurückkehrte (und jahrelang bei Altona 93 und dem Eimsbütteler TV im Tor stand), blieb Eisenträger in England, überwand sein Heimweh und verpflichtete sich freiwillig als Landarbeiter, mit dem festen Ziel des Berufsspielers immer vor Augen. Eine einheimische Familie, deren eigener Sohn als Pilot bei einem Unfall ums Leben gekommen war, nahm den jungen Hamburger bei sich auf. Zuerst Amateur bei Herne Bay FC und Trowbridge Town, konnte er im Januar 1950 seinen ersten Vertrag bei Bristol City unterschreiben, dem Verein, für den er bis 1958 rund 250 Liga- und 30 Cupspiele bestritt, mit „49 oder so“ Toren. Selbstverständlich war das zuerst nicht. Ein deutscher Fußball-Profi in England? Vor mehr als 50 Jahren war das eine beiderseits des Ärmelkanals viel beachtete Sensation.

Trautmann, der später mit Manchester City den Cup gewinnen und Englands Fußballer des Jahres werden sollte, hatte sich damals auch in Bristol vorgestellt, doch hatte der Verein schon drei Torleute... So war es zuerst Eisenträger, der in der alten Heimat Schlagzeilen machte, als er 1950 mit den „Robins“ (Rotkehlchen, wie Bristol City genannt wird) mehrere Spiele in Westdeutschland austrug und einen starken Eindruck hinterließ. Einige Zeit später, so erzählt er, hat der HSV versucht, seinen „verlorenen Sohn“ an den Rothenbaum zurückzuholen; eine Stelle bei Paul Hauenschild war in Aussicht gestellt, doch eine Ablösesumme wollte man „für den eigenen Spieler“ denn doch nicht zahlen.

Auch 1860 München und der FSV Frankfurt blitzten ab, denn Eisenträger gefiel es in Bristol. Obwohl der Verein anfangs in der 3. Liga spielte, erst 1955 in die 2. aufstieg, stimmte auch die Bezahlung: 14 Pfund in der Woche (damals umgerechnet fast 750 Mark im Monat) konnte ein Oberligaspieler in Deutschland legal nicht verdienen.

Alois Eisenträger heiratete in England (drei Kinder), ließ seine Karriere später in Merthyr Tydfil (Wales) und Chelmsford ausklingen und lebt heute als Rentner in der Nähe von Bristol. Was die Liga- und Cupspiele betrifft, so kennt sie www.bcfc.co.uk genau: 246 Spiele und 57 Tore, also noch ein paar mehr, als er selbst glaubt. *jrp* ■

HSV-Weltmeister Posipal und Laband: „Die Matadore des Nordens"

Entsprechend dem sportlichen Standard des Klubs waren es etliche HSVer, die den Weg ins deutsche Aufgebot bei Weltmeisterschaften fanden. Rudi Noack wurde 1934 eingesetzt, Uwe Seeler stürmte bei vier Weltmeisterschaften: In Schweden 1958 (5 Spiele, 2 Tore, Vierter), in Chile 1962 (4/2), als Kapitän in England 1966 (6/2, Vizeweltmeister) und wiederum als Mannschaftsführer 1970 in Mexiko (6/3). Kurbjuhn und Jürgen Werner machten die Chile-Reise 1962 ebenfalls mit, wurden aber nicht eingesetzt. In England und Mexiko war „World Cup Willie" Schulz (wie schon 1962 für Schalke) dabei. Manfred Kaltz absolvierte als Libero (!) alle sechs WM-Spiele 1978 in Argentinien, Rudi Kargus blieb dort ohne Einsatz. Kaltz war dann mit Magath und Hrubesch auch beim Turnier 1982 in Spanien (Vizeweltmeister) im Einsatz. Wieder Magath, dazu Jakobs und Rolff wurden für die WM 1986 in Mexiko berufen (Vizeweltmeister), von wo man den HSV-Keeper Uli Stein nach einem Disput vorzeitig nach Hause schickte.

Bei der WM 2006 waren zwar nicht im deutschem Team, aber immerhin sieben HSVer vertreten: Boulahrouz und van der Vaart (Niederlande), Demel (Elfenbeinküste), Jarolim (Tschechien), Mahdavikia (Iran), Takahara (Japan) und Wicky (Schweiz); Karim Guédé (HSV II, inzwischen Artmedia Bratislava / Slowakei) wurde wegen einer Rückenverletzung kurzfristig aus dem Aufgebot von Togo gestrichen.

Der größte Erfolg bei derlei Wettbewerben, der Gewinn der Weltmeisterschaft, war drei Hamburgern vergönnt: Andreas Brehme 1990, zwar ein „Barmbeker Jung", aber nie HSVer, sowie Josef (Jupp) Posipal und Fritz Laband, 1954 die einzigen Norddeutschen in Herbergers Aufgebot.

Beide HSVer waren keine Söhne der Waterkant, sondern durch Krieg- und Nachkriegswirren Vertriebene. Josef Posipal war als Sohn eines donauschwäbischen Bäckers und einer Budapesterin in Lugoj (Lugosch) aufgewachsen, im rumänischen Siebenbürgen (Banat) unweit Temesvar. Als junge „Volksdeutsche" auf Wunsch der NS-Machthaber und in Abstimmung mit Rumäniens Diktator Antonescu „heim ins Reich" mussten, verließ der 16-jährige Allroundsportler seine Heimat (die er nie mehr wiedersehen sollte), um in einer Rüstungsfabrik (Panzerproduktion) im niedersächsischen Wülfel, heute ein Hannoveraner Stadtteil, eine Lehre als Feinmechaniker zu beginnen. Von einer Meldung zur Wehrmacht riet ihm der Leiter des Aufnahmelagers, in dem er lebte, ab.

Posipal war erst in Werksmannschaft, danach in der Vertriebenenelf „Weiße Adler“, beim TSV Badenstedt und Linden 07 aktiv (der Vorsitzende des letzteren Vereins, dessen Sohn im Krieg umgekommen war, nahm sich seiner an). 1947 verpflichtete ihn Arminia Hannover. Posipal machte sich einen Namen, wurde in die Niedersachsen- und Nordauswahl berufen (alles nachzulesen in 150 Lederbänden, in denen er und seine Frau Gisela, eine frühere HSV-Handballerin, die Karriere sorgfältig dokumentiert haben).

„Was ist mit Posipal?“, fragte 1949 die Presse und teilte mit: „Heimlich, still und leise verschwand er aus Hannover. Selbst seine besten Freunde von Arminia waren in Unkenntnis.“ Bald stellte sich heraus: Posipal weilte mit dem HSV, zu dem auch Arminia-Trainer Knöpfle gewechselt war, im Schwarzwald-Urlaub. Mit dem 23. Juli 1949 stellte der Hamburger Fußball-Verband denn auch den Spielerpass Nr. 151.303 für den Neu-HSVer aus.

Erst einmal schrieb die Hamburger Presse seinen Namen hartnäckig falsch. Später lernte man den Namen kennen, bis 1958 war Jupp Posipal für den HSV aktiv. Am 6. August 1958 gab es sein Abschiedsspiel gegen Spartak Prag, einen goldenen Ehrenring als Geschenk (als Siegel trug er das HSV-Wappen mit sechzehn Brillanten, vier blauen indischen Saphiren und einem Onyx) und einen Ehrenvertrag. Posipal war bis dahin der erfolgreichste Fußballer des HSV, spielte hernach noch einige Male in der Reserve und wurde Mannschaftsbetreuer (Klaus Stürmer: „Unser guter Geist in der Kabine“).

Fritz Laband war gebürtiger Oberschlesier und hatte dort bei Hindenburg 09, im heutigen polnischen Zabrze, mit dem Fußballspiel begonnen. Er war nach Kriegsende nicht zurück ins nun polnische Oberschlesien gegangen, sondern lebte in der DDR. Der Verteidiger von Anker Wismar aus Mecklenburg fiel HSV-Spähern 1950 bei einem DDR-Auswahlspiel in Berlin-Ost gegen die CSSR auf. Mittelstürmer Werner Harden, ebenfalls gebürtiger Schlesier, wurde ausgeschickt, um den Kontakt zu Laband zu knüpfen, der noch im selben Jahr den Westen dem Osten vorzog. Die DDR durfte er nicht mehr besuchen, auch nicht zum Begräbins der Mutter.

Posipal als Held, Laband als Zuschauer

Jupp Posipal war vor dem WM-Turnier in der Schweiz bereits eine feste Größe in Herbergers Kalkulationen. Ursprünglich Offensivmann, war er zum Mittelläufer geworden und sollte eigentlich bereits im ersten Nachkriegs-Länderspiel 1950 gegen die Schweiz eingesetzt werden, doch besaß er da noch nicht die deutsche Staatsbürgerschaft. So debütierte er 1951 in Berlin gegen die Türkei als rechter Läufer, gehörte fortan zum Stamm und wurde 1953 anlässlich des 90-jährigen Bestehens der englischen Football Association beim 4:4 von Wembley gegen England in die Europaauswahl berufen – von da an nannte man ihn den „Kontinentstopper“. Vom Honorar des Wembley-Einsatzes, 1.000 englische Pfund (12.000 DM), finanzierte Posipal hauptsächlich seinen Bauplatz in der Lokstedter Erlenstraße, wo er bis zu seinem Tod lebte.

Weltmeister 1954: Fritz Laband (links) und Jupp Posipal am Rothenbaum.

Fritz Laband dagegen hatte vor der WM erst ein Länderspiel absolviert; die Verletzung des Stuttgarter VfBlers Erich Retter hatte seine Berufung ermöglicht.

Im ersten WM-Spiel gegen die Türkei, einem 4:1, standen beide HSVer in der BRD-Nationalelf, Laband als rechter Verteidiger, Posipal als Stopper. Beim 3:8 gegen Ungarn löste Werner Liebrich Posipal als Mittelläufer ab, der rückte auf die Position des rechten Läufers, Bauer von Bayern München ersetzte Laband. Im dritten Spiel, dem 7:2 im Gruppenentscheidungsspiel wiederum gegen die Türken, war Laband wieder Verteidiger, Posipal wieder Stopper. Beim 2:0 gegen Jugoslawien spielte nur noch Laband: Posipal war draußen, da sollte er nach Ansicht der Fachpresse bleiben.

Laband/Kohlmeyer galten nun als „die gegenwärtig stärkestmögliche Verteidiger-Kombination“ (Ernst Werner), die neben ihrer Mannschaftsposition noch das Rauchen verband – aus Furcht vor Herberger allerdings nur hinter verschlossenen Türen. Für Laband war das Jugoslawienspiel das Ende der internationalen Karriere: Im Zweikampf mit Linksaußen Branko Zebec, dem späteren HSV-Coach, hatte er sich verletzt.

Somit war wieder die Stunde seines Vereinskameraden Posipal gekommen, der sich im Hotel „Victoria“ in Spiez am See gar zu viele Gedanken machte. Zwar hatte Ehefrau Gisela seine Fußverletzung daheim in Hamburg wochenlang mit einer Kochsalzlösung gepflegt, doch der „Kontinentstopper“ fühlte sich nicht fit und hatte Angst, seine Kameraden durch eine schlechte Leistung zu belasten. Bundestrainer Herberger nahm Posipal zu stundenlangen Waldspaziergängen mit, redete ihm gut zu und baute ihn für das Comeback auf.

Das kam, wie erwähnt als Laband-Ersatz, als Rechtsverteidiger an „Kohli" Kohlmeyers Seite im Halbfinale beim 6:1 gegen Österreich. Und am Endspieltag stand Jupp Posipal wieder auf dieser Position und wurde Weltmeister, einer der „Helden von Bern". Fritz Laband, inzwischen wieder fit, blieb Zuschauer: „Das war schon hart für mich. Aber ich habe die Entscheidung von Herberger verstanden."

Als die Nylonstrümpfe krachten...

Der Empfang des Zuges „Alpen-Express" mit den beiden Hamburger Fußballweltmeistern am 8. Juli 1954, an einem Donnerstag zur Mittagszeit im Beisein von 100.000 (!) im und um den Hamburger Hauptbahnhof, war überwältigend. Sportreporter Günter Rackow, ein Alt-HSVer: „Es gab keinen Halt mehr. Absperrungsseile zerrissen. Anzüge und Kleider gingen in Fetzen. Nylonstrümpfe krachten in ihren besten Nähten, zierliche Damenschuhe fanden sich im Gestänge der Lokomotive wieder. Welcher Staatsmann, ob Kaiser oder König, wurde in Hamburg je so begeistert empfangen?"

Die Legende sagt, die Verletzung im Jugoslawienspiel habe Fritz Labands Karriere zerstört. Dies trifft nicht zu, denn Laband selbst berichtete später, eine noch schwerwiegendere Knieverletzung habe er sich im HSV-Freundschaftsspiel gegen den 1. FC Köln kurz nach der WM zugezogen. Nachdem er in der schlechtesten Oberliga-Saison aller Zeiten des HSV 1953/54 bis auf eine alle Begegnungen bestritten hatte, kam er 1954/55 nur einmal (in der Endrunde) zum Einsatz und 1955/56 nur noch neunmal.

Er schloss sich 1956 Werder Bremen an, bestritt noch zehn Oberliga-Matches, und spielte ab 1957 für Hamburgs „Wunderelf" Grün-Weiß 07. Diese war die Werksmannschaft von „Betten-Holm", deren Chef Albert Götz um die 70 bekannte Spieler beschäftigte, so Posipal, Dieter Seeler, „Coppi" Beck, „Tute" Lehmann. Der FC Grün-Weiß 07 stieg von der Bezirksklasse (1954) bis in die Amateurliga Hamburg (1956), die zweithöchste Spielklasse, auf; daneben wurde die Betriebsmannschaft SC Holm, identisch mit Grün-Weiß, regelmäßig Hamburger Meister. Der Geldquell „Betten-Holm" versiegte 1958, als die Firma in die Millionenpleite ging; der Platz an der Kollaustraße (wo heute der FC St. Pauli trainiert) wurde 1960 aufgegeben, und 1962 erfolgte der Abstieg aus der 2. Liga.

Weltmeister Fritz Laband verlor nach dem Grün-Weiß-Gastspiel zusehends den Boden unter den Füßen. Er hatte sich als Gastwirt erheblich verschuldet und war ohne Arbeit. Die WM-Plakette musste er im Pfandhaus versetzen. Aus dieser misslichen Lage befreite ihn der frühere HSV-Präsident und Fabrikant Carl Compart: Laband wurde von ihm beschäftigt und Betriebsratsvorsitzender in Comparts Firma. Später erkrankte der gelernte Elektriker schwer und verlor infolge von Kehlkopfoperationen zeitweise die Sprache. Im Alter von 56 Jahren ist er am 3. Januar 1982 in Hamburg an einem Kehlkopfkrebsleiden

Der HSV-Ex-Präsident half

Ein Hamburger war noch dabei – die deutsche Elf im Endspiel von Bern.
Von links: F. Walter, Turek, Eckel, Rahn, O. Walter, Liebrich, Posipal, Schäfer, Kohlmeyer, Mai, Morlock.

verstorben. Jupp Posipal und Fritz Walter aus der WM-Elf waren dabei, als man ihn am 15. Januar in Bergedorf zu Grabe trug.

Jupp Posipal, ursprünglich Teppichverkäufer in der Mönckebergstraße, wurde ebenso wie sein WM-Kamerad Fritz Walter als Vertreter für „Polstermöbel-Wagner" aus Coburg tätig und betreute für die Firma erfolgreich von 1955 bis 1993 Norddeutschland. Es war ein hartes Brot, denn in seiner aktiven Zeit konnte er als Vertreter nicht immer in Hamburg trainieren und hielt sich deshalb oft unterwegs bei Klubs auf dem Lande fit. Als der Weltmeister in Rente ging und nun mehr Zeit hatte, sich um sein Hobby, den Garten, zu kümmern, hat Sohn Peer, der ebenfalls beim HSV spielte und in Braunschweig und Münster unter Vertrag war, diese Position übernommen.

Jupp Posipal starb am 21. Februar 1997 im Alter von 69 Jahren infolge Herzversagens auf der Intensivstation des Universitäts-Krankenhauses Hamburg-Eppendorf, wohin er zu einer Routineuntersuchung gekommen war. „Er war einmalig und herzensgut", würdigte Uwe Seeler den verstorbenen Weltmeister, „ein Vorbild an Fairness und menschlichen Qualitäten über das Spiel hinaus."

sky ■

▶ EINWURF

Der Rothenbaum: We'll never forget

Es war ein Herbsttag Ende 1997, grau, Nieselregen, passend zum Ortstermin: Noch einmal also auf den Rothenbaum-Platz, dorthin, wo ehemals „das Herz des HSV“ schlug, zurück an die Rothenbaumchaussee, „die weltberühmte main street des hanseatischen Fußballs“, wie sie Buchautor Gerhard Seehase genannt hat. Der Rothenbaum, so hatte es der Senat beschlossen, würde nun überbaut werden und ein für allemal verloren gehen.

Der Platz, ehemals mit einem Fassungsvermögen von 28.000 Zuschauern, war weit über Hamburg hinaus ein Begriff, ebenso das Klubhaus Ecke Rothenbaumchaussee / Hallerstraße gegenüber, die „Löwenburg“, eine vom Verein 1921 gekaufte Jugendstilvilla, die später durch einen gesichtslosen Neubau ersetzt wurde. Rotherbaum und die Umgebung des HSV-Platzes waren immer HSV-Heimat gewesen. Studiert man alte Mitgliederlisten, stellt man rasch fest, dass etliche Freunde der „Rothosen“ im nächsten Umfeld lebten. Aber auch die „Löwenburg“ ist längst gefallen, das war 1973, und „Löwen“ nennt die HSVer heute sowieso niemand mehr.

Also 1997 noch einmal hinein ins Stadion, zur sogenannten Ostkurve, ein mächtiger Erdwall, längst überwuchert von der Natur, seit langen Jahren gesperrt fürs Publikum. Nicht mehr vorhanden die große Uhr, verschwunden ebenfalls die hölzerne Haupttribüne, die das Bezirksamt Eimsbüttel 1992 gesperrt hatte. Wäre der HSV dieser Anweisung nicht nachgekommen, so hätte das Amt die Polizei geschickt(!). Insofern begann der Abriss der Tribüne im Morgengrauen des 5. September 1994; zuvor hatte der HSV noch die alten Sitzbänke versteigert. Danach ersetzte ein modernes Unikum für 200 Hintern das gute Stück, das noch jene schablonenhafte Schrift an den Holzplanken getragen hatte, die man von Hinweisen auf Luftschutzkeller kennt. Vergilbte Fotos zeigen hinter der Tribüne einen Bunker. In der Nachkriegszeit wurden auf seinem Dach der Wohnungsnot wegen Baracken errichtet; eine diente dem Institut für Leibesübungen der Universität für den Unterricht. Jenem Bunker des Luftgaukommandos XI musste 1942 die Reithalle aus dem Jahr 1906 weichen. Doch auch der Bunker ist jetzt verschwunden, aufgegangen in einem Medienzentrum.

Aber verfolgen wir den Abschieds-Rundgang weiter: Auf der Turmwegseite, einst Standort der Stehtribüne, die ein Orkan 1980 zerstörte und die der Verein nie wieder erbaute, spross Gras und allerlei anderes Gewächs zwischen den Betonplatten, mit denen der Wall befestigt war. Eine Ecke weiter waren die Kassenhäuschen noch da, an

HSV-Heimat: Der Rothenbaum-Platz Anfang der 1920er Jahre.

denen einst Tausende nach Billetten anstanden (u.a. für das Barcelona-Spiel 1961 im Volksparkstadion).

Die ehemals so nutzdienlichen Hinweisschilder „Aufgang F Turmweg“ oder „Aufgang H Mittelweg“ von der Gegengerade hatten Souvenirjäger entwendet, und das von einem Stahlhelm gekrönte Kriegerdenkmal des Vereins, 1921 eingeweiht, „unsern Helden zur Ehre“, hat man in Ochsenzoll wieder aufgestellt. Letztes HSV-Relikt war eine Bedürfnisanstalt aus Backstein, noch aus HFC-88-Zeiten, aber inzwischen auch verschwunden.

Noch einmal ein Blick zurück im Zorn, von jener Straßenecke, an der stets die großflächige HSV-Fahne wehte. Und siehe da: Fata Morgana, Traum, Vision? Tatsächlich ragt da unweit entfernt eine supermoderne Sportarena auf, überdacht, inmitten der Stadt. Allerdings, sie ist kein Heim des HSV, sondern der Center Court für das einmal jährlich stattfindende Tennisturnier und neuerdings für ein Schwimm-Event.

Begehrlichkeiten hatte das Immobilien-„Filetstück“ Rothenbaum-Platz von jeher geweckt, aber als gutgläubige Menschen wollen wir davon ausgehen, dass die Vernichtung des Stadions allein sinnvoller Stadtentwicklung diente und nicht den Provisionen und Provisiönchen für diesen oder jenen Lokalpolitiker. Der Vollständigkeit halber muss allerdings angemerkt werden, dass an Vorgesprächen zur Rothenbaum-Zukunft der damalige SPD-Innensenator Volker Lange beteiligt war und dass mehrmaliger Berater des späteren Rothenbaum-Bauherrn Hanseatica GmbH wiederum der Senator a.D. Volker Lange war. Im März 1997 erklärte er, inzwischen im Vorstand des HSV, er sei nicht mehr für Hanseatica tätig.

Begehrlichkeiten und Theater

Das vorläufige Aus für den Rothenbaum-Platz hatte der SPD-Senat am 26. Mai 1992 verkündet, ehe es im Dezember 1993 endgültig wurde: Assistiert bei diesem Akt sporthistorischen Vandalismus hatte dem damaligen SPD-Bürgermeister Voscherau sein neuer „Juniorpartner“ STATT-Partei (seit 1997 nur noch eine Fußnote der Hamburger Geschichte).

Vor der Bürgerschaftswahl 1993 hatte der HSV dank der Umtriebigkeit seines Präsidenten Jürgen Hunke noch eine letzte Aktion „Rettet den Rothenbaum!“ veranstaltet. Uwe Seeler – Hunkes Vorgehensweise lehnte er ab: „sowas lässt sich der Senat nicht bieten“ – unterstützte das Anliegen ebenso wie DFB-Präsident Egidius Braun, der urteilte: „Diese Anlage hat einen unvergleichlichen Traditionswert für Hamburg. Wäre es ein altes Theater, es stünde längst unter Denkmalschutz.“ Der DFB-Präsident konnte nicht wissen, dass sich Hamburgs Denkmalschutzamt nur im äußersten Fall einem sogenannten Prestigevorhaben des Senats in den Weg stellt.

Die Spieler der Meisterelf vom Jahrgang 1960 vom Rothenbaum wurden mobilisiert und gingen ihren Erinnerungen nach: „Das war eine tolle Atmosphäre dort, für jeden Gegner eine Angstpartie“, sagte Jürgen Kurbjuhn, der frühere Verteidiger, und Stopper Jochen Meinke ergänzte: „Der Rothenbaum-Sportplatz gehört für mich zu

Hamburg wie die Reeperbahn!“ Anwohner waren gegen die Bebauung, der Hamburger Sport-Bund (HSB) ebenso wie der Hamburger Fußball-Verband (HFV), und, wie man las, auch der damals für den Sport zuständige Innensenator und spätere HSV-„Chef“ Werner Hackmann; öffentlich geäußert hat er sich aber nie.

Der FC St. Pauli solidarisierte sich mit dem HSV-Anliegen, die benachbarte Universität und der Deutsche Tennis-Bund (DTB) legten gemeinsam mit dem Großverein ein Kompromiss-Konzept für den „Sportpark Rotherbaum“ vor – alles vergebens. Man muss einschränkend anmerken, dass der DTB vorher, das war 1991, zu Zeiten des Tennis-Booms, selbst den HSV-Platz im Auge hatte und dort für 200 Mio. DM bauen wollte. DTB-Sprecher Jens-Peter Hecht damals vorlaut: „Dass Uwe Seeler da mal seine Fallrückzieher gemacht hat, ist ja schön... Aber immer wenn ich den Platz ansehe, herrscht gähnende Leere.“

Verpasste Chancen

Genau genommen wurde die Chance zum Erhalt des Rothenbaum-Stadions viel früher vertan. 1983, unter Präsident Dr. Klein, hätte dem Europacup-Sieger HSV niemand im Rathaus den Wunsch abschlagen können, den Pachtvertrag z.B. um 50 weitere Jahre zu verlängern. Für den Rothenbaum galt so aber weiterhin eine sechsmonatige Kündigungsfrist. Womöglich hatten Dr. Krohn mit seinem Projekt „HSV 2000“ 1974 (Freizeitzentrum) und Dr. Klein mit seinem Vorschlag von 1981, am Rothenbaum ein kommerzielles Freizeit-Center zu bauen, schlafende Geister geweckt.

Die SPD jedenfalls beschloss anfangs, den Rothenbaum „in der feinen Gegend“ (*Die Welt*) mit 240 Sozialwohnungen zu bebauen. Auf wundersame Weise wurde die Zahl der vorgesehenen Sozialwohnungen mit der Zeit aber immer weniger, bis schließlich gar keine mehr entstanden. 1997 kündigte der SPD-Senator für Stadtentwicklung Thomas Mirow „ein nobles Wohnquartier“ an – 127 Eigentumswohnungen, 77 qm Wohnraum z.B. 500.000 DM wert, dazu 58 öffentlich geförderte Wohnungen, sowie Ecke Rothenbaumchaussee / Turmweg ein „Multimedia Centre“ nach dem Entwurf des berühmten britischen Architekten Sir Norman Foster. Vorgesehen waren weiter 100 Seniorenwohnungen, die nie realisiert wurden, dafür aber ein weiteres Medienzentrum. Das „Filetstück“ Rothenbaum brutzelte letztendlich in der Pfanne der Hanseatica GmbH und anderer Unternehmer.

Verloren gingen mit dem innerstädtischen Stadion Rothenbaum, wo zuletzt Amateure, A-Jugend und Altliga des HSV spielten, eine Grünanlage im dicht besiedelten Stadtteil und eine Schulsportanlage sowie ein Bestandteil eines ehemaligen innerstädtischen Sportparks. Zu dem gehörten die erwähnte Reithalle, die 1886 eröffnete Eisbahn (jetzt Club an der Alster) und das Velodrom, 1899 größte Sport- und Ausstellungshalle im Deutschen Reich (dort, wo sich heute auf dem Gustav-Stuhlmacher-Sportplatz, dem Uni-Sportgelände, u.a. das Hockey-Landesleistungszentrum befindet. Beim Bau desselben wurden 2006 Velodrom-Fundamente entdeckt).

Wie vor einem Jahrhundert alles begann

Die HSV-Geschichte am Rothenbaum begann mit dem Hamburger FC 88, der im nahen Wilhelm-Gymnasium entstanden war und u.a. auf der Moorweide spielte. 1897 zog der Verein auf eine Wiese im Bereich Klosterallee / Oberstr. / Werderstr. / Eichenallee um und kam 1904 Ecke Heimhuder Str. / Binderstr. an, das war hinter dem Velodrom. 1910 dann pachtete der HFC 88 an der Rothenbaumchaussee ein Stück Land von der Stadt: Dort sollte das spätere Stadion entstehen. In einer alten Akte im HSV-Archiv entdeckten wir den ersten Lageplan der Anlage: Hellgrün gezeichnet die Spielfelder, 110 x 77 und 90 x 55 Meter, vom Hauptportal führt der lange, braun gemalte Weg zum Umkleideraum, an der Turmwegseite befindet sich bereits ein „erhöhter Stehplatz". Am 15. Februar 1910 hatte der Verein ein „Gesuch an den hohen Senat" gerichtet: „Es hängt von der Annahme unseres Gesuchs die Weiterentwicklung des H.F.C. von 88 ab, da derselbe ohne einen den modernen Ansprüchen genügenden Sportplatz nicht kräftig genug vorwärtskommen kann." Sport, beim HFC bedeutete das Fußball und Leichtathletik: „ein wirksames Korrektiv gegen die angestrengte Tätigkeit in Schulen, Kontoren und Bureaux, vor allem aber gegen die nachteiligen Wirkungen des nervenaufreibenden Großstadtlebens".

„Eine Zierde für die Gegend"

Weil er das Umfeld – zwei Viehweiden, zwischen den Kuhzäunen ein Trampelpfad für die Kirchgänger von St. Johannis, „ein unschöner Zustand in einer sonst vornehmen Gegend" – wenig einladend fand, versprach der Verein den Ausbau seiner Sportanlage zu „einer Zierde der Gegend". Aus eigenen Kräften konnte der HFC, 250 Mitglieder stark (davon 130 Schüler), das Projekt auf dem Staatsgrund No. 538 aber nicht verwirklichen. So bat man Mitglieder, Eltern („gestützt auf die Tatsache, dass Ihr Sohn unserem Club als Mitglied angehört") und die Bürgervereine der Gegend um Spenden oder zinslose Darlehen. Der Nachbar „Eisbahn-Verein vor dem Dammtor" gab 2.000 Mark, wofür der HFC zusichern musste, dass seine Mitglieder fortan dessen Areal nicht mehr betreten würden – die Schlittschuhläufer hatten die nachlässige Kleidung der HFCler beklagt. „Lästig für unsere Mitglieder und störend für die Pferde", empfand das benachbarte Reitinstitut Lau & Oppenheimer die Sportler des HFC; der Verein sah sich daher gezwungen, Wächter vor der Reithalle aufzustellen.

Schwierigkeiten machte zudem die Verwaltung: Planken rund um den Platz verbot sie, über die Gestalt der Kassenhäuschen entspann sich eine schier endlose Korrespondenz, und dass der Haupteingang nicht hinterm Tor liegen sollte, war den Beamten nicht verständlich zu machen, obwohl sich Paul Hauenschild vom HFC redlich mühte: „Da sich das Fußball-Wettspiel hauptsächlich vor den Toren abspielt, wären die durch das z.Zt. vorgesehene Portal eintretenden Personen vielfach der Gefahr ausgesetzt, mit den über das Tor hinausgehenden Bällen in unliebsame Berührung zu kommen."

Am 10. September 1911 endlich konnte der HFC den neuen Platz einweihen, gegen Holstein Kiel (0:2). Die *Norddeutsche Sportzeitung:* „Der Platz gibt dem seither besten, dem S.C. Victoria, an Spielfähigkeit nicht das geringste nach, übertrifft ihn aber an Schönheit und Gunst der Lage." Der Berichterstatter bewunderte den „feinsten Wichs" der HFC-Anhänger, sah „freudestrahlende Zylinder auf jüngeren und älteren Häuptern" und „das schneeige Weiß" von Toren und Platzumzäunung. Auch die *Hamburger Woche* freute sich mit den 1.200 bis 1.500 Zuschauern: „Unserem vornehmen Harvestehude ist ein neuer, schöner Schmuck geworden" (der zuständige Gärtner hatte länger für den Crystal Palace London gearbeitet, eine Ausstellungshalle, nicht zu verwechseln mit dem gleichnamigen Klub).

Allerdings waren auch die Lokalrivalen nicht untätig, wie der *Rasensport* wusste: „Victoria tritt dieser ernsten Konkurrenz durch Erbauung einer großen, gedeckten Tribüne entgegen, so dass nach deren Vollendung man seinen Rivalen wieder abzuschütteln hofft. Das ist eben so der Lauf der Welt, vom täglichen Leben auch auf unseren schönen Fußballsport übertragen: der eine sucht den anderen zu übertrumpfen, auch wenn es ganze Ministergehälter kosten sollte."

Die Freude am neuen Spielplatz währte ohnehin nicht lange: Kurz nach Beginn des 1. Weltkriegs 1914 verlangte ein Regierungsrat das HFC-Gelände für die Truppenausbildung; „aus vaterländischem Interesse" stimmte der Verein zu. Als der Krieg zu Ende war, zeichneten Karl und Gotthilf Stöwahse vom HFC 88 auf, was aus ihrem Schmuckstück geworden war: „Schwere Schäden am Boden, Gitter und Geländer; zahllose Vertiefungen; tiefe Längsfurchen; 30 qm Wasserbecken samt Möven; Sprunggruben gegraben, mit Bauschutt aufgefüllt; Geländer zerbrochen, weggeschafft."

Da der HFC 88 als einziger Hamburger Sportverein sein Gelände dem Militär opfern musste, bestand er auf einem finanziellen Ausgleich. Der Senat erklärte sich für nicht zuständig und verwies an die Militärbehörde; mehr teilt die Aktenlage nicht mit. Nehmen wir also an, dem bald gegründeten HSV ist Wiedergutmachung widerfahren.

Nach der Fusion HFC / Germania / Falke avancierte der neue Großverein rasch zu einer Größe im deutschen Fußball. Mit den Erfolgen wurde der Platz an der Rothenbaumchaussee zusehends zum Anziehungspunkt, z.B. zu den traditionellen internationalen Spielen an Ostern, bei denen Penarol de Montevideo aus Uruguay, BK 93 Kopenhagen und die Profis des Wiener AC gastierten. Bereits 1922 wurde das Fassungsvermögen mit 30.000 angegeben: „Als Erste in Hamburg haben wir dauerhafte und praktische Stehplätze geschaffen." Am 3. August 1924 konnte eine erweiterte Anlage gegen den 1. FC Nürnberg (1:1) eröffnet werden, „die Ränge quollen buchstäblich über", denn neben 27.000 Eintrittskarten waren noch mindestens 5.000 gefälschte Tickets im Umlauf. 1925 ließ Promoter Walter Rothenburg („Wero") auf dem HSV-Platz Deutschlands größte Freiluft-Boxarena für 30.000 errichten: Der Hauptkampf Paul Samson-Körner (jener Boxer, den Bertolt Brecht beschrieb) gegen Hans Breitensträter fiel aus, stattdessen sah man Weltmeister Jack Dempsey im Schaukampf. Die Boxer kamen 1947 wieder, im Schwergewicht traten

40.000 – Rekord beim Boxen

Hein ten Hoff und „der blonde Tiger" Walter Neusel an. 40.000 fanden sich ein: Das war der Rothenbaum-Zuschauerrekord! „Der Andrang war gewaltig. Ordnungspolizisten fielen in Ohnmacht. Von Dächern der umliegenden Häuser, auf denen in lebensgefährlichen Positionen Leute klebten, tönten anfeuernde Rufe" (*Der Spiegel*).

Einen Meilenstein bedeutete das Jahr 1937, als der HSV „eine Neuerung, auf deutschen Fußballplätzen erstmalig", präsentierte: Beide Längsseiten, sowohl die sogenannte Reitbahnseite (die spätere Bunkerseite) als auch die sogenannte Turmwegseite, waren überdacht – eine komplette Überdachung des Stadions hatte die Stadt abgelehnt. Nahe der Reitbahn entstand „Hamburgs größte und schönste Sitztribüne" für 1.500 Besucher, auf der Gegengeraden waren die überdachten Stehplätze für 9.500. Auf Deutschlands größter Sportplatzanlage in Vereinsbesitz waren nun „4/5 aller Zuschauer vor jeder Witterungsunbill geschützt" – „ein gewaltiger Fortschritt", wie der HSV festhielt.

Man muss dem Klub zugute halten, dass er schon kurz nach Kriegsende 1946, vor allem aber in den 1950er Jahren versuchte, den Rothenbaum zur endgültigen Heimat zu machen. Hamburg besaß ja lange Zeit gar kein Großstadion: Größte Sportanlage war das 1925 eröffnete Stadion der (damals noch) Nachbarstadt Altona für 40.000 Zuschauer, das spätere Volksparkstadion. Derlei hatte Hamburg nicht zu bieten: Maximal 37.000 fanden beim SC Victoria Platz (die Anlage mit einer der ältesten Stadiontribünen Deutschlands besteht noch!), 28.000 am Rothenbaum, 27.000 beim Eimsbütteler TV. Alle Pläne für ein Hamburger Großstadion scheiterten: der visionäre „Deutsche Kampfplatz" für 80.000 auf dem Heiligengeistfeld, das Hallenstadion beim Stadtpark, das Olympiastadion der Nazis für 100.000 am Ort der heutigen City Nord.

Erst der HSV brachte das Thema Großstadion „mitten in der Stadt" 1950 wieder auf die Tagesordnung, als er seine Pläne für eine nach englischem Vorbild konzipierte Fußballarena für 65.000 am Rothenbaum präsentierte. Der Verein war damit der Zeit weit voraus und fand reichlich Befürworter: „Das Ei des Kolumbus!" (*Der Sport*), „einmalig in Westeuropa" (*Abendblatt*), „der Wunschtraum der Hamburger Sportwelt wird in idealer Form erfüllt" (*Echo*). Der zuständige SPD-Senator stimmte gleichfalls zu, denn das Altonaer Stadion war zerstört, sein Ausbau zu teuer, die Verkehrsanbindung miserabel (woran sich bis heute nicht viel geändert hat). Letztendlich aber stoppte SPD-Bürgermeister Max Brauer, übrigens als früherer Altonaer Bürgermeister der „Bauherr" des dortigen Stadions, Ende 1950 alle HSV-Pläne: „Sportplätze gehören auf billigen Boden, nicht aber an die Rothenbaumchaussee, den zukünftigen Kurfürstendamm von Hamburg. Diese Leute verlangen demnächst noch Boxkämpfe auf dem Rathausmarkt!" (wo inzwischen zwar nicht geboxt, aber Beachvolleyball gespielt wird).

Immerhin ging man mit dem HSV einen Kompromiss ein: Er sollte anstelle vom Rothenbaum beim Stadtpark für 70.000 Zuschauer bauen können. 1951 aber zog der Senat die Zusage zurück: In der Nachkriegszeit hatten der Wiederaufbau von Schulen und Hafen sowie der soziale Wohnungsbau Vorrang. So blieb der Verein am Rothen-

„Auf deutschen Fußballplätzen erstmalig“: Zwei Tribünen am Rothenbaum (1937).

Erste Fußball-TV-Übertragung nach 1945: 4:3 des HSV gegen Altona (1952).

baum, bis zur Einführung der Bundesliga 1963. Der DFB verfügte damals „aus Gründen der Chancengleichheit" und weil ein Fassungsvermögen von 35.000 vorgeschrieben war, dass der HSV im Volksparkstadion spielen müsse, wohin der Klub schon vorher zur Endrunde um die Deutsche Meisterschaft, im Europacup und zu großen internationalen Spielen ausgewichen war. Allerdings hatte das Zuschauerinteresse an der Oberliga Nord am Rothenbaum auch nachgelassen, von 21.600 in der Auftaktsaison war der Schnitt auf knapp 10.000 (1961/62) gefallen. Dennoch wurde der Umzug bedauert; Georg H. Meurer im *HA*: „Jetzt rächt es sich, dass man dem HSV eine Vergrößerung der Rothenbaum-Anlage seit Jahren nicht gestattete, um ihn ins Volksparkstadion mit dessen unmöglichen Verkehrsverbindungen (man frage das Publikum!) zu zwingen."

Jene DFB-Verfügung vom 22. April 1963 leitete den Tod in Raten für den Rothenbaum ein. Dabei hätte bereits in der ersten Bundesligasaison 1963/64 das alte und beliebte Stadion mit einem Fassungsvermögen von 28.000 Besuchern für sechs der 15 Heimspiele ausgereicht!

Legende Rothenbaum

Kommt das Gespräch heute auf den HSV am Rothenbaum, so hat ein jeder seine ganze eigene Geschichte. „Auf ihr Männer!", hieß der „Schlachtruf", wenn die berühmte HSV-Viertelstunde (die 15 Minuten nach der Pause) nichts gefruchtet hatte. Erfunden hatte ihn ein Zugereister, Franz Kayssner aus Frankfurt/Main, der am Jungfernstieg ein exklusives Porzellangeschäft besaß und dank modernster Kleidung und Monokel auf jedem Fußballplatz auffiel. Startete Kayssner seinen „morderschütternden Ruf", so antwortete die Menge stimmstark: „Hepp, hepp, hepp!"

Ein anderes Unikum des Rothenbaum war Heinrich Derkum, genannt „Seppl", der sich mit Wassereimern und Schwämmen am Spielfeldrand postierte, um die Kicker des HSV zu erfrischen, bei Siegen stets als Erster auf den Rasen stürmte und Uwe Seeler nicht von der Seite wich.

Der Journalist Gerhard Seehase hat den legendären Platz als Altona-93-Ligaspieler auch auf dem Rasen erlebt: „Am Rothenbaum blieb man auch bei einem 5:0 für den HSV bis zum Schluss. Denn vielleicht machten die Spieler in der letzten Viertelstunde noch ein 8:0 daraus, oder Charly Dörfel hatte noch einen Gag auf Lager." Linksaußen Charly lieferte ohnehin Rothenbaum-Anekdoten am Fließband: In der Straßenbahn-Linie 18 reiste er mit den Anhängern zum HSV-Platz an und teilte denen unterwegs mit: „Da soll wohl irgendein wichtiges Spiel sein..." 1959 drängte er sich während des Spiels gegen Lübeck in die dicht besetzten Zuschauerränge, begrüßte dort aufgrund einer Wette jemanden, kam zurück und schlug eine Flanke. Auch geht die Rede, er habe sein Toupet mal ins Publikum geworfen.

Zuschauer und Akteure waren eins, die Atmosphäre dicht, eng, laut, familär, wie man es heute z.T. noch am Millerntor beim FC St. Pauli nachempfinden kann. Fußball am Rothenbaum hatte ohnehin Elemente einer antiken Aufführung: Die Spieler zogen sich in der Vereinsvilla, der erwähnten „Löwenburg", um und legten dann durch ein Spalier von Ordnern, Polizisten und Anhängern den Weg quer über die Straße zur gegenüberliegenden „Bühne", dem HSV-Platz, zurück. Zum Pausentee blieb man der Einfachheit halber gleich dort.

Allerdings hatten der HSV-Anhang und besonders das Publikum der Haupttribüne einen zweifelhaften Ruf. „Von keiner Sachkenntnis getrübt hallen Schreie über den Platz, die mitunter erst nach dem zwanzigsten Doornkaat üblich sind", beklagte 1958 Altona 93 in seiner Vereinszeitschrift. „Nirgendwo ist das Publikum so gnadenlos wie am Rothenbaum", hielt Journalist Horst Frese 1961 fest: Torhüter Horst Schnoor litt lange Zeit unter einem „Rothenbaum-Komplex", pfiff man ihn doch beim kleinsten Fehler aus.

Besonders beliebt waren am Rothenbaum die Sonntagvormittags-Spiele der Oberliga Nord, deren letztes am 7. November 1954 ausgetragen wurde. In nächster Umgebung steht nämlich die erwähnte Kirche von St. Johannis, und deren Gemeinde hatte beim Gottesdienst einen schweren Stand gegen die 15.000 oder 20.000 auf dem HSV-Platz. So wurde an jenem 7. November der Lokalkampf HSV gegen Eimsbütteler TV nur unter Auflagen genehmigt: Der Ansager gab lediglich die Mannschaftsaufstellungen bekannt und bat die Zuschauer, „ihre Beifalls- oder Missfallenskundgebungen auf ein Mindestmaß einzuschränken". Die St.-Johannis-Gemeinde aber zog wieder einmal den Kürzeren, denn auf dem Fußballplatz überschlugen sich die Ereignisse, fielen acht Tore (5:3 für den HSV), drei innerhalb drei Minuten (!), da war an Flüstern oder verhaltenen Applaus nicht mehr zu denken: 17.000 am Rothenbaum stellten die Kirchenleute ins phonetische Abseits. „Dem NFV übrigens ins Stammbuch: Ein Vormittagsspiel zwischen Lokalrivalen ist am Rothenbaum niemals lautlos durchzuführen" (*HA*). Ganz so gram war der Pfarrer aber wohl nicht über den Nachbarn, ließ er doch gelegentlich die Jugend der Gegend vom Kirchturm hinab aufs Fußballgeschehen blicken. Andererseits, so hat es Uwe Seeler mitgeteilt, sollen es „einflussreiche Kirchenleute" gewesen sein, die alle HSV-Ausbauvorhaben am Rothenbaum verhinderten, unter anderem, weil die neue Tribüne den Kirchturm überragt hätte (was schwer vorstellbar ist).

Die Kirche bittet um Ruhe auf dem Platz

Wenn es etwas zu feiern gab, dann geschah dies am Rothenbaum: 100.000 standen vom Dammtor-Bahnhof bis dorthin, als 1960 der Deutsche Meister HSV empfangen wurde – „stürmischer haben vermutlich einst die Griechen ihre erfolgreich heimkehrenden Krieger auch nicht empfangen" (*HA*). Ebenso temperamentvoll war es am 1. Dezember 1957, als Publikumsliebling Uwe Seeler des Feldes verwiesen wurde: „Einen tobenden, brodelnden Zuschauerkessel" beobachtete das *HA* und schmollte: „Wir sind tief enttäuscht. Hamburgs Sportpublikum hatte bisher den Ruf fairer Sachlichkeit."

Das letzte Oberliga-Nord-Spiel trug der HSV am 15. April 1963 am Rothenbaum gegen den Verein für Volkssport (VfV) Hildesheim (4:1) aus; 14.000 Zuschauer waren dabei. Seit 1947 war der Klub in Oberliga-Punktspielen nur 18-mal auf eigenem Platz unterlegen, ein vermutlich einmaliger Rekord.

Weil das Volksparkstadion im Hinblick auf die WM 1974 modernisiert wurde und man einmal wieder das publikumsnahe „Spiel um die Ecke“ bieten wollte, kehrte der Verein von 1970 bis 1972 zu sechs Bundesliga-Begegnungen (Höchstbesuch 14.000 beim 2:1 über Dortmund) auf sein angestammtes Terrain zurück, ebenso für den Liga-Pokal 1972/73, einige DFB-Pokalspiele (18.000 Zuschauer am 31. Juli 1963 gegen 1. FC Saarbrücken) und eine Partie im Messe-Pokal 1970 gegen Dinamo Zagreb (9.000 Besucher). Die Profis mochten es nicht, am Rothenbaum zu spielen: Dort war's ihnen zu eng, das Publikum zu nah, sie äußerten unverblümt, das Volksparkstadion sei ihnen tausendmal lieber.

Gastrecht am Rothenbaum genossen nach dem Krieg der Eimsbütteler TV und Concordia (die 1961 wiederkehrte, weil ihr Stadion wegen Verkehrsbauten schwer erreichbar war), später vor Bundesliga-Einführung der FC St. Pauli ob seines Stadionbau-Debakels, und 1974/75 dann Barmbek-Uhlenhorst in der 2. Bundesliga.

Den Schlusspunkt setzten Hooligans

Das Bundesligateam des HSV gastierte letztmals am 19. August 1989 im Pokalspiel gegen Duisburg (2:4) am Rothenbaum, als die berüchtigten Hooligans während der Begegnung den MSV-Fanblock überfielen, Panik ausbrach und viele der 6.100 Zuschauer aufs Spielfeld flüchten mussten. Hätten am Rothenbaum Metallgitterzäune gestanden, wären schwerste Verletzungen die Folge gewesen. Die Polizei nahm an jenem Sommertag 79 Personen fest, und der Verein erklärte: „Es wird nie wieder ein Pflichtspiel am Rothenbaum geben.“

Aber dieses Thema stellt sich sowieso nicht mehr. 2006 beschloss die CDU-Bürgerschaftsfraktion, mit einer Gedenktafel o.ä. an den fußballhistorischen Ort zu erinnern, weshalb eine Jury zusammentrat.

Vielleicht ist das aber gar nicht so wichtig. Denn der Rothenbaum lebt, in der Erinnerung und in den Erzählungen – *we'll never forget!* *sky* ■

Charly flankt und Uwe köpft...

„Ein hoffnungsvoller Sprössling Erwin Seelers schoß in einem Knaben-Vorspiel der beiden Vereine das einzige Tor", schrieb am 18. Februar 1946 das *Hamburger Nachrichten-Blatt* der Militärregierung. Die beiden Vereine waren Holstein Kiel und der HSV, und es konnte nur Uwe gemeint sein, denn Dieter Seeler, geboren 1931, war über das Knaben-Alter schon hinaus. Uwes erste Erwähnung in der Presse!

Drei Vornamen, eine „Dynastie": Die Seelers haben den HSV geprägt wie keine andere Familie. Selbst die Dörfels müssen da mit Platz 2 vorlieb nehmen, obwohl es von ihnen sogar vier gab: Richard, Friedo, „Charly" und Bernd. Die erste Seeler/Dörfel-Generation spielte in den 1930er und 1940er Jahren in der Liga; mit der zweiten verbinden sich vor allem die großen Erfolge, die sich ab Mitte der 1950er einstellten.

Am 2. August 1954 ziert der „hoffnungsvolle Sprössling" das Titelbild des *Kicker*... noch nicht, obwohl er mit knapp 18 bei seinem Pflichtspieldebüt vier Treffer erzielt hat. Abgebildet ist „der gescheite Hamburger Halblinke" Günter Schlegel, und die Bildunterschrift lautet: „Zuvor war er immer wieder aufgefallen durch seine direkten Vorlagen an die jungen Stürmer und Seeler, mit denen er ein ausgezeichnetes Innentrio bildete. Hier schießt Schlegel das letzte Tor beim Pokal – 8:2 gegen Holstein Kiel."

Schlegel war schon ein gestandener Oberliga-Stürmer mit fast 100 Toren und seit einem Jahr in Hamburg: „Der Knöpfle stand damals bei mir vor der Tür und auch der Herr Compart vom Vorstand. Ich habe zugesagt unter der Bedingung, dass ich einen guten Arbeitsplatz bekam, und fing dann bei der Firma Kobold (Fahrzeugbau) an, deren Chef Compart war." Ein Jahr später war der ehemalige Göttinger mittendrin im radikalen Umbruch beim HSV: „Anfangs fühlten sich einige der älteren Spieler etwas zurückgesetzt. Die Jungspunde, das waren die Geburtstagskinder von Günter Mahlmann. Die haben sich ziemlich schnell eingewöhnt."

Als der 9-jährige Uwe von seinem Vater Erwin beim Hamburger SV angemeldet wurde, war der Name Seeler im norddeutschen Fußball schon längst ein Gütesiegel. „Vadder" Erwin, der in den 1930er Jahren aus dem Arbeiter-Sportkartell zur „bürgerlichen" Victoria und später zum HSV gewechselt war, gehört bis heute zu den populärsten Fußballern aller Zeiten in der Hansestadt. Er spielte noch 1948 als 38-jähriger Außenläufer in der Liga, bevor ihn ein Wadenbeinbruch zurückwarf. Später betätigte er sich als Spielertrainer bei Victoria und anderswo.

Berühmt war der Hafenarbeiter und Schutenführer schon seit 1931, obwohl sein Name da eigentlich verschwiegen werden sollte: Beim 9:0 über Ungarn hatte „ein Mittelstürmer" sieben Tore geschossen – im Rahmen der Arbeiter-Olympiade in Wien. Mit seinem Verein, Lorbeer 06, war Seeler 1930 und 31 Bundesmeister, doch Starkult war in der proletarischen Bewegung und ihrer Presse verpönt, so dass der Mittelstürmer nach der Rückkehr aus Wien im Lorbeer-Klubheim eher kühl empfangen wurde: „Dar wull keen mit mi snacken, de hebbt mi ja gar nich ankeeken." Später wurde er gar des „Klassenverrats" bezichtigt, weil er seine Knochen nun auf bürgerlichen Fußballplätzen polieren ließ. Aber die weitaus meisten Hamburger, platt- wie hochdeutsche, feierten ihn als großartigen Sportler und Menschen. Erwin Seeler, nie DFB-Nationalspieler, ist 1997 hochbetagt verstorben, als der jüngere Sohn Uwe schon die Bürde des Vorstandsvorsitzenden trug.

Noch bevor er das 18. Lebensjahr vollendet hatte, glänzte Uwe Seeler nicht nur beim FIFA-Jugendturnier 1954 als kaum zu bremsender Torjäger. Er debütierte binnen weniger Monate im Oberligateam des HSV und dann – zusammen mit Klaus Stürmer – am 16.Oktober 1954 in Hannover gegen Frankreich in der Nationalmannschaft der Bundesrepublik, die im Sommer desselben Jahres in der Schweiz den Weltmeistertitel gewonnen hatte. Das war der Beginn einer außergewöhnlich langen, erfolgreichen Karriere, in deren Verlauf Seeler zu einem Fußballidol wurde, wie es in Deutschland nur wenige andere gegeben hat. Abgesehen von den letzten aktiven Jahren, in denen er beim HSV gelegentlich sogar als Libero aushelfen musste, war seine Position immer die des klassischen Mittelstürmers, der weder vom „Doppelstopper" der 50er noch von den Sonderbewachern und „Beton"-Mischern der 60er Jahre entscheidend zu bremsen war.

In den folgenden neun Jahren gab es nur eine einzige Spielzeit, in der Seeler nicht mindestens 30 Meisterschaftstore schoss und köpfte; diese Ausnahme war 1957/58, als er nach dem einzigen Platzverweis seiner Karriere (wegen Nachtretens) vorübergehend gesperrt war. Jener Platzverweis vor eigenem Publikum am Rothenbaum löste Tumulte unter den Zuschauern aus, die dies geradezu als Beleidigung ihrer ganzen Stadt ansahen. „Uns' Uwe" – oder auch „der Dicke" (75 Kilo bei 1 Meter 69) – war längst ein Markenzeichen weit über Hamburg hinaus, und immer wieder war er es, dem „auf die Socken gestiegen" wurde. Für den HSV gab es damals eine Platzsperre, so dass die legendäre Partie mit Eintracht Braunschweig – zur Pause 0:4, am Ende 6:4 – in Bremen stattfand.

Seit 1955 verstärkte auch Uwes älterer Bruder Dieter, zuvor bei Altona 93, das HSV-Team, das neunmal hintereinander die Meisterschaft der Oberliga Nord gewann. Dieter Seeler entstammte ebenfalls der HSV-Jugend, hatte dann aber erstmal bei den Altonaern, wo inzwischen der langjährige HSVer Heinz Spundflasche Regie führte, seine Oberliga-„Gesellenzeit" absolviert. Zu der Zeit ein torgefährlicher Stürmer, wurde er beim HSV nach und nach zum Defensivspieler umfunktioniert. In dieser Rolle war „Didi" – in Anspielung auf einen berühmten brasilianischen Spieler manchmal so genannt – kein Techniker, sondern ein eher robuster, zuverlässiger linker Läufer

Die HSV-Jungmannen 1954. Von links: Stürmer, H. Wagner, Krug, Michalke, Werner, G. Mahlmann, U. Seeler, Broockmöller, Kloth, Nitsche; vorn v.l. Örgel, Lührs und Vogt.

vom Typ „Eisenfuß“. Mit ihm, davon war Bruder Uwe später überzeugt, wäre der HSV 1961 gegen Barcelona nicht ausgeschieden, doch zu dem Zeitpunkt war Dieter mit einem Beinbruch außer Gefecht. Der ältere Seeler-Sohn ist bereits 1979 in Hamburg verstorben.

1954-1958 Lehrgeld für den Nachwuchs

Dass der HSV bei seinem Neustart nach der Krise von 1954 gleich einen solchen Schub entwickelte, lag natürlich nicht nur an den Seelers. Eingebettet waren sie in einen Neuaufbau, der – in bewusster Abkehr vom Anheuern „fertiger“ Spieler – radikal auf den eigenen Nachwuchs setzte. Und der hatte es in sich! Von Günter Mahlmann systematisch aufgebaut und gefördert, waren die Jungmannen 1954 Meister und Pokalsieger in Hamburg geworden. Im Team standen: Gerhard Krug, Jürgen Werner, Klaus Stürmer (nach Vereinswechsel zunächst gesperrt), Uwe Seeler und Werner Kloth – fünf künftige Stammspieler der Liga, in der auch Michalke, Broockmöller und Vogt gelegentlich auftauchten. Obendrein sollte im folgenden Jahr die Amateurmannschaft, erst 1952 gebildet und vom früheren Ligaspieler Hans Stawe betreut, in die höchste Hamburger Klasse aufsteigen. Mit Uwe Reuter, nachher auch jahrelang im Oberligateam, sowie Spielern wie Botschin, Hertle, Schlüter, Galeazzi oder Dierks war hier eine starke Reserve wiedererstanden, aus der bei Bedarf geschöpft werden konnte.

Es war ungewöhnlich, aber konsequent, dass die „harmonische Eingliederung des Nachwuchses“ (Mahlmann) nicht nur den Spielerkader betraf, sondern auch den Trainerstab. Martin Wilke, zuvor beim Verband tätig, folgte Knöpfle als Cheftrainer nach, aber Günter Mahlmann wurde ihm als ausdrücklich „Mitverantwortlicher“ beigeordnet. Günter Schlegel, einer der verbliebenen Routiniers, über das Trainer-Tandem: „Wilke machte das Training. Mahlmann saß gegenüber im Büro und hat von dort aus die Fäden gezogen und die Kontakte geknüpft. Er war eher der Manager.“

Das Duo funktionierte zwei Jahre lang; ab 1956 war Günter Mahlmann allein verantwortlich, und die Strategie der „harmonischen Eingliederung“ wurde beibehalten. Verstärkungen holte man erstmal nur noch aus dem engeren Umkreis heran, so Erwin Piechowiak aus Wilhelmsburg, Horst Dehn aus Blankenese, Peter Wulf aus Harburg, Klaus Neisner aus Alsterdorf und – „Charly“ Dörfel.

Gert, wie er eigentlich hieß und heißt, kam 1959 vom Polizei SV über das HSV-Amateurteam in die Liga, nachdem ihn die Leser des Hamburger Fachblattes *Sport* schon vorher zum besten Linksaußen der Stadt gewählt hatten. Er war der Sohn von Friedo, beziehungsweise der Neffe von Richard, und damit war nun auch diese Familie wieder im HSV-Dress vertreten.

Richard Dörfel hatte schon 1931 erstmals im HSV-Team gestanden, war später zweimal abgewandert und in Gnaden wieder aufgenommen worden, hatte überhaupt den Ruf eines etwas flatterhaften, unkonventionellen Menschen, zockte gern, war aber als Fußballer grandios genug, um sich dem Beinamen „König Richard“ zu verdienen. Als Ehrenkapitän hat der Stürmer, später auch Verteidiger und Stopper Eingang in die Vereinsannalen gefunden. Wie er, kam später auch sein jüngerer Bruder Friedo aus Harburg zum Rothenbaum, und obwohl (oder vielleicht weil) der eigentlich der unauffälligere, „seriösere“ war, brachte er es während seiner Gastspieler-Zeit bei Dessau 05 zu zwei Einsätzen im Nationalteam, wohinein Richard nicht berufen wurde. Auch Friedo war ein vielseitiger Spieler, als Rechtsaußen oder Verteidiger, und er gab sein Talent gleich an zwei Söhne weiter.

Gert, nach einem gängigen Schlager in „Charly“ (Brown / Das ist ein Clown) umbenannt, von der Lebenskunst her an Richard erinnernd, stürmte am linken Flügel und wurde ein ausgesprochener Langzeit-Publikumsliebling. Von Bernd wird im nächsten Kapitel die Rede sein.

„Charly gibt die Flanke, Uwe köpft ihn rein“, soll nun der neue HSV-Gesang werden (nach der Melodie von „Alle Jahre wieder…“), und er wird fast noch berühmter als der traditionelle Anfeuerungsruf „Auf Ihr Männer!“. Allmählich wird es auch Zeit, dass nicht immer „nur“ die Norddeutsche Meisterschaft gewonnen wird, denn das kritische Publikum und die jungen Spieler selbst beginnen ungeduldig zu werden. Zwar haben sie 1956 erstmals das Pokalfinale erreicht und den Einzug ins Meisterschafts-Endspiel nur wegen des schlechteren Torverhältnisses verpasst; zwar sind sie in den beiden folgenden Jahren jeweils ins Endspiel um die „Deutsche“ gekommen – aber jedesmal hat es Niederlagen gegeben, sogar sehr herbe. 1:4 gegen Borussia Dortmund (1957) und

Endrunde 1959: „Lolli" Klepacz versucht Offenbachs „Berti" Kraus zu stoppen. Rechts Dehn, hinten Meinke.

0:3 gegen Schalke (1958 zu Jupp Posipals Abschied) – zwei Deutsche Vizetitel, die nur gebremste Freude auslosen, denn allzu krass ist die westdeutsche Überlegenheit gewesen. „Was willst Du Opa denn?", soll Uwe Seeler beim Warmlaufen vor dem 1957er Endspiel den Dortmunder Stopper Max Michallek gefragt haben. Viel richtet er gegen den Oldtimer nicht aus. Schlegel: „Die westdeutsche Liga war einfach wesentlich stärker als die norddeutsche. Aber es waren immer schöne Kämpfe. Einmal haben wir die Dortmunder auch geputzt".

Geduld ist gefragt, denn auch in der Nationalelf braucht Seeler junior mehrere Jahre, bis er sich einen Stammplatz erkämpft hat. Der Durchbruch gelingt bei der Weltmeisterschaft 1958 in Schweden mit den ersten beiden Länderspieltoren gegen Argentinien (3:1 gewonnen) und gegen Nordirlands berühmten Torwart Harry Gregg (Ergebnis 2:2). Fortan ist der Mittelstürmer aus Hamburg auch aus dem DFB-Team nicht mehr wegzudenken.

1959/60 Endlich wieder ganz oben!

In der Meisterschafts-Endrunde klappt es auch 1959 noch nicht ganz – hinter den Offenbacher Kickers reicht es nur zu Gruppenplatz 2. Aber dann! Kommt das Jahr 1960, und endlich, endlich ist es soweit. 36 Tore hat allein Uwe Seeler schon in den Oberligaspielen auf sein Konto gebracht, alle Torwarte zittern vor ihm, auch in der Endrunde, die (nicht nur, aber sehr wesentlich) zu seinem persönlichen Siegeszug wird. Besonders Stürmer, mit dem er auch persönlich befreundet ist, und Flankengeber Dörfel sind kongeniale Sturmpartner, die Seelers Stärken erst richtig zur Geltung bringen.

Drei Tore in Saarbrücken gegen Borussia Neunkirchen (4:0), zwei in Hamburg gegen den KSC, der trotzdem einen Punkt mitnimmt (3:3), und zwei in Herne, wo gegen Westfalia ein 4:3 gelingt, sind die Ausbeute der Vorrunde. Dann kommen die Westdeutschen ins Volksparkstadion, und 71.000 sehen beim 2:1 zwei weitere Uwe-Tore gegen Hans Tilkowski, darunter den sagenumwobenen Sitzfußball-Seitfallrückzieher, als der Nationaltorwart einen Moment lang nicht weiß, wo der Ball ist. Der HSV hat damit schon 7:1 Punkte, drei mehr als der KSC, so dass die anschließende Niederlage in Karlsruhe (3:4) kein Unheil mehr anrichten kann. Allerdings kostet sie Peter Wulf seinen Stopperposten; den nimmt nun Jochen Meinke ein, während Piechowiak als Verteidiger ins Team kommt. Die Saarländer sind keine Hürde mehr (6:0, zweimal Uwe), und das Endspiel ist zum dritten Mal in vier Jahren erreicht.

Am 25. Juni 1960 ist das Frankfurter Waldstadion Schauplatz eines denkwürdigen Finales. Die mit Nationalspielern gespickte Mannschaft des 1. FC Köln geht kurz nach der Halbzeit 1:0 in Führung, muss aber postwendend den Ausgleich hinnehmen und zerschmilzt dann sozusagen wie Butter an der Sonne in der Frankfurter Gluthitze. „Bei uns ging ein Ruck durch die Mannschaft", erinnert sich Gerhard Krug, der die enorm schwere Aufgabe hatte, gegen Helmut Rahn zu spielen; „in der Schlussphase wussten wir, dass im Grunde gar nichts mehr passieren konnte, so stark fühlten wir uns. Die Kölner dagegen, vor allem die älteren Spieler, haben ja schon zum Schiedsrichter gesagt: Pfeifen Sie ab, das wird nichts mehr mit uns." Fast wäre es auch mit Herrn Kandlbinder aus Regensburg nichts mehr geworden, aber der Referee übersteht seinen Wadenkrampf, und der HSV gewinnt 3:2.

Logisch, dass „Uns' Uwe" auch im Endspiel zwei Tore geschossen hat („Charly" eines), und dass ein beispielloser Triumphzug mit Autokorso in Hamburg folgt. Allein 49 Treffer hat der jüngere Seeler in dieser Spielzeit 1959/60 erzielt, an deren Ende das von Günter Mahlmann systematisch verjüngte HSV-Team um Kapitän Jochen Meinke nach 32 Jahren wieder den Titel des Deutschen Meisters an die Alster bringt. Mit folgender Aufstellung ist das Meisterstück gelungen:

► Schnoor – Piechowiak, Krug – Werner, Meinke, D. Seeler – Neisner, Dehn, U. Seeler, Stürmer, Dörfel.

Sage und schreibe elf Hamburger (mit Wulf zwölf) haben den Titel geholt – einzigartig, auch wenn sie nicht alle in Hamburg geboren waren, wohl aber aus der eigenen

Der Deutsche Meister 1960 wird am Rothenbaum empfangen. Horst Schnoor und Kapitän Jochen Meinke mit „Salatschüssel", davor Trainer Günter Mahlmann.

Jugend und/oder von anderen Vereinen aus dem HFV-Gebiet stammten; um „Fußball-Hamburger" handelte es sich also. Nicht vergessen darf man allerdings Franz Klepacz, den Anhaltiner, der einst aus Bielefeld zum HSV gekommen war und nur wegen einer Verletzung seinen Platz im Team verloren hatte.

1960-1963 Harmonie und Dissonanzen

Drei Jahre sollten nun noch folgen, bis die langersehnte Bundesliga kam. Von den großen Europapokalspielen der Saison 1960/61 ist an anderer Stelle die Rede. Der HSV schien auf die neue Ära gut vorbereitet, wollte sich dann aber doch nicht mehr auf das Konzept der „harmonischen Eingliederung" von Nachwuchsspielern verlassen. Aus einer lange verschlossenen Schublade wurden die Vertragsformulare für schon bekannte Neuzugänge wieder hervorgezogen, während man andererseits Klaus Stürmer im Herbst 1961 zum FC Zürich abwandern ließ. Nach Ansicht von Gerhard Krug ein schwerer Fehler: „Mit ihm hätten wir noch jahrelang oben gestanden", urteilte der Verteidiger später über den Klassestürmer, der 1971 in jungen Jahren verstorben ist.

Mit den Neuen gab es ungeahnte Probleme (Ausnahme: Jürgen Kurbjuhn, der aus Buxtehude kam und Nationalspieler wurde). Lothar Kröpelin, ein großes Läufer- und Verteidigertalent, wollte der VfB Lübeck nicht freigeben; ein langes Gezerre endete damit, dass der Spieler für ein Jahr gesperrt wurde (außer für den Europapokal!) und danach über eine Edelreservistenrolle nie hinausgekommen ist. So gut wie gar nicht erfüllten sich die Hoffnungen, die man 1962 auf ein prominentes Trio zu setzen beschloss: Fritzsche, Dulz und Kreuz. Trainer Mahlmann hatte sich in den Ruhestand verabschiedet, Martin Wilke übernahm wieder das Ruder, und die drei Stürmer sollten an der Schwelle zur neuen Liga den Angriff aufpeppen. Stammspieler wurde zunächst nur Rolf Fritzsche, ehemals Auswahlspieler der DDR, aus Ostberlin via Tennis Borussia und FK Pirmasens zum Rothenbaum gekommen, den es aber nur eine Saison in Hamburg hielt, ebenso wie Hans-Georg Dulz, der fast nie spielte (aber später in Braunschweig groß herauskam). Ernst Kreuz von Eintracht Frankfurt, ein im Prinzip genialer Spielmacher, schien auch schnell in der Versenkung zu verschwinden, bevor er dann doch noch einige starke Auftritte im HSV-Team hatte. Doch insgesamt war die Personalpolitik ausgerechnet in dieser wichtigen Phase keine überzeugende.

Enttäuschend verliefen auch die letzten drei Endrunden. 1961, als Titelverteidiger, schienen die HSV-Halbprofis von der ganzen Europacup-Aufregung der hinter ihnen liegenden Monate physisch und mental überfordert. 2:5 (im Volksparkstadion) und 2:7 waren happige Niederlagen, selbst gegen so einen alten „Angstgegner“ wie Borussia Dortmund. Trotzdem wurde das Endspiel letztlich nur knapp verfehlt; spielerisch war die Mannschaft immer noch Spitze, und das Publikum verzieh ihr das Scheitern. 1962 und 1963 aber – ohne Klaus Stürmer – gab es jeweils nur einen Sieg und keine Titelchance, wobei man 1962 beim 0:1 gegen den 1. FC Köln im neutralen Hannover noch Pech hatte; die spielerisch überragenden Kölner gewannen danach gegen den FK Pirmasens 10:0 und gegen den Nürnberger „Club“ im Endspiel souverän 4:0. Die letzte Meisterschaft vor der Bundesliga verlief jedoch Besorgnis erregend – 3:9 Punkte, letzter Platz in der Gruppe, interner Streit und zwei weitere Niederlagen gegen Borussia Dortmund, wenn auch nur knapp mit 2:3 (auswärts) und 0:1 in Hamburg. Krug: „Wenn die unsere roten Hosen und weißen Trikots nur sahen… An guten Tagen konnten wir alle in Grund und Boden spielen, aber wir waren relativ weich und instabil. Gegen so robuste Mannschaften wie Borussia Dortmund haben wir jahrelang kein Land gesehen.“

In der letzten Partie gegen die Dortmunder, bei dem 0:1, war übrigens Ernst Kreuz endlich aufgestellt worden, und er spielte groß auf – doch ohne Torerfolg. Betretene Stille herrschte hinterher in der S-Bahn, bis ein Fahrgast nach langem Ruckeln ein klemmendes Fenster endlich in Gang brachte und laut zuknallte. „So hätte der HSV heute schießen müssen“, kommentierte ein Nebensitzender. Gelächter! Die Szene ist mir im Gedächtnis geblieben, vielleicht weil schon eine gewisse Ahnung da war, dass in der Bundesliga alles nicht mehr so einfach sein würde. *jrp*

▶ EINWURF

„Unverwelkbarer Ruhm" – die Barcelona-Trilogie

HSV gegen Barcelona, das ist in dem Fall fast ein Stück Familiengeschichte. Wohne ich nämlich mit meiner Gattin auf den Stehtraversen einem Spiel bei, so befällt sie in der Schlussphase bei einer knappen Führung „ihres" Teams stets eine deutliche Nervosität. Was sich da äußert, ist das „Barcelona-Syndrom", eine Krankheit, die Hunderttausende plagte und plagt und die ihren Ursprung an einem frühen Mittwochabend des Jahres 1961, etwa um 19:16 Uhr, hatte. Meine Frau hatte damals alles an der Seite ihres Vaters miterlebt – zwei von 72.000 im Volksparkstadion, dazu Millionen vor Bildschirmen und Rundfunkempfängern, allesamt Augen- und Ohrenzeugen einer der größten Fußballtragödien norddeutscher Oberliga-Jahre.

Es war das Halbfinale im Europacup der Meister, den bis dahin einzig und allein fünfmal in Folge (!) Real Madrid gewonnen hatte. Nun waren die „Königlichen" aber im EC-Viertelfinale 1960/61 am ewigen Rivalen aus Katalonien, dem FC Barcelona, gescheitert, und ausgerechnet „Barça" erwartete nun den HSV.

„Haltung und Charakter"

„Der HSV kann alle aus dem Weg räumen!", hatte die *Tribune de Lausanne* nach dem EC-Debüt der Hanseaten, einem 5:0 bei Young Boys Bern (Rückspiel 3:3), geurteilt. Auch der Trainer und Studienrat Günther Mahlmann, der die Seeler-Brüder, Krug und Jürgen Werner bereits als Jugendspieler kennengelernt hatte, vertraute seiner Elf: „Es gibt keine vergleichbare Mannschaft, was Haltung und Charakter betrifft. Es ist eben kein zusammengekauftes Team."

Nach dem Schweizer Meister aber harrten „englische Profis" der Hamburger. Und „englische Profis", das sprachen die Sportreporter jener Jahre dermaßen ehrfurchtsvoll und geängstigt aus, als erwarte stets ein Goliath von der Insel bundesdeutsche Fußball-Zwerge. HSV-Berater Bernd Trautmann, der legendäre Manchester City-Keeper, mag den Hamburgern den Respekt vielleicht ein wenig genommen haben, aber im Turf Moor der mittelenglischen Industriestadt gewann dann eben doch der FC Burnley 3:1.

Dennoch schien das Publikum an die „Uwe-Seeler-Elf" zu glauben. Das Volksparkstadion war zum Rückspiel gegen Burnley mit 74.000 Menschen ausverkauft, Stehplätze gab's nur noch auf dem Schwarzmarkt – für sechs Mark statt 2,75 DM. Das Spiel, an jenem 15. März 1961 bundesweit im Fernsehen übertragen, war jede Mark wert: 4:1 gewann der HSV.

Mit diesem Spiel und nach zwei Toren des HSV-Mittelstürmers brach ein regelrechter Uwe-Seeler-Kult aus. Richard Kirn, der Frankfurter Sportfeuilletonist, kam eine Seemannsballade der Jahrhundertwende in den Sinn: „Mutter, ich bring' ihn! 's ist Uwe, Dein Sohn!" Uwe, der „Heimgekehrte", so befand Kirn, sei nun nicht mehr nur Hamburger Junge aus Eppendorf bzw. von der Hoheluft – „Uwe ist der Sohn des Landes!" Kirn: „Er ist unser Uwe. Welch' ein kerniges Mannsbild!"

Am 12. April 1961 begann das Fußball-Drama in Barcelona, wohin der HSV, noch nicht so weltläufig wie in den 1980er Jahren, mit Katenschinken, norddeutscher Butter und heimischem Bier angereist war. 105.000 erwarteten im Stadion Nou Camp den HSV und konnten nur einmal jubeln: Eine Minute nach der Pause sah Dieter Seeler im grellen, für die Hamburger ungewohnten Flutlicht einen Flankenball Kubalas zu spät; Evaristo, der Brasilianer, verwandelte zum 1:0-Endstand.

Eine Nation schaut zu

0:1 – na und? Der HSV hatte schließlich zwei Tore Rückstand gegen Burnley wettgemacht! Tausende empfingen die Mannschaft auf dem Fuhlsbütteler Flughafen, Vorboten einer Begeisterung, die die gesamte Republik erfasste, die dank des damals einzigen Fernsehprogramms alles live miterleben durfte. Bildschirm-Fußball wurde endgültig der Renner: Bereits beim Burnley-Rückspiel hatten die Werftarbeiter vom Kieler Howaldt die Friedhofsruhe der Adenauer-Ära gestört und einfach ihre Helgen verlassen, um dem HSV zuzusehen. Die Entschlusskraft der Kieler Werktätigen fand beim Barcelona-Rückspiel Nachahmer: „Erst kommt für uns das persönliche Leben, dann die Arbeit", klärten die Beschäftigten einer Schleswig-Holsteiner Möbelfabrik ihren Chef auf, ehe sie die Firma verließen. In Köln wurde der CDU-Bundesparteitag unterbrochen, und es geht die Legende, der alte Kanzler Adenauer habe damals sein erstes Fußballspiel gesehen.

Vor dem Barcelona-Rückspiel aber war für den HSV noch einmal Oberliga-Nord-Alltag angesagt. 1:2 gegen Concordia, überschattet vom Beinbruch des Dieter „Didi" Seeler; 0:2 bei Hannover 96, bedeutungslose Resultate, denn alles sprach vom Rückspiel.

Es gab damals keine von der UEFA vorgeschriebenen Spieltermine, die legten die Klubs untereinander fest. Und da hatte es für den HSV, der noch nicht über eine Flutlichtanlage verfügte und keine Abendspiele ansetzen konnte, schon mit den Young Boys aus Bern Probleme gegeben: Er musste an den Schweizer Nationalligisten FC Chiasso eine Abfindung bezahlen, weil der auf den Spieltermin mit Bern verzichtete. HSV-Oberliga-Gegner Werder Bremen hatte sich nämlich stur gestellt und einer Spielverlegung nicht zugestimmt. Schimpfte Young-Boys-Coach Albert Sing: „Unverständlich, dass diese Weltstadt keine geeignete Flutlichtanlage hat!" Der damalige SPD/FDP-Senat lehnte eine 1,1-Mio.-DM-Investition für künstliches Licht ab, das man auch dem Rothenbaum verweigert hatte: Flutlicht passe nicht ins Stadtbild. HSV-Trainer Mahlmann drohte daraufhin, im Europacup der Stadt den Rücken zu kehren: „Wir spielen dann eben in Berlin oder Frankfurt." Der HSV-Anhang demonstrierte und trug Transparente mit Aufschriften umher wie: „Wir wollen Flutlicht!" Als auch

Fairer Verlierer: Gerd Krug gratuliert nach dem 0:1 im dritten Spiel in Brüssel den Siegern vom FC Barcelona.

noch die überregionale Presse warnte, „Hamburgs Ruf als Sportstadt ist ernsthaft in Gefahr!", lenkten Senat und Bürgerschaft ein.

Letztlich aber hat der Hamburger SV dann überhaupt kein Heimspiel der Europacup-Serie 1960/61 unter Flutlicht ausgetragen, denn auch die Aufholjagd gegen Barcelona war bei Tageslicht angesetzt, am Mittwoch, 26. April 1961, 17 Uhr 30. 71.000 Karten standen zur Verfügung, dabei sein wollten 200.000. Die telefonische Nachfrage unter dem HSV-Anschluss 453 431 ließ das Netz zusammenbrechen – tagelang waren drei Wählerämter der Post blockiert, und wessen Telefonanschluss mit den Ziffern 453 begann, der war nicht mehr erreichbar. Danach vergatterte die Bundespost den HSV dazu, nie wieder Kartenbestellungen per Telefon anzunehmen.

Die Katalanen zogen in die Nobelherberge „Atlantic" an der Außenalster ein, während der HSV ganz bodenständig in der Lüneburger Heide Quartier nahm. Wie Uwe Seeler oder Jürgen Werner aus dem HSV-Nachwuchs waren es fast ausschließlich „Hamburger Jungs", die sich nun auf internationaler Fußball-Bühne präsentierten: Tormann Schnoor aus Langenhorn, Krug von Barmbek-Uhlenhorst, Kurbjuhn aus

Buxtehude, Meinke ein Eigengewächs, Wulf von Viktoria Harburg, Dehn von Komet Blankenese, Stürmer aus Glinde, Gert Dörfel vom SV Polizei (genau genommen gehört Buxtehude zu Niedersachsen und Glinde zu Schleswig-Holstein, doch die jeweiligen Vereine zählen zum Hamburger Fußball-Verband). Die einzige Ausnahme war Neisner, ein Berliner, allerdings schon seit 1957 beim HSV.

Als das Spiel am späten Mittwochnachmittag begann, war die Stadt menschenleer. Schulkinder waren von den Hausaufgaben befreit, und wer das richtige Ergebnis vorhersagte, konnte in einem Gemüseladen zehn Pfund Bananen gewinnen. Reporter des *Abendblatt* durchstreiften die City, wo sie „überall Parklücken“ vorfanden und verblüfft wahrnahmen, dass die Wagen der sonst um diese Zeit so stark frequentierten Straßenbahnlinie 2 fast völlig verlassen waren. *Der Spiegel* observierte im Hauptbahnhof die S-Bahnsteige und schrieb von Passantinnen, als seien sie Hunde: „Nur ein paar alte Damen streunten über den geräumigen Perron.“

Ein verhängnisvoller Querpass

Die Uhr zeigte etwa 19 Uhr 16, als sich das ereignete, was noch Jahrzehnte später Gesprächsstoff lieferte. 2:0 führte der HSV dank der Tore von Peter Wulf und Uwe Seeler, als die 91. Spielminute anbrach. 2:0, das hätte die zweite Endspielteilnahme einer bundesdeutschen Mannschaft nach Eintracht Frankfurt 1960 bedeutet. Später würde man feststellen, dass der Sekundenzeiger nach dem verhängnisvollen Ereignis nur noch neunmal vorrückte, ehe der Schlusspfiff kam.

Jupp Posipal, Ex-Weltmeister und Betreuer des HSV, lief in dieser 91. Minute aufgeregt am Spielfeldrand entlang und signalisierte mit erhobenem Daumen: „Noch eine Minute!“ In diesen Augenblicken spielten die Hamburger einen Querpass: Ladislao Kubala, der drei Nationalmannschaften angehörte (CSR, Ungarn, Spanien), fing das Leder ab und flankte. Sandor Kocsis, der ungarische Emigrant, 1997 in Budapest verstorben, köpfte ein, dann war Schluss.

Nach dem heutigen Reglement wäre Barcelona weiter gewesen, doch damals bedeutete ein 2:2-Endstand aus beiden Spielen ein Entscheidungsspiel (später entschied sogar das Los, z.B. 1965 nach drei Spielen des 1. FC Köln gegen Liverpool für die Engländer).

Bundestrainer Herberger plädierte für Zeitspiel: Dass Dörfel beim Stande von 2:0 kurz vor Schluss absichtlich über den Ball trat, gefiel ihm. „Wenn er schlau ist“, so Herberger, „verstaucht er sich jetzt den Fuß... Diese Dinge gehören dazu! Aber in solch’ entscheidenden Augenblicken sind unsere Spieler noch zu einfältig.“

Die klassische Krimi-Frage „Who dunit?“, wer also war’s, der jenen verhängnisvollen Querpass in der 91. Minute spielte, gilt vielen bis heute als unbeantwortet. Oft wurde kolportiert, der etwas füllige „Hoddel“ Dehn, von manchen despektierlich „Oma Dehn“ genannt, habe den Spaniern das Leder preisgegeben. Andere wollten Gerd Krug als Schuldigen gesehen haben, als Student und Intellektueller womöglich prädestiniert für einen derartigen *blackout*. Das lokale *Abendblatt* verschwieg hartnäckig den „Täter“: „Über den Sündenbock wollen wir den Mantel des Vergessens breiten.“

Die Fußballgeschichte aber hat Dehn und Krug freigesprochen, denn den Querpass, gedacht für Neisner, spielte „Uns Uwe“ höchstpersönlich. „Ich hatte in diesem Augenblick keine Ahnung, dass die letzten zehn Sekunden zu spielen waren“, gestand der Mittelstürmer später. Dass Uwe in dem Moment nicht bei der Sache war, weil er nach Spielschluss einen Termin mit Helenio Herrera, dem Unterhändler von Inter Mailand, hatte, ist eine böse Unterstellung. 750.000 Mark bot der Argentinier, vergebens, denn der bodenständige Hanseat war nicht zum Umzug ins damalige Traumland der Westdeutschen zu überreden, wo bald Waldner und Szymaniak wirkten. Ein wenig Verdienst am Bleiben Seelers schrieb man sogar dem Theologen, Universitäts-Rektor und Professor Dr. Helmut Thielicke zu, dem das *Abendblatt* als Forum für einen „Offenen Brief“ an den Sportsmann gedient hatte: Uwe, hieß es da, solle weiter „der Jugend unseres Volkes Leitbild sein. Es kommt viel darauf an, dass es Männer gibt, die für ihre Überzeugung stehen und die auf keinen Fall käuflich sind.“

„Halbstarke“ auf der Aschenbahn

Dieses Problem also war ausgeräumt, und über Gebühr wollte auch der Norddeutsche Fußball-Verband (NFV) die HSVer nicht vor dem dritten und entscheidenden Europacup-Spiel gegen Barcelona im Schatten des Brüsseler Atomiums strapazieren: Das letzte Punktspiel gegen den VfL Osnabrück, ein Novum norddeutscher Oberliga-Geschichte, wurde mit Verweis auf §19 der NFV-Satzung („einmaliger Spielverzicht“) kurzerhand abgesetzt. Mit 0:0 Toren und 2:0 Punkten „gewann“ der VfL kampflos am Rothenbaum…

Am Ende triumphierte dennoch Barcelona, mit 1:0 vor 50.000 in Brüssel. Trotz der Niederlage erwarb die HSV-Elf, immerhin unter den letzten Vier in Europa, einen fast legendären Ruf. Mit den Worten „Die Europa-Trilogie HSV-Barcelona wird lebendig erhalten, solange in Deutschland die Lederkugel rollt“, schrieb Ludwig Dotzert 1961 die Begegnungen auf ewig in die Annalen deutscher Fußballgeschichte ein. Jupp Wolff, HSV-Kenner par excellence, weitsichtig: „In Jahrzehnten wird man noch von diesem Spiel sprechen, wenn die dramatischsten Fußballspiele aller Zeiten mit tragischem Ende herangezogen werden.“

Genau gegenteilig beurteilt wurde das Auftreten eines Teils der 15.000 HSV-Anhänger in Brüssel. „Die Zahl derer, die den neutralen Belgiern unangenehm auffielen, war beängstigend groß“, hieß es. Dabei hatte *Bild* eingedenk des deutschen Überfalls auf Belgien im 1. und 2. Weltkrieg noch gewarnt: „Gerade in Belgien ist man gegen allzu teutonisches Gebaren empfindlich!“ Bierflaschen flogen trotzdem, die Polizei musste eingreifen.

Auf internationalem Parkett ist der HSV dem FC Barcelona wiederbegegnet, 1963, im Europacup der Pokalsieger, und wieder ging es nicht unter drei Spielen ab: 4:4 nach dreimaliger HSV-Führung in Barcelona, 0:0 im Volksparkstadion, 3:2 in Lausanne. Diese Spiele sind weitgehend vergessen, die Erinnerung an die „Barcelona-Trilogie“ aber geblieben. *sky* ■

Hamburger Fußball-Festspiele: „Gastgeber der stärksten Klubs der Welt"

Große internationale Spiele hatten beim HSV Tradition. Zwischen den Kriegen lud man sich, insbesondere zur Osterzeit, gerne Gäste ein: Die Wiener Austria z.B. mit Matthias Sindelar, dem so tragisch geendeten „Papiernen", oder Real Madrid samt Torhüter Zamora, genannt „der Göttliche"; von der britischen Insel kamen fast schon regelmäßig die Corinthians aus London, dazu andere große Namen wie Penarol Montevideo, Sparta Prag, Ujpest Budapest. Ein 3:3 gegen den FC Bologna 1939 war vorerst die letzte Klub-Begegnung des HSV in Hamburg über Ländergrenzen hinweg (Sparta Prag aus dem „Reichsprotektorat" und Rapid Wien aus dem „Gau Ostmark" können hier nicht gelten), das 5:1 gegen eine englische Soldatenauswahl 1945 nur ein Zwischenspiel. Als Nicht-FIFA-Mitglied war den bundesdeutschen Klubs hernach internationaler Spielverkehr untersagt, und so maß sich der HSV dann eben mit Teutonia Uelzen, SV Bad Harzburg, Holstein Segeberg in der „Kartoffelspiel-Serie".

1949 durfte auch der HSV wieder international spielen, reiste als erste bundesdeutsche Mannschaft der Nachkriegszeit ins Portugal von Diktator Salazar, 1950 gar in die USA, und gastierte 1951, auch dies eine Nachkriegspremiere, beim englischen FC Burnley; Wojtkowiak schoss alle drei Tore beim 3:1. Die Gäste des HSV trugen nun wieder klangvollere Namen: AIK Stockholm (2:0), Hajduk Split (2:0), Belo Horizonte (0:4), FC Burnley (3:1), Stade Reims (3:0), Partizan Belgrad (2:2), Tottenham Hotspur (2:2). Sogar Indien, 1952 auf der Rückreise von der Olympiade in Helsinki, war in Bergedorf draußen vor der Stadt Gegner.

Die eigentlichen Hamburger Fußball-Festspiele aber nahmen Ende der 50er Jahre ihren Auftakt. Der HSV war damals ohne nationalen Titel und in keinem europäischen Wettbewerb; Gegner wie Hildesheim, Neumünster, Nordhorn standen für den Oberliga-Alltag; der (fast) alljährliche Saison-Höhepunkt Deutsche Meisterschaft nahm nur einige Wochen in Anspruch; Top-Fußball im TV war zwar beliebt, aber rar. Also holte sich der HSV die große Fußballwelt ins Haus, lies: Volksparkstadion. Geld war ja da im Wirtschaftswunderland, Risikofreude ebenso. Manchesmal machten die Brüder Mahlmann – Carl-Heinz, der Präsident, und Günther, der Trainer – sogar innerhalb einer Wochenfrist sogenannte Sensationsgastspiele perfekt. Dem Spielevermittler und zeitweiligen Real-Manager Julius Ukrainczyk, einer kleinen kugelrunden polyglotten Erscheinung, die fließend deutsch sprach, gefiel's: „Die Hamburger sind meine liebsten Kunden. Man spürt, da sitzen Kaufleute."

Die große Fußballwelt zu Gast im Volksparkstadion: di Stefano, attackiert von Meinke (links) im Spiel HSV - Real Madrid, 1959.

Die Rechnung der Mahlmanns und des Klubs ging auf: Im August 1959 kamen die „Busby-Babies", das nach der Flugzeugkatastrophe im Jahr zuvor neu formierte Team von Manchester United, mit Nordirlands Nationalkeeper Harry Gregg und Bobby Charlton (2:0 für den HSV) und zogen 35.500 Besucher an. Im Monat darauf gastierte vor 72.000 (ausverkauft) mit Real Madrid (2:3) die weltbeste Vereinsmannschaft im Volkspark. Dominguez hieß der Schlussmann, Santisteban ein Läufer, Santamaria der Stopper; den Sturm mit dem Franzosen Raymond Kopa, di Stefano aus Argentinien, dem nach dem gescheiterten ungarischen Aufstand 1956 geflüchteten Puskas, Didi aus Brasilien und Linksaußen Gento auswendig zu wissen, war seinerzeit Allgemeinbildung. 25.000 US-Dollar gleich 100.000 DM erhielt Real, dazu waren weitere 160.000

Mark für Flüge und dreitägige Unterkunft für die 25-köpfige Delegation fällig – eine Investition, die kein anderer bundesdeutscher Fußballklub zuvor riskiert hatte! 350.000 Mark nahm der HSV ein, auch dies eine neue Bestmarke für ein Freundschaftsspiel. Das Honorar für „die teuerste Klubmannschaft der Welt" fand nicht überall Anklang: In Hannover legten Fabrikarbeiter eine Unterschriftenliste an und protestierten auf diese Weise gegen die ihrer Ansicht nach überbezahlten Fußballer.

„Die Massen entdecken ihr Herz für Schaufußball", resümierte dagegen die Sportpresse; die *Neue Illustrierte* bezeichnete den HSV als „Fußballsnob vom Rothenbaum" und „Gastgeber der stärksten Klubs der Welt". 1960 stellte sich der FC Barcelona vor 58.000 Zuschauern vor (2:3), 1961 vor 38.000 im Regen der AC Mailand (1:0) und im Februar 1962 vor 60.000 „der Weltmeister der Klubs" alias Weltcup-Sieger Penarol Montevideo. Die Männer aus der Republik östlich des Uruguay sahen erstmals in ihrem Leben Schnee – und unterlagen 0:2.

Innerhalb von drei Wochen im Jahr 1962 verkaufte der HSV 140.000 Tickets für zwei Spiele, 69.000 gegen Benfica Lissabon, den amtierenden „Europameister" (3:4) und 71.000 für den 22. Oktober gegen den FC Santos aus Brasilien samt Weltmeister Pelé. Hanseatische Kaufmannsherzen schlugen angesichts der Brasilianer höher denn je: Santos kostete „nur" 130.000 DM, die Eintrittskarten waren binnen 24 Stunden ausverkauft, Einnahme 400.000 DM. Man trennte sich 3:3 und Pelé lobte „den Kleinen" (Uwe Seeler), „den Blonden" (Jürgen Werner) und „den Langen" (Ernst Kreuz). Jürgen Werner gab das Lob zurück: „Pelé ist der beste Fußballer, gegen den ich je gespielt habe."

Zwischendurch, am bitterkalten 13. Dezember 1961, kam sogar die bundesdeutsche Nationalelf in den Volkspark, zum Testspiel vor der WM in Chile 1962. 65.000 HSV-Freunden – 3.000 stürmten ohne Karten das Stadion! – mag zur Pause frostig zumute gewesen sein, obwohl wir annehmen, dass ein Alkoholausschank-Verbot noch nicht bestand und gegen die „steife Brise" das traditionelle hanseatische Gegenmittel „steifer Grog" half: 3:0 führte die Herberger-Auswahl dank Günter Herrmann, Berti Kraus und Helmut Haller. Danach fror Sepp Herbergers Miene ein: Dreimal Uwe Seeler und einmal „Micky" Neisner verwandelten das 0:3 in ein 4:3. DFB-Keeper Tilkowski sah nicht gut aus und wurde in Chile durch 2.-Liga-Torhüter Fahrian von Ulm 46 ersetzt.

Mit der Bundesliga und Wettbewerben der UEFA (z.Z. Champions League, UEFA-Cup, UI-Cup) begann der Niedergang der Freundschaftsspiel-Kultur. Das ist bedauerlich, denn die Matches z.B. vor Beginn der Punkterunde waren willkommener Anlass, „die Neuen" zu präsentieren, und für Fußballfreunde eine zusätzliche Gelegenheit, sich international renommierte Gegner anzusehen (2002 gab es immerhin einen Saisonauftakt gegen Manchester City – mit Nationalhymnen...). Die Erinnerung aber bleibt, beispielsweise an den „Hafenpokal", ein 6:0 des HSV vor Bundesliga-Beginn 1977 gegen „Barça", an Liverpool und Ajax im Volkspark. *Those were the days, my friends,* aber andererseits: Was wäre Fußball ohne wehmütige Erinnerungen? *sky* ■

HSV-Heimat Volksparkstadion: Gefeiert und verdammt

Wäre es ein Schauspieler gewesen, so hätte der fraglos seine Karriere längst beendet bzw. sich in die tiefste Provinz zurückgezogen, wären ihm jene Kritiken widerfahren, die dem Volksparkstadion im Westen der Stadt galten. „Graues Monster“ wurde es genannt, und abwertend: „die Schüssel“, und „das unmodernste, komfortloseste und am schlechtesten zu erreichende Stadion der Fußball-Bundesliga“ (*Die Welt* 1993). Der britische Experte und Buchautor Simon Inglis urteilte: „Dieses Stadion ist so heruntergekommen, dass seine Tage als Schauplatz internationaler Wettbewerbe wohl gezählt sind“ (1994 in *World soccer*). Der *Kicker* platzierte es 1994 in einer Stadienbewertung auf Abstiegsplatz 17.

Nun herrschte zweifelsohne – z.B. bei Spielen gegen Gladbach, Bayern, Real Madrid, Liverpool, Barcelona etc. – nicht selten eine tolle Atmosphäre im Volkspark. Mit der zeitweisen sportlichen Tristesse des HSV aber sank die Stimmung auf den Rängen zusehends. Wer an Spieltagen vom damals noch schäbigen S-Bahnhof Stellingen gen Stadion pilgerte, erlebte eine ungastliche Gegend der Stadt, dominiert von Gewerbe- und Industriebetrieben. Eine vernünftige Anbindung an den öffentlichen Personen-Nahverkehr bestand nicht (woran sich bis heute nicht sonderlich viel geändert hat).

Ein Stadion für Altona

Historisch betrachtet ist das Stadion ein Kind der bis 1938 selbstständigen preußischen Nachbarstadt Altona: In der Amtszeit von Altonas SPD-Bürgermeister Max Brauer war es 1925 als Altonaer Stadion im (Altonaer) Volkspark, der seit 2002 unter Denkmalschutz steht, eingeweiht worden. Konzipiert hatte es Stadtoberbaurat Gustav Oelsner. Das Stadion war eingebettet in einen Grüngürtel, umgeben von weiteren Sportstätten wie zehn Fußballfeldern, Reitbahn, Schwimmbad, Licht- und Luftbad etc.: „Die Hebung der Volkskraft ist das Ziel“, formulierte Bürgermeister Brauer. Die überwiegend sozialdemokratisch orientierten Arbeitersportler eröffneten das neue Stadion am 13. September 1925 mit dem Spiel Altona gegen VfL Stötteritz, den Bundesmeister aus Leipzig, eine Woche später folgte der bürgerliche Sport bzw. der DFB mit dem Auswahlspiel Altona gegen Hamburg ohne HSV-Beteiligung.

„Hamburg schämt sich“, schrieb die Presse im Hinblick auf das Altonaer Projekt, besaß die Hansestadt doch „nur“ respektable Vereinsanlagen. Deshalb sah eben das

Altonaer Großstadion Ereignisse wie das 6:2 im Länderspiel gegen Norwegen 1927 (30.000 Besucher) und das Endspiel um die Deutsche Meisterschaft 1928 mit dem HSV-Erfolg (40.000 bis 47.000; wegen Überfüllung schloss die Polizei eine Stunde vor Beginn die Tore).

Und Hamburg grämte sich weiter: Dass die zweitgrößte Stadt des Deutschen Reiches „weder ein Stadion noch eine Sporthalle, ja nicht einmal eine Radrennbahn aufzuweisen hat, wird mit immer größerer Beschämung in allen Kreisen empfunden", klagte das *8-Uhr-Abendblatt*. Henry Barrelet vom HSV: „Es herrscht bei unseren Behörden eine Interessenlosigkeit, die wirklich traurig ist." 1937 brachte man im WM-Qualifikationsspiel gegen Schweden (5:0) sogar 55.000 Zuschauer im Volkspark unter, denn es ragten hölzerne Nottribünen, „höher als hohe Häuser", empor.

Nach Kriegsende erlaubten die Briten noch zwei Spiele im Stadion, in der Zonenmeisterschaft 1947 HSV gegen Schalke und als Entscheidungsspiel 1949 HSV gegen FC St. Pauli, zunehmend aber erwies sich die Anlage als ungenügend. 1951 entschloss man sich – Bürgermeister Hamburgs war inzwischen Max Brauer, der ehemalige Altonaer Bürgermeister –, am Ort des alten Altonaer Stadions ein neues Großstadion zu errichten. Noch im selben Jahr begann der Ausbau; Lkws und Trümmerbahn fuhren den Eimsbütteler Kriegsschutt bis an die alten Stehwälle, die beträchtlich erhöht wurden. Nach dem Vorbild englischer Stadien und Pferderennbahnen entstand die von Dipl.-Ing. Robatschik entworfene doppelstöckige Tribüne. 2,2 Mio. DM kostete der Neubau.

Eingeweiht wurde die Sportstätte (der Name Volksparkstadion war kein offizieller, sondern bürgerte sich mit der Zeit ein) am 12. Juli 1953 mit dem „Stadionfest der Hamburger Schulen" (10.000 Teilnehmerinnen und Teilnehmer). 50.000 kamen bei freiem Eintritt an einem Sonntagnachmittag, denn man wollte erst einmal die Kapazität testen (die letztlich bei 80.000 lag; dank Stahlrohrtribünen wollte man sogar 100.000 unterbringen, was aber nie geschah).

Der Fußball hielt erst am 16. August 1953 mit dem Städtespiel Hamburg – Birmingham Einzug; die Briten spielten 2:2 und stellten eine Kombination aus Profis von Aston Villa (4), Birmingham City FC (2), Wolverhampton Wanderers (2), Westbromwich Albion (2) und Coventry City (1); Stars vor 51.261 Zuschauern waren Nationaltorwart Gilbert „Gil" Merrick von Birmingham City und Englands Kapitän Billy Wright von den „Wolves". Man war voll des Lobes über Bundesdeutschlands viertgrößte Sportstätte: „Man muss das Stadion in seiner Gesamtheit, in seinem architektonischen Bild einfach lieben!" (*MoPo*).

„Sowas gab's noch nie!"

„Endlich Großereignisse!", freute sich die Presse angesichts des neuen Volksparkstadions. Fast 76.000 erlebten dort 1953 das WM-Qualifikationsspiel gegen Norwegen (5:1) mit neun späteren „Helden von Bern" und 76.000 bis 80.000 das sensationelle 5:1-Endspiel von Hannover 96 um die „Deutsche" 1954 gegen den 1. FC Kaiserslautern. „Sowas gab's noch nicht bei einer Sportveranstaltung in Hamburg!", konstatierte die Presse anlässlich des Norwegen-Länderspiels – 75.238 Besucher, zwölf Sonderzüge, dazu S-Bahn-Sonder-

„Graues Monster"? – das Volksparkstadion nach der Eröffnung 1953.

fahrten, 8.000 Pkw, 6.000 bis 7.000 Motorräder, 500-600 Busse, tausende Fahrräder, und reichlich Polizei zwecks Verkehrsregelung im Einsatz.

Der HSV zog seit 1955 in der Endrunde um die Deutsche Meisterschaft stets vom Rothenbaum dorthin um und veranstaltete im Volkspark auch seine internationalen „Festspiele". Vereinsrekord bedeuten bis heute 77.500 Zuschauer im Endrundenspiel am 10. Juni 1956 gegen Borussia Dortmund (2:1). Endgültig heimisch wurde der Hamburger SV in Bahrenfeld mit Bundesligabeginn 1963. Zwei Jahre zuvor hatte man dort nach langem Hin und Her eine Flutlichtanlage installiert; die Einweihung oblag Altona 93.

Für die Weltmeisterschaft 1974 wurde das Volksparkstadion modernisiert. Es erhielt die neue Südtribüne, eine elektronische Anzeigetafel und bot nun 61.869 Plätze. Ausverkauft war keines der drei WM-Spiele: 18.180 bei DDR – Australien, 55.000 bei Bundesrepublik Deutschland – Australien, 60.341 bei BRD – DDR.

Im Sommer 1986 wurde die größte computergesteuerte Anzeigetafel in bundesdeutschen Stadien über dem Marathontor installiert – ein 1,2 Mio.-Mark-Geschenk der Schweizer Werbeagentur CWL, deren Vertrag für Werberechte im Volkspark verlängert worden war. Dass Caesar W. Lüthi, ein späterer Geschäftspartner von Günter Netzer, dafür von Innensenator Lange den „Sportpreis der Hansestadt" bekam, rief ebenso Unmut hervor wie der Standort der Tafel: Bei Sonnenschein war nämlich nichts zu sehen (woraufhin Telenorma sie in die Westkurve versetzte).

Bei der EM 1988 wurde ein Halbfinalspiel nach Hamburg vergeben (BR Deutschland – Niederlande 1:2), wofür 4,6 Mio. DM aufgewendet wurden: neue Fluchttore und Abgrenzungen, Überholung der Lichtmasten, Erweiterung der Untertribüne Nord um 2.200 auf 8.300 Schalensitze, neue VIP-Lounge, Vergrößerung des Ehrengastbereiches von 400 auf 600 Personen Fassungsvermögen (DFB-Präsident Hermann Neuberger hatte insbesondere letztere Veränderungen verlangt, musste er doch vorher auf dem Weg zur Ehrenloge „durchs gemeine Volk" gehen).

Trotz der Modernisierung galt insbesondere die Westkurve, traditioneller Standort des jüngeren HSV-Anhangs, als problematisch. Am Freitag, dem 1. April 1977, waren gegen den FC Bayern München rund 53.000 Menschen im Stadion. Der 15-jährige Rainer Hoppe aus Hamburg-Schnelsen erlebte den Anpfiff um 19.30 Uhr nicht mehr und nicht den 5:0-Erfolg des HSV. In der offensichtlich erneut überfüllten Westkurve, auf dem Treppenaufgang zwischen den Blocks D und E, geriet er mit Hunderten ins Gedränge. Mehrere Besucherinnen und Besucher stürzten „lawinenartig", wie es in der Presse hieß, etwa 100 lagen am Boden. Rainer Hoppe wurde totgetrampelt. Zwischen elf und 27 Menschen, die Angaben sind unterschiedlich, wurden verletzt. Die Sanitäter fanden in der chaotischen Situation – es gab Schlägereien, die Zentralambulanz für Betrunkene musste wegen Überfüllung geschlossen werden – lange kein Durchkommen; als sie ankamen, war es zu spät. Das Spiel wurde pünktlich angepfiffen, das Publikum wusste nicht, dass in der Westkurve einer der Ihren ums Leben gekommen war. Erst nach Spielende (es kam erneut zu Ausschreitungen) vernahm man über die Lautsprecher einen „Zeugenaufruf" und konnte ahnen, das etwas Unerwartetes geschehen war.

Tod in der Westkurve

Rainer Hoppe stand an diesem 1. April 1977 kurz vor seinem 16. Geburtstag. Er besuchte die Berufsförderschule; ein Ausbildungsplatz als Schiffbauer wäre ihm sicher gewesen. Bei der Beerdigung des Jugendlichen waren weder der HSV noch das Sportamt vertreten. Immerhin liefen die HSV-Profis zum Gedenken an Rainer Hoppe zu einem Benefizspiel beim SC Victoria auf, dessen B-Jugend-Torwart der Verstorbene gewesen war. Die Einnahmen in Höhe von 3.000 Mark gingen an die Familie des Verstorbenen.

Das tragische Ereignis von Hamburg bedeutete den zweiten tödlichen Unfall in einem Bundesliga-Stadion. Es ist im Rückblick kaum begreifbar, wie wenig Konsequenzen der Tod des Jugendlichen hatte. Die städtische Baupolizei hatte generell keine Einwände und meinte, wenn überhaupt etwas geändert werden solle, müsse der HSV investieren. Man erfuhr in der Debatte historische Reminiszenzen wie die, dass Zuschauer bei der WM '74 noch über die Aschenbahn in die Westkurve gelangen konnten (später war das Betreten der Kunststoffbahn verboten). Sportamtsleiter Horst Drumm war seiner Zeit und selbst dem (im negativen Sinn) notorischen Modernisierer Josef Blatter von der FIFA weit voraus: „Die größte Sicherheit ließe sich nur durch die völlige Abschaffung der Stehplätze zugunsten von Sitzen erreichen." Immerhin entschloss man sich zu einigen Umbauten.

Bei der Meisterfeier des HSV 1979 ereignete sich dann prompt ein weiteres Unglück, als die Westkurven-Fans das Spielfeld stürmten. Nach dem Tod des 16-jährigen Bremers Adrian Maleika 1982 bezeichnete die *Welt am Sonntag* das Volksparkstadion als „Deutschlands gefährlichste Sportstätte". Immerhin waren bereits 1980 1,52 Mio. DM für zusätzliche Sicherheitsmaßnahmen aufgewandt worden.

„Deutschlands gefährlichste Sportstätte" (1982): Volksparkstadion-Westkurve.

Die Skepsis gegenüber der HSV-Heimat aber verstärkte sich mit der Zeit. „Das Volksparkstadion ist den Hamburgern nie so recht ans Herz gewachsen", meldete das *HA*. „Es krankt an seiner Größe. Die Laufbahn zwischen Spielfeld und Zuschauerrängen wirkt wie eine unsichtbare Mauer, schafft Distanz auch in den Gefühlen." Der

Spieler Jürgen Milewski: „Wenn wir durch das Osttor einlaufen, und da sind nur 10.000 oder 15.000 Zuschauer, dann ist die ganze Atmosphäre sehr kühl und abweisend, dann kommst du dir dort unten irgendwie verloren vor."

Die seinerzeit verständliche, in der Rücksicht aber spätestens seit den 1980er Jahren folgenschwere Entscheidung, fast alle Nachkriegsstadien für die Leichtathletik genehm zu gestalten, hat vielen Leuten den Samstagnachmittag-Genuss verleidet. Neidisch blickte man auf Dortmunds Westfalenstadion, das Ruhrstadion in Bochum oder gen Betzenberg in Kaiserslautern. Der damalige VfB-Präses Gerhard Mayer-Vorfelder – ein Fall für die Bundesanwaltschaft? – äußerte gar, Stuttgarts Leichtathletik-konforme Arena am liebsten zu sprengen. Und Franz Beckenbauer sagte später: „Es wird sich doch ein Terrorist finden" – zwecks Beseitigung des Münchner Olympiastadions.

Der HSV bekam zudem in punkto Stadion und Stimmung Konkurrenz vor Ort, mit dem Millerntor-Stadion des FC St. Pauli. Das ist eine Spielstätte wie im England der 1950er und 1960er Jahre, eng, stimmungsvoll, heimelig – inzwischen aber z.T. eher mit dem Erscheinungsbild eines Containerdorfs und eben ohne Komfort. Neu gebaut wird dort nun auch, unter Berücksichtigung eines großen Stehplatz-Kontingents. Der in seiner Aussage unsinnige Schmähruf einiger St.-Pauli-Fans – „lieber tot als ein Volkspark-Idiot" – mag jedenfalls eher die frühere Volksparkstadion-Tristesse gemeint haben. Als größte Strafe verstand es denn auch der Anhang des zeitweiligen Lokalrivalen, wenn Spiele nach Bahrenfeld verlegt wurden. So entstand z.B. 1991 die „Radio-Paadie": Während der Klub im Volksparkstadion spielte, übertrugen Laien-Reporter das Geschehen ans Millerntor. „You'll never walk alone?" – hier war der Song nur noch Phrase, man ließ die Mannschaft in einem wichtigen Spiel gegen Hertha BSC Berlin im Stich, und der Verein stellte erstaunlicherweise auch noch sein Areal zur Verfügung.

Das EM-Spiel 1988 war für mehr als zwölf Jahre das letzte Länderspiel im Volkspark. DFB-Präsident Egidius Braun hatte 1993 gedroht: „Wenn hier nicht schnell etwas passiert, wird das Länderspiel am 29. Mai 1994 das letzte in Hamburg sein!" Die Partie gegen Irland aber wurde letztlich nach Hannover vergeben, das England-Spiel in Hamburg, für den 20. April 1994 vorgesehen, wurde abgesagt – nach heftigen Protesten vor allem aus der St.-Pauli-Fanszene, die an „Führers Geburtstag" einen Aufmarsch der Rechtsradikalen fürchtete. Dass der DFB Hamburg als Austragungsort aussparte, hatte aber noch andere Gründe: Das Publikum galt als sehr kritisch (Nationaltorwart Schumacher 1983: „Die Atmosphäre in Hamburg ist eine Katastrophe!"), auch blieb die Zuschauer-Resonanz hinter den Erwartungen zurück (22.000 gegen Ungarn 1985, 45.000 gegen Dänemark 1987). Die Auflagen der UEFA schränkten die Kapazität des Stadions weiter ein: Ab 1998 hätten deren Kriterien gerade noch 590 Plätze im Ehrengastbereich entsprochen.

590 Plätze waren UEFA-konform...

Und so kam denn die Zeit, in der das „graue Monster" bezwungen wurde. *sky* ■

Schluss mit der Dorfmusik!

Horst Schnoor und sein Spiegelbild: Die „Null" gegen Gladbach stand!

Erkenntnis ist eine Widerspiegelung der objektiven Realität im menschlichen Bewusstsein… oder etwa nicht? Anders ausgedrückt: Links ist, wo der Daumen rechts ist, aber auch da kommt's auf die Perspektive an. Nach rechts, von sich aus gesehen, wollte Horst Schnoor die Mauer dirigieren; sein Spiegelbild schien an jenem 3. September 1966 anderer Meinung zu sein. Beide behielten Recht, denn ein Tor wurde es nicht. Der HSV-Keeper hielt beim 2:0 über Borussia Mönchengladbach seinen Kasten sauber.

Vor neue Anforderungen, auch mentale, sah sich Deutschlands Fußball-Elite – Spieler, Trainer, Funktionäre und Fans – ab 1963 gestellt, und das nebenstehende Foto könnte die entscheidende Frage symbolisieren: Wo wird uns die neue Liga jetzt hinführen? Beim HSV schien die Richtung zu stimmen: Am 14. August 1963 gewann er in Hannover mit drei Uwe-Seeler-Toren gegen Borussia Dortmund 3:0 und nahm den DFB-Pokal mit.

Ein denkwürdiges Spiel war das, und zwar nicht nur deshalb, weil es den letzten Titelgewinn der Mahlmann/Wilke/Seeler-Mannschaft markiert; Bruder Dieter war Kapitän. Es war gleichermaßen der starke Schluss eines Kapitels und die verheißungsvolle Eröffnung des nächsten. In Hannover endete die Oberliga- und begann die Bundesligazeit. Das betraf ganz unmittelbar auch den Pokal, der von nun an das Kontrastprogramm zur Meisterschaft war und nicht mehr dem Kalenderjahr folgte, sondern zeitlich parallel zur Saison ausgespielt wurde.

Ein dynamischer Willi Giesemann, später verletzt, im DFB-Pokalfinale 1963 (links der Dortmunder Geisler).

Der HSV, zunächst weiterhin mit Carl-Heinz Mahlmann als Präsidenten, Martin Wilke als Trainer und zehn Spielern aus der Meistersaison von 1959/60, darunter acht aus der damaligen Endspielelf, ging nach dem Pokalgewinn guten Mutes in die neue Ära. Ausgerechnet Borussia Dortmund, den alten Angstgegner und aktuellen Deutschen Meister, 3:0 geschlagen – das *musste* doch etwas zu bedeuten haben und neue Großtaten ankündigen. Jürgen Werner, der Pädagoge, war kein Lizenzspieler geworden und „Micky“ Neisner zu Bergedorf 85 gegangen, aber mit WM-Teilnehmer Willi Giesemann von Bayern München und dem Kieler Stürmer Fritz Boyens schienen die Abgänge bestens ersetzt. Das Gerüst stand: Horst Schnoor ging in seine zwölfte Saison als Keeper, an Kurbjuhn kam so leicht keiner vorbei, „Charly“ Dörfel hatte nach über zwei Jahren sein Comeback im DFB-Team gefeiert. Krug, Bähre, Stapelfeldt, Wulf, Dehn, Piechowiak – alles bewährte Leute; Ernst Kreuz sollte Regie führen, und schließlich hatte man ja noch die Seeler-Brüder. Uwe, wer konnte daran überhaupt zweifeln, würde der erste Top-Torjäger der Bundesliga sein, so wie er schon 1956, 1959, 1960 und 1961 Torschützenkönig aller Oberligen gewesen war.

Er wurde es tatsächlich, mit 30 Treffern; er wurde auch, zum zweiten Mal nach 1960, zum „Fußballer des Jahres“ gewählt und debütierte im Oktober 1963 in Wembley in der FIFA-Weltauswahl gegen England. Den drei Toren aus dem Pokalfinale ließ er einen Hattrick im Länderspiel gegen die Türkei folgen (ebenfalls 3:0) – aber „Uns' Uwe" konnte nicht alles machen, und anderswo waren sie auch früh aufgestanden. In manchen Vereinen noch ein bisschen früher, zum Beispiel beim 1. FC Köln, bei 1860 München, sogar beim über die Schulter angesehenen Meidericher SV (gängige Frage: Wo liegt denn Meiderich?). Nicht nur über Geografie musste man in der Zeit manches Neue lernen. Die 60er – nicht nur die „Löwen" mit Merkel und Radenkovic, sondern auch die 1960er Jahre – hatten es in sich.

Catenaccio und Schmetterlingsnieser

Im Fußball war jenes Jahrzehnt, global gesehen, eher eine Art Eiszeit, eine Phase der Stagnation und des Rückschritts. Streng taktisch ausgerichtetes Defensivspiel begann sich durchzusetzen, „Catenaccio" genannt und zur Perfektion gebracht durch Männer wie Helenio Herrera, Trainer beim Internazionale FC in Mailand. Als „Inter" 1964 den Europacup der Landesmeister gewann – 3:1 wurde Real Madrid im Endspiel besiegt – fragte der *Kicker* sich und seine Leser auf der Titelseite: „Fußball in Gefahr?"

Die Sorge lag nahe; rückblickend wird aber auch deutlich, dass es nicht zuletzt die italienische Erfindung des Libero war, welche langfristig zu einer echten Modernisierung und zum Revival attraktiven Fußballs geführt hat. Wer weiß, vielleicht würde man beim erneuten Angucken jenes 1964er Endspiels von „perfektem Konterspiel" der Mailänder reden. Aber damals trauerten viele dem Angriffsfußball nach, den sie in den 50er Jahren gerade auch im Europacup und bei den Weltmeisterschaften in der Schweiz und Schweden bewundert hatten. Demgegenüber strahlten die WM 1962 in Chile und auch die 1966 in England keinen Glanz aus. Es wurde – mit Ausnahmen – gemauert und getreten; enorme, teils brutale Härte und ausgesprochene Skandalspiele verdarben die Festtage. Nicht von ungefähr wurde Pelé, der 17-jährige Wunderknabe der WM 1958, in beiden folgenden Turnieren frühzeitig verletzt; erst 1970 in Mexiko gab es ein großes Comeback für ihn, für Brasilien und für den Offensivfußball.

Allerdings sah die Sache anders aus, wenn man sie aus bundesdeutscher Sicht betrachtete. Uwe Seeler, inzwischen Kapitän der Nationalelf, und seine Mannschaft brachten aus England den Titel des Vizeweltmeisters mit – ein unerwarteter Erfolg, und mit etwas mehr Glück hätte sogar der ganz große Wurf gelingen können. Das war nach allgemeiner Ansicht schon die erste Auswirkung der großen Reform, die der DFB nun endlich gewuppt hatte. Nach jahrelangen Planungen und immer wieder neuen Vertagungsbeschlüssen hatte die Bundesrepublik eine eingleisige höchste Spielklasse bekommen: die Bundesliga. Und so kurios es klingt – gerade durch die Verspätung dieser Reform herrschte im westdeutschen Fußball (inklusive Westberlin) Aufbruchstimmung inmitten der Depression ringsum.

Es tat sich eine Menge in den bewegten 1960ern, und dass mit dem nachdenklichen, manchmal zögerlichen Sachsen Helmut Schön ein neuer Bundestrainer im Amt war,

Als die Sammelbilder noch nicht selbstklebend, sondern aus dicker Pappe waren (praktischer beim Tauschhandel!), kommandierte „Schorsch“ Knöpfle (Mitte) beim HSV solche Cracks wie Uwe Seeler und (im Uhrzeigersinn) Bähre, Horst Schnoor, Werner Krämer, Kurbjuhn, Pohlschmidt, Piechowiak und Peltonen.

der einen ganz anderen Führungsstil verkörperte als der „Chef" Sepp Herberger, passte in die Zeit. Autoritäten wurden überall in Frage gestellt; in der Schule konnte man es plötzlich wagen, Lehrern zu widersprechen; Zentimeter um Zentimeter wurde den Vätern Toleranz oder Resignation bezüglich der Haarlänge abgerungen; an den Universitäten hatten die „68er" ihre kurze, seitdem nostalgisch verklärte Blütezeit, und auf Elmshorner Schulhöfen (Kreis Pinneberg) wurden Joints gedreht. Die wochenlange Angst während der Kuba-Krise war vergessen, Kurt-Georg Kiesinger wurde ausgebuht (in Elmshorn!), die Bonner Große Koalition mündete in die sozialliberale Ära, der Mensch landete auf dem Mond – „with the power of ten billion butterfly sneezes", so die Moody Blues, mit der Kraft von zehn Milliarden Schmetterlingsniesern – und in Hamburg erschien die legendäre Annonce des Star-Clubs: „Die Zeit der Dorfmusik ist vorbei". Denn auf dem Kiez traten die Beatles auf.

Auch im Spitzenfußball war Dorfmusik out; der HSV trat in der Meisterschaft nicht mehr in Göttingen und Nordhorn an, sondern nur noch in Städten wie Köln, München und Berlin (zum allerersten Bundesligaspiel jedoch in Münster/Westfalen). Die Massen waren begeistert und füllten die Stadien, schon in der zweiten Saison 1964/65 stellten sie mit durchschnittlich 27.052 Besuchern einen Rekord auf, der geschlagene 30 Jahre Bestand haben sollte, und ohne Zweifel stieg das spielerische Niveau deutlich an.

In der Vor-Bundesliga-Zeit wurde Fußball eher gearbeitet als gespielt, und die oben erwähnte Defensivtaktik und auch die übergroße Härte waren hier zu Lande schon früher kennzeichnend als im europäischen Spitzenfußball, nämlich in der Oberligazeit. „Der kann manchmal kaum noch Haut auf den Schienbeinen gehabt haben", erinnert sich ein regelmäßiger Rothenbaum-Besucher an den jungen Seeler, und von Uwe selbst findet sich in einem *Kicker* vom Januar 1957 folgender Kommentar nach einem Spiel in Neumünster: „Ständig drei gegen eins und dann allzuoft anstatt gegen den Ball gegen die Füße, das ist wirklich kein Spiel." Jupp Posipal, damals noch im Team: „Wenn erfahrene frühere Nationalspieler zu solch taktischer Einstellung kommen (gemeint war der VfR-Trainer Hans Appel, jrp), dann dürfte es mit unserm Fußball bald vorbei sein."

1963/64 Ich und Profi? Niemals!

Das sollte nun ganz anders werden, und vieles wurde besser, obwohl die Bundesliga in den Anfangsjahren statutenmäßig nicht viel mehr war als eine bundesweite Oberliga. Fast alle Beschränkungen der 1950er Jahre galten weiterhin: Maximal drei neue Spieler durften vor Saisonbeginn verpflichtet werden, sofern sie von anderen Vereinen kamen; nur in Fällen von Sportinvalidität gab es Ausnahmen. Während der laufenden Saison waren Transfers überhaupt ausgeschlossen. Noch konnte vom Vollprofitum keine Rede sein; für Spielergehälter und Ablösesummen galten strenge Deckelungen, und da natürlich viele zu tricksen versuchten, war die Saat für die Affären von 1965 (Lizenzentzug für Hertha BSC) und 1971 (Bestechungsskandal) schon ausgestreut. Aber immerhin wurde auch Uwe Seeler im Februar 1963 mit der Äußerung zitiert: „Ich bin ein besessener Fußballspieler. Aber Profi? Ich und Profi? Niemals!“. Schon einige Jahre zuvor hatte man ihm verlockende Auslandsangebote vorgelegt, doch ohne Erfolg.

Sportlich rutschte den Hamburgern – nach anfänglichen Erfolgen – schon im ersten Jahr das Herz in die Hose. 7:1 Punkte nach vier Spielen, 13:5 nach neun Partien – das war sehr gut, und die Fans waren zufrieden. Aber dann! 0:4 in Meiderich (man hatte hingefunden), 1:4 in Köln, 2:3 bei den eher mäßig starken Lauterern – da rückte der erhoffte Meistertitel in weite Ferne. Am Morgen nach der Niederlage am Betzenberg gab es das hartnäckige Gerücht, Uwe Seeler sei bei einem Unfall ums Leben gekommen. Das bestätigte sich zum Glück nicht. Aber als der HSV Anfang März mit einer Packung von 2:9 gegen 1860 aus München zurückkam, herrschte in der hamburgischen Presse eine Stimmung, als wäre das Wasser aus dem Hafen gelaufen (ungefähr so wie heute nach jedem Heim-Unentschieden).

Immerhin beendete die Mannschaft die Saison 1963/64 ohne Heimniederlage, was kein anderer Verein geschafft hatte, selbst der überlegene Meister 1. FC Köln nicht. Das Volksparkstadion war noch eine Bastion und der 6. Platz am Saisonende ja auch ganz gut. Hätte man geahnt, dass man anschließend acht Jahre warten musste, bis wenigstens mal ein 5. Platz erreicht würde… Jedenfalls musste sich das Hamburger Publikum daran gewöhnen, dass die großen Zeiten erstmal vorbei und – besonders schwer zu schlucken! – sogar die anderen norddeutschen Vereine, namentlich Werder Bremen und Eintracht Braunschweig, in dieser Phase erfolgreicher waren.

1964/65 444 Uwe-Tore in Punktspielen

Neuer Trainer ist 1964/65 Georg Gawliczek, und nach knapp zwei Dritteln der Saison und einem Zwischenspurt sind die Rothosen Tabellendritter, nur einen Punkt hinter Köln und Werder. Dann folgen Schreckenswochen. Im Heimspiel gegen Borussia Neunkirchen prallt Horst Schnoor mit Harry Bähre zusammen und erleidet einen Jochbeinbruch, woraufhin Willi Giesemann zwischen die Pfosten muss (auch das ist zu der Zeit immer noch wie in der Oberliga: ausgewechselt werden darf nicht). Der HSV verliert 1:2. Kurz darauf kommt Werder Bremen ins Volksparkstadion. Diesmal, an einem höchst ungemütlichen Februartag, fühlt man sich an die Sage vom Hasen und Igel erinnert – wo immer ein Hamburger hinläuft, hat schon längst ein Bremer den Ball weitergespielt. Werder, auf dem Weg zur ersten Meisterschaft, spielt unter „Fischken“ Multhaup ein modernes, variables System, gewinnt 4:0, und erstmals hat man den Eindruck, dass sich der HSV spielerisch von der Entwicklung hat abhängen lassen. Genau einen Monat später ist Werder im selben Stadion mit drei Spielern vertreten, als die Nationalmannschaft gegen Italien 1:1 spielt. HSVer sind nicht dabei, aber im *Abendblatt* läuft eine Serie von und über Uwe Seeler, mit vielen Fotos von seinen schönsten Toren, von denen es vielleicht nie wieder welche geben wird. Denn am 20. Februar, eine Woche nach dem Nord-Derby, hat sich Uwe beim 1:2 in Frankfurt die Achillessehne

„Uns Uwe" im WM-Jahr 1966, bei einem Bundesligaspiel gegen Eintracht Frankfurt.

gerissen, eine Verletzung, die zu der Zeit noch das ziemlich sichere Karriereende bedeutet. Und das, so zittert die Nation, auch noch ein halbes Jahr vor dem entscheidenden WM-Qualifikationsspiel in Stockholm, wo gegen Schweden ernsthaft das Ausscheiden droht nach dem 1:1 im ersten Spiel in Berlin.

Was in den Monaten danach geschieht, ist fußballhistorisches Grundwissen: Operation durch Dr. Kurt Fischer, Heilungsprozess und eisernes Training erzwingen den Erfolg, gerade noch rechtzeitig ist Seeler einigermaßen fit, mit eigens angefertigtem Spezialschuh tritt er in Stockholm an – und schießt das 2:1, welches Helmut Schöns Team nach England bringt. Wen wundert's, dass in späteren Jahren in einem Buch mit dem Titel „Uwe Uwe" sogar die aufgeklappte Hacke auf zwei Fotos zu besichtigen ist, vorher und nachher mit der zerrissenen bzw. geflickten Sehne.

Es ist noch längst nicht Seelers letzte Glanztat in der Nationalmannschaft, die er als Kapitän durch die WM 1966 und – nach zwischenzeitlichem Rücktritt – auch noch die von 1970 führen wird. Als er am 9. September desselben Jahres in Nürnberg zum letzten Mal das DFB-Trikot trägt, ist es sein 72. Länderspiel; damit und auch mit den 43 Länderspieltoren ist er vorübergehend Rekordmann. Bundesverdienstkreuz und – zum dritten Mal – die Wahl zum Fußballer des Jahres krönen das Jahr, in dem Uwe Seelers internationale Karriere endet (abgesehen von einem kurzen Comeback aus PR-Gründen mit einem Spiel und zwei Toren für Cork Celtic 1978).

Fast drei Jahrzehnte lang war Uwe Seeler bei Weltmeisterschaften mit 21 Einsätzen ohne jede Aus- oder Einwechselung alleiniger Weltrekordmann (drei „seiner" Spiele wurden verlängert, so dass die Gesamtdauer 1.980 Minuten beträgt, genau 33 Stunden WM-Fußball. Inzwischen hat Lothar Matthäus diese Marke übertroffen, es sei ihm gegönnt).

In deutschen Stadien ging „Uns' Uwe" noch weitere zwei Jahre auf Torejagd. Im Herbst 1971 war – weitgehend unbemerkt – sein 500. Pflichtspieltor für den HSV fällig (Meisterschaft, Pokal und Europacup). Am 18. März 1972 wurden 26.000 im Volksparkstadion Augenzeugen des letzten Seeler-Tores in der Bundesliga; Wolfgang „Otto" Kleff musste es beim 1:0 über die Gladbacher durchlassen. Zählt man Oberliga, Endrunden und Bundesliga zusammen, war es exakt das 444. Meisterschaftstor des Hamburgers; das irische Intermezzo sowie 43 DFB-Pokal- und 21 Europacuptore kommen noch hinzu, und dann natürlich die in Freundschafts- sowie Länderspielen und in der Europa-Auswahl.

1965-1968 Starke Spieler, schwache Ausbeute

Aber was war währenddessen mit dem HSV, dem Verein und der Mannschaft, deren Kapitän und Symbolfigur Uwe Seeler war? Elfter, Neunter, 14., 13., zweimal Sechster, dann Fünfter und Zehnter, das waren die in der Bundesliga zwischen 1964/65 und 1971/72 erreichten Tabellenplätze. Ein fortwährendes Mittelmaß, an das man sich schon gewöhnt hatte, bevor 1972/73 – in der ersten Saison *nach* Seeler – sogar das Abstiegsgespenst erstmals Dauergast im Volkspark wurde.

Was geschah da, oder besser, geschah da *nicht* während jener Jahre? „Im Augenblick spielt ein Haufen, keine Mannschaft", schrieb das *Abendblatt* schon nach dem erwähnten Werder-Spiel 1965; „Geld, Geld, Geld – nur dieses Thema scheint bei einigen Spielern zu interessieren." Allerdings dürfte dies auch bei anderen Vereinen ein Thema gewesen sein, ob nun bei Werder, in Köln, bei den mächtig aufkommenden Münchener Teams 1860 und Bayern, beim Traditionsclub 1. FC Nürnberg oder auch bei Emporkömmlingen wie Eintracht Braunschweig – Meister der Spielzeit 1966/67 – und Borussia Mönchengladbach. Überall dort schienen sich die allmählich steigenden Spielergehälter eher beflügelnd und nicht als Ballast auszuwirken. Richtig ist, dass sich auch das HSV-Team in jenen Jahren sichtlich verteuerte, denn es trugen durchaus hochkarätige Spieler den rot-weiß-blauen Dress.

So kamen 1965 die Schalker „Knappen" Willy Schulz, ein bereits langjähriger Nationalspieler, und Egon Horst nach Hamburg (woraufhin die Fans am Schalker Markt die Gaststätte des abtrünnigen Schulz boykottierten und ihr Pils in der Kneipe gegenüber tranken – die ihm ebenfalls gehörte. Horst allerdings war bei den „Königsblauen" fristlos entlassen worden). Beide trugen wesentlich dazu bei, die Abwehr der Rothosen zu

Schwache Kulisse, strammer Schuss: Klaus Zaczyk zieht ab, Hertha BSCs Nr. 4 (Tasso Wild) hat Uwe Seeler im Griff.

stärken, und „World-Cup-Willie", wie Schulz nach dem englischen WM-Maskottchen später genannt wurde, kann bis heute als einer der beliebtesten HSV-Spieler überhaupt gelten. Das langgezogene „Willüüüüü", das immer wieder durchs Volksparkstadion brauste, war allerdings zuerst auf Giesemann gemünzt, ging dann auf Schulz (und später auf Reimann) über. Schulz war es auch, der mit Seeler noch bei den unvergesslichen Spielen der WM 1970 in Mexico auflief.

Manfred Pohlschmidt (1965 von Preußen Münster), Hans Schulz (1966 von Werder Bremen), „Bubi" Hönig (1967 von Holstein Kiel), Klaus Zaczyk (1969 vom 1. FC Nürnberg), Georg Volkert (1971 ebenfalls vom „Club"), Ole Bjørnmose (im selben Jahr von Werder) – das waren renommierte, auch von anderen Vereinen umworbene Spieler, die beim HSV zumeist hielten, was man sich von ihnen versprochen hatte und zum Teil langjährige Stammspieler und Stars wurden. Juhani Peltonen, ein finnischer Stürmer aus der Skandinavien-Auswahl, machte mal gute, mal schwache Spiele; Özcan Arkoc hingegen, Torwart aus der Türkei, 1967 von Austria Wien geholt, bewährte sich jahrelang als zuverlässiger Nachfolger des „Dauerbrenners" Horst Schnoor, der, zunehmend von Verletzungen geplagt, nun aufhörte. „Ötschi" war später auch Assistenz- und einige Monate Cheftrainer beim HSV.

Der vielleicht beste, zumindest aber umworbenste Neuzugang des HSV war in jenen Jahren Werner Krämer, 1967 vom MSV Duisburg losgeeist, ein Supertechniker, 13-mal in der Nationalelf eingesetzt; der erhoffte große Regisseur war er jedoch nur zeitweise. Bei ihm wie auch bei manchen anderen Neuen hatte man, zumindest von außen, oft das Gefühl, dass sie nicht hundertprozentig in die Mannschaft integriert waren – wozu ja meist zwei Seiten gehören. Oder auch drei Seiten, wenn man das Publikum mitrechnet, das sich mit der Akzeptanz mancher Spieler schwer tat; Beispiel: Peter „Eiche" Nogly aus Lübeck, zuerst als unbeweglich und technisch unbedarft geschmäht, dann Stamm- und sogar Nationalspieler geworden.

Von zahlreichen Spielen, an die ich mich aus jener Zeit erinnere, seien drei erwähnt, in denen sich Widersprüchliches und gleichzeitig Charakteristisches erkennen lässt. Ein 3:1 über den 1. FC Nürnberg im Frühjahr 1968 vor 43.000 begeisterten Zuschauern (Saisonrekord) – eine Klassepartie gegen Max Merkels „Club", der sich auf dem Weg zur Meisterschaft befand, aber gegen einen auftrumpfenden, von Krämer und Hönig angekurbelten HSV keine Chance hatte. Der Kontrollblick in ein Saisonjournal sagt mir übrigens jetzt, dass das Spiel am 20. Januar stattfand. In meiner Erinnerung war es ein schöner Frühlingstag – da kann man mal sehen. Zehnmal hintereinander blieb die Mannschaft, zu der Zeit von Kurt Koch trainiert, ungeschlagen, doch am Ende sprang wieder nur der 13. Platz heraus.

Dann, am Ende derselben Saison, ein 1:1 gegen Schalke – vor ganzen 8.000, und das wenige Tage vor dem Europacup-Endspiel der Pokalsieger in Rotterdam, dem ersten europäischen Finale, das der HSV überhaupt erreicht hatte. Heute würde ein solch schwacher Besuch geradezu einen Boykott darstellen, aber das war in den Sechzigern anders. Europacup war Europacup, aber ein Punktspiel, in dem es zwischen zwei eher schwachen Teams um nichts mehr ging, da musste man nicht hin.

Keine Chance für den Saarländer

Dafür saß ich an der Wilhelmstraße in Elmshorn dicht am Spielfeldrand, als der HSV dort zum Gastspiel gegen Rasensport, den örtlichen Verein, antrat. Das muss im Sommer 1966 gewesen sein, denn ich erinnere mich zwar nicht an das Ergebnis, wohl aber an den unglücklichen HSV-Rechtsaußen Elmar May. Der war als Neuzugang von Borussia Neunkirchen gekommen, ein gestandener Oberliga- und Bundesliga-Stürmer, scheinbar eine gute Verpflichtung für eine Position, die bis dahin nicht optimal besetzt war. May ist jedoch nur ganze dreimal in der Bundesliga vom HSV eingesetzt worden, und an jenem Tag wurde schon deutlich, dass er keine Chance hatte. Man hörte ja aus kurzer Distanz alle Zurufe der Spieler, sämtliches Schimpfen und verächtliche Schnauben, und wann immer May den Ball hatte – er bekam ihn nur selten –, brüllte alles auf ihn ein, wollte gefälligst sofort angespielt werden, aber doch nicht dahin, Mann! Was macht er denn jetzt schon wieder? Wegwerfende Handbewegung. Den, das war zu spüren, wollten sie nicht.

Cliquenwirtschaft – hinter vorgehaltener Hand hatte man das Wort schon oft gehört. Auch dass zum Beispiel Gerhard Krug viel lieber Verteidiger spielte als Stürmer, weil er dann das Gemeckere weiter vorn nicht anhören musste, galt als bekannt. Krug, hier zitiert nach Jan Feddersen: „Hinten waren die ‚Intellektuellen', wie Seeler immer gesagt hat. Und vorne er. Die Dinger wollte er immer nur reintun, bedingungslos."

Die HSV-Führung bemühte sich jedenfalls unablässig um Verstärkungen, trotz mancher Rückschläge, während die früher so erfolgreiche Pflege des eigenen Amateur- und Nachwuchsbereiches lange vernachlässigt wurde. „Manche von uns waren wirklich nicht schlechter als einige der alten Vögel, die sie damals aufgekauft haben", so Peter Barfuß, Spieler der HSV-Amateure und einmal, 1967 in Duisburg, auch in der Bundesliga eingesetzt. „Der Amateurkader sollte gefördert werden, und der Trainer sah sich auch jedes Spiel an, aber im Grunde war man zu der Zeit immer darauf bedacht, für die Bundesliga Leute von außen zu holen, und wenn es irgendwelche biederen Abwehrspieler waren, Beinbrecher, die kaum geradeaus laufen konnten."

Starker Tobak über eine Zeit, in der am Rothenbaum immerhin ein Fachmann wie Georg Knöpfle wieder die Richtung bestimmte. „Schorschi", der sich dem Rentenalter näherte, war zwölf Jahre nach seinem Abschied zurückgekehrt, nachdem er zuletzt sehr erfolgreich beim 1. FC Köln gewirkt hatte. Währenddessen war Gawliczek im April 1966 beim HSV vorzeitig entlassen worden. Nachfolger „Jupp" Schneider hatte ebenfalls nicht den erwünschten Erfolg und musste es sich gefallen lassen, dass ihn Knöpfle schon vor Saisonende 1966/67 quasi entmachtete. Der Oldtimer amtierte als „Technischer Direktor", traf aber zunehmend alle Entscheidungen selbst. Es gelang der Sprung ins DFB-Pokalendspiel; dieses gewannen die Bayern überlegen 4:0, doch war der HSV

Nürnbergs Keeper Roland Wabra angelt „Charly" Dörfel den Ball vom Fuß... oder nicht? Rechts „Luggi" Müller.

Urgestein: Trainer Knöpfle (links) und Präsident Mechlen.

als Finalist trotzdem für den Europacup qualifiziert, in dem er anschließend einiges an Renommee zurückgewann. Die Mannschaft entschädigte ihre Fans für langes Darben mit begeisternden Auftritten gegen Olympique Lyon und Cardiff City, schlug die Waliser im Halbfinale und stand endlich in einem europäischen Endspiel. 1963/64 hatte es im selben Wettbewerb eine erneute „Barcelona-Trilogie“ und die Revanche an den Katalanen gegeben (0:0, 4:4, 3:2), doch „nur“ im Achtelfinale, und Lyon war damals Endstation gewesen.

Knöpfle gestattete auch dem neuen Trainer, Kurt Koch, 1967-69 nur eine Nebenrolle, während er selbst als „Fußballchef“ – so nannte ihn die Presse – die Mannschaft aufstellte. Der Einzug ins Europacup-Finale 1968 von Rotterdam wurde denn auch eher ihm angerechnet als dem „eigentlichen“ Trainer Koch. Bis 1970 war „Schorsch“ dann offiziell wieder Trainer des Bundesligateams, bevor ein abrupter Generationenwechsel von Knöpfle (66) zu Klaus-Dieter Ochs (31) eine Neuorientierung einläutete.

1968-1973 Umbruch und Neubeginn

Das Finale von Rotterdam, das mit 0:2 verloren ging – AC Milan siegte durch zwei Hamrin-Tore – bedeutete das Ende einer fast 35 Jahre alten Tradition. Damals hatten die Brüder Richard und Friedo Dörfel erstmals gemeinsam für den HSV gespielt; jetzt bildeten Friedos Söhne Gert („Charly“) und Bernd Dörfel letztmals gemeinsam die „Familien-Flügelzange“. Bernd, der Jüngere, wechselte anschließend nach Braunschweig. Er war während der Saison 1963/64 aus dem Amateurteam in den Bundesligakader aufgerückt und hatte sein Debüt gleich im Europacup gegeben (ähnlich wie Helmut Sandmann, der in derselben Saison auch noch Amateur war und später jahrelang als Verteidiger im Team wirkte). Bernd Dörfel, im Gegensatz zu seinem Bruder eher introvertiert, brachte es zu seinen Hamburger und Braunschweiger Zeiten auf 15 Länderspiele, darunter die legendären ersten Siege über England (1:0) und Brasilien (2:1) 1968, und wurde diesbezüglich der erfolgreichste Dörfel überhaupt. „Charly“ spielte noch bis Ende 1971 beim HSV, als zweitletzter Mohikaner aus der 1960er Meisterelf neben Uwe Seeler.

1972: „Uns' Uwe" nimmt Abschied – aber nur als Spieler.

Kontinuität war währenddessen in der Vereinsführung das Leitmotiv. Vierzehneinhalb Jahre war Carl-Heinz Mahlmann Präsident; er verstarb im Amt, nach der Heimfahrt von einem Bundesligaspiel in Kaiserslautern im November 1965. Karl Mechlen stellte sich, mehr als 30 Jahre nach Beginn seiner ersten Amtszeit, nochmals zur Verfügung und fand im Dezember 1968 seinen Nachfolger in Horst Barrelet, dessen Vater Henry schon HSV-Präsident gewesen war. Der Sohn amtierte bis Ende 1973; unter ihm wurde eine allmähliche Rückorientierung vollzogen und mit Blick auf die Bundesliga entschlossener auf Nachwuchsförderung gesetzt.

Stand für die Zukunft des HSV-Teams: Rudi Kargus.

Diese trug nicht sofort Früchte; mit Trainer Ochs erreichte der HSV zwar 1970/71 die beste Platzierung bis dahin in der Bundesliga (Platz 5), aber noch war die Mischung aus erfahrenen und nachrückenden jungen Spielern labil. Zum 10. Platz 1971/72 trugen „Manni" Kaltz, in der Frühjahrsserie auch Memering und Kargus schon bei, doch als 1972/73 mehrere „Alte" aufgehört hatten – Seeler, Dörfel, Özcan, nicht zuletzt Jürgen Kurbjuhn, der robuste Verteidiger-Oldie – da gerieten Trainer und Mannschaft in heftige Seenot. 3:13 Punkte standen nach den ersten acht sieglosen Spielen zu Buch, und die Unterstützung durch das Publikum hielt sich in Grenzen: 6.000 gegen Duisburg, 33.000 zwar gegen Bayern, aber dann wieder 14.000 gegen Werder. Zum Glück war es erstmals gestattet, noch bis Ende der Herbstserie neue Spieler zu verpflichten, und „Eisenfuß" Horst Heese, ab Dezember 1972 im Team, vorher Eintracht Frankfurt, half wesentlich mit, den Abstieg gerade noch zu vermeiden.

Und dann endete das erste Bundesliga-Jahrzehnt mit einem unverhofften Erfolg, der immerhin 30.000 Besucher mit ihren HSV-Jungs und dem scheidenden Trainer Ochs ein bisschen versöhnte. Die gewannen das Endspiel um den DFB-Ligapokal im heimischen Volksparkstadion mit immerhin 4:0 gegen die schon berühmten Gladbacher mit Netzer, Kulik, Vogts, Bonhof, Heynckes, Jensen, Torwart Kleff und so weiter. Der Wettbewerb diente ursprünglich zur Überbrückung der verlängerten Sommerpause 1972 (wegen der Olympischen Spiele in München), zog sich aber bis zum 6. Juni 1973 hin. An diesem Tag holte der HSV seinen ersten Titel seit zehn Jahren durch Tore von Memering, Nogly, Hönig und Hidien, und das Team sei genannt, denn es hatte – bis auf Willy Schulz – noch Zukunft:

► Kargus – Kaltz, Nogly, Schulz, Hidien (85. Krobbach) – Zaczyk, Bjornmose, Hönig – Memering (81.-Winkler), Heese, Volkert.

Mit 27 gehaltenen Bundesliga-Elfmetern sollte Rudi Kargus später einen bis heute gültigen Rekord aufstellen. „World-Cup-Willie" aber hörte anschließend auf, und ihm gebührte der Pokal mehr als allen anderen, war es doch die einzige Trophäe, die er in seiner langen Karriere mit Schalke und dem HSV gewonnen hat. *jrp*

1973 bis 1978

Die Ära Dr. Peter Krohn: Zum Elefantenritt kam's nie

Man wird, natürlich, den Hamburger SV auf immer und ewig mit Uwe Seeler identifizieren. Und denkt man über nunmehr 44 Jahre Bundesliga nach, dann wird man sich an Kaltz erinnern, an Hrubesch, Keegan, Kargus und viele mehr, an Zebec, Happel, Netzer, Barbarez. Aber war da nicht noch was? Der Ritt auf dem Elefanten, rosa Trikots und die Oma, deren Interesse am HSV geweckt werden sollte? Gemeint ist die „Ära Krohn" des Präsidenten und späteren Generalmanagers, die zwar lediglich von Ende 1973 bis Ende 1977 währte, gerade vier Jahre also. Dennoch wurde über kaum einen anderen HSV-Präsidenten und -Manager derart viel publiziert. Und als Dr. Peter Krohn ging, war der HSV nicht mehr der, der er einmal gewesen war.

Es war ein günstiger Moment, den Dr. Krohn ausgesucht hatte, um sich an die Spitze des Vereins zu stellen. In der letzten Saison mit Uwe Seeler als Aktivem war der Klub Mittelmaß, besser wurde es auch im „Jahr eins nach Uwe", der Spielzeit 1972/73, nicht – Rang 14 bedeutete wie schon 1967 die schlechteste Platzierung seit Bestehen des Vereins in einer höchsten Spielklasse. Der Zuschauerzuspruch hatte sich unter der 20.000 Besucher-Marke eingependelt: 16.608 pro Spiel 1970/71 waren die schlechteste Bilanz des Vereins in der Bundesliga, mit 17.337 und 18.020 im Schnitt wurde es in den folgenden Spielzeiten auch nicht besser.

Kuno Klötzer hatte Klaus-Dieter Ochs als Trainer abgelöst, aber auch der Start in die neue Serie 1973/74 versprach wenig: In den ersten 15 Begegnungen erzielte der HSV fünf Erfolge. Es wurde November, die Tage wurden kürzer, Nebel legte sich über Häusermeer und Hafenkante, die Menschen zogen traditionsgemäß hinaus nach Ohlsdorf zum riesigen Gräberfeld des Parkfriedhofs, kurzum: Tristesse hatte sich breit gemacht in der Hansestadt, und der führende Fußballklub schloss sich stimmungsmäßig nicht aus.

Es war der 26. November 1973, als die HSV-Mitglieder wieder einmal im Curio-Haus an der Rothenbaumchaussee zusammenkamen, um einen neuen Präsidenten zu wählen. Dr. Horst Barrelet (52), ein Rechtsanwalt, gleichzeitig Vorsitzender des Hamburger Fußball-Verbandes (HFV), war nach fünf Jahren amtsmüde. Barrelet, 1997 verstorben, war HSV-„Urgestein": Sein Vater war schon Präsident des Klubs gewesen. Insofern galt sein Wort etwas, als er sich für den Nachfolger Dr. Peter Krohn einsetzte, der zur „HSV-Familie" gehörte (Vater Hans wirkte in der Deutschen Meister-Mannschaft des HSV von 1923 als linker Läufer mit und hatte den Sohn zur Kandidatur aufgefordert). Auch die einflussreichen „Alten Herren" des HSV votierten für Krohn junior und nicht für einen der Ihren, den 59-jährigen Paul Benthien.

Dr. Krohn – „ehe es zu spät ist..."

Auch die Presse tendierte zu Krohn. Jupp Wolff, ausgewiesener HSV-Kenner, im *HA:* „Der HSV steht bei der Verschiedenartigkeit der beiden Kandidaten an einem Scheidewege. Hier der dynamische Volkswirt Dr. Peter Krohn, dort der bedächtigere Paul Benthien. So wie der hanseatische Kaufmann das moderne Management einführen musste, so muss es auch beim HSV sein. Entweder bleibt er weiterhin der sportliche Repräsentant einer Stadt von fast zwei Millionen Einwohnern, oder er gleitet ab ins Amateurdenken."

Ringsum in der Bundesliga hatte ein Umbruch begonnen. Beim kometenhaft aufgestiegenen FC Bayern München amtierte einerseits ein diktatorischer Präsident Neudecker, andererseits aber auch der erste Vereins-Manager Robert Schwan. Der 1. FC Köln besaß in Karl-Heinz Thielen, Ex-Nationalspieler und -Dressman, einen Manager, in Mönchengladbach wirkte Geschäftsführer Helmut Grashoff. In Stuttgart hatte sich Senator Weitpert, ein Mann mit lila Haarsträhnen, einen Verwaltungsrat geschaffen, in dem u.a. der CDU-Ministerialdirigent Mayer-Vorfelder saß.

HSV-Kandidat Krohn hatte eine bemerkenswerte Laufbahn hinter sich: Dr. rer. pol., Dipl.-Kfm., Volkswirt. Er wurde von Esso als Manager ausgebildet, war Prokurist bei Springers *Welt,* anschließend Direktoriumsmitglied im Axel-Springer-Verlag, Vorstandsmitglied beim Otto-Versand, seit 1971 Geschäftsführer der SPD-eigenen Hannoverschen Druck- und Verlagsgesellschaft, deren *Hannoversche-Presse*-Chefredakteur er 1972 in Personalunion wurde. Dass er sich als „Karl Schiller-Schüler" vorstellte – der gleichnamige SPD-Mann war „Superminister" für Wirtschaft und Finanzen unter Brandt, Krohn hatte bei ihm Vorlesungen gehört – passte so recht ins Zeitbild. Und finanziell unabhängig war Krohn laut *Bild am Sonntag* auch: „Er und seine Frau sollen so viel Geld besitzen, dass sie davon einige Jahre sorgenfrei leben könnten."

Das Votum der 478 HSV-Mitglieder pro Krohn, der versprach: „Ich führe den HSV wieder an Europas Spitze!", fiel überraschend deutlich aus: 379 Ja-Stimmen für ihn, 95 für Benthien. Vor der Wahl hatte Kandidat Krohn noch rasch beim FC Bayern im neuen Olympiastadion vorbeigeschaut: „Es hat mir gefallen, was die Bayern für ihre Gäste tun, wie angenehm die Aufenthaltsräume für die Anhänger sind. Diese können nicht nur vorher und während der Pause in wohltuender Atmosphäre Getränke und Speisen zu sich nehmen, sondern haben auch nach Spielschluss die Gelegenheit, Farbfernseh-Übertragungen mitzuerleben, für die mehrere Geräte zur Verfügung stehen." VIPs, Logen, Business-Seats gab's da noch nicht...

Am 1. Dezember 1973, Krohn war gerade fünf Tage Präsident, traf der HSV im DFB-Pokal auf Darmstadt 98 und gewann 3:1. Dies muss man sich nicht merken, aber das: Am Montag darauf erschien in *Bild* zweispaltig ein Report, dass Peter Krohn bei dem

Hatte es schwer mit dem neuen Präsidenten: Trainer Kuno Klötzer.

Match seine Brieftasche verloren hätte; 500 DM Belohnung wurden ausgesetzt. Von da an galt: Kaum ein Tag ohne Dr. Krohn in der Presse. Ein Bonmot machte die Runde: Bei Hamburger Redaktionskonferenzen sei stehende Rede: „Haben wir eine Schlagzeile oder rufen wir Dr. Krohn an?" Innerhalb kürzester Zeit wurde Krohn „der größte Showman im deutschen Fußball". „Die Bundesliga ist der Zirkus unseres Jahrhunderts", tat Krohn kund – und begriff sich, zumindest für die Hamburger Dependance, als dessen Direktor. Heute steht der im Verein sehr geschätzte Dr. Krohn dem Kommerz und all dem Brimborium im Zusammenhang mit dem Profifußball eher kritisch gegenuber. Dem Stadion-Magazin *HSV Live* sagte er 2006: „Heute denke ich über das eine oder andere durchaus auch ein wenig anders als vor 30 Jahren." Letztlich aber hat er eine Entwicklung wesentlich mit angeschoben, die sich dann nicht mehr aufhalten ließ.

Bonbonrosa Trikots, erotische Sektbäder

Der Begriff „Neuerer" stammt zwar aus der DDR, aber auf den ruhe- und rastlosen Krohn passte er unbedingt. „Fans kaufen Spieler", war seine erste Aktion: Die Eintrittspreise wurden erhöht, das brachte über 100.000 DM und Neuzugang Horst Bertl (auch die Gästeanhänger zahlten gezwungenermaßen mit). In England wurden „Spezialtrikots" mit Leuchteffekten geordert, schließlich die „Kreation Pierre Krohn" (Originalton des Präsidenten), bonbonrosa und himmelblau – „diese Farben gefallen Frauen!" Am Rothenbaum wurde „Showtraining" angesetzt, die Profis dribbelten ums Podium einer Musikkapelle, Freibier wurde ausgeschenkt und Luftballons stiegen auf, das lockte 8.000! Die Spieler wurden ins Theater geschickt, hatten Tina Turner als Ehrengast beim Mannschaftsessen und mussten die Nacht vor den Begegnungen nicht mehr in Ochsenzoll oder Norderstedt verbringen, sondern wurden ins teure Hotel-Hochhaus „Plaza" (heute SAS Radisson) am Dammtor-Bahnhof eingecheckt. Von Spielplakaten wurde der Begriff „Freundschaftsspiele" verbannt (Krohn: „ein Terminus aus dem vorigen Jahrhundert"), die Stehplätze der Volksparkstadion-Ostkurve sollten in Sitzplätze umgewandelt und überhaupt die komplette Arena neu gestrichen werden: „Ein buntes Stadion vermittelt Stimmung und sorgt für den Abbau von Aggressionen" (Krohn). Für den Gewinn der Deutschen Meisterschaft bzw. des DFB-Pokals versprach der Newcomer: „Dann reiten wir im Frack auf Elefanten über den Jungfernstieg." Am Rothenbaum installierte Krohn eine „Fußball-Studiobühne", auf der ab 1976 sonntagmorgens ein Reservisten-Team namens „HSV-Extra" auftrat, mal nach dem „alten WM System" (1:2:3:5), mal mit sechs Stürmern. Dass Krohn später als Generalmanager auch selbst den Rasen betrat, als er beim 4:1 gegen Schalke im Volksparkstadion erst wie ein Derwisch hinter dem Tor hin und her lief und schließlich während der Partie sogar auf den Platz, um Sperlichs 2:1 zu feiern, missfiel dem Präsidium: Es wies Dr. Krohn an, entweder auf der Tribüne oder der Trainerbank Platz zu nehmen.

„Hollywood ist tot. Es muss Ersatz her, zum Beispiel Fußball", proklamierte Krohn. „Auch die Oma muss sich für den HSV interessieren. Klar, dass die nicht ins Stadion kommt. Aber sie muss sich mit ihrem Enkel darüber unterhalten können." SAT1-„ran", die später erfundene Unterhaltungsshow mit Fußball, hätte seinen „Propheten" eigentlich immer im Nachspann würdigen müssen...

Für das UEFA-Cup-Hinspiel im Herbst 1975 bei Young Boys Bern setzte der Präsident für HSV-Torschützen „Sekt satt" aus: „So viel Champagner, dass jeder mit seiner Frau oder Freundin in der Wanne darin baden kann. Das ist erotisch" (die HSV-Akteure schien das Sektbad nicht zusätzlich zu motivieren, sie spielten 0:0). Für das Pokalspiel in Mönchengladbach lobte Krohn eine 1.200-DM-Prämie pro Mann aus, nicht etwa für einen Sieg, sondern für ein Unentschieden, das ein Wiederholungsspiel und zusätzliche Einnahme in Hamburg bedeutet hätte.

8.000 Mark Prämie pro Spieler wurden für einen Europacup-Erfolg gegen Juventus Turin ausgesetzt. Daraufhin „Herbert Quitzau und mehrere Arbeitskollegen" im Leserbrief an die *Morgenpost:* „Verehrter Herr Dr. Krohn, begreifen Sie gar nicht, welchen Schaden Sie mit solchem Geldgerede anrichten? Werden Ihre Spieler nicht schon wie Minister und Großindustrielle bezahlt?"

Als der HSV-Chef das „Aktuelle Sportstudio" des ZDF zu langweilig fand, wollte er dessen Gastmoderator werden. Stattdessen moderierte Krohn – 1977 sein letzter großer Auftritt – an der Seite von Dagmar Berghoff die Bühnenshow zum 90-jährigen HSV-Bestehen vor 3.000 Gästen.

1973-1977 Der Präsident als Trainer

Es war vom Krohn'schen Selbstverständnis her nur logisch, dass er auch im sportlichen Bereich intervenierte und die Kompetenzen von Trainer Kuno Klötzer ein ums andere Mal beschnitt. Die Mannschaft sah's mit Grausen, konnte sie doch mit dem Fußballlehrer gut zusammenarbeiten, wollte es sich andererseits aber auch nicht mit dem Präsidenten und späteren Generalmanager, der ja fürs Geld zuständig war, verscherzen. Immerhin verlängerte Krohn nach 20 Tagen Amtszeit als Präsident den Vertrag mit Klötzer um zwei Jahre.

Was letzteres Unternehmen betraf, wollte Dr. Krohn nicht abseits stehen.Beim 0:1-Halbzeitstand im Oktober 1974 in Duisburg tauchte er in der Kabine auf und wies Klötzer an, Eigl für Krobbach einzusetzen. Klötzer widersprach, lenkte aber schließlich doch ein. Krohn vor seinem Abgang aus der Kabine zu den Spielern: „Ich habe mit dieser Auswechslung nichts zu tun." Der Trainer blieb erstmal bei dem völlig geknickten Krobbach und zeigte sich erst vier Minuten nach Wiederanpfiff auf der Bank. Der HSV verlor 0:2.

Krohn versprach Zurückhaltung, doch als sich 700.000-DM-Einkauf Willi Reimann, als „Uwe-Seeler-Nachfolger" von Hannover 96 verpflichtet, bei ihm über Klötzer beschwerte, verlangte der Präsident: „Bis zur Rückrunde muss Reimann in der Mannschaft sein, sonst greife ich ein!" Vor dem Auswärtsspiel in Nürnberg 1975 wurde Klötzer telefonisch angewiesen, anstelle von Spincke Kaltz auf die Libero-Position zu stellen. Verteidiger Hidien sollte plötzlich Mittelstürmer spielen. Als im August 1975 das Auswärtsspiel auf dem Bieberer Berg von Offenbach anstand, wollten Trainer und Team am Spieltag, einem Freitag, anreisen. Krohn schickte die Mannschaft aber bereits Donnerstag gen Hessen: „Wir wollen doch die Mitbestimmung nicht karikieren. Die Mannschaft ist eine Fremdenlegionärs-Truppe, die den angenehmsten Weg gehen will. Es ist nun mal so, dass der bestimmt, der einen Stern mehr hat. Und ich habe einen Stern mehr als Herr Klötzer."

In der *Welt* setzte sich der Trainer zur Wehr: „Wenn Dr. Krohn den Trainer spielen will, dann soll er auch die taktischen Besprechungen und das Training leiten." Krohn daraufhin im heißen HSV-Sommer '75: „Klötzer sollte nicht vergessen, dass er vor seiner HSV-Zeit mit drei Klubs abgestiegen ist. Ich habe gegen seinen Willen Blankenburg, Ettmayer und Bertl geholt. Die Welt des Herrn Klötzer sind doch immer nur die Spinckes und Wöbckes" (Spincke aus Lurup machte ein BL-Spiel, für Torwart Wöbcke aus Elmshorn blieb die Intertoto-Runde). Im Februar 1976 wurde Klötzers Vertrag dennoch um ein weiteres Jahr verlängert.

Ruhe aber kehrte nicht ein. Nach einem 2:4 im Dezember 1976 in Bochum gerieten Spieler und Manager heftigst aneinander. Kaltz wurde mit den Worten zitiert: „Herr Dr. Krohn, Sie haben doch keine Ahnung vom Fußball!" Torhüter Kargus soll gesagt haben: „Ihnen habe ich meine Karriere bestimmt nicht zu verdanken!" Der Manager ging auf „Maulwurf"-Jagd und bestellte alle Profis in eine Anwaltskanzlei am Neuen Wall ein:

Dort sollte jeder von ihnen eine vorbereitete eidesstattliche Erklärung unterschreiben, dass er die Presse nicht informiert hätte. Drei Spieler weigerten sich – „aus Prinzip“: Volkert, Kaltz und Ripp.

Erst im Dezember 1977, da schon nicht mehr in Amt und Würden, zeigte Krohn Reue: „Es war ein Fehler, Kuno Klötzer in die Aufstellung hineinzureden.“

„Deutschlands Buhmänner“

Die neue Hamburger Öffentlichkeitsarbeit, völlig ungewohnt für einen Klub, dessen Symbolfigur der bescheidene und ruhige Uwe Seeler war, rief Reaktionen hervor: Der HSV wurde zusehends unbeliebter; „wir sind Deutschlands Buhmänner“, klagten die Spieler. Kapitän Volkert deprimiert nach einer Niederlage in Hannover: „Uns geht's jetzt so wie in den schlimmen Zeiten Bayern München. Überall, wo wir hinkommen, werden wir ausgepfiffen.“ Und Offenbachs Coach Rehhagel nach dem 3:2-Heimerfolg seiner Mannschaft: „Die Spieler wollten nicht den HSV schlagen, die wollten dem Manager Krohn eins auswischen!“ Ein Hamburger Arbeiter meldete sich von der Montage in Leverkusen per Leserbrief: „Es hat sich im Westen eine Welle der Feindschaft gegen den HSV breitgemacht. Wir hätten uns in einer Arbeitspause beinahe mit Kölner Kollegen geschlagen!“

Da stellt sich die Frage, wie und warum es der HSV so lange mit Dr. Peter Krohn aushielt? Die Antwort lieferte z.B. die Zeitschrift *Der Sport:* „Unter Dr. Krohn ist der HSV und damit auch der Fußball in Hamburg wieder attraktiv geworden.“

Als Peter Krohn am 26. November 1973 sein Amt als Präsident antrat, hatte der HSV, wie es Schatzmeister Kallmann später formulierte, „neun Punkte, einen Berg von Schulden und ein abgebrochenes Clubhaus.“ Bereits am 2. Januar 1974, natürlich in standesgemäßer Umgebung im Luxus-Hotel „Vier Jahreszeiten“ an der Binnenalster, wo Spieler Zaczyk vor einem wertvollen Gobelin im neuen Trikot posieren musste, präsentierte Krohn mit „der Weltfirma Campari“ einen neuen Werbepartner, der 800.000 DM für zweieinhalb Jahre einbrachte (Dr. Barrelet hatte erste Kontakte geknüpft). Mit Trikotwerbung liefen zu dem Zeitpunkt nur noch Bayern München (adidas), Braunschweig (Jägermeister), Frankfurt (Remington) und Duisburg (Brian Scott) auf. Zum 1. Juli 1977 schloss Krohn einen Drei-Jahres-Vertrag mit dem japanischen Konzern Hitachi als Trikot-Werbepartner ab, was insgesamt 1,5 Mio. DM bedeutete.

Der Umsatz des Vereins explodierte regelrecht, was Krohn, der die entsprechende Pressekonferenz im Alleingang (!) abhielt, freudig mitteilte: In der Saison 1972/73, also vor seiner Zeit, hatte der Umsatz 2,9 Mio. DM betragen, der Verlust 250.000 Mark. Die Runde 1973/74 brachte 5,7 Mio. Umsatz und 250.000 Mark Gewinn – erstmals seit 1964/65 schrieb der Hamburger SV in einer Bundesliga-Saison wieder schwarze Zahlen! Der Umsatz stieg schließlich auf 16 Millionen, bis dahin absoluter Vereinsrekord, der Gewinn im Bereich Bundesliga auf vier Millionen.

„Eiche" Nogly war als Mannschaftskapitän auch kämpferisch ein Vorbild. Rechts Gerd Zewe, Fortuna Düsseldorf.

Bedingung für diese Entwicklung war natürlich, dass die Mannschaft aus dem Mittelmaß herauskam. Dafür waren die Voraussetzungen bei Krohns Amtsantritt 1973 günstig: Dank der Arbeit von Talentsucher und Jugendmanager Gerhard Heid hatte der HSV vielversprechende Akteure wie Torwart Kargus (21), die Verteidiger Hidien (20) und Kaltz (20), Abwehrmann Krobbach (19) und Mittelfeldspieler Memering (20) zur Verfügung – eine halbe U 21 sozusagen. Hinzu kamen bewährte Kräfte wie der Däne Bjørnmose, „Fuchs" Volkert, „Johnny" Winkler und „Eiche" Nogly. Zwar wurde man in der Liga lediglich Zwölfter, erreichte aber das DFB-Pokalendspiel gegen Eintracht Frankfurt (1:3 n.V.) und war als Pokal-Vize für den UEFA-Cup qualifiziert.

Bertl, Eigl und Reimann kamen neu für die Runde 1974/75, die zweite mit Trainer Klötzer, in der der HSV mit Rang 4 seine bislang beste Bundesliga-Platzierung erreichte. Die Mannschaft blieb weitgehend von Verletzungen verschont, so dass die Stammspieler auf eine hohe Zahl von Einsätzen kamen: Kargus (33 von 34 Begegnungen); Kaltz (33), Nogly (33), Winkler (28), Hidien (20); Zaczyk (33), Memering (27), Bjørnmose (30); Bertl (28), Sperlich (31), Volkert (34). Erstmals nach drei Jahren wieder international im Geschäft, zog der Klub u.a. über Dynamo Dresden (4:1 zu Hause, 2:2 in

Sachsen, wo Kargus zwei Strafstöße hielt) ins Viertelfinale gegen Juventus Turin ein (0:2, 0:0 in Hamburg vor 60.000).

1975/76 steigerten sich die Hamburger nochmals, nun mit dem als „Weltklasse-Libero“ bezeichneten Schwaben Blankenburg von Ajax Amsterdam und dem beim VfB Stuttgart in Ungnade gefallenen österreichischen Nationalspieler „Buffy“ Ettmayer (1,72 m/85 kg): Sie wurden Zweiter, vier Punkte hinter Mönchengladbach, besser war der HSV zu Bundesligazeiten nie gewesen. Klötzer hatte wiederum kaum verletzungsbedingte Ausfälle. Wieder spielte man international im UEFA-Cup, erreichte das Halbfinale gegen den FC Brügge, in dem man nach 1:1 und 0:1 ausschied. Zudem griff der HSV, nunmehr eine bundesdeutsche und europäische Spitzenmannschaft, im DFB-Pokal an, wo ihn nach fünf Siegen in Folge im Halbfinale Bayern München erwartete, zwar nicht mehr Deutscher Meister, aber nach wie vor ein Starensemble. 2:2 nach Verlängerung endete die erste Partie vor 52.000 im Volksparkstadion, 1:0 für Hamburg die zweite vor 55.000 in München (Eigl traf in der 90. Minute). Das Frankfurter Pokal-Endspiel gegen den 1. FC Kaiserslautern ging mit 2:0 an den HSV, der damit nach 13 Jahren Pause wieder diesen Wettbewerb gewann.

Die Spielzeit 1976/77, man schloss in der Liga als Sechster ab, brachte dann den bis dahin größten Erfolg der Vereinsgeschichte: Im Europacup der Pokalsieger gewann der HSV am 11. Mai 1977 das Endspiel im Amsterdamer Olympiastadion gegen den RSC Anderlecht mit 2:0 (siehe dazu die folgenden Seiten).

Klar, man ging wieder ins Volksparkstadion: War der Zuschauerschnitt 1973/74 auf 24.087 gesunken, so verzeichnete man in den drei darauf folgenden Spielzeiten 31.412, 30.534 und 31.193 Besucherinnen und Besucher pro Spiel. Hinzu kamen die Zahltage in Pokal- und internationalen Wettbewerben: 50.000 z.B. gegen Mönchengladbach, 56.000 gegen Offenbach, 52.000 gegen Bayern München, 55.000 gegen Dresden, 60.000 gegen Juventus, 61.300 gegen Belgrad, 50.000 gegen Brügge, 61.000 gegen Atletico Madrid etc. etc.

1976 erreichte der HSV das Halbfinale im UEFA-Pokal. Trotz Reimann-Tores schied er gegen den FC Brügge aus (1:1, 0:1).

11. Mai 1977: Erstmals auf europäischem Fußball-Gipfel

Sicherlich dürfte das in die Sparte Allgemeinwissen für HSV-Kenner gehören: Amsterdam, Mittwoch, 11. Mai 1977, 2:0 gegen RSC Anderlecht, Europacup der Pokalsieger – es war der bis dahin größte Erfolg der HSV-Vereinsgeschichte. Dass vorher Keflavik aus Island, Edinburghs Heart of Midlothian (unbedingt einer der schönsten Vereinsnamen der Fußballwelt!), MTK Budapest und Atletico Madrid überwunden werden mussten, ist möglicherweise auch noch im Gedächtnis. Aber war da nicht schon vorher eines der höchsten Hindernisse auf dem Weg nach Amsterdam zu nehmen, im DFB-Pokal-Halbfinale 1976 gegen Bayern München?

München, in späteren HSV-Glanzzeiten stets einer der großen Rivalen, stellte in den 70er Jahren Weltklasse dar: Europacupsieger 1974, 1975, 1976, Meister 1972, 1973, 1974, Pokalsieger 1971. Der HSV hatte im DFB-Pokal 1975/76 unproblematische Heimspiele gegen die Amateure des 1. FC Köln, Salzgitter und Jülich10 hinter sich gebracht und auch in Bayern Hofs legendärer „Grüner Au" vor 18.000 und in Homburg vor 20.000 bestanden. Gegen die Bayern hatte man am 4. Mai 1976 Heimvorteil; das Punktspiel am 17. April im Volkspark war mit 1:0 an München gegangen. Nun erlebten 53.000 einen Thriller: 1:1 stand es nach 90 Minuten (Tore: Bjørnmose, Rummenigge), dann schoss Beckenbauer das 1:2, aber Peter Nogly, als Kapitän einmal mehr kämpferisches Vorbild, glich in der 115. Minute aus.

An einem weiteren Dienstag stand das Rückspiel im Münchner Olympiastadion an und die HSVer stapelten vorab tief: „Wenn wir dort gewinnen, wäre das ein Wunder", sagte Nogly. „Einen Erfolg zu prophezeihen, wäre Größenwahn", schloss sich der beliebte Trainer Klötzer an. Die Münchner Platzverhältnisse glichen jenen der „WM-Wasserschlacht" von 1974 zwischen der BRD und Polen. Der HSV bot auf:

▶ Kargus – Kaltz, Nogly, Blankenburg, Hidien – Bjørnmose, Memering, Zaczyk, Eigl – Reimann, Volkert.

Als Gerd Müller in der 82. Minute zum Strafstoß antrat, schien alles gelaufen, doch Rudi Kargus parierte (der Gefoulte soll eben nicht selbst schießen!). Und dann die 91. Minute: Flanke von Volkert auf Eigl – eigentlich war er ja der „Flanken-Kurt" –, 1:0 und Endspielteilnahme – verdient, wie Bundestrainer Schön meinte. Interessant: In der ARD gab's erst ab 22 Uhr 50 bewegte Bilder vom Sensationssieg, vorher das betuliche Ratespiel „Was bin ich?" und ein Shakespeare-Drama (!) – undenkbar in

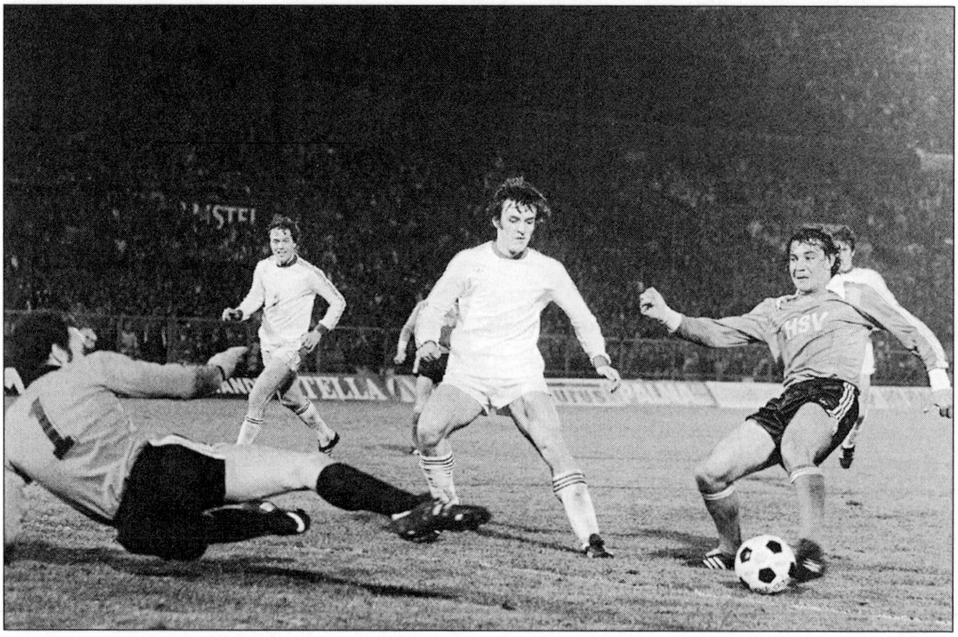

Die Tore im Europacup-Finale 1977: 1:0 durch Volkert (Elfmeter, oben), 2:0 durch Magath (unten).

Kargus, Volkert und Keller jubeln über die erste europäische Trophäe.

den heutigen, aufgeregt-flachen Fernsehzeiten. Das Endspiel gewann der HSV 2:0 gegen Kaiserslautern.

Nach Keflavik (Gesamtergebnis 4:1), den Hearts (8:3) und Budapest (5:2) musste der HSV ins Estadio Vicente Calderon zu Atletico Madrid reisen. Die Generalprobe gegen Weltpokalsieger Bayern München im Volkspark vor 51.000 war mit 5:0 hundertprozentig gelungen. Memering, vom FC Bayern umworben, entschied daraufhin: „Ich bleibe in Hamburg, der HSV hat die größere Zukunft." Atletico legte ein 3:1 vor, aber 58.000 hatten noch Hoffnung fürs Rückspiel und wurden nicht enttäuscht: Die Madrilenen verlegten sich auf die Defensive und Konterfußball, wurden aber innerhalb neun Minuten überrannt: 19. Minute 1:0 Eigentor Capon nach Kaltz-Flanke, 22. Minute 2:0 Reimann, 28. Minute 3:0 Keller. Hidien traf den Pfosten, Ripp rettete auf der Linie, es blieb beim 3:0, und der HSV war nach 1968 erstmals wieder in einem Europacup-Finale. In einem Team, dem Weltklasse bescheinigt wurde, ragten Memering, Kaltz und Volkert heraus.

20.000 Norddeutsche reisten mit nach Amsterdam, darunter auch Freigänger des Strafvollzugs, ungeachtet der ihnen drohenden Konsequenzen. Gegner RSC Anderlecht hatte einen guten Namen und Akteure wie van der Elst, Ressel, Arie Haan und Rob Rensenbrink (den Kaltz sicher beherrschte). Als Steffenhagen gefoult wurde, trat Volkert in der 80. Minute zum Strafstoß an, obwohl er einen solchen im letzten Punktspiel gegen Duisburg vergeben hatte. Volkert – Eigeneinschätzung: „Da geht's um so viel Geld, da ist man eiskalt" – traf, und ein Konter in der Schlussminute brachte durch Magath sogar noch das verdiente 2:0.

Der HSV hatte damit einen der drei europäischen Fußball-Gipfel erklommen, bekanntermaßen sollte der Aufstieg weitergehen. Für einen allerdings bedeutete Amsterdam gewissermaßen den Schlusspunkt, das hatte er schon vorher gewusst, und entsprechend feierten ihn die Fans: Es war Trainer „Ritter Kuno" Klötzer, den Peter Krohn in der neuen Saison durch Rudi Gutendorf ersetzte. Für Krohn und Gutendorf sollte ausgerechnet Anderlecht im Europacup der Pokalsieger 1977 Schicksal spielen, beendeten sie doch nach der 1:2-Heimniederlage im EC II ihre HSV-Tätigkeit. *sky* ■

Uwe Seeler: „Das geht in die Grütze"

Dr. Krohn, dies machte ihn zur unverzichtbaren Führungspersönlichkeit, hatte alles erreicht, was er bei seinem Amtsantritt versprochen hatte: „Die Zielsetzung ‚europäische Spitze' schien mir für den HSV mit seinem großartigen Standort Hamburg einfach angemessen" (2006, *HSV Live*). Es fehlte nur noch die Deutsche Meisterschaft. Dennoch hatte sich bereits früh abgezeichnet, dass der anscheinend allmächtige Präsident nicht nur Freunde in den Reihen des Vereins hatte. Lebhaft wurde es bei einer außerordentlichen Mitgliederversammlung im Mai 1974, als sich Krohn anschickte, die „Heilige Kuh" des HSV, das Sportgelände Ochsenzoll, anzutasten: Er wollte das Areal beleihen, um so das Profiteam zu verstärken. Jürgen Werner, Spieler aus dem Meisterjahrgang 1960 und „Gralshüter" des Hauenschildschen Erbes: „Es ist nicht im Sinne von Paul Hauenschild, dieses Gelände zu beleihen, um das Geld dann in die Bundesliga zu investieren. Paul Hauenschild würde im Grabe rotieren, wenn er das noch hören könnte." Auch Uwe Seeler schritt zum Rednerpult und plädierte gegen zu hohe Ausgaben für Neuerwerbungen: „Man kann in einem Jahr nicht das nachholen, was in den letzten Jahren versäumt worden ist. Auch das Team des FC Bayern München ist gewachsen. Mit spektakulären Einkäufen geht das in die Grütze."

Krohn ging seinen Weg weiter, sportliche und finanzielle Erfolge gaben ihm Recht. 1975 verlangte er mehr Kompetenzen – und ein Gehalt. „Ich kann mich nicht weiterhin ganztägig ehrenamtlich um den HSV kümmern. In den letzten Monaten habe ich von Ersparnissen gelebt." Mit Krohns Wunsch, geschäftsführender und bezahlter Präsident des HSV zu werden, befasste sich der Gesamtausschuss, dem drei Präsidiumsmitglieder, fünf Vorstandsvertreter aus dem Amateurbereich (damals 35 Abteilungen/26 Sportarten) und der Vorsitzende des Ältestenrats angehörten. Es war ein Gremium, das Krohn immer als Anachronismus erschien: „Wie können Männer bei ihrem Feierabendjob mit Millionenbeträgen hantieren?!" Der Gesamtausschuss lehnte Krohns Wünsche ab, empfahl aber, ihn als bezahlten, innerhalb des Präsidiums integrierten Manager zu installieren.

So stand Krohns Begehren bei einer außerordentlichen Mitgliederversammlung im Curiohaus neuerlich auf der Tagesordnung: 75 Prozent der Stimmen waren für die entsprechende Satzungsänderung erforderlich. Im Vorfeld meldete sich auch der DFB: „Wir können nicht die ganze Bundesliga in ein Konsortium von Aktiengesellschaften verwandeln, nur damit jemand wieder so einen Job findet wie in Hamburg vorgesehen."

Die Versammlung wurde eine der turbulentesten der HSV-Geschichte, und die Zeitungen schrieben von „jahrmarktähnlicher, tumultöser Atmosphäre". Uwe Seeler erntete für seinen temperamentvollen Appell großen Applaus: „Herr Dr. Krohn, man darf nicht nur Tiefschläge verteilen, man muss sich auch welche gefallen lassen! Und vor allem muss man auch andere Meinungen gelten lassen!" Seeler, Vertreter der „Konservativen" im Verein, klärte die Versammlung auf, eigentlich sei Dr. Wolfgang Klein, ehemaliger Deutscher Weitsprungmeister und NDR-TV-Moderator, 1973 als Gegenkandidat zu Krohn ausersehen gewesen, doch habe Klein der Aufbau seiner Rechtsanwaltspraxis zu sehr beansprucht.

Klein selbst sprach sich gegen die vorgesehene Satzungsänderung zugunsten von Krohn aus: „Wir machen uns um den HSV Sorgen. Dr. Krohn ist ein Mann, den man anbinden muss."

Der HSV-Präsident war über die Kritik dermaßen erbost, dass er zeitweise beabsichtigte, die Versammlung zu verlassen. Er blieb und hörte das Abstimmungsresultat: 298 hatten für ihn als bezahlten Präsidenten gestimmt, 143 dagegen. Jene 298 Stimmen bedeuteten 67,1 Prozent – zu wenig, denn 75 Prozent wären notwendig gewesen. Krohn gab die Versammlungsleitung ab, nahm seinen Koffer und sprach: „Ich gehe jetzt nach Hause." Nun wurde es erst recht laut im Curiohaus: „Schlechter Verlierer!", schrie man Krohn hinterher, Dr. Klein rief: „Mimosenhaft empfindlich!"

Demonstrativ blieb Krohn am nächsten Tag der Geschäftsstelle fern und zog sich angesichts „der Mafia der Neider und Rückständigen", wie er sie nannte, in seine Eigentumswohnung auf Sylt zurück. In Hamburg zurück blieben jene, die sich nun fest gegen den mächtigsten Mann im HSV verschworen hatten.

Schatzmeister Kallmann bezeichnete den Abstimmungsausgang als „Katastrophe für den HSV". Das Präsidium wollte Krohn aufgrund der Fortschritte, die er im Verein bewirkt hatte, unbedingt halten und machte eine Offerte, die am 30. Juni 1975 vertraglich fixiert wurde: Von da an war Peter Krohn Generalbevollmächtigter und Generalmanager des Vereins, zuständig für die Lizenzspielerabteilung, Presse- und Öffentlichkeitsarbeit, Werbung und Verwaltung – kein bezahlter Präsident, aber auch nicht viel weniger. Sein Jahresgehalt erreichte mit der Umsatzbeteiligung schließlich etwa 200.000 DM. Da Krohn nun nicht mehr als Präsident amtierte, wurde kommissarisch Paul Benthien (61) eingesetzt, sein Gegenkandidat von 1973. Das Präsidium aus Benthien, Kallmann und Ritschel versprach sich von der Generalmanager-Lösung die Möglichkeit einer Einflussnahme auf Krohn, was sich als Irrtum herausstellen sollte.

Kuno Klötzer wusste bereits vor dem Amsterdamer Europacup-Finale, dass er in der folgenden Saison woanders coachen würde. Manager Krohn erschien „Ritter Kuno von der traurigen Gestalt" zu bieder für einen Weltklasseklub.

Sein Nachfolger hieß Rudi Gutendorf, Fußballlehrer und schillernde Figur der Szene, bekannt als „Weltenbummler", „Paradiesvogel", „Riegel-Rudi" (weil er mit diesem System 1964 den Meidericher Spielverein, heute MSV Duisburg, sensationell zur Vizemeisterschaft geführt hatte). „Für mich kommen nur Branko Zebec und Sie in Frage, aber Zebec passt nicht zu unserem renommierten HSV, er soll Quartalssäufer sein", zitierte der Trainer den Manager (der dies dementiert). „Alle anderen sind Rucksacktrainer, außer Hennes Weisweiler, aber der ist ein Bauer. Rudi, mit Ihnen will ich meinen HSV zur stärksten Klubmannschaft der Welt machen!"

„Der HSV, das war die schlimmste Station meines Trainer-Lebens", hat Gutendorf später gesagt. „Es war ein Fehler, dorthin zu gehen, denn der Verein war gerade mit Kuno Klötzer Europacupsieger geworden, was wollte man da besser machen?!" Gutendorf, damals noch mit Halstuch und Nickelbrille ausgestattet, hatte am 13. April 1977 beim HSV unterschrieben; den Europacup gewannen Klötzer & Co. am 11. Mai.

Damals noch bei Tennis Borussia Berlin, bald darauf beim HSV: Trainer Rudi Gutendorf (links) mit Präsident Dr. Peter Krohn.

1977/78 Steuerflüchtling Kevin Keegan

Dass der Pokal nun in Hamburg stand, war für Manager Krohn nur ein weiteres Wegzeichen auf der Tour zum Fußball-Gipfel. Kaum eine Woche nach dem Titelgewinn war denn auch als Neuzugang ein Weltklassemann im Gespräch, „das Beste, was es damals gab" (Gutendorf): Kevin Keegan vom FC Liverpool, der Kapitän der englischen Nationalmannschaft, dreimal englischer Meister, zweimal UEFA-Cupsieger, einmal englischer Cupsieger. „Zwei Millionen Mark Ablöse können höchstens Real Madrid oder Manchester United bezahlen, aber nicht der HSV", wurde Keegan zitiert. Krohn verhandelte trotzdem mit Liverpool und machte zusätzliche Mittel locker: Eine weitere Million Mark, damit insgesamt 2,3 Millionen, bewilligte der HSV-Gesamtausschuss dem Vereinsmanager für Neuverpflichtungen. Keegan selbst, dessen Ehefrau Jean deutsch sprach, entschied gegen Real, Barcelona und auch Manchester, das zu wenig geboten hatte; er wollte ja vor allem aus steuerlichen Gründen die Insel verlassen. Die 1,6 Mio. DM Ablöse bedeuteten einen neuen Rekordtransfer für die Bundesliga und für England. Keegan gewann derweil mit Liverpool den Europacup der Meister – der Gegner hieß Mönchengladbach, und Berti Vogts hatte gegen die „mighty mouse", die

„mächtige Maus" (1,69 Meter Größe), an jenem Abend meist das Nachsehen. Zusätzlich verpflichtete der HSV Jugoslawiens „Fußballer des Jahres", Abwehrmann Ivan Buljan, für 550.000 DM Ablöse, und auch „Schorsch" Volkert konnte nach zähen Verhandlungen zum Bleiben veranlasst werden. Bei all diesen Aktivitäten blieb keine Zeit, um Kuno Klötzer, Bjørnmose und Ettmayer anständig zu verabschieden.

Gutendorf, Keegan und Buljan, dazu aktuelle Nationalspieler wie Kargus, Kaltz, Nogly, Magath und Volkert – kein Verein stellte für die Südamerika-Tour der Nationalelf mehr Akteure! –, Hamburg war höchst gespannt auf das, was da kommen sollte, zumal die Stadt seit dem Sonntag vor dem EC-Erfolg des HSV erstmals zwei Bundesligisten besaß: Ein 1:0 beim SC Herford hatte dem FC St. Pauli den Aufstieg gesichert. Der Millerntor-Klub allerdings stand ganz und gar im Schatten der HSV-Aktivitäten. Viel wichtiger schien, was Manager und Trainer, die als „ein Herz und eine Seele" galten, am Sandstrand von Sylt als „Fußball total" austüftelten. Krohn: „Wir sind das absolute Traumpaar. Wir werden den Zuschauern eine ganze Menge für ihr Geld bieten."

„Fußball total" erfuhr zuerst Grashopper Zürich, in Ochsenzoll im Trainingslager, beim 1:4 in Cuxhaven. Ein Superlativ folgte dem nächsten: Krohn rief zum „Galaabend der Weltstars" in den Volkspark, Keegan wurde präsentiert, dazu der FC Barcelona von Trainer Rinus Michels mit Johan Cruyff (der nach 16 Minuten verletzt ausschied). 45.000 kamen hinaus nach Bahrenfeld, 720.000 DM bedeuteten eine neue Rekordeinnahme für Freundschaftsspiele. Die Katalanen wurden mit 6:0 überrannt, und dementsprechend machte sich Euphorie breit an der Wasserkante. Dabei wurde geflissentlich übersehen, dass „Barça" erst seit kurzer Zeit im Training war.

Das erste Pflichtspiel brachte der DFB-Pokal in Württemberg: Der TSV Ofterdingen war eigens ins Reutlinger Kreuzeiche-Stadion am Fuße der Schwäbischen Alb umgezogen, wo 17.000 „die HSV-Tormaschine" beim 5:0 bestaunten. Nun war Hamburg vollends im Fußballfieber: „Ausverkauft!" wurde fürs Freundschaftsspiel um den von Krohn erfundenen „Hafenpokal" gegen Liverpool, Europas beste Vereinsmannschaft, gemeldet – 61.000 Besucher, 950.000 DM Einnahme, ein neuer Rekord. Trainer Gutendorf wollte ein 1:5:5-System spielen, doch Nogly, Kaltz und Volkert redeten ihm die fünf Stürmer aus. Der HSV gewann 3:2, Keegan spielte eine sensationelle erste Halbzeit. Allerdings war zu berücksichtigen, dass Liverpool in Hamburg das erste Spiel nach der Sommerpause absolvierte.

Man erwartete, dass das Titelrennen zwischen Bayern München (in neun Jahren fünfmal Champion), Mönchengladbach (in acht Jahren fünfmal Meister) und dem HSV entschieden würde. Tatsächlich wurde der neue Meister am letzten Spieltag 1977/78 im Hamburger Volksparkstadion gefeiert: Es war der 1. FC Köln von Trainer Weisweiler, der dort gegen St. Pauli gewann. Der gleichzeitige 12:0-Erfolg von Gladbach über Dortmund, dessen Trainer Rehhagel danach entlassen wurde, änderte nichts mehr. Aber da war in Hamburg Krohn schon nicht mehr Manager und Gutendorf nicht mehr Trainer.

Einsam in der Niederlage: Trainer Rudi Gutendorf beim Lokalderby gegen St. Pauli.

Ausverkauft war zum Bundesliga-Start auch Duisburgs Wedaustadion. Der MSV gewann 5:2: Dietz ließ Keegan kaum Raum, eine HSV-Taktik war nicht zu erkennen. Lange Gesichter auf der D-Zug-Rückfahrt: Manager Krohn reiste gleich weiter, in sein Appartement in Westerland auf Sylt, „um die Situation zu überdenken". Auch die Mannschaft musste weiter, an einem Montagabend zum Buljan-Ablösespiel bei 35 Grad im Schatten in Split antreten, wieder vor ausverkauftem Haus, u.a. dank 4.000 westdeutscher Urlauber. Eine weitere englische Woche verordnete der Klub seinen Profis mit dem Paris-Gastspiel (2:4 gegen Frankreich vor 48.000).

Trotz Reisefieber gesundete der HSV in der Bundesliga: Nach fünf Spielen stand man mit an der Spitze, zuletzt gab's ein 2:1 beim VfB Stuttgart vor 70.000 am Mittwochabend, bei dem Ottmar Hitzfeld ein Eigentor unterlief. Manager und Trainer harmonierten nach wie vor prächtig: „Dieser Mann hat mein Vertrauen", erklärte Krohn, und Gutendorf sagte: „Das Verhältnis zum Manager ist positiv." Die Vorzeichen für das erste Hamburger Derby um Punkte nach 14 Jahren Pause waren klar: Europäische Spitze gegen Bundesliga-Neuling (und Drittletzten), „wir gewinnen 8:0, das ist mein voller Ernst", wurde Peter Nogly zitiert (der später sagte, er habe das scherzhaft gemeint). Einzig St. Paulis Franz Gerber glaubte an einen Erfolg seines Vereins.

Gerber war es auch, der St. Paulis 1:0 erzielte, Kulka erhöhte kurz vor dem Ende auf 2:0. Erste Differenzen zwischen Krohn und Gutendorf wurden bekannt: Der Manager forderte Eigl für den formschwachen Magath und Buljan als Außenverteidiger, Gutendorf aber wollte sein Erfolgsteam nicht ändern. In der 32. Minute aber kam doch Buljan für Hidien; auf der HSV-Bank sollen die Spieler daraufhin gelacht haben („bei uns gibt es nichts, was es nicht gibt").

Ein Doppelbett im Swimmingpool

Manager Krohns Sofortmaßnahme nach der Derby-Niederlage: Beim Abendessen war den Spielern künftig nur noch ein Glas Bier oder Wein erlaubt (Krohn führte zur Begründung die hohe Getränkerechnung im Pariser Hotel des HSV an). Der Alkoholkonsum allerdings hatte nur wenig mit dem Zustand der Mannschaft zu tun: Die „Alteingesessenen", Gutendorf nannte zusätzlich als „treibende Kraft" den 1976 gekommenen Magath, waren gegen den neuen Trainer; man hätte lieber Klötzer behalten oder Co-Trainer „Ötschi" Özcan als dessen Nachfolger. Bereits beim Split-Gastspiel waren die Differenzen zwischen Coach und Spielern offensichtlich: Die Profis verspeisten den Kaviar mit Suppenlöffeln und erklärten auf Gutendorfs Einwände: „Wir sind der HSV, wir können das!" Anschließend veranstalteten sie ein Trinkgelage in der Hotelbar, das seinen Abschluss darin fand, dass ein Hotel-Doppelbett im leeren Swimmingpool landete. Das blieb ohne Konsequenzen, die Autorität des Trainers schwand.

Manager Krohn setzte Gutendorf nach Misserfolgen öffentlich eine Frist von 100 Tagen – damals ein Novum im deutschen Fußball. Hinzu kam, dass die Neuzugänge Keegan und Buljan den Europacupsiegern unwillkommen waren. Wenn Keegan in die Kabine kam und einen „Guten Morgen!" wünschte, blieb sein Gruß nach Gutendorf unerwidert. „Wenn Sie für den Engländer einen von uns 'rausholen, sind Sie bei uns unten durch!", drohte Kapitän Nogly laut Gutendorf. Der hielt im Training selbst ordentlich drauf, um Platz für Keegan im Team zu schaffen. Ferdi Keller schließlich verletzte sich, „der Engländer" war drin, aber die Mannschaft zerrissen, ein Dialog mit Keegan fand nicht statt (Volkert: „Trainer, reden Sie doch mit dem ‚Kleinen'!").

Es kam, was kommen musste: 0:4 in Braunschweig, 1:2 im Europacup-Heimspiel vor 48.000 gegen Anderlecht, 1:2 im Volkspark gegen Saarbrücken, und anschließend Rudi Gutendorf im „ZDF-Sportstudio": „Wir müssen uns darauf konzentrieren, Fußball zu spielen. Mit den Kinkerlitzchen muss jetzt Schluss sein! Wir brauchen keinen englischen Schneider und keine Luxushotels vor den Spielen. Unsere Mannschaft steckt in einer Krise."

Am Dienstag nach dem 1:2 kommen alle Profis in Peter Hidiens Kellerbar zusammen. Obwohl Stillschweigen bewahrt werden soll, dringt an die Öffentlichkeit, dass Peter Nogly bei der „Players night" als Spielführer zurücktreten wollte, sich aber kein Nachfolger meldete und die Profis gegen Gutendorf sind.

Im HSV-Präsidium kommen zu Krohns schlechten Karten weitere hinzu. Was hatten die HSV-Herren von Krohn da im *Stern* lesen müssen? „Reden muss ich, der Paul (Benthien) kann doch nur stottern… Unser Präsident ist Handelsvertreter. Das ist natürlich keine Schande…" Auch das neue HSV-Buch „Ein Traum wird wahr" hatte man aufmerksam durchgeblättert und Krohn dabei auf 16 Fotos entdeckt. Die drei Präsidiumsmitglieder dagegen waren viermal abgebildet. „Unser Strohpuppendasein muss aufhören", beschloss daraufhin Schatzmeister Kallmann für sich und seine Kollegen.

„Das Showelement überzogen" – Trainer Gutendorf präsentiert Keegan.

Weil Dr. Krohn eine „Erweiterung der Vollmachten" verweigert wird, macht er seine Drohung wahr und kündigt am 26. Oktober 1977. Das Präsidium erfährt dies nicht von ihm, sondern via Deutsche Presse-Agentur (dpa) und Sport-Informationsdienst (sid), die der Manager zuerst informiert hatte. HSV-Vize Ritschel kann im Nachhinein nur noch erklären: „Der HSV hätte den Vertrag sowieso fristgerecht gekündigt." Schatzmeister Kallmann (1920-2004), inzwischen ganz und gar vom Ex-Schützling abgerückt: „Dr. Krohn ist für den HSV immer mehr zu einer Belastung geworden." HSV-Präsident Benthien: „Ich bin alter Soldat und habe gelernt, nach Möglichkeit eine Nacht über alles zu schlafen, ehe ich Entscheidungen treffe."

Die Spieler reagieren unterschiedlich auf die Demission. Ferdi Keller sagt, „es ist nicht gut, wenn ein so guter Mann geht"; von Manfred Kaltz erfährt man: „Mir ist das egal". Rudi Kargus: „Bei meinem letzten Gespräch mit dem HSV wurden rosarote Zeiten und eine harmonische Zusammenarbeit für diese Saison angekündigt. Wenn man sieht, was daraus geworden ist, bleibt einem die Spucke weg." Der HSV ist der FC Hollywood, nur heißt das noch nicht so, wie später einmal in München.

Am Donnerstagabend der Krisenwoche bittet Präsident Benthien – „beim HSV wird kein Trainer gefeuert" – zum Gespräch. 20 Minuten lang erklärt sich die Mannschaft, 72 Minuten lang Gutendorf, 48 Minuten lang Dr. Krohn. Die Öffentlichkeit erfährt hernach, dass der Vertrag mit Dr. Krohn auf dessen Wunsch zum 1. November 1977 vorzeitig gelöst wird und dass Trainer Gutendorf um seine sofortige Beurlaubung gebeten hat. Zu seinem Nachfolger ernennt das Präsidium den bisherigen Co-Trainer Arkoc Özcan (38), der bereits im Februar 1975 zugunsten des Sports seine Gaststätte „Bei Özcan“ in Hamburg-Niendorf aufgegeben hatte. Unter Özcan beendet der HSV die Saison als Zehnter. Nach einem 1:1 im Hinspiel um den Supercup wird man an der Anfield Road beim FC Liverpool mit 0:6 abgefertigt – „eine Fußball-Tragödie, wie sie der HSV selten in seiner Vereinsgeschichte erlebt hat“ *(HA)*. Torhüter Rudi Kargus ist dabei noch einer der Besten.

Aber vorher hat die Mannschaft zumindest dieses „Spiel“ der Krisenzeit gewonnen: Gutendorf geht, der „Zirkus Krohn“ schließt seine Tore. Der Präsident bzw. Manager hat aus der grauen Bundesliga-Maus HSV eine Glanznummer gemacht, aber in der Krise neben all den Kompetenzen, die man ihm bereits zugestanden hatte, noch mehr verlangt, dieses Mal zuviel. Ein Zurück in die Zeiten vor Krohn, dafür steht schon der Publikumsanspruch, kann es allerdings vorerst nicht mehr geben. Und so hat Dr. Peter Krohn in seiner Ära den Grundstein zu einer Entwicklung gelegt, in der später sein Nachfolger Dr. Klein, Netzer, Zebec, Happel und etliche Klassespieler Großes bewerkstelligen werden.

Doch jetzt, in der Stunde von Krohns Fall, holt *Die Welt* noch einmal Stimmen ein. Rolf Rüssmann, Schalker Spieler: „Dr. Krohn hat das Showelement im Fußball einfach überzogen.“

Manager-Kollege Helmut Grashoff aus Mönchengladbach: „Jedem Fachmann war klar, dass gerade die nüchternen Hanseaten ihn über die Elbe jagen würden, sobald der Erfolg ausbleibt. Die Arbeit, die Dr. Krohn geleistet hat, war nicht schlecht, wohl aber die Art und Weise, in der er sie publiziert hat.“

Frankfurts Trainer Gyula Lorant: „Zu einem Fußballklub gehört auch ein Fußballfachmann. Das ist Dr. Krohn nicht.“

Und als alles vorüber war, meinte Stürmer Volkert nur noch vieldeutig: „So ist das Leben...“ Es ist ein HSV-Leben, in dem der Ritt auf dem Elefanten über den Jungfernstieg nie mehr stattfinden würde. Obwohl Anlässe dazu noch genug sein sollten. *sky*

Ein legendärer Talentsucher: „Vergesst nicht Gerhard Heid!"

In den Jahren 1970 bis 1972 hatte die HSV-Gemeinde verschiedene geographische Rätsel zu lösen: Woher kamen all die neuen Spieler? Worms kannte man vielleicht noch, dank Kaiserdom, Backfischfest und der Wormatia, ein guter Name im deutschen Fußball. Aber dann: Altrip, Andernach, Metternich? Reilingen, Bockhorst, Renchen?

Der HSV, so schien es, war über die Dörfer gefahren und hatte im Hinblick auf seine älteren Semester, die sämtlich noch in der Kriegszeit aufgewachsen waren, Nachwuchs gesucht. Es war kein HSV-Talentsucher-Stab, der die vielen tausend Kilometer zu Jugendspielen vor allem im südwestdeutschen Raum zurücklegte; das erledigte allein ein einzelner, kleiner, schmächtiger Mann aus der Pfalz: Gerhard Heid hieß der, damals 33 Jahre alt, Junggeselle und gelernter Kaufmann.

Heid war seit 1956 im Fußball engagiert und Jugendleiter beim Ludwigshafener SC gewesen, von wo er in selber Funktion zu TuS Altrip in einen Ort südlich der Chemiestadt wechselte. Schon damals verstand es Heid, mit unfehlbarem Auge die Besten vom Südwesten in Altrip zu sammeln: „TuS war damals im Jugendbereich in Rheinland-Pfalz das, was Bayern München heute für die Bundesliga ist. Die Spieler genossen sehr viele Vergünstigungen", erinnert sich Torhüter Rudi Kargus, eine von Heids Entdeckungen. Bei Altrip, wo ein toter Rheinarm „Blaue Adria" heißt, ist gleich nebenan das Dorf Neuhofen: Von dort radelte bald auch ein Bub namens Manfred Kaltz hinüber zu Heid und dem TuS.

Kargus und Kaltz haben sich dann im Südwest-Jugend-Finale getroffen. Altrip mit Kaltz gewann 2:1 gegen Wormatia Worms mit Kargus und machte anschließend in der Deutschen A-Jugendmeisterschaft 1970 in Bochum Furore, unterlag schließlich 2:3 im Endspiel gegen Hertha Zehlendorf aus Berlin. Beim HSV war vom No-name-Klub Altrip niemand überrascht: Bereits im Herbst 1969 hatte HSV-Präsident Dr. Barrelet, dem die Überalterung des Bundesligateams bewusst war, erste Kontakte zu Jugendfußball-Kenner Gerhard Heid aus der Rheinpfalz geknüpft. Der bekam nach dem Erfolg bei der „DM" den Ehrenring von TuS Altrip – und im Herbst 1970 eine Festanstellung als Jugendmanager und Talentsucher des Hamburger SV. Ausgerechnet der HSV, bis dahin in der Bundesliga eher unter ferner liefen, bearbeitete den Nachwuchsbereich nun professionell – eine weitsichtige Entscheidung.

Von da an war Heid ruhe- und rastlos für den Großstadtklub unterwegs. Rudi Kargus: „Er hatte mich bereits bei einem Jugendauswahlspiel angesprochen und dann musste alles ganz schnell gehen. Gerhard Heid war ja ein sehr dynamischer Mann, er hat sich regelrecht für seine Aufgabe aufgezehrt und sich keine Gedanken um seine Gesundheit gemacht. Ich hatte gerade meine Abschlussprüfung in der Verwaltungslehre hinter mir, da parkte auch schon der BMW von Herrn Heid vor der Tür. Er hat mit meinen Eltern alles über die Bühne gebracht und ist anschließend mit mir sofort zur Wormser Zeitung gefahren, um denen meinen Wechsel mitzuteilen. Ich bekam ein Ticket von ihm und bin gemeinsam mit Manfred Kaltz und Peter Lübeke von Frankfurt nach Hamburg geflogen; das war der erste Flug meines Lebens."

Man sagte Heid nach, dass er kaum ein Talent übersah. Der erste Jahrgang der Youngster, die er zum HSV brachte, gelangte rasch in die DFB-Jugendauswahl: Kargus, Kaltz und Memering, der vorher bei DJK Bockhorst im Emsland und Werder Bremen war, debütierten als HSVer Ende 1970; Kargus, Kaltz und Lübeke, auch er eine Heid-Entdeckung vom SV Renchen an der Badischen Weinstraße am Fuße des Schwarzwalds, standen beim UEFA-Turnier in der CSSR 1971 in der Jugendnationalmannschaft.

Das Trio aus Deutsch-Südwest wurde nach seiner Ankunft in Hamburg in eine Pension an der Rothenbaumchaussee einquartiert und war bereits am Nachmittag auf dem Rothenbaum-Platz aktiv. Kargus: „Wir spielten in einer gemischten Jugend-/Reserve-Mannschaft gegen die Profis, gegen Uwe Seeler, Willi Schulz und all die großen Namen. Das war ein phänomenales Erlebnis, das ich erst im Nachhinein begriffen habe. Fußballprofi zu werden war damals schließlich mein Lebenstraum."

Die Youngster zogen erst einmal um, in Hamburgs einziges Motel an der Hoheluftchaussee, danach zu einer Patenfamilie namens Topf nach Volksdorf. „Das war ein Glücksfall", sagt Kargus, „ein schönes Haus, geregeltes Leben, und einen Sohn in unserem Alter hatte die Familie auch." Da die Jugendspieler den Statuten gemäß berufstätig sein mussten, war der Torhüter aus Worms mal beim Kaufhof, mal im Büro der „Holsten-Brauerei" beschäftigt, trainierte ansonsten bei den Profis mit. Für Meisterschaftsspiele der HSV-Jugend nicht zugelassen, beschränkten sich die Aktivitäten auf Freundschaftsspiele z.B. bei Kickers Offenbach oder Eintracht Frankfurt.

„Hier hab' ich noch zwei Jungs für Euch..."

Heid arbeitete unermüdlich daran, dem HSV neue Talente zuzuführen; als Tippgeber fungierte auch Walter Ochs, westfälischer Verbandstrainer und Vater von HSV-Coach Klaus-Dieter Ochs. Im nächsten Jugend-Jahrgang waren es bereits 16 Spieler, eine komplette Mannschaft samt Ersatz. Rudi Kargus: „Da klingelte es nachts bei Familie Topf, Heid stand draußen und hat gesagt: ‚Hier hab' ich noch zwei Jungs für Euch, die müssen jetzt hier schlafen.' Dabei waren wir schon vier Spieler, die dort wohnten." Es kam der Halblinke Kurt Eigl vom SC Reilingen (bei Hockenheim in Nordbaden gelegen), später 14facher Jugend-Nationalspieler. Es folgte Mittelläufer Peter Krobbach aus Andernach am Rhein, ebenfalls ins DFB-Team berufen, wo er mit Lübeke und Eigl vom HSV, aber auch mit Toni Schumacher und Kaster (der später Dieter Müller hieß und A-Nationalspieler wurde) im UEFA-Jugendturnier in Spanien

Talentsucher Gerhard Heid (links), neben ihm der damalige HSV-Trainer Klaus-Dieter Ochs und der junge Kaltz, noch in der Trainingsjacke des TuS Altrip.

(2. Platz) spielte. Ein anderer Neuer war Peter Hidien von Germania Metternich aus Koblenz, zur Zeit seiner Ankunft in Hamburg noch ein „Milchgesicht", das wohl kaum ein Ticket bei einer Film-Altersfreigabe ab 16 Jahren ergattert hätte.

Bei den kleinen Vereinen und in den Regionalverbänden sorgten Heids Aktionen für latenten Unmut. Wo immer er auftauchte, witterte man Unheil und „Spielerziehung". „Die haben ihn gehasst", sagt Rudi Kargus, „es war ja damals noch nicht gang und gäbe, Talente einzukaufen, das kannte man überhaupt nicht."

Für den Verein war Gerhard Heid inzwischen so etwas wie ein Manager geworden, der sich nicht mehr nur um den Nachwuchs kümmerte. Er nahm 1971 den Dänen Ole Bjørnmose von Werder Bremen unter Vertrag und überzeugte in Zürich den Ex-Nürnberger Georg Volkert vom Wechsel. Danach versteckte er ihn auf Helgoland, bis die Zeit für eine Vertragsunterschrift reif war.

Gerhard Heid verzehrte sich in dem neuen Job, „ein absolut Fußballverrückter, immer nur geradeaus" (Kargus). Er war als eine Art Ersatz-Vater für seine Entdeckungen da, widmete sich den „Fohlen" bei den Amateuren, hatte ein Auge auf den Weg der Youngster in der Profielf, suchte weiterhin neue Talente. „Er ist ein Glücksfall für den HSV", freute sich HSV-Vizepräsident und Verleger Ernst Naumann, der den „Talentschuppen" mit monatlich 10.000 DM gefördert haben soll. „Bravo, Heid!", riefen gelegentlich HSV-Anhänger, wenn der kleine Mann vorbeihastete.

„Ein Glücksfall für den HSV"

Im Februar 1972 wurde Heid ins Krankenhaus Elim eingeliefert: Er hatte einen Zusammenbruch erlitten, war völlig überarbeitet, schwer erschöpft und hatte 25 Pfund an Gewicht verloren. Aber auch im Zimmer 103 des Eimsbütteler Krankenhauses arbeitete der 36-Jährige weiter: Freundschaftsspiele wurden abgeschlossen, es wurde mit Spielern telefoniert und DFB-Masseur Katzenmeier nach Hamburg beordert. Heid wurde zur stationären Behandlung in die Universitätsklinik Hamburg-Eppendorf überwiesen. Rudi Kargus, der ihn dort besuchte, erinnert sich: „Er war schwerkrank, sollte strikte Ruhe halten, aber er hat sich nicht geschont. Als ich bei ihm im UKE war, war gerade eine Standleitung zu einem Bundesligaspiel ins Volksparkstadion geschaltet."

Heid besuchte vom Krankenhaus aus sogar weiter Fußballspiele. Am Samstag, 19. März 1972, erlebte er im Volksparkstadion mit 26.000 anderen das 1:0 des HSV über den Deutschen Meister Mönchengladbach. Von „seinen Jungs" wirkten dabei in ihrer ersten Bundesliga-Saison Rudi Kargus, Manfred Kaltz, Caspar Memering und Peter Lübeke mit. Am Sonntag sah er den höchsten Saisonsieg der HSV-Amateure (bei denen sechs seiner „Fohlen" mitspielten), ein 6:1 über Wilhelmsburg, und erfuhr, dass die HSV-A-Jugend, ohnehin Erster der Tabelle, den FC St. Pauli 2:0 besiegt hatte. Heid kehrte an diesem 20. März 1972 zurück ins Eppendorfer Krankenhaus, wo er nach 20 Uhr zusammenbrach. Die einstündigen Wiederbelebungsversuche der Ärzte blieben erfolglos. Gerhard Heid war 36 Jahre alt, als er fern seiner rheinpfälzischen Heimat einem Herzinfarkt erlag.

„Vergesst nicht Gerhard Heid!", rief Ex-Präsident Dr. Barrelet aus, als der HSV im Mai 1977 mit dem Gewinn des Europacups der Pokalsieger seinen bis dahin größten Erfolg erreichte. Kargus, Kaltz, Hidien und Memering aus Heids „Talentschuppen" standen in der Siegerelf. Manfred Heun (†) damals im *Abendblatt:* „Die Anstellung von Gerhard Heid war die beste Investition, die der HSV einging. Die Zinsen haben sich millionenfach niedergeschlagen, wenn man an den heutigen Kurswert der Spieler denkt, die in früher Jugend dem Elternhaus entrissen und durch ihren Förderer und durch Dr. Horst Barrelet für die Bundesliga präpariert wurden."

Tatsächlich muss Heid das Auge für Talente gehabt haben; einen erfolgreicheren Talentsucher fand der Hamburger SV nie wieder. Kaltz (581 Bundesligaspiele), Kargus (408) und Memering (320) wurden allesamt A-Nationalspieler, Hidien (214) kam in die U 23. „Flanken-Kurt" Eigl lief für den HSV (66 Spiele), Darmstadt und Leverkusen 138-mal in der höchsten Spielklasse auf, Peter Krobbach für den HSV (62), Frankfurt und Bielefeld 160-mal, Peter Lübeke insgesamt 71-mal für Hamburg (21), Uerdingen und Braunschweig. Zu den Spielern, die abgegeben wurden und somit Geld in die Vereinskasse brachten, gehörten u.a. Edgar Nobs von SuS Northeim / Harz (5 HSV/1974 zu Osnabrück), Holger Haltenhof aus Schönkirchen / Holstein (1 HSV/1974 zu Holstein Kiel), Dieter Tippelt (1972/73 fünf Einsätze bei Werder).

Gerhard Heid hatte mit seiner Arbeit mit die Grundlagen dafür gelegt, dass der Hamburger SV in den 70er Jahren zu einer internationalen Spitzenmannschaft aufstieg. Wenn man sich an jene Zeit, an Klötzer und Dr. Krohn, Zebec und Klein, später Netzer und Happel erinnert, wird man auch an den ruhelosen kleinen Mann aus der Rheinpfalz denken müssen. *sky* ■

„Wer wird Deutscher Meister? Ha-Ha-Ha-Ha-Es-Vau!"

Noch während der HSV nach dem Weggang von Generalmanager Krohn und Trainer Gutendorf eine letztlich mittelmäßige Saison ablieferte, richtete sich zu Jahresbeginn 1978 ein neuer Mann in der Geschäftsstelle des Vereins an der Rothenbaumchaussee ein. Günter Netzer, der Nationalspieler von Mönchengladbach und Real Madrid, hatte seine fußballerische Karriere bei Grasshopper Zürich ausklingen lassen und war in Hamburg vorstellig geworden, um ggf. die HSV-Stadionzeitung zu übernehmen. Präsident Paul Benthien fand Gefallen an den Vorstellungen des 34-Jährigen – und bot ihm die von Krohn verlassene Manager-Stelle an, die Netzer nach einiger Bedenkzeit annahm. Benthien später über den Manager: „Für mich ist er wie ein Sohn."

Mit dem Fußballgeschäft bestens vertraut, erkannte der Neu-Manager rasch, wo es beim HSV im Argen lag: Die Spieler hatten sich mit Trainer Özcan eine bequeme Lösung ausgesucht, Keegan war isoliert und wollte weg, den schlechten Ton im Kader gaben einige wenige an. Günter Netzer im Buch „Manager und Rebell" von Helmut Böttiger: „Volkert, Steffenhagen und Keller waren treibende Kräfte. Reimann hat da auch noch mitgemacht. Kaltz und Magath haben gedacht, das sei schon alles richtig so."

Also beschließt der Manager, Volkert, Steffenhagen und Keller abzugeben – „ein kompletter Nationalsturm geht dem HSV verloren", beklagen nicht wenige. Und Netzer findet einen neuen Trainer. Sein Wunschkandidat Ernst Happel ist zu teuer und besitzt noch keine DFB-Trainerlizenz. Dafür kommt Branko Zebec, in der Branche als „harter Hund" bekannt.

Die Ansichten über den „neuen" HSV der Saison 1978/79 sind geteilt. Einerseits bestaunt man „den norddeutschen Starklub", den „Ha-Es-Pfau", andererseits sieht man Jung-Manager Netzer „auf schmalem Seil balancieren" und fürchtet, „der HSV muss ums Überleben kämpfen" (*Kicker*-Sonderheft).

Neu gekommen sind – durchweg aus der 2. Liga! – noch der vielumworbene Plücken aus Solingen, Hartwig von 1860, Wehmeyer vom Bundesliga-Absteiger Hannover 96 und Zweitliga-Torjäger (41 Treffer) Horst Hrubesch von RW Essen, der dort in einem als mittelmäßig geltenden Team in drei Jahren 80 Tore erzielt hatte. Den hünenhaften Dachdecker hatte RWE „entdeckt", als der bereits 24 Jahre alt war. Dortmund und Bochum hatten zuvor seine Verpflichtung mit Hinweis auf Übergewicht und mangelnde Balltechnik abgelehnt. Immerhin: „Sein Kopfball ist so hart wie ein Schuss", warnte der *Kicker*, und der HSV musste zusätzliche 250.000 Mark an Frankfurt zahlen, wo Hrubesch bereits unterschrieben hatte.

Trainer Branko Zebec hatte 1968/69 in seiner ersten Saison bei Bayern München die Deutsche Meisterschaft gewonnen (die erste seit 1932!) und den DFB-Pokal dazu; ähnlich erfolgreich sollte auch seine erste Spielzeit in Hamburg sein. Der frühere Student der Mathematik und Physik galt als „Fußball-Stratege" und Perfektionist. Er war hart gegenüber den Spielern und autoritär. Weil dieser Stil Erfolg hatte, wurde seine Fachkompetenz von den Profis nicht bezweifelt.

1978/79 Eine schreckliche Meisterfeier

Fast wäre im Herbst 1978 übrigens Uli Hoeneß, der heutige FC-Bayern-München-Manager, ein HSVer geworden. Magath litt an Gelbsucht, Neuzugang Plücken war verletzt, da fiel Manager Netzer sein Ex-Nationalmannschafts-Mitspieler ein, der in München nur noch Reservist war. Nach den ersten Trainingseinheiten in Ochsenzoll wollte HSV-Vereinsarzt Dr. Ulrich Mann in der Paracelsus-Klinik in Henstedt-Ulzburg bei Vollnarkose eine Gelenkspiegelung (Arthroskopie) bei Hoeneß unternehmen, um dessen Fitness zu prüfen. Hoeneß beriet sich mit befreundeten Medizinern, nannte den Eingriff „ein Verbrechen" und kehrte umgehend nach München zurück, wozu ihm sein Freund Paul Breitner geraten hatte („wenn die dich beim HSV so behandeln, komm' sofort zurück"). Breitner selbst hatte 1977 einen Wechsel an die Alster beabsichtigt, doch eine Vorab-Überweisung von einer Million DM nach Spanien lehnte der Hamburger SV als „Steuerhinterziehung" ab.

„Ich kann keine Verpflichtung über den Kopf des Vereinsarztes hinweg durchführen", erklärte HSV-Manager Netzer zum Fall Hoeneß, zumal der Klub mit den akuten Knieschäden von Torhüter Volker Danner und Neunkirchens „blondem Engel" Elmar May bereits unangenehme Erfahrungen gemacht hatte. Uli Hoeneß ging erst einmal zu Harry Valerien ins ZDF-Sportstudio und demonstrierte anhand einer 15 Zentimeter langen Metallspritze, die ihm sein Mannschaftskamerad, der Medizinstudent Jupp Kapellmann besorgt hatte, welcher Untersuchung er sich unterziehen sollte. Schließlich wechselte er zum 1. FC Nürnberg und stieg mit dem Club ab.

Überragend in dieser Runde 1978/79 war Kevin Keegan, gefeiert als Weltklassemann, Bilderbuch-Profi, Irrwisch, Torjäger (17 Treffer; Hrubesch kam auf 13, der HSV besaß den erfolgreichsten Sturm). Sogar das sonst eher reservierte Ostkurven-Publikum ließ sich zu „Keegan,-Keegan"-Sprechchören hinreißen. Neben dem Engländer waren noch Kargus, Buljan, Kaltz, Nogly, Hartwig (der als eine der Entdeckungen der Saison galt), Memering und Magath Nationalspieler. Zebec kam mit nur 16 Akteuren durch die Saison; die stärkste Abwehr der Liga mit Kargus im Tor, mit Kaltz, Nogly, Buljan, Hidien, spielte fast immer in dieser Besetzung zusammen. Vom 22. bis 33. Spieltag buchte der Klub 22:2 Punkte (keine Niederlage) und lieferte gegen Titelverteidiger Köln daheim vor 62.000 ein glanzvolles 6:0 ab. Das Volksparkstadion war wieder einen

Randale bei der Meisterfeier 1979: 71 Verletzte und ein zerbrochenes Tor.

Besuch wert, und es störte niemand, dass im neuen Meisterteam, von den Ersatzleuten Ripp und Beginski einmal abgesehen, kein geborener Hamburger mehr stand (und natürlich auch kein gebürtiger oder waschechter – zur Erklärung: im ersten Fall hätten die Eltern, im zweiten Fall die Großeltern an der Elbe geboren sein müssen).

Den Titel gewann man am 2. Juni 1979 auf der Bielefelder Alm mit einem 0:0 erstmals seit 1960 wieder. Konkurrent VfB Stuttgart verlor an jenem 33. Spieltag zuhause 1:4 gegen Titelverteidiger Köln und endete einen Punkt hinter Hamburg.

Die Meisterfeier 1979 im Volksparkstadion – der 2:1-Erfolg der Münchner Bayern vor 61.314 Zuschauern und ausverkauftem Haus, die erste Hamburger Heimniederlage, war bedeutungslos –, endete im Chaos und mit schwerwiegenden Folgen: Zahlreiche Menschen wurden verletzt, als Tausende meist betrunkener Westkurven-Fans über die Zäune in den Innenraum wollten, um die Mannschaft zu feiern. 71 Verletzte wurden in fünf Hamburger Krankenhäuser gebracht, die ihr Personal aus dem freien Wochenende zurückriefen. Diagnostiziert wurden Lungenquetschungen, Quetschungen und Prellungen des Brustkorbs, Knochenbrüche, Riss-, Stich- und Hautverletzungen und vieles mehr. Am Sonntagabend befanden sich noch vier HSV-Anhänger auf der Intensivstation, alle außer Lebensgefahr, weitere sechs in den Hospitälern. Der Sachschaden belief sich auf 100.000 Mark. Das Ehrenpodest wurde überrannt, lediglich „Jimmy" Hartwig konnte noch die goldene Ehrennadel vom HFV-Vorsitzenden Dr. Barrelet entgegennehmen. Peter Nogly rannte mit der „Salatschüssel" in die Kabine, wo er „ohne Trikot, Schuhe, Strümpfe, zerkratzt und erschöpft, die pure Angst im Gesicht" ankam. Horst Hrubesch, ebenfalls geflüchtet, stöhnte: „Das ist doch alles heller Wahnsinn."

Nur Kevin Keegan, dem die „englische Krankheit" bekannt war, hatte die Situation rasch erkannt und war als Erster vom Feld gelaufen.

In den USA, wo ein Sender das Spiel zeitversetzt ausstrahlte, dauerte die Übertragung entgegen aller Gewohnheit 150 Minuten: Die Schreckensszenen aus dem Volksparkstadion wurden ungekürzt gezeigt. Walter Baresel (†1998), unvergessen ob seiner Pokal-Auslosungs-Tätigkeit im TV, Vorsitzender des DFB-Spielausschusses, war fassungslos: „So etwas hat es in der Geschichte des Fußballs noch nie gegeben!" (was nicht stimmte: 1973 waren in München 141 Zuschauer verletzt worden, davon 40 schwer). „Wann wird das Stadion umgebaut?", fragte die Presse. „Wann ist Schluss mit Alkohol im Volksparkstadion?" (zu dem Zeitpunkt bestand nur im Stuttgarter Neckarstadion Alkoholverbot).

Das Unglück war geschehen, obwohl 500 Ordner und 340 Polizisten im Einsatz waren. Ein Polizeisprecher erklärte, „Anfänge kriminellen Verhaltens" seien schon früher im Block E der Westkurve festgestellt worden. Rolf Körtel, Leiter des größten privaten Ordnungsdienstes der Stadt, mahnte: „Niederknüppeln hilft nicht."

Eine Sonderkommission der Polizeidirektion Hamburg-West suchte „Rädelsführer": So war man's seit 1968ff. gewohnt, konnte man sich doch nicht vorstellen, dass sich die Masse kollektiv emotional äußern würde, dass plötzlich Konventionen, Zäune, Ordnungsregeln keine Hindernisse mehr waren. Immerhin wurde ermittelt, dass z.T. mitgebrachte Bolzenschneider eingesetzt wurden, um die Zäune zu überwinden und dass es bereits beim vorletzten Ligaspiel, dem 0:0-Meisterstück auf der Bielefelder Alm, Versuche des HSV-Anhangs gab, in den Innenraum zu gelangen. Ein sogenannter Zaunschneider, der 19-jährige Rainer M., stellte sich der Polizei.

Trotz der Ereignisse im Volkspark wurde weiter gefeiert: Der Hit des Tages war Stefan Hallbergs Song „Wer wird Deutscher Meister? Ha-Ha-Ha-Ha-Es-Vau!" (ein Lied, das heutzutage nur noch der St.-Pauli-Anhang zitiert, um die vermeintliche Konkurrenz zu necken). 7.000 warteten vor dem Rathaus, wo SPD-Bürgermeister Klose ein seltsames Geschenk, einen Stadtplan des 16. Jahrhunderts, mit der Anmerkung überreichte: „Der helle Fleck außerhalb der Stadtmauern, das ist der Rothenbaum!" Wo das Präsent wohl geblieben sein mag? („Der Rothenbaum" jedenfalls ist dank städtischer Initiative inzwischen für den HSV passé.) Am Rothenbaum, wo im Stadion 20.000 des HSV harrten, stoppte der Doppeldecker-Bus mit Trainer und Spielern nicht mehr; man fuhr direkt ins Hotel „Plaza", wo Keegan früh ging und wohin Buljan erst gar nicht kam. Dafür wurden Schauspieler Horst-Michael Neutze, WEA-Plattenchef Siegfried E. Loch und „Steakhouse-König" Eugen Block als „Promis" gesichtet. Dr. Krohn, den Ex-Präsidenten und Ex-Generalmanager, hatte man nicht eingeladen. Am Rothenbaum mussten derweil weitere 18 Verletzte nach Schlägereien und Stürzen versorgt werden. Betrunkene lagen in Vorgärten, und Anwohner beschwerten sich per Leserbrief.

Der Titelgewinn bedeutete den Abschied für „Ditschi" Ripp und Horst Bertl, der mit seiner US-amerikanischen Frau Carol nach Houston umzog und neben allen fußballerischen Verdiensten, die er erwarb, vor allem Kevin Keegan die Eingewöhnung in Hamburg erleichtert hatte. Die Abschiedsworte des praktizierenden Christen, der vor

Kirchengemeinden sprach und religiöse Beiträge verfasste: „Publikum und Medien lieben Sportler nur, so lange der Erfolg da ist. Aber der Mensch als solcher, das Individium, wird nicht geliebt von den Leuten da draußen. Ich hoffe, dass wir nicht vergessen, dass es im Leben wichtigere Dinge gibt." „Wichtigere Dinge", damit meinte Bertl auch den Unfalltod der kleinen Tochter des Ehepaars Kaltz.

1979/80 Teuerster Kader aller Zeiten

Nie war der HSV beliebter in Hamburg und Umland als in seiner ersten Bundesliga-Meistersaison 1978/79: 686.402 Tickets wurden verkauft, 40.377 pro Spiel, bis 2001 Vereinsrekord! Ausverkauft mit jeweils 62.000 gegen Schalke, 1. FC Köln, Bayern München; 61.000 gegen Kaiserslautern, 59.000 gegen Mönchengladbach, 58.000 gegen Stuttgarts VfB, 46.000 gegen Frankfurt; Hamburg bot Länderspiel-Kulissen fast in Permanenz.

Erstmals ging der HSV 1979 als Titelverteidiger in eine Bundesliga-Spielzeit. Neben Talent Hieronymus vom FC St. Pauli und Milewski von Hertha BSC Berlin wurde für 1,1 Mio. DM Abwehrspieler Jakobs aus Duisburg verpflichtet – nie zuvor war für einen Defensivmann derart viel bezahlt worden, der spätere HSV-Präsident Ernst Naumann soll die Ablöse komplett finanziert haben. Im *Spiegel* spottete Max Merkel, Manager Netzer habe in der Geschäftsstelle „stundenlang wahrscheinlich nur Männchen aufs Löschpapier gemalt. Eher fließt die Elbe rückwärts, als dass der HSV noch einmal auf die Pauke haut..." Spitzenreiter war Hamburg auch, was die Schulden anging, unterhielt man doch einen der teuersten Bundesliga-Kader aller Zeiten. Kein Deutscher Meister hatte jemals derartige finanzielle Probleme: Auf 10 Mio. DM wurden die Verbindlichkeiten geschätzt, 4 Mio. waren davon kurzfristig. Man benötigte 40.000 Zuschauer im Schnitt sowie zusätzliche Einnahmen aus dem Europacup und Freundschaftsspielen (Manager Netzer: „Unter 100.000 DM netto ist für den HSV international nichts mehr drin").

Vor diesem Hintergrund und einer sportlich günstigen Ausgangsposition (der HSV war einen Punkt hinter Bayern Zweiter) stand am 18. Dezember 1979 die Präsidenten-Neuwahl an, für die zwei im Klub bestens bekannte Männer kandidierten: Wolfgang Klein (38), Wirtschaftsanwalt aus dem feinen Harvestehude unweit des Rothenbaum, und Dr. Peter Krohn, Ex-Präsident und Ex-Generalmanager. Jürgen Werner, der frühere Nationalspieler, hatte mit Klein vereinbart, nicht zu kandidieren.

Der Zustrom der HSV-Mitglieder zum Saal 1 des CCH war so groß wie nie zuvor: 1.017 Stimmberechtigte wurden registriert. Im Vorfeld und am Abend selbst gab es kaum einen einflussreichen HSVer, der nicht für Klein und gegen Krohn argumentiert hätte: Uwe Seeler gehörte mit einem Appell in der Presse dazu, weiter Benthien, Kallmann und Ritschel vom Präsidium, Jürgen Werner natürlich und Kleins Intimus, der NDR-Moderator Helmut Jungwirth. Auch Trainer Zebec und Manager Netzer schalteten sich in den Wahlkampf ein, nachdem Krohn im Rundfunk erklärt hatte, beide würden auch unter ihm im Amt bleiben. Zebec und Netzer dementierten: Im Falle der Wahl von Krohn würden sie den HSV verlassen.

Eine Debatte vor dem Wahlgang wurde verweigert, so blieben Peter Krohns Fürsprecher stumm – „eine Lehrstunde in Demokratie war dieser Abend ganz sicher nicht", rügte das *Abendblatt.*

Entsprechend eindeutig war das Ergebnis für Klein: 760 stimmten für ihn, 235 für Dr. Krohn, dessen HSV-Karriere damit ein (vorläufiges) Ende fand.

Derweil spielte der Meister in der Liga an der Spitze und auch im Europacup eindrucksvoll mit. Nach dem „Aufgalopp" gegen Valur Reykjavik kam man gegen Dynamo Tiflis (3:1 vor 50.000, 2:3 vor 85.000 in Georgien) und Hajduk Split (1:0 vor 52.000, 3:2 in Jugoslawien) weiter. Dem 0:2 vor 110.000 im Bernabeu-Stadion von Madrid folgte eines der wohl großartigsten HSV-Spiele aller Zeiten, das an anderer Stelle näher beschriebene 5:1 vor 61.000 über Real Madrid.

„Es geht um Millionen"

Der sonst gern in Anspruch genommene Begriff „Woche der Wahrheit" erschien der Presse angesichts jener Tage um Pfingsten 1980 zu schwach. „Es ist die heißeste Woche der Vereinsgeschichte", schrieb das *Abendblatt.* „Innerhalb von acht Tagen kann der HSV alles gewinnen, oder auch alles verlieren. Die Arbeit eines ganzen Jahres hängt an den Spielen. Es geht um Millionen."

Der Spielplan der Hamburger, in der Liga als Spitzenreiter punktgleich mit dem Zweiten Bayern München, sah so aus: Am Pfingstsamstag, 24. Mai, in Leverkusen; am Mittwoch, 28. Mai, in Madrid im Endspiel des Europacup der Meister gegen Nottingham Forest; am Samstag, 31. Mai, im Volksparkstadion gegen Schalke 04.

9.000 Anhänger begleiteten die Mannschaft zum Neuling Leverkusen. Hamburg geriet früh durch Herzog in Rückstand, doch Memering, fünf Wochen nach einer Meniskusoperation wieder dabei, glich aus, ehe Hörster das 2:1 für den Werksklub besorgte. Branko Zebec wechselte zur Pause den eigentlich verletzten Hartwig für Hieronymus ein, stellte ihn ins Mittelfeld und brachte nach rund einer Stunde Milewski für Memering. Damit war das Auswechselkontingent erschöpft, und der verletzte Hrubesch, ganz im Schatten des Ex-St.-Paulianers Demuth, konnte ab der 78. Minute nicht mehr ersetzt werden. Hinzu kam, dass Buljan als Libero indisponiert wirkte und Nogly auf der Position des linken Außenverteidigers deplatziert war. Es blieb beim 2:1 für Leverkusen, während München beim VfB Stuttgart 3:1 gewann und mit einem Zwei-Punkte-Vorsprung und um drei Tore besser dem HSV die Tabellenführung abnahm.

Im Verein herrschte in jenen entscheidenden Tagen alles andere als Ruhe. Zwei Tage nach Leverkusen wurde bekannt, dass Franz Beckenbauer nach drei Jahren USA spätestens zum 1. November 1980 ein HSVer werden würde. Dass der 35-Jährige für 1,2 Mio. DM Jahresgage nach Hamburg kam, lag mit am Sponsor BP, der bereits mit Kevin Keegan für ein Energiesparprogramm geworben hatte und nun Beckenbauer als Leitbild engagieren wollte: „Unser Programm zielt darauf ab, möglichst viele Jugendliche vor dem Abgleiten in gesellschaftspolitische Randgruppen zu bewahren" (wozu der Konzern sicher auch

Beliebt und erfolgreich: Kevin Keegan, „the mighty mouse".

die Anti-AKW-Bewegung zählte, die in Hamburg angesichts der geplanten bzw. im Bau befindlichen Atomkraftwerke von Brokdorf, Grohnde, Krümmel eine Hochburg hatte).

Es hieß weiter, Rudi Kargus' Kontrakt sollte nicht verlängert werden; als Nachfolger waren Schwedens Nationalkeeper Jan Möller, der in Bielefeld suspendierte Uli Stein und Dieter Burdenski von Werder im Gespräch. Keegan und Nogly, das war klar, würden mit Saisonende gehen.

Im Estadio Bernabeu von Madrid, wo 8.000 HSV-Anhänger unter den 60.000 waren, bot Hamburg im Endspiel um den Europacup der Meister gegen Nottingham folgendes Team auf:

► Kargus – Nogly, Kaltz, Buljan, Jakobs – Hieronymus (ab 46. Min. Hrubesch, seit Leverkusen verletzt), Magath, Memering – Reimann, Keegan, Milewski, wobei die beiden letzteren als Doppelspitze fungierten.

John Robertson erzielte in der 20. Minute das 1:0 für Forest, für das ein Europacupsieg die letzte Möglichkeit war, auch 1980/81 in einem europäischen Wettbewerb zu spielen. Dank starker Abwehr inklusive einem sehr guten Schlussmann Peter Shilton und mit destruktivem Spiel brachten die Engländer das 1:0 über die Zeit.

Die Enttäuschung war groß, auch im Altonaer Kommunikationszentrum „Fabrik", wo 250 Menschen das Match an drei Fernsehern verfolgten, und im „HSV-Bierbrunnen" am Rothenbaum, wo man sich vor einer Großleinwand versammelte. Coach Zebec: „Ich habe schon viele solche Endspiele gesehen. Meine Mannschaft hat gestürmt, Nottingham hat verteidigt. Es war ein Spiel auf ein Tor, aber wir hatten kein Glück." Uwe Seeler, Sportsmann wie immer, gratulierte der Mannschaft von Manager Brian Clough, schränkte allerdings ein: „Ich kann nicht behaupten, dass mich der Fußball, wie ihn Nottingham spielt, befriedigt hat."

Der Frust zweier Niederlagen in Folge musste raus: Die Spieler feierten samt Ehefrauen und Freundinnen im Hotel „Monte Real", auch wenn diesmal niemand den Cup mit ins Bett nehmen konnte wie 1977 Willi Reimann. Um zwei Uhr nachts orderte Trainer Zebec fünf Taxis für die Begleiterinnen seiner Profis und verordnete auch denen Bettruhe. Ein „harter Kern" der Spieler allerdings verweigerte sich und holte die zurück, die bereits auf die Zimmer gegangen waren. Im Hotel-Foyer stand Präsident Dr. Klein und ließ die Profis gewähren. Auch als Zebec endgültig um 3.30 Uhr ging, blieben die Spieler noch, sangen „So ein Tag, so wunderschön wie heute" und feierten bis in die frühen Morgenstunden – offensichtlich glaubte keiner von ihnen mehr an einen Patzer der führenden Münchner Bayern am letzten Bundesliga-Spieltag. Hernach wurde Felix Magath zitiert: „Die Feier war wunderbar! Wir haben uns endlich einmal als Gemeinschaft erwiesen." Die „Fußballmaschine" HSV aber war ins Stottern geraten, die Mannschaft würde Trainer Zebec nun nicht mehr uneingeschränkt folgen.

Zurück in Hamburg, greift der Trainer durch: Er sagt das Training ab – „ich trainiere nicht mit Betrunkenen". Die Mannschaft fühlt sich ungerecht behandelt, trifft sich zu einer Sitzung und thematisiert danach vor laufenden NDR-Kameras die Alkoholkrankheit des Trainers. Bereits 1976 in Braunschweig war bekannt geworden, dass Branko

Zebec in dieser Hinsicht Probleme hatte. In der laufenden Saison war der Coach auf der Fahrt zum HSV-Spiel in Dortmund von der Polizei gestoppt worden; 3,25 Promille bedeuteten Führerscheinentzug. Beim Spiel selbst saß Zebec betrunken auf der Trainerbank. Die Mannschaft hatte all das akzeptiert, solange man mit Zebec erfolgreich war. Gegen die Beschimpfung durch den Trainer aber wehrten sich die Spieler. „Das ist eine Unverschämtheit", sagt Magath. „Wir haben trotz ähnlicher Vorwürfe in Sachen Alkohol gegen den Trainer immer hinter ihm gestanden und ihm das Kreuz gestärkt." „Manni" Kaltz: „Ich bin sehr enttäuscht. Nach den Vorfällen von Dortmund – es war nicht das erste Mal! – hat den Trainer niemand von uns im Stich gelassen."

Am Samstag im Volksparkstadion sind Zebec und die Spieler vor 51.000 wieder vereint. 4:0 gewinnt der HSV über ein Schalke, das die Lizenz für 1979/80 erst in zweiter Instanz erhalten hat und in seiner Not Abramczik, Helmut Kremers und Fichtel abgeben musste. Bayern München gewinnt ebenfalls, mit 2:1 gegen Braunschweig, womit der Sturz des Titelverteidigers HSV besiegelt ist.

Kevin Keegan, der zurück auf die Insel zum FC Southampton wechselt, wird mit Ovationen verabschiedet. Er bleibt durch vieles in Erinnerung, u.a. auch durch ein politisches Statement: „Ich komme aus einer sehr armen Familie, und ich habe in England immer sozialistisch gewählt. Aber damit möchte ich den Leuten nicht sagen, dass sie die SPD wählen sollen. Ich bin Sportler, Politik ist etwas anderes." Was die 51.000 nicht ahnen: Als der 27 Jahre alte Torhüter Rudi Kargus ausgewechselt und durch Jürgen Stars ersetzt wird, ist dies der Abschied des Publikumslieblings vom HSV – nach neun Jahren und 254 Bundesliga-Spielen. Man wird sich nicht einig, und am Sonntag nach dem Schalke-Spiel teilt ihm der Verein lapidar mit: „Sie können gehen." Man hat Ersatz in Uli Stein (später wird noch Koitka geholt), das setzt ein „Torwart-Karussell" in Gang: Für Stein kommt Kneib aus Mönchengladbach nach Bielefeld und für Kneib Kleff von Hertha BSC zum Bökelberg. Kargus bleibt einige Monate arbeitslos und ohne Vertrag, weil der HSV eine Million Mark Ablöse verlangt. Er wird dann vom 1. FC Nürnberg engagiert, wo er nach der „Spieler-Rebellion" 1984 entlassen wird. Der Keeper setzt seine Karriere beim KSC, Düsseldorf und dem 1. FC Köln (dort ohne Ligaeinsatz) fort.

Rudi Kargus wird also ebensowenig offiziell verabschiedet wie Beginski, Bliemeister und der brasilianische „Fußball-Student" Buca (Präsident Dr. Klein: „eine Panne"). Vizepräsident Hellmuth Ritschel erklärt angesichts der Vorgänge seinen Rücktritt: „Es gibt wesentliche Veränderungen in der Mannschaftszusammensetzung, die ich in einigen Fällen, insbesondere der Behandlung des Falles Rudi Kargus, nicht mit meinem Namen tragen möchte." Für einige Anhänger ist der „Fall Kargus" Anlass, dem Volksparkstadion den Rücken zu kehren.

Geehrt wird beim Abschlussbankett nach dem Schalke-Spiel im Nobelhotel „Atlantic" an der Außenalster Trainer Zebec; die Spieler applaudieren demonstrativ nicht, verlassen bereits um 22.10 Uhr die Feier, zu der ihre Freundinnen und Frauen nicht eingeladen wurden, und treffen sich anschließend mit denen zur Privat-Fete.

Ein Mittwochabend mit Real Madrid: „Rausch der Begeisterung"

Zu den Spielen, die in die Kategorie „Glanznummern" des HSV einzureihen sind, gehört fraglos das Rückspiel im Europacup der Meister am 23. April 1980 gegen Real Madrid. Der Ruhm der „Königlichen" aus Spanien gründete sich auf fünf Europacup-Siege in Folge, die sie 1956 bis 1960 erreicht hatten; ebenso gewann man 1966 und spielte in drei weiteren Endspielen (1962, 1963 EC I, 1971 EC II).

Zwar hatten bereits die 1980er Jahre begonnen, aber Zugkraft besaß Reals Name nach wie vor. Der HSV hatte erstmals seit den Barcelona-Spielen 1961 wieder die Möglichkeit, in ein Europacup-Endspiel der Meister vorzudringen; dementsprechend war das Volksparkstadion mit 61.500 lange vorher ausverkauft, die Hoffnung trotz des 0:2 im Hinspiel groß.

Während es für potenzielle bundesdeutsche Olympiastarter ein schwarzer Tag war, weil der Bundestag mit 446 zu acht Stimmen aufgrund der Intervention der UdSSR in Afghanistan für einen Boykott der Moskauer Olympischen Spiele stimmte, wurde jener Mittwochabend für den HSV zum außergewöhnlichen Ereignis: „Ich ging ins Volksparkstadion, um ein Fußballspiel zu sehen. Was ich erlebte, war ein Rausch der Begeisterung", schrieb der *Abendblatt*-Beobachter nieder. HSV-Manager Günter Netzer sagte: „Es war das Tollste und Beste, was ich je vom HSV gesehen habe. Ich bin froh, dass die TV-Übertragung viele Kritiker davon überzeugt hat, dass wir keinen destruktiven Fußball spielen und unsere Erfolge nicht etwa Glückssache sind." Uli Stielike, der Nordbadener in den Reihen Reals, das nicht im „königlichen" Weiß, sondern in Blau spielte, ging nach dem Abpfiff in die HSV-Kabine und gestand: „Wir waren heute unfähig, etwas gegen euch zu tun."

Was geschehen war: Zur Pause hatte der HSV bereits 4:1 geführt – wenn der Begriff Spielrausch zutrifft, dann für jenen Abend. Selten hat man wohl das Publikum im Volkspark derart engagiert erlebt: Schon vor Beginn sang fast das komplette Publikum den Song „Wer wird Deutscher Meister?", und vor der ersten Ballberührung hörte man pausenlos die „Ha-Es-Vau"-Sprechchöre. Trainer Zebec hatte von Anfang an auf Offensive gesetzt. Buljan nahm trotz Sehstörungen wieder den Libero-Posten ein, Nogly war Vorstopper gegen Santillana, Hidien komplettierte die Abwehr, Jakobs rückte ins Mittelfeld. Kaltz stand gegen Cunningham, der in der Offensive Weltklasse war, nach hinten aber nicht genügend absicherte, was wichtige Spielräume für Kaltz ermöglichte. Magath und Memering rackerten unermüdlich, unterstützt von Keegan, der genauso in die Spitze ging wie Hrubesch und Reimann.

Jakobs, Hrubesch und Magath im „Rausch der Begeisterung".

Der Spiel-Film: 10. Minute: Keegan wird umgerissen, Kaltz verwandelt den Strafstoß; 17. Minute: Reimann flankt, Hrubesch per Kopf zum 2:0; 30. Minute: Real-Schlussmann Garcia Remon scheidet mit Gehirnerschütterung aus, wird durch Miguel Angel ersetzt; 31. Minute: Laurie Cunningham, der schwarze Engländer, der später in Madrid bei einem Verkehrsunfall ums Leben kam, verkürzt auf 2:1; 40. Minute: Ein abgefalschter Kaltz-Schuss aus 25 Metern, 3:1; 45. Minute: Flanke Memering, Kopfballtor durch Hrubesch; 83. Minute: Rote Karte für Del Bosque; 89. Minute: Flanke Hrubesch, Memering verwandelt zum 5:1-Endstand.

Dass Real zuvor den FC Porto und Celtic Glasgow besiegt hatte, Hamburg wiederum Dynamo Tiflis und Hajduk Split, verlieh dem 5:1 einigen Stellenwert. Und obwohl es letztlich zum Europacup-Gewinn in dieser Spielzeit 1979/80 nicht reichte, wird das „Real-Spiel" wohl auf ewig zu den Glanzpunkten der HSV-Historie zählen. *sky*

► HSV: Kargus – Kaltz, Buljan, Nogly, Hidien, Jakobs, Memering, Magath, Hrubesch, Reimann, Keegan. Auf der Bank: Stars, Hieronymus, Beginski, Milewski, Wehmeyer.
► Real Madrid: Garcia Remon (30. Min. Miguel Angel) – P. Garcia, Pirri, Benito, Camacho, Del Bosque, Stielike, Angel, Juanito (87. R. Martinez), Santillana, Cunningham. ■

1980/81 Die Tragödie des Branko Zebec

Der HSV bleibt auch 1980/81 ein Spitzenteam im bundesdeutschen Fußball: In den 17 Begegnungen der Hinrunde erreicht man 13 Siege, zwei Remis, unterliegt lediglich 1:2 bei Bayern München und 2:3 beim VfB.

Der letzte Hinrundenspieltag, ein 3:0 am 13. Dezember 1980 beim VfL Bochum mit Toren von Hrubesch, Reimann und Hartwig, bedeutet dennoch das Ende der Erfolgspartnerschaft HSV/Branko Zebec. Ein Glück, dass es damals noch nicht die flinken Jungs von „ran" gab: Sie hätten sich vermutlich die Hände gerieben und wieder und wieder gezeigt, womöglich in Zeitlupe, was sich bei der Pressekonferenz nach Spielende im Ruhrstadion abspielte: Zebec erschien betrunken zur Pressekonferenz; Günter Netzer führte ihn, sonst war kein HSV-Offizieller zu sehen.

Branko Zebec, so wurde bekannt, galt bereits seit Wochen als „nicht mehr ansprechbar". Seit einer Bauchspeicheldrüsen-Operation vertrug der 51-Jährige nur geringe Mengen Alkohol. Der Erfolgscoach – „ich bin ein leidender Mensch" – trinkt weiter, angeblich wegen der Schmerzen, darunter leidet auch der Trainingsbetrieb. Am 3. Dezember kündigt Zebec dem Präsidenten Dr. Klein, weil er angeblich ein Angebot von Dinamo Zagreb besitzt. Der Trainer wird zu dem Zeitpunkt von Vereinsoffiziellen als „nicht mehr zurechnungsfähig" angesehen. Vor dem Nachholspiel gegen 1860 spielt Zebec mit seinen Schützlingen vom 5. auf 6. Dezember bis tief in die Nacht Karten. Zum UEFA-Cup-Spiel am 10. Dezember in St. Etienne – 0:5 hat der HSV das Hinspiel verloren! – dauert die Taktik-Besprechung lediglich zweieinhalb Minuten. Bochum ist ein neuerlicher Tiefpunkt; der Verein und Arbeitgeber, der Branko Zebec nach dem Dortmunder Zwischenfall letztmals verwarnte, handelt.

Vizepräsident Ernst Naumann spricht für den Klub: „Das alles ist eine große menschliche Tragödie. Nur wenn man einen Menschen liebt, kann man so lange mit einem Alkoholiker zusammenarbeiten. Was glauben Sie, was Günter Netzer alles mitmachen musste. Aber einmal ist man dann mit seiner Kraft am Ende." Schatzmeister Helmut Kallmann erklärt: „Wir wissen alle, dass sich Branko Zebec nicht helfen lassen will." Präsident Dr. Wolfgang Klein kündigt an, den Trainer „moralisch und finanziell" zu unterstützen.

Zebec fliegt in den Weihnachtsurlaub nach Zagreb. Der HSV lässt den hehren Worten Taten folgen: Er sendet am 22. Dezember, zwei Tage vor Heiligabend, ein Telegramm nach Jugoslawien, in dem dem Trainer gekündigt wird; Zebec, der einen Vertrag bis Juni 1982 besitzt, soll lediglich noch das Dezember-Gehalt in Höhe von 22.000 Mark bekommen. Als Nachfolger sind der Hamburger Helmut Johannsen, zu der Zeit in Bochum, und Dettmar Cramer im Gespräch. Den Zuschlag bekommt letztlich Aleksandar Ristic, der Co-Trainer des HSV, der zu dieser Zeit zwecks Erlangung des Trainer-Diploms die Sporthochschule Köln besucht und vom DFB eine Ausnahmegenehmigung erhält. Der 36-jährige Ristic hat in Braunschweig – anfangs noch als Spieler – und beim HSV sechs Jahre in Folge mit Zebec zusammengearbeitet, was Netzer über-

Bei den Spielern beliebt: Trainer Branko Zebec beim Training auf dem Ochsenzoll. Die Spieler sind (von links): von Heesen, Stein, Groh, Koitka, Milewski, Hartwig (durch Zebec fast verdeckt), Jakobs, Dreßel (auch fast verdeckt), Hieronymus und Magath.

zeugt. Gleichzeitig wird bekannt, dass der HSV im Hinblick auf die kommende Saison 1981/82 mit Ernst Happel verhandelt.

Per Telegramm beantwortet Zebec' Ehefrau Dusica aus Zagreb die Kündigung: Ihr Mann würde pünktlich zum Trainingsbeginn am 2. Januar 1981 wieder in Hamburg sein. Der HSV solle ihn lediglich eine Zeit lang für eine ärztliche Behandlung frei stellen. Am 2. Januar ist Zebec tatsächlich wieder in Hamburg, wo am Trainingsgelände Ochsenzoll ein Transparent „Hamburg will Zebec wieder!" zu sehen ist. Zebec kommt aber nicht auf den Platz, sondern verhandelt mit Präsident Dr. Klein. Der sagt, es gehe jetzt darum, „würdevoll auseinander zu gehen". Der Verein bietet inzwischen 120.000 Mark Abfindung, der Trainer aber will mindestens die Hälfte des Gehalts aus dem bis 30. Juni 1982 laufenden Vertrag; dies sind 250.000 Mark.

Würdevoll auseinander gehen? „Herr Zebec sucht Streit", teilt ein HSV-Rechtsanwalt mit, wobei sich die Rechtslage laut *Abendblatt* für den Verein problematisch darstellt: Alkoholismus gilt als unverschuldete Krankheit. Dem HSV als Arbeitgeber oblag die Fürsorgepflicht, er hätte veranlassen müssen, dass sich der Trainer in ärztliche Behandlung begibt. Ob der Coach dem Angebot einer Entziehungskur nachgekommen wäre oder nicht, hätte andererseits in einem arbeitsgerichtlichen Prozess keine Rolle gespielt.

Der Verein überlegt, notfalls die Profis als Zeugen gegen Zebec vor Gericht zu zitieren. Sie sollen aussagen, dass der Trainer seiner Arbeitsverpflichtung nicht mehr nachgekommen sei. Aber kein Spieler will gegen den ehemaligen Trainer aussagen. Horst Hrubesch: „Schließlich hat Herr Zebec sehr erfolgreich mit uns gearbeitet, da wäre ich doch als Zeuge befangen." Jürgen Milewski: „Man stelle sich diese komische Situation vor: Uns fragt einer vom HSV: ‚Wer würde gegen Branko Zebec aussagen?' Und dann melden sich vielleicht zwei und stehen plötzlich als Petzer da." Und Ditmar Jakobs: „Jeder im Verein weiß doch, dass wir Spieler die Entlassung falsch finden."

Der Prozess Zebec gegen HSV findet nie statt. Am 20. Januar 1981 trennen sich Klub und Trainer nachträglich zum 31.12.1980 „in beiderseitigem Einvernehmen", die Abfindung beträgt 250.000 Mark.

Drei Tage vorher ist die Mannschaft unter Ristic in die Rückrunde gestartet. Sie bringt 21:13 Punkte, ein Rückschritt gegenüber den 28:6 Zählern unter Zebec. Meister wird, mit vier Punkten vor dem HSV, wieder einmal Bayern München. 1981/82 ist Aleksandar Ristic wieder auf seiner alten Position als Co-Trainer. Neuer Chefcoach wird ein weltgewandter Wiener: Beim HSV beginnt die Ära Ernst Happel und die erfolgreichste, sechs Jahre währende Phase der Vereinsgeschichte.

Und Branko Zebec? Er findet ein neues Engagement in Dortmund. Obwohl der Klub erstmals seit 15 Jahren wieder einen internationalen Wettbewerb erreicht, wird der Vertrag des Trainers 1982 nicht verlängert: Unter Alkoholeinfluss (2,04 Promille) ist der Fußballlehrer in einen Verkehrsunfall verwickelt worden und wird im Frühjahr 1981 zu vier Monaten Gefängnis mit Bewährung, 25.000 DM Geldbuße und anderthalb Jahren Führerscheinentzug verurteilt. Der Coach wird inzwischen von Kollegen angegriffen: Der Bund Deutscher Fußballlehrer fordert „Schritte gegen Zebec", weil der der Bundesliga und dem Berufsstand schade. Helmut Johannsen sagte schon vorher: „Wenn ein deutscher Trainer sich die Sauftouren von Zebec geleistet hätte, wäre er schon sittlich für immer durchgefallen. Man kann Ausländerfreundlichkeit auch übertreiben."

Branko Zebec' letzte Bundesliga-Trainer-Station ist für knapp mehr als ein Jahr bis Herbst 1983 Eintracht Frankfurt. Frankfurt ist nach zehn Spielen Tabellenletzter, als Zebec dort am 16. Oktober mit dem Hinweis auf seine „angegriffene Gesundheit" zurücktritt. Er stirbt am 26. September 1988 im Alter von 59 Jahren in Zagreb. *sky*

▶ EINWURF

Die Fan-Szene
Es war einmal: der Samstagkrieg

Am 16. Oktober 1982 trifft der amtierende Meister Hamburger SV im DFB-Pokal auf den ärgsten Rivalen dieser Spielzeit, Werder Bremen. 150 Bremer Anhänger, die am späten Vormittag im Hamburger Hauptbahnhof eintreffen, erwartet bereits ein HSV-Mob: Vom Südsteg werden sie mit Bierdosen beworfen. Die Polizei eskortiert sie samt Lübecker Unterstützern zur S-Bahn Richtung Stadion. Als sie auf der Sylvesterallee an der Nordseite des Stadions zur Ostkurve, dem traditionellen Standort der Gästefans, unterwegs sind, ereignet sich gegen 14.55 Uhr ein Zusammenstoß mit Skinheads und gewalttätigen HSV-„Anhängern", darunter Mitglieder des Fanklubs „Die Löwen". Gaspistolen, Leuchtmunition, CS-Gas, Knüppel und Mauersteine werden bei der Auseinandersetzung eingesetzt.

Der 16-jährige Bremer Glaserlehrling Adrian Maleika flüchtet vor den Angreifern in ein angrenzendes Wäldchen, wo er von einem Mauerstein am Kopf getroffen wird, das Bewusstsein verliert und, am Boden liegend, zusammengetreten wird. Er stirbt am Sonntagabend, 17. Oktober 1982, infolge eines Schädelbasisbruches und Gehirnblutungen im Krankenhaus Hamburg-Altona.

HSV-Präsident Dr. Klein kündigt an, man müsse fortan überlegen, „wie wir Leute, die nur des Krawalls wegen zum Stadion kommen, fernhalten". Der DFB teilt mit, für Zusammenstöße außerhalb der Stadien seien normale Gerichte zuständig.

Das *HA* hört sich nach dem Tod des Jugendlichen in der Westkurve unter den HSV-Fans um. „Soll ich deswegen Trauer tragen?", sagt der frühere Vorsitzende des HSV-Fanklubs „The Devils". Andere HSV-Anhänger fordern: „Stoppelköpfe und Glatzen einfach nicht mehr reinlassen ins Stadion!" Ein Skinhead mit dem Button „Ausländer-Stopp – NPD wählen!" an der Jacke sagt: „Mir tut nichts leid. Ich bin begeistert."

Adrian Maleika wird am Freitag, 22. Oktober 1982, auf dem Friedhof von Bremen-Huckelriede beigesetzt. Vom SV Werder sind Vizepräsident Fischer, Manager Lemke, Spielführer Möhlmann, vom HSV ist Manager Netzer gekommen. „Fußball ist Kampf um den Ball – und nicht Kampf zwischen den Fans", ist auf dem Transparent zu lesen, das Werder-Fans beim nächsten Europacup-Spiel im Weserstadion zeigen. Auf halbem Weg zwischen den beiden Städten, in Scheeßel, kommt es im Dezember 1982 zum historischen Fan-Treffen von 200 Delegierten im Beisein der Manager Lemke und Netzer; ein „Stillhalteabkommen" wird vereinbart, und tatsächlich gibt es bei der nächsten Begegnung keine Gewaltakte.

Der erste gewaltsam verursachte Tod eines Besuchers eines Bundesliga-Spiels ruft die Medien auf den Plan. Zwar können die bundesdeutschen Gewalttäter das Wort Hooligans noch nicht buchstabieren, aber der Spiegel-Autor Christian Schultz-Gerstein weiß mehr: „In England sind Hemmungslosigkeit und Zerstörungswut parallel zu Arbeitslosigkeit und zum Verfall der Industriestädte, aus denen die Täter kommen, gewachsen." Der *Spiegel*-Titel „Der Samstag-Krieg" ist bereits fertiggestellt, samt Titelbild (das einen potenziellen Gewalttäter mit dem „HSV-Löwen"-Emblem auf der Rückseite der „Kutte" zeigt), das aber nie erscheint: Die Parteispenden-Affäre hat Vorrang.

Anfang der 1980er Jahre hatte der HSV unter seinen Anhängern Leute, die junge Türken und Punks vom Ottenser Spritzenplatz – Parole: „Rotfront verrecke!" – überfielen. „Besonders nachhaltig verfilzen sich Fußball-Randale und rechter Untergrund in der Westkurve des Volksparkstadions", stellt *Der Spiegel* 1983 fest. Der Verfassungsschutz rechnete die „militanten Fans" des Vereins damals dem organisierten Rechtsradikalismus zu. Zum rechten Spektrum zählten auch „Fangruppen" wie „Zyklon B" und „Spree-Randale" von Hertha BSC, die Frankfurter „Adler-Front", die „Roten Wölfe" von Hannover 96, der Karlsruher „Phönix" und Dortmunds „Borussen-Front".

Im Dezember 1983, über ein Jahr nach Adrian Maleikas Tod, stehen acht Mitglieder der „Löwen" – die Presse: „Chancenlose und Gescheiterte" – vor der 4. Großen Strafkammer des Hamburger Landgerichts. Am 19. Dezember wird Peter L. zu zwei Jahren und sechs Monaten Gefängnis verurteilt. Bernhard B. erhält zwölf Monate Strafe zur Bewährung. Caren S. muss zehn Arbeitsmaßnahmen absolvieren. Die fünf anderen Angeklagten werden freigesprochen.

„Zecken abklatschen"

Es ist bekannt, dass die Urteile von 1983 keinen Schlusspunkt der Gewalt im Zusammenhang mit Fußball bedeuteten. Aus den Reihen militanter HSV-Fans kam nach Polizeiangaben Skinhead Frank P., ein früherer BGSler und Punker, der 1985 mit zwei Freunden in Langenhorn den Türken Mehmet Kaymakci tötete. Als ebenfalls 1985 Skinheads in Hamburg-Hamm den Türken Ramazan Avci auf offener Straße erschlagen, verteilen andere Skinheads vor dem nächsten HSV-Heimspiel am 1. Februar 1986 Flugblätter, in denen behauptet wird, schuld am Tod des jungen Mannes seien die Politiker, die zu viele Ausländer ins Land ließen. In den frühen 1990er Jahren war die Südtribüne Standort von ca. 300 Hooligans (später standen dort Ultras), im Block E der Westkurve dominierten „die Glatzen". Noch im Hamburger Verfassungsschutzbericht 1996 heißt es, dass die rechtsextremistische Skin-Szene des „Hamburger Sturm" aus Bramfeld, Farmsen, Berne und Rahlstedt und die „Patriotische Jugend" von Henstedt-Ulzburg u.a. „gute Kontakte zu HSV-Fans aus der Hooligan-Szene" besitzen. Nachdem im „Bramfelder Sturm" für den 24. November 1995 anlässlich des Derbys zu Aktionen gegen Anhänger des FC St. Pauli aufgerufen wurde („Zecken abklatschen"), nahm die Polizei 66 Per-

Waren nicht immer friedlich: HSV-Fans in der Westkurve.

sonen u.a. wegen Landfriedensbruchs und Körperverletzung fest bzw. in Gewahrsam. Zum Derby am 15. September 1996 verbreitete ein „Aktionskomitee Nationale Freizeitgestaltung" ein Flugblatt, Zitate: „HSV-Skins gegen die Zeckenseuche von St. Pauli!".

An den Gewalttaten bei der WM 1998 in Lens waren Hamburger Hooligans – Sweatshirt-Aufschrift: Hamburg Ultras – wesentlich beteiligt. Tobias R. wurde unter dem Vorwurf gemeinschaftlich begangenen versuchten Mordes festgenommen; Mike K. wurde in Frankreich zu einem Jahr Haft verurteilt.

„‚Fußballbezogene' Gewalt findet heute meist fernab der Stadien in unkontrollierten Räumen statt", erklärte Frank Steiner vom HSV-Fanprojekt 2002 – dabei ist es in der Bundesliga weitgehend geblieben. Verstärkte Polizeipräsenz, mehr Ordner, die übersichtlicheren neuen Stadien und die Überwachung durch Videokameras haben zu einem Rückgang von Straftaten geführt. Gleichzeitig aber stieg der Sicherheitsaufwand, die Anzahl der Stadionverbote nahm zu.

Letzteres ist vielen Fans ein Dorn im Auge, wurden doch insbesondere im Vorfeld der WM 2006 hysterische Überreaktionen der Polizei und völlig überzogene Maßnahmen beklagt. Gegen „Repressalien der Polizei", gegen „Übertreibung, Pauschalisierung und Kriminalisierung der Fans" demonstrierten am 9. April 2006 vom Großneumarkt zum HSV-Fanhaus an der Stresemannstraße 300 Leute.

Zuvor war bereits auf der Nordtribüne im Stadion das Transparent „Freiheit für die Jungs" zu lesen, denn vier HSV-Anhänger waren aufgrund von Zusammenstößen beim Spiel bei Bayern München am 21. Januar 2005 seit dem 21.Dezember desselben Jahres inhaftiert; die aktivste HSV-Fangruppierung Chosen Few verlangte sogar „Solidarität mit den politischen Gefangenen!" (die u.a. auch die St.-Pauli-Fanszene bewies). Teile der Fanszene betrachteten die Haft im Vorfeld der WM als „reines Politikum".

Zwei der Inhaftierten kamen rasch wieder frei. Am bekanntesten wurde, auch durch einen Bericht des *HA*, der Fall des 26-jährigen Nils B. Der langjährige HSV-Anhänger war unter dem Vorwurf des schweren Landfriedensbruchs, der Organisation einer Schlägerei und Rädelsführerschaft vom 21. Dezember 2005 bis 17. März 2006 vor allem in München-Stadelheim in Haft. Dies, obwohl er nicht vorbestraft war, einen festen Wohnsitz und eine Beschäftigung (Zeitsoldat) nachweisen konnte. In Freiheit kam er erst wieder, als er den Vorwurf des schweren Landfriedensbruchs akzeptierte („zu einer geplanten Schlägerei mitgegangen"), was mit sechs Monaten Haft auf Bewährung bestraft wurde. Noch länger als er war Christoph S. aus der HSV-Szene inhaftiert, bestraft mit einem halben Jahr Gefängnis auf Bewährung.

Eine heftige Debatte zum aktuellen Zustand der HSV-Fanszene löste 2005/06 der Lehrer und Aufsichtsrat Axel Formeseyn mit einem kritischen Beitrag in den *Supporter News* („uffta, uffta, uffta – Sieg!") aus; seine Thesen untermauerte er in einem Interview des *HA* (Titel: „Aufsichtsrat kämpft gegen dumpfe Fans"), in dem er zwar festhielt, „es ist besser geworden", aber „dumpfes, latent rechtes Gehabe" beklagte. Nebensächlich waren da eher Formeseyns Anmerkungen zu Namensfahnen, einer Lotto-King-Karl-Liedzeile, altdeutscher Schrift oder der Fan-Sitte, den Schal nach hinten zu tragen.

Die Diskussion nimmt inzwischen viele Seiten im Internet ein (www.hsv-forum.de, www.hsv-pinnwand.de), wo Formeseyn auch Fürsprecher fand: „Ein Signal, dass der HSV ein Problem erkannt hat und von innen heraus beheben will", und: „Der Nährboden für faschistoide Gesänge ist im Umfeld des HSV immer noch mehr als vorhanden." Die große Mehrheit allerdings lehnte Formeseyns Thesen und Vorgehen ab. „Allein die Überschrift im *HA* muss einen echten HSVer entsetzen", heißt es; das Aufsichtsratsmitglied habe die HSV-Fans öffentlich an den Pranger gestellt. Ausfälle von Anhängern seien zudem längst nicht mehr auffallend: „Es ist besser geworden." Tenor eines Leserbriefes in den *Supporter News:* „Das Fehlverhalten, das Axel beschreibt, sollte nur einen kleinen Teil von uns zum Nachdenken bringen, weil die anderen nicht so sind, aber Axel greift hier alle an."

Vorstandsmitglied Christian Reichert, auch zuständig für die Fanszene: „Ja, es gibt diese Leute, die Axel kritisiert. Aber die Zahl ist rückläufig." Aufgrund der großen Besucherzahl gebe es beim HSV eben „einen repräsentativen Querschnitt der Bevölkerung". Formeseyn selbst verteidigte sich: „Es hat immer gleich den Anschein, als ob man eine Zecke sei (...), wenn man bestimmte Verhaltensweisen von HSV-‚Fans' kritisiert (...) Der ganze rechte Quark, den es im und ums Volksparkstadion seit ewigen Zeiten gab und immer noch viel zu häufig gibt, wird verharmlost" (Anmerkung: muss bei seinem Anliegen die Bezeichnung „Zecke" sein?).

„Laut gegen die Nazis"

Interessant in dem Zusammenhang: Einen NPD-Stand im Volkspark haben HSVer „abgeräumt", außerdem haben Fans ebenso wie z.B. Spieler Barbarez an der Aktion „Laut gegen Nazis" teilgenommen. Erstmals beteiligten sich Fans 2005 am Turnier Mondiali Antirazzisti in Italien.

Überregional sind Teile der HSV-Fanszene bereits seit längerer Zeit engagiert. Selbstverständlich war man bei der bundesweiten „Pro-15.30"-Aktion beteiligt, ebenso bei der Fan-Demo am 11. Mai 2002 in Berlin („Kein Kick ohne Fans", „gegen die Kriminalisierung der ‚neuen Ultras'"). Entgegen anderslautenden Meldungen wurde auch die Ausstellung „Tatort Stadion" des Bündnis Aktiver Fußballfans (BAFF) unterstützt. Zwar bezog der damalige HSV-Vorstandsvorsitzende Hackmann gegen die BAFF-Kritik an DFB-Präsident Mayer-Vorfelder Stellung, die 250 Euro Zuschuss des Klubs waren da aber bereits überwiesen.

Fördernde Mitglieder und HSV-Supporters-Club gründeten 2006 „Unsere Kurve", die Interessengemeinschaft der Fanorganisationen, mit (www.unserekurve.de); der erste „Bundestag" fand in der Hamburger Arena statt. „Schluss mit dem Sicherheitswahn!", lautet eine der Forderungen. Ebenfalls präsent sind HSVer bei „Pro Fans" (www.profans.de), wo das Verhältnis zu Polizei und Ordnern als „zerrüttet" charakterisiert wird.

Ein Teil der Fans brachte seine Anliegen 2005/06 sogar auf die Bühne: „Theaterregisseur Martin Kreidt und Autor Christoph Twickel haben zwei Begriffe zusammengebracht, die man bisher nicht in einem Atemzug nennen mochte: „HSV und Kultur", staunte die *taz*. Das „dokumentarische Spektakel mit HSV-Fans" unter dem Titel „Hinter euren Zäunen" gab es im Thalia-Theater an der Altonaer Gaußstraße; u.a. hatte es den Samstag im Leben eines Auswärtsfahrers zum Thema (die DVD, 110 Minuten plus Extras, gibt's für zehn Euro u.a. bei den Supporters).

Der Samstagkrieg jedenfalls findet nicht mehr in der Bundesliga statt, auch nicht im Theater.

sky ■

Die Jahre mit Ernst Happel

Die Saison 1981/82 sieht Hamburg wieder mit einem neuen Coach: Ernst Happel ist gekommen, für Manager Netzer „der bestmögliche Mann, ein Genie; kein deutscher Trainer kommt an Zebec, Michels (Anm.: zu der Zeit beim 1. FC Köln) und Happel heran". „Für den HSV kommt nur ein Trainer von Weltruf infrage", sagt Präsident Klein – Fußball-Adel verpflichtet eben.

Happel war oftmals National-, ja sogar Weltauswahl-Spieler in einer guten Zeit des österreichischen Fußballs und hatte danach als Trainer große Erfolge, gewann u.a. mit Feyenoord den Europacup der Meister und den Weltcup, erreichte mit Brügge zwei europäische Finale und mit Holland das WM-Endspiel 1978 (Honorar 300.000 DM).

Auch in Hamburg propagiert der Wiener, der 33.000 DM pro Monat erhält, Offensivfußball, ein deutlicher Gegensatz zum „Rasenschach", den der HSV unter Zebec bot, und lässt „Pressing" spielen: „Den Gegner in dessen Hälfte zurückdrängen, ihn festnageln, am Aufbau behindern; zerschlagen, was noch gar nicht entstand, sich dann selber entwickeln!" (so beschrieb's *Der Spiegel*). Er hat eine ausgezeichnete Mannschaft zur Verfügung, die derlei Direktiven perfekt umsetzen kann, denn taktische Disziplin

Der „Grantler" Ernst Happel (links) und sein Assistent Ristic.

Enttäuschung im UEFA-Cup-Finale: Holger Hieronymus nach dem 0:3 gegen Göteborg.

hat sie unter Zebec gelernt. Er führt das Team autoritär, so wie es ein Weisweiler, Zebec, Michels und überhaupt fast die ganze alte Trainer-Garde getan hat. Happel duzt die Spieler, die müssen ihn mit „Herr Trainer“ ansprechen.

Der Mensch Ernst Happel, ein Wiener „Grantler“ und Schweiger, bleibt dem Hamburger Publikum rätselhaft. Öffentlichkeitsarbeit ist ihm fremd („schreib'ns', was woll'n, is mir eh wurscht“), seine Statements nach Spielen sind kurz, kürzer geht's kaum – einmal reichen acht Sekunden aus. Der Trainer, so erfährt man, lebt mit seiner belgischen Freundin in Norderstedt und besucht regelmäßig Ehefrau und Sohn in der Heimatstadt Wien. Er mag den Wein, er raucht und liebt den Nervenkitzel der Spielbanken. Öffentliche Bestätigung braucht einer wie er nicht mehr: Happel lebt zurückgezogen, sitzt zu Hause, ein notorischer Fernsehzuschauer, stundenlang und bis Sendeschluss, egal was läuft.

1981/82 Ein trauriger Meister

Auf Anhieb wird der neue Trainer 1982 mit dem HSV Meister, vor dem 1. FC Köln und Bayern München. Uli Stein macht alle Spiele als HSV-Schlussmann mit, Wehmeyer und Bastrup (13 Tore) fehlen nie, selten nur Jakobs, Hrubesch (32 Spiele/27 Tore), Groh, Kaltz (9 Tore, 8 verwandelte Strafstöße), Hartwig (14 Tore). Sieht man von einigen Reservisten ab, kam Happel mit 13 Spielern aus, konnte also fast immer ein eingespieltes Team auflaufen lassen. In der Rückrunde unterliegt Hamburg nur einmal, in Braunschweig.

An dieser Meisterschaft, die nach einem 3:3 bei Fortuna Düsseldorf und mit zwei Punkten und 15 Toren Vorsprung vor dem 1. FC Köln feststeht, können sich Trainer und Profis nicht so recht freuen. Denn in den UEFA-Cup-Spielen gegen IFK Göteborg, den ersten schwedischen Gewinner eines europäischen Wettbewerbs, geht alles daneben. Im aus-

Immer noch elegant, aber sonst wenig effektiv: Franz Beckenbauer im HSV-Trikot, hier im Zweikampf mit dem ehemaligen Bayern-Kollegen Breitner.

verkauften Ullevi-Stadion (51.000 Tickets sind weggegangen, wegen des starken Regens sehen aber „nur" 42.058 zu) unterliegt der HSV durch ein Tor in der 88. Minute 0:1. Überheblichkeit macht sich breit bei den Hanseaten, obwohl sie im Hinspiel destruktiv aufgetreten sind und keine Torchance hatten. „Vor eigenem Publikum sind wir eine Macht", sagt Spielführer Magath, und selbst Trainer Happel lässt sich von der Euphorie anstecken: „Die Schweden waren ja schon im Hinspiel kaputt." Nur Manager Netzer warnt, nennt das Resultat zwar „blendend", sagt aber auch: „Gut haben wir nicht gespielt."

61.000 Zuschauer in Hamburg verabschieden ihre Mannschaft am Mittwoch vor Himmelfahrt 1982 schießlich mit Pfiffen, denn Göteborg gewinnt 3:0 – eine Blamage für den überheblichen HSV. Jakobs fehlt als Abwehrchef an allen Enden, während IFK hervorragendes Pressing praktiziert.

Deutsche Meisterschaft? Der verfehlte UEFA-Cup-Gewinn ist allen auf den Magen geschlagen, gefeiert wird nicht nach Düsseldorf. „Jimmy" Hartwig meldet aus der Kabine eine Stimmung „wie auf dem Zentralfriedhof in Wien". Ernst Happel spricht vom „traurigen Meister".

Im Sommer 1982 endete auch das Gastspiel des Franz Beckenbauer beim HSV. Die vermeintliche Sensation hatte sich als schwerwiegender Irrtum erwiesen. Als der 35-Jährige von Cosmos New York kommend am 31. Oktober 1980 in Hamburg-Fuhlsbüttel gelandet war, hatten ihn über 500 Fans erwartet. Nach dreieinhalb Jahren Bundesliga-Pause debütierte der Bayer am 14. November im Auswärtsspiel beim VfB Stuttgart (2:3) in der 2. Halbzeit als Libero. Sein Auftritt wurde als „sachlich" beschrieben. Bis Mai 1982 kam der ehemalige Feinmechaniker auf 28 Punktspieleinsätze. Es war kein glanzvoller Abschluss der Bundesliga-Karriere, denn Beckenbauer litt unter Verletzungen und Krankheiten. Seine Gelenke hatten unter dem US-Kunstrasen gelitten, die langen Reisen in den USA samt Klimaunterschieden waren strapaziös gewesen. Die Stimmung wandte sich gegen ihn. „Beckenbauer raus!", intonierte die Westkurve, Trainer Happel zog schließlich den jungen Hieronymus als Libero vor. „Es war ein schwerwiegender Irrtum anzunehmen, die Zeit zurückdrehen zu können", schrieb Gerhard Seehase im *Abendblatt*. „Beckenbauer war nur noch Legende, als er zurückkam." Und HSV-Buch-Autor Matthias Kropp: „Niemand käme auf die Idee, Beckenbauers Namen in einer HSV-Bestenelf aller Zeit zu nennen. Als HSV-Spieler ist er kaum in Erinnerung geblieben."

1982/83 Erst Athen, dann Gelsenkirchen

Wenn die Tage im Jahr 1980, als der HSV in der Ära Zebec Europapcup-Sieg und Meisterschaft verfehlte, laut Medien die „heißeste Woche der Vereinsgeschichte" waren, so stand der Mai 1983 dem um nichts nach: Der HSV führte vor Bremen die Bundesliga-Tabelle an, ein Heimspiel gegen Dortmund und ein Gastspiel „auf Schalke" standen noch an – und davor, am 25. Mai 1983, das Endspiel um den Europacup der Meister in Athen gegen Juventus Turin.

Hamburg hatte in der Liga eine exzellente Serie erreicht: Vom 23. Januar 1982 bis 28. Januar 1983 – also über ein Jahr lang – blieb man in 34 Punktspielen in Folge unbesiegt. Vor dem Saison-Finale war man lediglich in Bremen (2:3) und Bielefeld (0:2) unterlegen. Ernst Happel verfügte immer noch über ein eingespieltes Team und hatte kaum Verletzte zu beklagen.

Trotz der imposanten Hamburger Serie in der Liga galt Endspiel-Gegner „Juve" als Favorit. Der vom Fiat-Konzern und der Familie Agnelli gesponserte Klub hatte unter Trainer Giovanni Trapattoni ein Starensemble versammelt; 30.000 erwartungsfrohe Tifosi begleiteten Juventus denn auch nach Athen (dem HSV folgten ca. 9.000). Hamburg fehlte „Jimmy" Hartwig wegen einer Sperre; der Spaßvogel und Schlagersänger („Mama Calypso") verbrachte die Endspielzeit an der Seite von Harry Valerien im Studio des ZDF. 18,7 Millionen Menschen – Sehbeteiligung 47 Prozent – sahen folgenden Mannschaften zu:

► HSV: Stein – Hieronymus – Kaltz, Jakobs, Wehmeyer – Rolff, Groh, Milewski, Magath – Hrubesch, Bastrup (ab 56. Min. von Heesen).

► Juventus: Zoff – Scirea – Gentile, Brio, Cabrini – Platini, Bonini, Tardelli, Boniek – Rossi (56. Marocchino), Bettega.

Einige deutsche Kommentatoren betrachteten den Hamburger Auftritt von Athen als „Revanche" für die WM 1982: Dort war die DFB-Elf (mit Kaltz und Hrubesch) im

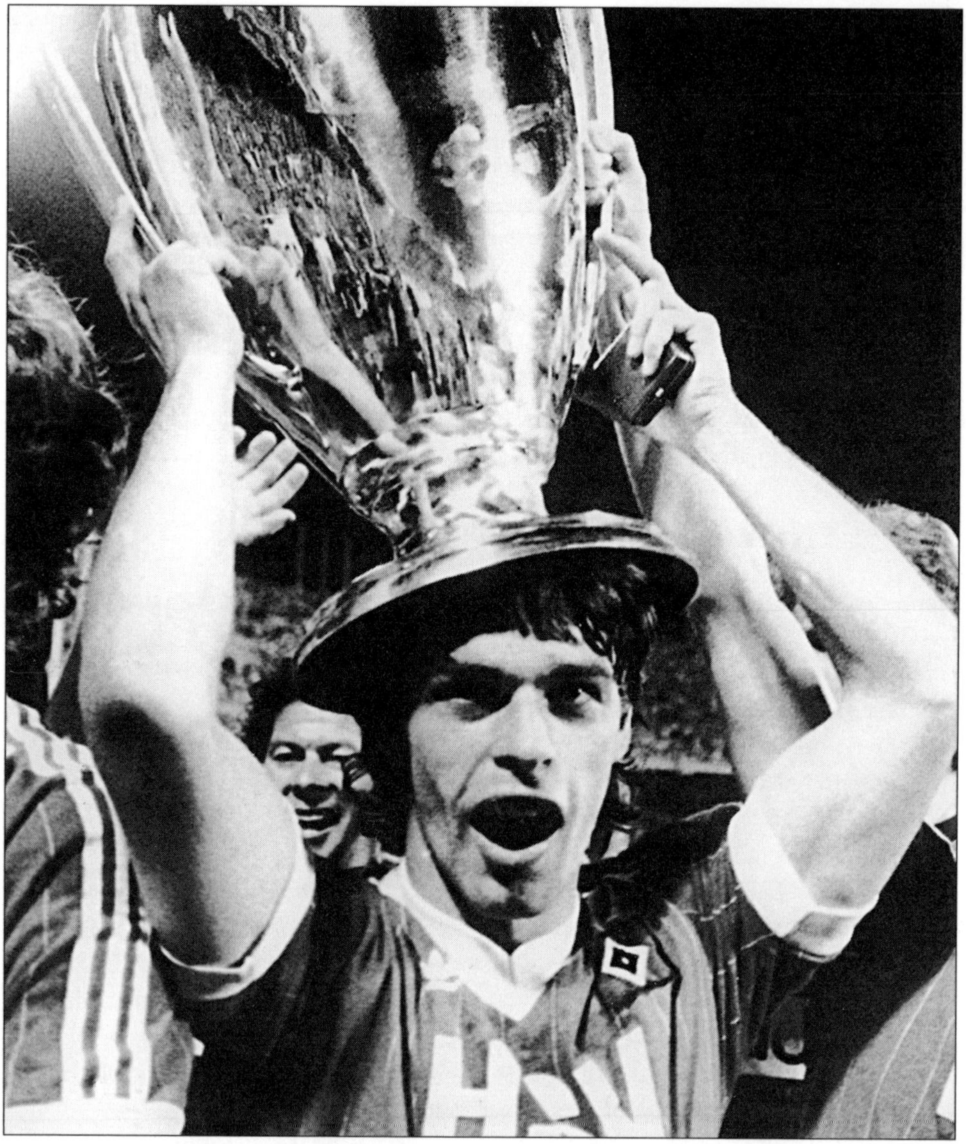

When we were Kings… Mittelfeldspieler Milewski mit dem Europapokal.

Endspiel Italien (mit Zoff, Gentile, Scirea, Cabrini, Tardelli und WM-Torschützenkönig Paolo Rossi) mit 1:3 unterlegen; zuvor hatten sich das Skandalspiel gegen Österreich (1:0) und Schumachers Foul an Frankreichs Battiston ereignet.

In der achten Spielminute fiel das einzige Tor des Athener Endspiels: Groh passte auf der linken Seite zu Magath; der täuschte in 25 Metern Torentfernung einen Schuss an, woraufhin Bettega ins Leere sprang. Magath lief einige Schritte weiter und schoss dann ein. Der HSV brachte die Partie souverän nach Hause, auch, weil Manndecker Wolfgang

Rolff (ansonsten galt unter Happel ja die Raumdeckung, die Alternative fand er „hirnlos“) „Juves“ Spielmacher Michel Platini, dem Franzosen, kaum Platz ließ, und weil die Hamburger im Mittelfeld dank Groh, Magath und Milewski ein Übergewicht besaßen. Ernst Happel hatte sein Team einmal mehr vorzüglich eingestellt, und als Bastrup durch einen Faustschlag oder Ellbogencheck von Gentile einen doppelten Kieferbruch erlitt, nicht etwa einen Defensivmann, sondern Thomas von Heesen eingewechselt.

Weltklassemann Platini äußerte sich frustriert: „Ich wäre am liebsten nach einer Stunde vom Feld gegangen.“ Juventus-Trainer Trappattoni: „Sieg oder Untergang sind bei uns immer mit der Leistung von Platini verbunden.“

Bundestrainer Jupp Derwall empfand das HSV-Resultat im Hinblick auf die WM-Niederlage als eine Art „nationaler Wiedergutmachung“: „Der HSV hat dem bundesdeutschen Fußball einen großen Dienst erwiesen. Er hat der Welt gezeigt, wie attraktiv Fußball sein kann.“ Bei den HSVern war Derwall nicht wohl gelitten, weil sie sich von ihm zu wenig berücksichtigt fühlten. „Wer von Derwall und der Nationalmannschaft redet, zahlt einen ‚Blauen‘ in die Mannschaftskasse“, gab Horst Hrubesch vor. In der darauf folgenden EM-Qualifikation und bei der EM selbst nominierte Derwall, der 1984 zurücktreten musste, mit Wolfgang Rolff lediglich einen HSV-Spieler.

Für den HSV bedeutete der Europacup-Gewinn den größten Erfolg der Vereinsgeschichte (der auch 2006 noch Bestand hat). Nach Bayern München (1973, 1974, 1975)

Athen 1983, größter Erfolg der Vereinsgeschichte: Stehend von links: Magath, Bastrup, Rolff, Jakobs, Kaltz, Hrubesch; knieend von links: Wehmeyer, Hieronymus, Groh, Milewski, Stein; später kam noch von Heesen.

Kapitän Magath, Trainer Happel und Manager Netzer, die Köpfe des Erfolgsteams.

war Hamburg der zweite bundesdeutsche Klub, der die Trophäe im Europacup der Meister gewann. Ein dritter folgte erst 1997 mit Borussia Dortmund. Der Hamburger SV galt 1983 endgültig als Weltklassemannschaft. Das *Abendblatt* ordnete den Verein im Kommentar seines politischen Korrespondenten Hans-Jürgen Müller als „ein unverwechselbares Markenzeichen dieser Stadt" und „eine Institution, mit der sich ein Hamburger identifizieren kann", ein. „Wirtschaftskrise hin, Bundesliga-Müdigkeit her, *unsere Truppe* hat die Gegenströmung der Zeit nicht davon abgehalten, den großartigsten Erfolg ihrer Vereinsgeschichte zu erringen."

5.000 warteten am Flugfeld von Hamburg-Fuhlsbüttel, als die Mannschaft heimkehrte, und „Jimmy" Hartwig stürmte als Erster die Gangway hinauf, um Horst Hrubesch und den Cup zu umarmen. Der schlaue Happel hatte schon vorher gesagt, was ihm wirklich wichtig war: „Der deutsche Meistertitel ist mir mehr wert als der Europacup. Dort entscheidet nur ein Spiel, in der Meisterschaft aber eine gesamte Saison" (Happel unterschlug bei seinem Motivationsversuch allerdings die EC-Spiele, die zum Erreichen des Finales notwendig waren: gegen FC Dynamo Berlin aus der DDR, Olympiakos Piräus, Dynamo Kiew und Real Sociedad San Sebastian…).

Dortmund stellte am vorletzten Spieltag am 30. Mai im Volkspark kein Hindernis dar: 51.300 Zuschauer erlebten ein 5:0 des HSV und den Abschied von Torjäger Horst Hrubesch, der sich im Alter von 32 Jahren zu Standard Lüttich veränderte. Im Klub fand man, dass er seinen Zenit überschritten hatte. „Herzlichen Dank! Dankeschön!", sprach der gefeierte Westfale im Stadion unter Tränen ins Mikrofon; bis heute hat man ihn in Hamburg in bester Erinnerung behalten. Bremen gewann gleichzeitig 1:0 in Frankfurt, damit blieb das Titelrennen offen.

Der 6. Juni 1983 bedeutete den Meisterschafts-Countdown. Der HSV führte mit 50:16 Punkten und 77:32 Toren; Werder, mit Trainer Otto Rehhagel, war punktgleich, aber acht Tore schlechter. Die Bremer trafen im Weserstadion auf den Zehnten VfL

Bochum, der HSV in Gelsenkirchen vor 70.000 auf Schalke 04, den Drittletzten, der anschließend in den Relegationsspielen seinen Bundesligaplatz an Uerdingen verlieren sollte. Für Hamburg spielten:

► Stein – Hieronymus (61. Min. von Heesen) – Kaltz, Jakobs, Wehmeyer – Hartwig, Groh, Rolff, Magath – Hrubesch, Milewski (18. Hansen).

2:1 gewann das beste Auswärtsteam der Liga dank Treffern von Hrubesch und Rolff (Gegentor: Wuttke), und erneut bewies Ernst Happel eine glückliche Hand, als er für den verletzten Libero Holger Hieronymus den Stürmer Thomas von Heesen einwechselte. Der HSV dieser frühen 80er Jahre war ausgeglichen und hervorragend besetzt, routiniert, diszipliniert, eingespielt, er war jederzeit in der Lage, das Spiel variantenreich zu gestalten – „eine Fußballmaschine, das perfekteste Team Europas – von Zebec konstruiert und von Happel perfektioniert“ *(Westfälische Rundschau)*. Auch dass die Spielergehälter beträchtlich auseinander klafften, von 160.000 DM Jahresgehalt ohne Prämien (Wehmeyer) bis 460.000 Mark (Kaltz), hatte nie für Unruhe gesorgt.

Horst Hrubesch singt...

Die „schwarze Woche“ von 1980 war endgültig vergessen: erstmals Europacup-Sieger, erstmals zum zweitenmal hintereinander Deutscher Meister.

Die Fahrt der Mannschaft im offenen Doppeldecker-Bus vom Flughafen über Alsterdorf, Eppendorf und Harvestehude zur Moorweide vor dem Dammtorbahnhof verfolgten 100.000 Menschen. Der HSV hatte diesmal nicht das marode Rothenbaum-Stadion für die Feier ausgewählt, sondern die große Grünfläche, von jeher ein wichtiger politischer Ort der Stadt, auf dem einst Hitlers Bürgerkriegstruppe „Legion Condor“ empfangen wurde, wo sich die jüdischen Bürger der Stadt zur Deportation sammeln mussten, von wo stumm für den toten John F. Kennedy, für Willy Brandts Erfolg gegen das Misstrauensvotum und turbulent gegen Atomkraft demonstriert wurde.

Nun hatten sich dort 60.000 zur HSV-Feier versammelt, darunter der ansonsten eher volksferne vornehme SPD-Bürgermeister Klaus von Dohnanyi, der säuerlich dreingeschaut hatte, als man ihm beim Flughafen-Empfang des HSV Champagner auf den Trenchcoat gegossen hatte, der nun aber stolz einen blauschwarzweißen Fanschal trug. Die Mannschaft hatte auf dem Rückflug von Düsseldorf die Fokker F 27 Friendship eine Ehrenrunde über dem Bremer Weserstadion drehen lassen, nun griff sich Kapitän Horst Hrubesch (der 1981 Magath abgelöst hatte) das Mikrofon. Er brachte den Song des Tages zu Gehör (das Lied hatten ehemals DEG-Eishockeyfans an der Düsseldorfer Brehmstraße kreiert):

„Kling, Glöckchen, klingelingeling, kling, Glöckchen, kling!
HSV ist Meister, Werder ist nur Zweiter,
Stuttgart leider Dritter – oh, wie ist das bitter!“

Da Manager Netzer nicht wissen konnte, wie das Saisonfinale 1983 enden würde, war bereits vorher eine Marathon-Tournee vereinbart worden, für die allerdings etliche Spieler nicht mehr zur Verfügung standen, so dass die Zuschauerzahlen hinter den Erwartungen zurückblieben und der HSV statt 400.000 DM nun 300.000 Mark einnahm. Nach Gastspielen in Siegen (4:0), bei TuS Koblenz (6:0), 1. FC Pforzheim (5:1), SC Freiburg (0:3), SC Geislingen (4:2), TSV Kulmbach (6:0), FC St. Gallen (in Konstanz, 3:1) flog Europas bestes Team für 120.000 Mark Honorar auch noch nach New York, wo Cosmos mit Beckenbauer, Neeskens und Chinaglia vor 30.000 im Giants Stadium von New Jersey 7:2 gewann. Trainer Happel war da schon in Wien, und sein Vertreter Günter Netzer musste feststellen, dass die Profis New York eher als touristisches Ausflugsziel denn als Wettkampfort betrachteten.

...und die Kasse klingt

Präsident Dr. Wolfgang Klein

Die Hamburger Erfolge waren ein Beleg für die Professionalität, die längst in den Verein Einzug gehalten hatte. Präsident Dr. Klein muss man da mit einbeziehen: Da er wusste, dass Happel/Netzer es im sportlichen Bereich schon richten würden, suchte er sich andere Felder und war dort mit seinen Äußerungen der Zeit voraus. Er verlangte vielseitig verwendbare und überdachte Stadien für die Bundesliga – „Sports Dome“ war damals noch kein Begriff –, „denn die Rahmenbedingungen im Fußball entsprechen allenfalls den Bedürfnissen der 1950er Jahre“, und forderte „beheizte Sitzplätze“. Der HSV-Präses spürte beizeiten, dass sich eines Tages ein neues Fußballpublikum der Liga bemächtigen würde, dem Konsum und Convenience fast soviel (oder mehr?) wie das Spiel bedeuten würde.

Als Mitglied der Medienkommission des DFB ahnte Rechtsanwalt Klein den kommenden Geldsegen: Zehn Millionen Mark Fernsehhonorar von ARD und ZDF für die Spielzeit 1984/85 erschienen ihm als Auftakt einer schönen neuen Zeit. „Wenn die öffentlich-rechtlichen Fernsehanstalten jetzt schlau wären, würden sie einen Fünfjahresvertrag über mindestens 100 Millionen Mark mit uns abschließen. Die Medienlandschaft wird sich sehr verändern und nicht zugunsten von ARD und ZDF“, sagte Klein, als Gastmoderator früher auf der Gehaltsliste des NDR. Er selbst hatte die Überlegung, mit eigenproduzierten Spielvideos vom HSV, versetzt mit Werbespots, zu handeln:

„Die könnten noch am Samstagabend in den Versand gehen und am Sonntag könnte man den Spielbericht auf Band wie eine Sonntagszeitung am Kiosk kaufen."

Klein plädierte für die Umwandlung des Klubs in eine Aktiengesellschaft oder GmbH und gegen eine zentrale Vermarktung der Liga durch den DFB, bei dem er die Profiklubs Mitte der 80er Jahre nicht gut aufgehoben fand: „Die Fürsorge des Verbandes gilt doch hauptsächlich den Amateurvereinen."

Womöglich wäre in Hamburg manche Neuerung schneller realisiert worden als anderswo, doch etablieren konnte man sich in der Fußball-Weltklasse letztlich nicht auf Dauer. Und was auf lange Sicht verhängnisvoll war: Der HSV versäumte es in dem Jubeljahr 1983, seine Rechte am Rothenbaum zu sichern – die Stadt hätte damals nicht nein sagen können. Zudem war man nicht in der Lage, finanzielle Rücklagen zu bilden, eine Tatsache, die spätere Präsidien verbittert zur Kenntnis nahmen: Die „Fußballmaschine" musste am Laufen gehalten werden, das verlangte viel Geld.

1983/84 „Parasiten", erniedrigt und beleidigt

Die dritte Spielzeit mit Happel 1983/84 sah in der Offensive eine gravierende Veränderung: Das Duo Hrubesch/Bastrup im Angriff wurde durch Schatzschneider/Wuttke ersetzt. Wer über des FC Bayerns Früheinkäufe wie Deisler mäkelte, sollte wissen, dass Günter Netzer bereits im Mai 1982 (!) Hrubesch-Nachfolger Schatzschneider für die Spielzeit 1983/84 verpflichtete, weil der 32 Zweitliga-Tore besorgt hatte. Willi O. Hoffmann vom FC Bayern, der „Champagner-Willi", Assauer auf Schalke und Otto Rehhagel von Werder Bremen hatten das Nachsehen. Bundesliga-Neuling Dieter Schatzschneider, zwischenzeitlich von Hannover 96 zu Fortuna Köln gewechselt, begründete seine Entscheidung: „Ich will in die Nationalmannschaft, das geht bei großen Klubs wie dem HSV schneller." Sein neuer HSV-Partner Wolfram Wuttke war mit 18 Jahren bereits der „König vom Schalker Markt" und durfte in Charly Neumanns Mercedes umherfahren. Beide allerdings galten als menschlich schwierig; Wuttke z.B. hatte in seiner Mönchengladbacher Zeit den dortigen Trainer Heynckes ob dessen roter Gesichtsfarbe als „Osram" verspottet. Günter Netzer war dennoch optimistisch: „Uns interessiert, ob einer Fußball spielen kann. Alles andere kriegen wir schon hin."

Aber nichts kriegten sie hin letztendlich: So wie einst die Mannschaft anfangs „den Engländer" Kevin Keegan nicht akzeptierte, wurden nun Misserfolge an Schatzschneider und Wuttke festgemacht, die man als „Ballast" bezeichnete, was im Hinblick auf den Niedersachsen – „Ich beiß mich durch", hatte er in Anzeigen für Dextro-Energen-Traubenzucker versprochen – verwunderte, erzielte er doch als Liga-Newcomer in 31 Spielen 15 Tore. Happel daraufhin: „15 Tore, ist das viel bei 75 Treffern der Mannschaft?" Nach der Fernost-Reise (Weltpokal-Endspiel, Malaysia-Gastspiel) im Dezember 1984 wurde in Ochsenzoll Gericht gehalten: Trainer Happel „erniedrigte aufs Schlimmste", wie er es selbst sagte, die beiden Neulinge – für ihn „Parasiten, die müssen wir verkaufen!".

Kapitän Magath versammelte die Mannschaft, Schatzschneider und Wuttke aber durften nicht teilnehmen. Die anderen Profis kritisierten die Terminplanung des Klubs und Fehleinkäufe. „Die tönten von Anfang an herum wie die Weltmeister", beurteilte Magath die beiden Neuen, und Uli Stein erklärte, die Neulinge gingen ihm „auf den Geist"; er verspottete „Wuttke, den Millionen-Stürmer". „Wir spielen hier doch nur mit neun Mann!", schimpfte Kaltz beim 0:2 in Frankfurt in der Pause – gemeint waren Schatzschneider und Wuttke. Beide Neuzugänge, so wurde klar, hatten nie eine Chance beim HSV. Schatzschneider trat in Hamburg bereits nach nur einer Spielzeit ab, wechselte zu Schalke und seinem einstigen Entdecker bei Hannover 96, Diethelm Ferner. Auch Publikumsliebling Hartwig ging 1984 zum 1. FC Köln; im letzten Saisonspiel gegen den KSC wurde er von Happel in der 76. Minute ausgewechselt, damit er noch eine Ehrenrunde laufen konnte. Als „Jimmy" am Abend seinen Abschied von Hamburg feierte, waren Schatzschneider und Wuttke nicht eingeladen. Wuttke wechselte in der Saison 1984/85 zu Kaiserslautern – dort avancierte er zum Nationalspieler.

Obwohl man 1983/84 letztlich Zweiter wurde, war permanent von einer HSV-Krise zu hören und zu lesen. Der Spielerkader sei der kleinste der Liga, wurde beklagt. Hartwig und der Trainer verstanden sich nicht mehr so gut, zwischen Stein und Happel gab es Zwist, ebenso zwischen Milewski und dem Trainer. Libero Hieronymus fiel infolge Knieverletzung zeitweise aus. „Ein verlorenes Jahr", klagte Ernst Happel. Sein Verhältnis zu Wuttke war schließlich völllig zerrüttet: „Dem hat man ins Gehirn geschissen", äußert er drastisch, übrigens im *Spiegel* und nicht in *Bild*. Der Spieler daraufhin: „Der Happel ist ein verbitterter alter Mann, der die Menschen verachtet."

Der HSV ist in Zugzwang und muss einen neuen Hrubesch-Nachfolger präsentieren: Es ist Mark McGhee vom FC Aberdeen, der erste Schotte in der Bundesliga, denn Kölns Vincent Mennie gilt als eingebürgert. Neu ist auch der FC St. Pauli in der 2. Liga, der mit Torhüter Uwe Bonik, Uwe Mackensen, Stefan Studer, Andre Golke, Michael Dahms und Thomas Hinz etliche Ex-HSVer in seinen Reihen hat (Hinz immerhin wurde später wieder ein HSVer).

Die Saison 1983/84 endete mit drei punktgleichen Klubs an der Spitze: Der VfB Stuttgart mit Trainer Helmut Benthaus, mit Buchwald, den Förster-Brüdern, Sigurvinsson, Allgöwer, Ohlicher u.a. verlor zwar das letzte Spiel im Neckarstadion mit 0:1 gegen den HSV, hatte aber gegenüber Hamburg (+39) und Mönchengladbach (+33) mit +46 das bessere Torverhältnis. Der HSV ließ in der sogenannten Winterkrise etliche Punkte. Im November und Dezember unterlag er im Europacup (Bukarest), im Weltpokal-Finale und im Supercup-Endspiel. Am 7. Dezember verlor er erstmals nach zwei Jahren wieder ein Heimspiel (0:2 gegen den VfB).

Am 33. Spieltag wurde mit dem 0:2 gegen Frankfurt im Volkspark alles verspielt, während Stuttgart 2:1 im Weserstadion gewann. Vor dem Frankfurt-Spiel hält sich Spieler Magath in Wien beim „Dalli Dalli"-Auftritt des ZDF auf, weshalb das Freitag-Training statt um 9 Uhr um 16 Uhr stattfindet. Manager Netzer ist auch nicht vor Ort, denn er spielt Freitagabend mit einer Prominentenelf in Zürich.

Drei Stürmerstars für den HSV (von links): Wolfram Wuttke, Dieter Schatzschneider und Horst Hrubesch, der hier sein letztes Bundesligator für den HSV beim 2:1 vor 70.000 Zuschauern „auf Schalke" und damit den Meistertitel 1983 bejubelt.

1984-1987 Ende eines Erfolgsteams

1984/85 machen Bayern München und Werder Bremen die Meisterschaft unter sich aus, der HSV wird Fünfter, 13 Punkte hinter Meister München, punktgleich mit dem SV Waldhof. Im Pokal erlaubt man sich die Blamage von Geislingen, im UEFA-Cup ist im Achtelfinale gegen Inter Mailand, das einen Rummenigge in Weltklasseform mitbringt, Schluss. Günter Netzer zeigt sich enttäuscht: „Wir haben nach dem Europacup-Gewinn 1983 zwar einen Leistungsabfall unserer großen Spieler erwartet, nicht aber ein derart steiles Abfallen der Leistungskurve." Enttäuscht reagiert auch das Publikum: Der Besucherschnitt im Volksparkstadion sinkt um 23,5 Prozent auf 23.000.

Im vorletzten Jahr unter Ernst Happel investiert der HSV soviel wie kein anderer Verein, nämlich über zwei Millionen Mark, in Neuerwerbungen: Gründel (Standard Lüttich), Lux (Braunschweig), Kroth (Frankfurt), dazu sechs Talente, darunter Balzis, Duve, Homp. Aber über die 1. Runde kommt man 1985/86 in UEFA-Cup und DFB-Pokal nicht hinaus, in der Meisterschaft wird Hamburg Siebter. Meister wird wieder Bayern München, punktgleich mit Werder, dessen Kutzop im vorletzten Spiel gegen die Bayern einen Strafstoß vergibt. Manager Günter Netzer muss eingestehen, dass der Verjüngungsprozeß gescheitert ist (auch Mark McGhee ist kein neuer Hrubesch geworden). „Es braucht Zeit, eine neue Mannschaft aufzubauen", sagt Netzer. Sein 1984 formuliertes Ziel, „wir wollen als erste europäische Spitzenmannschaft den Neuaufbau nahtlos schaffen" – im Gegensatz zu Real, Benfica, Ajax, Mönchengladbach – hat er verfehlt. „Die glänzende Basis für die Zukunft", die Netzer in Schatzschneider, Wuttke, Rolff, Hieronymus, von Heesen, Stein personifiziert sah, hat sich letztlich als keine Grundlage für weitere bessere Zeiten erwiesen.

Für Netzer, den Werbeträger von „Malteserkreuz Aquavit", bringt das Saisonende 1986 auch das Ende seiner Tätigkeit beim HSV. „Ich habe das Geschäft Profifußball wohl nur so lange ertragen, weil ich von Finanzen nichts verstand und die Risiken für den Klub nicht wahrgenommen habe", sagt er dem *Spiegel*. „Am Anfang habe ich bei den Transfers aus dem Instinkt des Fußballers heraus gehandelt, das Geld hat mich erst in zweiter Linie interessiert. So habe ich mit dem Klub erreicht, was ich erreichen konnte." Weil der Job des Bundesliga-Managers „die Lebensfreude tötet", wechselt der Ex-Nationalspieler 1986 in einen anderen Geschäftszweig des Sport-Business und beginnt bei der Schweizer Sport-Werbeagentur Cesar W. Lüthi. Seine Reputation hat die HSV-Zeit eher noch gesteigert.

1986/87 bedeutet dann die letzte HSV-Saison für Happel. Als neuer Manager amtiert Felix Magath, bis zur vorherigen Saison noch „Lieblingsschüler" des österreichischen Trainers auf dem Feld. Ernst Happel ist in dieser Spielzeit der einzige ausländische Coach in der Bundesliga, was Ex-Manager Netzer stört: „Die Bundesliga-Klubs sollten mehr auf ausländische Trainer zurückgreifen, denn für die Entwicklung des deutschen Fußballs ist das gut."

Vor Rundenbeginn hat der HSV sein Team verjüngt: Es kommen die Fürther Beiersdorfer (22) und Kastl (19), weiter Thomas Hinz (22), Dittmer (22), Schmöller (20) und Jugend-Nationalspieler Walter Laubinger (18), der sein enormes Talent leider nie dauerhaft umsetzen konnte. Manndecker Beiersdorfer (25 Einsätze) und Torjäger Kastl (19 Spiele/10 Tore) werden ebenso Volltreffer wie die neu gekommenen Jusufi und Okonski. Auch Schmöller, Dittmer und Hinz zählen zum Stamm. Die neu formierte Mannschaft wird Herbstmeister, muss den Titel als Vize mit sechs Punkten Rückstand aber wieder Bayern München überlassen, das damit den Meisterschafts-Hattrick schafft. Beide Begegnungen mit München gehen verloren, 1:3 in Bayern, 1:2 vor 61.000 in Hamburg.

Einen Titel erreicht man dagegen im DFB-Pokal vor 76.000 im Endspiel im Berliner Olympiastadion mit dem 3:1 über den Zweitligisten Stuttgarter Kickers, der in Degerloch Hannover 96, Frankfurt und Düsseldorf ausgeschaltet hat. Für Ernst Happel ist der Pokalsieg das Tüpfelchen aufs i seiner HSV-Zeit. Auf dem Weg nach Berlin hat man Zweitliga-Neuling und „Emporkömmling" FC St. Pauli, der 1986/87 ein Zuschauerplus von 80 Prozent verzeichnet, mit einem 6:0 im Volksparkstadion standesgemäß in die Schranken verwiesen.

Günther Netzer ist weg, Ernst Happel gegangen, Präsident Dr. Klein hört 1987 auf. Der Pokalsieg von Berlin 1987 wird sich als der vorerst letzte Titelgewinn des Hamburger SV in seiner Vereinsgeschichte erweisen. *sky*

Pokal-Erinnerungen: Der ausgeloste Endspiel-Ort

Besieht man die Pokal-Historie aus Hamburger Sicht, so kann zufrieden Bilanz gezogen werden: Abgesehen von der Ausnahmestellung des FC Bayern München (13 Titel) rangiert der HSV hinter Bremen (5), dem 1. FC Köln, Schalke und Eintracht Frankfurt (je vier Pokalgewinne) gemeinsam mit Nürnberg (u.a. Sieger 1935, 1939), Stuttgart und Mönchengladbach in einer guten Gesellschaft, die den Tschammer- bzw. DFB-Pokal dreimal in Empfang nehmen durfte.

Allerdings denkt man beim Thema HSV und Pokal nicht nur an die Endspielerfolge 1963, 1976, 1987, sondern auch an Eppingen und Geislingen. Weniger wird man an den 30. November 1961 zurückdenken, obwohl auch der in letztere Kategorie gehört. Im Bremer Weserstadion hatte man damals fürs Nord-Pokal-Spiel das Flutlicht eingeschaltet, 5.000 kamen, darunter etliche Vertragsspieler des SV Werder, um zuzuschauen, was die Amateure desselben Vereins gegen den Abonnements-Nordmeister zuwege bringen würden. Sie hatten hinterher viel zu erzählen, denn Werders Amateure gewannen auf seifigem Geläuf gegen einen HSV ohne Uwe Seeler 3:0. Hamburgs Mannschaftsbetreuer Posipal: „Auch ein 0:5 wäre o.k. gewesen." (Um die HSV-Anhänger nicht gar zu betrübt zurückzulassen: Es gab im Sommer 1959 im Pokal ein 9:1 gegen Werder, das war vor 16.000 am Rothenbaum, nicht gegen die Amateure, sondern Werders Vertragsspieler.)

1956 zog der HSV erstmals ins DFB-Pokalendspiel ein, doch wie wenig Stellenwert der Wettbewerb hatte, verraten die Umstände des Finales: Süddeutschland hatte überhaupt keine Pokalrunde ausgetragen („Terminschwierigkeiten"), sondern kurzerhand den DFB-Pokalsieger von 1955, Karlsruher SC, als seinen Vertreter für das Halbfinale nominiert. Das Endspiel fand am Sonntag, 5. August 1956, statt, sozusagen Saisonauftakt, und auch nicht an neutralem Ort: Per Los hatte der DFB das Karlsruher Wildparkstadion als Austragungsort bestimmt, wohin „nur" 25.000 kamen – in Hamburg oder Hannover, mutmaßte man am Rothenbaum, wären es 50.000 bis 80.000 gewesen. Uwe Seeler brachte die Rot-Weißen in Führung, doch der Ex-Essener „Berni" Termath (zwei Tore) und der Luxemburger Kohn wiederholten Karlsruhes Pokalsieg vom Vorjahr. Allerdings hatte sich der HSV nicht sonderlich vorbereitet auf das Endspiel: Man genoss eine lange Sommerpause, begann entsprechend spät wieder mit dem Training und absolvierte vorher noch einen Aufenthalt in der Schweiz.

1963 geht der Pokal erstmals nach Hamburg; das Endspiel mit Datum 14. August ist Vorspiel zur neugegründeten Bundesliga (die Neuzugänge Boyens von Holstein Kiel und Giesemann von Bayern München durften beim HSV mitwirken). 70.000 sehen in Hannover zu (der beste Besuch seit 1942), und der HSV distanziert den amtierenden Deutschen Meister Borussia Dortmund mit 3:0. Das ist bemerkenswert, weil man in allen ernsthaften Begegnungen seit 1957 gegen die Westfalen stets verloren hat (1:4, 2:5, 2:7, 2:3, 0:1), und weil sich Willi Giesemann in der 10. Spielminute derart verletzt, dass er nur noch humpelnd im Sturm mitwirken kann. Zuschauer „Timo" Konietzka vom BVB äußert sich über den dreifachen Torschützen so, wie's der Sportsgeist verlangt: „Ach, waren das Tore! Einmalig ist dieser Uwe! Solche Treffer macht ihm keiner nach." Gefeiert hat der HSV auf der Heimfahrt im Bus nicht, weil nach dem Mittwoch-Pokalendspiel am Samstag ein Freundschaftsspiel gegen Arsenal London anstand – da wollte man dem Publikum (es waren 25.000) etwas bieten (Resultat 2:2).

„Einmalig ist dieser Uwe!"

Vier Jahre darauf war wieder Endspieltag für den HSV, doch war am 10. Juni 1967 gegen Gerd Müller & Co. nichts zu machen: Deutlich 4:0 siegten die Bayern. Schon besser sah es aus am Samstagnachmittag, 17. August 1974 (wieder einmal zum Saisonbeginn) in Düsseldorf, vor fast 53.000 Zuschauern im Rheinstadion. Für den „neuen HSV" unter Trainer Kuno Klötzer war's trotz der Niederlage ein Erfolg, für die Youngster Kargus, Kaltz, Krobbach, Eigl eine erste wichtige Erfahrung. Gewonnen hat ein dramatisches Endspiel die Frankfurter Eintracht 3:1 n.V. DFB-Präses Dr. Gösmann verspricht sich einmal mehr: „Ich gratuliere dem neuen deutschen Pokalmeister Eintracht Braunschweig!" Der HSV feiert in der Düsseldorfer Altstadt in der Disco „Lord Nelson" ab, später fehlt „Jonny" Winkler die Brieftasche mit 300 Mark Inhalt und einer HSV-Begleiterin die Armbanduhr.

Pokal weg, Geld weg, Uhr weg

Die neue Pokalrunde bringt den Pokal-Vize in Runde 2 ins nordbadische 8.000-Einwohner-Städtchen Eppingen, wo sich am 26. Oktober 1974 14.000 Besucherinnen und Besucher im Kraichgau-Stadion einfinden. Vier Tage zuvor hat der HSV das UEFA-Cup-Hinspiel gegen Steagul Rosu Brasov (= Rote Fahne Kronstadt aus Rumänien) 8:0 gewonnen. Beim VfB Eppingen hat ein spendabler Bauunternehmer in der 1. Amateurliga Nordbaden ein gutes Team aufgebaut, darunter der Ex-Alsenborner Torjäger und heutige SWR-Reporter Jürgen Schieck und Ex-Profi Gerd Störzer. Störzer, 25-jähriger Student, wird Eppingens Pokalheld, ist von Bjørnmose kaum zu halten und erzielt zwei Tore. Horst Bertl gelingt noch das 2:1, zu spät, denn nach 90 Minuten sind Kargus, Memering, Kaltz, Krobbach, Hidien, Bjørnmose, Eigl (ab 69. Min. Bertl), Mackensen, Sperlich, Reimann, Volkert draußen – Millionen sehen's in der ARD-„Sportschau" mit Staunen. Offensichtlich hatte der HSV den Gegner unterschätzt; es sollen sogar die Worte „wir fahr'n zum Schützenfest" gefallen sein.

Zwei Jahre darauf gehen HSV-Anhänger wieder hoffnungsfroh auf Reisen, diesmal gen Frankfurt, wo der Endspielgegner 1. FC Kaiserslautern heißt. „Man fühlt sich wie

Pokalpleite in der Provinz: Nach dem 2:0 gegen die Amateure vom SC Geislingen verbrennen enttäuschte Fans die HSV-Fahne.

Pokalsieg „im tiefsten Afrika", Niederlage in der Provinz

im tiefsten Afrika", meldet die Presse: 56 Grad werden im Waldstadion gemessen. Dem HSV gefällt der Finalort nicht, nicht die Tatsache, dass die Lauterer das doppelte Kartenkontingent fürs Endspiel erhalten haben, auch nicht, dass der gesperrte Reinhard Meier vom 1. FCK begnadigt wurde. 25.000 Pfälzer sind da, 12.000 aus Hamburg. Gotthilf Fischer versucht vom Podest die Massen einzustimmen, aber fröhlich sind die HSV-Anhänger bei Spielende eh': Nogly trifft (überragend wie Kargus), dazu Bjørnmose. 2:0, das bedeutet zum zweitenmal den Pokal; die Begegnung begeistert ansonsten nicht.

Als der HSV am 1. September 1984 zum DFB-Pokalspiel nach Geislingen an der Steige musste, war dort alles parat für ein Fußballfest: 7.500 waren hinausgekommen ins Eybacher Tal und die Sonne beschien eine der schönen Landschaften der Schwäbischen Alb mit sattem Grün und schroffen weißen Kalksteinfelsen, unter denen der Deutsche Vizemeister antrat. 18 Vorbereitungsspiele hatte der bereits hinter sich und trat mit Stein, Groh, Kaltz, Jakobs, Schröder, von Heesen, Magath, Rolff (46. Min. Wehmeyer), Wuttke, McGhee, Milewski an. Diese Zwölf blieb erfolglos, denn die Torschützen hießen Haug und Perfetto: Der württembergische Amateur-Oberligist SC Geislingen hatte den großen HSV gestürzt. Sport-Club-Trainer Jakob Baumann (44) sollte auch später noch am Sport viel Freude haben: Sein Sohn ist Dieter, der Weltklasseläufer (und der im 76er-Endspiel erwähnte Meier der Vater von Tennisspielerin Silke).

Beim HSV war nach der Rückkehr dicke Luft. Die Mannschaft hatte kraftlos gewirkt und unsicher. Ernst Happel sagte das Montagtraining ab und beraumte stattdessen eine Mannschaftssitzung an, in der er speziell von Heesen, Milewski und wieder einmal Wolfram Wuttke kritisierte (der in die Nachwuchsrunde gegen den Harburger TB geschickt wurde). Manfred Kaltz bekam mit auf den Weg: „Löse Du erstmal Deine persönlichen Probleme!“ (nach zehn Jahren hatte sich das Ehepaar Kaltz getrennt; mit der neuen Lebensgefährtin war die Gründung einer Privatschule beabsichtigt). Der Nationalspieler wurde für 14 Tage beurlaubt und verließ verbittert den Ochsenzoll: „Vielleicht spiele ich nie wieder für den HSV.“

Das geschah bekanntlich nicht, und so gehörte auch „Manni“ Kaltz im Jahr des 100-jährigen Vereinsbestehens zu jenem HSV, der am 20. Juni 1987 im Pokal-Endspiel gegen die Stuttgarter Kickers aus der 2. Liga stand. Beiersdorfer glich die Führung der „Blauen“ aus, Kaltz erzielte in der 87. Minute ein bemerkenswertes Freistoßtor. Kurz vor dem Ende „verwandelte“ Schlotterbeck von den Kickers eine Kaltz-Flanke noch zum 1:3. Anstelle von Manager Magath erschien diesmal sogar Trainer Happel zur Pressekonferenz („weil mich der DFB gebeten hat“), gratulierte Berlin zum 750-jährigen Stadtjubiläum und freute sich, „dem HSV zum Abschied den Pokalsieg beschert zu haben“.

Dass dieser Junitag 1987 auch die vorläufige Verabschiedung des Klubs von Titeln bedeutete, konnte damals niemand wissen. *sky* ■

Ein langer Weg ins Mittelmaß

Die Ära Happel ist zu Ende, als Nachfolger des Wieners kommt Josip „Joschi" Skoblar, ehemals Weltklassestürmer von Hannover 96 und Marseille, zuletzt als Trainer Pokalsieger mit Split; Zebec hatte seinen Landsmann empfohlen.

Die erste bedeutende Begegnung der Saison 1987/88 geht gegen Bayern München um den Supercup. Ob Torhüter Uli Stein gehört hatte, was der damalige Hamburger CDU-Fraktionsvorsitzende Hartmut Perschau am Tag des Spiels erklärte? „In Hamburg", so Perschau mit Blick auf das bundesweit bekannt gewordene Wohnprojekt Hafenstraße, „regiert der Terror, es herrscht Anarchie." Woraufhin – oder doch nicht deswegen? – Uli Stein in der 89. Minute des Spiels Jürgen Wegmann, der gerade das 2:1-Endresultat für den FC Bayern erzielt hat, die rechte Faust an den Kopf schlägt und des Feldes verwiesen wird.

Für Stein bedeutet diese Entgleisung das Aus beim HSV. Das Präsidium fordert den Schlussmann auf, sich einen neuen Verein zu suchen. Der Torhüter war immer wieder durch Undiszipliniertheiten aufgefallen: Mal weigerte er sich bei Strafstößen, das Tor zu hüten (1982 in Frankreich, 1984 in Uerdingen, 1985 in Tel Aviv), mal nörgelte er über Teamkameraden, beleidigte den Schiri (1986 in Augsburg). Bei der WM 1986 in Mexiko, bei der er mit Jakobs, Dieter Hoeneß, Augenthaler, Rummenigge und Matthäus zu Tisch saß, bezeichnete er Teamchef Beckenbauer als „Suppenkasper". Einer vom Tisch „petzte", Steins „Joke" wurde weitergetragen. Beckenbauer nahm's nicht tragisch, aber DFB-Präsident Neuberger verlangte Konsequenzen, und so musste der Torhüter vorzeitig nach Hause reisen, bis dahin einmalig in der WM-Geschichte des DFB. Rummenigge, Dieter Hoeneß und Magath setzten sich vergebens für ihn ein.

So kam am 1. August 1987 der 19-jährige Richard Golz zu seinem Liga-Debüt (5:2 gegen Schalke). Zu dem Zeitpunkt allerdings war die neue Torwart-Nummer eins bereits in Hamburg: Manager Magath hatte aus Madrid Mladen Pralija (29) samt fünf großen Koffern mitgebracht, einen 1,85 Meter-Mann, der als bester Torwart Jugoslawiens galt. Pralija war gerade von Hajduk Split für 80.000 DM zu Rayo Vallecano in Spaniens Hauptstadt gewechselt; vom HSV forderte der verschuldete Vorstadtklub nun 175.000 Mark. Da nur zwei Profis aus Nicht-EG-Ländern erlaubt waren, musste beim HSV für 100.000 Mark Abfindung US-Boy Caligiuri weichen (auf Okonski, Zweiter der Wahl zum „Fußballer des Jahres", wollte man selbstverständlich nicht verzichten).

Mladen Pralija spielte erstmals beim 0:6 in München, wurde in den Medien bald als „Fliegenfänger" verspottet und ebenso als „nicht bundesligareif" bezeichnet wie 800.000-Mark-Einkauf Uwe Bein und der ausgeliehene Libero Klaus Theiss. Nachdem der HSV innerhalb einer Woche 0:1 beim 1. FC Köln, 0:2 bei Titelverteidiger Ajax Amsterdam (das Aus im Pokalsieger-Cup) und 0:2 in Leverkusen verloren hatte, bat Trainer Skoblar am 9. November 1987 um die Auflösung seines Vertrags. Der HSV war zu dem Zeitpunkt Neunter und hatte mit 37 die meisten Gegentore der Liga erhalten. Vereinsmitglied Uwe Seeler: „Dass etwas passieren musste, hat jeder gesehen."

Einen Nachfolger hatte Manager Magath einen Monat zuvor kontaktiert, war der doch bereits in der Stadt: Willi Reimann, Ex-Stürmer des HSV, der als Trainer mit Neuling FC St. Pauli einen sensationellen dritten Rang in der 2. Liga erreicht hatte und erst in der Relegation gegen den FC Homburg den Bundesliga-Aufstieg verfehlte. Bis tief in die Nacht saßen an der Elbchaussee Naumann, Becker und Magath auf HSV-Seite, Dr. Paulick, Weisener und Volkert für St. Pauli beisammen. In der Not musste der HSV ordentlich berappen: Für Reimann wurden 600.000 DM Ablöse vereinbart; obendrein bekam St. Pauli noch Spieler Jens Duve gratis. Reimann unterschrieb am 8. November, einen Tag bevor Skoblar um Vertragsauflösung bat, und wurde am 11. November „inthronisiert". Neben ihm waren Berti Vogts, Erich Ribbeck und Dietrich Weise im Gespräch gewesen.

Reimann kam und entließ als erstes Torhüter Pralija; Sascha Jusufi musste die Entscheidung übersetzen (Jusufi: „Er ist jetzt fix und fertig"). Das *Abendblatt* störte Reimanns populistische Vorgehensweise zu Recht: „Der HSV muss wohl erst 100 Jahre alt werden, ehe es zu dieser Stillosigkeit in seinem Namen kommen konnte. Pralija hat diese Abfuhr nicht verdient."

Unter Reimann stabilisierte sich die Mannschaft, in 19 Spielen wurde nur viermal verloren (8 Siege, 7 Remis). Das bessere Torverhältnis ermöglichte allerdings Nürnberg die UEFA-Cup-Teilnahme und nicht dem Sechsten HSV. Höhepunkte der Saison waren wieder einmal die Begegnungen mit Bayern München, in denen nach 0:6, 2:2 (beide Liga), 1:2 (Supercup), 1:5 im Pokal-Viertelfinale 1988 in Hamburg endlich ein Erfolg gelang: Kastl und Gründel sorgten für die Führung zur Pause, Matthäus verkürzte noch auf 2:1. Meister wurde Bremen und nicht Bayern München, dem ARD-„Sportschau"-Moderator Klaus Schwarze bereits nach dem zweiten Spieltag zum Titelgewinn gratuliert hatte.

Willi Reimann kündigt den „totalen Neuaufbau" an und als Saisonziel für 1988/89 die Qualifikation für einen internationalen Wettbewerb. Den HSV ist die abgelaufene Runde teuer zu stehen gekommen: Neben der Reimann-Ablöse von 600.000 DM und 300.000 Mark Ablöseverzicht für Duve waren an Abfindungen etwa 300.000 DM für Trainer Skoblar und 200.000 Mark für Torhüter Pralija fällig. Für den vereinslosen Tormann Koitka erhielt Wattenscheid 100.000 DM, Caligiuri kostete 100.000 DM Abfindung. Die Festivitäten zum 100. Vereinsgeburtstag ließen zudem ein 700.000-Mark-Defizit zurück.

Weitere 660.000 Mark Abfindung zahlte der HSV an Neu-Manager Magath, der, noch mit einem Vertrag bis Saisonende 1991 ausgestattet, im Mai 1988 entlassen wurde. Als der Spielmacher 1984 ein Angebot aus Italien erhalten hatte, musste ihm Präsident Dr. Klein einen Fünf-Jahres-Vertrag als Spieler und die Manager-Stelle versprechen. Inzwischen allerdings galt Dr. Klein als Wortführer der Magath-Opposition im Verein (Klein-Nachfolger Naumann war Magath durch das Reha-Zentrum Norderstedt geschäftlich verbunden), die dem Manager die Verpflichtungen von Skoblar, Pralija und Theiss anlastete. Dass der HSV in Magaths Manager-Zeit Vizemeister, Pokalsieger und 1988 fast UEFA-Cup-Qualifikant wurde, zählte nicht mehr. Nachfolger wurde Erich Ribbeck, der HSV setzte damit mit Reimann/Ribbeck auf ein Modell à la Daum/Lattek wie beim 1. FC Köln.

Die Erfolge der Glanzzeit mit Zebec, Happel, Netzer waren nicht zum Spartarif zu haben, und weil man das Level einer internationalen Spitzenmannschaft halten wollte, wurde immer wieder kräftig (aber z.T. auch erfolglos) investiert. Der Verkauf von Wolfgang Rolff und Michael Schröder war 1986 bereits notgedrungen erfolgt, und weil im Schnitt 5.000 Besucher weniger als kalkuliert kamen und kein europäischer Wettbewerb erreicht wurde, belief sich das Minus im Etat 1988 auf 2,3 Mio. DM. Der DFB machte Auflagen, der HSV realisierte Transfererlöse (keine Notverkäufe, wurde betont). Stürmer Kastl, einst für 37.500 DM von Fürth verpflichtet, wechselt für 2,5 Mio. zu Leverkusen, denn der Konzernklub bietet das doppelte Gehalt. Okonski geht zu AEK Athen, Uli Stein kommt bei Frankfurt unter, ebenso Gründel, und Labbadia, bereits vorher ausgeliehen, wird von Kaiserslautern gekauft. Sämtliche Spielerverkäufe bedeuten 6 Mio. DM für den HSV.

Macht sich im Millionenspiel Bundesliga noch einer Gedanken? Aber ja doch, Manfred Kastl im *Kicker*-Interview: „Ab und zu belastet einen eine Ablöse von 2,5 Millionen schon, vor allem, wenn man nicht so gut gespielt hat. Das sind Wahnsinnssummen – eine Idiotie, dieses Ablösesystem, der DFB sollte mal darüber nachdenken. Wo sind da eigentlich noch die Relationen? Ich bin noch nicht mal Nationalspieler."

1988/89 „Ein Mann, der zu Hamburg passt"

Magaths Nachfolger als Manager, der 50-jährige Erich Ribbeck, beginnt noch im Mai 1988 beim HSV: Mittwochabend hat er als Trainer mit Leverkusen den UEFA-Cup gewonnen, Donnerstagabend sagt er HSV-Präsident Naumann zu. Ribbeck, stets Dressman-like gekleidet – „ein Mann, der von Art und Typus gut nach Hamburg passt", urteilt Ex-Präsident Klein – kritisiert gleich seinen Vorgänger: 1,2 Mio. für einen Abwehrmann wie Moser aus Kaiserslautern zu zahlen, sei zu viel. Neben Moser werden u.a. noch fünf Offensivleute geholt: Bierhoff, Klaus, Marin, Merkle, später noch der

Tristesse im Volkspark: Der neue Keeper Richard Golz rettet vor leeren Rängen im Spiel gegen den 1. FC Kaiserslautern.

Pole Furtok. Neu für den HSV ist auch, dass man erstmals seit 1978 wieder mit einem Lokalrivalen in einer Klasse spielt: Der FC St. Pauli ist aufgestiegen.

Umdenken muss man auch im Hinblick auf Fußball im Fernsehen: Der Privatsender RTL und Moderator Potofski präsentieren am Samstag von 18.50 bis 22 Uhr „Anpfiff. Die totale Fußball-Show" mit vier Spielen. Die ARD darf bereits ab 18.20 Uhr mit drei Begegnungen 'ran, Sat.1 erklärt: „Wir werden uns am Fußballslalom am Samstagabend nicht beteiligen."

Trainer Reimann erreicht sein Saisonziel 1988/89 mit Rang vier und der UEFA-Cup-Qualifikation. Richard Golz ist in dieser Runde Stammkeeper geworden, Uwe Bein spielt eine sehr starke Saison und gilt mit von Heesen als „Traumduo", Spörl wird Stammspieler. Die beste Auswärtsmannschaft triumphiert zum Saisonschluss 4:0 bei Mönchengladbach (das noch Chancen auf die UEFA-Cup-Qualifikation hat). Bein, Bierhoff, Furtok und Spörl treffen in der 71., 82., 85., 89. Minute. Sportchef Ribbeck allerdings hat trotz der Erfolge keine Lust mehr auf den HSV und kündigt Ende Mai 1989 vorzeitig. Er klagt, er habe wegen des engen finanziellen Spielraums nichts bewegen können; die Zusammenarbeit mit der Stadt sei „gleich null gewesen", das Nahziel einer besseren Verkehrsanbindung des Volksparkstadions nicht erreicht worden.

Auch Ex-Präsident Dr. Klein kritisiert: „Der HSV hat trotz sportlicher Erfolge in dieser Stadt 1988/89 nicht stattgefunden." Tatsächlich ist auf einmal, obwohl sportlich schlechter platziert, Bundesliga-Neuling FC St. Pauli in aller Munde und vor allem in den Medien präsent. In der Zuschauerbilanz rangiert der Aufsteiger (fast 357.000 verkaufte Tickets, fast 119.000 mehr als kalkuliert, Schnitt 20.999) eindeutig vor dem HSV (255.374, Schnitt 15.022).

Den feinen Erich Ribbeck wird man später beim feinen FC Bayern in München und beim EM-Debakel des DFB 2000 wiedersehen. Der HSV bleibt zurück, u.a. belastet durch einen DFB-Brief vom 19. Mai 1989, der exklusiv im *HA* nachzulesen ist, Kernsatz: „Für den DFB ergeben sich Bedenken grundsätzlicher Art gegen die wirtschaftliche Leistungsfähigkeit des Hamburger SV." Die HSV-Verbindlichkeiten übersteigen die vorhandenen Vermögenswerte um 1,089 Mio. DM – im Geschäftsleben hätte dies für eine GmbH den Konkurs bedeutet. Der Verein muss allerlei Auflagen nachkommen, z.B. durch Spielertransfers (Bein [Frankfurt], Labbadia [Kaiserslautern], und Schmöller [Lier] bringen die vom DFB verlangten 2,5 Mio. DM ein). Für Neuzugänge stehen 1,5 Mio. zur Verfügung. Dem HSV-Bundesliga-Rekordmann Kaltz hat noch Ribbeck einen Zwei Jahres-Vertrag verweigert, so wechselt der zu Bordeaux.

1989/90 Wie man Bilanzen macht...

HSV-Präsident Ernst Naumann (1921-2004), ein erfolgreicher Verleger und Mäzen, der als seriös und integer gilt, lässt erklären, weder sei die Lizenz in Gefahr noch der Verein überschuldet. Naumann ist es leid, als „Prügelknabe" dazustehen, und gibt insbesondere in Richtung von Ex-Präsident Dr. Klein contra: „Er hat den Verein übernommen, als die Führung noch Netzer/Zebec bzw. Happel hieß. Ich habe von ihm Magath/Skoblar bekommen – und viele Schulden." Tatsächlich brachte die Ära Magath/Skoblar unerwartete Ausgaben von 2,26 Mio. DM. Dr. Klein, so wurde bekannt, hatte sein letztes Geschäftsjahr 1986/ 87 dagegen geschönt: Normalerweise hätte der HSV mit einem Defizit von 1,2 Mio. abgeschlossen. Daraufhin wurde vor dem Stichtag 30.6.1987 ein Haus aus dem Vereinsvermögen, das genau genommen zur Paul Hauenschild-Stiftung gehörte, für 1,3 Millionen veräußert, so dass die Vereinsbilanz plötzlich mit einem Plus von 100.000 Mark schloss. Im neuen Geschäftsjahr wurde die Hauenschild-Stiftung dann mit Wertpapieren über 1,3 Mio. entschädigt; die Schulden waren also geblieben und wurden in Naumanns Amtszeit weitergereicht...

In der letztlich mit Rang 11 verkorksten Spielzeit 1989/90 erleidet der Verein am 20. September 1989 einen herben Verlust: Beim 4:0 gegen Bremen schlägt Ditmar Jakobs, „Mr. Zuverlässig" des HSV, in der 12. Minute einen von Rufer getretenen Ball vor der Linie weg, stürzt ins Tor und verletzt sich an einem Karabinerhaken der Netzbefestigung. „Ditmar Jakobs geht es wieder gut", erfahren die 14.000 um 21.55 Uhr via Stadion-Lautsprecher – tatsächlich erweist sich die Verletzung als so schwerwiegend, dass Jakobs seine Laufbahn nach zehn Jahren und 323 Bundesligaspielen beim HSV beenden muss.

Trotz bis dahin nicht unbedingt berauschender Resulate bilden am 4. November 1989 54.500 Menschen eine Riesenkulisse beim 0:2 gegen den 1. FC Köln im

Volksparkstadion. Was die Massen lockte, waren Freikarten, die Sponsor BMW verteilt hatte. Mehr Besucherinnen und Besucher – 61.000 an der Zahl – hatte der HSV bei einem Heimspiel zuletzt im März 1987 gegen Bayern München registriert.

Auch woanders „explodieren" Zuschauerzahlen: Zum Zweitliga-Schlager Hertha BSC gegen Wattenscheid kamen in Westberlin 55.000, darunter 11.000 aus der DDR, die freien Eintritt erhielten – bekanntlich hatte ein Herr Schabowski am 9. November 1989 Notizen von einem Zettel verlesen, die die Grenzöffnung bedeuteten.

Der Osten geht auf

Es ging fortan hin und her aus Hamburger Sicht, das ja nicht allzuweit von der damaligen Grenze entfernt war. Die Stadt war am Wochenende von Zehntausenden Ostdeutschen „besetzt"; entlang der Ost-West-Straße (!) standen Trabis und Wartburgs in langer Reihe im Halteverbot; Polizisten, die Strafmandate ausstellen wollten, wurden von Einheimischen zur Rede gestellt; mitfühlende Hanseaten steckten Rosen oder Mars-Schokoriegel hinter die Scheibenwischer der Pkw aus volkseigener Produktion.

Andererseits rückten praktische Familienväter aus Hamburgs Vorstädten aus, kauften DDR-Werkzeugläden leer und lernten in Rostock oder Schwerin ihnen bis dato unbekannte Gerichte wie Soljanka, Sättigungsbeilage und Würzfleisch kennen. In den verträumten Dörfern auf dem ostseitigen Elbufer tauchten die Nobelkarossen der Hamburger Elbvororte auf, deren Insassen die Werte von Gebäuden und Grundstücken mit Kennerblick taxierten.

Wer will nochmal und hat noch nicht? Leverkusen kaufte nach Thom noch Kirsten nach, Dortmund den Hallenser Karl, Stuttgarts VfB Sammer.

Der Hamburger SV sichert sich 1990 die Dienste zweier früherer „Dynamos" aus Berlin-Ost: Vom Klub der Staatssicherheit („Stasi") kommen der gestandene Abwehrrecke und 42-malige Nationalspieler Frank „Wuschi" Rohde (30), dem der HSV bereits in den Europacup-Spielen 1982 begegnet war, und der flinke Stürmer Thomas Doll (24), der 29 Länderspiele aufweist. Beide sind Mecklenburger und damit Norddeutsche: Rohde stammt aus Rostock, Doll aus Malchin.

„Olli" in der falschen Kurve

Das erste Heimspiel nach Grenzöffnung bestreitet der HSV am 2. Dezember 1989 gegen Frankfurt. 3.000 Zuschauer kommen aus der DDR und dürfen gratis zusehen. „Olli aus Wittenberge grüßt den HSV" per Transparent, allerdings aus der falschen, der Ostkurve, in der der Eintracht-Anhang steht. Ein Stralsunder grüßt ebenfalls per Tuch, in Verkennung lokaler Rivalitäten aber nicht nur den HSV, sondern auch den FC St. Pauli. Die „Brüder und Schwestern" aus dem Osten sind sämtlich ohne Quartier: Sie werden privat untergebracht, machen auf der Reeperbahn durch oder nutzen den VIP-Bereich im Volksparkstadion, wo 200 von ihnen auf Sitzkissen und unter Wolldecken nächtigen.

In jener Runde 1989/90 fällt der Verein wie erwähnt wieder in schlechte Zeiten zurück. Man verliert auswärts fast am Stück, bleibt 13-mal ohne Torerfolg, zu Hause siebenmal ohne Sieg. Die finanzielle Lage des Klubs hat sich weiter bedenklich entwickelt: Im Mai 1988 erhält der HSV deshalb einen „blauen Brief" vom DFB. 1989 bilanziert man 1,74 Mio. Verlust, obwohl der Verein das ihm gehörende Appartement-Haus an der Rothenbaumchaussee (*HA*: „das letzte große Pfand") verkauft hat und nach Abzug von 7 Mio. DM Hypotheken noch 2,3 Mio. Überschuss bleiben.

Am 4. Januar 1990 trifft Trainer Willi Reimann (40) das Los des Sündenbocks. Bei einem Teil der Spieler gilt Reimann als zu hart, den Fans lässt er bei nur einer Spitze (Furtok) zu defensiv spielen. Reimanns Bezüge laufen bis zum Vertragsende am 30.6.1990 weiter, womit der HSV nun zwei Cheftrainer honoriert.

Ins Trainingslager auf Gran Canaria fliegt am 7. Januar 1990 als neuer Coach Gerd-Volker Schock (39) mit, zuletzt Amateur- und Jugendtrainer im Verein, mit einem neuen Stürmer namens „Nando" aus Brasilien. Unter Schock erreicht der HSV in den restlichen Begegnungen 14:12 Punkte, wird Elfter und hält die Klasse, um die man bis zum letzten Spieltag bangen muss. Furtok erzielt gegen die bereits abgestiegenen Waldhöfer vor 27.000 im Volksparkstadion in der 88. Minute den 1:0-Endstand – eine Niederlage hätte für den HSV die Relegation um den Bundesliga-Erhalt bedeuten können. Der FC St. Pauli verpasst derweil durch ein 0:7 in Düsseldorf die historische Chance, erstmals seit 1954 in einer Abschlusstabelle wieder vor dem HSV zu stehen.

Die Auflösungserscheinungen der DDR haben inzwischen auch den HSV in Mitleidenschaft gezogen. Am 22. Januar 1990 demissioniert Präsident Naumann mit der Begründung, die von ihm geleitete Hannoversche Verlagsgruppe Madsack wolle auf dem DDR-Markt aktiv werden, wozu er gebraucht werde. Noch rund drei Monate zuvor hatte Naumann zur Wiederwahl kandidiert und 254 der 277 Stimmen erhalten. Vizepräsident Horst Becker (48), Geschäftsführer einer Hamburger Privatbank, wird kommissarischer Präsident.

Uwe Seeler erfährt in jenen Tagen vor Saisonbeginn 1990/91 vom *HA*: „Viele sagen. Nur ein Präsident Uwe Seeler kann den Klub retten." „Uns Uwe" antwortet: „Ich bin beruflich so stark engagiert, dass ich nur als Aushängeschild dienen könnte."

1990/91 Die „HSV Sport AG"

Im September 1990 verpflichtet der HSV wieder einen Manager: Georg Volkert, Ex-Profi der Hamburger, der zuletzt sehr erfolgreich beim FC St. Pauli gearbeitet hat. Beckenbauer, Bastrup, Daum, Jakobs, Stielike und Rummenigge der Ältere waren Wunschkandidaten des Vereins – Volkert gilt als „kleine Lösung". Sein Engagement endet bereits am 4. Juli 1991, als der neue Präsident Hunke seinen Vize Hans Schümann und Schatzmeister Manhard Gerber losschickt, um Volkert Dienstwagen und Geschäftsstellen-Schlüssel abzunehmen. Gleich dreimal wird Volkert gekündigt, u.a. fristlos, und Hunke wäscht öffentlich viel schmutzige Wäsche.

Unter Trainer Schock starten die Profis eher durchwachsen in die neue Runde: Als am 19. November 1990 ein neuer Vereinsvorsitzender gewählt werden soll, weist die Mannschaft 14:14 Punkte auf und gilt längst nicht mehr als europäische Spitzenmannschaft; entsprechend mürrisch ist die Stimmung beim Anhang. Im Curio-Haus stehen zwei Generationen zur Wahl: Unternehmensberater Joachim Dege (67), früherer Chef der Hamburger Mercedes-Niederlassung, und Versicherungskaufmann Jürgen Hunke (47). *Der Spiegel* schreibt: „Beim HSV stellt sich nur noch die zweite Garnitur zur Wahl."

Jürgen Hunke: Deal auf der Spanischen Treppe von Rom.

Der alerte Hunke, ein *Selfmade-Businessman*, setzt im „Wahlkampf" eine Werbeagentur ein, erklärt Ditmar Jakobs zu seinem „persönlichen Berater" und verspricht den „HSV 2000 – ein neuer Weg, investieren statt sparen!". Uwe Seeler reagiert düster: „Das hat uns doch Peter Krohn schon vor 17 Jahren präsentiert…" Die so genannte Elefantenrunde, ein maßgeblicher Kreis, dem u.a. das bisherige Präsidium angehört, entscheidet sich für Dege als neuen Präsidenten, die Basis aber anders: Hunke erhält 486 Stimmen, Dege nur 164.

Als ob der neue Präsident, der wie früher Dr. Krohn die Medienpräsenz sucht und findet, und seine Vision „HSV 2000" die Mannschaft beflügelt hätten: Die Rückrunde wird wesentlich erfolgreicher gestaltet; in Furtok (20 Treffer) und Nando (11) besitzt man wieder zwei Goalgetter. Doll und der von Bayern München verpflichtete Armin Eck sind wertvolle Akteure, die Abwehr ist die zweitbeste der Liga. Der April 1991 wird für den HSV zum „goldenen Monat": Beim Siebten Frankfurt, dessen Mannschaft offensichtlich gegen ihren Trainer Berger spielt, gelingt ein 6:0 dank Toren von Furtok (3), Eck, Matysik und Spörl (bei den Unterlegenen wirken Stein, Gründel, Bein, Yeboah, Studer, Möller, Körbel, Binz u.a.m. mit). Dortmund verliert im Volkspark 0:4 (Nando 3, Furtok 1, drei Tore bereitet Doll vor). Bei der als Absteiger feststehenden Hertha gewinnt der HSV 4:1, über 1.000 mitgereiste Fans singen nach der Melodie von „Yellow Submarine" „Deutscher Meister wird nur der HSV, nur der HSV, nur der HSV." Das klappt nicht, doch am Ende ist der HSV mit Rang 5 wieder im internationalen Geschäft, der Lokalrivale, vom HSV 2:0 und 5:0 distanziert, abgestiegen. Präsident Hunke propagiert sein Modell einer „HSV Sport AG", einer Aktiengesellschaft, dem in einer außerordentlichen Mitgliederversammlung im April 1991 96 Prozent der anwesenden HSVer zustimmen; Hunke selbst wird

Vorstandsvorsitzender der AG. Uwe Seeler hört zu und sagt: „Es ist traurig, dass dies die einzige Möglichkeit ist, den Verein zu retten."

Hunkes Aktienmodell aber scheitert, die Wertpapiere werden Ladenhüter: Es misslingt, über die Aktienausgabe an ein Eigenkapital von fast 36 Millionen Mark zu kommen, denn bis Ende Mai 1992 sind lediglich Papiere im Nennwert von weniger als zwei Millionen gezeichnet. Nüchterner Kommentar der *Welt*: „Hanseatische Kaufleute lassen sich nicht von Marktschreiern zu Investitionen bewegen." 900.000 DM hat den HSV das Aktien-Projekt gekostet, 500.000 davon verspricht Hunke zu übernehmen.

Hilfe vom Rathaus... und aus Rom

Die finanzielle Situation des Klubs ist inzwischen bedrohlicher denn je: Ohne eine Bürgschaft der Stadt, erklärt Hunke, wird der HSV die DFB-Auflagen für die Saison 1991/92 nicht erfüllen können, keine Lizenz erhalten und den Profikader auflösen. Erst 12, dann 7,5 Mio. DM fordert Hunke von der Stadt ein, wohl wissend, dass der Bürgerschaftswahlkampf seinem Vorhaben förderlich sein kann. Nach außen lächelnd, innerlich unwillig, lenkt der Wahlkämpfer und SPD-Bürgermeister Henning Voscherau ein: „Die Stadt muss zum HSV stehen!". Im SPD/FDP-Senat setzt Voscherau eine 3-Mio.-Bürgschaft durch (bei 8:4 Stimmen, Voscherau posiert anschließend mit HSV-Schal auf dem Rathausbalkon, die CDU-Opposition befürwortet die Bürgschaft). Als Sicherheit gehört der Freien und Hansestadt nunmehr ein HSV-Grundstück in Ochsenzoll.

Die Bürgschaft des späteren Wahlsiegers Voscherau erweist sich rasch als gegenstandslos, geschieht doch im Sommer 1991 ein kleines Wunder – angesichts dessen man die Frage stellen muss, ob's vielleicht doch den „Fußballgott" gibt? Noch vor dem Saisonstart bietet Lazio Rom für Thomas Doll, bis 1995 beim HSV unter Vertrag, 18 Mio. DM Ablöse. „Solange ich Präsident bin, wird Doll nicht verkauft!", erklärt Präsident Hunke und befindet sich damit im Widerspruch zu Doll: „Ich spiele nie mehr für den HSV. Lazio ist die einmalige Chance meines Lebens. Ich bin 25, habe all' die Jahre für 'nen Appel und 'n Ei gespielt." Hunke macht den Spieler öffentlich madig, von wegen aus der DDR kommen und nun den Kapitalismus ausnutzen – als ob Doll etwas dafür gekonnt hätte, dass er in Mecklenburg und nicht in Mannheim geboren wurde.

Die Entscheidung fällt an einem späten Sommerabend auf der Spanischen Treppe in Rom: Hunke ist aus Hamburg eingeflogen, Doll aus dem Urlaub aus Malaga. Eine Dreiviertelstunde sitzt man beisammen, dann wird am 26. Juni 1991 bei Lazio Rom alles klar gemacht: Solange Hunke HSV-Präsident ist, wird Doll doch verkauft.

18 Millionen sind die bis dahin höchste Ablösesumme der deutschen Fußballgeschichte. Auf einen Schlag ist der HSV schuldenfrei. Hunke: „In einem Jahr werden wir einen neuen, besseren HSV haben." In zwei Jahren, verspricht er, sei der HSV wieder eine europäische Spitzenmannschaft.

Millionen werden auch auf dem TV-Fußball-Markt jongliert: Die Internationale Sportrechte-Vermarktungsgesellschaft (ISPR) erwirbt die Senderechte für die Bundesliga und gibt sie ab der Saison 1992/93 an Sat.1 weiter. Für den wenig frequentierten Sender stellt Fußball, obwohl ein Verlustgeschäft, den Rettungsanker dar. Seit 1991 bereits gibt es Bundesligaspiele live bei „premiere", vormals „Teleclub", einem Unternehmen von Filmhändler Leo Kirch.

Dem HSV hilft der Geldsegen nicht viel. Ex-HSVer brillieren woanders: Bierhoff, von dem Trainer Reimann nicht überzeugt war, ist mit 23 Treffern für Salzburg zweitbester österreichischer Torschütze, Labbadia ein Volltreffer auf dem Betzenberg, Marin Torjäger der Stuttgarter Kickers. Bierhoff wird sogar zu Inter Mailand transferiert, und weil der frühere HSV-Vorsitzende Horst Becker einen klugen Abgabevertrag fixiert hat, bekommt der Klub 25 Prozent der Ablösesumme (gleich 500.000 DM).

Trotz der 18 Mio. für Doll, von denen dem Klub ca. 7-8 Mio. bleiben, kann der HSV keine großen Sprünge unternehmen. Präsident Hunke gesteht: „Vor dem Doll-Verkauf war der HSV zahlungsunfähig. Jetzt haben die Millionen aus Rom gerade ausgereicht, um Bankverbindlichkeiten, Steuerschulden und offene Rechnungen für Spieler zu begleichen." Dem Präsidenten gegenüber ist man inzwischen skeptischer geworden: Sein Plan, den HSV in einen Profiklub und einen Amateur-Breitensport-Verein aufzuteilen, scheitert im Dezember 1992, nachdem die Einheit des Vereins u.a. Dr. Klein, Dr. Krohn und Horst Becker verteidigen.

„Hunke raus! Schock raus!", rufen Hunderte der 16.870 Zuschauer nach der 0:2-Sonntagabend-Heimniederlage gegen Nürnberg. Der HSV steht den Abstiegsplätzen sehr nahe. Trainer Schock sagt: „Für diesen Mist übernehme ich die volle Verantwortung." Am 10. März 1992 steht Co-Trainer Benno Möhlmann an seiner Stelle vorübergehend auf dem Ochsenzoller Rasen: Gerd-Volker Schock, Holsteiner und ehrliche Haut, ist zurückgetreten (und bleibt dem Klub erst einmal als Nachwuchs-Jugend-Koordinator verbunden). Seine Bilanz ist die schlechteste nicht: 1989/90 hat er den Klub vor dem Abstieg gerettet, 1990/91 in den UEFA-Cup gebracht, dazu in achtjähriger Mitarbeit beim Hamburger SV mit Jugendspielern oder preiswerten Amateuren etliche Akteure geholt, die teils ihren Weg beim HSV machten, teils anderswo: Golz, Kober, Bode, Stratos, Ballwanz, Dittmer, Marin, Homp, dazu für 1990/91 die gelungenen Verpflichtungen Doll, Rohde, Matysik.

1991-1995 „Dieser dümpelnde Klub..."

Jene Spielzeit 1991/92 wirft den HSV erneut zurück. Für Schock kommt Egon Coordes, bis dahin Assistent von Heynckes bei Bayern München. Coordes eilt ein schlechter Ruf voraus, den aus den Zeiten seines VfB-Engagements die Stuttgarter Presse zu verantworten hat. Heynckes, Lorkowski, Hrubesch und Rinus Michels waren ebenfalls im Gespräch, wobei die „Präsidium-Berater" Seeler und Bähre für Heynckes plädieren. Hunke lehnt ab und sagt, den könne der Verein nicht bezahlen. Er selbst will Winfried Schäfer vom KSC.

Letztmals für längere Zeit nimmt der HSV 1991/92 am UEFA-Cup teil. Gegen Gornik Zabrze und ZSKA Sofia (Gesamtzuschauerzahl im Volkspark 13.800) erreicht

Karsten Bäron im Zweikampf mit Dortmunds Abwehrspieler Michael Schulz.

man Runde 3. Auch diesmal bleibt die Kulisse im Hinspiel gegen Sigma Olomouc aus der Tschechoslowakei (ARD-Live-Übertragung) bescheiden, obwohl Sponsor Vaclav Fischer von Fischer Reisen, ein gebürtiger Tscheche, 35.000 Karten erwirbt und verschenkt, der HSV 5.000 Tickets einer „Russland-Hilfe" überlässt, jedem der 5.700 Dauerkarten-Besitzer eine Freikarte offeriert und die Preise drastisch reduziert (Stehplatz 2 DM, Sitzplatz 10 DM). Trotzdem kommen nur 20.000 zum HSV zu Ausverkaufspreisen, zudem gewinnt Sigma, Klub der örtlichen Maschinenfabrik aus Mähren, 2:1 und im Rückspiel 4:1 (Golz vom Platz, sein Vertreter Bahr hält einen Strafstoß).

Am vorletzten Spieltag der Saison rettet der eingewechselte Vertragsamateur Luis Firmino Emerson den HSV mit seinem Tor zum 1:0 gegen Rostock vor dem Abstieg. Nur noch 25.100 wollen dieses für den Verein so bedeutende Spiel und den schlechtesten Sturm der Liga sehen. Düstere Prognose im *Abendblatt:* „Von diesem dümpelnden Klub ohne Perspektiven werden sich schon bald auch die allertreuesten Fans entfernt haben."

Hunke verkündet für 1992/93 „den großen Schnitt", „ein mittelfristiges Konzept", „den Aufbau einer neuen Mannschaft", aber bei etlichen Experten gilt der HSV als Abstiegskandidat. Trainer Coordes gibt „einen einstelligen Tabellenplatz, Kontakt zu den oberen Rängen, Nähe zu den UEFA-Cup-Plätzen" als Saisonziel an. Aus Bulgarien kommen Letchkov und Dotchev, aus Rostock Weichert und Michael Spies, neu im Kader ist Karsten Bäron (den Schock bei Hertha Zehlendorf in Berlin entdeckt hatte), und aus

München hat Trainer Coordes Markus Babbel (bislang zwölf Ligaeinsätze) mitgebracht. Den Kauf von Uwe Rahn kann der Coach beim Vorstand nicht durchsetzen.

Im September 1992 wird Coordes entlassen, Nachfolger sein Assistent Möhlmann. Die Runde endet beileibe nicht nahe den UEFA-Cup-Plätzen, sondern mit Rang 11. Dennoch heißt die Parole für 1993/94 wieder: „Wir spielen um den UEFA-Cup mit" (Schatzmeister Wulff). „Neue Namen" verspricht Präsident Hunke und präsentiert u.a. Albertz vom Zweitliga-Absteiger Düsseldorf, den in Uerdingen suspendierten Sassen, Valdas Ivanauskas von Austria Wien, der „ein neuer Hrubesch" werden soll, dazu Kostner aus Saarbrücken. Ivanauskas führt sich beim 5:2 gegen Nürnberg mit zwei Toren ein, wird Publikumsliebling, hat aber am Saisonende gerade mal insgesamt fünf Treffer besorgt. Der HSV bleibt Mittelmaß, so wie der „neue Hrubesch" Ivanauskas letztlich auch, wird wieder Elfter. Andreas Sassen macht im Herbst 1993 Schlagzeilen, als er, mit Spörl auf Zechtour, einen türkischen Taxifahrer beleidigt und verprügelt.

Als neuer Präsident amtiert Ronald „Ronny" Wulff, Besitzer eines Dentallabors und einer Gebäudereinigungs-Firma, bislang HSV-Schatzmeister und Sponsor des Verbandsligisten Barsbüttel, bei dem er auch mal persönlich Spieler einwechselt. Hunke, dank dem HSV nunmehr eine Person des öffentlichen Lebens, wendet sich neuem Terrain zu und saniert erfolgreich das Privattheater „Hamburger Kammerspiele". Ende 1994 wird die mit 27 Mio. DM Umsatz und 5,45 Mio. Gewinn beste Bilanz der Vereinsgeschichte veröffentlicht. Just zu dem Zeitpunkt muss der im Sommer 1992 verpflichtete Manager Heribert Bruchhagen gehen, dessen Kontrakt noch 1993 unbefristet verlängert wurde. Präsident Wulff und Bruchhagen können nicht miteinander. Als man sich vom Manager trennt – Abfindung: eine Million – ist der Präsident beim Skilaufen.

Viel besser wird es auch 1994/95 nicht, als man Uli Stein als „Leitwolf" zurückholt, die „Zaubermaus" Zarate niemanden beeindruckt, und die Winterpausen-Nachkäufe Kindvall und Ordenewitz keine Besserung bringen; der 13. Platz ist die Konsequenz. Der Bulgare Letchkov, einziger WM-Teilnehmer des HSV in den USA '94, sollte die Nachfolge von Thomas von Heesen antreten, doch die Mitspieler akzeptierten „Letsche" nicht, der daraufhin immer unzufriedener wurde. Das Mannschaftsklima scheint zudem nicht zu stimmen, weil sich andere Profis über so genannte Großverdiener wie Bäron (der rund eine Million pro Jahr verdient, nachdem Bayern München Interesse zeigte), Letchkov und Albertz (das Gehalt der Führungsfigur wird verdoppelt) mokieren. Sponsor „TV Spielfilm" beklagt mangelnde Leistung und demütigt den Verein, als er verlangt, vor dem Nordderby mit Bremen seinen Schriftzug von den Trikots zu entfernen – einmalig im Bundesligageschäft.

Der HSV gehört 1995 zwar nach wie vor der höchsten Spielklasse an, gilt aber nur noch als Mittelmaß, hat zuletzt die Ränge 12, 11, 12, 13 beim Saisonabschluss erreicht. Tristesse herrscht in der „Betonschüssel", Hoffnungen auf bessere Tage hegt kaum jemand.

Das sind Zeiten, die reif sind für einen Messias. Im Falle des Hamburger SV heißt der Uwe Seeler: Im Sommer 1995 kündigt er seine Kandidatur für das Amt des HSV-Präsidenten an.

sky

▶ RIVALEN 5

FC St. Pauli: Der „andere Verein"

Am Mittwoch, 9. August 2006, trug der HSV das sogenannte Millionenspiel gegen CA Osasuna, die Qualifikation für die Champions League, aus und 47.458 Zuschauer kamen in den Volkspark. Zur selben Zeit wurde auch im Stadion am Millerntor Fußball gespielt: FC St. Pauli gegen Dortmund II – vor 16.649.

Die Zahlen demonstrieren, dass beide Klubs ihr ganz eigenes Anhänger-Potenzial besitzen, das den Braun-Weißen trotz Drittliga-Status in erstaunlich hoher Zahl erhalten blieb. Und auch wenn es sportlich derzeit keine Rivalität gibt, so kann von einem entspannten Verhältnis zwischen Teilen beider Fangruppen noch keine Rede sein.

Programmheft von 1949

Der FC St. Pauli, damals schon beheimatet auf dem Heiligengeistfeld, galt Anfang 1933 laut *Hanseatische Sportzeitung* als „ein großer, gesunder, lebensfähiger Verein", konnte jedoch an den Ruhm des HSV nicht heranreichen. Die Rivalität gründete in der lokalen Konkurrenz und in den unterschiedlichen Milieus, aus denen beide Klubs kamen. Zudem war der HSV damals auf regionaler Ebene das, was heute der FC Bayern auf Bundesebene darstellt.

Sportlich am nächsten kam St. Pauli dem HSV in der Nachkriegszeit. Der FC hatte am Millerntor ein Starensemble versammelt, gelegentlich spielte auch der spätere Bundestrainer Helmut Schön mit. „Alle Kraft kam aus Millers Wurstkessel", hat Chronist Jan Feddersen den Grund festgehalten, weshalb St. Pauli dank der Miller'schen Schlachterei in der Wexstraße der Neustadt plötzlich so attraktiv für Neuzugänge war.

Die Begegnungen beider Teams wurden zu Großkampftagen, die die ganze Stadt in ihren Bann zogen. In der Stadtliga-Runde 1945/46 lag der HSV letztlich einen Punkt vor den Braun-Weißen. 1947 wurden die Erster, verzichteten aber, da sie als Hamburger

Meister nicht automatisch in der Meisterschaft der Britischen Besatzungszone platziert wurden, auf die Teilnahme an diesem Wettbewerb (den der HSV gewann). Die erste Oberliga-Nord-Saison 1947/48 brachte Punktgleichheit; im Entscheidungsspiel gewann der HSV 2:1. Auch 1948/49 waren beide gleichauf, das neuerliche Entscheidungsspiel ging wieder an den HSV. 1950 und 1951 war St. Pauli Vize hinter dem HSV.

„Man verlässt seine Heimat nicht"

Noch einmal kam der Klub von der Hafenkante vor dem norddeutschen Abonnementsmeister ins Ziel, das war 1953/54, als auch Altona 93 erfolgreicher als die Rothenbaumer war.

1963 trennten sich mit Einführung der Bundesliga die Wege beider Vereine, bis St. Pauli 1977 nach etlichen vergeblichen Anläufen die höchste Liga erreichte. Damals hörte sich das *HA* unter der Anhängerschaft am Millerntor um und berichtete, dass 38 Prozent der Besucher dort Stammgäste waren, 44 Prozent oft vor Ort waren, darunter „auch viele, die sich als HSV-Fans zu erkennen gaben".

Zum ersten Derby 1977 in der Bundesliga, das St. Pauli sensationell 2:0 gewann, mobilisierte der „Fanclub FC St. Pauli" 60 Mitglieder in die Ostkurve des Volksparkstadions, und am Tag darauf spielte man in Freundschaft gegen den HSV-Fanclub „Rothosen". Am Ende stieg St. Pauli wieder ab, registrierte im Schnitt 11.700 Zuschauer (HSV 30.000).

Es begann die große Erfolgszeit des Erstligisten und parallel dazu der Abstieg St. Paulis bis in die 3. Liga, wo dem Verein allenfalls noch 2.000 bis 2.500 Getreue folgten. Aber genau genommen schufen diese wenigen die Basis für das, was später als „Millerntor-Roar" berühmt werden sollte: Wo gab es das, dass die Fans ihre Mannschaft immer noch enthusiastisch anfeuerten, als die bereits 0:3 im Zweitligaspiel gegen Solingen zurücklag? (Endstand 1:5).

Nach dem Wiederaufstieg der Braun-Weißen 1988 fragte das *HA* diesmal den HSV-Anhang. 70 Prozent, so war zu lesen, würden nicht zum FC St. Pauli gehen, vor allem die über 40 Jahre alten Fußballanhänger und die Gruppe der 10- bis 20-Jährigen, bei denen die Ablehnung des Lokalrivalen besonders krass war. 26 Prozent immerhin teilten mit, dass die Stimmung am Millerntor wesentlich besser sei als in der „Schüssel", wo nun im Vergleich sogar eine geringere Zuschauerresonanz verzeichnet wurde.

„Ehrlicher Fußball" – „arroganter HSV"

Im St.-Pauli-Lager war die Stimmung gegenüber dem Lokalrivalen nun nicht mehr weitgehend neutral wie ehemals. Man las vom „arroganten und bornierten HSV". Für das St. Paulianer Selbstbewusstsein standen die Begriffe „ehrlicher Fußball, familiäres Klima, tolle Atmosphäre". Ex-HSV-Spieler Georg Volkert, damals (erfolgreicher) St.-Pauli-Manager: „Der HSV interessiert mich gar nicht. Wir haben unser eigenes Publikum." Günter Netzer, der die lokalen Verhältnisse noch aus seiner HSV-Zeit kannte, urteilte: „St. Pauli ist ein sympathischer Aufsteiger, der Zuspruch findet. Dabei ist nur der HSV in der Lage, internationalen Fußball in Hamburg zu präsentieren."

Beim HSV, bei dem für viele noch immer die große Erfolgszeit mit Zebec / Happel / Netzer der Maßstab aller Dinge war, sah man mit Verwunderung und teils auch Neid,

Die Fußball-Recken vergangener Tage beobachten ein Oberliga-Derby HSV – St. Pauli. Von links: Jupp Posipal (HSV), Karl Miller und Harald Stender (FC St. Pauli).

wie sehr der Emporkömmling aus dem Stadtteil am Hafen in den Medien gefeiert wurde. *Der Spiegel* entdeckte den „Liverpool roar an der Reeperbahn": „Die Entfremdung zwischen den Zuschauern und den Protagonisten eines emotionslos dargebrachten Angestelltenfußballs gibt es am Millerntor nicht." Die Lobeshymnen nahmen kein Ende: „Der ungewöhnlichste Verein der Bundesliga" (*dpa*), „wo Fußball noch Spaß macht" (*Stern*), „das beste Publikum der Bundesliga" (Trainer Köppel vom BVB 09), „alle lieben St. Pauli" (*Zeit-Magazin*). Günter Netzer: „Es ist ein Wahnsinn, was aus diesem Klub geworden ist. Ich bin ein Fan des FC St. Pauli." Sat.1-Moderator Jörg Wontorra, immer für eine Schlüpfrigkeit gut, taufte St. Paulis Stadion „das Freudenhaus der Bundesliga".

St.-Pauli-Fans führten die Liverpool-Hymne „You'll Never Walk Alone" in Deutschland ein (inzwischen wird sie in fast allen Stadien und sogar beim DFB abgespielt), positionierten sich gegen Neonazis und Rassismus. Sie brachten aber auch das Projekt Sport Dome des Präsidenten Heinz Weisener zu Fall – auf lange Sicht ein verhängnisvoller Fehler, denn mit einem Stadion-Neubau, noch vor der Arena des HSV, wäre der Klub ganz anders dagestanden (von 2006 bis 2014 wird das Stadion nun umgebaut, neues Fassungsvermögen 27.000).

Im Gegensatz zur St.-Pauli-Euphorie widerfuhr dem HSV von den Medien wenig Gutes. „Der HSV mit seinem viel größeren Einzugsgebiet ist in Hamburg zur Zeit tatsächlich nur die Nummer zwei" (Gerhard Seehase in der *FAZ*). „HSV, das ist Hochmut, Schickeria, Verschwendung" (*Stern*).

Die Lobeshymnen auf den „anderen Verein" verzeihen manche HSVer bis heute nicht. Es gibt Hartgesottene, die gucken sich noch nicht mal ein Hamburg-Auswärts-Pokalspiel von St. Pauli an – weil die Einnahmen geteilt werden.

Entgegen aller Legenden verliefen die ersten Bundesliga-Derbys ohne Zwischenfälle, bis dem Anhang des FC St. Pauli pauschal das Etikett „links" – was immer man darunter verstehen mochte – verliehen wurde. Ein beträchtlicher Teil gewaltbereiter Leute der rechten Szene erkor sich die Fans vom Millerntor als „Feindbild" aus („die Zecken"). Hatten HSV-Anhänger Ostern 1989 beim Lokalkampf noch etwas tumb skandiert: „Was ist braun und stinkt nach Fisch – St. Pauliiiiii", wurden die Parolen nun radikaler. Eine davon lautete in Anlehnung an die antisemitischen SA-Sprechchöre: „Deutsche, wehrt Euch, geht nicht zu St. Pauli!" (besonders originell, wenn dies türkische Hertha-BSC-Anhänger formulierten). Später beherrschte auch die entsprechende Klientel der sogenannten Anhänger von Dritt- und Viertligisten derlei und dazu ein weiteres menschenverachtendes „Lied".

Vereine und Fan-Verantwortliche beider Vereine hatten sich seit Mitte der 1990er Jahre bemüht, das Verhältnis zu entkrampfen. Ein Beitrag dazu war beim Lokalderby am 24. November 1995 das „Glasgow-Modell" mit getrennten An- und Abmarschwegen.

Die Bundesliga-Derbys 2001/02 liefen denn auch ohne größere Zwischenfälle ab, vielleicht auch, weil die sportliche Rangfolge so blieb, wie sie seit Jahrzehnten war: HSV vor St. Pauli, ein Ex-Meister mit internationalen Ansprüchen und ein solider Zweitligist, der ab und an auch einmal aufstieg. Als St. Pauli 2002 wieder einmal die Bundesliga verlassen musste, bedauerten dies auch etliche Freunde der „Rothosen" wegen des Verlustes der stimmungsvollen Lokalkämpfe.

Die nächsten Derbys gab es nun in der 3. Liga, seit 2003 gegen den HSV II in der Regionalliga Nord. 2005/06 bescherten 12.600 Besucherinnen und Besucher der HSV-U-23 einen Zuschauerrekord, dasselbe galt für 20.629 am Millerntor. Bevor die Drittliga-Saison 2003 begann, stand der oft unprofessionell geführte Verein aus Hamburgs bekanntestem Stadtteil allerdings vor dem selbstverschuldeten Ruin. Eine breit angelegte und bundesweit beachtete „Retter"-Kampagne unter Mitwirkung auch von Uwe Seeler und Bayern München (Benefizspiel) sowie diverse Aktionen wie „Saufen für St. Pauli" brachten genug Geld in die Kassen, um die Existenz des Klubs zu sichern. Auch die HSV-Profis wollten eigentlich am 3. September 2003 mit einem Gastspiel helfen, doch daraus wurde nichts, weil man Zusammenstöße befürchtete.

Das neue Derby: St. Pauli - HSV II

Noch immer Drittligist, sorgte der FC St. Pauli im DFB-Pokal 2005/06 für Furore, als er am Millerntor Burghausen, Bochum, Hertha BSC Berlin und Werder Bremen ausschaltete. Spätestens im Halbfinale gegen Bayern München (0:3, das Resultat entsprach keineswegs dem Spielverlauf) dürften zahlreiche HSVer auf Seiten der St. Paulianer gewesen sein.

Leider kam es im Lauf der Jahre auch wieder zu Zwischenfällen, die man nicht verallgemeinern sollte. Im Juli 1998 veranstalteten St.-Pauli-Anhänger nach dem 126. Derby (3:2 für HSV), vom *HA* als Benefizspiel veranstaltet, eine Demonstration „gegen Rassismus und Hooliganismus" (aufgrund der Ereignisse bei der WM in Frankreich), die Zusammenstöße zur Folge hatte und zu 111 vorübergehenden Festnahmen führte.

Lokalderby im November 1990: Thomas Doll (HSV) im Kampf gegen Sievers (links) und Knäbel (FC St. Pauli).

Einmalig in der Geschichte des deutschen Profifußballs war der Überfall, dem St. Paulis Mannschaft am 10. Dezember 1998 in Stuttgart durch Gewalttäter aus den Reihen des HSV-Anhangs ausgesetzt war. Drei Täter wurden wegen gefährlicher Körperverletzung und Landfriedensbruchs zu je 20 Monaten Gefängnis auf Bewährung verurteilt. Nach einem Oberliga(!)-Nachholspiel im Februar 2001 versuchten Hooligans, die FC-St.-Pauli-Fankneipe „Jolly Roger" in der Detlev-Bremer-Straße im Stadtteil zu stürmen, und nach einem weiteren Amateur-Derby 2000/01 wurde eine Bengalfackel in Richtung der Kabine der St.-Pauli-Spieler geworfen.

Allerdings traten auch beim Anhang von St. Pauli Gewaltprobleme auf. Im Sommer 2003 meldete der Polizeibericht, „St.-Pauli-Anhänger versuchten gewaltsam auf ein Schiff (die „Cap San Diego", sky) zu gelangen", auf dem die HSV-Supporters den Saisonabschluss feierten. Gefeiert hatten vorher auf der Elbe auch die „Skinheads St. Pauli", nun setzte die Polizei Pfefferspray und Schlagstöcke ein und gab sogar drei Warnschüsse ab. Laut St.-Pauli-Fanladen waren „fünf bis zehn Idioten" für die Randale verantwortlich.

St.-Pauli-Fans beim vorerst letzten Bundesliga-Derby 2002 in der AOL-Arena.

Dass im Anschluss an Heimspiele Demonstrationen für das Bauwagen-Wohnprojekt „Bambule“ stattfanden, führte zeitweise zum Verbot des Bierausschanks im Stadion am Millerntor und zu Auseinandersetzungen mit der Polizei. Im März 2004 wurden St.-Pauli-„Fans“ beim 0:1 in der AOL-Arena gegen die HSV-Amateure gewalttätig: Sitzschalen wurden in Brand gesetzt, Feuermelder zerstört, die sanitären Anlagen beschmutzt (Schaden 11.000 Euro). Beim Schlagermove 2006 wurde der Lkw der HSV-Supporters von der Polizei nach einer Runde aus dem Verkehr gezogen: „St.-Pauli-Punks“ bewarfen den Truck mit Flaschen, laut Polizei warfen die HSVer zurück, was die bestritten („wir hatten nur Dosen und Pappbecher!“).

Randale wegen „Bambule“

Auch wenn die Beziehungen der Vereinsspitzen harmonisch sind, gibt es auf Fanebene auch jenseits solcher Gewalttätigkeiten noch Animositäten. St. Paulianer sprechen vom HSV als „St. Ellingen“ (obwohl der Spielort Bahrenfeld ist) und dem „Verein an der Müllverbrennungsanlage“. HSVer nennen den derzeit sportlichen Nicht-Rivalen „Stadtteilverein“, „Zecken“, „St. Pipi“.

Inzwischen ergeben sich aber auch punktuell Gemeinsamkeiten im Widerstand gegen Kommerzialisierung, den sog. modernen Fußball, „Repressionen und Polizeigewalt“. Vor Jahren kaum denkbar: Im Hinblick auf das neue Hamburger Polizeigesetz holten nicht etwa St. Paulianer den Rat von Anwälten der „Roten Hilfe“ ein, sondern die HSV-Fangruppierung Chosen Few Hamburg (CFHH).

Bleibt die Hoffnung, dass einmal wieder normale Spiele unter normalen Bedingungen zwischen beiden Vereinen möglich sind. *sky*

Uwe und die „falschen Freunde"

Die Szene war trefflich bereitet im „Hotel Treudelberg" von Lemsahl-Mellingstedt, als sich dort am 28. August 1995 die „Uwe Seeler-Mannschaft" präsentierte. Man hatte eigens einen PR-Mann engagiert, ein professionell inszeniertes Foto von Uwe samt Freunden lag bald parat. Seelers Ankündigung, die Präsidentschaft des Hamburger Sport-Vereins zu übernehmen, war Programm genug – wer dachte nicht an den FC Bayern mit seinem Vereinschef Beckenbauer, der Seeler zur Kandidatur ermutigt hatte? Übersehen wurde damals schon, dass dem multimedialen bajuwarischen Repräsentanten ein professioneller Apparat zur Verfügung stand und er dank seiner vielfältigen Medien-Verbindungen weitgehend außerhalb jeder Kritik stand.

Aber noch war nicht die Zeit für kritische Gedanken. „Uwe Seeler – die Hoffnung" – die *HA*-Schlagzeile stand dafür, was Stadt, Region und Anhänger erwarteten.

Seeler präsentierte seine „Mannschaft", als das Ronald-Wulff-Präsidium noch amtierte. Volker Lange, hieß es, solle sich um Marketing und Öffentlichkeitsarbeit kümmern. Lange, Jahrgang 1943, hatte eine wechselhafte Karriere in der hamburgischen SPD hinter sich, deren „rechtes Lager" seine Basis bildete. Der frühere Schulleiter war Vorsitzender des wichtigen SPD-Kreises „Mitte" und amtierte im Laufe der Jahre als Bau-, Wirtschafts- und Innensenator, bevor er 1988 als Gegner einer friedlichen Lösung für das Wohnprojekt Hafenstraße verärgert seinen Rücktritt erklärte. Von da an machte sich Lange als Mann mit besten politischen Verbindungen anderweitig nützlich: Er wurde Unternehmensberater, was neudeutsch „Political Consultant" heißt.

Jürgen Engel, laut *HA* „ein Kaufmann par excellence", wurde als Seelers HSV-Schatzmeister vorgestellt. Engel, Besitzer zweier Hotels, war lange beim Handelsunternehmen Haniel engagiert, arbeitete nun als selbstständiger Handels-Kaufmann. Das Quartett komplettierte Kaufmann Harry Bähre, ein ehemaliger Ligaspieler; Trainer Möhlmann wird ihn später als „Intriganten" bezeichnen.

„Da geht's lang, Uwe..." Der neue Präsident und sein Berater Volker Lange.

Uwes „Mannschaft" vervollständigen Udo Bandow von der Vereins- und Westbank, ein langjähriger Seeler-Verehrer aus dem so genannten Kuchenblock, Jürgen Werner und Ex-SPD-Innensenator Werner Hackmann. Hackmanns politische Laufbahn ging 1994 zu Ende, als Hamburger Polizeibeamte der Ausländerfeindlichkeit beschuldigt wurden, der Senator die Verantwortung übernahm und zurücktrat. Danach arbeitete der Politiker mit Volker Lange als „Political Consultant", wurde 1995 Geschäftsführer der privaten „Allgemeinen Sicherheitsdienste GmbH" (ASD) und erregte öffentliches Aufsehen mit seinem Vorschlag zur „Privatisierung der inneren Sicherheit" (u.a. durch ASD).

„Ronny, Du bist hiermit zurückgetreten"

Uwe kommt, das war klar, doch das noch amtierende Präsidium wollte nicht so einfach weichen. Dessen Schatzmeister Flomm: „Ob Uwe was sagt, oder in China fällt eine Plattschaufel um" sei egal – das war Majestätsbeleidigung auf hanseatisch. Prompt trat Uwe Seeler am 26. September 1995 von der Kandidatur zurück, worauf das Alt-Präsidium keine ruhigen Stunden mehr hatte, zumal es sportlich schlecht lief und die Medien unisono gegen Trainer Möhlmann waren. *Bild* bezeichnete den Vorstand als „Totengräber des HSV", es gab Morddrohungen und eine Bombendrohung gegen das Gymnasium, dessen Direktor HSV-Vize Schümann war. Am 4. Oktober 1995 trat Präsident Wulff, wie meist in Krisenzeiten wieder einmal im Urlaub, via Telefon zurück; genau genommen sagte ihm Schatzmeister Flomm: „Ronny, du bist hiermit zurückgetreten." Uwe Seeler war nun kommissarisch Präsident, nahm Lange und Engel als „Berater" mit ins Präsidium.

Die HSV-Generalversammlung am 27. November 1995 im Curio-Haus wurde für die „Uwe-Seeler-Mannschaft" zum Triumph. Konfetti regnete von der Empore, „Uwe!-Uwe!"-Sprechchöre wurden angestimmt, und ein Fan war so überwältigt, dass er ausrief: „Wir sind ein Volk!" Per ganzseitiger Zeitungsanzeige hatten „19 Wirtschaftsführer" Unterstützung für Seeler bekundet. 980 Mitglieder kamen, fast soviel wie beim Rekordbesuch 1979 (1.025 Anwesende). Seeler heizte die Euphorie noch an: „Das ganz große Geld wird in der Champions League verdient – da müssen wir hin!" Kritische Beobachter vermissten ein schlüssiges Konzept, das *HA* registrierte „etwas leichtfertig abgegebene Versprechen".

Ein Jahr später konnte Seeler als Kontrollorgan einen Aufsichtsrat einrichten, dessen Zusammensetzung er autoritär bestimmte: Wolle man seinen Personalvorschlägen nicht folgen, würde er vom Amt zurücktreten. Vize Lange ergänzte im NDR, das gesamte Präsidium würde dann folgen. Seeler: „Eine gute Demokratie muss auch ein bisschen Diktatur haben." Christian Reichert, Mitglied der Fanorganisation HSV-Supporters, musste unter diesen Umständen mit 207 Stimmen scheitern. Gewählt wurde für vier Jahre „die große Koalition" *(HA)*, die meisten Stimmen entfielen auf Jürgen Werner (411), Ex-Präsident Hunke (407), Bankier Bandow (375), den früheren CDU-Bürgerschaftspräsidenten und Studio-Hamburg-Chef Martin Willich (368) und Hack-

Erstes Opfer des Umbruchs: Trainer Benno Möhlmann.

mann (353). Rätsel gab die Kandidatur der „Tagesschau"-Sprecherin Dagmar Berghoff auf (mit 270 Stimmen das schlechteste Ergebnis), zumal sie nebulöse Vorstellungen im Hinblick auf ihre Mitarbeit äußerte. Immerhin lief Frau Berghoff später nach HSV-Erfolgen triumphierend über die Senderflure („Wir haben gewonnen!"), äußerte andererseits aber auch angesichts des langjährigen HSV-Keepers Rudi Kargus als TV-Magazin-Gast: „Wer ist denn das?" (1998 trat sie aus privaten Gründen zurück).

1995-1997 „Schrottmannschaft" vom „Provinzverein"

Für den sportlichen Bereich kündigen sich nach Seelers Einstieg drastische Schnitte an; die Presse spricht vom „Ausmisten" und fordert: „Köpfe müssen rollen zum Wohl des Vereins". Der neue Präsident bezeichnet das Bundesligateam als „Schrottmannschaft" und nennt den HSV einen „abgewrackten Verein" und „kleinen Provinzverein" (der Wulff-Vorstand hinterlässt den Klub schuldenfrei und mit fünf Millionen Mark auf dem Konto). Trainer Möhlmann wird am 5. Oktober 1995 entlassen, er entnimmt dies vorab der Presse. Seeler zu dieser Entscheidung, die ca. 300.000 DM Abfindung kostet: „Wenn es so weitergegangen wäre, hätte es in einem Jahr keinen Erstliga-Fußball mehr in Hamburg gegeben." Dass sich Co-Trainer Magath noch vor der Entlassung seines Kollegen Möhlmann als Nachfolger ins Gespräch bringt, fällt unangenehm auf.

Wolfgang Felix Magath wird denn auch neuer HSV-Coach. Es schien, als hätte der Beginn der „Uwe-Seeler-Ära" die Mannschaft beflügelt: Unter Magath startet man mit 16:4 Punkten, bleibt in 13 Heimspielen unbesiegt, „schwächelt" zeitweise wieder, bleibt aber in acht Begegnungen des Saisonfinales ungeschlagen und landet dank eines 4:1 am 18. Mai 1996 beim Absteiger Frankfurt auf einem UEFA-Cup-Platz – erstmals seit fünf Jahren ist der HSV wieder in einem internationalen Wettbewerb.

Magath will auf dieser Basis aufbauen; Häßler, Helmer, Bierhoff, Todt, Zorc, Kadlec und Renaldo werden später als seine Personalvorschläge genannt. Stattdessen wird

Nullrunde im Nordderby: Schopp gegen Eilts im Weserstadion, November 1996 (0:0).

– Magath war gegen den Zeitpunkt des Verkaufs – Albertz, die neue Leitfigur des HSV, für 9,2 Mio. DM Ablöse nach Glasgow abgegeben („Ali“ besaß eine Ausstiegsklausel), und werden sieben Mio. Einnahmen aus dem UEFA-Cup in Ost-Immobilien investiert. Magath arbeitet vor allem in den Pokalwettbewerben erfolgreich: Nach der Hinrunde ist der HSV Elfter; im DFB-Pokal ist erst das Halbfinale beim VfB Stuttgart Endstation (das 1:2 bedeutet eines der besten Saisonspiele, nicht nur Salihamidzic bricht nach dem Schlusspfiff in Tränen aus); im UEFA-Cup gelingt zweimal ein 2:0 gegen Celtic Glasgow. Gegen Spartak Moskau kommt man mit 3:0 in einem ausgezeichneten Spiel (das nur 17.347 im Volkspark sehen, das Fernsehen hat den frühen Anstoßtermin diktiert, zudem regnet's) und 2:2 weiter. Im Achtelfinale scheitert der HSV mit insgesamt 0:5 Toren an AS Monaco – den Cup gewinnt Schalke.

Der Uwe-Seeler-Triumph vom Wahlabend wird derweil noch verlängert, als der bodenständige Hanseat um den 5. November 1996 ausführlich seinen 60. Geburtstag feiern lässt. „Ich danke Jesus Christus für diesen tollen Menschen“, erklärt sich ein *MoPo*-Leser, und ab geht die Post: Fleetfahrt, Festabend in der „Schlachterbörse“, morgens „Ratsweinkeller“, Senatsfrühstück, über 1.000 Bürger (an einem Werktag) zum Uwe-Seeler-Feiern in der Rathausdiele, Polizeimusikkorps, 900 Gäste in der Fischauktionshalle, Laudatio von Altbundeskanzler Schmidt. Gefeiert wird Uwe, gefeiert werden die Wertvorstellungen der 1950er und 1960er Jahre im Stil der 1990er Jahre. Statt Geschenken bittet der Jubilar um Spenden für die „Uwe-Seeler-Stiftung", die Bedürftigen hilft; Seeler besucht bekanntlich außerdem für die „Sepp-Herberger-Stiftung" Strafgefangene, engagiert sich für die Deutsche Muskelschwundhilfe und andere wohltätige Zwecke.

Sportlich wird weniger gefeiert. Die Dreifach-Belastung von Liga, DFB-Pokal und UEFA-Cup schlägt auf die Leistungsfähigkeit, hinzu kommen Langzeit-Verletzte. Vorläufiger Tiefpunkt einer langen Verlustserie scheint ein 0:5 in Leverkusen, doch auch das nächste Heimspiel vor 23.000 gegen den 1. FC Köln gibt die Mannschaft mit 0:4 ab.

Dieses 0:4 bedeutet das letzte Match unter Magath. Der hat noch vor Spielbeginn einem *Bild*-Reporter gesagt: „Achten Sie heute mal genau auf Spörl und Kmetsch!" Es entsteht der Eindruck, dass einige der Profis – Spörl, Ivanauskas, Bäron, der nicht aufläuft, und Schopp gelten als Magath-Gegner – gegen den Coach spielen, weil sie das Training als „zu hart" empfinden und „Strafschichten" ablehnen. Magath hatte in der Saison bereits Dowe, der ihm Prügel androhte, und Schupp weggeschickt.

Beim 0:4 gegen Köln werden Golz, Schnoor (46. Min. Homp), Kmetsch, Hartmann, Cardoso, Fischer, Spörl (72. Schopp), Salihamidzic, Wojtala, Breitenreiter (46. Ivanauskas), Weetendorf eingesetzt. Bis auf Amateur Weetendorf, dessen Leistung „befriedigend"

Erfolg im UEFA-Pokal: Zweimal 2:0 gegen Glasgow Celtic. Hier Celtic-Legionär Thom gegen Spörl.

eingeschätzt wird, benotet die *MoPo* alle HSV-Akteure mit einer Sechs. *Bild* nimmt sich „der charakterlosesten Mannschaft der Bundesliga“ an: „Sauhaufen HSV“. Der in seiner Kommentierungsart und Sichtweise einzigartige MS sieht in der *MoPo* die Nation in Gefahr und outet die Profis als „charakterlosen Haufen von Vaterlandsverrätern“.

Magath erklärt später: „Die Mannschaft hat mich abgeschossen“ und kritisiert den Vorstand: „Ich wollte den UEFA-Cup-Höhenflug ausnutzen, doch dem Vorstand ging's oft nur um Immobilien.“ Doch da ist er schon arbeitslos.

Magaths Entlassung Pfingsten 1997 hat nach einer Arbeitsgerichts-Verhandlung Folgen: Eine Million Mark Gehaltsvorauszahlung darf der Trainer behalten, dazu gibt's 520.000 DM Abfindung und weitere 350.000 Mark, wenn er bis Ende 1997 keinen neuen Verein findet. Addiert man die Gelder aus der 1988er-Entlassung hinzu, ist Magath der Abfindungs-Champion des Hamburger SV.

Amateur-Coach Ralf Schehr übernimmt die Profis für die letzten beiden Spieltage und bringt ins Quartier „Reiterhof“ Schneverdingen in der Lüneburger Heide Wittfot, Homp, Rose und „Bomber Dirk Weetendorf“ *(MoPo)* aus seinem Kader mit. Gegen Borussia Dortmund gelingt wenige Tage vor deren Europacup-Endspiel ein 2:1, womit der Klassenverbleib gesichert ist, dank dieser Mannschaft:
► Golz – Wittfot, Fischer, Kovacevic (ab 78. Min. Rose) – Schopp, Kmetsch, Homp, Salihamidzic – Cardoso, Breitenreiter, Weetendorf.

„Der neue Hrubesch“ *(MoPo)* Weetendorf (verletzungsbedingtes Karriereende bei Eintracht Braunschweig) erzielt beide Tore gegen einen BVB, der vor dem Champions-League-Finale auf Riedle und Möller verzichtet, Kohler in der Pause auswechselt, Chapuisat und Sousa nach 70 Minuten herausnimmt. Bei Absteiger Düsseldorf erreicht der HSV ein 1:1 und den UI-Cup. Ralf Schehr ist somit der einzige Bundesliga-Trainer, der in der Saison 1996/97 ungeschlagen blieb.

1997/98 Wieder mal ein „neuer HSV“

Die im Zuge des Skandals erfolgten Rücktritte von Lange und Engel (siehe unten) bringen den Neu-HSVer – Vereinsbeitritt 1.8.1995 – und Geschäftsführer Werner Hackmann nach vorn, der 1997 als geschäftsführender Vorsitzender erstes offiziell bezahltes Vorstandsmitglied des Vereins wird. Neuer Trainer wird der 39-jährige Frank Pagelsdorf, der zehnte Coach in zehn Jahren. Pagelsdorf, ein ruhiger Vertreter seiner Zunft, kündigt vorsichtig an, 1998 mit dem HSV „ein, zwei Plätze besser als in der Vorsaison“ zu stehen (tatsächlich verbessert man sich schließlich von Platz 13 auf Rang 9) und innerhalb von drei Jahren einen internationalen Wettbewerb zu erreichen, was er tatsächlich 2000 wahr macht. Die erste internationale Bewährungsprobe hat er aber schon 1997 vor sich – den UI-Cup: In den entscheidenden Spielen um einen UEFA-Cup-Platz scheitert der HSV mit 0:1 und auswärts mit 1:1 n.V. an Bastia.

Also gibt es 1997/98 wieder einmal einen „neuen HSV“, und es sei erlaubt zu fragen, ob die HSV-Anhänger überhaupt noch nachkamen, Namen und Herkunft der

17 Neuzugänge zu lernen und überdies zu verfolgen, wer später wohin abgegeben wurde. Angesichts von Namen wie Zafirov oder Uysal fragt man sich heute, ob die überhaupt mal in Hamburg waren – eine Folge des *„hire and fire"*, wie es in dem Geschäft inzwischen üblich ist, aber auch einiger Konzeptlosigkeit.

Der prominenteste Neue, der „Star", in den man entgegen früher gültiger Devise mit insgesamt 6,7 Mio. DM immens investiert, ist am 27. September 1997 Anthony Yeboah, der 62 Minuten im Heimspiel gegen Bochum aufläuft, woraufhin fast 38.000 Besucher gegenüber annähernd 22.000 gegen denselben Gegner in der Vorsaison kommen.

Frank Pagelsdorf: von Rang 13 auf 9.

Uwe zieht das letzte Hemd aus

Yeboah hat man, andere hält man nicht. Im Oktober 1997 wird bekannt, dass Salihamidzic nach Saisonschluss (ablösefrei) zum FC Bayern München stoßen wird. Trainer Pagelsdorf enttäuscht: „‚Brazzo' ist 20 Jahre alt – was soll der denn schon bei den Bayern?" Aber noch haben Trainer und HSV ja ihre neue Leitfigur, den Kapitän und „Jung-Nationalspieler" Sven Kmetsch (27). Der Sachse erklärt am 23. August 1997: „Ich bin stolz, beim HSV zu spielen. Gemeinsam mit dem neuen Trainer und der neuen Mannschaft will ich hier etwas aufbauen. Abhauen kann jeder." In dem Fall bewirken 14 Millionen Honorar für vier Jahre plus vier Millionen Handgeld eine Meinungsänderung – „Kmetscher" (ablösefrei) wird „wegen der sportlichen Aussichten" ein „Schalker Junge". Seeler erklärt, man habe im Verhandlungspoker „das letzte Hemd ausgezogen". „Uns Uwe" hat also die Zeichen der Zeit erkannt, fällt dann aber doch wieder in die (auch nicht so ganz) heile Welt der Oberligajahre zurück, als er Spielerberater Jürgen Milewski „feige und unseriös" schimpft. Der sei kein „echter HSVer", sagt Uwe, und hat wohl noch den Begriff Vereinstreue im Kopf, der auch unserer Ansicht nach heutzutage leider als antiquiert gilt. Beim 1:3-Heimspiel gegen den amtierenden Meister Dortmund im November 1997 reagieren Teile der Fans mit Transparenten auf die Wechsel: „Der Verrat hat zwei Namen"; „Kennt ihr keine Ehre?"; „Ihr geht würdelos".

Wie schnelllebig die Liga ist, vor allem unter dem enormen Mediendruck, der aus zwei Niederlagen in Folge eine Krise und mindestens ein Sat.1-special macht – was zuweilen den Printmedien die Richtung vorgibt – beweisen Schlagzeilen und Zitate der Saison 1997/98:

„Warum denn noch zum HSV gehen? Die Mannschaft hat keine Form, keinen Star, kaum Kämpfer“ (*HA*, 29.7.1997). „Dieser HSV ist schon wieder wer“ (*HA*, 29.9.1997, 5. Platz nach 2:1-Heimsieg gegen Bochum). „Hamburger Spaß-Verein“ (*MoPo*, 16.10.1997). „Ein Team mit Perspektive“ (*HA*, 4.11.1997, nach dem 3:0 auf der Bielefelder Alm). „Der Untergang eines Traditionsklubs muss nicht mehr heraufbeschworen werden, er ist da“ (*HA*, 23.12.1997). „Der HSV ist derzeit ein Fußballklub ohne Bundesliga-Zukunft“ (*HA*, 2.2.1998). „Noch zwei Siege – dann habt ihr es geschafft“ (*MoPo*, 6.4.1998). „Kinderspiel für den HSV bei Bayer?“ (*MoPo*, 18.4.1998, *vor* dem Spiel). „HSV 0:5 – es hätte auch 0:10 werden können“ (*MoPo*, 20.4.1998, *nach* dem Spiel).

Das Punktspieljahr 1998 beginnt mit einem ernüchternden 0:3 bei Bayern München. Golz patzt, verliert seinen Platz endgültig an Jörg Butt; die Transparente der fanatischen Golz-Gegner („Golz raus“ – warum eigentlich? *SportBild* vermutet, der Keeper rede zu intelligent) können weggepackt werden. Der HSV ist erstmals seit dem 6.10.1973 wieder Tabellenletzter. Bewahrheitet hat sich der von der sprachlichen Diktion her eigenartig formulierte Verdacht des *HA*: „Eine Niederlage beim deutschen Meister würde das Entsetzen einleiten, mit dem der HSV mit aufgerissenen Augen in den Abgrund rauscht, die Füße im Leeren baumelnd.“

Uwe allein zu Haus

Nach Lange und Engel kündigt mitten im Abstiegskampf der inzwischen zum Vize beförderte Harry Bähre seinen Rücktritt an, was dessen Freund Seeler sichtlich überrascht. Die „Uwe-Seeler-Mannschaft“ besteht nur noch aus ihrem Namensgeber – Uwe allein zu Haus…

Am Montag, 23. März 1998, tritt auch das letzte Mitglied jenes Quartetts zurück, das den „HSV 2000“ und den Anschluss an die europäische Spitze schaffen wollte: Uwe Seeler. Vorher hatte er lesen müssen: „Uwe Seeler wird Frühstücksdirektor beim HSV“ *(MoPo)*; das tat weh wie vieles andere auch. Er habe sich verrannt, urteilte das *HA*; der Aufsichtsrat solle ihm einen Platz zuweisen, „um einen Irrläufer vor sich selbst zu schützen“. Und dann, am 25. Februar 1998: „Uwe Seeler muss am Ende der Saison zurücktreten.“

Uwe Seeler tritt zurück, indem er jener Zeitung ein Exklusiv-Interview gewährt, die ihm stets zur Seite stand und ihn mit zum Präsidentenamt gedrängt hatte: *Bild* – das Blatt, „das ihn – wie nicht wenige mutmaßten – oft wie eine Marionette tanzen ließ“ *(MoPo)*. Neues sagt Uwe Seeler nicht. Ebenso wie Lange, Engel und Bähre beklagt er „Häme, z.T. ehrverletzende Angriffe, unwahre Behauptungen“ – die Medien sind schuld, nicht aber die Vorgänge, für die die „Uwe-Seeler-Mannschaft“ verantwortlich war. Seeler hält sich in seiner Schlussbilanz zugute, Projekte auf den Weg gebracht zu haben „wie nie zuvor in der HSV-Geschichte“: das neue Stadion, eine neue Geschäftsstelle, verbesserte Trainingsbedingungen der Profis, den Aufbau des Nachwuchszentrums und eine „professionalisierte Nachwuchsarbeit“. Tatsächlich kann man ihm einiges davon als Pluspunkte gutschreiben.

Seelers Hauspostille, in Treue fest, stellt ihm einen Persilschein aus: Viele in Hamburg hätten nicht begriffen, welch' einmalige Chance das „auf der ganzen Welt geschätzte Fußball-Idol" für den HSV bedeutet hätte. Die *MoPo* verlangte dagegen Uwes sofortigen Rücktritt, und das *HA* schiebt's auf „falsche Freunde". Richtigerweise merkt die Zeitung an: „Kein anderer Klub-Chef hätte diese Fehler so lange im Amt überlebt." Tatsächlich sind „die falschen Freunde" stadtläufige Meinung. Uwe, heißt es da, sei in Ordnung, „für 'n HSV-Präsident 'n büschen zu naiv, der is' doch kein Beckenbauer. Den ham' sie ausgenutzt."

Aber hatte nicht auch Seeler Fehler gemacht, Ansprüche in sportlicher Hinsicht formuliert, die nie verwirklicht wurden? Dass der Vorstand mit sich selber Geschäfte machte, war unanständig. Weshalb eine Million Provision aus den Ost-Immobiliengeschäften auf dem Konto von Seeler-Freund Engel landete, musste ein Gericht klären. Und in Lange wählte Seeler einen Weggefährten, bei dem die Vermutung nahe lag, dass der den HSV für seine Interessen instrumentalisieren würde.

Drei bis fünf Jahre, hatte Seeler gesagt, würden für „den Neuaufbau" benötigt. Danach sollte der HSV dort stehen, wo 1997 die Geldmaschinen Dortmund und FC Bayern waren. Seeler musste wissen, dass es im Bundesligageschäft Zeit für einen behutsamen Neubeginn nicht gibt. So wurde denn für 1997/98 fast panikartig „eingekauft": 17 Neuzugänge sind Vereinsrekord, 14,7 Mio. DM Ablöse sind Vereinsrekord, 30 eingesetzte Spieler sind, von der Kriegszeit einmal abgesehen, Vereinsrekord, außerdem gab's mit Yeboah den ersten „Stareinkauf" seit Kevin Keegan.

Festzuhalten bleibt allerdings, dass Seeler mit berechtigter Sturheit zu Trainer Pagelsdorf stand und damit bewies, dass man sich auf seinen Fußballverstand verlassen konnte. Wesentliche Personalentscheidungen Pagelsdorfs wurden von Seeler mitgetragen und stellten sich als richtig heraus – z.B. bei den nachverpflichteten Abwehrspielern Hertzsch und Panadic, ebenso für Dembinski, als der eine schwächere Phase hatte, und letztlich auch für Yeboah, der zwar „nur" drei Treffer erzielte, darunter aber „das Tor der Tore" zum 2:1 über Bremen.

Es gab keine Transparente pro Seeler im Volkspark beim ersten Heimspiel nach seiner Rücktrittsankündigung. Ihn aber als „Maskottchen von gestern" (wie die *SZ*) zu bezeichnen, wird Seeler nicht gerecht. Das Hamburger Fußball-Idol wusste wohl, dass die Fußballwelt der 1990er nichts mehr mit seiner Aktiven-Zeit zu tun hatte. Dass er an den „Männerfreundschaften" mit Vorstandskollegen auch nach deren offensichtlichem Fehlverhalten festhielt, war falsch, entsprach aber seiner Art. Ehefrau Ilka hatte in anderem Zusammenhang in einem *HA*-Gastartikel einmal Uwes Eigenschaften beschrieben, zu denen sie „Gutmütigkeit" („er möchte nicht mit jemandem im Streit leben") und „Harmoniestreben" („er sagt auch nie nein") zählte. So musste in der Ära der „Uwe-Seeler-Mannschaft" eben alles so kommen, wie es letztendlich gekommen ist.

Alles wird ganz wichtig – und gut

„Wir wollen oben bleiben!", lässt der Verein stadtweit plakatieren. Die Profis laufen mit eben dem Text im Volksparkstadion auf (und könnten das Transparent gleich weitergeben: die HSV-Amateure sind in Abstiegsgefahr, sie retten sich am letzten Spieltag, die Damen können die Bundesliga nicht halten, die A-Jugend dümpelt im Mittelfeld). Manager Wehmeyer erklärt ungeachtet von einem Jahrhundert plus elf Jahren HSV das Punktspiel am 9. Februar 1998 gegen Hertha BSC Berlin zum „vielleicht wichtigsten Spiel in der Vereinsgeschichte"; es endet 1:1. Überhaupt wird schicksalsschwer formuliert: „Es könnte einer jener Momente der Vereinsgeschichte werden, die wie in Stein gemeißelt sind", beschreibt das *HA* den Hollerbach-Freistoß und anschließenden Treffer von Panadic, der das 1:0 und den ersten HSV-Erfolg seit 15 Jahren beim Karlsruher SC zur Folge hat. Trainer Pagelsdorf: „Der wichtigste Sieg der Saison."

„HSV seit zehn Spielen unbesiegt", lässt ein Media-Markt allerorten werben. Was als Gag gedacht ist, denn der Klub steht am Tiefpunkt und die ganze Stadt weiß es, wird fast Wahrheit: Neun Spiele in Folge bleibt der HSV unbesiegt, wird bis Saisonende nur noch einmal verlieren! Viele fiebern mit und hören sich das 2:1 in Köln sogar verschlüsselt (!) im Bezahl-Fernsehen an. Nach einem 0:5 in Leverkusen ist der HSV aber immer noch in Abstiegsgefahr, also noch ein Schicksalsspiel, noch ein „Spiel des Jahres" *(HA)*, 25. April 1998 im Volkspark gegen Duisburg. Der HSV bringt das 1:0 von Salihamidzic aus der 27. Minute über die Zeit, woraufhin die 18-Uhr-NDR2-Nachrichten den endgültigen Klassenerhalt des Hamburger SV melden, der an diesem Tag (noch) nicht feststeht.

Eine Woche später ist es aber doch soweit: Beim amtierenden Deutschen Meister Borussia Dortmund, vor 55.000 und ausverkauftem Haus, gewinnt der HSV dank seiner besten Saisonleistung 1:0; Wojtalas Pass erreicht Salihamidzic (10. Saisontor), der nach 23 Sekunden Spielzeit trifft. Der HSV bleibt in der Bundesliga und hat Fußballgeschichte geschrieben, denn infolge des Abstiegs des 1. FC Köln ist der Hamburger Sport-Verein der einzige Klub, der seit Bestehen der Bundesliga, seit 1963, dieser höchsten Spielklasse angehört. *Bild* tauft das Volksparkstadion daraufhin in „Jurassic Park" um – „hier leben die letzten Dinos der Bundesliga!".

So wurde der Saisonabschluss am 9. Mai 1998 im Volkspark bei ausverkauftem Haus noch einmal richtig harmonisch, ein Nachmittag mit Kartoffelchips, die Lauterns Sponsor in 65.000 Tüten verteilen ließ. Hamburg feierte sich und die seit 1919 währende Erstklassigkeit, u.a. auch im eigens aufgestellten Festzelt, und feierte mit 30.000 angereisten Fans von Kaiserslautern, dem wohl 99 Prozent des HSV-Anhangs eher den Titel gönnten als den Bayern. Dass dieser Tag auch der Abschied vom Volksparkstadion, der Stätte vieler großer HSV-Erfolge, sein würde, wusste niemand unter den 58.000. *sky*

Der HSV-Skandal: Als der Staatsanwalt kam…

Im Sommer 1997 reagierte man an der Wasserkante erschreckt: Illegal importiertes britisches Rindfleisch, bei dem BSE-Verdacht bestand, war in den Handel gelangt, ja teils bereits von ahnungslosen Hanseaten verzehrt worden. Wer die in der Presse abgebildete Angebots-Palette des verarbeiteten Fleisches genauer besah, dem sollte der Schreck ein weiteres Mal in die Glieder fahren: „Uwe's Labskaus" hieß eine der Marken, und geradezu verzweifelt mochte man aufschreien: „Nein! Auch das noch! Nicht schon wieder!"

Natürlich hatte Uwe (Seeler) nichts mit dem konservierten schmackhaften traditionellen Seemannsschmaus zu tun. Andererseits: War man nicht auf alles gefasst in jenen Tagen des HSV-Skandals?

Wie die „Uwe-Seeler-Mannschaft" zerfiel

In diesem Kapitel soll nicht noch einmal all das hergebetet werden, was den HSV-Skandal ausmachte. Festzuhalten bleibt, dass der Hamburger Sport-Verein ausgerechnet in der Präsidentschafts-Ära des Klubidols Seeler in Verruf geriet, dass die „Uwe-Seeler-Mannschaft" inklusive ihres Namensgebers scheiterte. Noch am 2. März 1997 hatte Vize Volker Lange erklärt: „Wir wären ein schlechter Vorstand, wenn wir das Handtuch werfen würden." Am Freitag, 30. Mai 1997, erklärten Lange und Schatzmeister Engel über Fernschreiber ihren Rücktritt. Seeler begleitete diesen Akt mit den Worten: „Beide haben sich nichts zuschulden kommen lassen. Ich werde sie auch in Zukunft zu meinen festen Freunden zählen." Harry Bähre, ein anderer Seeler-Freund, kommentierte den Rücktritt der beiden Vorstandskollegen: „Wenn die Not am größten ist, werde ich am stärksten."

Anfang März 1998 gab auch Bähre auf, Seelers Rücktritt folgte. Alle vier Vorstandsmitglieder sahen „die Medien" bzw. deren „Diffamierungen" als Auslöser für ihren Rückzug; darauf wird zurückzukommen sein.

Zentraler Punkt missglückter Vereinspolitik der Seeler-Ära war das Ost-Immobilien-Geschäft, aus dem Schatzmeister Engel nie ein Hehl gemacht hatte (z.B. anlässlich der Jahreshauptversammlung vom 25.11.1996). Der HSV sollte nach dem Willen seines Vorstandes die bis Ende 1996 bestehende Möglichkeit der Sonderabschreibung in den neuen Bundesländern in Höhe von sofort 50 Prozent des eingesetzten Kapitals nutzen. Der Verein brachte 7 Mio. DM in das Geschäft ein und ließ weitere Millionen des Deals von der Commerzbank und einer Versicherung finanzieren. Dass Trainer Magath sowie die Profis Spörl, Henchoz und Friis-Hansen bei ihren Vertragsverlängerungen Ende 1996 Vorauszahlungen in Millionenhöhe erhielten, hatte die Klubführung mit Hintergedanken beschlossen: Allesamt sollten sie in das Steuersparmodell im nahen Osten investieren – getan hat's letztendlich nur der Däne Friis-Hansen.

Der komplette Aufsichtsrat, der bei Geschäften im Volumen von über einer Million seine Zustimmung geben muss, war nicht über das Immobilien-Geschäft informiert; lediglich dessen Führungsspitze mit Bandow, Werner und Hackmann wusste Bescheid. Abgestimmt hat der Aufsichtsrat erst, als das Geschäft vollzogen war (vier seiner Mitglieder enthielten sich der Stimme).

Goldener Osten: 993.000 Mark Provision

Es ist diskutabel, ob das Ost-Geschäft den Status der Gemeinnützigkeit des Vereins hätte gefährden können. Und fragen darf man, ob der Verein nicht besser in Spieler investiert hätte als in Gebäude. Beide Punkte aber machen keinen Skandal aus – zu dem wurde die Angelegenheit erst, als der *Spiegel* ermittelte, dass die 19,2-Mio.-DM-Investition in ein Studentenwohnheim in Greifswald sowie zwei Wohn- und Geschäftszentren in Stralsund und Plau am See – Orte in Vorpommern bzw. Mecklenburg – mit einer Provision von 993.000 DM verbunden war. Diese Summe wurde im Dezember 1996 in drei Raten auf das Konto von Schatzmeister Engel überwiesen. Vize Lange hatte noch am 3. März 1997 erklärt: „Es sind keine Provisionen gezahlt worden, weder vom HSV noch von anderen. Keines der Vorstandsmitglieder war oder ist an den Projekten beteiligt."

Die Staatsanwaltschaft ließ die Privat- und Geschäftsräume von Schatzmeister Engel durchsuchen und erhob im Dezember 1997 Anklage wegen Untreue. Am 29. Oktober 1998 wurde Engel zu einem Jahr Gefängnis auf Bewährung verurteilt, da er „dem Vermögen des Hamburger Sport-Vereins einen Schaden zugefügt" habe. Der neue, inzwischen zu beträchtlicher Hausmacht aufgestiegene HSV-Geschäftsführer Hackmann holte die 993.830 DM Provision (plus Zinsen) zurück, die dem Verein zustanden. Engel hatte sich im November 1998 dazu verpflichtet. Hackmann: „Damit ist die Sache für mich erledigt."

Seine drei Ost-Immobilien hat der Hamburger Sport-Verein im Juni 1997 ohne Verlust über das Rechtsanwalts- und Wirtschaftsprüfungsbüro Weiland und Partner an ein unbekanntes Konsortium verkauft. Es wurde der Verdacht geäußert, dass dieses Konsortium für den Kaufmann Jürgen Engel stehen würde (Jurist Helmut Weiland war eine bekannte Größe der Hamburger Politik, bestens bekannt mit Volker Lange. 1994 legte SPD-Politiker Weiland sein Bürgerschaftsmandat nieder; man warf ihm u.a. vor, Vorteilsnahme genossen zu haben).

Der Skandal begann mit dem 16. Januar 1997, als in der Presse das Konterfei des „jüngsten Marketingchefs der Bundesliga" André M. Klöpper abgebildet war. Den hatte Präsident Hunke 1991 auf eine ABM-Stelle geholt, Seeler setzte ihn in die genannte Position ein, nun aber war Klöpper fristlos gekündigt worden. Der und sein Freund

Mannschaft ohne Fortüne: Das Seeler-Quartett (v.l.) Harry Bähre, Uwe Seeler, Volker Lange und Jürgen Engel.

Frank Frede, freier Mitarbeiter fürs HSV-Merchandising, behaupteten daraufhin, HSV-Vorstandsmitglieder hätten sich am Verein bereichert.

Dies blieb so nicht stehen, wohl aber, dass der Vorstand mit sich selbst Geschäfte gemacht hatte. Seeler kassierte für eine ihm gehörende Norderstedter Lagerhalle als HSV-Präsident indirekt Miete vom HSV. Schatzmeister Engel veräußerte an den Verein 40.000 Jutetaschen aus russischer Produktion zum erstaunlich üppigen Preis von 14.000 DM; lediglich 1.000 der Beutel wurden von HSV-Anhängern erworben. Weiter verkaufte Engel an den HSV 5.038 Flaschen Autopolitur „Wash 'N' Wax" für 48.570,48 DM. Im Inland, so der *Spiegel,* hätte ein vergleichbares Reinigungsmittel drei bis vier Mark gekostet; der HSV zahlte an Engel pro Flasche 9,64 DM und bot den Fans das Produkt für 20 DM an. HSV-Vorstandsmitglied Engel profitierte noch in anderer Hinsicht vom HSV, denn sein Hotel „Reiterhof Ohlenhoff" wurde kurz nach dem Amtsantritt des Schatzmeisters neues HSV-Mannschaftsquartier.

Zwar stellten Wirtschaftsprüfer fest, dem Verein sei weder durch Ost-Immobilien, Seelers untervermietete Lagerhalle noch Engels Hotel als HSV-Quartier Schaden entstanden, doch blieb in der Öffentlichkeit der Eindruck, hier habe sich ein Teil der HSV-

Führung als allzu geschäftstüchtig erwiesen; die Legende vom ehrbaren hanseatischen Kaufmann passte jedenfalls schlecht dazu.

Wie „Merchandising“ z.T. beim HSV ablief, hat *Der Spiegel* in äußerst süffisanter Weise beschrieben: „Als die kühlen Rechner aus der Marketingabteilung gerade über die Zukunft des Wirtschaftsunternehmens Hamburger SV zu Rate saßen (‚Pay-TV, Outsourcing, Teleshopping‘), stand unvermittelt Seeler mit fabrikneuen Badelatschen in der Zarge und gab forsch die Weisung: ‚Die Adiletten hier, das ist eine gute Sache, die sollten wir ins Programm nehmen.‘“

„Adiletten ins Programm!“

Der frühere Marketing-Chef Klöpper wurde letztlich mit etwa 175.000 DM abgefunden. Beide Seiten erklärten sich einverstanden, die gegenseitigen Vorwürfe nicht mehr zu wiederholen.

Der Ruf des Hamburger SV aber war beschädigt. Ex-Präsident Wolfgang Klein, der mit der Zeit zu einem der schärfsten Kritiker Seeler'scher Vereinspolitik wurde, nannte den Ost-Immobiliendeal „ein unverantwortliches Risikogeschäft“. Der ehemalige Manager Günter Netzer erklärte in der *MoPo*: „Uwe Seeler hat auf die falschen Leute gesetzt. Vor Harry Bähre habe ich immer gewarnt. Auch die anderen lassen Uwe im Regen stehen, wenn's eng wird“ (der Ex-Nationalspieler behielt Recht). Das *HA* erkannte im März 1997, „diverse Teil-Affären fügen sich zu einem Horror-Gemälde eines Skandalklubs unter dubioser Führung zusammen“. Am 31. Mai 1997 schrieb die Zeitung, was damals viele dachten: Uwe Seeler „sollte jetzt einem kompletten Neuanfang nicht mehr im Wege stehen“.

Was er schließlich mit der Bekanntgabe seines Rücktritts im März 1998 auch nicht mehr tat.

sky ■

Zwischen Rom und Rostock

Die Spielzeit 1998/99 bedeutet die letzte Saison im alten Volksparkstadion, das nach und nach umgebaut wurde und deshalb zeitweise nur noch 28.600 Plätze bot wie z.B. im März 1999 gegen Bayern München, als „ausverkauft" gemeldet wird. Wegen des Neubaus wird das neue Team am Rothenbaum vorgestellt, allerdings nicht mehr an alter Spielstätte, denn die gibt es ja nicht mehr, sondern im Tennisstadion nebenan. Nationalspieler Kmetsch (Schalke), Salihamidzic (Bayern München), Golz (SC Freiburg) und Schnoor (Derby County) haben den Verein verlassen, neun Neue hat Trainer Pagelsdorf. Hinzu kommen in der Saison noch der Stürmer Martin Dahlin, für 400.000 DM von den Blackburn Rovers ausgeliehen, und Alexander Curtianu, Moldawier aus St. Petersburg. Dahlin endet als Sportinvalide, Curtianu wird zurück nach Russland geschickt – erinnert sich noch jemand an ihn? Von all den Neuzugängen war 2002 nur noch Martin Groth da.

1998/99 Schlussspurt: 13 Spieltage unbesiegt

Der HSV erwischt einen guten Start und kehrt an einem Mittwochabend und 3. Spieltag mit einem überraschenden 2:1 aus Leverkusen zurück; beide Treffer verdankt man dem Ex-Rostocker Groth, der es auf sieben Saisontore bringen wird. Besiegt wird man erstmals bei Bayern München am 5. Spieltag: Das 5:3 stellt ein Klassespiel dar, Yeboah gleicht zum 1:1 aus, Butt verkürzt per Strafstoß auf 3:2, Groth mit direkt verwandeltem Freistoß auf 4:3, bis Elber in der 89. Minute alles klar macht. Bis gegen Ende der Hinrunde ist man noch gut dabei, u.a. bedeuten drei Yeboah-Tore ein Heim-3:0 über den späteren Absteiger Mönchengladbach, dann jedoch erfolgt ein Einbruch: 1:3 in Stuttgart und 0:4 zu Hause gegen Hertha noch vor der Winterpause, bei Wiederbeginn in vier Spielen nur einer von zwölf Punkten (in Bochum 0:2, gegen Leverkusen 0:0, in Wolfsburg 1:4, gegen Bayern München 0:2). Man ist auf Rang zwölf, weit weg von einem UEFA-Cup-Rang, und Trainer Pagelsdorf steht zur Disposition.

Die Mannschaft rettet ihn mit dem 1:0 in Rostock, das Thomas Gravesen erzielt. Von da an, vom 21. bis zum 33. Spieltag, bleibt der HSV unbesiegt. Hervorzuheben sind ein 3:2 in Duisburg nach 0:2-Rückstand (Tore: Dembinski 2, Groth), ein 4:1 auf Schalke (Panadic, Groth, Butt, Yeboah) und das 2:0 gegen Titelverteidiger Kaiserslautern. Zwar verliert man die letzte Partie bei Hertha BSC blamabel mit 1:6, ist aber für den UI-Cup qualifiziert, den so genannten Strohhalm-Cup, über den man den UEFA-Cup erreichen kann.

In dieser Spielzeit 1998/99 hat der angeblich „alte Mann“ Yeboah alle Kritiker Lügen gestraft, er bringt es in 34 Partien auf 14 Treffer. Als großer Gewinn gilt Martin Groth, auch Thomas Gravesen ist aus dem Team nicht wegzudenken. Am 24. Spieltag gegen Freiburg (2:1) hat Pagelsdorf erstmals ein 3:4:3-System im Feld praktizieren lassen: Die Abwehr steht vor Butt mit Panadic, Hoogma, Hertzsch, im Mittelfeld agieren Ernst, Groth, Hollerbach, Gravesen, vorne stürmen Kirjakow, Yeboah, Dembinski.

Strohhalm-Cup: Basel, Trabzon, Montpellier

Als der HSV in Runde 3 des UI-Cups eingreift, sind etliche No-Name-Klubs wie FC Tiligul, GI Gota und KF Teuta bereits auf der Strecke geblieben. Gegen den FC Basel unterliegt man am Ausweichquartier Lohmühle Lübeck vor über 8.000 mit 0:1. Obwohl eine 0:6-Testspiel-Schlappe bei Brøndby nichts Gutes hoffen lässt, gewinnt Hamburg das Rückspiel in der Schweizer Grenzstadt 3:2 (innerhalb elf Minuten besorgen Fischer, Kapitän Groth und Yeboah das 3:0). Das Halbfinale sieht Hamburg vor einer Kulisse von 28.000 in Trabzon am Schwarzen Meer in der Türkei gegen Trabzonspor (2:2), in Lübeck, ausverkauft mit 9.700, kommt kurz vor dem Bundesligastart ein souveränes 4:1 zustande. Entscheidend sind nun die Spiele gegen den SC Montpellier, die überaus dramatisch verlaufen. 1:1 trennt man sich bei 30 Grad in Südfrankreich, wohin Trainer Pagelsdorf und sein „Co“ Armin Reutershahn bereits vorab zur Beobachtung des Gegners gereist sind. Das Rückspiel wird als „das wichtigste Spiel seit Jahren“ bezeichnet, die 15.000 Dauerkarten-Besitzer erhalten freien Eintritt, denn es klingelt ohnehin in der Kasse: 800.000 DM von der ARD für die Live-Übertragung im Fernsehen, 500.000 DM Werbeeinnahmen, 850.000 Mark Eintrittsgelder, denn mit 52.000 ist ausverkauft. 1:1 heißt es nach Verlängerung, dann vergeben Panadic, Groth und Babatz nacheinander die Elfmeter, Montpellier gewinnt 3:0 und zieht in den UEFA-Cup ein. Immerhin hat der HSV nach nur einjähriger Pause wieder ein wenig internationale Luft geschnuppert.

Der Präsident des HSV ist zu diesem Zeitpunkt schon nicht mehr Rolf Mares, ein in Hamburg renommierter Kulturschaffender und Verwaltungsfachmann: Am 26.Oktober 1998 gewählt, bot er am 19. Juli im darauf folgenden Jahr dem Aufsichtsrat seinen Rücktritt an, der angenommen wurde. Grund sind etliche Turbulenzen mit dem Aufsichtsrat (der vom Vorstand sogar einmal abgemahnt wird), insbesondere mit dessen Chef Bandow sowie den Ex-Präsidenten Hunke und Krohn. Mares kritisiert den Umgang der Aufsichtsräte mit dem Vorstand heftig: „Wir werden behandelt wie Deppen. So etwas wie beim HSV habe ich noch nie erlebt.“ Bereits im Mai 1999 hatten er, Hackmann und Hieronymus den Rücktritt angedroht. Hunke tut kund: „Mares hatte keine fünf Leute im Verein hinter sich.“

Werner Hackmann, der frühere SPD-Innensenator, der bereits nach dem Uwe-Seeler-Rücktritt kommissarisch Vorsitzender war, übernimmt das Amt, sekundiert von Vize und Sportchef Holger Hieronymus. Hackmann wird im November 1999 von rund

Kein „alter Mann", sondern Torjäger: „Tony" Yeboah setzt sich vor Beinlich (damals Bayer Leverkusen) durch.

90 Prozent der Mitglieder zum ersten hauptamtlichen und bezahlten Vorstandsvorsitzenden der Vereinsgeschichte gewählt und gilt bis zu seinem Entschluss, nicht wieder zu kandidieren, neben Aufsichtsratschef Udo Bandow, einem Banker, als mächtigster Mann des Klubs. 2002 werden die beiden Macher heftig kollidieren.

Im Herbst 1999 besuchen die Steuerfahnder das neue Stadion, nicht um ein Spiel zu sehen, sondern um Aktenberge abzutransportieren. Im Februar 2000 folgt die Durchsuchung der Privatwohnungen von Seeler, Engel, Bähre, Hackmann und Wehmeyer. Anlass sind die Transferpraktiken des Vereins im Zeitraum 1992-97. Die Staatsanwaltschaft stellt schließlich Ende 2000 die Strafermittlungen gegen ehemalige und aktive Mitglieder ein. Nachdem ursprünglich 4,5 Mio. DM in acht Fällen gefordert waren, begleicht der HSV letztlich 2,8 Mio. Mark Steuerschulden.

1999/2000 Wieder Zuschauer-Magnet

In die dritte Spielzeit mit Pagelsdorf, die Saison 1999/2000, geht man optimistisch. „Wenn wir Konstanz reinbekommen, schaffen wir problemlos den UEFA-Cup", sagt Abwehrmann Andrej Panadic dem *Kicker*. Vieles ist neu: Das Volksparkstadion ist fertiggestellt und wird am 21. August mit einem 3:0 gegen Stuttgart eingeweiht. Erstmals spielt man gegen den SSV Ulm 46 und die SpVgg Unterhaching um Punkte. Neu sind natürlich auch etliche Akteure: Niko Kovac aus Leverkusen, Roy Präger aus Wolfsburg, der Iraner Mehdi Mahdavikia aus Bochum, als Heimkehrer aus Argentinien kommt Rodolfo Esteban Cardoso hinzu.

Es ist nicht nur Torhüter Jörg Butt, der eine tolle Saison spielt. Insgesamt verwandelt er neun Strafstöße und liegt am Ende mit Yeboah und Präger in der HSV-internen Torschützenliste gleichauf. Kein anderer Bundesliga-Profi erzielt mehr Elfmeter-Tore! Bei der Stadion-Premiere gegen Stuttgart ist der 25-Jährige sogar zweimal erfolgreich, lediglich in Freiburg scheitert er am Ex-HSVer Richard Golz.

Das gute Auftreten mobilisiert die Zuschauer: Werden beim 3:0 gegen Stuttgart noch 34.487 gezählt, so sind es beim 5:1 über Hertha BSC 40.761, beim 2:2 gegen Wolfsburg 42.232, und gegen Dortmund (1:1) wird mit 52.000 Besuchern erstmals ausverkauft gemeldet. Die Hinrunde endet mit einem 6:1 gegen Duisburg, hinter Bayern München (36 Punkte) und Leverkusen (31) liegt der HSV (31) auf Rang drei.

Das Bayern-Spiel zum Rückrunden-Auftakt (0:0) bringt mit 53.250 Zuschauern einen neuen Rekord im neuen Volksparkstadion. Trainer Pagelsdorf setzte diese Mannschaft ein:

► Butt, Hertzsch, Hoogma, Panadic, Fischer, Gravesen, Kovac, Cardoso, Mahdavikia, Yeboah, Präger.

Kurios verläuft das Spiel in Wolfsburg, wo man nach 40 Minuten mit 3:0 und nach 53 Minuten mit 4:1 führt und beim 4:4 doch noch zwei Punkte abgibt. Die einzige Heimniederlage leistet man sich gegen Neuling Ulm, der am darauf folgenden Spieltag im Donaustadion 1:9 gegen Leverkusen unterliegt. Weil Yeboah infolge Adduktoren-Abriss ausfällt (Uysal ersetzt ihn), außerdem Spielmacher Cardoso, der bis dahin überzeugt hatte, schwächelt der HSV auf der Zielgerade und verliert viermal in Folge. Butt wird beim 3:0 gegen Unterhaching ausgepfiffen, weil er beabsichtigt, zu Leverkusen zu wechseln. Als die Spielzeit am 20. Mai 2000 mit dem 1:1 bei Schlusslicht Duisburg endet, hat der Hamburger SV als Dritter die Qualifikation für die Champions League erreicht. Die würde für den Klub ganz neue Ufer bedeuten, denn noch nie hat man in diesem Wettbewerb mitgewirkt. „Europa, wir kommen!", steht auf den T-Shirts, die die Spieler tragen, als sie eine Ehrenrunde an der Wedau absolvieren. Lotto King Karl legt den Stefan-Hallberg-Song der 1980er Jahre, „Wer wird Deutscher Meister – Ha, Ha, Ha, Ha-Es-Vau!" wieder auf. Meister aber wird erst einmal wieder Bayern München, weil Leverkusen in Unterhaching 0:2 verliert.

2000/01 Erfüllte Sehnsüchte: Champions League

Auf dem Weg in die Champions League muss Dänemarks Vize Brøndby IF überwunden werden, der sich vorher gegen KR Reykjavik aus Island durchgesetzt hat. Thomas Gravesen ist jetzt in seinem Heimatland schon nicht mehr dabei, er wurde kurz vor Saisonstart nach England verkauft. In Kopenhagen gewinnt man 2:0, im Rückspiel im Volkspark trennt man sich am 8. August 2000 vor über 44.000 mit 0:0. Endlich gehört man wieder zur europäischen Crème de la Crème, endlich spielt man wieder in Europa mit, endlich locken wieder große Namen ins Volksparkstadion, nicht nur Klubs wie der italienische Vizemeister Juventus Turin, der Endspielgegner von 1983, der spanische Champion Deportivo La Coruna und Griechenlands Zweiter Panathinaikos, sondern auch Weltklasseleute wie Zidane, Inzaghi und Del Piero.

Oben angekommen ist inzwischen auch Werner Hackmann: Im Dezember 2000 wird der HSV-Vorstandsvorsitzende Präsident der neuen Deutschen Fußball-Liga (DFL), außerdem amtiert er als DFB-Vizepräsident. Die Jahreshauptversammlung des HSV im CCH wählt mit Ex-Bürgermeister Henning Voscherau und (per Wiederwahl) dem früheren Umweltsenator Fritz Vahrenholt zwei SPD-Politiker in den Aufsichtsrat; Voscherau wird bereits im September wieder zurücktreten. Der frühere Präsident Hunke wird nicht mehr in den Aufsichtsrat gewählt. Drittes bezahltes Vorstandsmitglied wird der Sonderschullehrer Christian Reichert, der aus den Reihen der Supporters kommt.

Der Auftakt gegen Juventus Turin am 13. September 2000 ist sensationell. Das Spiel wird eine Galavorstellung, nicht im Bezahlfernsehen „versteckt", so dass am folgenden Tag ganz Fußball-Deutschland davon spricht. „Ein Fußballspiel verwandelt die Stadt", erklärt das *Abendblatt.*

Tatsächlich war die Partie vom Ablauf her noch aufregender als das Spiel 17 Jahre zuvor, an das natürlich alle Vorschauen erinnert hatten: das Finale von Athen 1983. Damals hatte Felix Magath den HSV mit dem einzigen Tor des Abends zum Europapokalsieger der Landesmeister gemacht. Diesmal wurden es acht Tore, brüderlich 4:4 geteilt, und das Stadion- und Vereinsmagazin *HSV live* hatte nicht zu hoch gepokert, als es schon ein paar Tage vorher die Schlagzeile formulierte: „Um dieses Stadion beneidet uns ganz Europa!"

Die Arena erwies sich als würdiger Schauplatz für das Spektakel, und 48.000 Zuschauer ließen sich von keinem Nieselregen und auch nicht von dem frühen 0:1 durch Tudor davon abhalten, ein bestens gelauntes, beifallfreudiges Premierenpublikum zu sein. Die Spieler hatten ihre Rollen ordentlich bis sehr gut gelernt und waren von Frank Pagelsdorf auch auf die richtigen Plätze gestellt worden; allein schon der trikontinentale Angriff Mahdavikia – Yeboah – Barbarez hatte jede Menge „*star quality*". Schmerzlich war es für Martin Groth, als er mit gebrochener Rippe nach 27 Minuten abtreten musste.

Auch ohne seinen Kapitän ging das HSV-Team beherzt zu Werke, ließ sich auch durch einen 1:3-Rückstand nach Yeboahs zwischenzeitlichem Ausgleich nicht entmutigen und schien am Ziel seiner Träume, als es nach 82 Minuten durch Mahdavikia, Butt – der Torwart versenkte, wie so oft, einen Elfmeter – und Kovac 4:3 hieß. Sieg im Volkspark und großer Vorhang? Inzaghi, der nervenstarke „Juve"-Star, hatte etwas dagegen. Als sich auch ihm die Chance eines Strafstoßes bot, verwandelte er diesen zum 4:4-Endstand; es war sein dritter Treffer des Abends. Ein grandioser Beginn einer Tournee, die trotzdem die Saison nicht überdauerte.

Schon im nächsten Spiel nämlich folgte die Ernüchterung. In La Coruna unterliegt man der 90. Minute noch 1:2 und im Heimspiel gegen Panathinaikos 0:1. In Athen erreicht man am 4. Spieltag ein 0:0. Der HSV ist Letzter, Juve (6 Punkte), La Coruna (6) und Athen (5) liegen davor.

Mit dem 3:1 in Turin aber stellen die Hamburger alles wieder auf den Kopf. Roy Präger erzielt die Führung, fünf Minuten später muss Zidane vom Feld, vier Minuten darauf Edgar Davids. Anthony Yeboah leitet den zweiten Durchgang mit dem 2:0 ein. Kovacevic verkürzt, den Endstand bedeutet das 3:1 durch Panadic. Nun ist wieder alles drin für die Hamburger, als La Coruna am 8. November 2000 in den mit 48.500 (ausschließlich Sitzplätze) ausverkauften Volkspark kommt. Das 1:1 aber ist zu wenig, da gleichzeitig Panathinaikos im Athener Olympiastadion mit 3:1 gegen Juventus gewinnt. La Coruna und Athen gehen damit weiter, der HSV qualifiziert sich dank des besseren Torverhältnisses (9:9 zu 9:12) gegenüber Juve als Seiteneinsteiger für die 3. Runde des UEFA-Cup. Zum ersten Mal seit 1996 ist man in diesem Wettbewerb wieder dabei.

Erst Rom, dann Cottbus

Der Gegner heißt AS Rom, das bis dahin gegen NK Gorica (4:1, 7:0) aus Slowenien und Boavisto Porto (1:0, 1:1) weiterkam. Die Roma ist gespickt mit Stars, doch das 0:1 im Hinspiel in Rom lässt Hamburg noch hoffen. Das 0:3 im Rückspiel allerdings bedeutet das Ende aller internationalen Träume. Roms Trainer Fabio Capello lässt an diesem 7. Dezember, einem Donnerstagabend, sogar die Stars Totti (zum Leidwesen etlicher Teenager), Batistuta und Baldo auf der Bank, so sicher ist er sich seiner Sache. „Der HSV sagt Europa ade", meldet das *Abendblatt,* und Werner Hackmann antwortet auf die Frage von *dpa,* was der internationale Auftritt gebracht habe: „Einen Fast-Abstiegsplatz." Am Sonntag darauf zieht wieder der Bundesliga-Alltag ein, der heißt Cottbus und bringt ein 2:1.

Der HSV steht nach diesem 16. Spieltag auf Platz 12, drei Punkte entfernt von einem UEFA-Cup-Platz, aber auch nur vier Zähler vor den Abstiegsrängen. Die Dreifachbelastung – Liga, DFB-Pokal, internationale Wettbewerbe – hat dem Kader offensichtlich sehr zu schaffen gemacht. Zwischen dem 8. August und dem 7. Dezember bestreitet man 27 Pflichtspiele, d.h. alle 4,4 Tage ein Match. Und insbesondere zum Ende dieses Zeitraumes gibt es fast nur noch Niederlagen: Auf den Triumph von Turin folgen ein 1:2 in Unterhaching, ein 0:1 im DFB-Pokal beim Karlsruher SC, ein 2:4 in Köln, ein 1:3 gegen Leverkusen, ein 0:1 in Rom, ein 0:1 in Rostock, ein 1:2 gegen Kai-

Szenen einer Fußball-Gala: Nico Kovac und Bernd Hollerbach (links) attackieren Juventus-Star Zinedine Zidane. Unten verwandelt (mal wieder) der nervenstarke Torhüter Butt einen Elfmeter – zum 3:3-Ausgleich.

Einsätze 2000/01 in Champions League und UEFA-Cup

Erklärung: 1. Zahl Spiele, 2. Zahl Tore, E = eingewechselt

Hans-Jörg Butt	10 / 1	Marcel Ketelaer	8 (4 E) / 0
Andrej Panadic	10 / 0	Marek Heinz	7 (4 E) / 0
Nico-Jan Hoogma	10 / 0	Rodolfo Esteban Cardoso	5 (1 E) / 0
Roy Präger	10 (4 E) / 1	Martin Groth	4 / 0
Ingo Hertzsch	9 (1 E) / 0	Jochen Kientz	4 / 0
Nico Kovac	9 / 1	Jan Sandmann	3 (2 E) / 0
Sergej Barbarez	9 (1 E) / 2	Thomas Doll	2 (2 E) / 0
Mehdi Mahdavikia	9 (2 E) / 3	Marinus Bester	2 (2 E) / 0
Anthony Yeboah	9 (1 E) / 2	Mahmut Yilmaz	2 (2 E) / 0
Stig Tøfting	9 (2 E) / 0	Ronald Maul	1 (1 E) / 0
Bernd Hollerbach	8 / 0	Andreas Fischer	1 (1 E) / 0

serslautern und das 0:3 gegen Rom. Einzige Positiv-Erlebnisse: ein 5:0 über Freiburg und das 1:1 im „Endspiel" gegen La Coruna.

Marcel Ketelaer aus Mönchengladbach, der als „Nationalspieler in spe" bezeichnet wird und mit 5,5 Mio. DM teuerster Einkauf der Vereinsgeschichte ist, schlägt nicht so ein wie erwartet und kehrt später ins Rheinland heim, auch Talent Fabian Ernst findet nicht mehr zu alter Form. Cardoso fehlt wegen einer Knieoperation und kann nur achtmal eingesetzt werden. Anthony Yeboah leidet unter Verletzungen und ist in einen langwierigen Prozess wegen teils versuchter, teils vollendeter Steuerhinterziehung in seiner Zeit bei Eintracht Frankfurt verwickelt, zu dem er 23-mal an den Main reisen muss. Yeboah wird schließlich zu einer Geldstrafe von 360.000 DM verurteilt. Großes Verdienst daran, dass der HSV schließlich die Klasse hält, hat der Ex-Dortmunder Sergej Barbarez, der 3,5 Mio. DM gekostet hat und bereits zum vierten Mal (!) unter Frank Pagelsdorf trainiert (vorher bei Hannover 96 Amateure, Union Berlin, Hansa Rostock). Es wird zeitweise recht eng, doch zieht der Klub gegen Saisonende noch den Kopf aus der Schlinge. Hoogma ist am 23. Spieltag, der ein 3:2 zu Hause gegen Wolfsburg bringt, erstmals anstelle von Butt Spielführer. Sehr wichtig ist das 1:0 beim Zweiten Schalke, das Tor macht Meijer in der 87. Minute nach Vorarbeit von Heinz. Drunter und drüber geht's beim 1:1 gegen Köln, Butt hält einen Elfer, Barbarez setzt einen an den Pfosten, und ein Kovac-Treffer wird nicht anerkannt. Besters Kopfball bringt ein 2:1 in der 90. Minute gegen Rostock zustande und am 32. Spieltag ist man dank eines Heim-1:1 vor 52.124 Zuschauern gegen Kaiserslautern endgültig gesichert, obwohl Barbarez bereits in der 17. Minute vom Platz muss.

Der letzte Spieltag am 19. Mai bringt noch einmal ein ausverkauftes Haus, denn es kommt nicht nur der Rivale vergangener Jahre im Nord-Süd-Duell, Bayern München, sondern die Partie wird auch die Deutsche Meisterschaft 2001 entscheiden. Der HSV tritt mit folgender Formation an:

► Schober, Hoogma, Hertzsch, Ujfalusi, Hollerbach, Tøfting, Kientz (77. Bester), Heinz, Mahdavikia (90. Fischer), Präger (77. Yilmaz), Barbarez

Verfolger Schalke trägt seinen Teil zum möglichen Titelgewinn mit einem 5:2 zu Hause gegen Absteiger Unterhaching bei. Die Schalker Fans stürmen nach dem Abpfiff den Rasen des Parkstadions, denn in Hamburg hat Sergej Barbarez in der 90. Minute zum 1:0 eingeköpft. Jedoch: Butt-Ersatz Matthias Schober im Tor nimmt eine Rückgabe auf, woraus ein Freistoß für die Bayern resultiert. Zum Entsetzen der Schalker, die das Geschehen auf einer Videoleinwand in Gelsenkirchen miterleben, hämmert Andersson zum 1:1-Ausgleich ein. Mit einem Punkt Vorsprung hat Bayern München Sekunden vor dem Abpfiff den Titel verteidigt.

Von einem solchen Platz an der Sonne ist der HSV am Ende der Spielzeit 2000/01 weit entfernt. Man endet auf Rang 13, hat zum Schluss mit zehn Spielen ohne Niederlage bei sieben Remis immerhin eine kleine Serie geschafft. Trainer Pagelsdorf spricht von einem „Seuchenjahr", das sich nicht wiederholen soll.

Am Showdown um die Deutsche Meisterschaft 2001 war der HSV beteiligt – wenn auch nicht als Meister-Aspirant. Ein 1:1 in letzter Minute bescherte den Bayern ihren Titel. Die Hamburger hatten engagiert gekämpft (hier Präger gegen Effenberg), doch nur ein HSV-Sieg hätte Schalke die Meisterschaft beschert.

2001/02 Pagelsdorf muss gehen

So kann man's auch sehen: Norddeutscher Meister 2001/02: Hamburger Sport-Verein, meldete im Sommer 2002 das „Fanmagazin aus dem Volkspark“ namens *1887*. Tatsächlich lag der HSV in dieser regionalen Tabelle – den Titel gibt es natürlich nicht! – mit einem Punkt vor Werder Bremen; Wolfsburg und St. Pauli folgten unter ferner liefen.

Genau betrachtet aber gab diese Spielzeit 2001/02 so recht keinen Anlass zur Freude. Frank Pagelsdorf hatte bis zu deren Beginn fast immer Wort gehalten, was eine stete Verbesserung in der Tabelle betraf. 1998 schloss er mit Rang 9 ab, 1999 mit Platz 7, 2000 mit dem dritten Rang und der Erfüllung aller Herzenswünsche (Champions League). 2000/01 allerdings erfolgte der Rückfall mit einem 13. Platz. So trat der füllige Coach die neue Spielzeit mit einem Manko an – es musste, so die allseitige Forderung, besser werden. „Ich glaube, dass wir oben mitspielen können“, hatte z.B. Aufsichtsratschef Bandow gemeint, und Vorstandsvorsitzender Hackmann avisierte „einen Platz in einem internationalen Wettbewerb“ an. Auch der *Kicker* war sich sicher: „Der HSV mischt um einen UEFA-Cup-Platz mit.“ Die Ausgangsbedingungen nämlich waren gut: Dank der Champions-League-Teilnahme verzeichnete man 157 Mio. DM Umsatzrekord und 20 Mio. DM Rekordgewinn. Zwar verlangte das fast 200 Mio. DM teure Stadion nach wie vor seinen jährlichen Preis von 13 Mio. an Zinsen und Tilgung, außerdem hatte der Verein das vom DFB verlangte Nachwuchszentrum in Ochsenzoll im Sommer 2000 eröffnet und dort 5,6 Mio. DM investiert, doch Geld für den teuersten Transfer der Vereinsgeschichte war da: 10 Mio. DM Ablöse gingen für Rückkehrer Jörg Albertz an die Glasgow Rangers. „Ali“ Albertz sollte die neue Leitfigur im Team werden. Gleichzeitig gab man Nico Kovac für 11 Mio. DM an Bayern München ab, Butt ging ablösefrei zu seinem Wunschklub Leverkusen, Andreas Fischer zu Rot-Weiß Essen in die Regionalliga.

Doch besser wurde es nicht, und so geschah auch im Volkspark bzw. am Ochsenzoll das, was in solchen Fällen meistens passiert: Am Montag, 18. September, wurde Frank Pagelsdorf entlassen. Bis dahin hatte der Klub fünf Zähler auf der Habenseite, sehr späte Gegentore hatten mehr verhindert. In Cottbus bekamen die Gastgeber in der 91. Minute einen Strafstoß und verwandelten den zum 1:0, in Köln traf Dirk Lottner in der 92. Minute zum 2:1 für den späteren Absteiger, am 6. Spieltag erzielte Albertz in der 90. Minute die 3:2-Führung des HSV, doch Mönchengladbach glich noch aus. Hätte, wäre, wenn – es waren eben keine zehn Punkte, sondern fünf. Vorstandschef Hackmann hatte Heimsiege gegen Gladbach und Bremen verlangt, nach dem 3:3 aber gemeint, „es gibt keinen Grund, die Trainerfrage zu stellen“. Er befand sich da im Einklang mit Hieronymus, aber der Aufsichtsrat sah das anders, zumal die öffentliche Stimmung gegen den Coach war. Hackmann, mit Tränen in den Augen: „Es ging nicht mehr, der Druck wurde zuletzt zu groß.“ Frank Pagelsdorf, mit einem Fünf-Jahres-Vertrag bis 2004 ausgestattet, erhielt 2 Mio. Euro Abfindung, das war neuer Bundesliga-Rekord. Der 50-Jährige war tief enttäuscht, es war seine erste Entlassung.

Die HSV-Mannschaft, die am 15. September 2001 letztmals unter Frank Pagelsdorf, beim 3:3 gegen Mönchengladbach spielte, lautete:
►Pieckenhagen, Hertzsch, Hoogma, Ujfalusi, Groth (71. Min. Maltritz), Tøfting, Albertz, Meijer, Benjamin, Bester (71. Yeboah), Ketelaer (64. Präger).

Auf der Bank nahm nun erst einmal für zwei Spieltage Sportchef Holger Hieronymus Platz und musste im Heimspiel ein blamables 0:4 im Nordderby gegen Werder erleben. Es folgte ein torloses Remis in Nürnberg, nun war der Renommierklub bereits punktgleich mit Abstiegsplatz 17.

Jara und Romeo

Der neue Trainer heißt Kurt Jara. Die Hamburger zahlen 1,25 Mio. Euro Ablöse an den FC Tirol Innsbruck, der ungeachtet der überraschenden Zahlung bald darauf wegen Verschuldung in die 3. Liga strafversetzt wird. Jara, früherer österreichischer Nationalspieler und Bundesliga-Profi (MSV Duisburg, Schalke 04), hat einen formidablen Einstand, als man zu Hause dank Treffern von Ketelaer (2), Barbarez und Benjamin 4:0 über Hertha BSC triumphiert. In Wolfsburg köpft Abwehrchef Nico-Jan Hoogma in Minute 15 zum 1:0 ein, und Tormann Pieckenhagen hält Ball und Sieg fest, als er in der 81. Minute einen Strafstoß pariert.

Dann aber ist dieses kurze Hoch schon vorüber, vier Spiele, ein Punkt, der HSV nach wie vor in Abstiegsgefahr. Als Aufsichtsratschef Bandow bei der Jahreshauptversammlung einen „einstelligen Tabellenplatz“ zum Ziel erklärt, lachen ihn die meisten Mitglieder aus. Wiedergutmachung kann man gegen Überraschungs-Aufsteiger FC St. Pauli an einem frühen Sonntagabend Anfang Dezember 2001 leisten, als der HSV bereits nach 58 Minuten dank Meijer, Fukal, Benjamin und Barbarez 4:1 führt (Endresultat 4:3). Vor der Winterpause legt man mit einem 5:2 gegen Abstiegskandidat Cottbus noch einmal nach, macht sich aber dennoch Gedanken über Verstärkungen.

Sportchef Hieronymus guckt sich in Südamerika um, wo sich auf den Flughäfen in Buenos Aires, Sao Paulo oder Rio de Janeiro die Bundesliga-Macher regelrecht die Klinke in die Hand geben. Die Lösung, die im wirtschaftlich eklatant niedergegangenen Land von Ex-Weltmeister Argentinien gefunden wird, trägt den Namen Bernardo Romeo, ein 24-jähriger Stürmer. Romeo hat einen Super-Einstand, und wäre sein reguläres Tor beim Wiederbeginn im Januar in Stuttgart (0:3) gegeben worden, so hätte er in sieben Spielen hintereinander einen Torerfolg feiern können. Während der FC St.--Pauli um den Klassenerhalt kämpft, am Millerntor am Mittwochabend (auch zur Freude vieler HSVer) den Weltpokalsieger FC Bayern München 2:1 schlägt und in Dortmund nur durch eine Schiedsrichter-Fehlleistung um den Erfolg gebracht wird (1:1), erlebt der HSV an einem frühen Sonntagabend im März in Berlin einen neuerlichen Tiefpunkt: 0:6 lautet das Resultat, der *Kicker* gibt Ingo Hertzsch die Note 4, der Rest der Spieler liegt darunter.

Neben dem Abschneiden der eigenen Mannschaft treiben Teile der HSV-Fanszene zum Wiederbeginn 2001 ganz andere Sorgen um: Beim Spieltag zwischen dem 30. März und 1. April manifestiert sich endgültig die über das Internet angeschobene Bewegung „Pro 15.30", deren Transparente selbst in Stadien bis hinunter in die 4. und 5. Liga zu sehen sind. *Reclaim the game,* hieß schon vor längerer Zeit eine Forderung in Großbritannien: Holt Euch das Spiel zurück! Nun ist sie endgültig hierzulande angekommen. Zugunsten des Kirch-Konzerns (der schließlich auch zusammenbrach, weil sein Bezahl-TV-Sender Premiere zu wenig frequentiert wurde) sind die Spieltage zerstückelt worden: Es gibt am Samstag nur noch wenige Spiele, eines am Samstagabend, zwei am Sonntag. Zumindest das Samstagabend-Spiel ist inzwischen Vergangenheit, durchgesetzt hat sich die Fan-Offensive letztlich nicht ganz. Werner Hackmann, Vorsitzender der Deutschen Fußball-Liga (DFL), meinte zu „Pro 15.30": „Da läuft eine Kampagne, die undifferenziert ist." Der Privatsender Sat.1 war schon vorher der erste große Verlierer der Saison 2001/02 gewesen, als er mit seiner „ran"-Fußballshow mit dem neuen Sendetermin 20 Uhr 15 scheiterte und die Quoten abstürzten wie nie.

4:0 gegen Absteiger St. Pauli

Immerhin geben die restlichen HSV-Heimspiele Jaras Kader Gelegenheit zur Wiedergutmachung: Bayern München, Leverkusen, Dortmund sind angesagt, außerdem das Derby gegen St. Pauli, das wieder einmal nicht am Millerntor, sondern beim HSV ausgetragen wird. Dazwischen gastiert der HSV erstmals in der Arena AufSchalke, jenem „Flugzeug-Hangar", in dem unbeschreiblicher Lärm herrscht (0:2, wieder einmal ausverkauft mit 60.683 Zuschauern). Der erste Teil des Finales im Volkspark bringt den FC Bayern, ebenfalls ausverkauft, Endstand 0:0. Vor 54.503 Besuchern trennt man sich 1:1 von Leverkusen, das danach Erster ist.

St. Paulis Meggle macht vor dem „Heimspiel" gegen den HSV Sprüche, doch Pieckenhagen pariert seinen Strafstoß und hat nun endgültig die Herzen der eigenen Fans erobert: 4:0. Am folgenden Spieltag, dem 33., ist der FC St. Pauli endgültig abgestiegen. Der HSV darf nun im Meisterschafts-Endspurt eine wesentliche Rolle spielen, als Dortmund kommt. Der BVB hat vor diesem 33. Spieltag 64 Punkte und ist Zweiter, Leverkusen mit 66 vorn, Bayern mit 62 Dritter. Es wird ein tolles, hoch dramatisches Spiel, in dem Dortmunds Trainer Sammer in der 15. und Hertzsch nach einer Notbremse in der 35. Minute vom Platz müssen. Die Borussia gewinnt 4:3, diesmal ist Erik Meijer mit einem späten Tor in der 90. Minute dran. Gleichzeitig unterliegt Leverkusen in Nürnberg 0:1, während Bayern in Wolfsburg gewinnt. Mit einem 2:1 im Westfalenstadion gegen Werder macht Borussia Dortmund den Titelgewinn klar, die Heimsiege von Leverkusen und Bayern München haben in der Entscheidung keine Bedeutung mehr. Leverkusen verliert neben der Meisterschaft noch das DFB-Pokal-Endspiel und das Finale der Champions League gegen Real Madrid und heißt fortan *Loserkusen.*

Fan-Proteste in der AOL-Arena: 15.30 Uhr soll Anpfiffzeit bleiben.

Der HSV beendet die Runde beim bereits abgestiegenen SC Freiburg mit einer 3:4-Niederlage. Man schließt als Tabellenelfter ab, zwei Ränge besser als in der Vorsaison, Mittelmaß eben. Die *FAZ* registriert im Volkspark unerfüllte „Großmannssucht", die *Süddeutsche Zeitung* kommentiert polemisch: „Die neue Arena mit ihrem offenbar betörenden Flair ist der einzige Stolz, über den die Hamburger inzwischen verfügen." Zu den Stadion-Führungen merkt Jörg Marwedel in der *SZ* an: „Der Vorteil: Man muss sich kein Spiel des HSV anschauen."

Beim Saisonabschluss in Freiburg sind Anthony Yeboah, der nach Katar umgesiedelt ist, Andrej Panadic aus der Abwehr, nach Graz abgegeben, und Stig Tøfting, der zu Bolton Wanderers wechselte, längst nicht mehr dabei. Neue Namen, während der Saison zum HSV gestoßen, sind neben Bernardo Romeo der Schweizer Nationalspieler Raphael Wicky (vom spanischen Zweitligisten Atletico Madrid) und der Däne Kim Christensen.

Für weiteres Glück sorgen neben den HSV-Frauen (Pokal-Endspiel) die HSV-Amateure, die im „Endspiel" vor 8.125 Zuschauern (neuer Rekord der Oberliga Hamburg/Schleswig-Holstein, der 4. Liga) die Youngster des FC St. Pauli distanzieren und anschließend gegen den VfB Oldenburg mit auswärts 0:0 und 5:2 (8.300 Besucher) die Regionalliga Nord erreichen.

Der HSV-Aufstieg allerdings stand auch für ein grundsätzliches Problem bezüglich der Entwicklung der Regionalliga: Sie wurde zunehmend „Spielwiese" der Nachwuchsmannschaften der Bundesligisten, die dort sogar – wenn sie denn mögen – Bundesliga-Profis einsetzen dürfen. Neben dem HSV waren in den beiden dritten Ligen 2006/07 zehn 2. Mannschaften präsent. Weder haben diese Amateure, die eine Art *Farm Teams* der Bundesligisten sind, zahlreiche Anhänger, noch bringen sie nach auswärts Fans mit, und in der lokalen Presse finden sie kaum statt. Auf der Strecke bleiben Traditionsvereine und Großstädte, die Drittliga-Fußball verdient hätten. Aber auch der HSV beharrt hartnäckig auf dem Startrecht für seine „Zweite", wenn denn einmal die einteilige 3. Liga eingeführt wird. Warum die Bundesliga nicht längst wieder zur früheren „Nachwuchsrunde" zurückgekehrt ist, bleibt ein Rätsel.

Die letzten Hamburger

Die enorme Fluktuation, die die Kader aller Bundesligisten charakterisiert, und die damit verbundene Internationalisierung ist längst auch beim Hamburger SV zum Saisonstart 2002/03 zu registrieren. Sportchef Hieronymus entdeckte in Argentinien den Mittelfeldmann Cristian Raul Ledesma (23), für den fast 4 Mio. Euro investiert werden müssen. Die „Ösi-Fraktion" bei den Hamburgern verstärken Baur und Kitzbichler, wieder einmal ein „Hamburger Jung" in den Reihen der Rothosen ist Christian Rahn, der erste DFB-A-Nationalspieler St. Paulis seit 1960, als der Stopper und Kohlenhändler Ingo Porges berufen worden war. Apropos Internationaliserung: Als man in der neuen Saison 2002/03 bei Hertha BSC (0:2) antritt, sind Martin Pieckenhagen und Ingo Hertzsch die einzigen Deutschen in der Antrittsformation. Alles schon mal dagewesen, zum Beispiel 1909/10 bei Germania (s. S. 24).

92 Jahre danach formuliert Kurt Jara, der Trainer, 2002 als neues Saisonziel: „In jedem Fall besser abschneiden als der 11. Platz." Die Nachfrage der Fans jedenfalls ist nach wie vor gegeben, zum Saisonstart wird ein neuer Dauerkarten-Rekord gemeldet, sämtliche Logen und Business-Seats sind verkauft. Aufsichtsratschef Bandow erklärt vor dem wirtschaftlichen Hintergrund (finanzielle Belastungen durch das „Jahrhundertwerk" Stadion-Neubau) im *HA:* „Wir sind zum Erfolg quasi verurteilt. Dass wir nun schon zum zweiten Mal in Folge an keinen europäischen Wettbewerben teilnehmen, erfordert schon eine große Kraftanstrengung. Wir haben nach Bayern München die höchsten Sponsorenerträge, die waren bisher stark gekoppelt an das neue Stadion. Aber wenn das irgendwann nicht mehr so die große Neuheit ist, dann muss der HSV seine Ansprüche durch sportliche Erfolge untermauern, sonst werden wir unser Niveau nicht halten können."

Was kam, wird ab Seite 301 berichtet. *sky*

Einmalig in Europa: Ein Friedhof für die Fans

Der HSV hatte das Thema angemessen sensibel behandelt und wollte damit erst nach Abschluss aller Verhandlungen an die Öffentlichkeit gehen – „bis die MoPo Wind von dem Projekt bekam und trotz der Bitte von Vorstandsmitglied Christian Reichert, dieses Thema noch nicht zu veröffentlichen, quasi über Leichen ging, die Titelseite mit bunten Bildern schmückte und eine Medienwelle auslöste“ (*Supporters News*).

Tatsächlich gelangte die Neuigkeit weltweit in die Presse: „A miniature stadium cemetery, so fans can rest in peace alongside their favorite team.“ Denn als erster Fußballklub Europas will der Hamburger SV auf dem Hauptfriedhof Altona unweit des Stadions ein Areal nur für Mitglieder, ein sogenanntes Themenfeld, „als eine Stätte, wo die wahren Fans ihre letzte Ruhe finden können“ (Reichert) anbieten.

Es heißt, HSV-Anhänger hätten sich mit der Idee an die Friedhofsgärtner-Genossenschaft gewandt. Wenn dem so war, so war es dieser willkommen, denn auch auf Hamburgs Friedhöfen besteht ein „Platzüberhang“, da drei Viertel der Verstorbenen in Urnen beigesetzt werden, davon wiederum ein Drittel anonym. Altonas Bezirksamtsleiter Hinnerk Fock bezeichnete das Projekt HSV-Friedhof denn auch als „Marketingmaßnahme“.

Sei’s drum, das „HSV-Themenfeld“ mit etwa 150 Gräbern soll ein Blumenfeld in Rautenform schmücken, dorthin wird das Denkmal für die Kriegstoten (früher Rothenbaum, nun Ochsenzoll) kommen, der frühere Spielmacher Rudi Noack, dessen Kriegsgefangenen-Grab in der früheren Sowjetunion unbekannt ist, soll eine Gedenktafel erhalten.

Ähnliches, wie auf dem Eckgrundstück am Hellgrundweg geplant, gibt es seit September 2006 auf dem Privatfriedhof Iraola bei Buenos Aires für Anhänger der Boca Juniors. Für Amsterdamer Ajax-Fans besteht im Friedhof Westgaarde ein Gemeinschafts-Begräbnisplatz, allerdings ohne Gräber, sondern als Aschenstreuwiese. Im Stadion des FC Barcelona stehen Urnengräber zur Verfügung, beim FC Everton in Liverpool sind am Spielfeldrand 800 Urnen beigesetzt worden.

Probleme allerdings können sich ergeben, wenn die Vereine in neue Stadien umziehen. An der Anfield Road beim FC Liverpool, wo die Asche vieler Verstorbener auf dem Spielfeld verstreut wurde, will man beim Stadion-Neubau einen „Memorial Garden“ als Ersatz schaffen. Schwieriger wurde es 2005 für den Swansea City FC in Wales, unter dessen Rasen 50 Urnen ruhen. Da nie festgehalten wurde, wer dort bestattet war, musste der Klub mit der Bitte an die Öffentlichkeit gehen, Angehörige mögen sich doch melden.

Derlei könnte beim HSV-Friedhof nicht passieren: Dort bestünden feste Gräber, und in der Arena wird man ja wohl noch ein Weilchen spielen. *sky* ■

Werder Bremen: Ist ein Bischof schuld?

Wenn die Anhänger des SV Werder Bremen zum Derby beim Hamburger SV anreisen bzw. Fans des HSV in die Nachbarstadt, wird sie stets ein stattliches Polizei-Aufgebot erwarten. Das Ereignis gilt als brisant, was man früher eigentlich nicht behaupten konnte. Und ob tatsächlich eine Rivalität der beiden Hansestädte besteht, sei einmal dahingestellt.

Natürlich sieht man an solchen Tagen auch in Hamburg wieder T-Shirts mit dem platten Witz: „Was ist das Schönste an Bremen? – Die Autobahn nach Hamburg!" Und manche Hanseaten, denen das eher provinzielle *Abendblatt* einreden will, sie würden in einer „Weltstadt" leben (der eigentlich nur noch die Olympischen Spiele fehlen...), charakterisieren Bremen als „Dorf mit Straßenbahn". Zu unterschiedlich sind die Dimensionen: dort 1,7 Mio. Einwohner, 120 km weiter deren 546.000.

Will man die Rivalität historisch ableiten, so hat sie damit zu tun, dass ehemals geistliche und weltliche Macht stritten. Bremen war seit dem 11. Jahrhundert Sitz des auch für Hamburg zuständigen Bischofs, die Hamburger aber ließen den Dom 1807 abreißen. Daran erinnert hat sich 2003 im Streit um den Staatskirchenvertrag Polit-Desperado Ronald Schill: „Ein Hamburger kniet vor niemanden nieder, auch nicht vor der Kirche!"

Eine „Gesellschaft für Hamburgisch-Bremische Freundschaft" ist über den Status „in Gründung" seit 1999 jedenfalls nicht hinausgekommen; ihre Parole „Hummel, Hummel! Werder, Werder!" blieb unerwidert.

Erstmals in einem Pflichtspiel trafen beide Vereine in der NFV-Meisterschaft 1927 aufeinander (4:1-Auswärtserfolg des HSV). Nicht in die Gesamtbilanz ging die Begegnung desselben Wettbewerbs 1946 am Rothenbaum ein, denn die britische Militärregierung ließ nur ein Privatspiel zu, weshalb Werder gegen die Regeln in der Pause den Torwart austauschte.

Zwar hatte Werder bereits 1930 hohe Ansprüche postuliert („aus der Beengtheit eines fast doch nur provinziellen Lebens heraustreten!"), doch den großen Namen besaß im deutschen Fußball nach 1945 im Norden der Hamburger SV. Da hatte der SV Werder sogar noch mit Lokalrivalen wie dem Bremer SV und Bremerhaven 93 zu kämpfen.

Der Verein aber unternahm erhebliche Anstrengungen, zeitweise hieß das Oberliga-Nord-Team in Anlehnung an eine Zigarettenmarke des Hauses Brinkmann „Texas Elf". Und heftig stritten beide Klubs, als es 1953 um Willy Schröder, nach Fritz Walter damals der sicherlich beste Spielmacher, vom TSV 1860 Bremen ging. Der Schwarzhandel des HSV flog auf, es hagelte Strafen, und beim Spieler wurde der Bremer Sport-Senator vor-

Hamburger kontra Hamburger am 18. Dezember 2005 beim 1:1 an der Weser: Kukukovic vom HSV (re.) und der Werderaner Owomoyela, der aus Eimsbüttel stammt.

Diskussionsbedarf beim norddeutschen Derby am 3. Februar 2001: die HSVer (v.l.) Barbarez und Groth mit Schiedsrichter Stark sowie dem Bremer Verlaat.

stellig: „Willy, wenn du schon wechselst, dann nur zu Werder!“ Das kasernierte Schröder später auf der Nordseeinsel Wangerooge, bis der Tag der Vertragsunterzeichnung nahte.

Tatsächlich kam Bremen unter Trainer „Schorsch“ Knöpfle dem HSV von 1958 bis 1963 recht nahe, wurde hinter dem fast ewigen Oberliga-Nord-Meister stets Vize. Die Bilanz der Oberliga-Begegnungen 1947 bis 1963 fiel sogar zu Gunsten der Bremer aus (13-7-12). Der HSV setzte auf den Nachwuchs und eher nicht so prominente Neuzugänge. Werder dagegen nutzte seine Verbindungen nach Schalke (u.a. kamen Jagielski und Soya, beide von Beruf – Gastwirt!), verpflichtete spätere Stützen wie „Pico“ Schütz, Max Lorenz, Sepp Piontek und Horst-Dieter Höttges.

Und siehe da: Der zweite Bundesliga-Meister hieß 1965 SV Werder Bremen. Inzwischen ist man mit dem Rivalen von der Elbe gleichauf, der in 21 von 42 Spielzeiten besser platziert war. Eine Saison nämlich verbrachten die Bremer 1980/81 in der 2. Bundesliga Nord an Orten wie Bocholt, Erkenschwick, Herford und Hannover-Oststadt. Als Trainer Kuno Klötzer bei einem Verkehrsunfall schwer verletzt wurde, löste ihn in der Saison der bis dahin arbeitslose Coach Otto Rehhagel ab. Der blieb bis 1995, war Mitglied des „Dreigestirns“ mit Präsident Dr. Franz Böhmert (1970-1999) und Manager Willi Lemke (1980-1999).

Bremer Fan-Veteranen beschrieben das Verhältnis der Anhänger bis Anfang der 1980er Jahre als „fast freundschaftlich“ bis „na ja...“. Am 16. Oktober 1982 aber kam einer der Ihren, Adrian Maleika, in Hamburg ums Leben (siehe S. 229). Der Tod von Maleika ist bei vielen nicht vergessen. Eine Bremer Fan-Page widmet ihm eine ganze Seite, und beim Werder-Spiel 2004 in Hamburg sollen HSVer die hässliche Parole skandiert haben: „Adrian Maleika – die Steine fliegen weiter.“

Die Rivalität der Vereine mag auch darin begründet sein, dass der HSV ein ganzes Jahrzehnt lang, von 1984 bis 1995, hinter Meister und Europacupsieger Werder hinterherhinkte. Damals outeten sich per Leserbrief sogar Fußball-Freunde aus dem Hamburger Umland, sie würden das Weserstadion dem Volksparkstadion vorziehen. Zusätzlich ärgerte die HSV-Gemeinde, dass Bremen auf Hamburger Talente baute: Frank Neubarth (317 Bundesliga-Spiele), Thomas Wolter (312), Norbert Meier (242) und heute Ivan Klasnic und Patrick Owomoyela.

Als legendär gelten inzwischen die Choreographien der Ultras beider Vereine. „Ihr seid das Tor zur Welt – aber wir haben den Schlüssel“, dichteten die Bremer in Anlehnung an die Stadtwappen, lagen aber völlig daneben, als sie 2004 auf einem Riesen-Transparent Bomben auf Hamburg fallen ließen.

Nachdem 2005 am Hamburger Hauptbahnhof Polizei und Bremer Fans („67 Gefangene, 1 Festnahme“) zusammenstießen, zeigten die inzwischen aufgelöste „Eastside“ aus Bremen und die „Chosen Few“ vom HSV im Stadion gemeinsam Flagge: „Rivalität gehört zum Derby – Willkür nicht“, eine Parole, mit der man „gemeinsam gegen polizeiliche Repression“ vorgehen wollte. *jrp* ■

2002/03 Rekorde und UEFA-Cup

Dass der Profifußball ein schnelllebiges Geschäft geworden ist, muss man den Leserinnen und Lesern dieses Buches nicht erzählen. So gestaltete der HSV die Spielzeit 2002/03 mit einem glücklichen Ende, doch hatte es in der Saison reichlich Unruhe gegeben. Arrivierte Hauptdarsteller hatten sich verabschiedet, neue waren gekommen. Jedenfalls erfreuten sich am 34. Spieltag 55.516 in der ausverkauften AOL-Arena am 2:0 über Rostock. Barbarez hatte in der 9. Minute einen Strafstoß an die Latte gesetzt, dann spielten die Mecklenburger ab Minute 38 nur noch mit zehn Mann, Cardoso markierte mit einem direkt verwandelten Freistoß noch vor der Pause das 1:0, dem Romeo per Kopfball das 2:0 folgen ließ. Der Erfolg bedeutete das Erreichen des UEFA-Cups – und, was aus dem Klassenverbleib resultierte, mit dem kommenden 41. Jahr Bundesliga einen neuen deutschen Rekord. Gewissermaßen feierte das Publikum auch sich selbst, denn mit einem durchschnittlichen Besuch von 44.680 Zuschauern wurde eine neue Bestmarke aufgestellt. Auch der Dauerkartenverkauf war noch nie so erfolgreich gewesen.

Wegweiser nach Tirol

Im Herbst 2002 hatte das noch ganz anders ausgesehen, denn die Mannschaft legte einen Fehlstart hin. Nach dem 0:3 zu Hause gegen Bayern München, den späteren Meister und Pokalsieger, wurde ein Klassenunterschied konstatiert. Infolge des 1:2

Bernardo Romeo war oft ein Torgarant für den HSV. Hier setzt er sich gegen Dortmunds Ahmed Madouni durch.

auf der Bielefelder Alm entschloss sich ein Teil der Anhänger zum Protestmittel Busblockade, andere stellten beim Trainingsquartier Ochsenzoll Wegweiser auf, die Trainer Jara die Heimkehr nach Tirol erleichtern sollten. Ein 1:0-Heimsieg gegen Mönchengladbach wurde mit einem Pfeifkonzert quittiert. „Jara raus!", schrie ein Großteil der 1.000 ins Berliner Olympiastadion mitgereisten HSVer am 6. Spieltag nach dem trostlosen 0:2 gegen die Hertha. Vorstandsvorsitzender Werner Hackmann sprach von der „Todesspirale", in die der Verein ohne einen internationalen Wettbewerb in der Saison 2003/04 geraten würde, zumal die finanzielle Unterdeckung 12,5 Mio. Euro betrug.

Im Rückblick mag das 1:1 im Dortmunder Westfalenstadion am 11. Spieltag ein Wendepunkt gewesen sein. Lehmann, der BVB-Keeper, bekam die Bestnote, was für die Bemühungen des HSV sprach, bei dem Hoogma und Ujfalusi herausragten. Die Schlussphase war turbulent: Hollerbach platzierte in der 87. Minute einen Strafstoß über dem Tor. Der neun Minuten zuvor von Jara eingewechselte Christensen glich per Rechtsschuss in der 89. Minute aus, die Vorlage gab der bei den Fans so beliebte Erik Meijer, der kurz darauf wegen Schiedsrichter-Beleidigung vom Feld musste.

In den folgenden 24 Spielen unterlag der HSV nur zweimal, in Kaiserslautern und Mönchengladbach, jeweils 0:2. Es gab sogar eine Serie von elf Partien ohne Niederlage und immerhin 18 von 33 möglichen Punkten. 3:2 gewann man in Leverkusen, dessen „Trainer des Jahres", Klaus Toppmöller, noch in der Saison entlassen wurde. Romeo war dabei laut *kicker* bester Spieler und erzielte zwei Tore. Gegen Bremen, damals noch auf einem Platz, der die Qualifikationsrunde für die Champions League bedeutet hätte, gab es zu Hause ein 1:0. Aus München nahm man einen Punkt mit, als Takahara gegen den FC Bayern in der 92. Minute noch zum 1:1 ausglich. Schalke, Rivale um einen UEFA-Cup-Platz, zog im Volkspark vor ausverkauftem Haus mit 3:1 den Kürzeren. Wieder war Romeo zweifacher Torschütze, und Takahara setzte in der 90. Minute gegen die auf zehn Mann dezimierten Gelsenkirchener den Schlusspunkt.

Entscheidend war die Heimstärke, da war man so gut wie Bayern München. Legt man jedoch die Bewertungen der Fachzeitschrift *kicker* zu Grunde, so war der Verein zwar erfolgreich, spielte aber keineswegs überragend (woraus die Krise in der folgenden Spielzeit resultieren sollte). Für die Heimspiele wurde ein Notenschnitt von 3,32 verzeichnet, auswärts kam man auf 3,58. Noten über befriedigend (= 3) gab es lediglich für das 1:0 gegen Hertha BSC (2,0), das 4:0 über den späteren Absteiger 1. FC Nürnberg und das 2:1 gegen Neuling Hannover (jeweils 2,5).

Nach China, nach Tschechien

Aus jener Elf, die am ersten Spieltag noch den 2:1-Heimerfolg gegen Hannover erreicht hatte, verschwanden im Lauf der Saison etliche Akteure aus dem Blickfeld. Jörg Albertz, der damals beide Tore erzielt hatte (und bei den Fans nicht beliebt war, obwohl er persönlich doch nichts für die hohe Ablöse konnte), wurde so genannter Edelreservist, reiste

Neuzugang Takahara bestritt eines seiner ersten Spiele für den HSV im Januar 2003 gegen den FC St. Pauli. Im Hintergrund dessen Talent Alex Meier, später vom HSV verpflichtet und an Eintracht Frankfurt verkauft.

nach China aus – und wurde dort „Fußballer des Jahres". Marek Heinz, der Tscheche, der an beiden Toren beteiligt war (er war gefoult worden, woraus der Strafstoß resultierte, und legte zum zweiten Tor auf), kam nicht mit Kurt Jara und nicht mit Deutschland zurecht und kehrte über Bielefeld zurück in die Heimat, zu Banik Ostrava (Meister 2004). Die Österreicher Baur und Kitzbichler, die Landsleute von Trainer Jara, standen damals in der Anfangself, eroberten aber nie einen Stammplatz. Der Argentinier Cristian Ledesma, von dem der Coach sagte, nicht er habe ihn gewollt, sondern Sportchef Hieronymus, wurde mehrmals ausgeliehen und schließlich abgegeben; seine Ablöse hatte sich auf 4 Mio. Euro belaufen. Christian Rahn, als Nationalspieler vom FC St. Pauli gekommen und als Ottenser ein „Hamburger Junge", wurde von Verletzungen gebeutelt und spielt heute für Rostock. Roda Antar, der Libanese, und der Tscheche Fukal gehörten später ebenfalls nicht mehr zur Stammelf, Martin Groth wurde nur noch einmal eingesetzt. Und Bernd Hollerbach musste als „Schuldiger" an der Misere zeitweise auch auf die Tribüne, kam aber zurück. Er sah „nur" zweimal Gelb-Rot, der *kicker* hätte ihn wegen einer Tätlichkeit gegen Bayern München, wegen Nachtretens beim 3:1 gegen Schalke und wegen eines Ellbogenchecks gegen Tomas Rosicky noch dreimal mehr draußen gesehen. Jedenfalls kam der fränkische Metzger in 25 Begegnungen auf 14 gelbe Karten.

Da die einen draußen blieben, rückten andere ins Rampenlicht. Bernardo Romeo war die personifizierte Torgarantie, erzielte 14 Treffer. Sergej Barbarez profilierte sich einmal mehr als wichtiger Spieler, erzielte fünf Treffer und war für sechs, wie es neudeutsch heißt, *Assists* verantwortlich. Torhüter Martin Pieckenhagen überzeugte durch Zuverlässigkeit. Marcel Maltritz aus Magdeburg erreichte einen Stammplatz. Tomas

Ujfalusi war in 31 von 34 Partien dabei. Mahdavikia bewies mit 14 Torvorlagen seine Bedeutung für das Spiel der Hamburger. Vor der Rückrunde verpflichtete den HSV den japanischen „Fußballer des Jahres", Naohiro Takahara, dem ein Teil der Presse den blödsinnigen Beinamen „Sushi-Bomber" verlieh. Nun kamen mehr Japanerinnen und Japaner, Medien wie auch Fans, hinaus nach Bahrenfeld, und die Internet-Seite des Vereins gibt's seitdem in einer japanischen Version.

Hoffmann für Hackmann

Nachdem Dietmar Beiersdorfer als Sportchef Holger Hieronymus abgelöst hatte, ging inmitten der Herbst-Krise auch Werner Hackmann, der Vorstandschef. Am 28. Oktober gab er bekannt, seinen im Juni 2003 auslaufenden Vertrag nicht verlängern zu wollen. Bereits am nächsten Tag kam man zum Ergebnis der Vertragsauflösung, als Interims-Vorsitzender sprang der frühere Vorsitzende Ronald Wulff ein, der gemeinsam mit Beiersdorfer wegen Takahara dann noch zu einer Flugreise nach Osaka kam. Für die Hackmann-Nachfolger waren wenige Namen im Gespräch, so Walter Müller, ehemals Vorsitzender von Hertha BSC Berlin, und der frühere *MoPo*-Redakteur Michael Pfad, bei diversen TV-Privatsendern und der DFL aktiv, für die seine Firma Fair Play GmbH nun TV-Bilder produziert. Es wurde bei zehn Ja-Stimmen und einer Enthaltung dann aber der eigentliche Favorit Bernd Hoffmann, Geschäftsführer des HSV-Vermarkters Sportfive. Im März 2003 übernahm er das Amt. Gemeinsam mit Beiersdorfer führte er noch in der Saison Gespräche mit Stefan Effenberg, Ex-Bramfeld, Ex-SC Victoria Hamburg, der dann aber nach Katar wechselte. Oliver Neuville, ebenfalls als Neuzugang gehandelt, kam auch nicht.

Lokalrivale FC St. Pauli stieg derweil nach der 1. Bundesliga auch aus der 2. Bundesliga ab, es blieb nur noch das „kleine Derby" gegen die HSV-„Amateure" in der Regionalliga Nord, inzwischen eine verkappte Bundesliga-Nachwuchsrunde mit sieben Teams von Erstligisten (2004/05). *sky*

Krieg und keine Verlegung

Am 20. März 2003 begann der Irak-Krieg, als die USA und Großbritannien ohne UNO-Mandat das Land angriffen. Die Spieler von Werder Bremen und Hannover 96 ließen 99 Luftballons aufsteigen, 96-Trainer Rangnick trug das Friedenszeichen und Kevin Kuranyi vom VfB Stuttgart schneiderte sich seinen Kinnbart in eben der Form zurecht. Der Hamburger SV hatte für eine Verlegung des Spieltags plädiert, die nicht zustande kam. Dietmar Beiersdorfer: „Eine Absage wäre die Chance gewesen, sich solidarisch mit den Opfern und der Zivilbevölkerung in der Kriegsregion zu zeigen."

▶ EINWURF

26 Jahre „Kult": Hermann Rieger

Dass der Masseur der heimliche Star der Mannschaft ist, gibt es nicht überall. Beim HSV liebten alle Hermann Rieger, der in guten und auch in schlechteren Zeiten mehr war als „nur“ derjenige, der die Muskeln der Spieler knetete. 1978 holte Günter Netzer den Mittenwalder nach Hamburg – „Hermann the German“ blieb 26 Jahre.

Der „Kult“ war ihm selbst nicht immer geheuer und seine Beliebtheit doch erklärbar, denn er sah seine Tätigkeit nicht nur als Job: „Ihm nimmt man die Freude bei Siegen und die Niedergeschlagenheit nach Niederlagen wirklich ab. Seine direkte und humorvolle Art wird von Spielern, Funktionären und Fans gleichermaßen geschätzt“, hieß es auf der Webseite des Fanklubs „Hermanns treue Riege“. Rieger schätzte offenbar seine Spieler und Fans genauso wie die ihn. Starallüren waren ihm fremd, und „geht nicht“ gab es nicht: Auch Tony Yeboah brachte er das Skilaufen bei. Jetzt ist er im Ruhestand. Am 1. September 2004 endete seine „Amtszeit“ beim HSV mit einer großen Gala. ■

Ein Abschied, der zu Herzen ging: Hermann Riegers Goodbye.

2003/04 „Denkt dran, ihr seid Hamburger!"

„Uns Uwe" als Hamburger Ehrenbürger.

Zwei Glanzlichter, neudeutsch „Highlights", erleuchteten die Saison 2003/04 aus HSV-Sicht... oder waren es drei? Sagen wir zweieinhalb. Eines davon, ein ganz helles, wurde zur trübsten Jahreszeit im Rathaus angezündet.

Seit dem 26. November 2003, einem Mittwochabend, ist Uwe Seeler Ehrenbürger der Stadt Hamburg – als eine von 32 Persönlichkeiten, die als Träger dieser höchsten Auszeichnung der Hansestadt seit 1813 verzeichnet sind. Zwei von ihnen, Altbundeskanzler Helmut Schmidt und der Schriftsteller Siegfried Lenz, waren ebenso unter den 1.000 Gästen wie Franz Beckenbauer und Wolfgang Overath. Großer Festsaal, große Gala, große Begeisterung! „Bereits um 18 Uhr wurde die sonst so streitlustige Hamburger Bürgerschaft in ungewohnter Einigkeit zur Fan-Kurve", schilderte das *HA* seine Eindrücke: „Ohne Gegenstimme nahmen die 121 Abgeordneten den Antrag an... ‚Uwe, Uwe'-Rufe aus allen Fraktionen."

Seeler war gerührt und obwohl er die großen Worte ja nicht liebt, fand später am Abend niemand ein besseres Zitat als er selbst: „Mein Vater Erwin hat uns Kindern gesagt: ‚Denkt dran, ihr seid Hamburger. Hamburger sind ehrlich, zuverlässig und fair.' Ich danke meinen Eltern, dass sie mich diese Tugenden gelehrt haben."

Da konnten auch diejenigen, die am aktuellen HSV litten, sich ihre Gedanken drüber machen. Wieder mal hellte das Grundsätzliche den Alltag auf, und das war gut so, denn sportlich glomm die Saison zu der Zeit nur tranfunzelig.

Ein schöner Titel, schnell vergessen

Dabei war der Prolog doch gelungen! DFB-Ligapokalsieger 2003, der erste Titel überhaupt seit Ernst Happels Zeiten, war das vielleicht nichts? Siege über Hertha BSC in Dessau (2:1) und Bayern München in Jena (3:3 und dann im Elfmeterschießen 4:1) brachten Kurt Jaras Team ins Endspiel am 28. Juli, einem Montagabend, in Mainz und bescherten dem Verein schon mal eine runde Million Euro. Borussia Dortmund, der „Angstgegner" längst vergangener Tage, wurde dann 4:2 besiegt – wie vor 40 Jahren im

DFB-Pokalfinale am Vorabend der allerersten Bundesligasaison (damals 3:0). War das kein gutes Omen, auch wenn der sportliche Wert und die Zuschauerzahlen des Ligapokals nicht mit denen von 1963 zu vergleichen waren? Als halbes Glanzlicht konnte man es jedenfalls zählen.

„Ein schöner Titel", meinte der Trainer im *kicker*-Interview: „Man kann Renommee aufbauen, Selbstvertrauen gewinnen, dabei noch Geld kassieren, was wichtig für unseren Vorstand ist." Der konnte ein paar Tage später auch den ersehnten neuen Trikotsponsor präsentieren – ADIG Investment –, womit Jaras Gehalt für die nächsten zwölf Monate gegenfinanziert war und die Abfindung gleich mit, die man ihm später zahlen musste. Ende Oktober war nämlich auch dieser Trainer wieder gefeuert worden und seine Erfolge schneller vergessen als der lange heiße Sommer des Jahres 2003.

Dabei war er selber Realist geblieben, hatte als Saisonziel die erneute UEFA-Cup-Qualifikation genannt, aber die Erwartung zurückgewiesen, der HSV könne zum „Bayern-Jäger" werden. Viele Fans hatten dennoch hohe Erwartungen und die Vereinsführung wohl auch... und selten hat ein verunglückter Bundesligastart so in die Magengrube getroffen wie der am 2. August 2003. Hannover 96 kam, sah, siegte 3:0 und schickte 53.224 Zuschauer aus der AOL-Arena ziemlich sprachlos nach Hause.

Wie auch immer das geschehen konnte, es war der erste umgefallene Dominostein und alsbald lag alles flach. 1:5 in Wolfsburg am dritten, 0:2 vor heimischem Publikum am vierten Spieltag gegen die Bayern, die man nun in der Tat nicht mehr jagen konnte – „Jara raus!" riefen die ersten, und der HSV stand auf einem Absteigerplatz. Den hatte er auch Ende September noch inne, trotz des ersten Sieges am 6. Spieltag über Hansa Rostock (2:1) und eines Unentschiedens in Berlin. „Das war Folterfußball", lautete die geschmackvolle Schlagzeile des *HA* vom 6. Oktober, obwohl gegen Borussia Mönchengladbach der zweite „Dreier" gelungen war, durch zwei Tore von Sergej Barbarez in der letzten halben Stunde. Der Bosnier hatte bei Halbzeit kaum gewusst wohin mit seinem Ärger über das schlechte Spiel; er wenigstens schaffte es immer wieder, Aggression in Leistung umzusetzen.

Dann kam die Reise nach Dnipropetrovsk, wie dieser Ort auf Ukrainisch heißt, und da verhaspelten sich die Sprache, die Eindrücke und – was die Mannschaft betraf – die Beine. Mit 2:1 hatte man das Hinspiel der 1. Runde im UEFA-Cup noch gewonnen; mit 0:3 und einer, wie der Trainer meinte, „unwürdigen Vorstellung" schied der HSV nun aus. „Die Landschaft ist grau, die Häuser sind grau, die Hunde sind grau und die Menschen auch", schrieb anschließend einer der 300 mitgereisten Fans in *HSV live*. Dascha man gut, hätte Klein Erna gesagt, dass wir nach'n Osdn nu nich mehr hin müssen, ischa so unwirtlich...

Zurück im farbenfrohen Hamburg, schrieb der Vorstandsvorsitzende Bernd Hoffmann für das Stadionmagazin dies: „Wir alle sind in der Krise eng zusammengerückt. Das zeigt sich auch darin, dass öffentliche Kritik an Einzelnen und Schuldzuweisungen ausgeblieben sind." Als man das las, im Stadion vor dem Spiel gegen Schalke, war die Schuld allerdings doch schon zugewiesen, und Kurt Jara saß nicht mehr auf der Bank.

Herzblut und Gegenwind

Hatte der Trainer versagt? Lag es an ihm, dass Woche für Woche wenig zusammenlief, dass sogar so zuverlässige Leistungsträger wie Ujfalusi oder Kapitän Hoogma den Laden nicht zusammenhalten konnten? Dass weder Stefan Beinlich – der routinierte Neue aus Berlin – noch David Jarolim, nach Saisonbeginn aus Nürnberg geholt, das Mittelfeldspiel nachhaltig aufpeppten? Für die langfristigen Ausfälle von Cardoso und Hollerbach wegen Verletzung konnte man ihn kaum verantwortlich machen. Dass dann auch noch Torwart Pieckenhagen am Kreuzband operiert werden musste, war Pech und sonst gar nichts. Romeo, im Ligapokal noch treffsicher, und Mahdavikia schienen kaum noch zu wissen, wo das Tor stand – der Trainer hatte keine Fortüne. Nach dem folgenden Spiel in Kaiserslautern (0:4) war es so weit: Kurt Jara musste gehen, nachdem die Verantwortlichen noch Tage zuvor derartige Absichten weit von sich gewiesen hatten; Klaus Toppmöller kam.

„Vorstand raus!", hieß es nun auf den Spruchbändern im Stadion und „Schämt euch, ihr Lügner!", aber auch: „Hol uns hier raus, Klaus!". Der holte erst mal Christian Rahn zurück ins Team; da hatte *HSV live* den richtigen Riecher, denn als „nordisch by nature" wurde der 25-jährige echte Hamburger auf der Titelseite präsentiert. Kurz zuvor hatte er auf Island der deutschen Nationalmannschaft geholfen, sich für die EM-Endrunde zu qualifizieren – die er selbst dann wegen Verletzung verpassen sollte.

„Hol uns hier raus, Klaus", forderten die Fans vom neuen Trainer Toppmöller, der im Oktober 2003 vom Sportlichen Leiter Dietmar Beiersdorfer (links) und vom Vorstandsvorsitzenden Bernd Hoffmann (rechts) der Öffentlichkeit vorgestellt wurde.

Mehdi Mahdavikia und Christian Rahn: Manchmal durften sie jubeln.

Das Spiel gegen Schalke endete 2:2, Bernardo Romeo schoss zwei Tore, Mehdi Mahdavikia wirbelte, Torwart-Debütant Stefan Wächter griff nicht immer sicher zu, steigerte sich aber in den folgenden Monaten, so dass der flugs aus Leverkusen geholte Tom Starke auf der Bank blieb. Sollte der neue Trainer von Beginn an mehr Fortüne haben? Es schien so, und man weiß ja, wie es ausgegangen ist: Schritt für Schritt arbeitete sich die Mannschaft in der Tabelle nach oben; am Ende wurde nicht nur der Klassenerhalt, sondern immerhin noch die Qualifikation für den UI- oder auch „Strohhalm-Cup" geschafft, als Achter mit 49 Punkten.

Vorläufiges Ende gut, noch nicht alles gut: „Toppmöller spürt in Hamburg eisigen Gegenwind", titelte *Die Welt* noch im Mai 2004. Zwar hatte der HSV den VfB Stuttgart 2:1 besiegt, aber vor und auch nach dem Spiel schrille Pfiffe geerntet – wegen des 0:6 in Bremen eine Woche zuvor. Das hatte Werder den Weg zum Meistertitel geebnet und trotzdem oder gerade deshalb weh getan. Dennoch waren 55.128 Fans gekommen! Toppmöller fühlte sich ungeliebt, bekannte aber: „Ich bin mit meinem Herzblut bei der Sache und bereit, alles für den Verein zu tun."

Im DFB-Pokal hatte der HSV das Achtelfinale erreicht; dort war dann mal wieder der FC Bayern zu stark (3:0). Und dann brachte die Europameisterschaft in Portugal aus HSV-Sicht auch eher wehmütige Erinnerungen – nicht nur an die Zeiten, als Horst Hrubesch, Manni Kaltz & Co. diesen Titel gewonnen hatten. Hinzu kam, dass die ehemaligen Rothosen Marek Heinz (Tschechien) und Thomas Gravesen (Dänemark) über den Rasen wirbelten, als hätte sie der Abschied aus Hamburg erst richtig zu Klassespielern gemacht. Der aktuelle HSV war immerhin durch Raphael Wicky (Schweiz) und Tomás Ujfalusi vertreten, den Klaus Toppmöller einige Wochen später zum neuen Kapitän für 2004/05 ernannte. Der Tscheche unterschrieb dann anderswo und hat sein neues Amt in Hamburg nicht angetreten.

Und das dritte Highlight, eingangs erwähnt, worin hat das bestanden? In der Museumseröffnung im Februar (siehe auch eigenen Beitrag in diesem Buch). Nein, das ist nicht ironisch gemeint. Dort ist seit 2005 noch jede Menge Platz für Dokumente zukünftiger Erfolge! *jrp*

2004/05 „Beim HSV entwickelt sich etwas"

Wenn ein Fußball-Lehrer vorzeitig gehen muss, wird gern auf „die Mechanismen der Branche" verwiesen. Die wurden auch im Fall des HSV-Trainers Klaus Toppmöller angewandt, der nach noch nicht einmal einjähriger Tätigkeit am Sonntag, 17. Oktober 2004, um 1 Uhr früh in der Eppendorfer Wohnung der HSV-Vorständlerin Katja Kraus durch den Vorstandsvorsitzenden Hoffmann und Sportdirektor Beiersdorfer von seiner Entlassung erfuhr. Beiersdorfer wurde später zitiert: „Die Ergebnisse und der Blick auf die Tabelle ließen uns keine andere Wahl mehr." Mit Toppmöller musste auch Co-Trainer Werner Melzer gehen, Ralf Zumdick durfte bleiben.

Im Nachhinein gibt das Anlass, „die Mechanismen" zu hinterfragen. Ex-Nationalspieler „Toppi" war vor dem Saisonstart im UI-Cup in der 2. Runde gegen Villarreal mit zweimal 0:1 ausgeschieden. Die Bundesliga-Saison 2004/05 begann mit der fast schon obligatorischen Heimniederlage gegen Bayern München (0:2) und einem 1:2 beim Neuling Mainz 05. Dass man dort durchaus verlieren kann, sollten später u.a. noch Werder, Schalke, Leverkusen und Kaiserslautern erfahren.

Es folgte am 21. August 2004 beim Drittligisten SC Paderborn ein 2:4 im DFB-Pokal – ein Spiel, das mit zur Entlassung von Toppmöller beitrug, aber, wie inzwischen bekannt, vom Berliner Jung-Schiedsrichter Robert Hoyzer (geb. 1979) manipuliert worden war. HSV-Vorstandschef Bernd Hoffmann ahnte an jenem Sommertag noch nichts: „Es hilft uns nicht, jetzt auf den Unparteiischen einzuschlagen. Das 2:4 lag nicht am Trainer, nicht am Wetter und auch nicht am Schiedsrichter." Für das *HA* war Hoyzer allerdings bereits ein schlechter Bekannter: „Dieser Unparteiische, der innerhalb von nur wenigen Monaten den FC St. Pauli zweimal krass verpfiffen hatte, durfte es nun auch dem HSV zeigen, dass er es nicht kann. Was Hoyzer sah und pfiff, war ein Skandal – eine glatte Sechs."

Oft genug bestand Grund zum gemeinsamen Jubeln: der neue Trainer Thomas Doll mit einem seiner Schützlinge.

Doch zurück zu Trainer Toppmöller: Aus im UI-Cup und im DFB-Pokal, in der Bundesliga acht Spiele, zwei Erfolge, sechs Niederlagen, dabei das 0:2 im Volkspark am 16. Oktober 2004 gegen Aufsteiger Bielefeld. Die Nordtribüne zeigte dazu ein Transparent: „Außer ‚Toppi' könnt ihr alle gehen", aber gehen musste dann Klaus Toppmöller.

Bereits am 27. August hatte das *HA* vom „Kampf des Chancenlosen" berichtet. Auszüge: „Toppmöller soll schon mehrfach verbal mit Hoffmann aneinandergeraten sein (...) Sportchef Beiersdorfer und Toppmöller liegen in ihren fußballerischen Ansichten meilenweit auseinander (...) Viele Spieler fühlten sich wegen der direkten Kritik verprellt." Stimmung gegen den Trainer hatten offensichtlich bereits Aufsichtsräte gemacht: „Die Kontrolleure lancieren sogar auf Beerdigungen ihre Vorwürfe" *(HA)*. Leider scheint vollständige Diskretion bei diesem Gremium unmöglich, wie sich im August 2006 erneut erweisen sollte, als Interna an die Presse geliefert wurden, die der Vorsitzende Bandow umgehend als falsch bezeichnete.

Eindeutig hatte es innerhalb der Mannschaft Turbulenzen gegeben. Kapitän war Ujfalusi geworden, doch wechselte der kurz drauf nach Florenz. Sein Nachfolger wurde Neuzugang van Buyten, und dies stieß dem stolzen Sergej Barbarez – überhaupt die zentrale Figur dieser Saison 2004/05 – bitter auf. Man sehe einmal dessen Leistungs-Bilanz unter Toppmöller und unter Doll nach! Mit elf Treffern wurde der Bosnier schließlich HSV-Torschützenkönig, zeitweise ersetzte er in der Spitze den verletzten Lauth, der gegen Mainz und in Nürnberg eingewechselt wurde und jeweils ein Tor erzielte.

Klaus Toppmöller hatte zum Saisonstart „Hochkaräter" *(kicker)* bekommen: den 1,96 Meter großen belgischen Abwehrspieler Daniel van Buyten, den Jung-Nationalspieler Benjamin Lauth, dessen Klub 1860 München aus der Bundesliga abgestiegen war, und mit der Empfehlung von 21 Saison-Toren für Standard Lüttich kehrte (nach Schalke) Emile Mpenza aus Belgien zurück und versprach: „Hamburg wird den besten Mpenza sehen, den es je gab!" Daraus ist bekanntlich nichts geworden, der Stürmer blieb weitgehend isoliert und verschwand schließlich ohne Abschiedsfeier aufs „Altenteil" in die Emirate. Kurzfristig verpflichtet wurde noch ein Akteur namens Khalid Boulahrouz, damals ebenso unbekannt wie sein Verein RKC Waalwijk. Als dritter Torwart nach Pieckenhagen und Wächter war Sascha Kirschstein von Rot-Weiß Essen eingeplant.

Nach dem 0:2 gegen Bielefeld im Volkspark zog der Tabellenletzte wie erwähnt Konsequenzen. Toppmöller verzichtete auf eine Abfindung, die noch bei Vorgänger Jara mit einer Million zu Buche geschlagen hatte. Dennoch wollte man eine eher kostengünstige Lösung suchen, aber auch sportlich sprach einiges für Thomas Doll. Der Ex-Profi aus Mecklenburg, dessen Verkauf an Lazio Rom 1991 den HSV sanierte, hatte zuvor die A-Jugend des Vereins und die HSV-Amateure in der 3. Liga betreut. Mit denen war er 2003/04 als Neunter der zeitweiligen Abstiegsgefahr entronnen und stand in der aktuellen Saison auf Platz eins. Beiersdorfer: „Thomas Doll ist ein HSVer durch und durch, eine Identifikationsfigur."

Thomas Dolls Umstellungen

Was nun war bei Toppmöller falsch gewesen und wurde, zu großen Teilen, bei „Thommy" Doll richtig? Der vorherige Trainer hatte Boulahrouz ins defensive Mittelfeld gestellt, doch unter Doll wurden van Buyten / Boulahrouz die Bundesliga-Innenverteidigung par excellence. Van Buyten fehlte in keinem Spiel und weckte bereits damals das Interesse von Bayern München. Auf Kling und Moreira verzichtete der neue Coach bei seinem Einstand mit dem ersten Auswärtssieg der Saison, einem 2:0 in Dortmund am 23. Oktober 2004, den *Bild* wie folgt beschrieb: „Ischa Doll! Hamburger Sau-Verein

Fast immer Garant für eine sichere Abwehr: Daniel van Buyten im Zweikampf mit Carsten Jancker vom 1.FC Kaiserslautern; der HSV gewann am 19. Februar 2005 mit 2:1

plötzlich saustark.“ (Man könnte das jetzt kommentieren, aber inzwischen lädt den Chefredakteur des Blattes bereits St. Katharinen zu Hamburg zum Vortrag ein.)

Rahn wurde auf die Bank gesetzt und wechselte wie Kling noch in der Hinrunde. Dafür reaktivierte Doll seinen Nachbarn Stefan Beinlich aus Quickborn, der noch einmal groß herauskam, zehn Tore vorbereitete und dessen Vertrag sich nach dem 23. Einsatz automatisch verlängerte. Außerdem brachte Doll den ihm bestens bekannten Abwehrspieler René Klingbeil vom HSV II „nach oben“, der mit Schlicke vorerst die Außenverteidigung bildete, ehe 2005 das Duo Demel / Atouba kam.

Von Rang 18 gelangte der HSV unter seinem neuen Trainer, der durch moderne Methoden, gekonnte Menschenführung und ehrliches Auftreten überzeugte, kontinuierlich zu Erfolgen. Das Publikum honorierte dies, und am Ende der Spielzeit stand wieder einmal ein neuer Besucherrekord, nämlich 46.495 Zuschauer im Schnitt. Die beste Serie erreichte der Klub zwischen dem 13. und 25. Spieltag mit zehn Siegen in 13 Spielen: 3:1 in Mönchengladbach (Barbarez 2, dazu ein Beinlich-Freistoß), 2:1 in Bochum (Barbarez und Benjamin), 3:1 in Nürnberg (Takahara 2, Lauth in der Nachspielzeit). Das 6:0 in Rostock kostete Hansa-Trainer Juri Schlünz den Job, und nach dem 4:3 auf der Bielefelder Alm stand der zeitweilige Tabellenletzte sogar auf einem UEFA-Cup-Platz.

Zu viele wichtige Partien allerdings gab man ab. Das Freitag-Spiel am 21. Januar 2005, Auftakt zur Rückrunde und live von der ARD übertragen, war vermutlich der letzte Auftritt des HSV im Olympiastadion München und endete mit einem 3:0 für den späteren Deutschen Meister. In Berlin gab es ein 1:4. Danach war nicht mehr der 33 Jahre alte Martin Pieckenhagen Torhüter, sondern die Nr. 29, Stefan Wächter. „Piecke“ wurden drei Fehler in sechs Spielen angekreidet; Doll begründete seine Entscheidung mit dem Leistungsprinzip. In Berlin hatten die zahlreich mitgereisten HSV-Anhänger noch einmal Hoffnung geschöpft, als nach dem Platzverweis von Bastürk und beim Stande von 0:3 Barbarez an den Elfmeterpunkt trat, doch setzte er den Ball an den Pfosten.

Obwohl nicht wie in der folgenden Spielzeit 2005/06 durch ein Mammut-Programm belastet, verspielte der HSV gegen Saisonende seine Chance: 2:3 zu Hause vor mit 55.500 wieder einmal ausverkauftem Haus gegen Dortmund, 1:1 beim Absteiger SC Freiburg, 1:2 im Volkspark gegen Werder (es fehlten die gesperrten Barbarez und Mpenza, Boulahrouz und Lauth waren verletzt), ein unglückliches 0:1 in Wolfsburg, 0:0 in Bahrenfeld gegen Mönchengladbach trotz 15:1 Torschüssen und 10:0 Eckstößen, 1:2 am vorletzten Spieltag bei Hannover 96, da war ein UEFA-Cup-Platz bereits eigentlich nicht mehr erreichbar.

Aus dem 0:1 am 21. Mai 2005, dem letzten Spieltag, gegen den Absteiger VfL Bochum resultierte der achte Rang, das bedeutete die UI-Cup-Teilnahme. Die Fans drückten ihre Sympathie für Doll und das Team aus, indem sie den HSV in der zweiten Halbzeit pausenlos anfeuerten. Und gefeiert wurde bei der Saison-Abschlussparty des HSV Supporters Club auf der Bahrenfelder Trabrennbahn allemal. Thomas Doll sah denn auch optimistisch in die Zukunft: „Ich freue mich auf die neue Saison, denn in Hamburg und beim HSV entwickelt sich etwas. Wir sind auf einem guten Weg.“ *sky*

„Tanz den Atouba!": Nach dem 2:0 über Mönchengladbach am 9. April 2006 feiern (von links) Jarolim, Boulahrouz, Demel, Mahdavikia und das Maskottchen „Dino".

2005/06 Endlich auf großem Fuß

Als „Dino der Liga" ging der HSV in seine 43. Bundesliga-Saison. Mochte man das noch hören? Zwei Anlässe gab es, über die sich Traditionalisten vielleicht gefreut haben. Erstens stand schon seit Ende Juni fest, dass Sergej Barbarez & Co. weiterhin als Hamburger Sport-*Verein* auflaufen würden und nicht als Repräsentanten einer Aktiengesellschaft. Damit gehört der HSV mittlerweile zu einer Minderheit unter den Bundesligisten, denn die meisten haben ihre Lizenzspielerabteilungen bereits ausgegliedert und in Kapitalgesellschaften umgewandelt (was die Deutsche Fußball-Liga seit 1998 zulässt).

Auch in Hamburg hatten wechselnde Vereinsobere seit Jahren dieses Ziel angepeilt, wobei neben dem Bundesliga- auch das Regionalligateam (früher „Amateure"), die Frauen und die A-Jugend aus dem Hauptverein ausgegliedert werden sollten. Ein Teil der neuen Gesellschaft, so die Vision, wäre dann an einen sogenannten strategischen Partner zu veräußern, der jährlich fünf bis zehn Millionen Euro einbringen sollte, die wiederum Neuverpflichtungen zugute kämen, „damit der HSV dauerhaft zu den fünf besten Vereinen Deutschlands gehört" (so Werner Hackmann 2001). Vier Jahre später versuchte sein Nachfolger Bernd Hoffmann der Mitgliederversammlung eine „sanfte" Lösung nahezubringen, in der immer der Verein (HSV e.V.) Mehrheitsgesellschafter mit knapp über 75 Prozent Anteilen an der Fußball AG bleiben würde. Auch über die Zusammensetzung des Aufsichtsrates sollten Verein, Mitgliederversammlung, Amateursport und Fördernde Mitglieder einen starken Einfluss auf die AG behalten, während man dem Amateurbereich einen hauptamtlichen Geschäftsführer versprach.

Es nützte nichts. Die Versammlung blieb ablehnend und misstrauisch; Udo Bandow, der Aufsichtsratsvorsitzende, wurde an seine Aussage von 1996 erinnert, dass das erklärte Ziel der Börsengang sei. Der HSV auf einem Gleis mit der Deutschen Bahn? Das denn doch lieber nicht. „Herr Bandow", vermerkt das Protokoll, „erklärt in einem Zwischenruf, dass er sich seit langem von dieser Meinung distanziert hat, und wundert sich darüber, dass dieses Thema noch wieder aufgetischt wird." 20 Minuten nach Mitternacht war die Ausgliederung vom Tisch, als der Vorstandsvorsitzende Hoffmann „angesichts der herrschenden Stimmung" die Einstellung der Pläne versprach, „vorläufig und bis zu einer anders lautenden Entscheidung der Mitgliederversammlung". 432 Stimmberechtigte brauchten gar nicht erst zur Abstimmung zu schreiten. Die Ex-Präsidenten Wolfgang Klein und Peter Krohn hatten gegen die Pläne gesprochen, ebenso der Seniorenrats-Vorsitzende Jürgen Morla, der großen Beifall erhielt. Zwei Tage später verstarb der 71-jährige frühere Leichtathlet, Träger der goldenen Verdienstnadel des Vereins, völlig unerwartet.

Und der oben erwähnte zweite Anlass für Traditionalisten, sich (vielleicht) zu freuen? Den kommentierte Uwe Seeler mit den Worten: „So etwas habe ich noch nie gesehen", und wer sich die Ergänzung hinzudenkt: „Hätte auch nicht sein müssen", mag richtig liegen (aber Uwe würde so etwas nie sagen). Sein rechter Fuß im Maßstab 20 zu 1, mehr als fünf Meter lang und tonnenschwer, wurde in Bronze gegossen und im August vor der AOL-Arena aufgestellt. Die Maske Autoleasing GmbH übernahm die Verantwortung. Manager Bernd Wehmeyer laut *HSV live:* „Uns' Uwe ist zu Lebzeiten ein Denkmal gesetzt worden, das Seinesgleichen gar nicht erst sucht" (nein, stimmt nicht, das „gar nicht erst" habe ich jetzt dazugedichtet, jrp).

18 Europacup-Spiele – das Rekordjahr

Aber entscheidend war auch 2005/06 aufm Platz, und da sollte die neue Saison den HSV-Fans eine Menge bieten. Schon rein von der Zahl der Spiele her waren Mannschaft, Umfeld und Anhang mehr gefordert denn je: 55 Pflichtspiele, damit war der Rekord aus der Spielzeit 1972/73 gebrochen (damals 49, als es zur Überbrückung der Pause während der Olympischen Spiele einen Ligapokal gab, den der HSV gewann). Allein 18-mal musste die Mannschaft, auf einigen Posten wieder erneuert und verstärkt, jetzt in den beiden Europapokalen antreten.

Musste? Durfte! Denn auf die mühsame Pflicht im UI-Cup und zwei noch mühsamere K.o.-Spiele gegen Kopenhagen folgte die Kür. Die Gruppenphase im UEFA-Cup war erreicht und... Doch ganz so schnell sollte man das nicht abhandeln, auch wenn inzwischen die Champions League noch mehr Glamour bietet. Die Rothosen gewannen immerhin sieben UI-Cup-Spiele hintereinander, daheim wie auswärts, und als es im zweiten Finalspiel gegen Valencia erstmals ein 0:0 gab, reichte das, um „Gewinner"

Ganz starke Vorstellungen lieferte Rafael van der Vaart auch im UEFA-Cup, hier beim 1:0 bei ZSKA Sofia am 20. Oktober 2005 gegen Sergej Jakirovic.

dieses Wettbewerbs zu sein. In Tüttelchen deshalb, weil es gleich drei Finalsieger gab, die dann wie üblich nicht mehr gegeneinander antraten, sondern in den UEFA-Cup aufrückten. Immerhin! Die erste Phase der Mammutsaison, die am 2. Juli begonnen hatte, war erfolgreich absolviert.

Die Hürde „KB“ aus der dänischen Hauptstadt war höher als erwartet (1:1 in Hamburg, dann 1:0), aber es reichte für die Gruppenphase, in der einige namhafte Gegner zu spielen waren. Beim AS Monaco gab es mit 0:2 die erste Niederlage, aber Slavia Prag besiegte man mit demselben Resultat, und mit insgesamt neun Punkten aus vier Partien hatten Thomas Doll und sein Team die nächste K.o.-Runde erreicht (den Modus des UEFA-Cups im Kopf zu behalten, erfordert einige Speicherkapazität). Den FC Thun schaffte man auch noch, und erst im Achtelfinale Mitte März war dieses längste Europa-Groundhopping aller Zeiten für den HSV beendet – Rapid Bukarest siegte mit Hilfe der Auswärtstore-Regel (2:0 und in Hamburg, aus rumänischer Sicht, 1:3).

Wenige Tage später unterlag der 1.FC Kaiserslautern in der AOL-Arena mit 0:3, unter kuriosen Begleitumständen. Schnee und Eis lasteten auf dem Dach der Osttribüne – im Märzen, wo in Hamburgs ländlichen Gebieten normalerweise schon der Bauer die Rösslein anspannt. 2006 ließ sich der Frühling viel Zeit, und auch die Höhenretter und Feuerwehrleute brauchten 75 Minuten, um der weißen Last Herr zu werden, die sonst zu einer Gefahr für Zuschauer und Spieler hätte werden können. Ein Hubschrauber kam erfolglos zum Einsatz und verwehte den Schnee auch nicht. Währenddessen standen die Zuschauer zwei Stunden vor verschlossenen Toren (mehr als 44.000 harrten aus und durften schließlich rein); Spieler und Feuerwehrleute waren inzwischen Seite an Seite ihrer jeweiligen Aufwärm-Arbeit nachgegangen.

Was uns nicht umwirft, macht uns stark, war die Devise – auch in der Bundesliga. Man startete gut und wurde immer besser, blieb die ersten acht Spiele unbesiegt, verlor von den ersten 22 Partien überhaupt nur drei und stellte ungeahnte Rekorde auf: 50.813 Zuschauer pro Spiel in der Arena, aber auch und vor allem: elf Auswärtssiege, 15 Spiele „zu null“ und eine komplette Saison, in der Thomas Doll und sein Team niemals einen schlechteren Tabellenplatz belegten als den dritten. Krönung des Ganzen: Zwei Siege über den FC Bayern, ja, in Hamburg 2:0 und in München 2:1 (allerdings gewannen die Bayern im Achtelfinale des DFB-Pokals 1:0).

4-4-2 mit Raute

Die Stadt schwärmte von ihrem Verein. H, S, V, all the way, all the way... Solange es voran ging, war der Weg das Ziel. Das System oder jedenfalls die Grundordnung, nach der sich die Spieler auf dem Platz bewegten, war meistens das „4 - 4 - 2 mit Raute“ – relativ leicht zu verstehen und außerdem mit Bezug zum Vereinslogo und -restaurant. (Ein Zukunftskonzept? Man stelle sich vor, der Karlsruher SC würde nach dem Tetrapak-System spielen, der 1.FC Köln nach der Bocksprung-Taktik und der FC St. Pauli nach der Parole „Macht das Millerntor zu“...) Der HSV, ohne herausragende Stars, aber

Benjamin Lauth war 2005/06 fast immer dabei und sechsfacher Liga-Torschütze.

mit etlichen eigenwilligen Typen, die sich in erfreulich stabilem Teamgeist zusammenfanden, und einem Trainer mit unverkrampft positiver Ausstrahlung schien auf gutem Wege. „Wir wollen uns an den Besten orientieren, ganz oben anklopfen", so Thomas Doll im *Welt*-Interview, aber auch: „Für mich hat Fußball nur mit Spaß und Freude zu tun. Ich werde nie mit Bauchschmerzen ins Bett gehen und am nächsten Morgen mit einem schlechten Gefühl zur Arbeit ins Stadion fahren."

Manch einer träumte von der Meisterschaft, sogar vom Weltniveau, das von der Stimmung im Stadion her längst erreicht war. (Naja, fast. Das bizarre Aufheizungsritual schon vor Spielbeginn, die grässliche Musik – Sirtaki mit computergeneriertem Umpf-Umpf-Rhythmus – und das ewige „Neuer Spielstand: HSV eins, Gegner nuul, danke, bitte" ... nun, was soll's. Dem sonst so kritischen mündigen Fan scheint all das nichts auszumachen.)

Aber gab es die herausragenden Stars wirklich nicht? Rafael van der Vaart wurde zumindest begrüßt wie eine Mischung aus Robbie Williams und dem neuen (schlankeren) Buffy Ettmayer, dessen Einsatz vor Jahren eigens auf Plakaten angekündigt wurde. Der Holländer erfüllte die hohen Erwartungen, nicht nur wegen seiner 16 Tore (neun in der Bundsliga, sieben in Europa). Vor allem war hier ein Spieler, der erkennbar schneller dachte und handelte als andere, der in viele gute Ideen immer auch schon mal geniale einflocht und der – ähnlich wie Sergej Barbarez – zur Not auch Spiele allein entscheiden konnte.

Daniel van Buyten, der Kapitän und Abwehrchef, war ein Star – auf seine Weise, extrem „good in the air", wie die Briten sagen, und alsbald im Blick von Vereinen, die sowieso in höheren Sphären schweben. Emile Mpenza war in Hamburg keiner geworden; für ihn tauschte man im Winter den Brasilianer Ailton ein, zu Bremer Zeiten Fußballer des Jahres und Top-Torjäger der Bundesliga – ein gelungener Coup, zumal der HSV dadurch per saldo Geld sparte. Am 34. und letzten Spieltag hätte der einstige „Kugelblitz“ gegen seine früheren Kollegen von der Weser zum Helden werden können, doch da hatte er gar kein Zielwasser getrunken, und seine Zeit in Hamburg blieb eine kurze Episode.

Alles in allem musste man aber auch als Kritiker der hire-and-fire-Personalpolitik, wie sie beim HSV (und anderswo) längst Methode ist, diesmal zugeben, dass es funktioniert hatte. Guy Demel und Timothée Atouba verstärkten die Viererkette an den beiden Enden wesentlich, setzten außerdem neue Akzente beim Torjubel und beim Kontakt mit den Fans. Das Publikum staunte über Atoubas scheinbar spielerische Art, knifflige Situationen zu lösen, und akzeptierte die beiden Afrikaner schnell als echte Hamburger. Das galt auch für van der Vaart und nach einer Anlaufzeit für den zunächst skeptisch beäugten Nigel de Jong, einen weiteren Niederländer.

Nicht zu vergessen die Spieler, die schon etwas länger im Kader standen und sich in dieser „Zuckersaison“ (Dietmar Beiersdorfer) zu steigern wussten: Torwart Stefan Wächter, trotzdem in der Schlussphase von Sascha Kirschstein abgelöst, Piotr Trochowski und allen voran David Jarolim, der sich (trotz Verletzungen) durchbiss und zum Mittelfeld-Motor wurde, neben Stefan Beinlich (in der Frühjahrsserie länger verletzt) und hinter dem immer noch torgefährlichen Sergej Barbarez.

Tränen statt Schampus... und doch!

Um die beiden Namen sollte es dann aber Diskussionen geben. Denn spätestens im April oder Mai zeichnete sich schon ab, dass der Traum von einem eingespielten Team – wenigstens mal über zwei oder drei Jahre – ein Traum bleiben würde. Barbarez, dem streitbaren Nicht-Kapitän, und Beinlich, dem ruhigen Rostocker, bot man Vertragsverlängerungen zu (wie es hieß) halbierten Bezügen an; dass sich gerade ältere Spieler, die noch voll im Saft sind, auf so etwas nicht einlassen, ist klar wie Alsterwasser. Sollte es tatsächlich so gewesen sein, dann hat man zwei wertvolle, in der Mannschaftshierarchie etablierte Spieler ohne Not abgegeben und gegen neue eingetauscht, deren gleicher Wert sich noch beweisen musste. Takahara galt auch nicht mehr als gut genug, Ailton war wohl von vornherein als befristete Lösung gedacht. Und als dann die Millionenofferten für van Buyten und Boulahrouz kamen, denen man aus kaufmännischen Gründen gar nicht widerstehen konnte, da war das Zukunftsteam von 2005/06 schon wieder Geschichte.

Dass es am Saisonende „nur“ Dritter wurde und nicht als Vizemeister direkt in die Champions League einzog, war dem Nachlassen zum Saisonende geschuldet, besonders aber der bitteren Heimniederlage im „Endspiel“ um Platz 2 gegen Werder Bremen am letzten Spieltag (1:2). Statt Schampus flossen Tränen, und dennoch wird es eine Saison zum Erinnern bleiben. *jrp*

VATTENFALL EUROPE
DAMIT TRAUMFUSSBALL ZUM TRAUMERLEBNIS WIRD
Vattenfall unterstützt und fördert den HSV, damit kleine und große Fans mit ganzem Herzen dabei sein können. So tragen wir unseren Teil dazu bei, dass Träume wahr werden.
VATTENFALL
ENERGIE FÜR CHAMPIONS

HAMBURGER S.V.
HAMBURGER S.V.
TV SPIELFILM
GESTEIN
HSV HSV

Die Kraft der
wachsenden Stadt
PUMA
HSV
FUSSBALLSCHULE
powered by
SIEMENS
Die Kraft der wachsenden Stadt liegt in ihren
Menschen, ihrer Begeisterung, ihrer Kondition.
Damit diese Kräfte wachsen, ist es wichtig, Talent
und Fähigkeiten junger Menschen zu fördern.
Siemens unterstützt deshalb die HSV-Fussballschule.
SIEMENS
www.siemens.de
Global network of innovation

Kraftvoll Richtung gegnerisches Tor: David Jarolim und Paolo Guerrero.

2006/07 Endlich wieder Champions League!

So recht hatte die neue Spielzeit noch gar nicht begonnen im September 2006, da urteilten die Medien bereits: HSV-Krise! Noch ärger kam es nach dem 1:2 zu Hause gegen Schalke: „So steigt der HSV ab“ (*HA*).

Tatsächlich hätte man den ersten Teil des Saisonbeginns auch positiv sehen können. Von sieben Begegnungen wurde lediglich eine verloren (bei allerdings fünf Remis), vor allem hatte der Klub erstmals nach sechs Jahren wieder die Champions League erreicht: Dem 0:0 in der Qualifikation zu Hause gegen CA Osasuna folgte am 22. August ein 1:1 in Pamplona, als Nigel de Jong die Vorlage von Collin Benjamin verwertete.

Dann aber wandelte sich die Serie zusehends ins Negative, mit dem Aus im DFB-Pokal beim damaligen Regionalliga-Süd-Spitzenreiter Stuttgarter Kickers (3:4 n.V.) und drei Champions-League-Niederlagen gegen Arsenal im Volkspark (1:2), bei ZSKA Moskau (0:1) und beim FC Porto (1:4).

In der Krise hatte ein Teil der Medien den HSV bereits vor dem Osasuna-Rückspiel gesehen. Selten hatte man Sportdirektor Beiersdorfer so wütend erlebt wie nach dem TV-Vorbericht des NDR, zumal Interview-Partner Uli Stein den HSV schlecht-

Endlich wieder Champions League: Timothee Atouba beim Auftaktspiel im Volkspark gegen Arsenal London.

redete. Beiersdorfers Fazit: Plötzlich werde alles in Frage gestellt! Eigentlich hätte der HSV nach all diesen Einschätzungen gar nicht nach Pamplona reisen dürfen, meinte er. Umso größer der Jubel, im „Millionenspiel" in Spanien triumphiert zu haben.

Abenteuerlich auch die These des NDR-Reporters in der ARD-Sportschau nach der Schalke-Niederlage, der HSV habe eine erfolgreiche Mannschaft „auseinandergerissen". Wie das? Van Buyten wollte um jeden Preis zu Bayern München, und Boulahrouz setzte sich überraschend ab, was der FC Chelsea mit 13,2 Mio. Euro honorierte (der HSV hatte einst 1,5 Mio. bezahlt!). Der Innenverteidiger steht bis heute im schlimmen Verdacht, vor dem Osasuna-Hinspiel eine Verletzung vorgetäuscht zu haben, um seinem neuen Verein in der Champions League zur Verfügung zu stehen.

Zwar hat der HSV den Anspruch, auf lange Sicht in der europäischen Spitze mitzuspielen, doch gestand Vereinschef Hoffmann ein, bei potenziellen Neuzugängen stünde man eben im Wettbewerb mit noch potenteren Topklubs. Alle Neuen jedenfalls sind Nationalspieler, und kosten ließ sich der HSV dies insgesamt 24,5 Mio. Euro.; mehr hatte nur Bayern München in die neue Saison investiert. Zum neuen Publikumsliebling und eigentlichen Leistungsträger wurde dann aber Bastian Reinhardt, schon länger dabei, bisher nicht zu den Superstars gehörig, aber konstant und sachlich und inzwischen eine Führungsfigur.

Einige der Neuverpflichtungen erfolgten, weil man erst die Champions-League-Qualifikation abwarten musste, recht spät (Mathijsen 24.8., Sorin 27.8., Ljuboja 31.8.), da lief die Saison bereits. Die WM-Teilnehmer waren ohnehin später eingestiegen, nun kam noch die große Zahl verletzter Stammspieler, darunter van der Vaart, und die schier unglaubliche Zahl von sieben Platzverweisen in 15 Begegnungen hinzu. Trainer Doll stand bei Hoffmann und Beiersdorfer allerdings nicht zur Debatte: „Ich bin mir sicher, dass wir den Umschwung schaffen werden", sagte der Sportdirektor am 4. Oktober gegenüber hsv.de.

Das Erreichen der Champions League jedenfalls hatte erst einmal große Euphorie in Hamburg ausgelöst. Alle drei Heimspiele waren umgehend ausverkauft, was den Fans beim Vorverkauf allerdings lange Wartezeiten abverlangte. Da man die ersten drei Spiele ausschließlich bei Premiere sehen konnte, waren die infrage kommenden Lokale überfüllt – eine massenhafte Verweigerung gegenüber dem „System Premiere". Eine Alternative bot wie ehemals der Hörfunk (NDR-Hamburg-Welle 90,3). Aus Niederlagen Siege machen, das konnte aber auch er nicht. *sky*

Der Traum vom siebten Meistertitel – im HSV-Fanblock bleibt er lebendig.

▶ EINWURF

Der Supporters Club – eine Erfolgsstory

Die kontinuierlichste Erfolgsstory beim Hamburger SV ist in den letzten Jahren vereinsintern geschrieben worden: Am 27. März 1993 gründete sich im „HSV-Bierbrunnen“ an der Rothenbaumchaussee der HSV Supporters Club (SC) mit damals 35 Leuten; mit Stand vom Mai 2006 zählt er 32.323 (!), die zur Abteilung Fördernde Mitglieder (insgesamt 37.010), der größten im HSV, gehören, ebenso wie der Kids Club (3.718 Mitglieder) als Unterabteilung. Ziel ist es, bis Ende 2006 die 40.000er Marke zu erreichen. Der Supporters Club ist damit eine weltweit einzigartige Mitglieder- und die größte deutsche Fan-Organisation. Man setzt sich ausschließlich aus passiven HSVern zusammen, die zur enorm gesteigerten Mitgliederzahl von 44.000 (zum 17.8.2004 waren es noch 20.398) beigetragen haben.

Sieben Leute – es waren Holger Criwitz, von dem die Initiative ausging, Walter Koninski, Dirk Mansen, Christian Reichert, Oliver Scheel, Henning Trolsen und Niels Willgeroth – waren damals von den Supporters-Organisationen britischer Klubs inspiriert worden. Ein Teil der Fans und passiven Mitglieder hatte seinerzeit den Eindruck gewonnen, dass man im Verein nichts zu sagen hatte. Die „Basisorganisation“ entstand, weil die Fans viel Zeit und Geld für „ihren“ Verein investierten und das nicht anerkannt sahen. Grundgedanke war, die Bundesliga-Mannschaft nachhaltiger zu unterstützen, sich zudem engagiert im HSV einzubringen, dessen Vereinsleben mitzugestalten und Einfluss auf die Vereinspolitik zu nehmen.

„Die Chaoten aus der Westkurve wollen den Verein übernehmen“, erinnerte sich Christian Reichert in den *Supporter News* an die anfängliche Stimmung im Verein. Sein Fazit: „Eine Gruppe völlig unterschiedlicher Charaktere hat gut im Sinne der Sache Supporters Club zusammengearbeitet. Eine Tradition, welche die heutige Abteilungsleitung eindrucksvoll fortsetzt.“

Inzwischen gelten die Supporters als ernst zu nehmender Machtfaktor im Verein. Aus ihren Reihen kommt der 3. Vorstand Christian Reichert. Im Aufsichtsrat ist man durch Henning Trolsen und Axel Formeseyn vertreten. Sven Freese und René Koch sind hauptberuflich für die Fanbetreuung zuständig. Dirk Mansen, früher auf diesem Feld tätig, amtiert als Projektleiter HSV-Museum – ein Vorhaben, das die Supporters wesentlich mit befördert haben, gemeinsam mit den Senioren und insbesondere Jürgen Morla (†). Seit 2006 hat der SC in Andreas Birnmeyer erstmals einen hauptamtlichen Geschäftsführer. Die Abteilungsleitung bilden derzeit Oliver

Scheel (Abteilungsleiter), Johannes (Jojo) Liebnau (Stv.), Jens Wagner, Dirk Bobsin und Andreas Kloss.

Die Interessenvertretung der Fans fungiert seit geraumer Zeit als eine Art „Service Center“ für HSV-Auswärtsfahrten (seit 2002 mit einem eigenen Zug im HSV-Dekor, einmalig in der Welt, bislang 80-mal eingesetzt), Länderspielreisen, Kartenverkauf und unterstützt die Regionalbetreuung, denn eine Reihe der 250 offiziellen Fanklubs existieren z.B. auch in Ostwestfalen, in Südwest, in Baden-Württemberg und Bayern. International bestehen z.B. die Helvetic Supporters, die dänischen Humörbomben, S-W-B Karos Hongkong und Ruitenhouders United Den Haag.

Grundlage der vielfältigen SC-Aktivitäten ist, dass 50 Prozent der Beiträge, ca. 500.000 Euro, direkt an den Supporters Club gehen. Die Merchandising-Einkünfte – SC-Fanartikel dürfen nur SC-Mitglieder erwerben! – verbleiben zu 60 Prozent beim SC. Hier gab es 2005/06 einen Rekordumsatz und -gewinn, u.a. durch 3.785 verkaufte Balkenschals.

Honoriert werden somit sechs Mitarbeiter (teilweise oder komplett), z.B. die Fanbeauftragten, Mitglieder-Verwaltung, HSV-Museum (der SC ist sein größter Sponsor) und in den Fan-Shops tätige Personen. Eventuelle Überschüsse sollen in das Projekt Vereinsheim (ein eigenes Lokal in der Hamburger Innenstadt), in ein Fanmobil und die Unterstützung des Universalsportvereins HSV e.V. (z.B. Eishockey-Abteilung) investiert werden.

Höhepunkte im Vereinsleben waren bislang u.a. das SC-Jubiläum 2003, bei dem 2.000 Leute feierten, und die „Blau-Weiß-Schwarze Nacht“, die man in Zusammenarbeit mit den Senioren wieder aufleben ließ. Tradition hat inzwischen die Saisonabschlussfeier, oft gibt es auch Infostände bei Straßenfesten. Die *Supporter News,* ein Fanzine, erscheinen bei einer Auflage von jeweils 25.000 viermal im Jahr.

Auch bei der WM 2006 waren die Supporters präsent. Zwar war das Heiligengeistfeld mit bis zu 75.000 Menschen Zentrum des *public viewing,* doch meldete auch die Fischauktionshalle am Hafenrand bei den Übertragungen der Spiele dank des SC oft großen Besuch. An der „Supporters Party Mile“ im Bereich Friedrichstraße / Gerhardstraße auf St. Pauli beteiligten sich während der WM fast 30 Lokale. Ende April 2006 wurde im „Sportpub Tankstelle“ (SC: „die HSV-Bastion auf dem Kiez“) auf 40 qm der erste „Supporters Tresen“ eröffnet; die Kooperation mit anderen Lokalen ist vorgesehen.

Allerdings gab es zuletzt auch kritische Anmerkungen, so von Philipp Markhardt in den *Supporter News,* die Organisation würde überwiegend als Dienstleister begriffen („das überdimensionierte Reisebüro SC“). Weniger als ein Prozent der Mitglieder sei im SC ehrenamtlich aktiv, die Mehrzahl dagegen würde sich als Konsumenten begreifen. Besserung könnte hier das erwähnte eigene Lokal als Treff- und Anlaufpunkt bringen. *sky* ■

Abteilungsleiter Fördernde Mitglieder / Supporters Club
Oliver Scheel

HSV-Fanbetreuung
Lutz Ackermann, Sven Freese
Sylvesterallee 7
22525 Hamburg
Tel. 040 – 41 55 15 30
Fax 41 55 10 60
www.hsv.de, www.supporters.de
lutz.ackermann@hsv.de, sven.
freese@hsv.de

Sprechstunden Mo-Di 14-18, Mi 14-16, Do 14-18, Fr 10-12 Uhr
Bei Heimspielen am Supporters-Stand, Zwischendeck Nordtribüne, am Aufgang zu den Blöcken 26 B/C und 27 B/C

HSV-Fanprojekt
Fanhaus
Stresemannstr. 162
22769 Hamburg
Tel. 040 – 43 14 94
Fax 43 22 34 4
www.hsv-fanprojekt.de
Jugend-Sport@gmx.de

Sprechzeiten Mo, Mi-Fr 10-16, Di 10-19.30 Uhr, bei Heimspielen vier Stunden vor Beginn geöffnet und nach Heimspielen am Samstag ab 18 Uhr.

„Die HSV-Supporters sind keine Partei mit Fraktionszwang."

HSV-Fanshops
HSV City Store
Schmiedestr. 2
(Nähe Mönckebergstr., St. Petri)
20095 Hamburg
Tel. 040 – 422 76 06, 422 76 07
Fax 422 73 13
Mo-Fr 10-19, Sa 10-16 Uhr

HSV Fan Store in der AOL Arena
Tel. 040 – 41 55 20 61
Mo-Fr 10-18, Sa 10-14 Uhr,
bei Heimspielen Sa 10-13, 14-open end,
bei Auswärtsspielen Sa 10-15.30 Uhr

HSV Team Store
Ulzburger Str. 94
22850 Norderstedt-Ochsenzoll
Tel. 040 – 52 193 189
Mo-Fr 10-13, 15-20, Sa 10-14 Uhr

Das andere HSV-Bundesligateam

Neue Frauen-Power unterm Wasserturm

Zwölf Uhr mittags und ein paar Minuten, vielleicht ging's schon gegen halb eins, da bebte er vor Empörung, der Stellinger Wasserturm, und das ganze Wolfgang-Meyer-Stadion mit. Hatte doch die Frau in Leuchtendgelb mit einem höchst fragwürdigen Abseitspfiff die HSV-Mädels um ein fast sicheres Tor gebracht. Da bebte es auch in dem männlichen Fan in der obersten Reihe, hart unterm Tribünendach, und sein Urteil fiel lautstark aus: „So ist das, wenn Weiber Schiedsrichter machen!"

So ist das, wenn Männer von der Begeisterung für Frauenfußball gepackt sind: Was am Ende zählt, sind die Punkte für den HSV und nicht das Gender Mainstreaming*. Oder wie das heißt. Die Begeisterung ist jedenfalls echt und das Publikum männlich / weiblich gut durchmischt, wenn das Bundesligateam der Frauen in Stellingen gegen den Rest der Republik antritt. Am Fuße des ehrwürdigen Turms, der längst kein Wasser mehr speichert, haben Alexandra Gärtner und ihre Mannschaft (doch, so sagt man) an diesem schönen Septembersonntag 2006 noch mit 3:1 gegen den SC Freiburg gewonnen.

Übrigens keine schlechte Anstoßzeit, elf Uhr am Sonntagvormittag. Da sitzen alle ausgeschlafen auf der Tribüne, auch nach Geburtstagsfeiern bis in die frühen Morgenstunden. Die Mädels (auch die Bezeichnung ist erlaubt) hatten diesmal wohl nicht auf die Piste gedurft, nach dem 1:4 beim Saisonstart in München und der anschließenden harschen Kritik von Trainer Achim Feifel, in der es um fehlende Einstellung und angeblichen Caipirinha-Konsum zu nachtschlafender Zeit ging. Die drei Tore von Shelley Thompson (2) und Tanja Vreden waren jedenfalls trocken herausgespielt.

Ja, und was wird das hier nun für eine Geschichte? Kommt der Autor vielleicht mal zum Fachlichen? Oder genügen immer noch ein paar Dööntjes, wenn man über Frauenfußball schreibt? Ist schon wieder vergessen, was vor zwei Jahren an dieser Stelle stand: „Frauenfußball hat in jüngerer Zeit auch in Hamburg stark an Popularität gewonnen – endlich, muss man sagen"?

* ... bedeutet, bei allen gesellschaftlichen Vorhaben die unterschiedlichen Lebenssituationen und Interessen von Frauen und Männern von vornherein und regelmäßig zu berücksichtigen, um das Ziel der Gleichstellung derselben effektiv verwirklichen zu können.

Tanja Vreden (rechts), dynamische Nr. 9 der HSV-Frauen.

Es ist nicht vergessen, nur muss man es eigentlich nicht mehr sagen. Schon dass im DFB-Präsidium – Theo Zwanziger allen voran – fast nur noch ausgesprochene Förderer und Fans der Frauen sitzen, zeigt den radikalen Wandel (ist es wirklich erst 36 Jahre her, seit derselbe Verband seinen hinhaltenden Widerstand aufgab?). Ein Grund für den Aufschwung im Frauen- und Mädchenfußball waren und sind natürlich die beeindruckenden Erfolge der Nationalelf, die ihre bisherige Krönung im Gewinn der Weltmeisterschaft 2003 in den USA erfuhren.

Zwei Abstiege und ein großer Tag

Aber es ist auch der HSV selbst, der sich nach einigen Fehlversuchen jetzt in der Bundesliga etabliert hat und den Lohn kontinuierlicher Aufbauarbeit erntet. Der 5. Platz am Ende der Bundesligasaison 2005/06 – größter Erfolg seit dem Erreichen des Pokalendspiels vier Jahre zuvor – war ein wesentlicher Schritt in Richtung „feste Größe statt Fahrstuhlteam". In der höchsten Liga auf Dauer mitzuhalten, ist weiterhin das Ziel des Vereins und der Abteilung, die Hartmut Engel leitet.

In den frühen 1970er Jahren startete in Hamburg die Verbandsliga, damals noch „Leistungsklasse“ genannt, und natürlich war der HSV von Beginn an dabei. Meister wurde frau auch ein paar Mal, doch meistens dominierten eher bescheidenere Namen wie Lorbeer Rothenburgsort, SC Poppenbüttel, FSV Harburg oder Grün-Weiß Eimsbüttel, und so recht ernst genommen wurden die kickenden Frauen beim HSV noch nicht, während ringsum Stadtteil- und Dorfvereine ihre Chance erkannten. Das bestplatzierte norddeutsche Team in der 1990 gegründeten Bundesliga, Gruppe Nord, war der Schmalfelder SV aus dem Kreis Segeberg, übrigens der Heimatverein der späteren HSV-Nationalspielerin Britta Carlson. Und obwohl der HSV von seinen Ressourcen her schon damals andere Möglichkeiten gehabt hätte, dauerte es noch Jahre, bis man daraus etwas zu machen begann.

1997 gelang erstmals der Aufstieg in die Bundesliga und 2001 mit Trainer Jens Martens erneut; beide Male war die Liga aber noch eine Nummer groß für Tanja Vreden & Co, die jeweils den letzten Platz belegten. Warum es im ersten Anlauf gar nicht klappen konnte – ohnehin war der HSV nur in die Bundesliga hineingerutscht, weil Fortuna Sachsenroß (Hannover) zurückzog – zeigt die rückblickende Lektüre von *HSV live.*

„Das Bundesligakonzept von Gerhard Hein fand Zustimmung beim Präsidium“, hieß es zwar im Stadion- und Vereinsmagazin, und weiter: „Durch Unterstützung von Harry Bähre, Werner Hackmann sowie Uwe Seeler und der ganzen Marketingabteilung des HSV soll den Frauen finanziell die Bundesliga auch langfristig ermöglicht werden.“ Große Worte, aber ein Etat von 100.000 DM für die ganze Saison machte keine großen Sprünge möglich. Die sollten dann im Training und in den Spielen trotzdem gezeigt werden. Viermal in der Woche zu trainieren erfordert schon einigen Enthusiasmus, wenn man als lupenreine Amateurin keine Aufwands- und sonstige Entschädigung sieht und dann noch 13 Niederlagen hintereinander verkraften soll. So erging es nämlich dem HSV-Team, nachdem es Anfang November beim 2:2 gegen TuS Niederkirchen den fünften und letzten Punkt der Saison gewonnen hatte. Um so bewundernswerter, dass die Trainingsbeteiligung bis zum Schluss gut blieb – im neuen Jahr mit dem neuen, männeroberligaerfahrenen Trainer Jens Martens.

Der Anfang war jedenfalls gemacht, und immerhin wurden „Toni“ Schmale und Tanja Vreden noch während jener Saison ins Nationalteam berufen; beide entstammten kleineren hamburgischen Vereinen. Der Grundstein zum heutigen Erfolg dürfte trotz allem damals gelegt worden sein, zumal man anschließend auch etwas tiefer in die Taschen griff und der Etat für 1998/99 schon eine halbe Million betragen sollte. Der Weg zurück in die Bundesliga war dennoch lang und ermüdend. In der Regionalliga Nord hatten die Frauen kaum ernsthafte Gegner, sie holten sich die Meistertitel fast im Spaziergang, aber erst im dritten Anlauf gelang dann auch der Aufstieg, und wieder hielt das Vergnügen nur ein Jahr vor.

Immerhin war 2002, im Jahr des zweiten Abstiegs, der Einzug in das Berliner DFB-Pokalfinale mehr als nur ein schwacher Trost; es war ein Erlebnis, denn diesen Erfolg hatten überhaupt erst zwei norddeutsche Teams geschafft, und das war viele Jahre her.

Der Tag ist daher in die Annalen der HSV-Frauen eingegangen, auch wenn der 1.FFC Frankfurt, zu der Zeit übermächtig, 5:0 gewann. Vor erheblich mehr Zuschauern als gewohnt spielten im Olympiastadion:

► Claudia von Lanken – Britta Carlson – Claudia Wenzel, Alexandra Gärtner, Mirja Herrmann (46. Claudia Schulz) – Vanessa Schröer, Silva Lone Saländer, Svenja Cohn, Tina Hüllen (90. Tanja Brüske) – Aferdita Kameraj (78. Anna Carbow), Tanja Vreden.

Bei einigen Namen horchten Kenner und Kennerinnen schon auf, und später waren Talente wie Kameraj und Saländer feste Größen in der U-21-Nationalelf. Acht jener 14 Hamburgerinnen kamen auch zwei Jahre später zum Einsatz (sowie Tina Hüllen beim Gegner VfL Wolfsburg), als der HSV am 13. Juni 2004 zum Abschluss seiner dritten Bundesligasaison 7:2 gewann und den am Ende sicher geschafften Klassenerhalt unterstrich. Bester (sofortiger Wieder-)Aufsteiger seit Bundesligabeginn konnten die HSVerinnen sogar werden, und mit etwas Glück wäre für Tanja Vreden noch Platz 3 unter den Torjägerinnen drin gewesen. Für sie war es nach sechs Länderspielen (und einem Tor) international nicht mehr weitergegangen, aber beim HSV war und ist die gebürtige Hamburgerin mit inzwischen 107 Bundesligaspielen und 57 Toren (Stand: Sommer 2006, ohne Regionalliga und Aufstiegsrunden) eine Institution. Sie traf damals zweimal, und dennoch reichte es nicht, weil die Turbo-Turbinen aus Potsdam am selben Tag ebenfalls sieben Tore erzielten (wodurch sie Meister wurden und das Double gewannen). Vreden ist auch weitere zwei Jahre später Mittelpunkt des Angriffs-Geschehens, während andere erfahrene Spielerinnen wie Svenja Cohn oder Claudia Schulz nicht mehr dabei sind; Kapitän Alexandra Gärtner, auch Saländer oder Janina Haye sind an ihre Stelle gerückt.

Verstärkungen, Abflüge, Hoffnungsträgerinnen

Doch erst mal kam 2004/05 und war ein Rückschritt. Am Ende waren ganze 20 Punkte auf dem Konto (gegenüber 34 in der Vorsaison) und auch nur 20 Tore erzielt worden, die Hälfte davon durch Tanja Vreden. Es reichte zum Klassenerhalt, mehr war nicht drin. Trotzdem schrieb das *Frauenfußball-Bundesliga-Magazin* in seiner Vorschau auf 2005/06: „Dank gezielter Verstärkungen wurde der Verein den Ruf als ‚Fahrstuhlmannschaft' endlich los. Die Konkurrenz ist sich einig: Die lange Anfahrt in den Norden wird auf die Dauer ein fester Bestandteil der Saisonplanung."

Ein Jahr später hat die Zeitschrift Recht behalten (zum Leidwesen nicht nur des SC Freiburg). Und das, obwohl die gezielten Verstärkungen – gemeint waren Tanja Wörle und Katharina Grießemer von Bayern München – an der Elbe nicht so heimisch wurden wie erhofft und, durch Verletzungen und Krankheit gebremst, mittlerweile nach Süddeutschland zurückgekehrt sind. Dort sind am 17. September 2006 nach langer Rückreise auch die Freiburgerinnen wieder eingetroffen, mit dem 1:3 und einer roten Karte für ihre Torfrau – nach einer Lehmann-Bremse – im Gepäck. So einseitig hatte die Schiedsrichterin halt doch nicht gepfiffen...

Janina Haye setzt, kritisch von einem Wolfsburger Fan beäugt, zur Flanke an.

Die gute Saison und der 5. Platz waren für den HSV und den neuen Trainer Feifel nicht selbstverständlich, zumal man ohne Sarah Günther auskommen musste. Die Olympia-Dritte von Athen 2004 vertrat den Verein während zweier Jahre in 21 Länderspielen, trug viele Hoffnungen – und zog 2005 weiter südwärts, zum 1.FFC Frankfurt. Britta Carlson hatte sich schon im Sommer davor verabschiedet, um mit Turbine Potsdam den UEFA-Pokal zu gewinnen. Herausragende Spielerinnen längerfristig zu halten, ist dem HSV – mit Ausnahme des „Urgesteins" Vreden – bisher selten gelungen.

Dafür fehlen der Abteilung weiterhin die Mittel, über die ein Teil der Bundesliga-Konkurrenz verfügt; aus den einstigen 100.000 DM sind im Jahresetat doppelt so viele Euro geworden, aber andere können deutlich mehr hinblättern. Auch die Initiative „Women & Friends", die bei einem Jahresbeitrag von 60 Euro unter anderem die „Erhöhung des Leistungspotenzials zur Erreichung ambitionierter Ziele" unterstützt, konnte nicht verhindern, dass am Ende der Saison auch Aferdita Kameraj, oft eine der Besten, zu Turbine Potsdam abwanderte.

Dennoch kann Abteilungsleiter Engel im Stadionmagazin *Backstage* mit Recht darauf hinweisen, dass „die Attraktivität für auswärtige Spielerinnen größer geworden" sei. Shelley Thompson vom FCR Duisburg, 2005 Top-Torjägerin der Bundesliga mit 30 Treffern, zwei Länderspiele für den DFB, eine zierliche, technisch versierte Stürmerin, wird mit Vreden ein starkes Sturm-Duo bilden. Auch Christine Schoknecht („Schoko") von Tennis Borussia – großer Aktionsradius, strammer Schuss, bereits für alle Ecken und Freistöße zuständig – und Christina Plessen von Holstein Kiel, 2004 in Thailand U-19-Weltmeisterin, zeigten gleich im ersten Heimspiel der neuen Saison, dass sie Verstärkungen sein werden.

Das waren schon 2005/06 Imke Wübbenhorst vom SuS Timmel und Gina Heinßen. Diesen beiden gilt besondere Aufmerksamkeit, denn sie sind quasi Aushängeschilder der nachwuchsorientierten Politik, auf die Engel verstärkt Wert legt. Wübbenhorst wird erst im Dezember 18 und ist schon im zweiten Jahr Bundesliga-Stammspielerin; Heinßen ist aus der eigenen Jugend aufgerückt und hat überhaupt noch nie anderswo gespielt als im HSV. Das ist (bisher) eine Ausnahme, wenngleich zahlreiche andere Spielerinnen aus nächster Umgebung oder zumindest aus dem norddeutschen Raum stammen.

2005 wurden Friederike Engel, Anna Blässe (USV Jena, jetzt auch neu beim HSV) und Wübbenhorst Europameisterinnen mit der U-19. Dort und/oder in der U-20 haben auch Tessa Rinkes (MTV Mellendorf, jetzt Reservekeeper hinter Bianca Weech) sowie Janina Haye, Julia Weigel und Katharina Freitag gespielt. Anna Mirbach (neu vom TuS Büppel) ist ebenfalls im Blickfeld, Janka Rohrberg hat den DFB-Adler in der U-17-Auswahl getragen. Das macht sage und schreibe 14 bis 15 Spielerinnen aus dem aktuellen Kader von 2006/07, die auf Juniorinnen-Level international gespielt haben. Mitgezählt sind dabei die fünf, die es anschließend noch weiter brachten: Vreden, Thompson, Marion Wilmes (2004 vom 1.FFC Frankfurt geholt) sind A-Nationalspielerinnen, Silva Lone Saländer gehörte lange zum U-21-Stamm, auch Schoknecht hat dort gespielt.

Für den „Unterbau" ist ebenfalls gesorgt; die 2. Mannschaft, eine Mischung aus ehemaligen Bundesliga- und jüngeren Spielerinnen, ist in die 2. Bundesliga wiederaufgestiegen, und 2004 war das Hamburger Pokalfinale sogar ein rein HSV-internes Derby, welches interessanterweise die „Dritte" gegen die eigene „Zweite" gewann.

Eine gelungene Doppelstrategie also aus gezielter Verstärkung und Nachwuchsförderung – so scheint es zumindest in diesem September 2006. Eine Garantie für künftige Erfolge ist das natürlich nicht, aber Platz 4 in der Bundesliga (von Thompson als Mindestziel genannt) müsste in Reichweite sein. Das wäre eine neue Bestmarke, und noch eine weitere sollte dringend verbessert werden: Die Stahlrohrtribüne auf der Gegengeraden, apart hinter einer Hecke verborgen und selten genutzt, wartet sehnlichst auf Besucherinnen und Besucher. Mit ihr soll die Anlage 2.000 Zuschauer fassen. Wenn die Mädels dieser Marke demnächst nahe kommen, wäre das doch einen Caipirinha wert.

Noch ein Lob am Rande: Der junge Stadionsprecher redete erfreulich wenig und versuchte sich gar nicht erst an irgendwelcher Publikums-Animation – was bei 320 Fans auch zum Misslingen verurteilt wäre. Noch ein bisschen weniger Musikberieselung (und, Shelley Thompson, was ist denn das für ein Torjubel-Song? Das haben wir früher in der Altliga gesungen, mit dem Text „Im Wald, da sind die Roo-häu-ber...") – also, weniger oder bessere Musik, dann würde sogar der alte Wasserturm „Women & Friends" beitreten. *jrp*

Making of: Das HSV-Museum

Die neue Attraktion im Volkspark.

Seit Februar 2004 ist die AOL-Arena um eine Attraktion reicher: das HSV-Museum, in dem die Besucher interessante Einblicke in die Vergangenheit des Vereins gewinnen können. Die entscheidenden Anstöße für das Museumsprojekt kamen aus dem Umfeld: von den Supporters, vor allem von Dirk Mansen, dem heutigen Projektleiter des HSV-Museums, vom 3. Vorsitzenden Christian Reichert, von den Fans, von den Senioren, deren Leiter Jürgen Morla (†) mit weiteren Mitgliedern das Unternehmen im Museumsbeirat engagiert begleitete, von den *Supporters News* und Fanzines wie *Nordkurve* und *1887*.

Während der frühere HSV-Vorstandsvorsitzende Werner Hackmann die Idee nicht gerade mit Nachdruck verfolgt hatte, erkannte sein Nachfolger Bernd Hoffmann die Chance, die ein Museum bieten würde: Das Stadion würde, auch mit den regelmäßigen Arena-Führungen, mit Trainingszentrum, Fanshop und Restaurant „Die Raute", zu einem neuen Zentrum des Vereins werden – es fiel der Satz, den Standort AOL-Arena zu beleben. „Dieses Museum wird ein verbindendes Element für den Verein", versprach Hoffmann. Die Präsentation einer langen und ruhmreichen Geschichte in einer Dauerausstellung sollte das HSV-Erscheinungsbild mit prägen und die Bedeutung des Vereins auch für die Geschichte der Stadt verdeutlichen. Hoffmann: „Es gab in den vergangenen Jahren eine Vielzahl von Konzepten und Ideen, aber gerade inhaltlich konnte sich nie auf eine Linie geeinigt werden." 750.000 Euro wurden schließlich bereitgestellt, im August 2003 begannen die Bauarbeiten in der Nordostecke des Stadions, wo von Anfang an 560 Quadratmeter für das Museum reserviert waren. Mehr als 100 Mitarbeiterinnen und Mitarbeiter waren mit dem Ausbau und Aufbau beschäftigt.

Den Auftrag, das Museum zu realisieren, erhielt das seit 1982 bestehende Architektur- und Designbüro Andreas Heller aus Hamburg. Das Studio Heller hatte und hat u.a. in Lübeck das Günter-Grass-Haus und das Buddenbrookhaus (Museumspreis des Europarates 2002), das InfoCenter in der Hamburger HafenCity, die Neufassung der Wanderausstellung „Verbrechen der Wehrmacht", das Museum für Kommunikation in Frankfurt/Main (Ausstellungsarchitektur) und das Deutsche Auswandererhaus Bremerhaven gestaltet.

„Informativ und packend"

Konzept, Architektur und Design des Projektes HSV-Museum lagen – in enger Abstimmung mit dem Vorstand und Projektleiter Dirk Mansen vom HSV – in der Verantwortung von Studio Heller. „Historisch informativ" und „emotional packend" sollte die Dauerausstellung werden, mit modernsten visuellen und virtuellen Mitteln. Der HSV-Platz Rothenbaum wurde wieder lebendig, mit Original-Sitzbänken und Kassenhäuschen (im Hintergrund bimmelt die Straßenbahn). Gucklöcher, Schubladen, Blätterbücher oder eine Stadtzeitung bieten immer wieder neue Informationen. Ein Kino sowie Monitore und Hörstationen holen große HSV-Tage zurück. Über den Fragentunnel gelangt man ins „Traditionskabinett", offiziell die HSV-Schatzkammer, in der auch „der andere HSV" präsent ist: jene Abteilungen, die die Vielfalt dieses großen Vereins ausmachen. Es lohnt sich, Zeit mitzubringen, denn das HSV-Museum will mehr sein als eine Ansammlung alter Bilder, Pokale und Wimpel, wie sie in anderen Fußballmuseen zu sehen sind. Entdecken kann man, beispielsweise im Bundesliga-Statut von 1963, folgende Anordnungen: „Die Spieler müssen einen guten Leumund haben"; „drei neue Spieler dürfen im Sommer verpflichtet werden"; „Fernseh-Live-Übertragungen sind verboten".

Der Autor dieses Beitrags begann im Auftrag von Studio Heller 2003 damit, Inhalte und Objekte zu recherchieren und Texte zu erstellen. Eine ausgezeichnete Basis für die Ausstellung stellte das HSV-Archiv dar. Zwar hat das Archiv in der Vergangenheit durch diverse Umzüge, unsachgemäße Lagerung, das zeitweise Desinteresse führender Vereinsfunktionäre sowie durch Diebstähle gelitten. Noch aber stellt es bestimmt eines der besten Vereinsarchive von Bundesligisten dar. Deshalb sollen an der Stelle auch jene erwähnt werden, die sich ehrenamtlich als HSV-Archivare darum verdient gemacht haben: Franz Bunge (vermutlich bis 1956), Adolf Junge (im Zeitraum 1956-1966), Paul Paetow (1966-1971), Heinrich „Heiha" Hase (1971-1983), Werner Müller-Storm (1983-1996) sowie der aktuelle Archivar Walter Rehmer (seit 1999).

„Gedächtnis des Vereins"

Und dann gibt es glücklicherweise Menschen, die so etwas wie das „Gedächtnis des HSV" darstellen, Statistiker wie Hartmut Irle in Siegen in Westfalen und Karl-Heinz Jens in Bonn, lange Jahre *kicker*-Redaktionsmitglied und u.a. für den *kicker-Almanach* verantwortlich. Jens, Jahrgang 1918, hat uns bei der Gelegenheit erzählt, wie er HSV-Fan wurde: Auf den bunten Farbbildern, die er in Dargen auf Usedom in Vorpommern aus den Automaten der Altonaer Schokoladen-Fabrik Gartmann zog, war in den 1920er Jahren meist der HSV zu sehen. Das, dachte er, muss ja wohl ein besonderer Verein sein (nachlesen kann man die Geschichte in der „Fan-Zeitung" im Museum). Eine wichtige Quelle bildeten zudem die 1. und 2. Auflage des Buches, das Sie gerade in der 4. Auflage lesen.

Das war also schon einiges, aber längst nicht alles. Diverse Archive wurden bemüht. Im Museum für Hamburgische Geschichte fanden sich das älteste Spielplakat des HSV (1920, gegen St. Georg) und das älteste Plakat einer Veranstaltung am Rothenbaum. Der älteste Wimpel, 1907 anlässlich des Spiels Berliner FC Germania gegen Germania Hamburg übergeben, und die älteste Urkunde, 1913 der Lauf „Rund um die Alster", waren im Vereinsarchiv vorhanden. Bei der Deutschen Wochenschau draußen in Hamburg-Tonndorf wurde altes Filmmaterial gesichtet, ebenso beim NDR, der unentgeltlich Hörfunk-Reportagen zur Verfügung stellte.

Landesweit und darüber hinaus wurde recherchiert. Die Deutsche Gesellschaft für Leichtathletik-Statistik, hier sei an erster Stelle Klaus Amrhein genannt, erfreute mit einem kompletten Who's Who dieser ehemals beim HSV so erfolgreichen Sparte. Berthold Erb, im oberschwäbischen Ravensburg zu Hause und zeitlebens HSV-Anhänger, lieferte frühe Munzinger-Biografien von Uwe Seeler und Posipal. Dessen charmante Ehefrau Gisela bat zum Tee und überließ uns aus der Sammlung von 150 Lederalben eben jenes, das die Anfänge des späteren Weltmeisters beim HSV enthielt. Der Kontakt war in diesem wie in anderen Fällen nicht immer einfach: Zu viel Porzellan hatten maßgebliche HSV-Funktionäre ehemals zerschlagen. Wie konnte es angehen, einem Weltmeister des Vereins eine Rechnung für die Dauerkarte ins Haus zu schicken? Wer gemeint ist, weiß es.

Sorgfältig auf Holz gemalt wurden handschriftlich alle Spielernamen von 1919 bis 2004; dahinter allerlei Interaktives, u.a. ein Hörstudio.

Hans Christian Ströbele, der Bundestagsabgeordnete der Grünen, gab uns sein Okay, die Hörfunk-Reportagen seines Onkels Herbert Zimmermann gratis zu verwenden – „weil er sein Leben lang Anhänger dieses Vereins war". Die tragische Biografie des einzigen Olympiasiegers des Vereins, des Tennisspielers Friedrich Traun, half der Bonner Sporthistoriker Dr. Heiner Gillmeister zu ermitteln. Die Geburt von Lutz Edel hatten nach dem Krieg die HSV-Vereinsnachrichten angezeigt. Die Telefonauskunft brachte uns auf die Fährte und ermöglichte den Zugang zu Materialien über seinen Vater Kurt Edel, Deutscher 400-m-Meister für den HSV und später Vorsitzender des NOK der DDR. In Frankfurt/Main machte sich Matthias Thoma vom Eintracht-Archiv unser Anliegen zu eigen, und der Arzt Dr. Othmar Hermann sah seine berühmte Sammlung zur Geschichte der SG Eintracht hinsichtlich verwendungsfähiger Exponate für das HSV-Museum durch. Was auch Marco Langer bei Fortuna Düsseldorf tat. Vom Sportmuseum Berlin bekamen wir wenigstens bis 2006 die Nachbildung der berühmten „Viktoria" (auf der Trophäe ist der HSV als Deutscher Meister auch 1922 vermerkt, was er letztlich infolge Verzichts nicht war).

Tragischer Olympiasieger

Klaus Hart, „unser Mann in Rio", flog nach Sao Paulo, um im Archiv von Esporte Clube Pinheiros zu ermitteln, was es mit dessen Vorläufer Germania Sao Paulo, einem Ableger des HSV-Vorläufers SC Germania, auf sich hatte. Jens Wagner brachte in dieser Angelegenheit seine Portugiesisch-Kenntnisse ein. Vom *Irish Examiner* erhielten wir Bilder und Zeitungsberichte vom letzten Pflichtspiel von Uwe Seeler – für Cork Celtic FC in der ersten irischen Liga. Im Sportamt Hamburg stießen wir auf viel Sympathie für das Projekt, deshalb sind das Original-Emblem der WM 1974 und weitere Memorabilia im Museum präsent.

Foto-Archive waren zu sichten, Zeitschriften und Zeitungen, persönliche Nachlässe wie vom früheren Präsidenten Paul Hauenschild oder Heini Ziegenspeck, dem Deutschen Fußballmeister von 1928. Die Korrespondenz zwischen Teamchef Agte und Spieler Ziegenspeck gehört sicher mit zu den interessantesten Kapiteln im Museum („Wie man Deutscher Meister wird"). Viele Stunden verbrachte man bei Hans-Dietrich Kaiser, dem „Nestor" der Hamburger Sportfotografie, im Seniorenheim. Dirk Mansen gab sein Einverständnis, bei Auktionen mitzusteigern – eine spannende Angelegenheit, leider wegen der anscheinend sehr zahlreichen HSV-Anhänger nicht immer erfolgreich. Kuno Klötzer stellte seine Aufzeichnungen aus der Trainerzeit zur Verfügung.

Kassiber von Halvorsen

Bestandteil der Geschichte des Vereins sind auch die Jahre 1933-1945 der Diktatur des Nationalsozialismus. Bekannt war die Karriere des „Tull" Harder als SS-Mann und KZ-Kommandant. Jedoch: Seine Akte im Bundesarchiv Berlin war ebenso verschwunden wie die Ausgabe der *Deutschen Sportillustrierten* im HSV-Archiv, auf der er in SS-Uniform zu sehen ist. Hinsichtlich seines langjährigen Mannschaftskameraden Asbjørn Halvorsen aus Norwegen, den die Deutschen ins KZ verschleppten, hatte bereits der Fußballhistoriker

Erinnerungen an die Heimat des HSV, den Rothenbaum, weckt das große Diorama im HSV-Museum.

Original-Spind aus dem Trainingsquartier Ochsenzoll, auf dem sich Franz Beckenbauer künstlerisch betätigt hat.

„Der große HSV" gegen den „kleinen HSV": Nachbildung eines Kassenhäuschens vom Rothenbaum.

Schatzkammer des HSV-Museums: Über allem thront der Europacup der Meister, links im Bild die Nachbildung der DFB-Meisterschafts-Trophäe Viktoria und die „Salatschüssel“, mit der die Titelträger geehrt wurden und werden.

Sammler-Stolz: Tickets vergangener Tage für die Westkurve, die es so nicht mehr gibt.

Die Oberliga-Zeit hatte ein Ende, die Bundesliga begann: Mehr erfährt man in den Schubladen, die es an vielen Stellen im HSV-Museum gibt.

Die Jahre 1933-45: Erstmals dokumentiert der Verein hier die Schicksale seiner zahlreichen jüdischen Mitglieder.

und Journalist Kare Torgrimsen aus Stavanger weitergeholfen. Nun schickte Yngvar Steen vom Halvorsen-Heimatverein Sarpsborg FK einen Kassiber, den „Assi“ aus der KZ-Haft geschrieben hatte. Den hatten ihm Verwandte des Nationalspielers für das HSV-Museum überlassen. Danke!

Das Schicksal der jüdischen Mitglieder des Vereins war bis dato unbekannt gewesen. Auch eine Magisterarbeit an der Universität Hamburg hatte keine Aufklärung gebracht. Im Staatsarchiv dieser Stadt ermöglichte Jürgen Sielemann die Einsicht in entsprechende Unterlagen, die im Abgleich mit den (leider unvollständigen) HSV-Mitgliederlisten viele Namen zutage und das Ergebnis brachten, dass doppelt so viele jüdische Menschen im HSV aktiv waren, wie es dem jüdischen Bevölkerungsanteil in Hamburg entsprach. Opfer der Nazis wurden James Lewié, ermordet in Riga, und Norbert Prenzlau, ermordet im KZ Theresienstadt.

Detektiv-Arbeit

Es hatte sich im Verein und darüber hinaus inzwischen herumgesprochen, dass es etwas werden würde mit dem HSV-Museum (woran manche schon nicht mehr geglaubt hatten). Der Schneeball-Effekt setzte ein, und der Publikumsverkehr bei Dirk Mansen und im HSV-Archiv nahm zu (Archivar Rehmer wurde es gelegentlich etwas zu lebhaft). Je näher der Eröffnungstermin rückte, desto mehr Exponate trafen am provisorischen Lagerort, dem Pressekonferenz-II-Saal im Stadion, ein. Viele, viele kamen. Alexander Schmidtchen aus Berlin mit seiner Eishockey-Kollektion, Klaus Holler vom Hockey, Gerhard Hein vom Frauenfußball, Hans-Jürgen Pickartz vom Badminton. Gerlach Fiedler nahm in seiner Eppendorfer Wohnung ein historisches Volleyball-Plakat aus dem Rahmen. Im fernen Südafrika hatte Günther Simmermacher von unserem Unternehmen erfahren und schickte Fotos, in denen sein Vater Emil Simmermacher, Chefredakteur des *Sport Megaphon,* Uwe Seeler im Krankenbett mit einer Lübecker Marzipan-Torte beglückte. Den schönen Holzteller zu identifizieren, den die HSV-Handballjugend so oft gewonnen hatte, half der MTV Treubund Lüneburg in Person von Ingrid Horn.

Wir können hier nicht alle erwähnen, die geholfen haben, mit Kutten und Fahnen und Eintrittskarten und Programmen und zwei vorzüglichen Modellen vom Rothenbaum-Sportplatz und dem Volksparkstadion, doch sie alle sollen noch auf einer großen Danktafel im Museumsbereich und im geplanten Katalog zur Ausstellung genannt werden. Via Internet wählten derweil die Anhänger die HSV-Legenden, die einen gesonderten Platz im Museum erhalten haben. Dort, kurz vor dem Kino, sieht man auch die „Kunstwerke“ von Kevin Keegan und „Kaiser Franz“; mehr sei nicht verraten.

Plakate werden „nachgebaut“

Aber noch immer bestanden Lücken. Spielplakate waren das größte Manko. Das erste Bundesligaspiel des HSV fand 1963 bei Preußen Münster statt – kein Plakat da, nicht beim SC Preußen und nicht im Archiv der westfälischen Stadt. Aber, da gab es einen WDR-Fernsehfilm, in dem alle Plakate des ersten Bundesliga-Spieltags gezeigt wurden. Also eine Videocassette gezogen, und nun hatten die Grafikerinnen und Grafiker im Studio Heller damit zu tun. Dank des Films und mittels alter Schwarz-weiß-Fotografien wurden die Plakate, die jetzt im HSV-Museum gezeigt werden, gefertigt. Plakat-Originale jedenfalls sind nach wie vor willkommen!

Auch fehlten noch Mannschaftsbilder der frühen Bundesliga-Zeit. Wir entdeckten das bewundernswerte private Archiv zweier Redakteure, die hier nicht genannt werden möchten. Jetzt sind die Teams der Jahre 1963 bis 2005 komplett im Foyer zu sehen.

Die kniffligen Aufgaben wurden gegen Ende der Vorbereitung der Ausstellung eher mehr. Die „Wand der Meister", den „Wall of Fame", bloß niemanden vergessen, und sind alle Vornamen zu ermitteln? Dasselbe galt für die Würdigung der Ligaspieler, die Thomas Epha handschriftlich auf Holz verewigte. Wieder halfen das „Gedächtnis des Vereins" und der Kollege Jens R. Prüß, fast alle haben wir sie herausbekommen, die Ligaspieler von 1919 bis 2004: von Wilhelm Abramczyk bis Karl-Egon Zwoch. Der Journalist Michael Mierach schloss die „Stadtzeitung" ab, in der wichtige Ereignisse der hamburgischen Geschichte mit HSV-Erfolgen verknüpft sind. Jens R. Prüß half in der Schlussphase bei der Ausgestaltung mit und trug die Exklusiv-Story über Alois Eisenträger bei, den ersten Deutschen, der Profifußballer in Großbritannien war (siehe S. 137 des Buches). Hektik blieb trotz alledem ein Fremdwort, was mit der Professionalität von Andreas Heller und seinen Mitarbeiterinnen und Mitarbeitern zu tun hatte.

Großer Zuspruch

Am 6. Februar 2004, einem Freitagabend, war die Eröffnung mit 600 Gästen, und Gerd Krug hielt eine Rede, die man hoffentlich in Bälde im Museumskatalog nachlesen kann. Nun ist das HSV-Museum fertig und doch noch nicht fertig (was es auch nie sein kann, die Zeit schreitet voran und die Profifußballer möglicherweise zu weiteren Erfolgen). Neue, seltene Exponate sind eingetroffen und müssen integriert werden. 2.000 sind es inzwischen, sagt Dirk Mansen.

Von den Medien wurde das HSV-Museum sehr gut angenommen, nachdem Bürgermeister Ole von Beust bereits geurteilt hatte: „Jeder, der einen Hauch von Interesse für Sport hat, muss im HSV-Museum gewesen sein!"

Die *FAZ* schrieb: „Das Museum hat viele Geschichten zu erzählen. Es sind sehr viel sehr menschliche, auch traurige Geschichten."

„Nichts scheint zu fehlen aus der Geschichte des Klubs. Faszinierend sind vor allem die kleinen, menschlichen Details", las man in der *Süddeutschen Zeitung.*

Die *Stadionwelt:* „Das Museum überrascht durch eine detailfreudige und geschmackvolle Aufmachung sowie durch spielerische Elemente. Positiv wirkt auch der erfrischend offensive Umgang mit den düsteren Kapiteln der Vereinsgeschichte. Das Museum erreicht auch Interessierte, die sich nicht unbedingt als HSV-Kenner bezeichnen würden."

Auch „der andere HSV" ist im Museum präsent.

„Der Charme des Museums wird gerade auf den zweiten Blick deutlich. Die Mischung stimmt. Film- und Audiosequenzen, eine Vielzahl von Fotos und Dokumenten verdeutlichen nicht nur die Entwicklung des Vereins, sondern zeigen auch einen wesentlichen Teil der Hamburger Sportgeschichte“, urteilte die *Schleswig-Holsteiner Landeszeitung.*

Und der Tipp des *Buxtehuder/Stader Tageblatt:* „Früher vor dem Spiel kommen, dem Stau entgehen, ein Bierchen in der ‚Raute' und das HSV-Museum ansehen – super interessant.“

Bis Ende 2006 haben 121.000 Menschen das HSV-Museum besucht (an den Stadionführungen haben bis zum selben Zeitpunkt 120.000 teilgenommen). Das Rahmenprogramm begann mit einer Lesung von „Traumhüter“ Lars Leese. Das HSV-Museum-Ferienpass-Angebot für Kinder war stets ein großer Erfolg. Als zweite Sonderausstellung nach „Uwe Seeler international“ wurden 2004 Gemälde von Ex-Torhüter Rudi Kargus gezeigt. Es folgten 2005/06 „Fusslümmelei“ über die Anfänge des Fußballsports und 2006/07 „Hamburg und die Welt“ zu Länderspielen und Nationalspielerinnen und Nationalspielern. Zur WM 2006 „wanderte“ das HSV-Museum mit drei weiteren

Sonderausstellungen in die Stadt: „Von Rothenbaum in die Welt“ (Museum für Völkerkunde), „Als der Fussball laufen lernte“ (Hanse-Viertel) und „Eimsbüttel, Hamburg und die Welt“ (Vattenfall Osterstraße).

Auch andere Bundesligisten planen inzwischen Vereinsmuseen, die neben Hamburg in Bremen, Gelsenkirchen und Köln bereits bestehen. Karl-Heinz Rummenigge jedenfalls hat sich das HSV-Museum schon einmal genau angesehen, ging durch „die Schleuse“, in der die Neonschrift von der Geschäftsstelle am Rothenbaum wieder zum Einsatz kommt und die vertraute Stimme von Gerd Krall (1945-2004), ehemals NDR, auf das Kommende einstimmt. Und Vertreter von Borussia Dortmund sprachen dem HSV-Museum „Champions-League-Format“ zu.

Aber erst einmal sind der Verein, seine Mitglieder, seine Anhänger, Fußballfreunde aus diesem Land und darüber hinaus sowie all jene, die mit dem Projekt zu tun hatten, da, wo sie hin wollten: Der Hamburger Sport-Verein, gegründet 1887, besitzt endlich ein Museum. *sky*

HSV-Museum in der AOL-Arena
Nordosteingang gegenüber der Color Line Arena
Tel. 040 / 41 55 15 50; www.hsv-museum.de
Projektleiter HSV-Museum: Dirk Mansen
Täglich 10 – 20 Uhr, bei Heimspielen Zutritt für Stadionbesucherinnen und -besucher ab Öffnung der Arena bis Spielende.
Eintrittspreis 6 Euro, Kombiticket Stadionführung mit Museum 9 Euro

Stadionführungen
Mo-Fr 17, Sa 15 und 17, So 13 und 15 Uhr.
In den Hamburger Schulferien Mo-Fr auch 15 Uhr.
Bei Heimspielen Sa und So keine Führungen.
Eintrittspreis 5 Euro, Kombiticket mit Museum 9 Euro

Die Arena im Volkspark: Das Fünf-Sterne-Stadion

„Der Star ist das Stadion", hatten wir in der vorletzten Auflage dieses Buches berichtet angesichts des Erfolgs, den der Hamburger SV mit seiner neuen Arena erzielte. Seit die ihre Tore öffnete, ist der Besuch Jahr für Jahr kontinuierlich gestiegen: In der Spielzeit 1999/2000 kamen im Schnitt 40.800 Zuschauer – das waren 18.000 mehr (!) als in der Saison 1998/99, als man aufgrund des Neubaus nur über ein eingeschränktes Fassungsvermögen verfügte. Gleichzeitig bedeutete dieses Ergebnis einen neuen Zuschauerrekord, denn die alte Marke lag 1978/79 dank Keegan und Kameraden bei 40.377. Auch 2005/06 gab es mit 52.630 Besuchern wieder eine neue Bestmarke.

Der europäische Fußball-Verband UEFA, genauer: dessen Stadium and Security Committee, hatte die Sportstätte bereits im Januar 2004 als Fünf-Sterne-Stadion klassifiziert, womit man sich nun in einer „Liga" mit Camp Nou Barcelona und Old Trafford Manchester befand.

Volkspark mit „Green Goal"

Weniger beachtet wurde eine andere Auszeichnung, das „Green Goal" der FIFA. Als erstes deutsches Stadion nahm Hamburg am Projekt „Ökoprofit" der Behörde für Stadtentwicklung und Umwelt teil. Dank eines Umweltmanagements wurden Abfallmengen, Wasser- und Energieverbrauch reduziert; im Volkspark verzeichnete man den geringsten Wasserverbrauch aller WM-Stadien 2006. In der stadionnahen Müllverbrennungsanlage Stellinger Moor wird seit April 2006 in Hamburgs erster Biogasanlage Biomüll in Strom und Wärme umgewandelt, die der Arena zugute kommen.

Zum Zeitpunkt der Auszeichnung durch die UEFA stand bereits fest, dass die Arena im Volkspark weltweit Beachtung finden sollte, denn bereits am 15. April 2002 war in der Alten Oper Frankfurt/Main Hamburg als ein Austragungsort der Fußball-WM 2006 bekanntgegeben worden. Nachdem der Senat aus CDU, Partei Rechtsstaatlicher Offensive (sog. Schill-Partei) und FDP am 4. Dezember die Bewerbung beschlossen hatte, überreichten Bürgermeister Ole von Beust, HSV-Vorstandsvorsitzender Werner Hackmann und WM-Botschafter Uwe Seeler einem Ex-HSV-Profi die entsprechenden Unterlagen, nämlich WM-OK-Chef Franz Beckenbauer.

Wie allerorten in Deutschland wurde auch die WM in Hamburg ein großes, buntes Fest, das bereits am 10. Juni im Volkspark mit Argentinien gegen Elfenbeinküste (2:1) eines der besten Spiele brachte. Zudem trat der spätere Weltmeister Italien gleich zweimal in Hamburg an (2:0 gegen Tschechien, 3:0 gegen die Ukraine). Zwar meldete die FIFA

Beliebt bei den Fans: das „Stadion mit den drei Buchstaben".

notorisch „ausverkauft" für alle Spiele, doch traf dies nicht die Realität. Für die Argentinien-Begegnung kursierten die Besucherzahlen 45.442 (Presse) und 49.480 (FIFA), beim Viertelfinale entdeckte das *HA* ca. 5.000 leere Plätze – ein Problem des *ticketing* und nicht der Nachfrage. Auch der DFB umgeht Hamburg nun nicht mehr: Am 6. Juni 2007 gibt es das EM-Qualifikationsspiel gegen die Slowakei im Volkspark.

Am 26. Mai 2006 hatte der HSV seine Spielstätte an die FIFA übergeben, die fast das komplette Mobiliar der Logen auswechseln ließ, einen neuen Rasen beanspruchte

(120.000 Euro Kosten für den HSV) und sich vor allem an dem 6,5 Meter hohen Werbeschriftzug AOL Arena auf dem Dach störte, weshalb der Hausherr den Schriftzug erst demontieren und nach der WM wieder anmontieren lassen musste (200.000 Euro Kosten). Weil AOL aus FIFA-Sicht zu Unrecht mit dem Slogan „AOL Arena – Austragungsort der WM 2006" warb, drohten Blatter und Co. sogar damit, Hamburg die WM zu entziehen. Laut *Zeit* musste der HSV daraufhin den Konzern mit 500.000 Euro entschädigen. 15 % der WM-Eintrittsgelder, in etwa eine Million Euro, verblieben beim

Verein. Hinzu kam noch eine Gewinnbeteiligung von 1,5 Mio., so dass der HSV durch die WM insgesamt 3,7 Mio. Euro einnahm. Die Stadt wiederum hatte für die WM etwa 40 Mio. in die Infrastruktur investiert, aber wir meinen jetzt: Das war's wert!

Als der SPD-Senat 1997 das Projekt „Neues Volksparkstadion" beschlossen hatte, war eine WM in Deutschland noch nicht garantiert. Grund für den Neubau war die überfällige Sanierung der größten Sportstätte der Stadt. Tatsächlich war Hamburg mit der Arena-Fertigstellung 2000 Vorreiter der Entwicklung und insofern bei der WM-Vergabe hervorragend positioniert.

Stadt und Fans bekamen nun endlich das reine Fußballstadion, das sie schon immer erhofft hatten. Erfreulich, dass bei insgesamt 57.000 Plätzen – eine Erweiterung auf 60.000 ist geplant – auf der Nordtribüne hinter einem Tor spielfeldnah über 10.000 Stehplätze zur Verfügung stehen. Dies ist ein Erfolg des Supporters Club, der auch das vorgesehene Salmi-Prinzip zu Fall brachte: bunte Sitze à la LTU-Arena Düsseldorf, die ein ausverkauftes Stadion vortäuschen. Stattdessen herrscht die Farbe blau vor, nach britischem Vorbild wurden Sitze in Form der Raute und der Vereinsinitialen angeordnet.

Das neue Stadion gliedert sich in drei Ränge und drei Ebenen, wobei der Oberrang recht steil geraten ist. Obwohl am 12. August 2000 fertiggestellt – da spielte der HSV gegen 1860 erstmals unterm Dach, eine offizielle Einweihung gab es nie –, wird es bis Ende Januar 2007 Umbauten geben. Im Unterrang der Osttribüne wird ein weiterer VIP-Bereich geschaffen, dem an Spieltagen das (verlegte) Restaurant „Die Raute" zur Verfügung steht, das zu diesen Terminen der Öffentlichkeit nicht mehr zugänglich ist. Auch wird die Umstrukturierung genutzt, um einen neuen „Mega Fan Store" zu eröffnen und ein neues Entrée für das HSV-Museum zu schaffen. Ausgebaut wird auch der VIP-Bereich auf der Westseite.

Hamburgs neue Arena gilt nicht als herausragende Architektur wie sein Münchner Gegenstück, doch ist das Erscheinungsbild mit der Zeit recht gefällig geworden. Die mächtigen Treppentürme vermitteln den Eindruck einer Festung, charakteristisch sind die 40 Pylonen, die das Dach tragen (*Stadionwelt:* „Speerspitzen, die wie Palisaden aussehen"). In Hamburg waren keine Weltklasse-Architekten wie Herzog & de Meuron zu Gange, das „Baunetz" im Internet berichtet von den „mysteriösen MOS Architekten Hamburg" (d.i. Manfred O. Steuerwald) für die Hochbau-Planung (bauherrenbegleitende Architekten sowie Planungskoordination und Innenarchitektur: Studio Andreas Heller Hamburg). „Baunetz" hebt vor allem den Entwurf des Membran-Daches von Schlaich, Bergermann und Partner aus Stuttgart hervor. Deren frei spannendes transluzentes Dach, das alle Plätze abdeckt, findet man auch andernorts in der Welt.

Das Stadion wird jedenfalls in den höchsten Tönen gelobt, so vernahm man es auch von der FIFA-Delegation in Bahrenfeld. Vergessen schienen Pfusch am Bau, Misswirtschaft, Verzögerungen, die inzwischen latenten Rasenprobleme (weil im umbauten Raum zu wenig Luft zirkuliert), rostende Sitzschalen und Sturzbäche von den oberen Rängen. Im Dezember 2000 beschrieb *Die Welt* den Zustand der anscheinend ewigen

Baustelle: „Schlamm wohin das Auge reicht. Der schlechteste Rasen im bezahlten deutschen Fußball. Herunterhängende Kabelstränge, unfertige Betonwände.“ Die Kosten waren explodiert, stiegen von 159 Mio. auf 189,6 Mio. DM. Der Bauleiter wurde im Sommer 1999 entlassen, zeitweise sichtete man nur einen Bauarbeiter im Volkspark.

Als der HSV-Partner, der Generalübernehmer, Projektentwickler und Investor Andreas C. Wankum von Deuteron, im Dezember 2000 offene Handwerkerrechnungen über 2,9 Mio. DM nicht bezahlen konnte, entschied der HSV-Vorstandsvorsitzende Hackmann: „Irgendwann ist Ende.“ Man trennte sich von Wankum als Teilhaber der Stadion-Besitzgesellschaft und kassierte auch gleich dessen Loge ein. Am 22. Dezember meldete Wankum für seine Deuteron GmbH & Co KG und sein Privatvermögen Insolvenz an. Außerdem büßte der ehemals als „Herr der Arena“ gefeierte Investor seinen Part beim Neubau der benachbarten Multifunktionshalle ein. Den 50-Prozent-Anteil der Familie Wankum übernahm der finnische Investor Harry Harkimo. In der 2002 fertiggestellten Color Line Arena spielen jetzt Hallenhandball-Bundesligist HSV (früher VfL Bad Schwartau) und Eishockey-Bundesligist Hamburg Freezers (früher EV Landshut, Landshut Cannibals, München Barons).

Wie der „Herr der Arena“ abstürzte

Andreas C. Wankum war der große Verlierer des Arenen-Monopoly. *Die Welt* warf ihm „ein finanzielles und organisatorisches Chaos bei der konfliktreichen Entwicklung des Volksparkstadions“ vor. Erst ab 2010 darf der CDU-Bürgerschaftsabgeordnete und Vorsitzende der Jüdischen Gemeinde Hamburg wieder auf eigene Rechnung wirtschaften.

So beliebt das Stadion bei den Fans auch ist, vielen stieß der Namensverkauf an AOL Deutschland bitter auf, was sogar einen Sitzstreik auf dem Spielfeld bei einem Vorbereitungsmatch in Wesselburen (Transparent: „Hackmann: Seelenverkauf“) und eine Demonstration von HSV-Anhängern am frühen Samstagmorgen am Rothenbaum zur Folge hatte. Das *HA* titelte gemäß der Fan-Parole auf Seite 1: „Verkauft Hamburg seine Fußball-Seele?“ Ex-HSV-Präsident Dr. Peter Krohn: „Ein weiterer Marsch in den totalen Kommerz.“ Und sein Nachfolger Rolf Mares: „Eine allerletzte Chance gegenüber dem Volkssport Fußball und dem überragenden Idol Uwe Seeler wurde der totalen Kommerzialisierung geopfert“ (denn angemessen wäre natürlich der Name Uwe-Seeler-Stadion gewesen).

Am 29. Juni 2001 hatten der HSV und AOL Deutschland vereinbart, dass das Stadion bis 2006 AOL-Arena heißen würde; inzwischen wurde der Vertrag bis Juli 2007 verlängert. „Diese Kooperation ist in ihrer Dimension bisher einzigartig im deutschen Profifußball“, erklärte seinerzeit der HSV-Vorstandsvorsitzende Hackmann. „Das wird das gesamte Sportsponsoring nachhaltig beeinflussen“, kommentierte Bernd Hoffmann, damals Vorsitzender der Geschäftsführung von Ufa Sports, dem HSV-Partner. HSV-Aufsichtsratsvorsitzender Udo Bandow freute sich über „eine neue Einnahmequelle“, und Spieler Hollerbach erinnerte sich „an tolle Partys, die von AOL veranstaltet wurden“. Der *HA*-Sportchef empfahl, wem der neue Name nicht passe, der solle eben zu Altona 93 oder zum SC Victoria gehen.

Die HSV-Strategie war es von Anfang an gewesen, den Stadionnamen zu verkaufen. Laut Hackmann eröffne das „neue wirtschaftliche Möglichkeiten und trägt dazu bei, den Klub perspektivisch auf einem hohen nationalen und internationalen Niveau zu etablieren. Ich kann es dem Verein nicht antun, beispielsweise fünf Millionen pro Jahr in den Wind zu schreiben, weil wir das Ding Uwe-Seeler-Stadion nennen."

Kein Uwe-Seeler-Stadion

Finanziell blieb der Hamburger SV trotz des Namensverkaufs in seinem Projekt Stadion gefangen, zumal von den jährlichen fünf Millionen AOL-Geldern der Vermarkter Sportfive (früher Ufa Sports) eine Million als Provision abzieht.

Uwe Seeler war, was „das Stadion mit den drei Buchstaben" (*Tagesspiegel*) anging, erst einmal muksch, wie man in Hamburg sagt – eben beleidigt bzw. verärgert. Dass das Jugendleistungszentrum am Ochsenzoll seinen Namen tragen sollte, lehnte er ab. Es wurde gar berichtet, Seeler wolle gemeinsam mit Studenten des Instituts für Sportjournalistik der Uni Hamburg ein eigenes „Uwe-Seeler-Museum" auf dem Lande einrichten. Kurzes Ende vom langen Lied: „Uns Uwe" selbst hatte im Juni 1998 den Vertrag mit Ufa Sports unterschrieben, in dem die Vergabe „insbesondere des Namensrechts für das Stadion" fixiert war. Und als ob es damit nicht genug gewesen wäre: Während der WM 2002 trat Seeler in einem AOL-Werbespot im Fernsehen auf, in dem die AOL-Arena als Austragungsort der Weltmeisterschaft 2006 gepriesen wurde.

Die Wogen glätteten sich wieder, und überhaupt war der HSV mit seiner AOL-Arena erneut Vorreiter einer Entwicklung, die nicht mehr aufzuhalten scheint. Bis 2001 gab es Ähnliches nur mit der BayArena des Werksvereins Leverkusen, dem Gottlieb-Daimler-Stadion in Stuttgart (der Konzern hatte die Namensrechte für einen Spottpreis für alle Zeiten erworben) und dem Carl-Benz-Stadion Mannheim (hier gab's zur Belohnung eine Anzeigetafel). Zu den beiden letzten Stadionnamen merkten die *Stuttgarter Nachrichten* an: „Zu Zeiten von Daimler und Benz wurden Bälle veranstaltet, aber nicht getreten."

Tatsächlich folgte der HSV mit dem Namensverkauf einem Trend, der in den USA, wo sich Rasierschaum-Hersteller und Ketchup-Produzenten engagieren, gang und gäbe ist. Die HSV-Fanszene sieht die Entwicklung unterschiedlich: „Wir wären doch doof, wenn wir das Geld nicht nehmen!", oder: „Für uns bleibt es ewig unser Volksparkstadion" (www.hsv-forum.de). Viele Traditionsnamen sind inzwischen verschwunden, das geht bis hinunter in die Provinz (bluechip-Arena Meuselwitz, Alno-Arena Pfullendorf, Auto-Senger-Stadion Rheine). In Nürnberg gibt es erstmals eine englischsprachige Bezeichnung (easyCredit-Stadion), möglich, dass dies auch dem HSV aufgrund seines neuen Sponsors Fly Emirates ins Haus steht. Das Kapitel Stadion-Umbenennungen kann man eigentlich bereits abhaken, denn inzwischen sind Trikots „dran" (Werder, Dortmund, Kaiserslautern), ja sogar Vereinswappen (Hertha BSC)! Logische Konsequenz des Ganzen wäre das Spiel Nike Berlin gegen Commerzbank Frankfurt; das hat bereits Alfred Behrens 1974 im Buch „Die Fernsehliga" vorhergesehen.

Neben dem Neubau beeindruckte die HSV-Fans, dass die damalige Ufa Sports als Stadionvermarkter für die folgenden Spielzeiten je 12,5 Mio. DM für Neueinkäufe zur

Verfügung stellte. Fortan schwirrte es nur noch so von Begriffen wie *Pools* und *Cash Flow, Holding* und *Catering*. Deshalb soll an dieser Stelle einiges zum Vermarkter berichtet werden, der sich nun Sportfive nennt und neben dem HSV z.B. noch die Bundesligisten Dortmund, Berlin, Frankfurt, Nürnberg und Bielefeld vermarktet, „führend im europäischen Sportrechtehandel".

Was alles zu vermarkten ist, konnte man vor einiger Zeit unter www.ufasports.de nachlesen und erfahren, dass Werbe-„Reiter" (*Cam Carpets*) „fantastische Recall-Werte" versprechen. Offeriert wurde seinerzeit auch die Trainerbank als Werbefläche (nicht ohne Ironie schrieb der Autor vom „Hintergrund zu gut gelaunten Ergänzungsspielern und souverän in sich ruhenden Trainern"). Inzwischen hat das Unternehmen Namen und Präsentation geändert, der Vermarktung im Auftrag des HSV dienen aber nach wie vor „Sponsoren- und Einlaufteppiche, Mittelkreisplanen, Bandenrückseiten, Off-Banden, Drehbanden, Radialbanden" (die Banden also haben die Herrschaft in den Stadien angetreten). Mit dem Ticketing „schließen sich sämtliche Beziehungslücken zwischen Verein, Fans und Sponsoren" („maximale Synergieeffekte garantiert"). Überhaupt sieht Sportfive die Fußball-Zukunft rosarot, dank „neuer Zielgruppen und stetig steigender Zuschauerzahl – losgelöst von der sportlichen Leistung der jeweiligen Mannschaft".

Für *Hospitality* sind Logen und *business seats*-Bereiche da: „Wer Menschen, die fürs Geschäft wichtig sind, in die VIP-Lounge einlädt, hat schon gewonnen." Dazu muss die entsprechende Event-Atmosphäre her. Etliche HSVer litten unter „Animateur" Uwe Bahn, den NDR 2 in den Volkspark aussandte. Seit Saisonbeginn 2004 gestalten Marek Erhardt (Schauspieler und Moderator) und Lotto King Karl, d.i. Gerrit Heesemann, für Radio Hamburg die „Stadionshow". Ständig ist irgendwo irgendwie akustisch etwas los – vorbei die Zeiten, in denen man sich im Stadion in Ruhe über ein Fußballspiel unterhalten konnte. Ebenso wie in Bremen hat nun jeder HSV-Spieler eine eigene Torhymne erhalten; auch dies neumodischer, überflüssiger Firlefanz.

Die Vorgeschichte

Als historisches Datum für Arena und Verein gilt Montag, der 11. Mai 1998, als sich HSV-Vorstand und -Aufsichtsrat mit neun Stimmen (bei drei Enthaltungen) für den erwähnten Rechteverwerter Ufa Sports entschieden und damit den Neubau des Stadions ermöglichten – für dpa „die wichtigste und zugleich kostspieligste Entscheidung der 111-jährigen Vereinsgeschichte".

Das Projekt im Hamburger Westen hatte eine lange Vorgeschichte. Und eigentlich ging die vom Bau einer Großsporthalle aus, nachdem die legendäre Hanseatenhalle von Rothenburgsort im Feuersturm von 1943 untergegangen war. Neu erstellt wurde dann die Alsterdorfer Sporthalle, damals gut genug, später zu klein für „Mega-Events". Stadion-Modernisierung bzw. -Neubau im Volkspark waren erst einmal kein Thema. In der Ära von SPD-Bürgermeister Voscherau Anfang der 1990er Jahre waren diverse

Standorte im Gespräch: Rund ums Heiligengeistfeld war der Widerstand der Anwohner gegen die „Monsterschüssel" zu stark, am Rübenkamp beim Stadtpark opponierten Kleingärtner, und eine Verlegung des Großmarktes erwies sich als zu kostspielig. Im September 1993 wollte HSV-Präsident Hunke das Volksparkstadion für eine Mark kaufen und zum Mittelpunkt einer „Erlebnislandschaft" machen. Der damalige Innensenator Hackmann: „Ein Plan mit Charme und Pfiff." Auch HSV-Mythos Uwe Seeler war begeistert: „Ich kann von meinem Platz im Sonderblock ja noch nicht mal die Anzeigetafel sehen."

Doch Hunke bekam das Stadion nicht, und am 10. März 1995 plädierte eine vertrauliche Drucksache des Senators für Stadtentwicklung, Thomas Mirow (SPD), für den Volkspark als Arena-Standort. 1997 entschied der Senat zugunsten der Arena AG, an der neben Deuteron damals noch die Holzmann AG beteiligt war. Ihre Pläne umfassten die „Superhalle", ein neues Stadion, 200-Betten-Hotel, Restaurants, Läden, „Spaß-Bad", Fitness-Center, „Uwe-Seeler-adidas-Fußballmuseum" u.a.m. Das Nachsehen hatte die Gruppe Rüdiger Schmitz Sportagentur, Hollandsche Beton Maatschappij und DEKRA Promotion GmbH, die das Volksparkstadion als „multifunktionale Arena" neu bauen wollten.

Bald tauchten erste Fragen nach der Transparenz des Verfahrens auf. Zuvorderst geriet HSV-Vize Volker Lange ins Visier, einflussreicher SPD-Politiker, Political Consultant und ab September 1995 „Berater" im HSV-Präsidium. Langes Büro „Consulting Partners" war Vergabe-Sieger Deuteron eng verbunden. Der Ex-Senator hatte sich am 27. November 1995 zum HSV-Vize wählen lassen und war in dieser Position zuständig für die Projektierung des neuen Stadions. Laut *Welt* war Lange gleichzeitig bis 31. März 1996 noch Berater für Deuteron, danach übernahm sein Büro-Partner Wolfgang Rosebrock diese Aufgabe. Ein weiterer Büro-Partner von Lange hieß bis 1995 Werner Hackmann, ebenfalls Ex-Senator: Der war dort acht Monate lang Unternehmensberater.

„Unerträgliche Kungelei"

Die Kritik an Lange nahm zu. Der Altonaer GAL-Chef Olaf Wuttke: „Langes timing war gut, sich ins HSV-Präsidium wählen zu lassen, als die Arena geplant wurde." Der GAL-Politiker Wilfried Maier nannte es „hochunappetitlich, wenn Ex-Senatoren in ihrem ehemaligen Metier tätig sind". Die *MoPo* merkte an, dass Lange „alle Filz-Fäden in dem lukrativen Millionengeschäft – zumindest – knüpfen konnte". Der frühere HSV-Präsident Dr. Wolfgang Klein: „Diese Kungelei um die HSV-Arena ist unerträglich. Die einzige Chance, die der HSV jetzt noch hat, ist, dass Volker Lange zurücktritt." Was am 30. Mai 1997 geschah – die Vergabe des Millionenprojektes im Volkspark an Holzmann/Deuteron war am 23. April 1997 endgültig erfolgt.

Politisch unterstützten den Stadion-Neubau SPD, Regierungspartner STATT Partei und die oppositionelle CDU. Die GAL schloss sich, als sie denn Regierungspartei war, an. SPD-Mann Mirow, auch er ein ehemaliger Political Consultant, war das Volkspark-Projekt so wichtig, dass er es nach seinem Wechsel vom Ressort Stadtentwicklung ins Ressort Wirtschaft mitnahm und es so in seiner Kompetenz blieb.

Bei der WM 2006 gab Juan Pablo Sorin bereits ein Gastspiel in der Hamburger Arena: Mit der argentinischen Nationalelf besiegte er die Elfenbeinküste (hier: Abdul Keita) mit 2:1. Einige Wochen später wurde er dann HSVer.

Es gab noch weitere Ungereimtheiten: Die Arena AG erhielt 284.000 qm zum symbolischen Preis von einer Mark von der Stadt. Bürgermeister Voscherau erklärte, das Arena-Projekt sei für „null Mark Staatsknete" zu haben, wogegen viele Fakten sprachen:

- 21,3 Mio. DM stellte der Stadtstaat für den Stadionneubau zur Verfügung;
- 12,83 Mio. DM gab es für die Geländeerschließung, weitere maximal 5 Mio. für Arena/Mantelbebauung, denn die Stadt übernahm die Altlastensanierung und die entsprechenden Analysen;

► die 70.000 qm, die die Stadt für „Zusatznutzungen" neben Stadion und Arena bereitstellte, wurden von Senator Mirow mit 25 Mio. DM bewertet, von der GAL mit über 100 Mio.;
► laut *MoPo* verzichtete die Stadt auf Baugenehmigungskosten in siebenstelliger Höhe, ebenso auf eine bis 1998 jährliche Einnahme aus der Stadionmiete in Höhe von rund 2 Mio. DM und Geld aus der Stadion-Werbung.
► Dass der Senat zugunsten von Deuteron 1997 auch einen Teil des Landschaftsschutzgebietes in Bahrenfeld opferte, ist kein finanzieller, aber ein ideeller Verlust.

Die Welt meinte, das Projekt koste die Stadt Geld „in einer Zeit, in der ein Milliardenloch im Haushalt klaffe, Stellen gestrichen, Projekte aufgegeben, Bücherhallen und sogar ein ganzes Krankenhaus (Anm. das Hafenkrankenhaus auf St. Pauli) geschlossen werden mussten".

Das alles werden manche heute nicht mehr lesen mögen, gilt das neue Stadion doch als große Errungenschaft, aber seine Vorgeschichte gehört eben auch dazu.

Nachdem der Hamburger SV in der inneren Stadt kaum noch verankert war (Rotherbaum!), sondern am Ochsenzoll in Norderstedt in Schleswig-Holstein, hat er sich mit dem Stadion-Neubau zumindest auf Hamburger Stadtgebiet einen neuen Standort geschaffen. Die Spielstätte ist nun eine Attraktion der Stadt (Stadionführungen, HSV-Museum), der 2007 eröffnete Mega Fan Store wird ein weiteres dazu tun, und früher als erwartet sind 2004 die Profis vom Trainingsgelände Ochsenzoll ins neue Trainingszentrum am und im Stadion umgezogen. Eine von Vattenfall, früher HEW, gesponserte „Bundesliga-Uhr" zeigt an, wie lange der Verein dieser höchsten Spielklasse bereits angehört; einmalig in Bundesdeutschland.

Entgegen dem Trend kündigte der Verein im Sommer 2004 an, die 4.500 Sitzplätze im A-Rang der Südtribüne zur Saison 2005/06 in 9.000 Stehplätze umzuwandeln, was in der Fanszene bundesweit begrüßt wurde. Vorstandsvorsitzender Bernd Hoffmann: „Ich habe meine ersten Bundesliga-Erfahrungen mit meinem Vater im Stehplatz-Bereich am Gladbacher Bökelberg gemacht. Mit den neuen Stehplätzen wollen wir die Einstiegsbarriere für HSV-Besucher finanziell tiefer hängen." Geschehen ist allerdings bis Ende 2006 nichts; von Vereinsseite (Katja Kraus aus dem Vorstand) erfuhren die *Supporter News:* „Manche Dinge brauchen einfach eine gewisse Zeit."

Dank des Stadions landete der Verein im Sommer 2004 zudem einen finanziellen Coup, als er aus dem Poker zwischen der Tochter Eon Facility Management des Energiekonzerns Eon und ARAMARK (Vertrag bis 2011) 8 Mio. Euro für die Vergabe des Catering erlöste, die direkt wieder in die Profimannschaft investiert wurden. *sky*

Von „Adam" bis Ziegenspeck

Anmerkung: Die Zahlen für Länderspiel-, Oberliga-, DM-Endrunden- und Bundesliga-Einsätze beziehen sich ausschließlich auf die Zeit der Zugehörigkeit zum HSV. Erfasst sind alle Einsätze einschließlich der Spielzeit 2005/06 sowie bei der WM 2006.

Adamkiewicz, Edmund „Eddi" bzw. „Adam" (21.4.1920 - 4.4.1991)
2 A-Länderspiele (1 Tor). 117 Spiele OL / DM (82 Tore). Von der Elbinsel Wilhelmsburg und der dortigen Viktoria kam der Torjäger 1939 via Eintracht Frankfurt, wo der Westwall-Arbeiter spielte, zum HSV. Weitere Stationen: im Krieg Heeres SV (HSV) Groß-Born und Altona 93, 1946-47 Eintracht Frankfurt, 1947-51 HSV, 1951-52 VfB Mühlburg,1952-53 Karlsruher SC, 1953-55 Harburger TB i. d. Oberliga Nord. Absolvierte seine Länderspiele innerhalb anderthalb Wochen. Arbeitete nach dem Krieg in Hamburg zeitweise als Dampflokführer.

Agte, Rudi (11.9.1891 - 18.5.1971)
Spieler, Kapitän, Trainer, Teamchef, Vorstandsmitglied, Manager – Agte war zeitweise der HSV. Vor dem 1. Weltkrieg bei Germania und 88, dann als Verteidiger im Gründungsteam der Rothosen. Als (ehrenamtlicher!) HSV-Trainer einer der erfolgreichsten überhaupt. Der Meistermacher von 1928 geriet später zu Unrecht in Vergessenheit.

Albertz, Jörg „Ali" (29.1.1971)
2 A. 93 BL (19). Der rotblonde Mönchengladbacher sollte 1993 vom Zweitliga-Absteiger Düsseldorf eigentlich zum SC Freiburg wechseln, wurde aber „Leitfigur des neuen HSV" (*kicker*) und Jung-Nationalspieler. Kurz vor Saisonstart 1996 holten die Glasgow Rangers den Mittelfeldmann für 9 Mio. DM – Präsident Seeler hatte Kapitän „Ali" versprochen, dass er bei einem lukrativen Angebot

Albertz

gehen dürfe, was gegen den Willen von Trainer Magath geschah. Nach fünf Jahren in Schottland kehrte Albertz 2001 für 10 Mio. DM zum HSV zurück, bis dahin teuerster Transfer der Vereinsgeschichte. „Ich werde es allen zeigen!", versprach er nach Verletzungspausen zum Saisonbeginn 2002, doch bald saß er als „Sündenbock" auf der Tribüne, zumal den Fans sein Gehalt missfiel, für das er ja nun nichts konnte. Im Februar 2003 zu Shanghai Shenhua, 2003 Chinas „Fußballer des Jahres". 2004 SpVgg Fürth, seit 1.1.2005 wieder Düsseldorf.

Atouba, Thimotée „Tim" (17.2.1982)
6 A. 31 BL (1). Der Kameruner, geboren in Yaounde, ist Linksverteidiger und avancierte dank seiner fußballerischen Kunststücke beim HSV rasch zum Publikumsliebling. Inzwischen bereits legendär sein Tanz im Kreis der Mannschaftskameraden nach Spielende, was von einem Verein aus München-Fröttmaning nachgeahmt wurde. Siedelte aus seinem Heimatland von Union Sportive de Douala in die Schweiz über (Xamax Neuchatel, FC Basel) und wurde dann von Tot-

tenham Hotspur verpflichtet, wo er allerdings nur 18 Premier-League-Spiele bestritt. Den HSV hatte Atouba u.a. der frühere kamerunische Nationaltrainer Winfried Schäfer empfohlen.

Babbel, Markus (8.9.1972)
11 U-21. 60 BL (1). Trainer Coordes brachte den Abwehrspieler 1992 mit. 1994 musste Babbel zurück zu Bayern München, wo er Nationalspieler wurde (insgesamt 286 BL-Spiele, 51 Länderspiele, Europameister 1996). Laut seiner website www.mbabbel.com erfüllte er sich mit dem Wechsel 2000 zum FC Liverpool „einen der Kindheitsträume". Nach einer Nervenerkrankung ausgeliehen an die Blackburn Rovers. Neben Torhüter Bernd Trautmann und Dieter Hamann einziger Deutscher, der den englischen Cup gewann (2001 mit Liverpool). Seit 2004 VfB Stuttgart.

Bähre, Harry (22.7.1941)
1 Amat.. 34 OL / DM (5), 78 BL (2). Der Bundesligaspieler mit der Lizenz Nr. 001 (noch vor Auernhammer, Anzill und Albrecht!). Als Mittelfeldspieler und -arbeiter assistierte er Uwe Seeler – wie später im Vorstand, wo er 1995-1998 tätig war. Geschäftsmann in Hamburg.

Bäron, Karsten „Bäre", „Air Bäron" (24.4.1973)
16 U-21 (3). 124 BL (39). Fast wäre der aus Berlin stammende 1,97 m große, schlaksige Goalgetter im Herbst 1996 in die A-Nationalmannschaft berufen worden, fast wäre er zweimal zu Bayern München gewechselt, so 1997 als Klinsmann-Nachfolger. Nach mehreren Knieoperationen musste Bäron 2001 aufgrund eines Knorpelschadens seine Laufbahn beenden, nachdem er 2000/01 nicht mehr eingesetzt worden war. Seine Einwechslung nach 32 Monaten Pause am 18. Dezember 1999 begeisterte die Fans. Damit sie standesgemäß vonstatten ging, kickte Duisburgs Thorsten Wohlert in beispielhafter Solidarität den Ball ins Aus. Seit 1.1.2006 Trainer HSV II (für Joachim Philipkowski). Obwohl der Stürmer auf dem Spielfeld nicht mehr präsent ist, taucht in diversen Stadien dank des Postbeamten Frank Niemann aus Westbevern immer wieder das Transparent „Air -Bäron" auf.

Barbarez, Sergej (17.9.1971)
33 A (12). 174 BL (65). Vorbild des Stürmers aus Bosnien-Herzegowina ist sein Landsmann und

Barbarez

Linksaußen Semir Tuce, 1986 mit Velez Mostar jugoslawischer Cupsieger und 1989-95 Publikumsliebling beim FC Luzern. Auch Barbarez wurde bei Velez in seiner Geburtsstadt Mostar groß, wechselte dann über Hannover 96 Amateure (1992-93) und 1. FC Union Berlin (1993-94) zu Hansa Rostock (1994-99), wo er kometenhaft aufstieg. Bei Borussia Dortmund war er bei den Fans nicht gelitten, deshalb – und weil ihn Trainer Pagelsdorf aus Hannover, Berlin und Rostock kannte –, trug er seit 2000 die HSV-Farben und wurde in seiner ersten Saison mit 22 Treffern Torschützenkönig (mit Ebbe Sand von Schalke). Fußballtechnisch beschlagener, sehr torgefährlicher Spieler, stieß aber wegen seines Auftretens auf dem Feld gelegentlich auf Antipathien des Publikums. Elfter Rang der besten HSV-Torschützen nach 1945. 2006 zu Bayer Leverkusen, nachdem keine Einigung mit dem HSV zustande kam. Will nach Hamburg zurückkehren, wo er sein Haus bauen ließ.

Barrelet, Dr. Horst (29.1.1921 - 25.9.1997)
Vater Henry amtierte 1919-20 und 1920-21 sowie 1928 als HSV-Präsident und war in den 1920er Jahren Vorsitzender des Norddeutschen Fußball-Verbandes (NFV). Sohn Horst, ein Rechtsanwalt, war 1968-73 HSV-Präsident. Er initiierte mit anderen den „Talentschuppen", holte „Retter" Heese, führte Banden- und Trikotwerbung ein. Dr. Barrelet gehörte zu jenen Verantwortlichen im HSV, „deren Weitsicht in den 70er Jahren mit zu den ersten internationalen Erfolgen im Fußball-Bereich führten" (Nachruf des Vereins). Lange im HSV-Vorstand, HFV-Vorsitzender 1962-1991, Vorstands- und Beiratsmitglied des DFB.

Der heutige Sportdirektor Dietmar Beiersdorfer als HSV-Spieler (zusammen mit Sascha Jusufi, rechts).

Bastrup, Lars (31.7.1955)
9 A (1). 59 BL (18). Nach einem Offenbach-Gastspiel (1975-76) kehrte der Aarhuser 1981-83 in die Bundesliga zurück und spielte beim Europacupsieg des HSV 1983 in Athen nach einem Foul von Gentile trotz Kieferbruch weiter. Der Literaturstudent – „Fußball ist mein Beruf, nicht mein Leben" – las Grass und Böll in Deutsch und war als Stürmer die ideale Ergänzung zu Hrubesch. Er lebt als Privatier in Aarhus und leitet laut *kicker* „eine kleine, gläubige, christliche Hausgemeinde mit jüdischen Grundlagen".

Beckenbauer, Franz „der Kaiser" (11.9.1945)
28 BL. Der Weltklasse- und Weltmann war für den HSV 1980-82 aktiv, als er von Cosmos New York nach Deutschland zurückkehrte. Seitdem multimedial allerorten präsent. Die *FAS*: „Plaudertasche Beckenbauer – es gibt wohl kaum jemanden, der sich so schnell und so regelmäßig widerspricht." Könnte nach Aussage des Kabarettisten Ottfried Fischer in Bayern sogar für die PDS kandidieren – und würde gewählt. Debütierte bei Bayern München gegen den FC St. Pauli 1964 im Hamburger Volksparkstadion, wo er 1982 auch seine Karriere beendete. Präsident des Organisationskomitees der WM 2006.

Beier, Albert „Ali" (28.9.1900 - 21.9.1972)
11 A. „Eisenharter Verteidiger". Bei Eintracht Lokstedt, Union Altona, 1921-1933 beim HSV. (Der erste HSV-)„Ali" hatte allerdings mit schnellen Leuten Probleme, so beim Olympia-Turnier 1928 gegen Uruguay (1:4) und in seinem letzten Länderspiel 1931 (0:6 gegen Österreichs „Wunderteam"). Der Kaufmann betrieb später ein Feinkostgeschäft in Lokstedts Grelckstraße.

Beiersdorfer, Dietmar „Didi" (16.11.1963)
1 A, 1 U-21. 174 BL (14). Seit Sommer 2002 ist der sympathische Ex-Profi Sportchef und 2.Vorstandsvorsitzender des HSV, sein Vertrag als „Sportlicher Leiter" wurde 2004 um drei Jahre verlängert. Nach Hamburg war der Franke 1986 im „Doppelpack" mit Kastl vom Fürther Ronhof gekommen. Ab 1992 spielte der intelligente Abwehrmann (nachdem ihn HSV-Coach Coordes vergrault hatte) für Werder, das 2 Mio. DM Ablöse zahlte, 1. FC Köln, AC Reggiana in Italien (Laufbahnende wegen einer Augenverletzung), ehe er sich in Hamburg niederließ und schließlich erfolgreich um den Job beim Bundesligisten bewarb. Wie Richard Golz 1993 Mitarbeiter am Buch „Fußball und Rassismus" (Verlag Die Werkstatt), was ihm und dem Mitspieler Rügen von DFB-Präsident Braun und HSV-Chef Hunke einbrachte.

Bein, Uwe (26.9.1960)
52 BL (22). Mittelfeld-Regisseur, früher u.a. Offenbach, 1. FC Köln, seit 1987 beim HSV, 1988/89 bester Torschütze, „Traumduo" mit „Thommy" von Heesen. 1989 Frankfurt, wo er zum 17-maligen A-Nationalspieler avancierte, Weltmeister

1990. Urawa Red Diamonds in Japan – und dann heim nach Hessen, zum VfB Gießen, zu Eintracht Wetzlar und zum SVA Bad Hersfeld. War 2005 für ein halbes Jahr Manager der Offenbacher Kickers.

Bertl, Horst (24.3.1947)
114 BL (25). Fußball-Lehrer, im Trainerstab der United States Soccer Federation (USSF), seit 1984 Coaching Director des Comets Soccer Club Dallas, einem der ältesten Jugendfußball-Vereine der USA, Trainer des Jesuit College. Stammt aus Bremerhaven. Laienprediger, Keegans bester Freund während dessen HSV-Zeit. Spieler und Trainer in der Profi-Liga bei Memphis Americans und Houston Hurricanes. Als USA-Auswanderer Tippgeber für den HSV (Caligiuri, Kai Steffen). In der Meistersaison 1978/79 24 Einsätze, 5 Tore.

Bester, Marinus „Marine" (16.1.1969)
32 BL (5). Der hoch gewachsene Mittelstürmer stand etliche Jahre bei Bundesligisten wie Werder Bremen und Schalke 04 unter Vertrag, ohne sich einen Stammplatz zu sichern. Beim HSV kam er 1992/93 immerhin auf 17 Einsätze und drei Treffer. Genießt bei HSV-Hardcore-Fans Kultstatus, seit er als eingefleischter HSV-Fan in einem Amateurspiel, damals für den Lüneburger SK stürmend, nach einem Tor gegen die St. Pauli Amateure das Trikot hochzog und ein HSV-Hemd zeigte, was zu Handgreiflichkeiten und einem Polizeieinsatz führte. 2000 zurück zum HSV, in der Aufstiegssaison 2001/02 24 Spiele und 28 Treffer für die Amateure, danach Regionalliga. Ging bis zum Laufbahnende 2004 noch für den TSV Eintracht Hittfeld in der Bezirksliga Ost in Niedersachsen erfolgreich auf Torjagd. War Pressechef und ist jetzt Teammanager beim HSV. Bester sammelte journalistische Erfahrungen bei Premiere TV und – wer kennt ihn noch? – dem Sender tm 3.

Bierhoff, Oliver „Olli" (1.5.1968)
5 U-21 (3). 34 BL (6). Von Uerdingen kommend, machte der Ex-Chorknabe aus wohlhabendem Essener Elternhaus 1988-90 beim HSV Station und wurde an Mönchengladbach ausgeliehen. Als er ging, schrieb der *kicker*, der HSV habe „personellen Ballast über Bord geworfen". Von da an ging's bergauf: Casino Salzburg, Inter, Ascoli, Udinese, Milan, AS Monaco, Chievo Verona (bis 2003). Wichtige Tore im Nationalteam bei der EM 96 und der WM 98, 2002 im WM-Endspiel, insgesamt 70 A-Länderspiele und 37 Tore, 1998 Fußballer des Jahres in Deutschland. Gut situiert, gebildet, höflich, gilt als der bestfrisierte und -gekleidete Fußballfunktionär. Dank Fernstudium an der Fern-Universität Hagen Diplom-Kaufmann. *Welt*-Kolumnist und in der Champions League Co-Kommentator bei SAT 1. Befreundet mit HSV-Aufsichtsratschef Udo Bandow, war deshalb immer einmal wieder als Sportdirektor beim HSV im Gespräch, was sich mit der Berufung zum Manager der Nationalmannschaft 2004 erst einmal erledigt hat.

Bjørnmose, Ole (7.4.1944 - 5.9.2006)
11 A (2). 186 BL (31). Der dänische Nationalspieler war 1966-71 bei Werder, dann bis 1977 „Dauerläufer" im Mittelfeld beim HSV, für den er ein Tor beim DFB-Pokalsieg 1976 erzielte, im Europacup-Endspiel 1977 aber nicht eingesetzt wurde. Er ist der ausländische Profi mit den meisten Bundesliga-Einsätzen (323/52). Der Elektriker einer regionalen Stromversorgungs-Firma in Frederica ging Anfang 2006 in den Ruhestand und verstarb am 5.September 2006 überraschend im Alter von 62 Jahren.

Blunk, Friedrich Wilhelm „Fiete" „Iller"
(12.12. 1902 - 25.10.1975)
1 A. Der langjährige HSV-Schlussmann (1925-1933), von Beruf Autoschlosser, war vom VfR Neumünster gekommen und stand 1929 beim 4:0 über Finnland im Altonaer Stadion im Tor der Nationalelf. Sonst aber erhielten Heiner Stuhlfauth und Willibald Kress den Vorzug.

Böger, Stefan (1.6.1966)
38 BL. Mit 31 Jahren, da fängt das (Profi-)Leben an...: 1997 zu aller Überraschung von Magath aus Gütersloh verpflichtet, beeindruckte Böger durch Einstellung und Einsatz. 1999 zu den HSV-Amateuren, Laufbahnende wegen Knieproblemen, bis zur Entlassung Ende 2002 Trainer der HSV-Amateure und Leiter des HSV-Nachwuchs-Leistungszentrums. 2003/04 Trainer Hansa Rostock Amateure (4. Liga), 2004-2006 VfB Lübeck (3.Liga). Ursprünglich Jenenser, Journalistik-Studium.

Borck, Dr. Walter (1.5.1891 - 5.1.1949)
Groß geworden bei Hamburg 88, Nationalspieler beim MTV München (1 A), später wieder HSV, für den der Arzt 1926-27 mit 36 Jahren noch aktiv war.

Boulahrouz, Khalid „Boula" (28.12.1981)
15 A. 52 BL (1). Der Sohn marokkanischer Zuwanderer aus den Niederlanden war eine der erfolgreichsten HSV-Verpflichtungen der jüngeren Zeit, denn der Innenverteidiger war eher unbekannt und wurde in seiner Hamburger Zeit als „Weltklasse" charakterisiert. Weshalb er zu Saisonbeginn 2006 beim FC Chelsea in London unterschrieb.

Boyens, Dr. Wilhelm Friedrich (12.10.1942)
26 BL (3), DFB-Pokalsieger 1963. Besser bekannt als Fritz Boyens. Der Preetzer kam zum Bundesligastart 1963 von Holstein Kiel und spielte auf Rechtsaußen. Beruflich noch erfolgreicher als im Fußball: „MA Law, PhD Law, Commercial Project Mgr. multinationales „spacelab"-Projekt".

Buljan, Ivan „Iko" (11.12.1949)
8 A (1). 103 BL (22). Jura-Student, jugoslawischer Nationalspieler aus dem kroatischen Split, souveräner Abwehrmann. 1977-81 HSV, dann Cosmos New York – und SV Lurup in Hamburg. 1975 „Fußballer des Jahres" in Jugoslawien. War Trainer des slowenischen Erstligisten NK Primorje in Aidovsina und wurde entlassen. Nun Manager von Hajduk Split.

Butt

Butt, Hans-Jörg (28.5.1974)
1 A, 3 A-2. 133 BL (19). Der Großhandelskaufmann wurde als Ersatzmann des VfB Oldenburg von Magath 1997 als Torwart Nr. 3 geholt. Butt aber avancierte zum Stammkeeper und Publikumsliebling und verwandelte sensationelle 19 Strafstöße in drei Spielzeiten – einmalig in der Bundesliga-Geschichte! Ein A-Länderspiel für den HSV im Sommer 2000 gegen Liechtenstein. Er fiel beim Anhang in Ungnade, als seine Absicht bekannt wurde, zu Bayer Leverkusen zu wechseln, was 2001 geschah. WM-Aufgebot 2002. Bis 2006 insgesamt 302 BL-Spiele – und 26 Tore, deshalb reif fürs Rekordbuch.

Cardoso

Cardoso, Rodolfo Esteban „Pelu" (17.10.1968)
4 A. 111 BL (17). Beim SC Freiburg (1993-95: 63 Spiele, 28 Tore), wohin er vom FC Homburg gekommen war, als Spielmacher die Entdeckung, bei Werder Bremen (1995-96) schon nicht mehr so überzeugend. Vom HSV wurde der Argentinier erst ausgeliehen, dann gekauft, und wieder ausgeliehen an Boca Juniors in Buenos Aires, was nicht wenige in Hamburg bedauerten. Von Estudiantes de la Plata holte der Bundesligist Cardoso 1999 zurück. Gefeierter Spielmacher insbesondere 1999/2000, danach aufgrund von Verletzungen (Physiotherapeut Rieger: „Sein Körper ist total verschnitten und vernäht") immer wieder zurückgeworfen. Trainiert die B-Junioren des HSV.

Carlson, Britta (3.3.1978)
3 A. 44 BL (1). Kam vom TSV Altenholz über SV Friedrichsort und Schmalfelder SV (Bundesliga) 1998 zum HSV-Frauenfußball. A-Länderspieldebüt am 4.3.2004 in Fürth gegen China. Abwehrspielerin, von Beruf Bankkauffrau, zog 2004 von Bad Bramstedt nach Brandenburg (und zum Deutschen Meister Turbine Potsdam) um. Wegen 1,67 m Größe „Lüddn" genannt. Europameisterin

2005, UEFA-Cup-Siegerin 2005, DFB-Pokalsiegerin 2005 und 2006.
www.britta-carlson.de

Carlsson, Otto (16.12.1901 - 1.3.1982)
2 A. Der Schwede begann in Malmö 1917 bei Limhamns BI mit dem Fußballsport, war danach Aktiver und Vorsitzender des Schülerklubs Malmö Läroveks IF und ab 1920 bei IFK Malmö. Seine Mutter bestand auf einer Bankausbildung in Deutschland, weshalb er 1921/22 beim Lübecker BV spielte. Der linke Läufer war 1922-1934 für den HSV aktiv, mit dem er 1923 und 1928 Deutscher Meister wurde. Die Sommerpausen und Heimaturlaube nutzte er für Gastspiele bei seinem alten Verein IFK Malmö (33 Begegnungen von 1923 bis 1926). Zweimal in der schwedischen Nationalelf, so beim 3:3 gegen Deutschland 1926 in Nürnberg. Von 1932 bis 1942 bei Phönix Lübeck, 1943/44 Trainer von IK Brage in Borlänge und 1944/45 bei IFK Malmö. Widmete sich dann ausschließlich seiner Tätigkeit als Handelskaufmann, die er in Hamburg begonnen hatte.

Cohn, Svenja (15.4.1978)
55 BL (3). Wurde vom HSV 2004 (mit 26 Jahren) als „große alte Dame des Bundesliga-Teams" angekündigt. Nach Tanja Vreden war die Mittelfeld- und Defensiv-Spielerin am längsten dabei und die Spielerin mit den zweitmeisten Einsätzen in der Bundes- und Regionalliga für den HSV. Sie kam 1997 vom HEBC in Eimsbüttel, wo sie schon als Achtjährige Fußball spielte, und brachte es 1998/99, obwohl keine Stürmerin, auf 20 Saisontore. 2005 Laufbahnende.

Dehn, Horst „Hoddl" (20.8.1937 - 7.9.2005)
124 OL/DM(30), 34 BL (6). Kam von Komet Blankenese, wo er bereits Nord-Auswahlspieler war; 1958-66 beim HSV; Halbstürmer. Zuverlässig, zuweilen genial, aber nicht der Quirligste. Anschließend SC Sperber Hamburg.

Demel, Guy (23.6.1981)
7 A. 22 BL (1). Abwehr und defensives Mittelfeld. Der Franzose, geboren in Paris, spielt seit 2004 für das Heimatland seiner Eltern, die Elfenbeinküste (ohne Einsatz bei der WM 2006). Erst bei Olympique Marseille, dann mit 18 Jahren vom Zweitligisten Olympique Nimes zu Arsenal London. 2001 bis 2005 Borussia Dortmund, erst Regionalliga, dann Bundesliga.
www.guy-demel.com

Dörfel, Bernd (18.12.1944)
4 A (1), 1 U-23, 4 Amat.. 88 BL (17). Hervorgegangen aus Grünweiß Hamburg, schloss sich der jüngere der Dörfel-Brüder 1960 dem HSV an, wurde Nationalspieler und wechselte 1968 zu Eintracht Braunschweig (insgesamt 15 A). Aus der Schweiz (1972 Torschützenkönig für Servette Genf) nach Hamburg zurückgekehrt, beschäftigt in der NDR-Hausdruckerei.

Dörfel, Friedo (19.2.1915 - 8.11.1980)
2 A (1). 50 OL/DM (12). 1926-33 Viktoria Harburg, 1933-48 HSV, „Gastspieler" bei Dessau 05, 1948-50 Spielertrainer Wandsbeker FC und anschließend beim MTV Neuenfelde. Trainer bei VfB Lübeck, Harburger TB. Bruder von Richard, Vater von Gert und Bernd. Der Außenstürmer und Verteidiger fiel im Spiel nicht nur durch seine rotgefärbten ungarischen Fußballschuhe auf.

G. Dörfel

Dörfel, Gert „Charly" (18.9.1939)
11 A (7). 123 OL/DM (56), 224 BL (58). Der Publikumsliebling begann 1949 beim Polizei SV Hamburg; 1959-1972 legendärer HSV-Linksaußen, nach Streit mit Trainer Ochs zu Highland Powers nach Johannesburg in Südafrika, HSV Barmbek-Uhlenhorst, erneut Johannesburg, Kanada. Bis zur Pensionierung Vollstreckungsbeamter im Wirtschafts- und Ordnungsamt Hamburg-Stellingen.

Dörfel, Richard „König Richard"
(23.11.1911 - 27.4.1965)
51 OL/DM (4). Allrounder, im Fall des Falles sogar Torwart-Ersatz, Stürmer, später Rechtsverteidiger. Früher Viktoria Harburg, MTV Harburg, ab 1931 bis 1939 HSV, 1931 zeitweilig mit Rudi Noack beim Kölner CfR, woraufhin seine Amateureigenschaft bezweifelt wurde. 1939 kurzzeitig bei TSG Rostock, dann Altona 93, als Soldat für Hirschberg und Vienna Wien aktiv (Dt. Vizemeister 1942, Pokalsieger 1943). Nach Kriegsende zurück zum HSV und dessen Kapitän.

Doll

Doll, Thomas „Thommy" „Dolly"
(9.4.1966)
3 A. 29 A (7) für die DDR, insgesamt 18 A DFB (1). 74 BL (4). Der gebürtige Mecklenburger verließ seinen Heimatort Malchin und die BSG Lok mit 13 Jahren, um die Kinder- und Jugend-Sportschule (KJS) Rostock zu besuchen. 1979 bis 1986 bei Hansa Rostock, dann Berliner FC Dynamo, wo er mit Thom ein „Traumduo" bildete. Zweimal DDR-Meister, zweimal FDGB-Pokalsieger. Nationalmannschafts-Debüt unter Trainer Bernd Stange 1986, Stammplatz 1989 unter Eduard Geyer. 1990 zum HSV, Dynamo erhielt 3,6 Mio. DM. Thomas Doll sanierte den HSV finanziell: 1991 wurde er für 17 Mio. DM zu Lazio Rom transferiert. 1.12.1993-96 bei Eintracht Frankfurt (28/4). 1998 vom AC Bari zurück zum HSV, 2001 Laufbahnende, nachdem er infolge Verletzungen in den drei Jahren keine komplette Partie bestreiten konnte. Danach B-Jugend- und A-Jugendtrainer beim HSV, seit 2003 HSV-Amateure bzw. HSV II. Seit 17.10.2004 Cheftrainer des Hamburger SV: UI-Cup-Sieger 2005 (es gibt jeweils deren drei), UEFA-Cup-Teilnahme 2005/06, Champions League 2006/07. 2005 für den *kicker* „Mann des Jahres".

Ebeling, Erich (31.1.1922)
107 OL/DM (44). Ein Stürmer, der herumkam im Lande: Oberröblingen / Sachsen-Anhalt, Wilhelmshaven 05, HSV (1944-46, 1944/45 26 Tore in elf Ligaspielen!), Wilhelmshaven, HSV (Juni 1947 - März 1948), Oberröblingen, HSV (1948-52), Eintracht Frankfurt (1952-54). Danach Teilhaber eines Bekleidungsgeschäftes im hessischen Groß-Umstadt, wo er heute als Rentner lebt. 1955 bis 1961 Spielertrainer der Spielvereinigung Groß-Umstadt, 1955 A-Klasse-Meisterschaft und Aufstieg in die 2. Amateurliga Darmstadt, Gruppe Süd. 1955 erreichte Ebeling in Michelstadt vor 10.000 Zuschauern, darunter Bundestrainer Herberger, mit der Odenwald-Auswahl ein 5:5 gegen den 1. FC Kaiserslautern.

Eck, Armin (8.12.1964)
129 BL (19). Auch diesen Franken zog es an die Wasserkante – wie Spörl, Kastl, Beiersdorfer, Springer, Hollerbach, Eigner etc. Auf Wunsch von Coach Reimann als Bein-Nachfolger von Bayern München geholt (wo ihm Thon im Wege stand). 1994 zur „HSV-Filiale" Bielefeld, bis zum Konkurs bei Hessen Kassel. 2003 vorzeitig als Trainer beim Bayern-Oberligist SpVgg Bayreuth entlassen. 2005/06 Spielertrainer beim SV Friesen (Landesliga Nord Bayern), besitzt die A-Lizenz. Im „Altstadt Kult-Museum" der SpVgg Bayreuth ist ihm laut Magazin *11 Freunde* das „Eck-Eck" gewidmet.

Eigl, Kurt „Flanken-Kurt" (7.3.1954)
66 BL (13). Wurde bereits als Primaner vom nordbadischen SC Reilingen von Gerhard Heid verpflichtet, das Ablösespiel – so etwas gab's damals noch! – fand in Hockenheim statt. Abitur in Hamburg (Schnitt 1,75), wo er einen Medizin-Studienplatz hatte. 1974-78 beim HSV, von Magath verdrängt. Später Darmstadt 98, Leverkusen, 1860, Unterhaching, VfL Neckarau (Spielertrainer), insgesamt 237 Bundesligaspiele, Militärweltmeister mit der Bundeswehr-Auswahl 1975. 1998 Jugendkoordinator beim 1. FC Nürnberg. 2006 bei Talent-Camps der *Bayerischen Rundschau* mit den Ex-HSVern Armin Eck und Fred Klaus am Ball.

Ettmayer, Johann (Hans) „Buffy" (23.7.1946)
2 A. 27 BL (4). Meist etwas übergewichtiger österreichischer „Kunstschütze", vom VfB Stuttgart weggeschickt, 1975-77 beim HSV. Nicht so erfolgreich, aber beliebt. Betreibt im Dorf Notzingen 35 km von Stuttgart einen Schreibwaren-Laden mit Toto-Lotto-Annahmestelle und ist noch in Promi-Mannschaften aktiv.

Furtok

Furtok, Jan „Jasiu", „Furgot" (in Polen) (9.3.1962)
18 A (4). 135 BL (51). Von allen Kandidaten für die Position des „neuen Hrubesch" kam der Pole den Ansprüchen beim HSV 1988-93 am nächsten, ehe er auf Wunsch von Uwe Bein nach Frankfurt verpflichtet wurde. Beim HSV 1990/91 in großartiger Zusammenarbeit mit Thomas Doll 20 Tore in 32 Spielen – ein Treffer zu wenig, um Bundesliga-Torschützenkönig zu werden (1988 gewann er den Titel in Polen). Laut *kicker-sportmagazin* 1991 bester Bundesliga-Stürmer. WM-Teilnehmer 1986, insgesamt 36 A. Zeitweise Sportdirektor bei GKS Katowice in der polnischen Ekstraklasa, 2005 Abstieg als Trainer. Nachdem der Verein die Lizenz verlor und 2005 in die 4.Liga musste, amtiert Furtok als Präsident.

Giesemann, Willi (2.9.1937)
3 A. 104 BL (13). Der Schmied aus dem niedersächsischen Sülfeld kam über den VfL Wolfsburg und Bayern München (WM-Teilnehmer 1962) zum Bundesligastart 1963 zum HSV. 1965 Beinbruch des Läufers in Rio nach einem Foul von Pelé, danach Meniskusoperation, Erkrankung. 1968 vor Vertragsende zu HSV Barmbek-Uhlenhorst. Lebt als Rentner in Hamburg.

Girulatis, Richard (21.8.1878 - 12.5.1963)
Von April bis Dezember 1921 Trainer beim HSV, nur kurze Zeit, weil sich die Tätigkeit des Fußball-Lehrers als Dozent an der Deutschen Hochschule für Leibesübungen in Berlin nicht mit der Hamburger Aufgabe vereinbaren ließ. Der Lehrbuchautor gehörte später längere Zeit zum DFB-Trainerstab und drehte dessen allerersten Lehrfilm. Auch Trainer bei Hertha BSC. Zuvor acht Jahre lang ehrenamtlicher Coach von Tennis Borussia und davor, nach einem mehrjährigen USA-Aufenthalt, von Union 92 Berlin. Als dieser Verein 1905 Deutscher Meister wurde, war Girulatis in der Endrunde dabei, verpasste aber das Finale, weil er bereits in die USA abgereist war. Der Satz „Elf Freunde müsst ihr sein" soll angeblich von dem Fußball-Lehrer stammen.

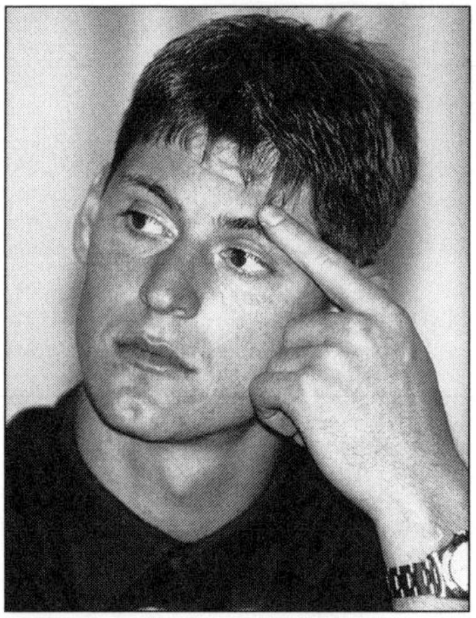

Golz

Golz, Richard „Richie" (5.6.1968)
273 BL. Dienstältester HSVer der Saison 1997/98, in der er bei einem Teil des Anhangs und anschließend bei Trainer Pagelsdorf in Ungnade fiel. Der lange Berliner debütierte beim HSV mit 19 Jahren am 1.8.1987 gegen Schalke (5:2), danach bekamen Pralija und Koitka den Vorzug. Von 1988 bis 1994 unumstrittene Nr. 1, ehe Stein zurückkehrte. Eroberte den Stammplatz zurück, HSV-Kapitän. Fernstudium, 2000 Abschluss als Sportmanager. Golz gibt zweifelsohne von allen Bundesliga-Profis mit die intelligentesten Interviews und ist gelegentlich

selbst als Autor tätig. 1998 zum SC Freiburg, mit dem er 2004 in seine 17. Bundesliga-Saison ging, seit 2005 2.Liga. Insgesamt 452 Bundesliga-Spiele, zweithöchste Zahl der aktiven Profis nach Oliver Kahn. 2006/07 bei Hannover 96.
www.richardgolz.de

Gravesen, Thomas „Mad Dog" (in England) (11.3.1976)
8 A. 57 BL (4). Wenn Dänen Deutsch sprechen oder singen (Gitte!), hört sich das sowieso schon sympathisch an, doch mit dem Satz „Ich bin eine Hümörbombe" eroberte der Ex-Vejle BK-Mann die Herzen der Fans, zumal der Abwehr- und Mittelfeldspieler ein Muster an Einsatz und Temperament war. „Die Hümörbomben" heißt denn auch ein dänischer HSV-Fanklub. Aber so ist das Geschäft: 2000 gab Gravesen per Interview noch die Vorfreude auf die neue HSV-Saison kund, kurz darauf war er für 9 Mio. DM an den FC Everton in Liverpool verkauft. Wehmütig werden HSV-Anhänger seine Auftritte bei der WM 2002 (bester dänischer Spieler) und bei der EM 2004 („Man of the match" bei Dänemarks 2:0 gegen Bulgarien) verfolgt haben. Ex-Box-Weltmeister Mike Tyson war vom Spiel des kahlköpfigen Fighters jedenfalls so beeindruckt, dass er während seines Dänemark-Aufenthalts bevorzugt ein Gravesen-Nationaltrikot trug. 2006 von Real Madrid zu Celtic Glasgow.

Groh, Jürgen „Joschi" (17.7.1956)
1 A, 1 B, 14 Oly.. 154 BL (4). Kam 1980 vom 1. FC Kaiserslautern und kehrte 1986 dorthin zurück. Eine wichtige Figur im HSV-Spiel, unermüdlicher Rackerer im Mittelfeld. Nun wieder Postbote in Heppenheim/Bergstraße („mein Traumberuf"), 2002 beim „Tag des Sports" für seine HSV-Meriten vom Kreis Bergstraße geehrt.

Groth, Martin „Grotte" (20.10.1969)
1 A-2. 79 BL (10). Mittelfeldspieler. SC Langenhagen, Hannover 96, 1998 von Hansa Rostock zum HSV. Starke Saison 1998/99: 33 Begegnungen, sieben Tore. Wirkte 2004 im legendären DFB-Pokal-Halbfinale Werder Bremen - VfB Lübeck (3:2 n.V.) beim Verlierer mit. 2004-2006 wieder beim Stammverein SC Langenhagen in die Niedersachsenliga West.

Gründel, Heinz (13.2.1957)
4 A. 62 BL (14). In guten Jahren des HSV ein guter rechter Flügelmann. Berliner, 1985 von Standard Lüttich verpflichtet, 1985/86 erfolgreichster HSV-Torschütze. 1988 zu Eintracht Frankfurt. Lebt nun wieder in Hamburg, nach wie vor aktiv bei der HSV-Altliga.

Sarah Günther (rechts) mit HSV-Teamkollegin Britta Carlson.

Günther, Sarah (25.1.1983)
21 A. Die gebürtige Bremerin wechselte 2003 von ATS Buntentor Bremen zum HSV in die Bundesliga. Abwehrspielerin, erstes Länderspiel 2001. Sie spielt im defensiven Mittelfeld und gewann mit der Nationalelf bei den Olympischen Spielen 2004 in Athen die Bronzemedaille. 2005 zum FFC Frankfurt, Europameisterin 2005.

Hackmann, Werner (17.4.1947)
Dipl.-Kaufmann. Seit 1969 SPD-Mitglied, persönlicher Referent von Bürgermeister Klose, 1979 Staatsrat, 1988-94 SPD-Innensenator in Hamburg. 1995-97 Geschäftsführer und Aufsichtsrat bei der Sicherheitsfirma ASD. 1996-97 Präsident Hamburger Sport-Bund. 1.8.1995 HSV-Mitglied, 1996 HSV-Aufsichtsrat, 1.3.1997 Geschäftsführer. 1999-2002 (Rücktritt, Vertrag bis 30.6.2003) erster hauptamtlicher Vorstandsvorsitzender des HSV. 1998 bis 2000 im DFB-Ligaausschuss. Seit 2000 Vorsitzender der Deutschen Fußball-Liga GmbH (DFL), 2004 auf weitere drei Jahre gewählt. Als Liga-Präsident einer von zwei 1.Vizepräsidenten

Hackmann

des DFB und in dessen Führungsspitze „allein unter Schwarzen“: Mayer-Vorfelder (inzwischen zurückgetreten), Zwanziger und Nelle kommen allesamt aus der CDU.

Halvorsen, Asbjørn „Assi“
(3.12.1898 - 16.1.1955)
2 A. 1920-1933 war der Norweger beim HSV. Siehe auch Porträt S. 105.

Happel, Ernst (29.11.1925 - 14.11.1992)
WM-Teilnehmer 1954 und 1958 für Österreich, FIFA-Auswahl, Stopper und Verteidiger. Der gebürtige Wiener und „Rapidler“ galt als einer der weltbesten und mit 18 Titeln als einer der erfolgreichsten Trainer. Mit dem HSV wurde er 1981-87 Europacupsieger der Meister, Finalist im UEFA-Cup, zweimal Deutscher Meister, DFB-Pokalsieger. Zuletzt FC Tirol Innsbruck und Teamchef Österreich. Ernst Happel starb im Alter von 66 Jahren in Innsbruck an den Folgen einer Krebserkrankung. Das Schreiben eines Arztes, der ihm 1986 andeutete, dass er an Krebs erkrankt sei, hatte Happel nicht zu Ende gelesen und im *Spiegel*-Interview gesagt: „Rutscht mir den Buckel runter. Hab' ich an Krebs, na dann hab' ich an Krebs.“ Im Beisein von über 5.000 Trauergästen, darunter eine HSV-Delegation (Kranzschleife: „Servus, Ernst Happel“), wurde der Erfolgscoach auf dem Hernalser Friedhof von Wien begraben.

Harder, Otto Fritz „Tull“
(25.11.1892 - 4.3.1956)
15 A (14). Der legendäre robuste Sturmführer (1,90 m) begann beim FC Hohenzollern Braunschweig, verließ 1913 Eintracht Braunschweig, spielte beim HSV-Vorgängerverein HFC 88 (1917 Kriegsgastspieler Stettiner SC), dann beim HSV und 1931-34 bei Victoria Hamburg. Dass das Fußballidol auf „nur“ 15 Länderspiele (14 Tore!) kam, lag daran, dass 1914-1920 infolge des 1. Weltkrieges keine internationalen Begegnungen ausgetragen wurden. Mitglied von NSDAP und SS, 1947 als Kriegsverbrecher verurteilt. Siehe auch Porträt S. 105.

Hartwig, William „Jimmy“ (5.10.1954)
2 A, 6 B (2), 8 Oly. (1). 182 BL (52). Der schwarze Spieler, unehelicher Sohn einer Deutschen und eines US-GI, war in seiner HSV-Zeit 1978 bis 1984 Mittelfeldspieler und Publikumsliebling, Schlagersänger („Mama Calypso“) und lange Happel-Spezi. Vorher Offenbacher Kickers, VfL Osnabrück, 1860 München, nach seiner HSV-Zeit 1. FC Köln, Austria Salzburg, FC Homburg. Coach beim FC Augsburg, 1989 neben Reinders der erste West-Trainer, der in die DDR-Oberliga wechselte (Chemie Böhlen bzw. FSV Böhlen bzw. Sachsen Leipzig). Erkrankte an Krebs, Buchveröffentlichung 1996: „Ich möchte noch so viel tun“. Immer in Kontakt zur Showbranche und zu den Medien, Mitarbeiter von DSF (Trennung) und H.S.E. (einem Shopping-Sender), Laiendarsteller in der ARD-Serie „Verbotene Liebe“, 2002-03 im Nationaltheater Weimar neben Ben Becker in Brechts „Baal“ als „Großkaufmann“ und „Neger John“ auf der Bühne. Zog 2004 mit anderen Semi-Prominenten ins „Dschungelcamp“ von RTL 2 ein.

Hauenschild, Paul „Onkel Paul“, „Papa“
(24.9.1882 - 26.4. 1962)
Großkaufmann, Millionär, Mäzen und Sportpionier. HSV-Präsident 1921-22, 1927-28, 1949-50, seit 1950 Ehrenpräsident. Siehe Exkurs „Ochsenzoll“ S. 66.

Heese, Horst (31.12.1943)
41 BL (11). Kam im „Jahr eins nach Uwe“ und wurde ab Dezember 1972 „Retter des HSV“ und Publikumsfavorit („Ich bin ein Kämpfer!“). Wegen Differenzen mit Trainer Klötzer 1974 (vor Vertragsende) nach Eupen/Belgien. Unter anderem 1988-91 Nationaltrainer von Malta, wohin er 2003 zurückkehrte und Siegfried Held ablöste, fortan assistiert vom maltesischen Rekordnationalspieler Carmel Busuttil. Der Ex-HSVer ist

Sohn des Ex-Meisters der Amateurboxer, Heini Heese (438 Fights), aus Düsseldorf.

von Heesen

von Heesen, Thomas „Thommy" (1.10.1961)
6 U-21 (2). 368 BL (99). Obwohl der Ostwestfale nie den Sprung in die A-Nationalelf schaffte – laut *HA* „ein ewiges Talent" – wurde er eine Führungspersönlichkeit beim HSV, war Kapitän, erreichte nach Kaltz die meisten Ligaspiele und nach Seeler die meisten Tore. Also, Ehre wem Ehre gebührt! Kam mit 18 Jahren vom FC Paderborn und bildete in der Saison 1988/89 mit Uwe Bein ein „Traumduo". Verhalf als Spieler Arminia Bielefeld zu zwei Aufstiegen, 1995 in die 2. Liga und 1996 in die Bundesliga (dabei auch die Ex-HSVer Bode, Stein, Stratos, Eck, Molata). Erst Team-Manager bei Bielefeld, 1998/99 Trainer des Klubs, Wiederaufstieg in die Bundesliga. 1999 Sportdirektor bei Hannover 96 (er kündigte), anschließend bei einer Internet-Firma. 2000 löste von Heesen Toppmöller als Trainer beim 1. FC Saarbrücken ab, wurde aber entlassen. 2001 Sportdirektor der Arminia, zeitweise Trainer. 2002 Geschäftsführer Lizenzspielerabteilung beim Bundesliga-Neuling Bielefeld. Amtierte im März 2004 kurzzeitig als Interims-Trainer, die Arminia stieg wieder in die Bundesliga auf, seit 1.7.2005 wieder Cheftrainer. Machte sein Abitur wie andere HSV-Talente auch am Gymnasium Heidberg.

Hertzsch, Ingo (22.7.1977)
2 A, 5 A-2, 10 U-21, 3 Oly. (1). 132 BL (1). Geboren im sächsischen Meerane, woher ehemals auch Fußballidol „König Richard" Hofmann kam, wurde der Abwehrmann 1997 vom Chemnitzer FC verpflichtet. Die steile Karriere, die 2000 zum ersten A-Länderspiel gegen Dänemark führte, hat einige Unterbrechungen erfahren. 2003 zu Leverkusen, von Trainer Augenthaler kaum berücksichtigt. Deshalb in der Saison zum späteren Absteiger Eintracht Frankfurt, 2004 vom 1.FC Kaiserslautern verpflichtet, 2006 erneut Abstieg. Jetzt FC Augsburg.

Hidien, Peter „Chita" (14.11.1953)
2 U-23. 214 BL (9). Der „schwarze Peter" kam aus Gerhard Heids „Talentschuppen" und gestaltete 1972 bis 1982 einen Teil der großen HSV-Jahre als Verteidiger mit. Später mit Volkert beim Hummelsbütteler SV, danach VfL Pinneberg. Arbeitet als Kundenbetreuer einer Tangstedter Tankschutz-Firma, 1. Fußballobmann von TuS Hasloh.

Hieronymus, Holger „Hiero" (22.2.1959)
3 A, 1 B, 8 U-21. 121 BL (7). Der blonde Libero und Jugend-Nationalspieler galt als größtes Talent des FC St. Pauli, als er 1979 für 75.000 DM wechselte. Wurde beim HSV A-Nationalspieler. Ein Kreuzbandriss bedeutete Anfang 1985 Laufbahnende und Sportinvalidität. Baute das Sportzentrum Mundsburg auf und war mit Jakobs Geschäftsführer eines Reha-Zentrums. Marketing-Chef des HSV, 1998 Vorstandsmitglied. Sein Vertrag als Sportchef des HSV wurde nach dem Willen des Aufsichtsrats zum 31.8.2002 aufgelöst (Abfindung 150.000 Euro). Seit Februar 2005 Geschäftsführer Spielbetrieb der DFL.

Hönig, Franz-Josef „Bubi" (10.7.1942)
205 BL (62). Der Amateur-Nationalspieler vom FV 08 Geisenheim aus dem Rheingau startete im Norden bei Holstein Kiel (1964-67), ehe er sich dem HSV anschloss. Mittelfeldspieler, Spielmacher, Kapitän, zweimal bester Torschütze. 1974 zurück nach Hessen, zum SV Wiesbaden. Machte sein letztes Punktspiel gemeinsam mit Uwe Seeler 1978 für Cork Celtic FC in der irischen 1. Liga – es war eine Werbeaktion von adidas.

Hoffmann, Bernd (21.1.1963)
Der gebürtige Leverkusener, an der Universität Köln zum Diplom-Kaufmann ausgebildet, ist seit Februar 2003 Vorstandsvorsitzender des HSV. Seine berufliche Laufbahn begann der Leichtathlet 1989 bei der Vermarktungsagentur UFA Film-

und Fernseh-GmbH & Co KG, für die er als Abteilungsleiter Leichtathletik (1990-92), Bereichsleiter Fußball International (1992-96), Prokurist (1996-97) und Geschäftsführer UFA SPORTS (1997-98) fungierte. Von September 1998 bis Dezember 2002 war Bernd Hoffmann Vorsitzender der Deutschland-Geschäftsführung von UFA SPORTS, die sich im März 2002 in SPORTFIVE umbenannte und die auch den HSV vermarktet.

Hollerbach, Bernd (8.12.1969)
183 BL. Als „Ho-Ho-Hollerbach" Liebling des Millerntors, bis der Franke via Kaiserslautern, wo er sich nicht durchsetzen konnte, 1995 zum HSV kam, woraufhin St.-Pauli-Fans an diversen Gaststätten den Aufkleber mit Hollerbachs Konterfei anbrachten: „Ich muss leider draußen bleiben!" Der HSV erreichte eine Unterlassungs-Erklärung und Entschädigung. Der ehemals beste Metzgergeselle Bayerns pflegte auf dem Feld zuweilen einen rustikalen Stil. Er wurde Stammspieler im defensiven Mittelfeld, in der Anfangsphase der Spielzeit 2002/03 aber von Trainer Jara vorübergehend „aussortiert", oder wie die Boulevard-Presse menschenverachtend schreibt: „Ausgemistet". Aufgrund seines kämpferischen Stils sehr beliebt beim HSV-Anhang, zumal er neun Jahre dabei war. War beim HSV-Abschied 2004 dienstältester Spieler des Profiteams. Spielte „aus Liebe zum HSV" für keinen anderen Verein mehr. Staatlich anerkannter Fußballlehrer, Abschluss mit Note 1.7. 2005/06 Trainer des VfL 93 Hamburg (5.Liga), auf Anhieb Meister und Aufsteiger in die 4.Liga, ab 2006 beim VfB Lübeck.

Homp, Tobias „Hompi" (31.10.1963)
80 BL (3), DFB-Pokalsieger 1987. Abwehrmann von Kilia Kiel, 1985-89 beim HSV, als Amateur 1996/97 Bundesliga-Comeback. Dazwischen FC Homburg. Stieg 2006 mit 42 Jahren als Kapitän mit dem SV Henstedt-Rhen aus Schleswig-Holstein in die 4.Liga auf.

Hoogma, Nico-Jan (26.10.1968)
177 BL (13). 1998 im Alter von 29 Jahren bei Twente Enschede in den Niederlanden entdeckt. Abwehrchef und Stammspieler, der in vier Spielzeiten lediglich in 15 von 132 Bundesliga-Begegnungen fehlte. Kantiger Typ, Spielerpersönlichkeit, folgerichtig Kapitän. Kehrte 2004 in die Niederlande zu Heracles Almelo in die Gouden Gids Divisie (2. Liga) zurück, 2005 Aufstieg in die Eredivisie. Kein Abschiedsspiel im Volkspark, sondern vor 2.500 Zuschauern an seinem Wohnort Kaltenkirchen; ein befreundeter Bauunternehmer hatte das organisiert.

Horn, Franz (26.8.1904 - 3.10.1963)
3 A. 1926 vom noblen ETB Schwarz-Weiß Essen zum ebenfalls reputablen Klub an die Rothenbaumchaussee; guter Zuspieler für Harder und Kolzen, aber auch selbst erfolgreicher Torschütze. Nach schwerer Knieverletzung 1932 zurück zum ETB. Wein- und Spirituosenhändler.

Hrubesch, Horst „Kopfball-Ungeheuer" (17.4.1951)
21 A (6), 3 B. WM-Teilnehmer 1982, EM 1980, 206 BL (136). Der gelernte Dachdecker kam 1978 mit bereits 27 Jahren von RW Essen zum HSV, dessen Torjäger er wurde. Der passionierte Angler wohnte

Hollerbach

Hrubesch

idyllisch am Mözener See und erfreute sich großer Beliebtheit. Kurz vor dem 29.Geburtstag Debüt in der Nationalelf. 1983-85 Standard Lüttich, 1985-86 Borussia Dortmund. Schlug die Trainer-Laufbahn ein, ohne großen Erfolg: 7/1986 - 9/1987 RW Essen, 1988/89 VfL Wolfsburg, 12/1991 - 1992 FC Tirol Innsbruck (vorher Co-Trainer von Ernst Happel), 1/1993 - 6/1993 Hansa Rostock, 11/1994 - 3/1995 Dynamo Dresden, 7/1995 - 6/1996 Austria Wien, 7/1997 - 9/1997 Samsunspor Kulübü in Samsun am Schwarzen Meer in der Türkei. Nichtsdestotrotz seit 2000 DFB-Trainer, nun zuständig für die U 19.

Hunke, Jürgen (8.6.1943)
Ehemals im Versicherungsgeschäft, seit 2000 Privatier. Sanierte als HSV-Präsident den Klub 1990 bis 1993 u.a. durch den Doll-Verkauf nach Italien. Im Dezember 2000 aus dem HSV-Aufsichtsrat abgewählt, nun wieder Mitglied. Omnipräsent in der Öffentlichkeit: „Retter" des Privattheaters Hamburger Kammerspiele, der Hamburger Trabrenngesellschaft (Vorsitzender „Hamburger Sportpark AG"), engagiert beim HSV-Handball (Color Line Arena). Weniger erfolgreich als Spitzenkandidat der STATT Partei.

Ivanauskas, Valdas „Ivan" bzw. „Ivan der Schreckliche" (31.7.1966)
14 A (5) für Litauen. 91 BL (13). Obwohl weitgehend erfolgloser Stürmer, avancierte der sowjetische und litauische Nationalspieler aufgrund seines Einsatzes in Hamburg zum Publikumsliebling. 1997 schlug er eine Offerte des VfL Wolfsburg aus, angeblich, weil seiner Gattin der angebotene Wohnort Braunschweig nicht gefiel. Danach Casino Salzburg, St. Pölten, SV Wilhelmshaven, BV Cloppenburg. Co-Trainer der litauischen Nationalmannschaft, Trainer von FBK Kaunas, Co-Trainer von Heart of Midlothian, im März vom litauischen Besitzer des schottischen Klubs zum Chefcoach befördert (Pokalsieg 2006).

Jakobs, Ditmar „Jako" (28.8.1953)
20 A, 2 B. 323 BL (27). Gebürtiger Oberhausener. Als ihn der HSV 1979 auf Wunsch von Trainer Zebec von Duisburg für eine hohe Ablöse verpflichtete, wurde das allgemein belächelt. Als Vorstopper und Libero wurde Jakobs aber eine Führungspersönlichkeit und A-Nationalspieler. Laufbahnende durch eine schwere Verletzung. Insgesamt 493 BL-Spiele. In Norderstedt als Versicherungsmakler tätig.

Janes, Paul (11.3.1912 - 12.6.1987)
6 A (1). Mit dem 19. Juli 1942 wurde der Fortuna Düsseldorf-Verteidiger, von Beruf Maurer, Rekord-Nationalspieler; seine insgesamt 71 Berufungen waren lange Zeit Bestmarke. Als Soldat kam Janes 1942-45 als Gastspieler zum HSV – eine Attraktion, galt der spätere städtische Angestellte in Düsseldorf doch als einer der besten Verteidiger der Welt. Janes starb 1987 auf dem Heimweg vom Stammtisch im bekannten Düsseldorfer Altstadt-Lokal „Uerige".

Jara, Kurt (14.10.1950)
Innsbrucker Fußball-Lehrer, als Spieler u.a. bei FC Valencia, MSV Duisburg, Schalke 04 (191 BL insgesamt), österreichischer A-Nationalspieler. Ab 4.10.2001 Trainer beim Hamburger SV, brachte den Klub in den UEFA-Cup. Am 22.10.2003, nach zwei Jahren und 18 Tagen, entlassen. Stieg am 3.2.2004 beim abstiegsbedrohten 1. FC Kaiserslautern wieder ins Geschäft ein und sicherte mit den Pfälzern den Klassenverbleib. 2005/06 bei Red Bull Salzburg (Austria Salzburg).

Jarolim, David „Jaro" (17.5.1979)
4 A. 89 BL (7). Der Tscheche galt bereits in der Jugend und bei den Amateuren von Bayern München als großes Talent, weshalb ihn der 1.FC Nürnberg von 2000 bis 2003 unter Vertrag nahm, mit ihm auf- und abstieg. Jarolim hatte bereits vier Zweitliga-Spiele absolviert, als ihn der HSV kurz vor Ende der Transferperiode am 1.9.2003 verpflichtete. Inzwischen ein wichtiger Akteur im Mittelfeld. Da Vater Karel dort Profi war, begann Sohn David seine fußballerische Laufbahn beim FC Rouen in Frankreich. Anschließend Slavia Prag, mit 16 Jahren zu Bayern München. 2005 Nationalmannschafts-Debüt, 2006 WM-Teilnehmer.

Jusufi, Sascha (20.1.1963)
112 BL (12), 1987 DFB-Pokalsieger. Sohn von Ex-Profi und Trainer Fahrudin Jusufi aus Jugoslawien. 1986-91 im HSV-Mittelfeld. Beruflich beim Axel Springer Verlag und SAT 1 tätig, jetzt Teilhaber der Agentur „Mehr Wert Sport GmbH".

Kaltz, Manfred „Manni" (6.1.1953)
69 A (8). sechsmal Kapitän, 3 B, 2 U-23, 7 Amat.-Lsp.; WM-Teilnehmer 1978, 1982; EM 1980. Weltauswahl, Europaauswahl. 581 BL (76). Rekordmann des HSV und „Mr. Bundesliga" des Klubs, bis 1990 meiste Bundesliga-Einsätze aller Spieler, ehe ihn Körbel übertraf. Mit 53 Treffern erfolgreichster Strafstoß-Schütze der Liga. Geboren in Ludwigshafen/Rhein, kam er durch Talentsucher Gerhard Heid 1970 zum HSV. 1989 zu Girondins Bordeaux, das ihn an den FC Mulhouse auslieh (Abstieg in die 2. Liga). Erhielt 1990 einen neuen Zwei-Jahres-Vertrag beim HSV. Offensiver Außenverteidiger, „Erfinder" der „Bananenflanke", harmonierte großartig mit Hrubesch. Kaltz galt spielerisch als „kühl, sachlich und berechnend" und für Außenstehende als introvertiert. Der Abstand mag ein anderes Bild vermitteln: Kaltz war ein Weltklassemann und im Klub der an Titeln erfolgreichste HSV-Spieler aller Zeiten. Zuletzt Co-Trainer von Magath bei Eintracht Frankfurt. Betreibt die Manfred-Kaltz-Fußballschule in Neu Wulmstorf, Reinbek und Timmendorfer Strand. Mit im Trainerstab: die früheren HSVer Horst Blankenburg und Borisa Djordjevic und der ehemalige St. Paulianer Dieter Schlindwein.
www.mannikaltz.de

Kaltz

Kargus, Rudi (15.8.1952)
3 A, 11 B. 254 BL. Torhüter von Wormatia Worms, aus dem „Talentschuppen" von Gerhard Heid. 1970 bis 1980 beim HSV. Seine Sternstunde: Im DFB-Pokal-Match zwei Tage vor Weihnachten

Kargus

1973 parierte Kargus beim Elfmeterschießen drei Gladbacher Schüsse von Köppel, Bonhof und Danner – der HSV war weiter. 1980 vom HSV recht schnöde verabschiedet, arbeitslos. Danach 1. FC Nürnberg (Weggang nach der „Spieler-Rebellion"), Karlsruher SC, Düsseldorf, 1. FC Köln, insgesamt 408 BL-Spiele, parierte 23 Strafstöße. 1990 Trainerlizenz, Lehrgangsbester an der Sporthochschule Köln. 1991-96 Chef-Jugendtrainer des HSV. Zeitweise Trainer von USC Paloma Hamburg (Aufstieg in 6. Liga). Malt Aquarelle und Acrylbilder – und war nach seinen ersten Ausstellungen enttäuscht: „Ich war traurig, als meine Bilder nicht mehr da waren, weil sie verkauft wurden..." 2004 wurden seine Werke im HSV-Museum ausgestellt.

Kastl, Manfred (23.9.1965)
2 U-21. 37 BL (17). Kam mit Beiersdorfer 1986 von der SpVgg Fürth, Stürmer, DFB-Pokalsieger mit dem HSV. 1988 zu Leverkusen, 1989 VfB Stuttgart, danach SSV Ulm 46, VfR Pforzheim. Lebt heute in Württemberg, sein Hotel in Wolfschlugen hat er in das „Senioren- und Pflegeheim Haus Kastl" umgewandelt. 2002 mit dem TSV Wolfschlugen II Kreisliga B-Meister – als Verteidiger.

Keegan, Kevin „Mighty Mouse" (14.2.1951)
23 A (12). 90 BL (32). Der Bergarbeitersohn und Weltstar war zwar 1977-80 „nur" drei Jahre im Volkspark, gilt aber heute als Mythos, steht er doch für die große Zeit des HSV. 1,69 m groß, war der unermüdliche Engländer in seinen Hamburger Jahren (die Eingewöhnung erleichterte seine

Keegan

Kirschstein

Frau Jean, die deutsch spricht) Publikumsliebling und landete mit „Head Over Heels In Love" einen Schallplatten-Hit. Beide Töchter wurden in Hamburg geboren. Zuvor mit dem FC Liverpool dreimal Meister, einmal Cupsieger, zweimal UEFA-Cup-Sieger und Europacup-Sieger. Englischer Fußballer des Jahres 1976, Europas Fußballer des Jahres in seiner HSV-Zeit 1978 und 1979. Insgesamt 65 A-Länderspiele, 21 Tore. Zurück auf der Insel, stürmte er für Southampton und Newcastle. Trainer Newcastle United, FC Fulham, Nationalmannschaft England (Rücktritt nach der 0:1-Niederlage im Oktober 2000 in Wembley gegen Deutschland). Seit 2000 Manager (= Trainer) von Manchester City (Abstieg Premier League 2001, Wiederaufstieg 2002). Coachte 2003/04 bei City u.a. van Buyten, Michael Tarnat und Claudio Reyna. Am 10.3.2005 Rücktritt, zog sich vom Fußball zurück. Träger des Order of the British Empire (OBE).

Kertesz, Gyula (29.2.1888 - Mai 1982)
Als Spieler waren seine beiden Brüder erfolgreicher, doch als Trainer brachte der Ungar (1 A für MTK Budapest) gleich drei Vereine in Hamburg und der Nachbarstadt entscheidend voran: Union Altona, den SC Victoria und schließlich von Januar 1931 bis 1932 den HSV. Danach beim VfB Leipzig.

Kirschstein, Sascha „Kirsche" (9.6.1980)
14 BL. Gebürtiger Braunschweiger (FSB, SV Olympia 92, BSC, Eintracht), 1.96 m großer Torhüter, der 2002 bis 2004 bei Rot-Weiß Essen spielte. Vom Hamburger SV als dritter Keeper nach Pieckenhagen und Wächter verpflichtet. Debütierte wegen einer Wächter-Verletzung am 26.November 2005 in Leverkusen – und ließ sich dieses Datum eintätowieren! Löste nach dem 0:2 bei Rapid Bukarest im UEFA-Cup als Stamm-Torhüter überraschend Stefan Wächter ab.

Klein, Dr. Wolfgang (28.1.1941)
Sechsmaliger Deutscher Meister im Weitsprung für den HSV, Olympiateilnehmer 1964, 1963 „Sportler des Jahres" in Hamburg (Wahl der Zeitschrift *Sport*, er lag vor Uwe Seeler). Kam 1960 aus Hannover nach Hamburg, der HSV vermittelte ein Firmenstipendium. Rechtsanwalt, zeitweise Gastmoderator der „Sportschau der Nordschau" (NDR-TV) und einmal sogar von „Musik aus Studio B". 1979 bis 1987 HSV-Präsident in der Erfolgsära, bis heute kritischer Begleiter des Klubgeschehens.

Klepacz, Franz „Lolli" (10.10.1926)
1 B. 235 OL/DM (27). Der gebürtige Bitterfelder kam über Westfalen 1951 zum HSV, war Verteidiger, fehlte 1960 wegen Verletzung in der Meisterelf und stand 1960/61 noch dank eines „Treuevertrags" auf der Gehaltsliste. Den Beinamen „Lolli" verdankte Klepacz der Vorliebe für Süßigkeiten.

Klötzer, Kuno „Ritter Kuno" (19.4.1922)
Der Erzgebirgler und ehemalige Werder-Spieler wirkte 1973-77 erfolgreich beim HSV: EC Pokalsieger 1977, Vizemeister 1976, Pokalsieg 1976, Pokalfinale 1974. Seit 1951 etliche Trainer-Stationen (u.a. drei Bundesliga-Aufstiege). Dr. Krohn wollte keine weitere Zusammenarbeit mit dem beliebten

„Ritter Kuno". Klötzer war danach 1980/81 Chefcoach von Werder Bremen, musste das Amt nach einem schweren Autounfall erst an Rudi Assauer, dann an Otto Rehhagel übergeben, der damals als „Mann für Kurzzeit-Jobs" (*kicker*) galt und den Wiederaufstieg vollends realisierte. Kuno Klötzer lebt als Rentner in Norderstedt.

Kmetsch, Sven „Kmetscher" (13.8. 1970)
2 A. 80 BL (4). Im September 1997 im WM-Qualifikationsspiel gegen Armenien erster HSV-Nationalspieler seit 1991 (Doll). Geboren im schönen (und wegen der Gefängnisse berüchtigten) Bautzen, kam als zweimaliger DDR-Meister mit Jähnig 1995 von Dynamo Dresden (93 BL/6) und überzeugte im Mittelfeld als „sächsische Kampfmaschine" (MoPo). Ab 1998/99 Schalke 04, 2005 Karriereende, nun Co-Trainer von Schalke II (4.Liga).

Knöpfle, Georg „Schorsch" „Knopf"
(15.5.1904 - 14.12.1987)
Gebürtig aus Schramberg im württembergischen Schwarzwald, wo die SpVgg 08 im Jahr 2004 das „Georg-Knöpfle-Sportheim" benannte. Der Uhren-Mechaniker wanderte 1925 des Fußballs wegen alleine zur SpVgg Fürth ab, wo er Nationalspieler wurde (insgesamt 23 A). Ab 1928 FSV Frankfurt, Olympia-Teilnahme 1928. Wegen Beinbruchs 1933 Karriereende bei Eintracht Braunschweig. Sportlehrer Fachamt Fußball (ehemals DFB), dabei auch Trainer von Victoria Hamburg, Hochschule für Lehrerbildung Braunschweig, Leiter des Instituts für Leibesübungen TH Braunschweig. 1949-54 beim HSV, brachte Jupp Posipal von Arminia Hannover mit. 1954 Bayern München (vorzeitiges Vertragsende im Dezember), 1955-58 Alemannia Aachen, 1958-63 Werder Bremen (DFB-Pokalsieg 1961). 1964 mit dem 1. FC Köln erster Bundesliga-Meister, 1965 durch Münzwurf (!) im Europacup gegen Liverpool ausgeschieden. 1966-69 als Technischer Sportdirektor (Trainer: Kurt Koch, der schied vor Saisonende 1969 aus, nachdem er bei Arminia Hannover unterschrieben hatte) und 1969/70 als alleiniger Coach wieder beim HSV (DFB-Pokalendspiel 1967, Europacup-Finale Pokalsieger 1968). Betreute zuletzt bis 1972 den Bezirksligisten Meiendorfer SV. Der kahlköpfige Fußball-Weise verbrachte seinen Lebensabend in einem Einfamilienhaus in Hamburg-Farmsen. Er verstarb im Alter von 83 Jahren infolge eines Schlaganfalls. Uwe Seeler: „Er war rau, aber herzlich und immer ehrlich." Willi Schulz: „Ein herzensguter Mensch hinter knorriger Schale."

Kober, Carsten „Grätsche" (11.10.1967)
7 U-21. 223 BL (1). Elf Jahre lang Manndecker beim HSV, davon 1987-1996 als Profi; vorher VfL Bad Schwartau, VfB Lübeck, von Gerd-Volker Schock entdeckt. Besaß als „Master of Grätsche" einen gleichnamigen eigenen Fanklub. 1996 zu Hertha BSC Berlin (Bundesliga-Aufstieg), VfL Osnabrück, Manager SC Norderstedt, Marketing VfL Bad Schwartau (Handball). Spielt in der HSV-Altliga.

Kompany, Vincent (10.4.1986)
Vor seinem HSV-Engagement 14 A für Belgien (besitzt auch die Staatsbürgerschaft der Demokratischen Republik Kongo). Innenverteidiger, kam 2006 vom belgischen Meister RSC Anderlecht für die bislang höchste Ablösesumme der HSV-Geschichte (8 Mio. Euro). 2005 Fußballer des Jahres in Belgien.

Krämer, Werner „Eia" (23.1.1940)
47 BL (9). Der Mittelfeldspieler vom Meidericher SV gehörte 1966 zum WM-Aufgebot und hatte 13 Länderspiele hinter sich, als er 1967 für die damalige Rekordtransfersumme von 200.000 DM zum HSV kam. Nach zwei Jahren, in denen er nicht immer überzeugen konnte (manchmal schon!), kehrte er zurück in den Westen zum Regionalligisten VfL Bochum.

Kreuz jun., Ernst (29.9.1940)
8 OL/DM (2). 25 BL (5). Vater Arnost bzw. Ernst Kreuz sen. (†1974), Pächter des Ochsenzoller HSV-Lokals „Lindenhof", hatte als Sudetendeutscher u.a. für Sparta Prag, DFC Prag, Dresdner SC und die CSR-Nationalelf (1938 bei der WM) gespielt. Sohn Ernst jun., hoch aufgeschossener Techniker im Mittelfeld, kam via Viktoria Aschaffenburg und Eintracht Frankfurt 1962 zum HSV. Nach der Vertragsauflösung im November 1964 lief der spätere Trainer (u.a. SV Henstedt-Rhen) noch für SSV Reutlingen, Röchling Völklingen, Bergedorf 85, Barmbek-Uhlenhorst und Holstein Kiel auf.

Krohn, Dr. rer. pol. Peter (16.3.1932)
Dipl.-Kaufmann. Sein Vater Hans war 1923 Deutscher Meister mit dem HSV, Sohn Peter

Jugend-Torwart beim HSV und HEBC. 1973-75 HSV-Präsident, 1975-77 Generalmanager, 1998-2001 Aufsichtsratsmitglied, Rücktritt aus gesundheitlichen Gründen. Von Dr. Krohn ist im Kapitel 1973-78 ab S. 191 ausführlich die Rede.

Kroth, Thomas (26.8.1959)
73 BL (6). DFB-Pokalsieger 1987. Mittelfeldspieler, kam 1985 von Eintracht Frankfurt (1 A), bis 1988 HSV. Pokalsieger auch mit dem 1.FC Köln und Dortmund. Als Spielervermittler sowie im Management und Sport-Sponsoring tätig, betreut u.a. Demel und Takahara.

Krug

Krug, Gerd (5.8.1936)
209 OL/DM (44). 64 BL (4). DM 1960. Pokalsieger 1963, bis 1966 beim HSV. „Was ich am besten konnte, habe ich nie gespielt", klagte der zum Verteidiger umfunktionierte Stürmer noch Jahre später. Journalist, u.a. beim *Stern*, später Ressortleiter „Kultur und Gesellschaft" beim Ostdeutschen Rundfunk Brandenburg (ORB) und ARD-TV-Kommentator („tagesthemen"). Hielt die Rede zur Eröffnung des HSV-Museums 2004.

Kurbjuhn, Jürgen „Kubbi" (26.7.1940)
5 A. 91 OL/DM (1), 242 BL (10). Der in Tilsit (Ostpreußen) als Sohn eines Kohlenhändlers und Auswahlspielers geborene kompromisslose Verteidiger und Vorstopper war Jugend- und Amateur-Nationalspieler sowie Länderpokalsieger, als er 1960 vom SV Buxtehude zum amtierenden Deutschen Meister HSV kam. 1962 WM in Chile, nicht eingesetzt. Letztes HSV-Spiel am 30. Oktober 1971, danach infolge Verletzung Laufbahnende. Versicherungsmakler in Buxtehude, dort zeitweise CDU-Stadtrat.

Laband, Fritz (1.11.1925 - 3.1.1982)
4 A. 143 OL/DM. Gehörte zum WM-Aufgebot 1954 in der Schweiz, fehlte infolge Verletzung im Endspiel. Siehe Porträt S. 139.

Lang, Hans (8.2.1899 - 25.4.1943)
8 A. 15 DM (1). DM 1928. Aus dem Vorstadtverein BC Augsburg hervorgegangen, danach SpVgg Fürth. Der Konditor wollte in der Inflationszeit via Hamburg nach Brasilien auswandern, ließ sich aber vom HSV zum Bleiben überreden. Als HSV-Trainer war Lang von Juni 1935 bis Herbst 1939 dafür mitverantwortlich, dass die Domäne des Eimsbütteler TV beendet wurde. Der Luftwaffen-Feldwebel verstarb im 2. Weltkrieg in Dänemark an Herzversagen und wurde in Frederikshavn in Jütland beerdigt.

von Lanken, Claudia (3.6.1977)
40 BL (1). Kam 1999 aus Rheine, wo sie bereits zur DFB-Torfrau avanciert war. In der Saison 2003/04 wesentlich an der ersten erfolgreichen Bundesligasaison der HSV-Frauen beteiligt. Noch aktiv in der 3.Mannschaft, 2006 als Trainerin mit HSV II Meister Regionalliga Nord und Gewinnerin Oddset-Pokal.

Lauth

Lauth, Benjamin „Benny" (4.8.1981)
41 BL (10). Wuchs in Fischbachau, „dem Sonnenwinkel im Leitzachtal" beim Wendelsteinmassiv in Oberbayern, auf, wechselte kurz vor seinem elften Geburtstag zu 1860 München, nachdem er für die SF Fischbachau bereits 285 Tore erzielt

hatte. ARD-„Sportschau"-„Tor des Jahres" 2002 (Benefizspiel für Flutopfer). Bei 1860 2002-04 60 Spiele, 22 Tore, 5 A-Länderspiele. Als junger Hoffnungsträger im Sommer 2004 von Absteiger 1860 geholt. „Benny" verpasste – wie Christian Rahn –, die EM 2004 wegen einer Verletzung. Sicherte dem HSV am 28. August 2004 den ersten Saisonsieg, indem er – kurz zuvor eingewechselt – das Siegtor zum 4:3 über den 1. FC Nürnberg markierte. Fiel in seiner ersten HSV-Saison lange wegen Verletzung aus. www.benny-lauth.de

Letchkov

Letchkov, Yordan „Letsche" (9.7.1967)
38 A (4). 101 BL (11). Dem HSV war der exzellente Techniker und offensive Mittelfeldspieler in den UEFA-Cup-Spielen 1991 aufgefallen, so verpflichtete man den bulgarischen Nationalspieler zusammen mit Pavel Dotchev 1992 anstelle von Uwe Rahn. Der Mann mit dem schütteren Haar köpfte bei der WM 1994 in den USA das 2:1 und die deutsche Mannschaft aus dem Turnier; danach Olympique Marseille und Besiktas Istanbul. Erfolgreicher Geschäftsmann in seiner 94.000 Einwohner zählenden Heimatstadt Sliven, in der er 2003 mit 51 gegen knapp 49 Prozent die Bürgermeisterwahl gewann. Präsident des Drittligisten FC Sliven, Vizepräsident Fußballverband Bulgarien, besitzt das Vier-Sterne-Hotel „Imperia" in Sliven.

Lux, Peter (4.10.1962)
56 BL (7). 1987 mit dem HSV DFB-Pokalsieger, zuvor Eintracht Braunschweig, später SV Waldhof. Trainer im Amateurbereich, 2005/06 Hötzumer SV bei Wolfenbüttel.

Magath

Magath, Wolfgang-Felix (26.7.1953)
43 A (3), 3 B (2). WM-Teilnehmer 1982, 1986; EM 1980. 306 BL (46). Nationalelf-Rücktritt nach der WM 1982, Comeback 1986. Geboren in Aschaffenburg, der Vater stammte aus Puerto Rico, die Mutter aus Ostpreußen. Abiturient, kurzes Studium der Wirtschaftswissenschaften. 1976 bis 1986 Spielmacher des HSV, Torschütze von Athen 1983, danach Manager des HSV bis Mai 1988. Mitarbeiter von Infas, Manager von Uerdingen, 1. FC Saarbrücken. Trainer-Laufbahn: FC Bremerhaven, 1993 „Co" des HSV, 1995-97 Cheftrainer, 1998 Bundesliga-Aufstieg mit 1. FC Nürnberg, dann Werder Bremen, Eintracht Frankfurt, VfB Stuttgart und seit Saisonbeginn 2004/05 Bayern München (2005 und 2006 jeweils Meister und Pokalsieger). Schachspieler, Marathon-Mann (1997 Hamburg: 3:53:04 Std., 5577. Rang) und „Abfindungs-Spitzenreiter" des HSV: 660.000 DM (1988), 1 Mio. Vorauszahlung bei Vertragsabschluss, die er behalten durfte, und weitere 520.000 DM (1997). Vater von sechs Kindern, schloss seine zweite Ehe 2003 im Rathaus Altona.

Mahdavikia

Mahdavikia, Mehdi (24.7.1977)
51 A (5). 127 BL (17). Der „Dribbel-Perser“ (*MoPo*) fiel bei der WM 1998 mit dem Iran auf. Tottenham Hotspur wollte ihn, doch die Sportbehörden seines Heimatlandes stimmten stattdessen einem Wechsel nach Deutschland, zum VfL Bochum, zu. Bochum stieg ab, und so unterschrieb der Iraner 1999 beim HSV, wo er zum Publikumsliebling wurde. 2003 Asiens „Fußballer des Jahres“. Im Sommer 2004 maßgeblich am 3. Platz des Iran beim Asien-Pokal beteiligt, obwohl er im „kleinen Finale“ vom Platz gestellt wurde. Eroberte nach spielerischer Krise 2005/06 wieder einen Stammplatz. WM-Teilnehmer 2006. 2006/07 dienstältester HSV-Profi.

Mahlmann, Carl-Heinz „CH“
(17.9.1907 - 7.11.1965)
1 A. 6 DM. Der Nachfolger von Läufer Hans Lang verließ 1929 Eintracht Braunschweig, kam mit seiner gesamten Habe in einem Persilkarton nach Hamburg, spielte erst beim SC Victoria und von 1930 bis 1935 beim HSV. 1951 bis 1965 – länger als jeder andere – amtierte der Getreidemakler als HSV-Präsident. Nach der Heimreise vom 1:2 verlorenen Bundesligaspiel beim 1. FC Kaiserslautern erlag Mahlmann in seiner Villa in Großensee einem Herzinfarkt.

Mahlmann, Günther „Günni“
(8.10.1908 - 26.8.1975)
Bruder von Carl-Heinz. Der Lehrer einer Nationalpolitischen Erziehungsanstalt (NAPOLA) und spätere Studienrat für Deutsch, Geschichte und Sport kam 1948 aus Braunschweig zum HSV und verschrieb sich der Nachwuchsarbeit (Uwe Seeler, Werner, Krug, Reuter u.a. waren seine Schützlinge). 1956 bis 1962 Coach der Vertragsspieler, die er dreimal ins Endspiel um die „Deutsche“ führte, zusätzlich Geschäftsführer für alle Abteilungen (!). 1960 erhielt Mahlmann ohne Prüfung (!) die DFB-Trainerlizenz. Als Gegner der Professionalisierung des Fußballsports zog er sich auf den Posten des Direktors des Leistungszentrums Ochsenzoll zurück. Bei einem Besuch bei Jupp Posipal erlag der Erfolgstrainer einem Herzversagen.

Mares, Rolf (16.6.1930 - 2.5.2002)
Ein großer Name der Hamburger Kulturszene (u.a. 14 Jahre lang Direktor der Staatsoper). Im Fußball (inoffizieller) Deutscher Jugendmeister mit dem Eimsbütteler TV. Amtierte vom 26.10.1998 bis 19.7.1999 fast neun Monate lang als letzter ehrenamtlicher Präsident des HSV. Rolf Mares erlag einem Leukämieleiden.

Mathijsen, Joris (5.4.1980)
12 A, als er zum HSV kam. Am 19.8.2006 gewann der neue Kapitän des niederländischen Vizemeisters AZ Alkmaar noch mit 8:1 gegen NAC Breda und erzielte ein Tor, am 23.8. war der Innenverteidiger bereits HSVer. 177 Spiele/7 Tore in der Eredivisie (1998-04 Willem II Tilburg, danach Alkmaar), Länderspiel-Debüt 2004 gegen Andorra. Bei der WM gegen Serbien-Montenegro, Elfenbeinküste und Argentinien eingesetzt. Hat denselben Agenten wie de Jong und Boulahrouz.

Mechlen, Karl (17.12.1902 - 4.6.1975)
Der gebürtige Krefelder, seit 1931 in Hamburg und geschäftsführender Direktor der „Maizena“-Werke, war, wenn auch kein Hanseat, der Typus des seriösen Großkaufmanns. Der Freizeit-Jäger amtierte 1935-37, 1941-49, 1966-68 als HSV-Präsident.

Meijer, Erik (2.8.1969)
58 BL (11). Der Stürmer aus den Niederlanden hatte bereits zahlreiche Stationen hinter sich, als er beim FC Liverpool unterschrieb, seit Kindestagen sein Lieblingsverein. Der kantige Offensivmann wurde an der Anfield Road kein Stammspieler, deshalb an Preston North End ausgeliehen und am 11.12.2000 vom HSV verpflichtet. Trotz engagierter Auftritte später wieder ausgemustert, heuerte er 2003 bei Alemannia Aachen an (Bundesliga-Aufstieg 2006).

Meinke

Meinke, Jochenfritz „Jocki" (23.10.1930)
1 B. 359 OL/DM (10). DM 1960. Der Oberliga-Rekordmann des HSV (1950 bis 1965, die beiden letzten Spielzeiten in der Bundesliga inaktiv, aber mit einem „Ehrenvertrag"). Ging aus dem SC Sperber hervor. Bewährter Stopper, hatte bis 1962 52 von 57 DM-Spielen bestritten sowie 1954 ein B-Länderspiel, zu seinem Leidwesen aber die USA-Reise 1950 wegen Verletzung verpasst. Tankstellen-Pächter, später hauptamtlich beim HSV als Leiter des Leistungszentrums Ochsenzoll bzw. Jugendleiter. Auch Bruder Ulrich war HSVer.

Memering, Caspar „Cappi" (1.6.1953)
3 A, 8 B. 303 BL (37). Aus dem „Talentschuppen"; Debüt 1971, bis 1982 (zu Bordeaux, französischer Meister) wichtiger Mittelfeldmann. 1984-85 bei Schalke 04. Danach ging es mit dem Ex-Nationalspieler, wie der *kicker* schrieb, „bergab" (infolge Alkoholismus; u.a. half Uli Hoeneß dem Kranken). 1997 absolvierte Memering die Ausbildung zum Fußball-Lehrer an der Sporthochschule Köln. HSV-Altliga.

Milewski, Jürgen „Mile" (19.10.1957)
3 A, 2 B, 1 U-21. 130 BL (48). Flinker Stürmer bzw. Mittelfeldakteur, 1979 von Hertha BSC. Heute Spieleragent mit FIFA-Lizenz, betreut u.a. die Ex-HSVer Salihamidzic, Alex Meier, Copado, Niko Kovac, Pieckenhagen, Takyi.

Möhlmann, Benno (1.8.1954)
25 BL (2). Ex-Student der Betriebswirtschaft, 1987 nach 230 Bundesligaspielen für Bremen zum HSV. 1988-1993 Jgd.-, Amat.-, Co-Trainer HSV, 1993-1995 Cheftrainer. Danach Eintracht Braunschweig, SpVgg Fürth, 2002 Bundesliga-Aufstieg mit Bielefeld, seit Februar 2004 wieder SpVgg Greuther Fürth. Mitgründer der Interessengemeinschaft der Fußballprofis, des heutigen VdV.

Neisner, Klaus „Micky" (10.5.1936)
99 OL/DM (32). DM 1960. Gebürtiger Berliner, 1945 nach Hamburg verzogen; bei Berne, SC Sperber, ab 1957 HSV, danach Bergedorf 85. Rechtsaußen, Bankangestellter. Organisator und Aktiver der HSV-Altliga.

Netzer, Günter (14.9.1944)
37 A für Mönchengladbach. 1972, 1973 „Fußballer des Jahres" in Deutschland, 1975, 1976 spanischer Meister mit Real Madrid. Gestaltete als HSV-Manager 1978 bis 1986 die großen Jahre wesentlich mit. Co-Kommentator in der ARD mit Gerhard Delling, ein wirklicher Fachmann. Feierte die WM-Vergabe an Deutschland mit einem Luftsprung: Die Sportrechte-Agentur Infront, Sports & Media AG, deren Executive Direktor Netzer ist, war für die Vermarktung der weltweiten TV-Rechte zuständig.

Noack, Rudi „der schwarze Zigeuner" „der schwarze Teufel" (30.3.1913 - 30.6.1947)
3 A (1). WM-Teilnehmer 1934. 25 DM (18). Legendärer Torjäger und Spielmacher. Siehe Porträt S.86.

Nogly, Peter „Eiche" (14.1.1947)
4 A, 1 U-23. 320 BL (38). Populärer Vorstopper aus Schleswig-Holstein. Als ihn Bayern München wollte, vermittelte ihn „Schorsch" Knöpfle zum HSV (1969 bis 1980). Danach Edmonton Drillers, Tampa Bay Rowdies, Hertha BSC Berlin, FC St. Pauli, VfB Lübeck. Spielte mit 43 Jahren noch einmal mit Wehmeyer zusammen beim SC Wentorf. 2005/06 Co-Trainer von Willi Reimann bei Al Shaab Sports & Cultural Club im Emirat Sharjah, ab 2006 VfL 93 Hamburg (4. Liga).

Özcan Arkoc „Ötschi" (2.10.1939)
159 BL. Türkischer Nationaltorwart, 1967 von Austria Wien gekommen, 1974 Trainer-Assistent des HSV, Oktober 1977 bis Juni 1978 Cheftrainer. Später in Worms und Kiel vorzeitig entlassen. Özcan ist übrigens der Vorname!

Okonski, Miroslaw „Oko" (8.12.1958)
1 A. 62 BL (15). Zwei Spielzeiten, 1986-88, war der Pole in Hamburg ein ausgezeichneter Spielmacher, 1987 gefeiert als „das Beste, was die Bundesliga zu bieten hat" (Paul Breitner), und als „der Chefdirigent des HSV" (*Spiegel*). Wechselte zu AEK Athen, hatte Probleme mit Alkohol und Glücksspiel, absolvierte 1994 ein Kurzgastspiel bei Rasensport Elmshorn (5. Liga). Lebt in Poznan.

Pagelsdorf, Frank „Pagel" (5.2.1958)
1997 bis September 2001 Cheftrainer des HSV. Bestritt 236 BL-Spiele (37) für Bielefeld, Dortmund, Hannover und begoss in einer für einen BVB-Libero ungewöhnlichen Aktion 1988 einen *Bild*-Reporter von hinten mit Coca Cola („das war mein Dank für deine guten Kritiken im letzten halben Jahr"), woraufhin der zurückschlug, was bei Pagelsdorf eine Kieferprellung und eine leichte Gehirnerschütterung verursachte. Trainer-Laufbahn: 1991-92 Hannover 96 Amateure, 1992-94 1. FC Union Berlin, 1994-97 Hansa Rostock. Sein Versprechen, sich stetig mit dem HSV zu verbessern, hielt er ein: Neunter, Siebter, Dritter (Champions League), die Spielzeit 2000/01 aber brachte mit Rang 13 einen Rückfall. „Pagel" besaß einen Vertrag bis 2004, wurde aber am 18.9.2001 entlassen. Scheiterte danach beim VfL Osnabrück. Unterschrieb 2004 einen Ein-Jahres-Vertrag beim Erstligisten Al-Nasar in Dubai. Seit 2005 wieder bei Hansa Rostock.

Panadic, Andrej „Pana" (9.3.1969)
101 BL (5). Der präzise kroatische Manndecker, einst Nationalspieler für Jugoslawien, war insbesondere 1998-2000 ein solider Bestandteil der HSV-Abwehr – vielleicht auch, weil er als gelernter Landvermesser den Überblick hatte. In der Spielzeit 2001/02 verließ er Hamburg gen Sturm Graz, spielte dann bis Oktober 2004 in Fernost bei Nagoya Grampus Eight. Der FC Kärnten wollte ihn 2005 nicht, zu Dynamo Dresden wollte er nicht, und so nahm er den Trainerschein in seiner Heimat in Angriff.

Pedersen, Gitte (22.1.1979)
1 A. Die Dänin, in ihrer Heimat zur besseren Unterscheidung als Gitte Kousgaard Pedersen bekannt, war nur kurze Zeit – in der Regionalliga-Saison 1999/2000 – beim HSV, debütierte während dieser Monate aber in ihrer Nationalmannschaft. Zuvor beim Vejle BK, folgte sie dann ihrem Freund Thomas Gravesen für eine Spielzeit zu Everton.

Peltonen, Juhani „Jussi" (16.6.1936)
10 A (4). 38 BL (6). Mittelfeld/Sturm. Finnlands „Fußballer des Jahres" von 1960, 62 und 64 war 1964-66 der blondeste Akteur, den der HSV je hatte! Lieblingsposition Linksaußen, aber da gab es ja noch „Charly" Dörfel... Machte trotzdem etliche gute Spiele. Wehrte sich gegen Pressekritiken mittels Leserbriefen und Erklärungen durch seine Dolmetscherin. 68 Länderspiele, 109 Erstliga-Tore, mit Haka Valkeakoski zweimal Meister, fünfmal Pokalsieger.

Pfennig, Andrew (1.1.1962)
Der Physiotherapeut war Bundes- und Zweitligaspieler beim FC St.Pauli, dann Trainer im Amateurbereich (Männer) und von 2001 bis 2005 erfolgreicher Coach der HSV-Frauen, mit denen ihm 2004 und 2005 der Bundesliga-Klassenerhalt gelang sowie 2002 der Einzug ins DFB-Pokal-Finale.

Piechowiak, Erwin „Piecho" (15.11.1936)
119 OL/DM (4). 36 BL (2). DM 1960. Verteidiger. Der Rotschopf wuchs mit acht Geschwistern in Georgswerder auf, spielte für Vorwärts Ost, Einigkeit Wilhelmsburg und seit 1957 für den HSV. Eigentlich Läufer oder Halbstürmer, kam er unverhofft als Verteidiger ins 1960er Meisterteam. Nach seiner Sperber-Zeit erfolgreicher, beliebter, wenngleich wortkarger Trainer bei Sperber, Harksheide, HSV-Amateuren, Glashütter SV. Der Maschinenschlosser war später Mitarbeiter in Uwe Seelers Sportartikel-Großhandel.

Pieckenhagen, Martin „Piecke" (15.11.1971)
77 BL. Den blonden Torhüter kannte Trainer Pagelsdorf bereits von Union Berlin und aus Rostock und nahm ihn 2001 als Nachfolger von Jörg Butt unter Vertrag. „Piecke" avancierte zum Publikumsliebling, zumal er im Derby beim Stande von 0:0 einen Meggle-Strafstoß parierte. Der Ostberliner begann 1976 bei Medizin Buch und besuchte in einer Klasse mit dem späteren Nationalspieler Marco Rehmer die Kinder- und Jugend-Sportschule (KJS) Wasserfahrsport. 1980 schloss er sich dem 1. FC Union Berlin an, kam

über Tennis Borussia zum MSV Duisburg (1994-96) und zu Hansa Rostock (1996-2001). Verlor in der Spielzeit 2004/05 seinen Stammplatz an Wächter, danach zu Heracles Almelo in die Niederlande.

Politz, Karl (14.8.1903 - 5.9.1987)
1 A. 1 DM. Der Straßenfußballer von der Sternschanze und Linksaußen stieß 1931 von St. Pauli Sport – einem Vorläufer von GW Eimsbüttel – mit 27 Jahren zum HSV, wo er bis 1937 mit Noack den starken linken Flügel bildete. Nie des Feldes verwiesen. Lebte in der Osterstraße, beruflich Abteilungsleiter einer chemischen Fabrik in Uetersen.

Posipal, Josef (Jupp) (20.6.1927 - 21.2. 1997)
32 A (1). 288 OL/DM (15). Der einzige Norddeutsche in der Weltmeisterelf von 1954. Siehe Porträt S. 139.

Rahn, Christian „Rahner" (15.6.1979)
3 A. 45 BL (8). Kam als A-Nationalspieler 2002 vom Bundesliga-Absteiger FC St. Pauli, dem er seit 1994 angehörte. Neben den Amateuren Alexander Laas und Eren Sen einziger Hamburger (genauer: Ottenser) im Kader 2004/05. Nationalelf-Comeback 2003/04, verpasste jedoch wegen Verletzung die EM in Portugal. 20.1.2005 zum 1.FC Köln, Bundesliga-Aufstieg und -Abstieg. Seit 2006 bei Hansa Rostock.

Reimann, Willi (24.12.1949)
1 B (1). 175 BL (49). Vollblut-Stürmer, von Hannover 96 geholt und als „Uwe-Seeler-Nachfolger" angekündigt. 1974-1981 beim HSV. Kehrte von den Calgary Boomers nach Hamburg zurück und betätigte sich als Trainer: 1982-84 SC Egenbüttel, 1984-86 Altona 93, 1986 - Nov. 1987 FC St. Pauli (Aufstieg 2. BL), Nov. 1987 - Jan. 1990 HSV, 1991-93 SC Norderstedt, Okt. 1994 - Okt. 1995 SV Lurup. 1997 brachte Reimann den VfL Wolfsburg in die Bundesliga. Brach die Arbeit beim 1. FC Nürnberg wegen einer schweren Erkrankung seiner Frau ab. 2002 bis 2004 Trainer bei Eintracht Frankfurt, jetzt bei Al Shaab Sports & Cultural Club im Emirat Sharjah.

Reuter, Uwe (27.11.1934)
145 OL/DM (54). 3 BL. Das dürften selbst eingefleischte HSVer nicht wissen: Dieser HSV-Uwe trainierte als Gast 1959 einige Wochen bei Arsenal London und Cambridge City, als er sich studienhalber auf der Insel aufhielt. Reuter danach: „So doll ist es mit denen auch nicht. Das Training ist qualitätsmäßig kümmerlich." 1955-60 und 1961-64 HSV-Rechtsaußen; dazwischen war der Philologie-Student bei 1860 München.

Rieger, Hermann (2.10.1941)
Der Oberbayer aus Mittenwald („Hermann the German") war der am längsten amtierende Bundesliga-Masseur, schloss er sich doch bereits 1978 dem HSV an. Rieger, gelernter Kaufmann, Skilehrer, Skischulen-Besitzer, war 1968-75 Trainer beim Deutschen Ski-Verband (DSV) und massierte 1977-78 bei Bayern München. Spieler-Vertrauter, beliebt bei den Fans (eigener Fanklub!). In Ochsenzoll gibt es auf dem Trainingsgelände einen Hermann-Rieger-Weg. Beendete seine Arbeit beim HSV mit dem Saisonende 2004, einer Abschieds-Gala und wurde Buchautor („In Hamburg sagt man Tschüss", mit Gerd Krall).

Ripp, Hans-Jürgen „Ditschi" (24.6.1946)
177 BL. Säbelbeiniger Abwehrspieler, Libero des Europacupsiegers 1977 und damals dessen einziger gebürtiger Hamburger (aus Niendorf). Von Beruf technischer Zeichner. War bei Stern/Pfeil, HSV-Jugend und -Amateuren (1963-65), Vorwärts Billstedt, Sperber, 1970-79 wieder HSV, 1979 zum Lüneburger SK. HSV-Altliga.

Risse

Risse, Walter (2.12.1893 – 29.8.1969)
3 A. 21 DM. Mit Tormann Blunk und Verteidiger Beier bildete Risse das „magische Dreieck"

der HSV-Abwehr der 1920er Jahre; der Zuruf „Walter, gib ihm Honig!" bedeutete Attacke. Für den großbürgerlichen Düsseldorfer SC 99 hatte er fünf Länderspiele bestritten, als er 1923 nach Hamburg kam. Risse galt als Kopfballspezialist: „Er muss eine ungewöhnliche Nackenmuskulatur gehabt haben, da er den Kopf – mit dem Rücken zum Tor stehend – so weit in den Nacken zurückreißen konnte, dass er eine Flanke rückwärts durch diesen Ruck aufs Tor feuern konnte!" (*kicker*). Risse, der sich im Skandal 1933/34 gegen seinen Klub stellte, war nach dem Krieg am Rothenbaum wieder gelitten. 13 Jahre amtierte er als Trainer beim HSV-Rivalen Eimsbütteler TV und spielte dort noch mit fast 50 Jahren neben Sohn Walter Risse jr. Später Coach von Concordia Hamburg, FC St. Pauli, Arminia Hannover, VfL Wolfsburg (bis Ende 1958).

Ristic, Aleksandar (28.6.1944)
78 BL für Braunschweig. HSV-Co-Trainer 1978-1980, 1981-83, 1985-87, Cheftrainer für vier Monate im Jahr 1981. Einige Jahre bei Fortuna Düsseldorf, ab Ende 2001 wieder bei RW Oberhausen. Konnte im Frühjahr 2004 den 1. FC Union Berlin nicht vor dem Abstieg aus der 2. Bundesliga retten und trat zurück. Lebt in Düsseldorf und Dubrovnik.

Rohde, Frank „Wuschi" (2.3.1960)
103 BL (7). Gebürtiger Rostocker, 1969-1990 BFC Dynamo Berlin, 42-facher DDR-Nationalspieler, gemeinsam mit Doll zum HSV. Kampfkräftiger Abwehrmann. Im September 2004 als Trainer des Regionalligisten Chemnitzer FC entlassen. Seit 2005 Trainer des Oranienburger FC Eintracht 1901 (06/07 Verbandsliga Brandenburg).

Rohwedder, Otto (3.12.1908 - 20.6.1969)
1 DM. Der Mittelstürmer des HSV-Rivalen Eimsbütteler TV und fünfmalige Nationalspieler wechselte 1939 die Seite. Während der Kriegsjahre zweimal Spielertrainer der HSV-Ligamannschaft, in der er noch bis 1946 aktiv war. Von Beruf Kaufmann.

Rolff, Wolfgang (26.12.1959)
19 A, 4 U-21. 129 BL (24). Unverzichtbarer Mittelfeldspieler, 1982-86 beim HSV, zuvor Fortuna Köln. Musste aus finanziellen Gründen vom HSV zu Leverkusen wechseln (UEFA-Cup-Sieger 1988), danach Uerdingen, Racing Strasbourg, Karlsruhe, 1. FC Köln. Ab März 1997 Co-Trainer beim HSV. Als Cheftrainer Magath 1997 beim HSV entlassen wurde, war Wolfgang Rolff solidarisch und ging freiwillig. Sprang als Trainer in Meppen ein (Zweitliga-Abstieg 1998). 1998 Interimstrainer VfB Stuttgart, Co-Trainer von Berti Vogts bei Leverkusen, gemeinsam mit dem Ex-Bundestrainer zum kuwaitischen Nationalteam. Seit Sommer 2004 Co-Trainer bei Werder Bremen.

Romeo

Romeo, Bernardo (10.9.1977)
2 A (1). 71 BL (33). Der argentinische Stürmer, 1997 mit der U 20 seines Landes in Malaysia Weltmeister, war zeitweise beim FC Valencia im Gespräch, kam aber in der Winterpause 2001/02 zum HSV und erhielt zur Saison 2002/03 die Nr. 9, die vorher Marek Heinz trug. Fast wäre ihm am 26. Januar 2002 in Stuttgart ein Traumeinstand geglückt, doch verweigerte Schiedsrichter Krug das reguläre Tor in der 3. Minute. Von da an bewies Romeo weiter Treffsicherheit: In 16 Begegnungen erzielte Romeo acht Treffer. Ab Januar 2005 ausgeliehen, erst an RCD Mallorca, für 2005/06 an CA Osasuna.

Salihamidzic, Hasan „Brazzo" (d.h. „Bürschchen") (1.1.1977)
9 A (3). 73 BL (19). Der jugoslawische Jugend-Nationalspieler (heute international für Bosnien-Herzegowina) floh vor dem Bürgerkrieg aus Jablanica und kam mit 16 Jahren zum HSV. „Das größte HSV-Talent der letzten 30 Jahre" wechselte 1998 zu Bayern München und wurde dort

ein wichtiger Spieler. Verschwägert mit dem Ex-HSVer Copado.

Sandmann, Helmut „Ratte" (21.12. 1944)
1 U-23, 6 Amat. 195 BL (2). Verteidiger, kam als Jugend-Nationalspieler vom Wandsbeker FC und debütierte 1963/64 als 19-jähriger Amateur im Europacup der Pokalsieger. Ligaspieler 1965-73, danach Barmbek-Uhlenhorst.

Sanogo

Sanogo, Boubacar „Bouba" (17.12.1982)
Als Jugendlicher bei Siroco FC in der Hafenstadt San Pedro (Elfenbeinküste), wanderte der große und kopfballstarke Stürmer nach Tunesien ab (1999-02 Espérance Sportive de Tunis). 2002 vom Al Ain Club in die Oasenstadt Al Ain im Emirat Abu Dhabi verpflichtet. Als Sango-Boubakr erzielte er in der Liga der Vereinigten Arabischen Emirate in 54 Spielen 43 Tore und gewann die 2003 erstmals ausgetragene asiatische Champions League. 2005 für 500.000 Euro zum späteren Bundesliga-Absteiger 1.FC Kaiserslautern (24 Spiele / 10 Tore / 7 Vorlagen). Nachdem der Wechsel zum FC Sochaux an der Ablöse scheiterte, 2006 für 3.8 Mio. Euro zum HSV.

Schmale, Antonia „Toni" (12.2.1980)
2 A. 21 BL (2). Die erste HSV-Nationalspielerin überhaupt war 1975 von Grün-Weiß Eimsbüttel gekommen und blieb trotz des Abstiegs (1998) für drei Regionalliga-Spielzeiten. „Toni" Schmale, Punk und Bauwagenbewohnerin, half 2001 noch beim Wiederaufstieg mit, bevor sie nach Brauweiler-Pulheim wechselte. Studiert jetzt Fotografie, spielt im gemischten Fußballteam der Uni Leipzig und boxt beim BR Atlas Leipzig im Federgewicht.

Schnoor, Horst (11.4.1934)
2 B, 1 U-23. 347 OL/DM (2). 106 BL. DM 1960, Pokalsieg 1963. Langjähriger Stammkeeper, vorher Langenhorner TSV. Erteilte 1961 dem DFB bzw. Bundestrainer Herberger eine Absage („kein Vertrauensverhältnis"). Verlor seinen Stammplatz beim HSV nach schweren Verletzungen. Seine beiden Oberliga-Tore erzielte Schnoor, der zeitweise zur europäischen Spitzenklasse zählte, 1959 gegen Bremerhaven (6:0) und 1961 gegen Neumünster (4:2). Autokaufmann, Besitzer einer chemischen Reinigung, nun Rentner.

Schnoor, Stefan (18.4.1971)
131 BL (8). Kompromissloser Abwehrspieler, 1988 vom VfR Neumünster zu den HSV-Amateuren. Von Trainer Pagelsdorf nicht mehr eingeplant, kehrte Schnoor bis 1998 doch in die Stammelf zurück. Von Derby County 2000 zum VfL Wolfsburg, seit 2006 vereinslos.

Schock, Gerd-Volker „Schocker"
(8.4. 1950)
Hervorgegangen aus dem VfB Lübeck, stürmte Schock u.a. für Sperber Hamburg, VfL Osnabrück, Arminia Bielefeld (57 BL/23). Seit 1984 Amateur- und Co-Trainer des HSV, vom 6.1.1990 bis 10.3.1992 Cheftrainer. 2001 Regionalliga-Aufstieg mit Holstein Kiel, pausierte nach dem fünften Hörsturz, später bis Februar 2004 erneut Trainer des KSV Holstein.

Schröder, Michael „Michi" (10.11.1958)
7 U-21. 118 BL (19). Mittelfeld, Abwehr. Gehört zum „Seeler-Clan", da verheiratet mit Saskia, der Tochter von Dieter und Helga Seeler. 1980-86 HSV, dann als „Notverkauf" nach Stuttgart, 1989-91 wieder HSV. Trainer des SV Lurup (4. Liga), 1998 HSV-Nachwuchstrainer. Jetzt Chefscout des Vereins.

Schulz, Willi „World Cup Willie"
(4.10. 1938)
41 A. 17-mal Kapitän, 211 BL (3). WM-Teilnehmer 1962, 1966, 1970; FIFA-Auswahl 1968. Stopper, später Libero. Der Krupp-Feingerätemechaniker war bereits bei Union (Wattenscheid-) Gün-

Dieter Seeler und Heinz Spundflasche, gemeinsam bei Altona 93.

nigfeld als Amateur A-Nationalspieler, gehörte 1960-65 Schalke 04 und 1965-1973 dem HSV an (Abschiedsspiel 23.4.1973 HSV - Weltauswahl). Insgesamt 66 A-Länderspiele. 1966 HSV-Ehrenmitglied. Kaufmann in Hamburg, seit 2004 im HSV-Aufsichtsrat, stellvertretender Vorsitzender.

Seeler, Dieter „Didi" (15.12.1931 - 21.9.1979)
1 B. 236 OL/DM (48). 28 BL (2). Der ältere der beiden Seeler-Brüder, erst Stürmer, später kampfstarker Außenläufer, begann zwar beim HSV, debütierte aber in der Oberliga Nord 1952 bei Altona 93 (67 OL/30). 1955 kehrte der blonde „Didi" zum HSV zurück und war dort bis 1965 aktiv. Seeler erlitt 1973 einen Herzinfarkt, später zwei Schlaganfälle, und starb im Alter von 47 Jahren an Herzversagen infolge eines Nierenleidens.

Seeler, Erwin „Old Erwin", „Vadder"
(29.4.1910 - 11.7.1997)
50 OL/ZM/DM (8). Den Torjäger des Arbeitersports wollte der HSV bereits 1929 als „Tull" Harder-Nachfolger abwerben. Der HSV-„Urvater" kam aber erst mit 28 Jahren 1938 zum Rothenbaum (im Krieg 1940 ein Gastspiel bei Dessau 05), wo ein Wadenbeinbruch 1949 die fußballerische Laufbahn des „Haudegens" auf der Stopper- oder Läufer-Position beendete. Seeler war populärer und erfolgreicher Arbeitersportler (1929 und 1931 Bundesmeister mit dem SC Lorbeer 06 aus Rothenburgsort, 11-mal Bundesauswahl, 14 Tore allein bei der Arbeiter-Olympiade 1931 in Wien), bis er im Februar 1932 zum bürgerlichen SC Victoria (57-mal Auswahl Nordmark bzw. Hamburg) wechselte. Seeler – „ick bün ut'n Hoben" – war bis 1973 im Hamburger Hafen beschäftigt, erst Ewerführer (Tagelohn), dann Stauer, Stauerviz (Vorarbeiter bei der Lagerung). Seeler: „Fußball und Arbeit – das war mein Leben!" Die Kinder aus der Seeler-Ehe mit Frau Anni: Dieter, Uwe und Gertrud, genannt „Purzel".

Seeler, Uwe „Uns Uwe" (5.11.1936)
72 A (43), 3 B, 1 U-23. 279 OL/DM (307!). 239 BL (137). Ehrenspielführer Nationalelf; WM-Teilnehmer 1958, 1962, 1966, 1970; 1963 FIFA-Auswahl; 1964 Europaauswahl. 1944 bis 1972 aktiv für den HSV: ca. 600 Tore als Jugendspieler, 772 Tore in 916 Spielen der Liga; bundesdeutscher Torschützenkönig 1956, 1959, 1960, 1961, 1964; Fußballer des Jahres 1960, 1964, 1970 – und immer ein HSVer, bis auf eine Ausnahme: Im April 1978 spielte er – eine adidas-Werbeaktion – einmal für Cork Celtic FC in der Liga von Irland (zwei Tore). 1995-1998 Vereinspräsident bzw. Vorstandsvorsitzender. Kaufmann. Träger des Bundesverdienstkreuzes und seit 2003 als erster Sportler Ehrenbürger der Stadt Hamburg. 2006 WM-Botschafter seiner Heimatstadt. Fiel erstmals einer breiten Öffentlichkeit auf, als er beim UEFA-Jugend-Turnier 1954 zwölf der 20 bundesdeutschen Tore erzielte. Stammplatz in der Nationalelf, seit er bei der WM 1958 an der Seite von Fritz Walter und Helmut Rahn stürmte. Nach neunmonatiger Pause wegen Achillessehnenriss Comeback in der WM-Qualifikation 1965. 40-mal Spielführer der Nationalmannschaft.

Sorin

Sorín, Juan Pablo (5.5.1976)
Der Kapitän der argentinischen Nationalmannschaft (70 A), einsetzbar in der Abwehr und im Mittelfeld, stieß 2006 vom FC Villarreal zum HSV (Trainer Doll: „ein Weltklassemann"). „Der Wandervogel" (*kicker*) hatte zuvor in Europa mit wechselndem Erfolg auch bei Juventus Turin, Lazio Rom, FC Barcelona, Paris St. Germain (Pokalsieger 2004) gespielt. 1995 Kapitän der U-19-Weltmeistermannschaft, mit River Plate Buenos Aires viermal Meister. Der Architekten-Sohn gilt als Intellektueller, betätigt sich als Moderator, Autor und Kolumnist und unterstützt in seiner Heimat Kindergärten und ein Krankenhaus.

Sperlich, Hans-Jürgen „Spatz" „Lucky" (29.2.1948)
78 BL (11). Pokalsieger 1976. Verließ nach der Sperre im Bundesliga-Skandal Hertha BSC gen Südafrika (Marizburg, Durban City), 1973-1977 beim HSV.

Spörl, Harald „Lumpi" (31.10.1966)
321 BL (60). Langjähriger und bei den Fans beliebter Stammspieler im Mittelfeld, 1987 aus Franken zum HSV. Erfolgreichster Torschütze 1995/96 (14) und 1996/97 (8). Am 11. Januar 2001 verabschiedete sich die „HSV-Ikone", mit 321 Bundesliga-Spielen auf Platz 4 der ewigen Spieler-Einsatzliste, zum Zweitligisten LR Ahlen, wohin ihn Trainer Neururer holte. Zuletzt war Spörl beim HSV nur noch selten eingesetzt worden. In der Spielzeit 2001/02 löste Ahlen vor der Winterpause den Vertrag mit „Lumpi" auf. 2002/03 Trainer des FC Bayern Hof in der Oberliga Bayern, sein „Co" war mit Fred Klaus ebenfalls ein Ex-HSVer. 2004 als Spielertrainer mit dem 1. FC Hersbruck Meister der Kreisklasse Pegnitzgrund. In Handorf beheimatet: sein Fanclub.
www.lumpinationale.de

Spundflasche, Heinz „Spund" „Spundbuddel" (4.12.1919 - 6.11.1972)
154 OL/ZM/DM (39). Der schlaksige Spielmacher kam 1937 vom Polizei SV, „ein Bündel aus Haut und Knochen" (Jupp Wolff), „der König zwischen den Strafräumen" (Gerhard Seehaase). „Außer Herberger habe ich keinen Menschen getroffen, der so viel vom Fußball verstand", schrieb Horst Frese, Nestor des Hamburger Fußball-Journalismus. Dass Spundflasche nie in der Nationalelf stand, lag an Fritz Walter und daran, dass er bei Kriegsbeginn 19 und zum Zeitpunkt des ersten Nachkriegs-Länderspiels 30 Jahre alt war. „Der HSV und ‚Spund' gehören zusammen wie Hamburg und der Hafen", wurde geschrieben – doch 1952 wechselte der 32-Jährige zum Oberliga Nord-Aufsteiger Altona 93 und bekam eine neue Geschäftsadresse: „Spundflasche" heißt der Tabakladen samt Toto-Lotto-Annahme Bahrenfelder Str. 93. Bis 1958 spielte „Spund" für Altona, war 1957 bis 1960 dort Trainer, danach 1960 bis 1964 Coach des VfB Lübeck. Heinz Spundflasche verstarb mit 53 Jahren.

Stapelfeldt, Hubert (19.4.1941)
1 U-23. 29 OL/DM. 15 BL, Pokalsieger 1963. Als Stopper Meinke-Nachfolger. War Betriebsratsvorsitzender von Edeka Hamburg.

Steffenhagen, Arno (24.9.1949)
51 BL (13). Außenstürmer. Von Hertha BSC und vor dem Bundesliga-Skandal (2 Jahre Sperre, 15.000 DM Geldstrafe) nach Südafrika geflohen, von Ajax Amsterdam zurückgeholt, 1976-78 beim HSV, 1977 EC Pokalsieger. 1981 bei Chicago Sting und mit Nogly, Chinaglia im NASL All Star Team.

Stein, Ulrich „Uli" (23.10.1954)
6 A, 2 B. 228 BL. Eigenwilliger Schlussmann, 1980-87 beim HSV, nach Faustschlag gegen Wegmann (Bayern München) im Supercup weg, 1987-1993 Frankfurt, danach wieder HSV, 1995-87 wieder bei Bielefeld. 2000 Trainer TuS Celle. Spielte im

April desselben Jahres mit 45 Jahren noch einmal für VfL Pinneberg (4. Liga) und 2003 mit 49 für VfB/Fichte Bielefeld (Oberliga Westfalen). Memoiren „Halbzeit". Als Spielerberater tätig.

Stürmer

Stürmer, Klaus (9.8.1935 - 1.6.1971)
2 A (1), 2 B. 193 OL/DM (127). DM 1960. So wie Noack/Politz beim HSV und Schütz/Konietzka vom BVB galten Uwe Seeler und Stürmer als „Zwillinge". Vom TSV Glinde wechselte der Stürmer Stürmer über den Eimsbütteler TV 1953 zum HSV; da er Auswahlspieler war, brachte ihm das ein Jahr Sperre ein. 1954 debütierte er wie Seeler in der Oberligaelf, noch vor Uwe (der im selben Spiel eingewechselt wurde) am 16. Oktober in der Nationalmannschaft. Obwohl er einen Zehn-Jahres-Vertrag bis 1970 besaß, spielte Stürmer am 17. September 1961 letztmals für den HSV: Vor dem Hintergrund finanzintensiver Unternehmungen und wohl auch auf Rat seiner „extravaganten Frau" – so die Presse – Toby entschied sich der gelernte Radiomechaniker für das Ausland. Den sofortigen Wechsel zu Racing Straßburg verhinderte der NFV, so blieb Stürmer bis auf ein einmaliges Gastspiel bei Altona 93 inaktiv und begann 1962 aufs Neue in der Schweiz – „ich gehe dahin, wo ich am besten verdiene". Die Stationen: FC Zürich (1962-64, 1965-67, Cupsieg 1966), Young Fellows Zürich (1964-65), Spielertrainer bei FC Grenchen (1967-70) und SC Winterthur (ab 1970), wobei die Rückkehr nach Hamburg stets ein Thema war. 1971 gestand Klaus Stürmer in einer Serie der *Bild-Zeitung*: „Ich habe Krebs". 35 Jahre alt, erlag er am 1. Juni 1971 dem Leiden. Zum Benefizspiel für Ehefrau Toby und Sohn Roger am Rothenbaum kamen nachmittags an einem Werktag 12.393 Zuschauer (Reinerlös 60.000 DM).

Takahara, Naohiro (4.6.1979)
24 A (8). 45 BL (5). Nicht zuletzt mit Blick auf die Fans in seiner Heimat Japan unter Vertrag genommen, hatte der beliebte und international erfahrene Spieler (zeitweise Boca Juniors) einige starke Auftritte, zeigte aber Schwächen im Abschluss. Besass zuletzt keinen Stammplatz mehr, deshalb 2006 zu Eintracht Frankfurt. WM-Teilnehmer 2006, kurz zuvor zweifacher Torschütze gegen Deutschland (2:2), insgesamt 44 A.

Toppmöller, Klaus „Toppi" (12.8.1951)
Mit 108 BL-Toren für den 1.FC Kaiserslautern (1972-80) immer noch in den Top 40 der „ewigen" Torjägerliste, trat der dreifache Nationalspieler im Oktober 2003 beim HSV seine insgesamt neunte Trainerstelle an, nachdem er u.a. 1996 mit Bochum in die Bundesliga aufgestiegen war und 1997/98 am UEFA-Cup teilnahm, mit Leverkusen 2002 Deutscher Vize, Pokalfinalist und Champions-League-Finalist war („Trainer des Jahres"). Führte den HSV vom Abstiegsplatz noch in den UI-Cup, bevor er zu Beginn der Saison 2004/05 selbst in schwere See geriet. Als der HSV nach dem 8.Spieltag auf dem letzten Tabellenplatz stand, erfolgte am 17.10.2004 Toppmöllers Entlassung. Seit 1.2.2006 Nationaltrainer von Georgien.

Tøfting, Stig (14.8.1969)
12 A, 56 BL (2). Kraftpaket mit aggressivem Stil, das zweimal beim HSV anheuerte. Tøfting, als Vollwaise aufgewachsen, gehörte erstmals von 1993 bis April 1995 dem HSV an, ehe er für seinen Heimatverein Aarhus GF, Odense BK, MSV Duisburg und wieder Odense aktiv war. Im Juli 2000 kehrte der dänische Nationalspieler nach Hamburg zurück, um im Januar 2002 zu den Bolton Wanderers nach England zu wechseln. Bis dahin hatte er fast alle HSV-Begegnungen mitgemacht. WM-Teilnehmer 2002. Wegen einer Haftstrafe (Körperverletzung) zum Saisonende 2003 von Bolton entlassen, danach wieder in Aarhus. Ende 2005 zu Randers FC, 2006 mit dem dänischen Zweitligisten Pokalsieger. 36-jährig seit 30.1.2006 bei BK Häcken (Schweden).

Trochowski

Trochowski, Piotr „Troche" (22.3.1984)
10 U-21. 35 BL (5). Geboren in Tczew (laut DFB: Dirschau) in Pommern in Polen, kam der Mittelfeldspieler als Fünfjähriger mit der Familie nach Hamburg. Der Sohn eines Fliesenlegers wuchs neben dem Sportplatz der SpVgg Billstedt-Horn auf, begann bei diesem Verein und gehörte danach dem SC Concordia Hamburg und dem FC St. Pauli an. Der 15-Jährige wechselte zum FC Bayern nach München, wo er auch die Mittlere Reife bestand. Weil keine Einigung des FC Bayern mit dem VfB Stuttgart zustande kam, kehrte Trochowski im Januar 2005 nach Hamburg zurück. Seit 2006 A-Nationalspieler.

Ujfalusi, Tomás „Ujfal" (24.3.1978)
30 A (2). 105 BL (2). Zuverlässiger Defensivmann mit langen Haaren und Stirnband, zum 1. Dezember 2000 für 3 Mio. DM von Sigma Olomouc aus Tschechien gekauft. Dort hatte „Ujfal" neun Jahre lang mit Marek Heinz zusammengespielt und mit ihm in der U 21 das Zimmer geteilt. Entdeckt hatte ihn der damalige HSV-Chefscout Hans-Dieter Schmidt in dieser U 21. Der Tscheche wurde A-Nationalspieler und repräsentierte bei der EM 2004 noch den HSV. Schon lange international begehrt, ging er wenig später zur Fiorentina nach Italien bzw. wurde dorthin verkauft, was in Hamburg keine Begeisterung auslöste. WM-Teilnehmer 2006.

van Buyten,Daniel (7.2.1978)
10 A (2). 61 BL (7). Als Hoogma-Nachfolger wurde der 1,97 m große belgische Defensivmann 2004 von Olympique Marseille verpflichtet und nach Ujfalusis Weggang neuer HSV-Kapitän. 2006 ging der Kapitän nach nur zwei Spielzeiten von Bord, da er unbedingt bei Bayern München spielen wollte. Dem HSV brachte das zehn Mio. Euro Ablöse ein.

Van der Vaart

van der Vaart, Rafael „Rafi" „Rafa" (11.2.1983)
9 A (2). 19 BL (9). Der niederländische Nationalspieler, Spielmacher und Torschütze zugleich, wurde in der Saison 2005/06 auf Anhieb zum neuen HSV-Star und Publikumsliebling. Sohn eines Niederländers und einer Spanierin, mit vier Jahren beim Verein De Kennemers in Beverwijk, mit zehn Jahren in der Fußballschule von Ajax Amsterdam. Zahlreiche Meriten: Amsterdams Fußball-Talent des Jahres 2000 und 2001, niederländischer Meister 2002 und 2004, mit 18 Jahren Debüt in der Nationalmannschaft. Van der Vaart, der in einem geräumigen Wohnwagen aufwuchs, verstand sich nicht mit Ajax-Trainer Ronald Koeman, weshalb der Wechsel zum HSV erfolgte – auch, weil er und Ehefrau Sylvie, eine TV-Moderatorin (beide gelten in ihrer Heimat als „Traumpaar") auf Anhieb von der Stadt begeistert waren. Lebt in Hamburg-Eppendorf. WM-Teilnehmer 2006, insgesamt 38 A.
www.rafaelvdvaart.nl (seine website, noch nicht in Deutsch).

Volkert, Georg „Schorsch" (28.11.1945)
6 A. 214 BL (62). Verließ Absteiger 1. FC Nürnberg 1969 zum FC Zürich, von wo ihn der HSV für 1971-78 verpflichtete. Galt als sehr geschäftstüchtiger Profi, der nebenbei Versicherungen vermittelte. Danach VfB Stuttgart, 1. FCN, Hummelsbüttler SV in Hamburg (insgesamt 410 BL/125).

Manager FC St. Pauli, HSV, 1998 mit dem 1. FCN Aufstieg in die Bundesliga. Lebt in Sachsen bei Ansbach in Franken und arbeitet in der Immobilienbranche, indem er für eine Baufirma Grundstücke für Reihenhäuser sucht.

Vreden

Vreden, Tanja „Makrele" (10.2.1977)
6 A (1). 63 BL (30). Kam aus Ochsenwerder/Moorfleet im Hamburger Osten und fehlte seit 1995 kaum jemals in einem Ligaspiel. Die regelmäßige Torjägerin hat inklusive Regionalliga und Aufstiegsrunden die 100-Tore-Marke inzwischen übertroffen. Nationalspielerin schon 1997/98, obwohl die Mannschaft damals abstieg. Wurde vom DFB per Brief aus dem Nationalteam verabschiedet und verlor deshalb ihren Status als Berufssoldatin.

Warning

Warning, Walter (23.4.1917 - 7.1.2002)
101 OL/ZM/DM. 16 Jahre lang Gau- und Oberligatorwart, länger als jeder andere beim HSV, wenn auch mit kriegsbedingten Unterbrechungen. In der Besatzungszeit behaupteten die Bewunderer des schwer aus der Ruhe zu bringenden, sicheren Keepers gern, dass die vielen amtlichen englischsprachigen Schilder mit der Aufschrift „Warning!" seinetwegen aufgestellt seien. Größter Erfolg: die Zonenmeisterschaft 1947, als er gegen Borussia Dortmund das „zu Null" festhielt. Schluss machte er 1951, setzte sich aber während der Endrunde im folgenden Jahr nochmals auf die Bank, als sein Nachfolger Globisch verletzt ausfiel. Bis ins hohe Alter am HSV-Geschehen interessiert, lebte zuletzt in Rellingen bei Pinneberg.

Wehmeyer

Wehmeyer, Bernd „Fummel" (6.6.1952)
13 Oly. 183 BL (10). Von Hannover 96 für die linke Abwehrseite geholt, 1978-1986 in der Erfolgszeit beim HSV ein wichtiger Akteur. Viele Jahre HSV-Team- bzw. Vereinsmanager.

Werner, Jürgen (15.8.1935 - 27.5.2002)
4 A (2), 1 U-23. 206 OL/DM (15). DM 1960. Der blonde, lange, spielintelligente Außenläufer bleibt u.a. wegen seiner Zweikämpfe mit Weltklassemann Pelé in bester Erinnerung. Bei der WM 1962 in Chile konnte er wegen einer Verletzung nicht eingesetzt werden. Seine Entscheidung, für die Bundesliga nicht zur Verfügung zu stehen, begründete der 27-Jährige Latein- und Sport-Student 1963 so: „Die notwendige Konsequenz (Anm.: aus der Einführung des Lizenzspielertums) kann bei meiner Einstellung nur heißen: Ich höre auf! Ich habe den Fußball stets als herrlichste Nebensache betrach-

tet." 1986-1992 DFB-Spielausschussvorsitzender. Beruflich Hauptseminarleiter am Staatlichen Studienseminar, war der in Wellingsbüttel wohnhafte Werner, seit dem 11.Lebensjahr HSVer, stets seinem Verein verpflichtet: Seit 1962 im Ausschuss der Paul-Hauenschild-Stiftung, deren langjähriger Vorsitzender, bis 2000 stellvertretender Aufsichtsrats-Vorsitzender. Jürgen Werner verstarb 2002 nach langjähriger Krebserkrankung. Das HSV-Nachwuchs-Internat in Norderstedt-Ochsenzoll ist Jürgen-Werner-Schule benannt.

Wicky

Wicky, Raphael (26.4.1977)
36 A (1). 112 BL (4). Der Schweizer Nationalspieler, der fünf Sprachen beherrscht, war 1997-2001 bei Werder Bremen engagiert (DFB-Pokalsieg 1999) und wurde vom spanischen Zweitligisten Atletico Madrid nach Hamburg geholt. HSV-Debüt im Mittelfeld am 15.12.2001. Neben Ujfalusi war er der einzige aktuelle HSV-Spieler bei der EM 2004 in Portugal. Stammspieler beim HSV, WM-Teilnehmer 2006, insgesamt 71 A.

Wilke, Martin (15.11.1926)
Der Trainer der Pokalsieger-Elf von 1963 war zweimal dafür zuständig, das HSV-Team in einen neuen Zeitabschnitt zu führen: nach der radikalen Verjüngung 1954-56 mit Günter Mahlmann und dann noch einmal als dessen Nachfolger an der Schnittstelle zur Bundesliga 1962-64. Sein 6. Platz im ersten Bundesliga-Jahr galt als unbefriedigend, wurde aber erst 1971 übertroffen. Lange Jahre Verbandstrainer in Hamburg und Coach der Norddeutschen Auswahl, auch zweimal bei Concordia. Lebt in Norderstedt.

Winkler, Klaus „Jonny" (25.5.1949 - 4.9.1985)
117 BL (10). Als „zweiter Beckenbauer" gefeiert, stand der Lebenswandel des Libero nicht immer in Einklang mit den Erfordernissen des Profidaseins, das er in Hamburg beim HSV (1971-77) und St. Pauli (1977/78) erlebte. Nach Verletzungen, geschäftlichen Pleiten und der Trennung von seiner Frau (einer Schwester von Nationalspieler Brülls) verfiel Winkler dem Alkoholismus und kehrte ins Mönchengladbacher Elternhaus heim. Der Sohn von Alt-Nationalspieler Paul „Jonny" Winkler erlag dort im Alter von 36 Jahren einem Herz-Kreislaufversagen.

Wojtkowiak, Herbert (11.1.1922)
213 OL/DM (150). Mittelstürmer von TuS Hamburg, 1950/51 mit 40 Treffern in 31 Begegnungen bundesdeutscher Oberliga-Torschützenkönig. In der Zeit nach 1945 nach Uwe Seeler mit 150 Treffern erfolgreichster HSV-Torschütze.

Wolpers

Wolpers, Eduard „Edu"
(2.8.1894 - 23.11.1976)
1 A, 2 DM (1). Der Hannoveraner war 1926/27 beim HSV und kam als halblinker „Ballschlepper" 1926 mit 32 Jahren noch zu einem Länderspiel. Anschließend wieder bei Arminia Hannover. Mit 53 Einsätzen der „ewige" Rekordspieler der NFV-Repräsentativmannschaft.

Wulf, Peter (13.3.1938 – 28.7.1995)
116 OL/DM (61). 44 BL (15). Schlaksiger Halbstürmer, 1957 von Viktoria Wilhelmsburg, damals noch zu jung, um einen Vertrag zu unterschreiben. 1958-1967 in der HSV-Liga, vielseitig, beim Publikum als umständlich verschrien; schaffte den Durchbruch nie so ganz, schoss aber ein Traumtor beim 2:1 über Barcelona 1961. Später Sperber Hamburg, La Chaux-de-Fonds. Verstarb im Alter von 57 Jahren infolge eines Herzinfarktes.

Yeboah, Anthony „Tony" (6.6.1966)
100 BL (28). Begann seine Karriere in Deutschland beim Zweitligisten 1. FC Saarbrücken, 1990 bis Anfang 1995 bei Eintracht Frankfurt (Torschützenkönig 1993 und 1994). „Stareinkauf" des HSV für 2.6 Mio. DM im September 1997 von Leeds United. Der Ghanaer war Trainer Pagelsdorf bereits 1988 in Dortmund begegnet, als er dort ein Probetraining absolvierte. 2001/02 nur noch fünf Einsätze, ablösefrei in der Winterpause zu Al-Etehad Sport Club in Katar, der Tabellenletzter wurde.

Zaczyk, Klaus (25.5.1945)
262 BL (47). Der jüngste Lizenzspieler beim Bundesliga-Start 1963 stieg mit dem Karlsruher SC 1968 und mit dem amtierenden Deutschen Meister 1. FC Nürnberg 1969 ab. 1969-1978 beim HSV, zuverlässiger Mittelfeldspieler, aber nicht im EC-Siegerteam 1977. Laufbahnende als Spielertrainer bei Kassel 03. Es blieb bei einem A-Länderspiel in seiner KSC-Zeit, obwohl ihm Helmut Schön 1970 die WM-Teilnahme versprochen hatte („Klaus, du brauchst keinen Urlaub zu nehmen!"). Trainer mit A-Lizenz, beschäftigt bei der Vereins- und Westbank in Hamburg.

Zebec, Branko (17.5.1929 - 26.9.1988)
65 A (17) für Jugoslawien, WM-Teilnehmer von Partizan Belgrad 1954 und 1958, Silbermedaille Olympische Spiele 1952 und 1956, Europaauswahl 1953, Linksaußen und Mittelstürmer, zuletzt Stopper bei Alemannia Aachen, wo seine Spielerlaufbahn mit einem Beinbruch endete. Erfolgreicher Trainer, so auch von 1978 bis zum 18.12.1980 beim HSV. Starb 59 Jahre alt in Zagreb.

Ziegenspeck, Heini (16.2.1897 - 2.10.1962)
9 DM (4). Im fernen Indien geboren, wo er im 1. Weltkrieg bis 1918 interniert war. Intelligenter, manchmal umständlicher Kombinationsspieler, aber stets torgefährlich; oft kritisiert, trotzdem zehn Jahre im Kader (1921-31, 73 Ligaspiele, 74 Tore). Erstklassiger Hockeyspieler und Eisschwimmer. Vom HSV auch als Dolmetscher für Englisch eingesetzt.

Die meisten Liga-Spiele

1.	Manfred Kaltz	581
2.	Uwe Seeler	518
3.	Horst Schnoor	453
4.	Thomas von Heesen	368
5.	Jochen Meinke	359
6.	Gert Dörfel	347
7.	Jürgen Kurbjuhn	333
8.	Ditmar Jakobs	323
9.	Harald Spörl	321
10.	Peter Nogly	320

Die meisten Liga-Tore

1.	Uwe Seeler	444
2.	Herbert Wojtkowiak	150
3.	Horst Hrubesch	136
4.	Klaus Stürmer	127
5.	Gert Dörfel	114
6.	Thomas von Heesen	99
7.	Edmund Adamkiewicz	82
8.	Manfred Kaltz	76
	Peter Wulf	76
10.	Werner Harden	72

Die Statistik bezieht sich auf die Zeit nach 1945. Bis 1963 werden auch die Endrunden-Begegnungen als Ligaspiele gewertet.

Statistischer Anhang

Der HSV aktuell

Anschrift:
Sylvesterallee 7
22525 Hamburg
Tel. 040 - 41 55 01, Fax 040 - 41 55 10 60
Internet: www.hsv.de
E-Mail: info@hsv.de

Gegründet: 29.September 1887
Mitglieder: 44.088 (1.10.2006)
Vereinsfarben: blau-weiß-schwarz

Sportarten
Badminton, Baseball, Basketball, Bowling, Cricket, Eishockey, Fußball Männer, Fußball Frauen, Fußball Jugend, Golf, Gymnastik Frauen, Handball, Jederfrau Sport, Jedermann Sport, Sport für Kinder, Volleyball Senioren Herren, Volleyball Senioren Damen, Karate, Herz-Reha-Gymnastik, Hockey, Leichtathletik Jugend, Rugby, Inline- und Skaterhockey, Schiedsrichter, Schwimmen, Senioren, Tennis, Tischtennis, Tanzsport

Vorstand
Vorstandsvorsitzender und Geschäftsführer: Bernd Hoffmann
Stellvertretender Vorsitzender und sportliche Leitung: Dietmar Beiersdorfer
3.Vorstandsmitglied: Christian Reichert
4.Vorstandsmitglied: Katja Kraus

Vorsitzende des Aufsichtsrats
Udo Bandow (Vorsitzender), Willi Schulz, Ronald Wulff (beide stv. Vorsitzende).

Bereich Fußball
Bundesliga-Cheftrainer: Thomas Doll
Co-Trainer: Ralf Zumdick
Torwart-Trainer: Ronny Teuber
Reha-Trainer: Markus Günther
Club-Manager: Bernd Wehmeyer
Team-Manager: Marinus Bester, Stv.: Jürgen Ahlert
Pressesprecher: Jörn Wolf
Mannschaftsärzte: Dr. Oliver Dierk, Nikolai Linewitsch
Physiotherapeuten: Uwe Eplinius, Andrea Müller
Masseur: Stefan Kliche
Osteopath: Thomas Marquardt
Athletiktrainer: Markus Günther
Zeugwarte: Manfred Zielsdorf, Miroslav Zadach
Scouting: Michael Schröder, Bernd Legien

HSV II
Cheftrainer: Karsten Bäron
Co-Trainer: Ingo Dammann

HSV-Frauenfußball
Abteilungsleiter Hartmut Engel
Trainer Frauen (Bundesliga): Achim Feifel
Co-Trainer: Javier Navarro-Borrego
www.hsv-frauen.de

Nachwuchsbereich
Sportlicher Leiter: Stephan Hildebrandt
Sportlicher Leiter Nachwuchsleistungszentrum: Markus Hirte
Trainer A-Junioren Bundesliga / U 19: Jörg-Michael Gerth, Co-Trainer Soner Uysal, Frank Pieper
Trainer B-Junioren Regionalliga / U 17: Rodolfo Cardoso, Co-Trainer Sven Marr
www.young-talents.com

Spielstätten / Training
Bundesliga und sog. Risikospiele des HSV II: AOL-Arena, 57.000 Plätze, davon 51 sog. VIP-Logen (Osttribüne) mit 580 Plätzen, 2.950 sog. Business Seats (2.110 Osttribüne, 840 Westtribüne), 9.638 Stehplätze. – Bei internationalen Spielen: 50.000 Sitzplätze. – Trainingsgelände neben der AOL-Arena.
HSV II, Frauen-Bundesliga, Frauen-2.Bundesliga: Wolfgang-Meyer-Sportplatz, Hagenbeckstr. 124, Hamburg-Stellingen (U 2 bis Hagenbeck), 2.400 Plätze, davon 400 Sitzplätze auf der Tribüne, 1.200 Stehplätze auf der Tribünen-Gerade, 800 Stehplätze auf der Gegengerade

Erfolge des HSV 1895 bis 2006

1895/96 SC Germania Meister des Hamburg-Altonaer Fußball-Bundes (HAFB) (o.N. = ohne Niederlage)
1896/97 Germania Meister HAFB (o.N.)
1900/01, 1901/02 Germania Meister HAFB
1903/04 Germania Meister HAFB, Halbfinalist Deutsche Meisterschaft (DM)
1913/14 Hamburg 88 Meister A-Klasse (2. Liga)
1918/19 KSG Victoria/HSV 88 Nordmeister (o.N.)
1920/21 Nordmeister (o.N.)
1921/22 Nordmeister, Endspiele DM gg. 1. FC Nürnberg 2:2 n.V., 1:1 n.V. (kein Titel vergeben)
1922/23 Nordmeister; Deutscher Meister: 3:0 gg. Union Oberschöneweide
1923/24 Groß-Hamburger (Gr.-Hbg.) Meister (o.N.); Nordmeister; Deutscher Vize: 0:2 gegen 1. FC Nürnberg
1924/25 Nordmeister
1925/26 Gr.-Hbg. Meister, Halbfinalist DM
1926/27 Gr.-Hbg. Meister, im Dezember Nord-Pokalsieger
1927/28 Gr.-Hbg. Meister; Nordmeister; Deutscher Meister: 5:2 gegen Hertha BSC Berlin
1928/29 Meister der „Runde der Zehn" (o.N.); Nordmeister
1929/30 Meister Gr.-Hbg.
1930/31 Meister Gr.-Hbg.; Nordmeister; Halbfinalist DM
1931/32 Meister Gr.-Hbg. (o.N.); Nordmeister
1932/33 Nordmeister
1936/37 Meister Gauliga Nordmark; 4. Platz DM
1937/38 Meister Gauliga (o.N., wie auch der Zweite ETV); 4. Platz DM
1938/39 Meister Gauliga; 4. Platz DM
1939/40 Meister Bereichsliga Nordmark, Staffel A; Vize Bereichsliga (1:4, 0:6 gg. ETV)
1940/41 Meister Bereichsliga (o.N.: 44:0 Punkte!)
1944/45 Meister Gauklasse Hamburg (o.N.)
1945/46 Meister Stadtliga Hamburg (o.N.)
1946/47 Meister Britische Besatzungszone
1947/48 Nordmeister; Meister Brit. Besatzungszone
1948/49, 1949/50, 1950/51, 1951/52 Nordmeister
1952/53 Nordmeister; Nord-Pokalsieger
1953/54 schlechteste Liga-Platzierung auf Regionalebene: 11. Rang (FC St. Pauli 2., Altona 3., ETV 8.)
1954/55 Nordmeister
1955/56 Nordmeister; Nord-Pokalsieger; DFB-Pokal-Endspiel: 1:3 gg. Karlsruher SC
1956/57 Nordmeister; Nord-Pokalsieger; Deutscher Vize: 1:4 gg. Borussia Dortmund
1957/58 Nordmeister; Deutscher Vize: 0:3 gegen Schalke 04
1958/59 Nordmeister; Nord-Pokalsieger
1959/60 Nordmeister; Nord-Pokalsieger;
Deutscher Meister: 3:2 gg. 1. FC Köln
1960/61 Nordmeister; Halbfinalist EC Meister (gg. FC Barcelona 0:1, 2:1, 0:1)
1961/62 Nordmeister
1962/63 Nordmeister; DFB-Pokalsieger: 3:0 gg. Borussia Dortmund
1966/67 DFB-Pokal-Endspiel: 0:4 gg. Bayern München
1967/68 Endspiel EC Pokalsieger: 0:2 gg. AC Mailand
1972/73 Deutscher Ligapokal-Sieger: 4:0 gg. Mönchengladbach
1973/74 Endspiel DFB-Pokal: 1:3 n.V. gg. Eintracht Frankfurt
1975/76 DFB-Pokalsieger: 2:0 gg. 1. FC Kaiserslautern
1976/77 Endspiel EC Pokalsieger: 2:0 gg. Anderlecht; Dt. Supercup: 2:3 gg. Mönchengladbach
1977/78 Europäischer Supercup: 1:1, 0:6 gg. FC Liverpool
1978/79 Deutscher Meister
1979/80 Endspiel EC Meister: 0:1 gg. Nottingham Forest; Deutscher Vize
1980/81 Deutscher Vize
1981/82 Deutscher Meister; Endspiele UEFA-Cup: 0:1, 0:3 gg. IFK Göteborg; Dt. Supercup: 1:1, Elfmeterschießen 2:4 gg. Bayern München
1982/83 Deutscher Meister; Endspiel EC Meister: 1:0 gg. Juventus Turin

1983/84 Deutscher Vize; Weltpokal: 1:2 n.V. gg. Gremio Porto Alegre; Europäischer Supercup: 0:0, 0:2 gg. FC Aberdeen

1986/87 Deutscher Vize; DFB-Pokalsieger: 3:1 gg. Stuttgarter Kickers

1987/88 Dt. Supercup: 1:2 gg. Bayern München; Sieger Hallenmasters (inoffiziell)

1996/97 Vize DFB-Hallenmasters

2002/03 Deutscher Ligapokal-Sieger: 4:3 gg. Borussia Dortmund

2005/06 U1-Cup-Sieger (zusammen mit zwei weiteren Vereinen)

Abkürzungen:
EC = Europacup; AF = Achtelfinale; VF = Viertelfinale; HF = Halbfinale; VR = Vorrunde; E = Endspiel; 1. R. = 1. Runde

Zusammenfassung:

Europacupsieger der Meister: 1983

Europacupsieger der Pokalsieger: 1977

Endspiel-Teilnahme Europacup: 4-mal

Deutscher Meister: 1923, 1928, 1960, 1979, 1982, 1983

Endspiel-Teilnahme Dt. Meisterschaft: 7-mal

DFB-Pokalsieger: 1963, 1976, 1987

Endspiel-Teilnahme DFB-Pokal: 6-mal

DFB-Ligapokal-Sieger: 1973, 2003

Meister Britische Zone: 1947, 1948

Nordmeister 26-mal (1-mal mit SC Victoria zusammen): 1919-1933; 1948-1963; zudem bester Nordklub der Gauliga-Zeit in den Endrunden um die Deutsche Meisterschaft 1937, 1939, 1941

Gau-/Bereichsmeister: 4-mal

(Groß-)Hamburger Meister 9-mal: 1924, 1926, 1927, 1928, 1930, 1931, 1932, 1945, 1946

Nord-Pokalsieger 6-mal: 1926 sowie 1953, 1956, 1957, 1959, 1960

Endspiel um die Deutsche Meisterschaft 1928: Torwart Gehlhaar (Hertha BSC) rettet vor Ziegenspeck, doch dessen HSV gewinnt 5:2.

Platzierungen des HSV in Oberliga Nord und Bundesliga

Der Hamburger SV gehörte von 1947 bis 1963 der Oberliga Nord an und spielt seit 1963 als einziger Bundesligist ohne Unterbrechung in der Bundesliga.

Saison	Platz	Tore	Punkte
1947/48	1*	66:17	37:7
1948/49	1*	61:31	32:12
1949/50	1	101:39	48:12
1950/51	1	113:54	49:15
1951/52	1	96:48	45:15
1952/53	1	78:57	43:17
1953/54	11**	77:58	27:33
1954/55	1	108:41	47:13
1955/56	1	89:35	41:19
1956/57	1	86:34	41:19
1957/58	1	78:35	43:17
1958/59	1	98:29	52:8
1959/60	1	96:38	45:15
1960/61	1	101:29	50:10
1961/62	1	100:34	50:10
1962/63	1	100:40	49:11
1963/64	6	69:60	32:28
1964/65	11	46:56	27:33
1965/66	9	64:52	34:34
1966/67	14	37:53	30:38
1967/68	13	51:54	33:35
1968/69	6	55:55	36:32
1969/70	6	57:54	35:33
1970/71	5	54:63	37:31
1971/72	10	52:52	33:35
1972/73	14	53:59	28:40
1973/74	12	53:62	31:37
1974/75	4	55:38	43:25
1975/76	2	59:32	41:27
1976/77	6	67:56	38:30
1977/78	10	61:67	34:34
1978/79	1	78:32	49:19
1979/80	2	86:35	48:20
1980/81	2	73:43	49:19

Saison	Platz	Tore	Punkte
1981/82	1	95:45	48:20
1982/83	1	79:33	52:16
1983/84	2	75:36	48:20
1984/85	5	58:49	37:31
1985/86	7	52:35	39:29
1986/87	2	69:37	47:21
1987/88	6	63:68	37:31
1988/89	4	60:36	43:25
1989/90	11	39:46	31:37
1990/91	5	60:38	40:28
1991/92	12	32:43	34:42
1992/93	11	42:44	31:37
1993/94	12	48:52	34:34
1994/95	13	43:50	29:39
1995/96	5	52:47	50
1996/97	13	46:60	41
1997/98	9	38:46	44
1998/99	7	47:46	50
1999/2000	3	63:39	59
2000/01	13	58:58	41
2001/02	11	51:57	40
2002/03	4	46:36	56
2003/04	8	47:60	49
2004/05	8	55:50	51
2005/06	3	53:30	68

HSV-Frauen in der Bundesliga

1997/98	12	17:78	5 (Abstieg)
2001/02	11	16:62	8 (Abstieg)
2003/04	6	47:34	34
2004/05	9	20:48	20
2005/06	5	42:40	33

(*) jeweils nach Entscheidungsspiel
(**) 4 Punkte abgezogen

Der HSV in den Endrunden um die Deutsche Meisterschaft, 1904 bis 1963

Aufgeführt sind jeweils Runde, Datum, Austragungsort, Zuschauerzahl, Begegnung, Resultat.
Abkürzungen: AF = Achtelfinale, VF = Viertelfinale, HF = Halbfinale, E = Endspiel,
Z = Zuschauerzahl, unbek. = unbekannt,
HH = Hamburg, 3.Pl. = Spiel um Platz 3,
Wh. = Wiederholungsspiel

1903/04
VF 24.4.04, Mühlenkamper Rennbahn HH, Z: unbek.: Germania Hamburg* - ARBV Hannover 11:0 (8:0)
HF 8.5., Mühlenkamper Rennbahn, Z: unbek.: Germania* - Britannia Berlin 1:3 (0:3)
* Vorläufer-Verein des HSV

1920/21
VF 22.5.21, Borussia-Platz Duisburg, Z: unbek.: Duisburger SpV - HSV 2:1 n.V. (1:0, 1:1)

1921/22
VF 21.5.22, ETV-Platz HH, 12.000:
HSV - Stettiner FC Titania* 5:0 (3:0)
HF 4.6., Riederwaldplatz Frankfurt/M., 18.000:
HSV - FC Wacker München 4:0 (2:0)
E 18.6., Grunewaldstadion Berlin, 30.000:
HSV - 1.FC Nürnberg 2:2 n.V. (1:2, 2:2)
HSV: Martens, Beier, Schmerbach, Flohr (1 Tor), Halvorsen, Krohn, Kolzen, Breuel, Harder, Schneider, Rave (1)
E Wh. 6.8., VfB-Platz Leipzig, 50.000:
HSV - 1.FCN 1:1 n.V. (0:0, 1:1)
HSV: Martens, Beier, Agte, Flohr, Halvorsen, Krohn, Kolzen, Breuel, Harder, Schneider (1), Rave
Der HSV verzichtete auf die Deutsche Meisterschaft, es gab keinen Titelträger.
* Baltenverband

1922/23
VF 13.5.23, Stadion Altona, 20.000:
HSV - Guts-Muts Dresden 2:0 (1:0)
HF 27.5., Preußen-Platz Stettin, 10.000:
VfB Königsberg - HSV 2:3 (1:1)
E 10.6., Grunewaldstadion Berlin, 64.000:
HSV - Union Oberschöneweide 3:0 (1:0)
HSV: Martens, Beier, Speyer, Carlsson, Halvorsen, Krohn, Kolzen, Breuel (1), Harder (1), Schneider (1), Rave

1923/24
VF 11.5.24, Sportfreunde-Platz Breslau, 10.000:
Breslauer Sportfreunde - HSV 0:3 (0:1)
HF 25.5., Victoria-Platz HH, 10.000:
HSV - SpVgg Leipzig-Lindenau 1:0 (1:0)
E 9.6., Grunewaldstadion Berlin, 30 000:
1. FC Nürnberg - HSV 2:0 (1:0)
HSV: Martens, Beier, Risse, Lang, Halvorsen, Krohn, Kolzen, Fick, Harder, Schneider, Rave

1924/25
AF 3.5.25, Radrennbahn Hannover, 7.000:
FSV Frankfurt - HSV 2:1 n.V. (1:0, 1:1)

1925/26
AF 16.5.26, Stadion Duisburg, 12.000:
Duisburger SpV - HSV 1:3 (1:2)
VF 30.5., Victoria-Platz HH, 20.000:
HSV - SV Fortuna Leipzig 6:2 (3:1)
HF 6.6., Grunewaldstadion Berlin, 45.000:
Hertha BSC Berlin - HSV 4:2 (2:1)

1926/27
AF 8.5.27, Rheinstadion Düsseldorf, 20.000: Fortuna Düsseldorf - HSV 1:4 (0:2)
VF 22.5., Victoria-Platz HH, 25.000:
HSV - 1.FC Nürnberg 1:2 (0:0)

1927/28
AF 8.7.28, ETV-Platz HH, 10.000:
HSV - FC Schalke 04 4:2 (2:0)
VF 15.7., VfB-Platz Königsberg, 6.000:
VfB Königsberg* - HSV 0:4 (0:2)
HF 22.7., Wedaustadion Duisburg, 20.000:
HSV - FC Bayern München 8:2 (1:1)
E 29.7., Stadion Altona, 42.000:
HSV - Hertha BSC Berlin 5:2 (3:1)

HSV: Blunk, Beier, Risse, Lang, Halvorsen, Carlsson, Kolzen (2), Ziegenspeck, Harder (1), Horn (1), Rave (1)
* Baltenverband

1928/29
AF 16.6.29, Wedaustadion Duisburg, 12.000:
Meidericher SpV - HSV 2:3 (0:2)
VF 30.6., Stadion Altona, 25.000:
HSV - SpVgg Fürth 0:2 (0:1)

1930/31
AF 10.5.31, Hindenburg-Stadion Beuthen, 13.000: Beuthen 09* - HSV 0:2 (0:0)
VF 17.5., Stadion Altona, 15.000:
HSV - Eintracht Frankfurt 2:0 (1:0)
HF 31.5., Wacker-Stadion Leipzig, 25.000:
Hertha BSC Berlin - HSV 3:2 n.V. (2:0, 2:2)
* Südostdeutscher Meister

1931/32
AF 8.5.32, Stadion Altona, 7.000:
HSV - VfL Benrath* 3:1 (1:0)
VF 22.5., Stadion Bochum, 28.000:
FC Schalke 04 - HSV 4:2 (2:1)
* 3. Westdeutscher Teilnehmer, B. ist heute Stadtteil von Düsseldorf

1932/33
AF 7.5.33, ETV-Platz, 12.000:
HSV - Eintracht Frankfurt 1:4 (0:2)

1936/37
Gruppe I
4.4.37, ETV-Platz, 20.000:
HSV - Beuthen 09 6:0 (2:0)
11.4., VfB-Platz Königsberg, 10.000:
MSV Hindenburg Allenstein - HSV 2:5 (1:3)
18.4., Ostragehege Dresden, 25.000:
BC Hartha - HSV 0:3 (0:0)
25.4., Rothenbaum HH, 16.000:
HSV - Allenstein 6:1 (2:0)
6.5., Stadion Beuthen, 6.000:
Beuthen 09 - HSV 1:4 (1:2)
23.5., Stadion Altona, 8.000:
HSV - BC Hartha 3:0 (1:0)

					Tore	Punkte
1. HSV	6	6	0	0	27:4	12:0
2. BC Hartha*	6	2	1	3	13:17	5:7
3. Allenstein**	6	1	2	3	10:21	4:8
4. Beuthen***	6	1	1	4	12:20	3:9

HF 6.6., Olympiastadion Berlin, 60.000:
1. FC Nürnberg - HSV 3:2 (2:0)
3. Pl. 19.6., VfB-Stadion Leipzig, 10.000:
HSV - VfB Stuttgart 0:1 (0:0)
*Sachsen, ** Ostpreußen, *** Schlesien

1937/38
Gruppe I
3.4.38, Rothenbaum HH, 7.000:
HSV - Stettiner SC 2:0 (1:0)
15.4., Stadion Insterburg, 3.500:
MSV Yorck-Boyen Insterburg - HSV 0:6 (0:2)
18.4., SSC-Platz Stettin, 4500:
Stettiner SC - HSV 1:3 (1:2)
24.4., ETV-Platz HH, 25.000:
HSV - Eintracht Frankfurt 5:0 (3:0)
30.4., Rothenbaum, 8.000:
HSV - Insterburg 3:1 (3:0)
22.5., Stadion Frankfurt/M., 10.000:
Eintracht Frankfurt - HSV 3:2 (1:1)

1. HSV	6	5	0	1	21:5	10:2
2. Frankfurt	6	5	0	1	24:13	10:2
3. Stettin*	6	2	0	4	12:18	4:8
4. Insterburg**	6	0	0	6	4:25	0:12

HF 29.5., Ostragehege Dresden, 18.000:
Hannover 96 - HSV 3:2 n.V. (0:2, 2:2)
3.Pl. 26.6., Kampfbahn Bremen, Z: unbek.: Fortuna Düsseldorf - HSV 0:0 n.V.
3.Pl. Wh. 3.7., Olympiastadion Berlin, 94.812:
Fortuna - HSV 4:2 (2:0)
* Pommern
** Ostpreußen

1938/39
Gruppe I
2.4.39, Olympiastadion Berlin, 46.000:
Blau-Weiß 90 Berlin - HSV 3:3 (2:2)
16.4., Rothenbaum HH, 18.000:
HSV - VfL Osnabrück 5:1 (2:1)
23.4., Stadion Königsberg, 10.000:
MSV Hindenburg Allenstein - HSV 1:4 (0:2)
30.4., Rothenbaum, 20.000:
HSV - Allenstein 5:2 (2:1)
14.5., Victoria-Platz, 22.000:
HSV - Blau-Weiß 90 Berlin 3:0 (1:0)
21.5., Stadion Bremer Brücke Osnabrück, 10.000:
VfL Osnabrück - HSV 4:2 (4:2)

1.	HSV	6	4	1	1	22:11	9:3
2.	Osnabrück	6	2	2	2	10:12	6:6
3.	Allenstein *	6	2	1	3	10:12	5:7
4.	Blau-Weiß 90	6	1	2	3	7:14	4:8

HF 4.6., Stadion Frankfurt/M. 40.000:
SK Admira Wien** - HSV 4:1 (2:1)
3.Pl. 17.6., Ostragehege Dresden, 18.000:
Dresdner SC - HSV 3:2 (1:2)
* Ostpreußen, ** „Gau Ostmark“

1940/41
Gr. II, Staffel a
6.4.41, Rothenbaum HH, 10.000:
HSV - VfB Königsberg 3:1 (0:1)
13.4., ETV-Platz HH, 6.000:
HSV - 1.SV Jena 2:1 (1:0)
27.4., Stadion Königsberg, 15.000:
VfB Königsberg - HSV 1:2 (0:1)
4.5., Stadion Jena, 7.000:
1.SV Jena - HSV 2:2 (0:1)

1.	HSV	4	3	1	0	9:5	7:1
2.	Jena	4	1	1	2	9:8	3:5
3.	Königsberg*	4	1	0	3	6:11	2:6

Endspiele gegen den Sieger der Gruppe II b:
18.5., Rote Erde Dortmund, 35.000:
Schalke 04 - HSV 3:0 (0:0)
25.5., ETV-Platz, 26.000:
HSV - Schalke 04 1: 0 (1:0)
* Ostpreußen

1947/48
VR 18.7.48, Rote Erde Dortmund, 20.000:
TuS Neuendorf - HSV 2:1 (0:0)

1948/49
VF, 12.6.49, Stadion Frankfurt, 45.000:
VfR Mannheim - HSV 5:0 (2:0)

1949/50
AF 28.5.50, VfB-Stadion Kiel, 13.500:
HSV - Union Oberschöneweide* 7:0 (4:0)
VF 4.6., Rheinstadion Düsseldorf, 45.000:
HSV - Offenbacher Kickers 2:3 (2:0)
* aus Ost-Berlin, die Mannschaft blieb nach Spielschluss im Westen

1950/51
Gruppe II
6.5.51, Rothenbaum HH, 28.000:
HSV - Tennis Borussia Berlin 3:2 (0:1)
13.5., Preussenstadion Münster, 32.000:
SC Preussen Münster - HSV 3:1 (1:0)
20.5., Rothenbaum, 28.000:
HSV - 1.FC Nürnberg 1:2 (0:2)
27.5., Rothenbaum, 20.000:
HSV - Preussen Münster 5:1 (1:0)
3.6., Olympiastadion Berlin, 70.000:
Tennis Borussia - HSV 0:1 (0:0)
10.6., Zabo Nürnberg, 40.000:
1. FC Nürnberg - HSV 4:1 (4:0)

1.	Preussen Münster	6	4	0	2	22:16	8:4
2.	1. FC Nürnberg	6	4	0	2	17:13	8:4
3.	HSV	6	3	0	3	12:12	6:6
4.	Tennis Borussia	6	1	0	5	10:20	2:10

1951/52
Gruppe II
27.4.52, Rothenbaum HH, 28.000:
HSV - 1.FC Nürnberg 4:2 (3:1)
11.5., Glückauf-Kampfbahn Gelsenkirchen, 43.000: Schalke 04 - HSV 3:0 (0:0)
18.5., Kieselhumes Saarbrücken, 30.000:
1. FC Saarbrücken - HSV 3:0 (1:0)
22.5., Rothenbaum, 28.000:
HSV - 1.FC Saarbrücken 4:1 (3:1)
2.6., Stadion Nürnberg, 30.000:
1.FC Nürnberg - HSV 4:0 (1:0)
8.6., Rothenbaum, 20.000:
HSV - Schalke 04 8:2 (2:0)

1.	1. FC Saarbrücken	6	4	0	2	17:13	8:4
2.	1. FC Nürnberg	6	3	1	2	18:13	7:5
3.	HSV	6	3	0	3	16:15	6:6
4.	Schalke 04	6	1	1	4	12:22	3:9

1952/53
Gruppe II
3.5.52, Olympiastadion Berlin, 85.000:
Union 06 Berlin - HSV 2:2 (1:1)
10.5., Rothenbaum HH, 27.000:
HSV - Borussia Dortmund 3:4 (0:1)
17.5., Neckarstadion Stuttgart, 40.000:
VfB Stuttgart - HSV 2:1 (1:1)
24.5., Rote Erde Dortmund, 32.000:

Borussia Dortmund - HSV 4:1 (1:0)
31.5., Rothenbaum, 22.000:
HSV - VfB Stuttgart 1:2 (1:2)
7.6., Rothenbaum, 8.000:
HSV - Union 06 Berlin 3:1 (1:0)

1. VfB Stuttgart	6	5	0	1	16:6	10:2
2. Dortmund	6	5	0	1	17:7	10:2
3. HSV	6	1	1	4	11:15	3:9
4. Union Berlin	6	0	1	5	4:20	1:11

1954/55

Gruppe I
15.5.55, Volksparkstadion HH, 50.000:
HSV - SV Sodingen 1:0 (1:0)
19.5., Betzenberg Kaiserslautern, 20.000:
1.FC Kaiserslautern - HSV 2:2 (2:0)
22.5., Volksparkstadion, 40.000:
HSV - Viktoria 89 Berlin 1:0 (0:0)
30.5., Olympiastadion Berlin, 80.000:
Viktoria 89 Berlin - HSV 0:2 (0:1)
5.6., Volksparkstadion, 76.000:
HSV - 1. FC Kaiserslautern 1:2 (1:1)
11.6., Müngersdorfer Stadion Köln, 50.000:
SV Sodingen - HSV 1:1 (0:1)

1. 1. FC K'lautern	6	3	3	0	20:8	9:3
2. HSV	6	3	2	1	8:5	8:4
3. SV Sodingen	6	2	3	1	13:9	7:5
4. Viktoria 89 Berlin	6	0	0	6	4:23	0:12

1955/56

Gruppe II
13.5.56, Volksparkstadion HH, 70.000:
HSV - VfB Stuttgart 0:0
20.5., Volksparkstadion, 40.000:
HSV - Viktoria 89 Berlin 5:1 (1:1)
30.5., Rote Erde Dortmund, 44.000:
Borussia Dortmund - HSV 5:0 (2:0)
3.6., Neckarstadion Stuttgart, 40.000:
VfB Stuttgart - HSV 2:4 (0:2)
10.6., Volksparkstadion, 80.000:
HSV - Borussia Dortmund 2:1 (2:1)
17.6., Olympiastadion Berlin, 30.000:
Viktoria 89 Berlin - HSV 1:3 (1:1)

1. Dortmund	6	4	1	1	19:4	9:3
2. HSV	6	4	1	1	14:10	9:3
3. VfB Stuttgart	6	1	2	3	9:14	4:8
4. Vikt. 89 Berlin	6	0	2	4	7:21	2:10

1956/57

Gruppe I
2.6.57, Olympiastadion Berlin, 40.000:
Duisburger SpV - HSV 1:1 (0:0)
9.6., Müngersdorfer Stadion Köln, 50.000:
HSV - 1.FC Nürnberg 2:1 (1:0)
16.6., Rheinstadion Düsseldorf, 32.000:
HSV - 1.FC Saarbrücken 2:1 (2:1)

1. HSV	3	2	1	0	5:3	5:1
2. Duisburg	3	1	2	0	6:4	4:2
3. 1. FC Nürnberg	3	0	2	1	5:6	2:4
4. 1. FC Saarbrücken	3	0	1	2	4:7	1:5

E 23.6., Niedersachsenstadion Hannover, 76.000:
Borussia Dortmund - HSV 4:1 (3:1)
HSV: Schnoor, Börner, Posipal, Werner, Meinke, Liese, Schemel, Reuter, U.Seeler, Krug (1), Klepacz

1957/58

Gruppe I
26.4.58, Niedersachsenstadion Hannover, 75.000:
HSV - 1.FC Köln 3:1 (1:1)
4.5., Südweststadion Ludwigshafen, 70.000:
HSV - 1.FC Nürnberg 3:1 (0:1)
10.5., Rote Erde Dortmund, 40.000:
HSV - FK Pirmasens 2:1 (1:1)

1. HSV	3	3	0	0	8:3	6:0
2. 1.FC Nürnberg	3	1	1	1	7:8	3:3
3. FK Pirmasens	3	0	2	1	4:5	2:4

E 18.5., Niedersachsenstadion Hannover, 81.000:
Schalke 04 - HSV 3:0 (2:0)
HSV: Schnoor, Piechowiak, Klepacz, Werner, Posipal, Meinke, Krug, Stürmer, U.Seeler, Schlegel, Reuter

1958/59

Gruppe II
16.5.58, Waldstadion Frankfurt/M., 80.000:
Offenbacher Kickers - HSV 3:2 (0:2)
23.5., Volksparkstadion HH, 70.000:
HSV - SC Westfalia Herne 4:2 (2:0)
30.5., Olympiastadion Berlin, 90.000:
Tasmania 1900 Berlin - HSV 0:2 (0:0)
7.6., Volksparkstadion, 65.000:
HSV - Tasmania 3:0 (0:0)

13.6., Rote Erde Dortmund, 42.000:
Westfalia Herne - HSV 3:1 (1:1)
20.6., Volksparkstadion, 65.000:
HSV - Offenbach 1:0 (0:0)

1. Offenbach	6	4	1	1	14:9	9:3
2. HSV	6	4	0	2	13:8	8:4
3. Westfalia Herne	6	2	0	4	8:13	4:8
4. Tasmania Berlin	6	1	1	4	6:11	3:9

1959/60
Gruppe I
14.5.60, Ludwigspark Saarbrücken, 35.000: Borussia Neunkirchen - HSV 0:4 (0:2)
21.5., Volksparkstadion HH, 70.000:
HSV - Karlsruher SC 3:3 (1:2)
28.5., Stadion am Schloss Strünkede, 35.000:
Westfalia Herne - HSV 3:4 (2:3)
4.6., Volksparkstadion, 71.000:
HSV - Westfalia Herne 2:1 (0:1)
11.6., Wildparkstadion Karlsruhe, 46.000:
Karlsruher SC - HSV 4:3 (3:1)
16.6., Volksparkstadion, 67.000:
HSV - Borussia Neunkirchen 6:0 (2:0)

1. HSV	6	4	1	1	22:11	9:3
2. Karlsruhe	6	2	3	1	18:18	7:5
3. Neunkirchen	6	2	1	3	9:17	5:7
4. Herne	6	1	1	4	13:16	3:9

E 25.6., Waldstadion Frankfurt, 71.000:
HSV - 1. FC Köln 3:2 (0:0)
HSV: Schnoor, Piechowiak, Krug, Werner, Meinke, D. Seeler, Neisner, Dehn, U. Seeler (2), Stürmer, G. Dörfel (1)

1960/61
Gruppe I
20.5.61, Volksparkstadion HH, 67.000:
HSV - Borussia Dortmund 2:5 (1:1)
27.5., Ludwigspark Saarbrücken, 46.000:
1. FC Saarbrücken - HSV 2:3 (1:0)
3.6., Volksparkstadion, 70.000:
HSV - Eintracht Frankfurt 2:1 (0:1)
10.6., Waldstadion Frankfurt, 70.000:
Eintracht Frankfurt - HSV 4:2 (1:2)
14.6., Volksparkstadion, 57.000:
HSV - 1.FC Saarbrücken 3:0 (0:0)
18.6., Rote Erde, 42.000:
Borussia Dortmund - HSV 7:2 (2:1)

1. Dortmund	6	3	1	2	19:12	7:5
2. Frankfurt	6	3	1	2	13:9	7:5
3. HSV	6	3	0	3	14:19	6:6
4. Saarbrücken	6	1	2	3	11:17	4:8

1961/62
Gruppe II
21.4.62, Südweststadion Ludwigshafen, 65.000:
FK Pirmasens - HSV 3:6 (2:3)
28.4., Niedersachsenstadion Hannover: 75.000:
HSV - 1.FC Köln 0:1 (0:0)
5.5., Volksparkstadion HH, 61.000:
HSV - Eintracht Frankfurt 1:2 (1:2)

1. 1.FC Köln	3	3	0	0	14:1	6:0
2. Frankfurt	3	2	0	1	11:5	4:2
3. HSV	3	1	0	2	7:6	2:4
4. FK Pirmasens	3	0	0	3	4:24	0:6

1962/63
Gruppe II
25.5.63, Ludwigspark Saarbrücken, 40.000: Borussia Neunkirchen - HSV 3:0 (1:0)
29.5., Volksparkstadion HH, 58.000:
HSV - TSV München 1860 3:0 (1:0)
1.6., Rote Erde Dortmund, 39.000:
Borussia Dortmund - HSV 3:2 (1:0)
8.6., Volksparkstadion, 60.000:
HSV - Borussia Dortmund 0:1 (0:0)
15.6., Stadion an der Grünwalder Straße München, 47.000: 1860 München - HSV 2:1 (2:0)
22.6., Volksparkstadion, 20.000:
HSV - Borussia Neunkirchen 1:1 (1:1)

1. Dortmund	6	4	1	1	15:7	9:3
2. München 1860	6	3	0	3	10:12	6:6
3. Neunkirchen	6	2	2	2	8:11	6:6
4. HSV	6	1	1	4	7:10	3:9

Der HSV in Europa

1960/61 EC Meister
AF: Young Boys Bern – HSV 0:5, 3:3
(47.000 / 38.000)
VF: Burnley FC – HSV 3:1, 1:4 (46.000/ 75.000)
HF: FC Barcelona – HSV 1:0, 1:2, 1:0 *
(48.000 / 71.000 / 44.000)
* Entscheidungsspiel in Brüssel

1963/64 EC Pokalsieger
VR: HSV – Union Sportive Luxemburg 4:0, 3:2
(18.000 / 8.000)
AF: FC Barcelona – HSV 4:4, 0:0, 2:3*
(75.000 / 62.000 / 15.000)
* Entscheidungsspiel in Lausanne
VF: HSV – Olympique Lyon 1:1, 0:2
(35.000 / 40.000)

1967/68 EC Pokalsieger
VR: HSV – Randers Freja/DK 5:3, 2:0
(15.000 / 15.000)
AF: Wisla Krakau – HSV 0:1, 0:4 (28.000 / 8.000)
VF: HSV – Olympique Lyon 2:0, 0:2, 2:0*
(32.000 / 35.000 / 62.000)
* Entscheidungsspiel in Hamburg (!)
HF: HSV – Cardiff City 1:1, 3:2 (65.000 / 43.000)
E: HSV – AC Mailand 0:2 (54.000, in Rotterdam)
HSV: Özcan, Sandmann, Kurbjuhn, Dieckmann, Horst, Willy Schulz, Bernd Dörfel, Werner Krämer, Uwe Seeler, Hönig, Gert Dörfel (Milan u.a. mit Trapattoni, Schnellinger, Hamrin / 2 Tore, Scala, Rivera).

1968 Intertoto-Runde
Gruppe B 3
HSV – Malmö FF 4:1, 3:1 (12.000 am Rothenbaum)
HSV – Wiener SK 2:2, 4:2 (7.000 Rb.)
HSV – Slovan Bratislava 4:5, 0:1 (5.000 Rb.)
Tabelle: 1. Bratislava 10 Punkte, 2. Wien 6,
3. Malmö 5, 4. HSV 3

1968/69 Messepokal
(späterer UEFA-Cup)
1. R. FC Metz – HSV 1:4, 2:3 (20.000 /18.000)
2. R. HSV – Slavia Prag 4:1, 1:3 (8.000 / 8.000)
AF: HSV – Hibernian Edinburgh 1:0, 1:2
(6.000 / 29.000)
Göztepe Izmir – HSV, kampflos für Izmir, da der HSV wegen Terminschwierigkeiten in der Bundesliga verzichtete!

1970 Intertoto-Runde
Gruppe A 2
HSV – ADO Den Haag 2:0, 0:0 (3.000 Rb.)
HSV – IFK Göteborg 1:0, 3:3 (2.665 Rb.)
HSV – SC Anderlecht 1:0, 2:1 (5.000 Rb.)
Tabelle: 1. HSV 10, 2. Den Haag 9, 3. Göteborg 3,
4. Anderlecht 2

1970/71 Messepokal
1. R. La Gantoise Gent/Belg. – HSV 0:1, 1:7
(11.000 / 5.000)
2. R. Dinamo Zagreb – HSV 4:0, 0:1
(12.000 / 11.000)

1971/72 UEFA-Cup
1. R. HSV – FC St. Johnstone/Perth, SCO 2:1, 0:3
(10.000 / 15.000)

1974, Intertoto-Runde
Gruppe 2
HSV – Vitoria Guimaraes / POR 2:0, 1:3 (4.000 in Flensburg)
HSV – Djurgarden Stockholm 2:0, 3:1 (6.000 Lüneburg)
HSV – Neuchatel Xamax 5:2, 1:0 (1.500 Oldenburg)
Tabelle: 1. HSV 10, 2. Guimaraes 8, 3. Stockholm 5,
4. Neuchatel 1

1974/75 UEFA-Cup
1. R. HSV – Bohemians Dublin 3:0, 1:0
(9.500 / 7000)
2. R. HSV – Steagul Rosu Brasov/Rum. 8:0, 2:1
(8.000 / 14.500)
AF: HSV – Dynamo Dresden 4:1, 2:2
(55.000 / 32.000)
VF: Juventus Turin – HSV 2:0, 0:0
(60.000 / 60.000)

1975/76 UEFA-Cup
1. R. Young Boys Bern – HSV 0:0, 2:4
(18.000 / 29.000)

2. R. Roter Stern Belgrad – HSV 1:1, 0:4
(35.000 / 61.300)
AF: HSV – FC Porto 2:0, 1:2 (40.000 / 42.000)
VF: HSV – Stal Mielec/PL 1:1, 1:0
(40.000 / 35.000)
HF: HSV – FC Brügge 1:1, 0:1
(50.000 / 32.000)

1976/77 EC Pokalsieger
1. R. HSV – IBK Keflavik/Isld. 3:0, 1:1
(8.000 / 2.000)
AF: HSV – Heart of Midlothian/Edinburgh, SCO
4:2, 4:1 (22.000 / 28.000)
VF: MTK Budapest – HSV 1:1, 1:4
(14.000 37.000)
HF: Atletico Madrid – HSV 3:1, 0:3
(30.000 / 61.000)
E: HSV – RSC Anderlecht 2:0
(65.000, in Amsterdam)
HSV: Kargus, Kaltz, Ripp, Nogly, Hidien, Memering, Magath (1 Tor), Steffenhagen, Keller, Reimann, Georg Volkert (1)

1977 Intertoto-Runde
Gruppe 4
HSV – Malmö FF 2:2, 0:5 (5.000 Stade)
HSV – Slavia Sofia 2:3, 0:3 (8.000 Lüneburg)
HSV – Grashoppers Zürich 4:1, 3:1 (5.500 Cuxhaven)
Tabelle: 1.Sofia 10, 2.Malmö 8, 3.HSV 5, 4.Zürich 1

1977/78 EC Pokalsieger
1. R. HSV – Reipas Lahti/Finnl. 8:1, 5:2
(8.000 / 3.000)
AF: HSV – RSC Anderlecht 1:2, 1:1
(54.000 / 37.000)

1979/80 EC Meister
1. R. Valur Reykjavik – HSV 0:3, 1:2
(10.000 / 5000)
AF: HSV – Dynamo Tiflis 3:1, 3:2
(50.000 / 85.000)
VF: HSV – Hajduk Split 1:0, 2:3 (52.000 / 52.000)
HF: Real Madrid – HSV 2:0, 1:5 (110.000 / 61.000)
E: Nottingham Forest – HSV 1:0
(50.000, in Madrid)
HSV: Kargus, Kaltz, Nogly, Jakobs, Buljan, Keegan, Hieronymus (46. Hrubesch), Magath, Memering, Reimann, Milewski

1980/81 UEFA-Cup
1. R. HSV – FC Sarajevo 4:2, 3:3 (18.000 / 55.000)
2. R. PSV Eindhoven – HSV 1:1, 1:2
(46.000 / 43.000)
AF: HSV – AS St. Etienne 0:5, 0:1 (37.000 / 39.000)

1981/82 UEFA-Cup
1. R. HSV – FC Utrecht 0:1, 6:3 (18.000 / 19.000)
2. R. Girondins Bordeaux – HSV 2:1, 0:2
(15.000 / 35.000)
AF: FC Aberdeen – HSV 3:2, 1:3 (24.000 / 45.000)
VF: HSV – Xamax Neuchatel/CH 3:2, 0:0
(16.000 / 21.500)
HF: Radnicki Nisch/Jug. – HSV 2:1, 1:5
(22.000/38.500)
Endspiele:
IFK Göteborg – HSV 1:0 (42.548)
Stein, Kaltz, Jakobs, Groh, Hieronymus, Hartwig, Wehmeyer, von Heesen (82. Memering), Hrubesch, Magath, Bastrup
HSV – IFK 0:3 (61.000)
Stein, Kaltz (75. Hidien), Wehmeyer, Groh, Hieronymus, Hartwig, von Heesen, Memering, Hrubesch, Magath, Bastrup

1982/83 EC Meister
1. R. Dynamo Berlin (DDR) – HSV 1:1, 0:2
(21.000 / 35.000)
AF: HSV – Olympiakos Piräus 1:0, 4:0
(17.000 / 77.000)
VF: Dynamo Kiew – HSV 0:3, 2:1
(40.000 in Tiflis / 30.000)
HF: Real San Sebastian – HSV 1:1, 1:2
(26.900 / 51.000)
E: HSV – Juventus Turin 1:0 (73.5000 in Athen)
Stein, Kaltz, Hieronymus, Jakobs, Wehmeyer, Rolff, Groh, Milewski, Magath, Hrubesch, Bastrup (56. von Heesen)

1983/84 EC Meister
1. R. Freilos
2. R. Dinamo Bukarest – HSV 3:0, 2:3
(65.000 / 40.000)

1984/85 UEFA-Cup
1. R. FC Southampton – HSV 0:0, 0:2
(22.000 / 31.000)
2. R. HSV – ZSKA Sofia 4:0, 2:1 (15.000 / 9.000)
AF: HSV – Inter Mailand 2:1, 0:1
(62.000 / 82.000)

1985/86 UEFA-Cup
1. R. Sparta Rotterdam – HSV 2:0, 0:2 n.V./ Elfmeterschießen 4:3 (10.000/30.000)

1987/88 EC Pokalsieger
1. R. Avenir Beggen/Lux. – HSV 0:5, 0:3 (2.000 / 6.500)
2. R. HSV – Ajax Amsterdam 0:1, 0:2 (25.000 / 56.000)

1989/90 UEFA-Cup
1. R. Örgryte Göteborg – HSV 1:2, 1:5 (3.500 / 9.000)
2. R. Real Saragossa – HSV 1:0, 0:2 n.V. (11.000 / 17.300)
AF: HSV – FC Porto 1:0, 1:2 (18.200 / 50.000)
VF: HSV – Juventus Turin 0:2, 2:1 (42.900 / 49.000)

1991/92 UEFA-Cup
1. R. HSV – Gornik Zabrze/PL 1:1, 3:0 (5.800 / 15.000)
2. R. HSV – ZSKA Sofia 2:0, 4:1 (8.000 / 35.000)
AF: HSV – Sigma Olomouc/CSSR 1:2, 1:4 (23.000 / 16.000)

1994 Intertoto-Runde
Gruppe 4
HSV – FC Samsung Vac / HUN 2:1 (2.500 Fallingbostel)
SK Ceske Budejovice / CR – HSV 2:1
HSV – Inter Bratislava 3:1 (3.184 Flensburg-Harrislee)
Ikast FS / SWE – HSV 1:5
Tabelle: 1. HSV 6, 2. Vac 6, 3. Ceske Budejovice 5, 4. Bratislava 2, 5. Ikast 1

1996/97 UEFA-Cup
1. R. Glasgow Celtic – HSV 0:2, 0:2 (47.000 / 29.639)
2. R. HSV – Spartak Moskau 3:0, 2:2 (17.300 / 11.000)
3. R. AS Monaco – HSV 3:0, 2:0 (9.000 / 28.634)

1997/98 UI-Cup
1. R. Leiftur Olafsfjördur (Island) – HSV 1:2 (1.000)
2. R. HSV – Odense BK 2:1 (7.754)
3. R. FKB Kaunas (Litauen) – HSV 1:2 (900)
4. R. HSV – Samsunspor 3:1 (21.463)
5. R. HSV – SC Bastia 0:1, 1:1 n.V. (16.663 / 11.000)

1999/2000 UI-Cup
VF: HSV – FC Basel 0:1, 3:2 (8.190 in Lübeck/3.756)
HF: Trabzonspor – HSV 2:2, 1:4 (30.000/9.700 in Lübeck)
Finale: SC Montpellier/FRA – HSV 1:1, 1:1 n.V. 3:0 n.E. (14.000/52.000)

2000/01 Champions League
Qualifikation Champions League,
3. R.: Bröndby IF – HSV 0:2, 0:0 (15.000/48.000)
VR Gruppe E Champions League:
HSV – Juventus Turin 4:4, 3:1 (48.500/30.000)
Deportivo La Coruna – HSV 2:1, 1:1 (27.000/48.500)
HSV – Panathinaikos 0:1, 0:0 (44.363/37.680)

					Tore	Punkte
1. La Coruna	6	2	4	0	6:4	10
2. Panathinaikos	6	2	2	2	6:5	8
3. HSV	6	1	3	2	9:9	6
4. Juventus	6	1	3	2	9:12	6

UEFA-Cup:
AS Rom - HSV 1:0, 3:0 (42.705/48.500)

2003/04 UEFA-Cup
1. R.: HSV – Dnipr Dnipropetrovsk (Ukraine) 2:1, 0:3 (26.831/25.000)

2004/05 UI-Cup
1. R.: FC Thun (Schweiz) – HSV 2:2, 1:3 (4.150/27.117)
2. R.: Villarreal (Spanien) – HSV 1:0, 1:0 (7.000/35.296)

2005/06 UI-Cup
2.R.: HSV – FK Pobeda Prileb / Mazed. 4:1, 4:1 (27.612 / 2.000 in Skopje)
3.R.: Uniao Leiria / Portugal – HSV 0:1, 0:2 (1.500 / 25.614)
Halbfinale: Sigma Olomouc / Tschechien – HSV 0:1, 0:3 (12.059 / 31.358)
Finale: HSV – FC Valencia 1:0, 0:0 (55.386 / 43.000)

2005/06 UEFA-Cup
1.R. HSV – FC Kopenhagen 1:1, 1:0 (43.085 / 34.446)
Gruppenphase:
ZSKA Sofia – HSV 0:1 (22.000)

HSV – Viking Stavanger / Norwegen 2:0 (37.521)
AS Monaco – HSV 2:0 (7.500)
HSV – Slavia Prag 2:0 (46.253)

Tabelle:
1. Monaco + 4 Tore / 9 Punkte,
2. HSV + 3 / 9,
3. Slavia Prag –2 / 4,
4. Stavanger –3 / 4, 5.ZSKA Sofia – 2 / 3

3.R. FC Thun – HSV 1:0, 0:2
(18.354 in Bern / 40.254)
Achtelfinale: Rapid Bukarest – HSV 2:0, 1:3
(16.300 / 37.866)

2006/07 Champions League
Qualifikation
HSV – CA Osasuna Pamplona 0:0 / 1:1
(47.458 / 18.876)
Gruppenphase:
HSV – FC Arsenal London 1:2 (50.859)
ZSKA Moskau – HSV 1:0 (25.000)
FC Porto – HSV 4:1 (31.109)
1.11. HSV – Porto
21.11. Arsenal – HSV
6.12. HSV – ZSKA

HSV-Spieler in internationalen Einsätzen

Alle internationalen Einsätze und Tore (UI-Cup inklusive Intertoto-Runde), Stand: Saisonende 2005/06. Es fehlen vier Intertoto-Spiele aus den 1970er Jahren, deren Aufstellungen „verschollen" sind.

	Gesamt	EC 1	EC 2	EC 3	UI-Cup	Supercup	Weltcup
Albertz	3				3		
Andersen	3/1				3/1		
Atouba	14			8	6		
Babatz	2				2		
Bach	4/2				4/2		
Bähre	6/1		6/1				
Bäron	7/4			5/3	2/1		
Bahr	1			1			
Baich	1				1		
Ballwanz	6			6			
Balzis	1			1			
Barbarez	28/6	7/2		13/2	8/2		
Bastrup	20/6	8/4		12/2			
Beckenbauer	5			5			
Beiersdorfer	17/1		4	13/1			
Bein	4		4				
Beinlich	15/1			4	11/1		
Benjamin	6			1	5		
Bertl	26/7		4	17/7	3	2	
Bester	2	2					
Beyer	4/4				4/4		
Björnmose	28/6		7/1	18/5	3		
Blankenburg	15		5	10			
Bochert	1			1			
Bode	8/1			8/1			
Böger	6				6		
Bonn	3			3			

	Gesamt	EC 1	EC 2	EC 3	UI-Cup	Supercup	Weltcup
Boulahrouz	12			6	6		
Boyens	6/3		6/3				
Breitenreiter	13/7			5/2	8/5		
Buljan	15/3	7/2	1/1	3	3	1	
Butt	19/1	8/1		2	9		
van Buyten	19/2			10/2	9		
Cardoso	15	4		3	8		
Copado	1				1		
Dahms	1				1		
Dammeier	6			6			
Dehn	10	7	3				
Dembinski	2				2		
Demel	15/1			9	6/1		
Dieckmann	16/2		9/2	6	1		
Dittmer	3/1		3/1				
Djordjevic	4	1		3			
Dörfel, B.	4		4				
Dörfel, G.	41/13	7/3	13/3	10/5	11/2		
Doll	2	1		1			
Dowe	1			1			
Dreßel	2			2			
Dringelstein	9/2			4	5/2		
Eck	13/2			13/2			
Eckel	4/1			4/1			
Eigl	26/3		7/3	8	9	2	
Ernst	2				2		
Ettmayer	8/1		1	7/1			
Fischer, A.	15/2	1		6	8/2		
Fischer, J.P.	4/1			4/1			
Fock	7/1			2/1	5		
Friis-Hansen	9			4	5		
Furtok	14/5			14/5			
Giesemann	8/2		8/2				
Girschkowski	7			3	4		
Golz	22		1	20	1		
Grammozis	5				5		
Gravesen	5				5		
Groh	34/1	11		20/1		2	1
Groth	10/1	4			6/1		
Grubac	1				1		
Gründel	2			2			
Hampel	3				3		
Hansen	3	1				1	1
Hartmann	15/1			11/1	4		
Hartwig	36/7	16/3		17/4		2	1
Hashemian	4/1				4/1		
Hauser	2				2		
Heese	1				1		
von Heesen	39/16	6/3	4	28/13		1	
Heinz	7	5		2			
Hellfritz	16/1		4	3	9/1		
Henchoz	5			5			
Hertzsch	15	7		2	6		
Hidien	45/3	7	11/2	20	6/1	1	
Hieronymus	30/1	13/1		14		2	1
Hinz	4		4				
Hönig	29/12		8/3	11/6	10/3		
Hof	4				4		
Hofmeister	1			1			
Hollerbach	15/1	7		6	2/1		
Hoogma	17/1	8		4/1	5		
Horst	21		9	6	6		
Hrubesch	34/21	17/9		17/12			
Hubtchev	1			1			
Ilic	2				2		
Ivanauskas	6/2			3	3/2		
Jakobs	48/4	19/3	3	23/1		2	1
Jarolim	21			10	11		
Jensen	6/1			6/1			
Jepsen	4				4		
de Jong	3			3			
Jusufi	7			7			

	Gesamt	EC 1	EC 2	EC 3	UI-Cup	Supercup	Weltcup
Kaltz	86/10	20/2	17/2	41/5	5/1	3	
Kampf	1			1			
Kargus	47	9	12	19	6	1	
Karl	4/1				4/1		
Karow	1					1	
Keegan	15/4	9/2	4/2			2	
Keller	13/12		6/7		5/4	2/1	
Ketelaer	8	7		1			
Kientz	4	3		1			
Kirschstein	2			2			
Klier	6/1			3	3/1		
Kling	4				4		
Klingbeil	11			5	6		
Klos	1		1				
Kmetsch	10			6	4		
Kober	19		2	13	4		
Koitka	4			4			
Kostner	2				2		
Kovac	15/1	8/1		1	6		
Kovacevic	6/1			5/1	1		
Krämer, H.	1	1					
Krämer, W.	20/7		9/1	6/4	5/2		
Kraskiewicz	1				1		
Kremer	11			3	8		
Kreuz	7		7				
Krobbach	9/2			6/1	3/1		
Kröpelin	2	1	1				
Kroth	6/1		4/1	2			
Krug	13	7	6				
Kucukovic	4			3	1		
Kurbjuhn	42/3	6	17/3	11	8		
Laas	6/1			4	2/1		
Labbadia	4/3		4/3				
Laubinger	2/1		2/1				
Lauth	16/6			8/2	8/4		
Libuda	4/2		1		3/2		
Löffler	2		2				
Lux	2			2			
Mackensen	2				2		
Magath	56/9	18/2	9/5	21/2	3	4	1
Mahdavikia	27/5	7/3		13	7/2		
Maltritz	2			2			
Marin	2			2			
Mason	1			1			
Matysik	5			5			
Maul	1	1					
McGhee	7/3			7/3			
Meinke, J.	6	6					
Memering	49/6	5/1	8	30/4	5/1	1	
Merkle	5/3			5/3			
Milewski	27/3	11/1		16/2			
Molata	1				1		
Moldenhauer	1				1		
Moser	4			4			
Mpenza	15/3			4/1	11/2		
Nando	5			5			
Neisner	7/1	7/1					
Nogly	51/4	9	8	23/3	10/1	1	
Özcan	27		9	10	8		
Okonski	4/1		4/1				
Panadic	14/2	8/1		2	4/1		
Pape	5				5		
Piechowiak	4	1	3				
Pieckenhagen	4			2	2		
Plessers	1			1			
Plücken	1	1					
Pötzschke	8			4	4		
Präger	15/2	7/1		2	6/1		
Pralija	3		3				
Radbruch	1			1			
Rahn	5			2	3		

	Gesamt	EC 1	EC 2	EC 3	UI-Cup	Supercup	Weltcup
Reimann	46/17	7/1	12/6	19/5	8/5		
Reinhardt, B.	11			4	7		
Reuter	1		1				
Ripp	30/1		9	13/1	6	2	
Rohde	6/2			6/2			
Rohrschneider	2		2				
Rolff	19/2	9/2		7		2	1
Romeo	5/5			1/1	4/4		
Salihamidzic	10			5	5		
Sandmann, H.	30/1		10/1	12	8		
Sandmann, J.	3	2		1			
Sassen	4/1				4/1		
Schatzschneider	4	2				2	
Schlicke	4				4		
Schmidt, V.	3				3		
Schnoor, H.	13	6	7				
Schnoor, St.	10			3	7		
Schöll	4/1			2	2/1		
Schopp	11/2			6	5/2		
Schröder	20/3	1		16/2		2	1/1
Schuhmann	2			2			
Schulz, H.	25/4		9/2	10/1	6/1		
Schulz, W.	12		8	3	1		
Schupp	4/2			4/2			
Schwerin	1		1				
Seeler, D.	10	5	5				
Seeler, U.	29/21	7/5	15/13	7/3			
Seifert	5/1				5/1		
Seitz	1				1		
Soler	7			7			
Sperlich	18		3	11	4		
Spincke	2		2				
Spörl	30/6		3	17/4	10/2		
Stapelfeldt	3		3				
Stars	4		1		2	1	
Steffen	3			3			
Steffenhagen	19/4		12/2		5/2	2	
Stein, H.	1				1		
Stein, U.	40	11		22	4	2	1
Stratos	2			2			
Strauß	1		1				
Stürmer	7/4	7/4					
Takahara	13			9	4		
Takyi	2/1			1	1/1		
Töfting	13/1	7		2	4/1		
Trochowski	16/2			9	7/2		
Ujfalusi	2			2			
Uysal	2				2		
van der Vaart	15/7			8/5	7/2		
Vogel	3				3		
Volkert, G.	34/11		10/4	19/6	4/1	1	
Volkert, W.	3/1			1/1	2		
Wächter	18			8	10		
Weetendorf	6/3				6/3		
Wehmeyer	34/2	11/1		20/1		2	1
Weishaupt	1				1		
Werner, J.	7	7					
Wicky	20			11	9		
Winkler	13/1		2	7	4/1		
Wöbcke	1				1		
Wojtala	4				4		
Wulf	2/1	2/1					
Wuttke	8/1	1		4/1		2	1
Yeboah	15/5	8/2		1	6/3		
Yilmaz	2			2			
Zaczyk	41/11		6/2	20/4	13/5	2	
Zafirov	2				2		
Zarate	2				2		
Zeyer	4				4		
Ziegler	3			3			
(Eigentore)		(2)	(3)	(2)			

Der HSV im Pokal

Ein **norddeutscher Pokalwettbewerb** ohne Fortsetzung auf DFB-Ebene existierte 1924 bis 1927. In den Jahren 1935 bis 1944 wurde der Vereinspokal-Wettbewerb als **„von Tschammer-Pokal"** ausgetragen, benannt nach dem NS-Reichssportkommissar bzw. späteren Reichssportführer Hans von Tschammer und Osten (1887-1943), einem SA-Gruppenführer und Junker aus der Oberlausitz. Die Endspiele fanden meist in der damaligen Reichshauptstadt Berlin statt.
Seit 1952 heißt der Wettbewerb **DFB-Vereinspokal**. Alle Endspiele seit 1985 wurden in der alten/neuen Hauptstadt Berlin ausgetragen.
Einmalig 1973 sowie ab 1997 jährlich wird der **Deutsche Ligapokal** ausgespielt, für den sich derzeit der DFB-Pokalsieger sowie die fünf bestplatzierten Bundesligaklubs qualifizieren.
1977, 1982 sowie zwischen 1987 und 1996 gab's den **Deutschen Supercup**, der in der Regel zwischen Meister und DFB-Pokalsieger ermittelt wurde.

Abkürzungen: VR = Regionale Vorrunde; HR = Hauptrunde auf DFB-Ebene; HR reg = Hauptrunde auf zwischenregionaler (Gaugruppen-) Ebene; SR = Schlussrunde auf DFB-Ebene; AF = Pokal-Achtelfinale; VF = Viertelfinale; HF = Halbfinale; E = DFB-Pokalendspiel; H = Heimspiel; A = Auswärtsspiel; die in Klammern angegebene Zahl benennt die Zuschauerzahl.

1925
Norddeutscher Pokal
VR: H Wacker Billstedt 4:0
VR: A St. Pauli Sport 3:1
VR*: H Eimsbütteler TV 1:2
(*) Hamburger Halbfinale

1926
Norddeutscher Pokal
VR: A Polizei Hamburg 3:2
VR: A Rothenburgsorter FK 2:1
AF: A VfL Schwerin 4:0
VF: H VfB Union/Teutonia Kiel 8:1
HF: H SV Harburg 7:1
E: Holstein Kiel 3:1
(Victoria-Platz Hamburg, 10.000)

1927
VR: H St. Pauli Sport 3:3 n.V.
HSV verzichtete auf Wiederholungsspiel.

1935
1. HR regional: A Kilia Kiel 8:0
2. HR reg.: H FC St. Pauli 5:2
3. HR reg.: H Preußen Stettin 7:1
1. SR: A Werder Bremen 5:4 (6100)
2. SR: H Fortuna Düsseldorf 1:4 (8000)

1936
1. HR reg.: A Rostock 99 3:1
2. HR reg.: H Vorwärts Billstedt 6:0
3. HR reg.: A Dessau 05 1:2

1937**
1. SR: A Borussia Dortmund 1:3 (8.000)

1938**
1. SR: A VfB Peine 1:2 n.V. (2.200)

1939**
1. HR: A Hamborn 07 3:1 (4.000)
2. HR: H Polizei Hamburg 11:2 (8.000)
AF: H Westende Hamborn 2:0 (5.000)
VF: A SV Waldhof 2:6 (15.000)
(Waldhof im Endspiel 0:2 gegen 1. FC Nürnberg, fand im April 1940 statt.)

1940
1. HR reg.: A SV Ellerbek 4:0 (4.000)
2. HR reg.: H Sport Bergedorf 6:1 (700)
3. HR reg.: A Hannover 96 3:1 (4.000)
1. SR: A ASV Blumenthal 1:3 (2.500)

1941**
1. SR: A Holstein Kiel 1:2 (6.000)

** In diesen Jahren war der HSV als Gaumeister automatisch für den überregionalen Pokalwettbewerb qualifiziert

1942
1. HR reg.: A LSV Uetersen 2:0
2. HR reg.: H VfB Kiel 7:1 (5.000)
3. HR reg.: A Orpo Lübeck 2:2 n.V.
3. HR reg. Wh.: H Orpo Lübeck 1:0
1. SR: H Eimsbütteler TV 6:0 (7.000)
2. SR: A Minerva 93 Berlin 2:0 (8.000)
AF: H Dessau 05 3:4 (18.000)

1943
VR H Rothenburgsorter FK 9:0 (3.500)
VR H Wilhelmsburg 09 7:0 (4.000)
VR A Polizei Hamburg 3:2 (4.000)
VR A LSV Hamburg 0:1 (15.000 am 30.5.1943, Hamburger Endspiel)
(LSV im Endspiel 2:3 n.V. gegen Vienna Wien)

1944
VR: A Barmbecker SG 4:0 (2.000)
VR: A FC St. Pauli 9:0 (750)
VR: A Victoria Hamburg 1:0 (2.500)
VR: A LSV Hamburg 1:2 (6.000, 2.7.1944 Hamburger Endspiel auf der Hoheluft)
Der Wettbewerb wurde auf Reichsebene nicht mehr fortgesetzt.

1952/53
1. HR. H Victoria Hamburg 6:1 (5.000)
AF: H Borussia Neunkirchen 2:0 (8.000)
VF: A RW Essen 1:6 (13.000)
E: RWE – Alemannia Aachen 2:1

1953/54
VR: A Altona 93 Amat. 6:1 (6.000!)
VR: A Bremer SV 3:1
VR: H Holstein Kiel 3:2, damit Nord-Pokalsieger 1953 (8.000)
VF: A 1. FC Kaiserslautern 3:2 (40.000)
HF: H 1. FC Köln 1:3 n.V. (30.000)
E: VfB Stuttgart – 1. FC Köln 1:0 n.V.

1954/55
VR: H Eimsbütteler SV 2:1
VR: A VfR Neumünster 4:1
VR: H Holstein Kiel 8:2 (12.000)
1. HR: H Eintracht Trier 5:3 n.V. (8.000)
AF: A Bremerhaven 93 1:3 (10.000)
(Altona 93 erreichte das Halb-Finale)

1955/56
VR: A Eintr. Braunschweig 5:1 (12.000)
VR: H FC St. Pauli 4:0 (5.000)
VR: H Holstein Kiel 3:1 (13.000)
(HSV damit zum drittenmal nach 1926 und 1953 Nord-Pokalsieger)
HF: A Fortuna Düsseldorf 2:1 (40.000)
E: A Karlsruher SC 1:3 (5.8.1956, 25.000 in Karlsruhe), erste Pokal-Endspielteilnahme des HSV: Schnoor, Schemel, Klepacz, Meinke, Posipal, Liese, Krug, Stürmer, Uwe Seeler (1 Tor), Schlegel, Reuter

1956/57
VR: A Borussia Harburg 4:1 (4000)
VR: H VfL Wolfsburg 8:0 (7000)
VR: H Heider SV 3:2 (5000)
VR: H TuS Celle 6:1 (6000)
VR: H Altona 93 4:1, damit Nord-Pokalsieger (15.000)
HF: A Fortuna Düsseldorf 0:1 (15.000 in Hannover)
E: Bayern München – Fortuna 1:0

1957/58
VR: H Bremerhaven 93 2:1
VR: A FC St. Pauli 4:2 (7.000)
VR: A VfL Osnabrück 2:3, norddeutsches Pokal-Endspiel (4.000 im Stadion von Eintr. Osnabrück)

1958/59
VR: H Werder Bremen 9:1 (16.000)
VR: H VfL Osnabrück 4:2, damit Nord-Pokalsieger (10.000)
HF: H SW Essen 1:2 n.V. (15.000)
E: SWE – Neunkirchen 5:2

1959/60
VR: A VfB Peine 6:1 (12.000)
VR: A Werder Bremen 4:2, damit Nord-Pokalsieger (16.000)
HF: A Borussia Mönchengladbach 0:2 (28.000 im Preußen-Stadion Münster)
E: Gladbach – Karlsruher SC 3:2

1960/61
VR: H Olympia Wilhelmshaven 4:1 (1.000)
VR: A VfR Neumünster 3:1 (5.000)
VR: A Altona 93 1:2 (10.000)

1961/62
VR: A VfR Neumünster Amat. 4:0 (500)
VR: A Werder Bremen Amateure 0:3 (!!) (5.000)

1962/63
VR: A TSV Neustadt i. Holstein 2:0 (3.000)
VR: A Bremerhaven 93 5:1 (vormittags, 4.000)
VR: H Eintracht Braunschweig 6:1 (7.000)
AF: A FC Bayern Hof 5:2 (18.000)
VF: H 1. FC Saarbrücken 1:0 (20.000)
HF: A Wuppertaler SV 1:0 (38.000)
E: A Borussia Dortmund 3:0 (14.8.1963, 70.000 in Hannover), HSV erstmals DFB-Pokalsieger: Schnoor; Krug, Kurbjuhn; Giesemann, Stapelfeldt, Dieter Seeler; Boyens, Wulf, Uwe Seeler (3), Kreuz, Gert Dörfel.

1963/64
1. HR: H SpVgg Fürth 1:1 n.V. (8.000)
1. HR: A SpVgg Fürth 1:2 n.V. (22.000)

1964/65
1. HR: A Hessen Kassel 2:0 (33.000)
2. HR: A 1. FC Nürnberg 1:3 (40.000)

1965/66
1. HR: A Hannover 96 4:2 (16.000)
AF: H Borussia Neunkirchen 4:0 (9.000)
VF: H FC Bayern München 1:2 (41.000)

1966/67
1. HR A Altona 93 6:0 (33.000)
AF: A 1.FC Köln 0:0 n.V. (10.000)
AF: H (Wh.) 1.FC Köln 2:0 (63.000)
VF: A Offenbacher Kickers 0:0 n.V. (28.000)
VF: H (Wh.) Offenbach 2:0 (25.000)
HF: H Alemannia Aachen 3:1 (34.000)
E: Bayern München 0:4 (10.6.1967, 68.000 in Stuttgart)
HSV: Schnoor, Sandmann, Kurbjuhn, Strauß, Horst, Willi Schulz, Bernd Dörfel, Pohlschmidt, Uwe Seeler, Hans Schulz, Gert Dörfel

1967/68
1. HR A Hertha BSC Berlin 0:1 n.V. (40.000)

1968/69
1. HR: A VfL Wolfsburg 2:1 (15.000)
AF: H Bor. Mönchengladbach 2:0 n.V. (19.000)
VF: H Bayern München 0:2 (64.500)

1969/70
1. HR: A FC 08 Villingen 3:1 (15.000)
AF: A Eintracht Frankfurt 0:2 (20.000)

1970/71
1. HR: A Hannover 96 3:2 n.V. (18.000)
AF: H Boruss. Dortmund 3:1 n.V. (18.000)
VF: A 1. FC Köln 0:2 (24.000)

1971/72
Neuer Modus: Hin- und Rückspiel, Wertung wie im Europapokal
1. HR: A Freiburger FC 2:1 (15.000)
1. HR: H Freiburger FC 2:2 (6.000)
AF: A Werder Bremen 2:4 (15.000)
AF: H Werder Bremen 1:0 (14.000)

1972/73
1. HR: A RW Essen 3:5 (6.000)
1. HR: H RW Essen 5:0 n.V. (5.500)
AF: H 1. FC Köln 2:2 (6.000)
AF: A 1. FC Köln 1:4 (8.000)

Ligapokal 1972/73
Dieser Wettbewerb wurde wegen der infolge der Olympischen Sommerspiele 1972 in München verlängerten Sommerpause erstmals in acht Gruppen ausgetragen.
Gruppe 2
FC St. Pauli - HSV 1:4, 0:0
HSV - Wacker 04 Berlin 2:3, 5:3
HSV - Hertha BSC Berlin 1:0, 5:4

					Punkte	Tore
1. HSV	6	4	1	1	9:3	17:11
2. FC St. Pauli	6	3	1	2	7:5	10:11
3. Hertha BSC	6	2	0	4	4:8	15:13
4. Wacker 04	6	2	0	4	4:8	14:19

VF: Eintr. Braunschweig - HSV 2:1, 0:2
HF: Schalke 04 - HSV 1:0, 1:4 n.V.
E: Borussia Mönchengladbach 4:0 (6.6.1973, 30.000 in Hamburg)
HSV: Kargus, Kaltz, Nogly (1), W. Schulz, Hidien (1) (Krobbach), Zaczyk, Björnmose, Hönig (1), Memering (1) (Winkler), Heese, Volkert

1973/74
Modus: Wieder k.o.-System
1. HR: H Darmstadt 98 3:1 (4.000)
AF: A Mönchengladbach 2:2 n.V. (10.000)
AF: H (Wh.) M.gladbach 1:1 n.V., Elfmeterschie-

ßen 3:1 für HSV (50.000)
VF: A Wattenscheid 09 1:0 n.V. (23.400)
HF: H Offenbacher Kickers 1:0 (56.000)
E: Eintracht Frankfurt 1:3 n.V. (17.8.1974, 52.800 in Düsseldorf)
HSV: Kargus, Kaltz, Nogly, Winkler, Ripp, Björnmose (1 Tor), Krobbach (Eigl), Bertl (Reimann), Zaczyk, Sperlich, G. Volkert

1974/75
1. HR: A Preußen Münster 4:0 (7000)
2. HR: A VfB Eppingen 1:2 (15.000)

1975/76
1. HR: H 1. FC Köln Amat. 4:0 (5.000)
2. HR: H Union Salzgitter 4:0 (5.800)
3. HR H SC Jülich 1910 4:0 (6.700)
AF: A FC Bayern Hof 2:0 (18.000)
VF: A FC Homburg/Saar 2:1 (20.000)
HF: H Bayern München 2:2 n.V. (52.000)
HF: A Wh. Bayern München 1:0 (55.000)
E: 1. FC Kaiserslautern 2:0 (26.6.1976,61.000 in Frankfurt)
HSV: Kargus, Kaltz, Blankenburg, Nogly (1), Hidien, Zaczyk (62. Sperlich), Eigl, Memering, Reimann, Björnmose (1), Georg Volkert

Supercup 1976
E: HSV - Borussia Mönchengladbach 2:3 (8.1.1977, 30.000 in Hamburg)

1976/77
1. HR: H SW Essen 4:1 (9.600)
2. HR: A Bayern München 1:5 (26.000)

1977/78
1. HR: A TSV Ofterdingen 5:0 (14.000, in Reutlingen)
2. HR: A Mainz 05 4:1 (11.000)
3. HR: H VfV Hildesheim 6:0 (7.000)
AF: A Schalke 04 2:4 (25.000)

1978/79
1. HR: A Arm. Bielefeld 1:2 n.V. (22.000)

1979/80
1. HR: H FC 08 Villingen 6:0 (9.100)
2. HR: A Wormatia Worms 3:0 (20.000)
3. HR: A Offenbacher Kickers 0:2 (25.000)

1980/81
1. HR: H Wormatia Worms 11:1 (5.000)
2. HR: A Arminia Hannover 7:3 (7.000)
3. HR: H RW Frankfurt 11:0 (9.000)
AF: H VfL Bochum 4:1 (9.300)
VF: A Eintracht Braunschweig 3:4 n.V. (33.000)

1981/82
1. HR: A Stuttgarter Kickers 5:1 (14.000)
2. HR: H Eintracht Trier 2:1 (6.500)
3. HR: A Alemannia Aachen 3:0 (24.000)
AF: H Karlsruher SC 6:1 (6.500)
VF: A Göttingen 05 4:2 (25.000)
HF: A 1. FC Nürnberg 0:2 (44.000)

1982/83
1. HR: A MSV Duisburg 1:1 n.V. (7.000)
1. HR: H Wh. Duisburg 5:0 (6.800)
2. HR: H Werder Bremen 3:2 (20.000)
3. HR: A Hertha BSC Berlin 1:2 (31.300)

Supercup 1982
E: FC Bayern München - HSV 1:1, 4:2 n.E. (2.4.1983, 14.000 in München)

1983/84
1. HR: H Borussia Dortmund 4:1 (13.600)
2. HR: A SC Freiburg 4:1 (14.500)
3. HR: A VfB Stuttgart 1:1 n.V. (54.000)
3. HR: H Wh. VfB Stuttgart 3:4 n.V. (28.500)

1984/85
1. HR: A SC Geislingen 0:2 (7.000)

1985/86
1. HR: A VfL Bochum 3:2 (17.000)

1986/87
1. HR: H Union Solingen 3:0 (5.000)
2. HR: A FC Augsburg 2:1 (20.000)
AF: H FC St. Pauli 6:0 (58.000)
VF: A Darmstadt 98 1:0 (26.000)
HF: H Bor. Mönchengladbach 1:0 (45.000)
E: Stuttgarter Kickers 3:1 (20.6.1987, 78.000 in Berlin)
HSV: Stein, Jakobs, Kaltz, Beiersdorfer, Homp, Jusufi (68. Schmöller), Kroth, von Heesen, Lux, Kastl, Okonski

Supercup 1987
E: FC Bayern München - HSV 2:1, (28.7.1987, 18.000 in Frankfurt)

1987/88
1. HR: H FC Homburg/Saar 3:0 (4.500)
2. HR: A Werd. Bremen Amat. 3:1 (4.200)
AF: 1. FC Kaiserslautern 2:1 (28.000)
VF: H Bayern München 2:1 (45.000)
HF: A VfL Bochum 0:2 (31.000)

1988/89
1. HR: A MSV Duisburg 5:3 n.V. (15.000)
2. HR: A VfL Osnabrück 1:0 (9.000)
AF: H RW Essen 3:1 (7.500)
VF: H Werder Bremen 0:1 (30.000)

1989/90
1. HR: H MSV Duisburg 2:4 (6.100), das letzte Spiel einer HSV-Profimannschaft am Rothenbaum

1990/91
1. HR: A Göttingen 05 4:0 (9.000)
2. HR: A Hannover 96 0:0 n.V. (20.000)
2. HR: H Wh. Hannover 2:1 (7.900)
AF: H Wattenscheid 09 1:2 (8.000)

1991/92
1. HR: Freilos
2. HR: A Werder Bremen 1:3 (19.400)
HSV-Frauen:
1. R.: H Grün-Weiß Brauweiler 1:6

1992/93
1. HR: A Bayer Leverkusen Amat. 2:2 n.V., Elfmeterschießen 8:7 (4.000)
2. HR: A Karlsruher SC 2:4 (14.000)

1993/94
1. HR: Freilos
2. HR: A Hertha BSC Berlin 5:3 n.V. (20.700)
3. HR A 1.FC Saarbrücken 4:2 (8.500)
AF: A Werder Bremen 2:4 (34.400)

1994/95
1. HR: A SC Großrosseln 5:1 (7.000)
2. HR: A Schalke 04 2:3 (22.900)

1995/96
1. HR: A Arminia Bielefeld 1:2 (18.500)

HSV-Frauen
1. R.: H PSV Rostock 3:5

1996/97
1. HR: H HSV Amat. – Bielefeld 1:3 (4.200)
1. HR: A TuS Paderborn-Neuhaus 3:1 (9.000)
2. HR: A Fortuna Düsseldorf 4:1 (7.500)
AF: A 1860 München 2:1 (15.500)
VF: H VfL Bochum 2:1 (17.244)
HF: A VfB Stuttgart 1:2 (48.000)

HSV-Frauen
1. R.: H Turbine Potsdam 0:8

1997/98
1. HR: HSV Amat. – Bochum 2:3 (1.225)
1. HR: A Wacker Nordhausen 3:1 (7.000)
2. HR: A Bayer Leverkusen 1:2 n.V. (21.000)
HSV-Frauen
1. R: Freilos
2. R: A Tennis Borussia Berlin 0:2

1998/99
1.HR: A FC Denzlingen 3:0 (4.100)
2.HR: H SpVgg Unterhaching 4:0 (11.000)
AF: A RW Oberhausen 3:3 n.V., 3:4 n.E. (7.058)

HSV-Frauen
1.R. H FCR Duisburg 2:0

1999/2000
1.HR: Freilos
2.HR: Freilos
3.HR: A FSV Mainz 05 0:2 (11.756)

Ligapokal 2000
HSV - Hertha BSC Berlin 1:3 (in Lübeck)

2000/01
1.HR: A Erzgebirge Aue 3:0 (13.500)
2.HR: H VfB Stuttgart 0:2 (25.000)

HSV-Frauen
Q: H TuS Köln rrh. 10:2
1.R.: H FCR Duisburg 2:1 n.V.
AF: H FFC Flaesheim-Hüllen 1:1 n.V., 4:5 n.E.

2001/02
1.HR: A FC 08 Homburg 5:2 (12.000)
2.HR: H VfB Stuttgart 0:2 (18.000)

HSV-Frauen
1.R.: A Tennis Borussia Berlin 2:0

AF: A SpVgg Oberaußem-Fortuna 2:1 n.V.
VF: H FFC Brauweiler Pulheim 1:0
HF: H Turbine Potsdam 3:2
E: 1.FFC Frankfurt – HSV 5:0
(11.5.2002 in Berlin, 10.000)

2002/03

1.HR: A FC Schönberg 6:0 (6.000)
2.HR: H MSV Duisburg 2:0 (30.234)
AF: H VfL Bochum 0:1 (35.136)

HSV-Frauen
1.HR H 1.FFC Turbine Potsdam 2:0
AF H FC Bayern München 0:4

2003/04

1.HR A Dynamo Dresden 1:0 (17.280)
2.HR A SpVgg Unterhaching 4:2 (5.200)
AF A FC Bayern München 0:3 (8.000)

Ligapokal 2003
VR in Dessau: HSV – Hertha BSC Berlin 2:1 (9.000)
HF in Jena: HSV – FC Bayern München 3:3 n.V., Elfmeterschießen 4:1 (11.850)
E in Mainz: Borussia Dortmund – HSV 2:4 (28.7.2003, 16.700)
HSV: Pieckenhagen, Jacobsen, Hoogma (1), Ujfalusi, Rahn, Maltritz, Beinlich (1) (Schlicke), Cardoso (1) (Wicky), Mahdavikia, Takahara (1), Barbarez (Kling).

HSV-Frauen
1.HR A Tennis Borussia Berlin 1:0
AF 1.FFC Turbine Potsdam 1:2 n.V.

2004/05

1.HR A SC Paderborn 2:4 (7.027)

2005/06

1.R. Stuttgarter Kickers – HSV 1:5 (11.500)
2.R. HSV – Bayer Leverkusen 3:2 (35.871)
AF: FC Bayern München – HSV 1:0 n.V. (66.000)

Ligapokal 2005
VR: Hertha BSC Berlin – HSV 0:1
(15.000 in Düsseldorf)
HF: Werder Bremen – HSV 2:1 (27.650)

2006/07

1. HR: Suttgarter Kickers – HSV 4:3 n.V. (10.500)

HSV-Ligakader, Einsätze und Tore seit 1919

► Die Zahlen (Einsätze/Tore) beziehen sich jeweils auf alle Meisterschaftsspiele der betreffenden Saison, also inklusive Endrunden um Norddeutsche, Zonen- und Deutsche Meisterschaft. Unter „Zugänge“ (1919/20: „Tor“ und „Feld“) sind jetzt auch die Vornamen aller Spieler genannt, soweit sie zu ermitteln waren.

► Spieler aus der Reserve- bzw. Amateurmannschaft, die nur gelegentlich in der Liga ausgeholfen haben, sind unter „Zu- und Abgänge“ nicht mit aufgeführt. Ihre Vornamen erscheinen dort, wo sie mit ihren Einsätzen auftauchen.

1919/20

Ab: von Drey (St.Pauli TV), Steiger, Gäth, Schumacher (Reserve), Mattheides, Hay (hörten auf)

Zu: Borck (Schwerin 03), A.Werner, Ohrt, Fick (alle Holstein Kiel), Flohr (Concordia), Popp (Hannover 96), Henning (unbekannt)

Tor: Walter Borck 15, Fritz Bombeck 2 - Feld: Karl Schneider 17/19, Hugo Fick 17/1, Rudolf Agte 17, Otto Harder 16/24, Hans Flohr 16/4, August Werner 16, Adolf Hansen 14/1, Georg Gröhl 13/1, Otto Lowien 11/4, Carl Ohrt 11/1, Kurt Reeb 7/2, Friedel Stürmer 4/4, Hans Popp 4/3, Adolf Thele 2, Henry Brandt 2, Karl Wagner 1, Erich Martens 1, Ernst Henning 1, Hugo Seifert, Friedrich Vietzen (1 Eigentor der Gegner)

1920/21

Ab: Bombeck (VfL Altona), Werner, Ohrt (beide Holstein Kiel), Lowien, Popp (unbekannt), Hansen, Reeb, Borck (Reserve)

Zu: Hans-Joachim Martens (Rothenburgsorter FK), Walter Kolzen, Ludwig Breuel (beide VfTuR/Sperber), Gustav Schmerbach (Union Altona), Hans Krohn (Reserve), Karl Ernst (Frankfurt), Oskar Oelke (Arminia Hannover), Hans Rave, Walter Brauer (eigener Nachwuchs)

Tor: H.J.Martens 21, Brauer - Feld: Breuel 21/23, Kolzen 21/1, Agte 21, Schmerbach 21, Ernst 21, H.Krohn 21, Harder 20/31, Schneider 19/13, Fick 19/7, Flohr 18/1, Rave 4, Henning 2/1, Gröhl 1, Brandt 1, Thele, Oelke

1921/22

Ab: Fick (VfB Leipzig)

Zu: Asbj/rn Halvorsen (Sarpsborg FK), Albert Beier (Union Altona), Heinz Hermenau (Baltikum), Heinrich Ziegenspeck, Herbert van Been (unbekannt); in der Saison: Ernst-Marcel Speyer (unbekannt), Otto Sommer (eigener Nachwuchs)

Tor: Martens 20, Brauer 3, Flohr 1 - Feld: Krohn 23/2, Breuel 21/29, Kolzen 21, Rave 20/5, Schmerbach 19/1, Beier 19, Harder 18/22, Ernst 13/1, Flohr 12/3, Gröhl 10, Sommer 9/4, Schneider 8/5, van Been 8/3, Halvorsen 8, Ziegenspeck 7/9, Agte 7, Hermenau 6/1, Thele 5, Max Bornholdt 2, Speyer 2/1, Wagner 1, Alfred Hartmann 1 (1 Eigentor der Gegner; 2 Tore fehlen. Flohr insgesamt 13/3)

1922/23

Ab: Schmerbach (Union Altona), Ernst (hörte auf)

Zu: Otto Carlsson (Lübecker BV), Casiano da Silva Passa (unbekannt)

Tor: Martens 18, Borck 1, Kling 1 - Feld: Schneider 20/26, Beier 20, Harder 19/40, Breuel 19/19, Kolzen 19/3, Speyer 17, Krohn 16, Rave 15/2, Carlsson 14, Halvorsen 13, Flohr 8/1, Gröhl 5, Agte 4, Casiano 2/2, Alfred Warnholtz 2, Walter Diele 2, Ziegenspeck 1/1, Thele 1, Arnold Schumann 1, van Been 1, Sommer 1 (3 Eigentore der Gegner; 13 Tore fehlen)

1923/24

Ab: Carlsson (Militärdienst in Schweden), Speyer (unbekannt), Sommer (Victoria), Agte (hörte auf), Gröhl, Thele

Zu: Fick (VfB Leipzig), Schmerbach (Union Altona), August Bomberg (Essener TB, in der Saison dorthin zurück), Ressberg (Eintracht Braunschweig, in der Saison zum SV St.Georg), Josef Keckstein (Rothenburgsorter FK), Henry Kniesch (eigener Nachwuchs); in der Saison: Walter Risse (Düsseldorf 99), Hans Lang (SpVgg.Fürth)

Tor: Martens 19, Brauer 4 - Feld: Beier 23, Kolzen 22/3, Harder 20/38, Krohn 18/1, Halvorsen 18/1, Breuel 16/16, Risse 16, Schneider 15/9, Fick 15/3, Ziegenspeck 10/10, Kniesch 10/2, Bornholdt 10/1, Rave 10/1, Lang 7/1, Flohr 6/2, Bomberg 4, Schmerbach 3, Otto John 1/1, Ohrt 1, Warnholtz 1, Blickefeld 1, Keckstein 1, Brandt 1, Alfred Voß 1, Ressberg (1 Eigentor der Gegner)

1924/25

Ab: Flohr (Concordia), Kniesch (Reserve); in der Saison: Martens (TV Rothenburgsort, Handball)

Zu: Georg Hermann Koch (Altona 93), Fritz Flege (Eimsbüttel); in der Saison: Wilhelm Blunk (VfR Neumünster), Carlsson

Tor: Brauer 17, Martens 3, Adalbert Jäger 2, Blunk 1 - Feld: Harder 22/37, Rave 22/10, Beier 22, Lang 21/1, Risse 21, Kolzen 19/1, Krohn 19, Ziegenspeck 18/21, G.H.Koch 15/1, Breuel 13/10, Halvorsen 13, Schneider 7/3, Fick 5/1, Flege 4/3, Schmerbach 2, Voß 2, Carlsson 2, Warnholtz 1, Fritz Hagelstein 1, Walter Schwennecker 1, Bornholdt (1 Eigentor der Gegner; 16 Tore fehlen)

1925/26

Ab: Brauer, Koch (Reserve), Fick (unbekannt), Breuel (Hannover 96)

Zu: Arthur Warnecke (Altona 93), Sommer (Victoria), Otto Wiesbröcker (Komet); in der Saison: Werner Ploog (eigener Nachwuchs)

Tor: Blunk 23, Walter Naujoks - Feld: Carlsson 23, Warnecke 21/18, Harder 20/38, Ziegenspeck 20/19, Halvorsen 20/4, Rave 20/4, Risse 20/1, Beier 20, Lang 20, Wiesbröcker 14/8, Sommer 8/4, We.Ploog 7/4, Kolzen 6/2, Schneider 3/2, Bornholdt 3, Schmerbach 2, Krohn 1, Schwennecker 1, Hans Kramer 1, Kniesch, Voß, Koch

1926/27

Ab: Wiesbröcker, Schmerbach (unbekannt), Schneider (Reserve), Bornholdt (Trainer bei Eintracht Lüneburg); in der Saison: Krohn (Breslau)

Zu: Eduard Wolpers (Arminia Hannover), Franz Horn (Essener TB), Willi Schnurstein (Reserve), Heinz Dorn (eigener Nachwuchs); in der Saison: Walter Wollers (Eimsbüttel)

Tor: Blunk 18, Naujoks 3, Dorn 2 - Feld: Harder 22/43, Lang 22/1, Beier 21, Risse 21, Halvorsen 20/1, Warnecke 19/23, Wolpers 18/12, Carlsson 18, Horn 15/15, Rave 15/6, Kolzen 11/2, Sommer 10/6, Edwin Meyer 6, Ziegenspeck 3/3, Ludwig Meyer 3/1, Ploog 2, Schnurstein 2, Krohn 1, Gustav Kühn 1, Bruno Bade, Wollers, Walter Port, Schwennecker

1927/28

Ab: Wolpers (Arminia Hannover), Werner Ploog (2.Mannschaft); in der Saison: Warnecke (Altona 93)

Zu: Kurt Jarchow, Karl Walden (eigener Nachwuchs)

Tor: Blunk 25, Dorn 2, Brauer 1 - Feld: Beier 27, Risse 27, Carlsson 26/1, Lang 26, Halvorsen 25/1, Horn 23/30, Harder 22/56, Rave 19/12, Sommer 16/12, Schnurstein 13/5, Ziegenspeck 11/9, Kolzen 11/5, Walden 7/3, Jarchow 5/7, Wollers 4/3, Alfred Meyer 3/3, Warnecke 3/2, Edwin Meyer 3, Hagelstein 2/3, Voß 2, Kühn 2, Kniesch 1, Walter Kuschinski 1, Schwennecker 1

1928/29 (inklusive „Runde der Zehn")

Ab: niemand!

Zu: Bennet Loring (unbekannt), Karl Sveistrup (Victoria); in der Saison: Walter Ploog (eigener Nachwuchs)

Tor: Blunk 16, Loring 3 - Feld: Rave 19/12, Risse 19, Horn 18/15, Halvorsen 18/4, Lang 18/1, Beier 18, Carlsson 17, Harder 15/23, Kolzen 13/9, Wollers 11/9, Sveistrup 9/6, Schnurstein 7, Walden 2/1, Hagelstein 1/2, Ziegenspeck 1/1, Wa.Ploog 1, Sommer 1, Adolf v.d.Hoeden 1, Otto Henneberg 1, Jarchow

1929/30

Ab: Loring (Philippinen)

Zu: Carl-Heinz Mahlmann (Victoria Hamburg)

Tor: Blunk 20, Naujoks 2, Dorn 1 - Feld: Mahlmann 23, Halvorsen 21/3, Risse 21, Sommer 20/13, Horn 19/28, Sveistrup 19/14, Beier 19, Schnurstein 18/10, Rave 14/10, Wollers 11/6, Carlsson 11, Walden 8/2, Ploog 7, Hagelstein 5/2, Lang 3, Jarchow 2, Harder 2, Kolzen 2, Ziegenspeck 1/1, Kurt Bennemann 1, Karl Eugen Locher 1, Ernst Höger 1, v.d.Hoeden 1 (1 Eigentor der Gegner)

1930/31

Ab: Lang (hörte auf), Walden; in der Saison: Harder, Kolzen, Rave (alle Victoria)

Zu: Walter Gloede (St.Pauli Sport), Arthur Schütz (SSV Delmenhorst)

Tor: Blunk 25, Dorn 1 - Feld: Mahlmann 26/2, Risse 26, Beier 25, Carlsson 25, Sveistrup 23/7, Halvorsen 22/1, Horn 21/21, Gloede 20/11, Sommer 18/8, Wollers 15/24, Kolzen 9/2, Harder 8/12, Rave 5/1, Schnur-stein 4/1, Jarchow 4/1, Werner Ploog 4, Walter Ploog 1, Edmund Hennig 1, Ziegenspeck 1, Erwin Cohen 1, Rudolf Alpen 1, Schütz (1 Eigentor der Gegner)

1931/32

Ab: Schnurstein, Jarchow (unbekannt), Ziegenspeck (eigene Hockey-Altliga); in der Saison: Sommer (Hertha BSC), Schütz (SSV Delmenhorst, Spielertrainer)

Zu: Rudolf Noack (SV Harburg), Richard Dörfel (Viktoria Harburg), Herbert Boje (SV Wustrow), Fritz Gröber (Uhlenhorst Herta), Henneberg (Aue, früher HSV); in der Saison: Karl Politz (St. Pauli Sport)

Tor: Blunk 26, Dorn - Feld: Noack 26/48, Sveistrup 26/14, Risse 26, Mahlmann 26, Carlsson 25, Gröber 24/5, Beier 24, Dörfel 23/26, Halvor-sen 21/3, Horn 9/12, Henneberg 6/2, Gloede 5/3, Wollers 4/2, Schütz 4, Politz 3/5, Boje 3/2, Höger 2, Sommer 1/1, Bennemann 1, Werner Ploog 1

1932/33

Ab: Noack, Dörfel (Kölner CfR; beide kamen während der Saison zurück), Horn (SW Essen), Boje (SV Wustrow); in der Saison: Wollers (Victoria)

Zu: Willi Borbe, Arthur Koch (beide SV Harburg), Beste (Göttingen 05), Port (4.Mannschaft); in der Saison: R.Dörfel, Noack (s.o.), Fritz Danek (unbekannt)

Tor: Blunk 21, Borbe 5 - Feld: Gloede 26/12, Risse 25, Mahlmann 24, Halvorsen 23, Politz 21/4, Sveistrup 19/19, A.Koch 19/7, Dörfel 17/18, Beier 17, Henneberg 15/12, Carlsson 15, Port 6/1, F.Danek 6, Reinhold Ehler 6, Gröber 5/2, Höger 5, Francke 4/2, Bennemann 3, Ploog 2, Kurt Eggert 1, Noack 1, Beste, Wollers

1933/34

Ab: Blunk, Risse, Beier (hörten auf), Sveistrup, Gröber (unbekannt), Port (Reserve), Borbe (SV Harburg); in der Saison: Halvorsen (Norwegen)

Zu: Busch (Hammonia), Rugenstein (unbekannt), Bennemann (Reserve); in der Saison: Bruno Heine (VfL 05), Friedrich Dörfel (Viktoria Harburg)

Tor: Dorn 16, Busch 2 - Feld: Noack 17/31, Henneberg 17/13, Politz 17/6, Mahlmann 17/1, Carlsson 17, R.Dörfel 15/15, Koch 15/8, Benne-mann 15, Gloede 15, Heine 13/13, Ploog 9, Rugenstein 4, Danek 3, Halvorsen 2/1, Hans Wrage 2, Erich Gluntz 1/1, Ehler 1, F.Dörfel (2 Eigentore der Gegner)

1934/35

Ab: Carlsson (Phönix Lübeck), Koch, Rugenstein (unbekannt), Bennemann, Danek (Reserve)

Zu: Schütt, Werner Hahnkamm (Polizei), Behning (Eintracht Frankfurt), Erwin Reinhardt (SV Harburg), Besnoska (Hamborn), Richter (Bautzen), Alex Schmidt (FC St. Pauli), Jentzsch (unbekannt); in der Saison: Wrage (Reserve), Werner Höffmann, Siegfried Jessen (eigener Nachwuchs)

Tor: Busch 17, Dorn 1, Schütt - Feld: Noack 18/22, F.-Dörfel 18/14, Politz 18/4, Henneberg 18/2, R.-Dörfel 16/4, Gloede 15, Reinhardt 11/3, Besnoska 9/2, Hahnkamm 9, Mahlmann 8, Wrage 8, Behning 8, Heine 7/1, Höger 5, Ehler 4, Ploog 3, Jentzsch 3, Waidschieß 1/2, Richter 1, Schmidt, Gluntz, Höffmann, Jessen, Helbig, Meins (1 Eigentor der Gegner)

1935/36

Ab: Mahlmann (hörte auf), Heine (Sperber), Hahnkamm (Polizei), Politz, Besnoska, Ploog, Wrage, Busch, Dorn (unbekannt)

Zu: Eugen Kahl (Vikt.Wilhelmsburg), Karl Bohn (unbekannt), Erich Kutter (Reserve), Georg Kuhn, Hans Müller, Esegel Melkonian, Walter Warning (eigener Nachwuchs); in der Saison: Gustav Carstens (unbekannt)

Tor: Warning 15, Schütt 3 - Feld: Reinhardt 18/5, Kahl 17/1, Henneberg 16, Jessen 15/6, Gloede 14/1, F.Dörfel 13/7, Noack 12/10, R.Dörfel 12/1, Höffmann 11/10, Müller 10/4, Bohn 9, Behning 8, Gluntz 5/1, Kutter 5/1, Schmüser 3, Erich Schröder 3, Kuhn 2/1, Melkonian 2/1, Jentzsch 2, Edmund Helbig 2, Werner Stehr 1, Carstens

1936/37

Ab: Henneberg (5.Mannschaft), Behning, Jentzsch, Schütt

Zu: Karl Rullich (Altona 93), Rudolf Greifenberg (Rasensport Harburg), Hans Sikorski (Viktoria Wilhelmsburg), Hans Stawe (eigener Nachwuchs)

Tor: Warning 26, Rackow - Feld: Kahl 26/4, Noack 25/27, R.Dörfel 25/1, Bohn 25, Carstens 24/18, Reinhardt 24, F.Dörfel 18/13, Jessen 16/12, Höffmann 14/13, Kutter 14/4, Greifenberg 14/1, Sikorski 10/3, Stawe 10, Müller 6/2, Kuhn 4, Rullich 3, Gloede 1, Ehler 1, Melkonian (2 Eigentore der Gegner)

1937/38

Ab: Gloede, Müller (unbekannt); in der Saison: Greifenberg (Rasensport Harburg)

Zu: Hans Brenning (Paloma), Paul Weber (SV Harburg); in der Saison: Heinz Spundflasche (eigener Nachwuchs)

Tor: Warning 30, Brenning 1 - Feld: F.Dörfel 31/27, Carstens 31/17, Kahl 31/3, R.Dörfel 31/2, Reinhardt 31/1, Noack 30/30, Bohn 30, Höff-mann 27/32, Sikorski 25/6, P.Weber 17, Greifenberg 11/4, Melkonian 5/3, Stawe 4, Kuhn 4, Spundflasche 1/1, Kutter 1, Jessen, Rullich (2 Eigentore der Gegner)

1938/39

Ab: Rullich (Altona 93), Kutter (Reserve), Kuhn

Zu: Otto Amann, Erwin Seeler (beide Victoria), Arthur Jantz (Hindenburg Allenstein), Josef Danek, Hans Noack, Karl Schicker (eigener Nachwuchs)

Tor: Warning 17, Schicker 9, Brenning 2 - Feld: Carstens 28/9, R.Dörfel 27/1, Kahl 26/1, Reinhardt 26, Höffmann 21/38, F.Dörfel 21/12, Amann 18/3, J.Danek 18, R.Noack 17/20, E.Seeler 17/5, Spundflasche 16/5, Sikorski 13/9, Jessen 10/7, Bohn 9, Melkonian 6, Stawe 3, H.Noack 1/1, Weber 1, Stehr 1, Jantz 1 (1 Eigentor der Gegner)

1939/40

(inklusive Überbrückungsrunde)

Ab: Warning (VfL Köln), R.Dörfel, Sikorski (beide TSG Rostock), Bohn (Altona 93), Weber (SV Harburg), Amann (hörte auf); in der Saison: Höffmann (VfL Köln), R.Noack (gesperrt)

Zu: Herbert Holdt (Victoria), Otto Rohwedder (Eimsbüttel), Ernst Seikowski (Reichsbahn Wilhelmsburg), Erwin Kubale (unbekannt), Walter Staats, Herbert Feltz, Hans Erich Busse (eigener Nachwuchs); in der Saison: Edmund Adamkiewicz (Eintracht Frankfurt), Otto Schweißfurth, Walter Berg (beide Schalke 04)

Tor: Schicker 8, Busse 8, Warning 1, Brenning 1 - Feld: F.Dörfel 16/10, H.Noack 16, Spundflasche 14/7, Rohwedder 14/2, Staats 13/1, Kahl 13, Carstens 11/9, Adamkiewicz 10/16, Seeler 10/7, R.Noack 9/9, Melkonian 9/3, Kubale 8/2, Berg 7/3, Schweißfurth 7, Höffmann 4/3, Holdt 4, Erich Knappe 4, Stawe 2, Danek 2, Feltz 2, Ernst Dreyer 1, Thiele 1, Reinhardt 1, Walter Raun 1, Seikowski 1, Jessen, Jantz

▷ Während der Kriegsjahre galt die Sonderregelung für „Gastspieler“, die weiterhin auch für ihren alten Verein, also für jeweils zwei Clubs gleichzeitig spielberechtigt waren. Diese erscheinen hier durchweg nur einmal unter den Ab- oder Zugängen. Beispiele: Warning und Höffmann blieben HSVer; Carstens (s.u.) ebenfalls, obwohl er fortan fast nur noch in Dresden spielte. Schweißfurth und Berg gehörten auch während ihrer Hamburger Zeit dem Heimatverein Schalke 04 an und kehrten später dorthin zurück.

1940/41

Ab: Carstens (Dresdner SC)

Zu: Konrad Weber (SpVgg.Fürth)

Tor: Schicker 21, Warning 3, Brenning 2, Karl-Egon Zwoch 1, Busse - Feld: Kahl 27, Spundflasche 26/20, Melkonian 24/12, Dörfel 24/1, Feltz 21/17, Staats 19/1, Adamkiewicz 18/16, Seeler 17/1, Kubale 14/1, Rohwedder 12/9, H.Noack 11/6, J.Danek 10, K.Weber 8/7, Reinhardt 8, Höffmann 7/8, Carstens 4/3, Willi Krohn 4/3, Stawe 4, Bruno Budzyn 2/1, F.Danek 2, Eilert Knüppel 2, Werner Glodek 1/1, Dreyer 1, Heinz Robert 1, Günter Fröhlich 1, Claus Reshöft 1, Heinz Diringer 1, Holdt, Jessen, Jantz, Seikowski (1 Eigentor der Gegner)

1941/42

(inklusive 1 rückständiges Spiel aus 40/41, dessen Wertung als Punktspiel jedoch umstritten ist.)

Ab: in der Saison: Kubale (unbekannt), F.Dörfel (Dessau 05), Staats (gef. Jan.42), Busse (gef. April 42)

Zu: Lang (der Torwart kam ebenfalls aus Fürth), R.Noack (Sperre aufgehoben), Hans Heibach (Fortuna Düsseldorf), Smigielski (Hertha BSC), Rolf Burmeister (eigener Nachwuchs, Dez.41 verstorben); in der Saison: Marinus Visser (FC Haarlem), Josef Gruber (Austria Wien), Hans Lewandowski (Phönix Lübeck), Fritz Zahn (1.FC Nürnberg), Karlheinz Höger (Dessau 05)

Tor: Schicker 7, Lang 6, Richter 3, Zwoch 1, Bruno Jensen 1, Kh.Höger 1, Warning, Brenning - Feld: Heibach 17/14, Spundflasche 16/5, Seeler 16, R.Noack 15/14, Feltz 15/11, Adamkiewicz 15/5, Dörfel 14/3, Weber 12/14, Melkonian 12/4, Visser 7, Burmeister 6/1, Erich Skuza 5/2, Kahl 5/1, Max Skiba 4, Jantz 4, Gruber 3/2, Waack 3/1, Fröhlich 3/1, Smigielski 3, Herrmann 3, Kutter 2/1, Arnold Tiedt 1, Höffmann 1, Glodek 1, Budzyn 1, Walter Dahncke 1, Reshöft 1, Stöckel 1, Jessen 1, Lewandowski 1, Danek 1, Rohwedder, Reinhardt, Sikorski, H.Noack, Holdt, Seikowski, Kubale, Zahn, Lange (1 Eigentor der Gegner)

1942/43

Ab: Lang (Werder Bremen), Weber, Schicker (unbekannt); in der Saison: Höger, Zahn (beide LSV), R.Noack (1st Vienna FC), Feltz (gef. März 43)

Zu: Erwin Mädge (Altona 93), Paul Janes (Wilhelmshaven 05); in der Saison: Willi Jürissen (Eintr.Braunschweig, dann zum LSV), Gustav Pantolski (München), Walter Hoffmeister (Werder Bremen), Alfred Nowak (Germania Königshütte), Ernst Kubisch (auch Oberschlesien, i.d.S. zum 1st Vienna FC), Donner (Wilhelmshaven 05), Hans-Werner Hartmann (Kickers Offenbach), Dick Been (Ajax Amsterdam), Schweers (unbekannt), Ernst Sontow (Schalke 04), Alexander Martinek (Wacker Wien)

Tor: Jürissen 9, Brenning 6, Mädge 3, Höger, Warning, Martinek - Feld: Heibach 17/15, Seeler 17/1, Seikowski 15, Melkonian 14/3, Jantz 14, Visser 13/1, Zahn 12/11, Janes 9/1, Rohwedder 8/7, Hoffmeister 6, R. Noack 4/5, Heinrich Brausch 4/2, Robert 4/1, Spundflasche 3/6, Adamkiewicz 3/2, Pantolski 3/2, Been 3, Dahncke 3, Kahl 3, Feltz 2/7, Kubisch 2/2, Glodek 2/1, Bänisch 2/1, Jürgen Kröger 2, Lewandowski 2, H.Noack 2, Schweers 1/2, Stawe 1/1, Fröhlich 1/1, Tiedt 1/1, F.Dörfel 1, Reber 1, Donner 1, Höffmann 1, Walter Meintz 1, Richard Rackow 1, H.W.Hartmann 1, Reinhardt, Jessen, Sikorski, Holdt, Holst, Heinz Dünkler, Sontow, Nowak

1943/44

Ab: Brenning, Jantz (unbekannt), Heibach (Bayern München), Mädge (Eimsbüttel); in der Saison: Adamkiewicz (Altona 93), Rohwedder, Martinek (beide HSV Groß-Born), Tiedt (gef. Dez.43)

Zu: Nowakowski (Hertha BSC); in der Saison: Rudolf Jennewein (Holstein Kiel), Kurt Hinsch (Wuppertal), Busch (VfL Köln), Martin Eddelbüttel (Wilhelmsburg 09), Peter Gunkel (Wilhelmshaven 05), Jonni Czerniak (Reichsbahn Altona), Greifenberg (Harburg), Zeidler (SpVgg. Fürth), Krause (unbekannt)

Tor: Martinek 11, Warning 7 - Feld: Rohwedder 18/17, Melkonian 16/5, Seeler 15, Sontow 12/13, Janes 11/3, Seikowski 11, Been 10, Schweers 9/3, W.Krause 8/1, Sikorski 6/3, E.Knüppel 6, Dünkler 5/3, Heinz Suhrmann 5, Visser 5, Fröhlich 4/3, Nowak 4, Spundflasche 3/8, Adamkiewicz

3/1, Günter Kasten 3, Jochen Knüppel 3, Holst 3, Hinsch 2, Kutter 2, Jennewein 2, Reinhardt 1/1, Eddelbüttel 1/1, Nowakowski 1, Dörfel 1, R.Noack 1, Gerlach 1, Kottke 1, Busch 1, Robert 1, Niemann 1, Lewandowski 1, Schmüser 1, Edmund Meyer 1, Dethlef Ellerbrook 1, Kahl, Höffmann, Dahncke, H.Noack, Glodek, Jessen, Benthien, Czerniak, Fulge, Schwedler, Zeidler, Engelbert, Greifenberg (3 Tore fehlen)

1944/45

Ab: Sikorski (Köln); in der Saison: Glodek (gef. Juli 44), Kahl, Dahncke (beide gef. Nov.44), Höffmann (gef. 45), R.Noack (1947 in sowjetischer Kriegsgefangenschaft verstorben)

Zu: Alfred Heckel (SpVgg. Fürth), Willi Knüppel (Union Oberschöneweide), Oskar Kaufmann (Werder Bremen), Erich Ebeling (Wilhelmshaven 05), Fischer, Hübner (unbekannt), Friedrich Niemann (eigener Nachwuchs); in der Saison: Zahn, Willi Gornick (beide LSV), Adamkiewicz, Hinsch (beide HSV Groß-Born), Fritz Hillemann (SC Friedrichsort), Rolf Rohrberg (Hertha BSC)

Tor: Warning 10, Heckel 8 - Feld: Seeler 15/2, Been 15, Melkonian 14/6, W.Knüppel 13/1, Hübner 12/3, Fischer 12, Ebeling 11/26, Zeidler 11/13, Czerniak 7, Jennewein 6/9, Gornick 5/7, Kaufmann 5/4, Greifenberg 5/4, Günther Wolf 5, Zahn 4/1, Seikowski 4, Hinsch 3/8, R.Noack 3/5, Hillemann 3/5, Adamkiewicz 3/4, Janes 3/1, Rudi Mennekes 3/1, Visser 3, Krause 3, Dörfel 2, Kasten 2, Karl Höger 2, Niemann 1, Mario Belardi 1, H.Noack 1, Schweers 1, Bänisch 1, Reshöft 1, Spundflasche, Holdt, Reinhardt, Jessen, Rohrberg

1945/46

Ab: Heckel, Zahn (beide SpVgg.Fürth), Janes (Fortuna Düsseldorf), W.Knüppel (SG Köpenick), Jennewein (VfB Mühlburg), Kaufmann (Werder Bremen), Hinsch (Concordia), Rohrbach (TSV Braunschweig), Czerniak (Ottensen 07), Seikowski (Kriegsgefangenschaft, Ägypten), H.Noack (Reserve); in der Saison, aber vor Beginn der Punktrunde: Gornick (Schweinfurt 05), Greifenberg, Zeidler (Altona 93), Hübner (Reserve), Been, Visser (unbekannt)

Zu: Rinkel, R.Dörfel (Altona 93), Alfred Boller (Holstein Kiel), Ewald Ventzke (Berlin), Struck (Wandsbeker FC), Rohwedder; in der Saison: Walter Müller (VfV Hildesheim), Walter Kowalski (Berlin)

Tor: Warning 13, Rinkel - Feld: R.Dörfel 13, Holdt 13, Seeler 12, Adamkiewicz 11/12, Boller 11/4, Melkonian 11/3, Reinhardt 11, Jessen 10/1, Spundflasche 8/1, Niemann 8, Rohwedder 8, F.Dörfel 5/1, W.Müller 4/6, Ebeling 2, Struck 1, Alfred Diringer 1, E.Knüppel 1, Ventzke, Kowalski (51 Tore fehlen)

1946/47

Ab: Rohwedder (hörte auf), Ebeling (Wilhelmshaven 05, in der Saison von dort zurück), Müller (Hannover 96); in der Saison: Adamkiewicz (Eintracht Frankfurt)

Zu: Wilhelm Joraschkowitz (Hertha BSC, i.d.S. nach Unna), Wilhelm Abramczyk (Wilhelmsburg 09), Gerhard Schild (unbekannt), Hermann Stennull (Reserve); in der Saison: Heinz Werner (Jena), Sikorski (aus Kriegsgefangenschaft)

Tor: Warning 24, Werner Löwe 1, Wolf 1, Alfred Tetzner 1 - Feld: Boller 27/24, Reinhardt 27, R.Dörfel 26/2, Jessen 25/11, Spundflasche 24/5, Holdt 24/4, Seeler 20/5, H.Werner 15, Niemann 14/1, F.Dörfel 12/3, Sikorski 11/2, Abramczyk 8/1, Melkonian 8, Adamkiewicz 7/9, Joraschkowitz 4/3, Ebeling 4/2, Schild 4/1, Stennull 4/1, Karl-Heinz Meier 3, Jonka 1, Robert Haack 1, Diringer 1, Struck (2 Eigentore der Gegner, 10 Tore fehlen)

1947/48

Ab: Sikorski (Reserve), Stennull (OGC Nizza), Struck (Concordia); in der Saison: Boller (SV Trossingen), Ebeling (SG Oberröblingen)

Zu: Karl Grote (Cuxhaven), Adamkiewicz (Eintracht Frankfurt), Heinz Trenkel (SG Dessau-Nord), Rudolf Voigtmann (SG Planitz, i.d.S. zu TuS Neuendorf); in der Saison: Rudolf Rieck (Cuxhavener SV), Helmut Nordhaus (aus Kriegsgefangenschaft, dann zu Turbine Erfurt)

Tor: Warning 22, Grote 5 - Feld: Spundflasche 27/12, Seeler 27/6, Holdt 27, Werner 25/3, R.Dörfel 24/2, F.Dörfel 24, Adamkiewicz 23/21,

Boller 19/19, Jessen 17/4, Trenkel 17/4, Ebeling 10/6, Abramczyk 9, Reinhardt 8, Rieck 4/1, Schild 3, Niemann 2/1, Voigtmann 2, Melkonian 2, Nordhaus

1948/49

Ab: R.Dörfel, Melkonian (hörten auf), F.Dörfel (Wandsbeker FC), Rieck (Cuxhavener SV)

Zu: Ebeling (SG Oberröblingen), Helmut Schmeißer (SG Dessau-Nord), Werner Gorszka (TuS Hamburg), Herbert Wojtkowiak (dito, bis Jahresende 1948 gesperrt); in der Saison: Manfred Krüger (Freiimfelde Halle), Willy Firsbach (SG Dessau-Nord)

Tor: Warning 22, Grote 2 - Feld: Ebeling 24/12, Spundflasche 24/10, Adamkiewicz 23/7, Werner 23, Holdt 22, Trenkel 21/9, Schmeißer 21/3, Reinhardt 17, Wojtkowiak 15/11, Krüger 12/7, Abramczyk 9, Firsbach 8, Niemann 7/2, Seeler 5/2, Jessen 3/1, Schild 3/1, Gorszka 3 (1 Eigentor der Gegner)

1949/50

Ab: Grote (VfB Oldenburg), Reinhardt (Concordia), Seeler (Victoria, Spielertrainer), Jessen (Victoria), Schmeißer (SVA Gütersloh), Firsbach (TuRu Düsseldorf), Schild (Eintracht Frankfurt), Werner (Bergedorf 85, Spielertrainer)

Zu: Otto Globisch (Victoria), Josef Posipal (Arminia Hannover), Rohrberg (Eintracht Braunschweig), Johannes Kubsch (VfB Lübeck), Werner Harden (MTV Braunschweig), Hans-Jürgen Frahm (Neumünster), Herbert Klette, Jochenfritz Meinke (eigener Nachwuchs)

Tor: Warning 27, Globisch 5 - Feld: Posipal 32/2, Trenkel 32/1, Adam-kiewicz 31/25, Ebeling 31/15, Klette 31, Spundflasche 29/4, Niemann 29/2, Krüger 27/7, Wojtkowiak 25/26, Rohrberg 25/16, Harden 14/10, Gorszka 4, Kubsch 4, J.Meinke 3, Holdt 2, Frahm 1, Abramczyk (2 Eigentore der Gegner)

1950/51

Ab: Trenkel (VfB Mühlburg), Gorszka (Altona 93), Kubsch (Concordia), Abramczyk (Harburger TB), Holdt (hörte auf)

Zu: Seeger (Harburg), Rolf Börner, Karl-Heinz Liese (beide St.Pauli), Reinhold Ertel (Holstein Kiel), Fritz Laband (Anker Wismar), Walter Schemel (Eintracht Braunschweig, bis Saisonende gesperrt); in der Saison: Hans Dammers, Gerd Wagner (eigener Nachwuchs)

Tor: Globisch 36, Warning 2, Seeger - Feld: Wojtkowiak 37/43, Rohr-berg 35/20, Krüger 35/7, Spundflasche 35/4, Laband 35, Adamkiewicz 34/29, Posipal 34, Ebeling 26/8, Liese 25, Klette 24/2, Harden 17/6, Bör-ner 15/1, Ertel 11, Meinke 6, Dammers 5/2, Niemann 5, G.Wagner 1/1, Schemel, Frahm (2 Eigentore der Gegner)

1951/52

Ab: Seeger (Lüneburger SK), Adamkiewicz (VfB Mühlburg), Niemann (Eimsbüttel), Frahm (Victoria), Warning (hörte auf, gegen Saisonende vorübergehend reaktiviert)

Zu: Grote (VfB Oldenburg), Franz Klepacz (VfB Bielefeld), Ralph Pendorf (Eintracht Braunschweig), Franz Seemann (SpVgg.Landshut), Werner Weiß (Rasensport Harburg)

Tor: Globisch 21, Grote 15, Warning - Feld: Harden 34/32, Wojtkowiak 34/29, Posipal 34/3, Laband 33, Krüger 31/6, Spundflasche 28/9, Börner 27/3, Schemel 24/7, Pendorf 23/4, Liese 23/1, Klepacz 19/11, Ebeling 16/3, Meinke 11, Klette 10, Ertel 5/1, Wagner 4/2, Rohrberg 4, Dammers, Seemann, Weiß (1 Eigentor der Gegner)

1952/53

Ab: Ebeling (Eintracht Frankfurt), Klette (Concordia), Ertel (FC St.Pauli), Rohrberg (Eimsbüttel), Dammers, Seemann, Weiß (alle Harburger TB), Spundflasche (Altona 93)

Zu: Horst Schnoor, Lothar Botschin, Artur Hertle (eigener Nachwuchs bzw. Amateure), Günter Hentzschel (Victoria)

Tor: Schnoor 26, Globisch 8, Grote 2 - Feld: Posipal 35/5, Laband 34, Klepacz 33/10, Meinke 33/4, Schemel 32/14, Liese 32/7, Wojtkowiak 30/20, Harden 30/18, Krüger 30/4, Pendorf 29/5, Börner 24, Wagner 8/1, Hentzschel 5, Botschin 2, Horst Schlüter 1, Hertle 1, Willi Dierks 1 (1 Eigentor der Gegner)

1953/54

Ab: Globisch (Victoria), Hentzschel, Wagner (beide Altona 93), Grote

Zu: Walter Betz (Eimsbüttel), Günter Schlegel (Göttingen 05), Gerhard Ihns (1.FC Köln), Klaus Freese (eigener Nachwuchs)

Tor: Schnoor 25, Betz 5 - Feld: Wojtkowiak 30/16, Liese 30/4, Laband 29, Börner 27/8, Posipal 27/3, Ihns 26/13, Meinke 26/3, Schlegel 24/14, Harden 18/7, Schemel 17/3, Klepacz 16/2, Krüger 13/4, Freese 8, Botschin 5, Pendorf 2, Hertle 1, Giovanni Galeazzi 1, Fritz-Jussi Vogt, Hans Köckeritz, Ronald Noack, Melkonian

1954/55

Ab: Betz (Altona 93), Ihns (FK Pirmasens), Krüger (1.FC Saarbrücken), Hertle (FC Luzern), Botschin, Freese

Zu: Wolf (VfB Lübeck), Emil Schildt (Holstein Kiel), Uwe Seeler, Klaus Stürmer, in der Saison: Jürgen Werner (alle eigener Nachwuchs)

Tor: Schnoor 35, Wolf 1 - Feld: Schemel 36/13, Wojtkowiak 36/4, Meinke 36/3, Börner 36/1, Klepacz 36, Schlegel 35/30, Liese 35/3, Posipal 31, U.Seeler 30/29, Stürmer 29/21, Harden 10/7, Schildt 3/2, Pendorf 3, J.Werner 2, Herbert Broockmöller 1, Laband 1 (3 Eigentore der Gegner)

1955/56

Ab: Wolf (GW Hamburg), Pendorf (Harburger TB)

Zu: Werner Schadly (Hannover 96), Dieter Seeler (Altona 93); in der Saison: Uwe Reuter (eigene Amateure), Gerhard Krug (eigener Nachwuchs)

Tor: Schnoor 35, Schadly 1 - Feld: Liese 36/7, Klepacz 36/4, U.Seeler 34/35, Schlegel 34/22, Posipal 34, Stürmer 33/17, D.Seeler 32/8, Schemel 32/2, Meinke 32, Harden 19/4, Börner 14/1, Laband 11, Wojtkowiak 6/1, Reuter 3, Krug 2/2, Schildt 1, Werner 1

1956/57

Ab: Laband (Werder Bremen), Schildt (FC St.Pauli)

Zu: Werner Kloth (eigener Nachwuchs)

Tor: Schnoor 33, Schadly 1 - Feld: Krug 33/19, Meinke 33, Posipal 32, Reuter 31/8, U.Seeler 30/33, Klepacz 28, Werner 25/1, Schemel 23/3, Schlegel 22/6, Liese 21/1, Kloth 20/4, Stürmer 16/13, D.Seeler 14/1, Börner 11/2, Horst Michalke 1, Harden, Wojtkowiak (1 Eigentor der Gegner)

1957/58

Ab: Harden (eigene Amateure), Wojtkowiak (hörte auf)

Zu: Erwin Piechowiak (Einigkeit Wilhelmsburg), Klaus Neisner (Sperber), Peter Hümpel (Victoria), Broockmöller (eigene Amateure)

Tor: Schnoor 30, Schadly 4 - Feld: D.Seeler 33/16, Reuter 30/13, Werner 30/2, Meinke 30, Posipal 29/2, U.Seeler 28/24, Piechowiak 28/1, Krug 27/7, Klepacz 27, Schlegel 21/4, Stürmer 16/11, Neisner 11/2, Kloth 10/1, Broockmöller 8, Schemel 5/1, Börner 2, Liese 2, Hümpel 2, Harden 1 (2 Eigentore der Gegner)

1958/59

Ab: Posipal (hörte auf), Schlegel (Concordia), Schemel, Broockmöller, Börner, Liese

Zu: Horst Dehn (Komet Blankenese), Hans Reichert (VfB Oldenburg), Peter Beckmann (Victoria), Peter Wulf (eigene Amateure, früher Viktoria Harburg)

Tor: Schnoor 36/1, Schadly - Feld: D.Seeler 36/6, Meinke 36, Stürmer 34/24, Reuter 34/14, Werner 34/1, Piechowiak 33, U.Seeler 31/34, Dehn 28/7, Klepacz 25, Krug 20/10, Wulf 17/5, Reichert 16/1, Neisner 13/5, Beckmann 2/1, Hümpel 1/1, Kloth (1 Eigentor der Gegner)

1959/60

Ab: Hümpel (Altona 93), Kloth (Holstein Kiel)

Zu: Gert Dörfel (eigene Amateure, früher Polizei)

Tor: Schnoor 35, Schadly 2 - Feld: Dehn 37/6,

Krug 35/1, Werner 35/1, D.Seeler 34/5, Meinke 34, U.Seeler 33/49, Dörfel 32/18, Stürmer 30/13, Wulf 27/10, Neisner 25/12, Klepacz 15, Piechowiak 14, Reuter 10/2, Beckmann 6/1, Reichert 3 (3 Eigentore der Gegner)

1960/61

Ab: Reuter (1860 München), Beckmann, Reichert (beide Concordia)

Zu: Hans Krämer (Phönix Lübeck), Lothar Kröpelin (VfB Lübeck), Jürgen Kurbjuhn (Buxtehuder SV), Hubert Stapelfeldt; in der Saison: Harry Bähre (eigene Amateure)

Tor: Schnoor 31/1, Krämer 4, Schadly - Feld: Dehn 34/12, Dörfel 31/8, J.Meinke 31, Stürmer 30/22, Werner 30/3, U.Seeler 29/37, Neisner 28/11, Krug 28, D.Seeler 27/8, Kurbjuhn 27/1, Piechowiak 22, Wulf 19/8, Stapelfeldt 8, Bähre 2/1, Peter Haack 1, Uwe Muuhs 1, Ulrich Meinke 1, Hermann Scholle 1, Kröpelin, Klepacz (3 Eigentore der Gegner)

1961/62

Ab: Schadly, Klepacz (hörten auf); in der Saison: Stürmer (FC Zürich)

Zu: Reuter (1860 München)

Tor: Schnoor 30, Krämer 3 - Feld: J.Meinke 31, U.Seeler 30/32, Kurbjuhn 30, Krug 29/4, Dörfel 27/13, Wulf 26/23, D.Seeler 25/3, Dehn 21/4, Bähre 20/3, Piechowiak 19/3, Reuter 18/10, Neisner 16/2, Kröpelin 16, Werner 14, Stürmer 5/6, Stapelfeldt 2, Haack 1/1 (3 Eigentore der Gegner)

1962/63

Ab: Niemand!

Zu: Rolf Fritzsche (FK Pirmasens), Ernst Kreuz (Eintracht Frankfurt), Hans-Georg Dulz (SSV Reutlingen), Haack (eigene Amateure)

Tor: Schnoor 31, Krämer 5 - Feld: Werner 35/7, D.Seeler 35/1, Krug 35/1, U.Seeler 34/33, Kurbjuhn 34, Dörfel 33/18, Fritzsche 28/13, Wulf 27/15, Reuter 19/7, Stapelfeldt 19, Meinke 17, Bähre 12/1, Haack 9/7, Kreuz 8/2, Neisner 6, Dehn 4, Piechowiak 3, Kröpelin 2, Dulz (2 Eigentore der Gegner)

1963/64

Zu: Willi Giesemann (Bayern München), Fritz Boyens (Holstein Kiel), Claus Vogler (HSV Amat.); i.d.S. Bernd Dörfel (HSV Amat., vorher Grün-Weiß 07 Hamburg)

Ab: Werner (Laufbahnende), Fritzsche (Hessen Kassel), Haack, Neisner (beide Bergedorf 85), Dulz (Eintracht Braunschweig)

Tor: Schnoor 29 Spiele, Hans Krämer 1

Feld: Giesemann 30 Spiele/6 Tore, Uwe Seeler 30/30, Kurbjuhn 29, Gert Dörfel 27/15, Krug 26, Kreuz 25/5, Boyens 23/3, Dieter Seeler 22/2, Bähre 22/1, Stapelfeldt 14, Piechowiak 12/1, Dehn 11/3, Wulf 8/1, Kröpelin 7, Bernd Dörfel 5/1, Claus Vogler 4/1, Reuter 3, Peter Woldmann 2 (insgesamt 20 Spieler)

1964/65

Zu: Erhard Schwerin (HSV Amateure), Heiko Kurth (Altona 93), Andreas Maté (New York Hungarians), Holger Dieckmann (HSV-Amat., vorher Viktoria Wilhelmsburg), Juhani Peltonen (Valkeakosken HAKA/Finnland)

Ab: Reuter (Laufbahnende); i.d.S. Kreuz (SSV Reutlingen; Vertrag im Okt. 1964 gelöst)

Tor: Schnoor 22, Krämer 4, Schwerin 4

Feld: Giesemann 30/3, Gert Dörfel 26/4, Kurbjuhn 26/1, Bähre 26/1, Krug 26/1, Dehn 21/2, Dieckmann 21, Wulf 20/7, Uwe Seeler 19/14, Kröpelin 17, Peltonen 17/2, Kurth 13/2, Bernd Dörfel 10/2, Piechowiak 8, Maté 6/2, Dieter Seeler 6, Woldmann 4/2, Boyens 3, Stapelfeldt 1 sowie 3 Eigentore der Gegner (insgesamt 22 Spieler)

1965/66

Zu: Egon Horst, Willi Schulz (beide FC Schalke 04), Manfred Pohlschmidt (Preußen Münster), Helmut Sandmann (HSV Amat., vorher Wandsbeker FC), Rolf Schwartau (HSV Amat.); i.d.S. Dieter Strauß (HSV Amat., vorher Vikt. Wilhelmsburg)

Ab: Meinke (besaß seit 1963 sog. Ehrenvertrag, wurde aber nicht mehr eingesetzt), Krämer (Laufbahnende), Kröpelin (Holstein Kiel), Stapelfeldt, Woldmann (beide Eintracht Trier), Boyens

(Sportinvalide); i.d.S. Maté (i. Sept. zu New York Generals)

Tor: Schnoor 31, Schwerin 3

Feld: Kurbjuhn 33/1, Bernd Dörfel 29/7, Pohlschmidt 29/18, Gert Dörfel 27/6, Horst 25, Willi Schulz 24, Uwe Seeler 23/11, Peltonen 21/4, Dieckmann 20/2, Giesemann 19/2, Sandmann 18, Piechowiak 16/1, Wulf 16/7, Bähre 14, Krug 12/3, Strauß 11/1, Dehn 2/1, Schwartau 1 (insgesamt 20 Spieler)

1966/67

Zu: Peter Rohrschneider (HSV-Jgd.), Hans Schulz (Werder Bremen), Reinhard Löffler (HSV Amat., vorher Harburger TB), Hans-Jürgen Hellfritz (SV Munster / Niedersachsen), Elmar May (Borussia Neunkirchen), Peter Barfuß (HSV Amat., blieb Amateur)

Ab: Peltonen (Valkeakosken HAKA), Dehn, Piechowiak, Schwartau, Wulf (alle Sperber Hamburg), Krug, Dieter Seeler (beide Laufbahnende), Kurth (Altona 93), Vogler (Concordia Hamburg)

Tor: Schnoor 24, Schwerin 10

Feld: Sandmann 34/1, Horst 34, Bernd Dörfel 32/6, Kurbjuhn 30/2, Willi Schulz 30/2, Gerd Dörfel 30/9, Pohlschmidt 26/ 2, Uwe Seeler 23/10, Rohrschneider 20/1, Giesemann 19, Bähre 16, Strauß 16, Hans Schulz 11/1, Löffler 8, Hellfritz 7/1, May 3, Barfuß 1, sowie 2 Eigentore Gegner

1967/68

Zu: Arkoc Özcan (Austria Wien), Werner Krämer (MSV Duisburg), Franz-Josef Hönig (Holstein Kiel), Heinz Libuda (VAV Groningen – Holland)

Ab: Pohlschmidt (Schalke 04), Bähre (HSV Barmbek-Uhlenhorst); i.d.S. May (Vertragsauflösung Ende 1967, Sportinvalide)

Tor: Özcan 32, Schwerin 3

Feld: Kurbjuhn 34/3, Horst 31, Uwe Seeler 30/12, Werner Krämer 30/7, Hans Schulz 30/5, Sandmann 29, Willi Schulz 28/1, Gert Dörfel 27/9, Dieckmann 27, Hönig 20/8, Löffler 16/1, Hellfritz 13/1, Bernd Dörfel 12/1, Libuda 10/1, Rohrschneider 7, Giesemann 6/2, Strauß 5 (insgesamt 19 Spieler)

1968/69

Zu: Gert Girschkowski (VfL Bad Oldesloe), Hans-Werner Kremer, Hubert Schöll, Jürgen Seifert (alle 1. FC Nürnberg), Björn Moldenhauer (HSV Amat., vorher Bremerhaven 93), Klaus Fock (TuS Finkenwerder), Robert Pötzschke (SV Merzig/ Saar), Hans-Jürgen Dringelstein (SV Waldhof)

Ab: Giesemann, Schwerin (beide Barmbek-Uhlenhorst), Löffler (FC St. Pauli), Bernd Dörfel (Etr. Braunschweig), Rohrschneider (FC Thun/ Schweiz), Strauß (Bergedorf 85), Barfuß (TuS Hamburg)

Tor: Özcan 31 Spiele, Girschkowski 4

Feld: Uwe Seeler 33/23 Tore, Dieckmann 32, Gert Dörfel 32/5, Hönig 32/10, Horst 29, Sandmann 28, Kurbjuhn 27/2, Willi Schulz 27, Hans Schulz 25/6, Dringelstein 23/1, Werner Krämer 17/2, Schöll 15/1, Fock 14/3, Hellfritz 14, Pötzschke 10/2, Hans-Werner Kremer 3, Seifert 2, Heinz Libuda 1

1969/70

Zu: Peter Nogly, Siegfried Beyer (beide Phönix Lübeck), Klaus Zaczyk (1.FC Nürnberg), Norbert Hof (Wacker Wien)

Ab: Dieckmann, Horst (beide Laufbahnende), Werner Krämer (VfL Bochum), Seifert (unbek.), Heinz Libuda (unbekannt verzogen), Moldenhauer (30.11.69 Vertragsauflösung, ab 1970/71 wieder HSV-Amat.)

Tor: Özcan 18, Girschkowski 17

Feld: Sandmann 33, Zaczyk 31/6, Uwe Seeler 30/17, Hof 29/2, Hönig 29/7, Willi Schulz 28, Hellfritz 28/4, Kurbjuhn 24, Pötzschke 23/2, Nogly 22/1, Hans Schulz 22/9, Gerd Dörfel 21/4, Beyer 20/1, Kremer 14/1, Fock 11/2, Dringelstein 5/1, Schöll 1 (insgesamt 19 Spieler)

1970/71

Zu: Hans-Jürgen Ripp (Vorwärts Billstedt), Heinz Bonn (Wuppertaler SV), Hans-Peter Gummlich (HSV-Amat., vorher Rasensport Harburg, blieb Amat.), Gerd Klier (FC 08 Villingen), Walter Volkert, Claus-Dieter Kröger, Wolfgang Kampf (alle HSV-Amat.)

Ab: Fock (HSV Barmbek-Uhlenhorst), Hof

(Wiener Sport-Club), Schöll (ASV Neumarkt), Schnoor (Laufbahnende 1967,Vertrag lief bis 1970)

Tor: Özcan 31, Girschkowski 4

Feld: Zaczyk 32/9, Sandmann 32/1, Hönig 32/13, Gert Dörfel 30/6, Ripp 28, Kurbjuhn 27/1, Nogly 26/6, Uwe Seeler 25/9, Klier 24/4, Hellfritz 22, Hans Schulz 22/1, Kremer 14, Willi Schulz 14, Beyer 13/2, Pötzschke 13, Bonn 11, Kampf 3, Gummlich 1, Walter Volkert 1, Kröger 1, sowie 2 Eigentore (insgesamt 22 Spieler)

1971/72

Zu: Rudi Kargus (Wormatia Worms), Ole Bjørnmose (Werder Bremen), Georg Volkert (FC Zürich), Manfred Kaltz (TuS Altrip), Caspar Memering (Werder Bremen), Klaus Winkler (Offenbacher Kickers), Peter Lübeke (SV Renchen), Günter Selke (HSV Amat., vorher FTSV Neuhof)

Ab: Girschkowski (Phönix Lübeck), Klier (Mainz 05), Hans Schulz (Fortuna Düsseldorf), Kremer, Pötzschke (beide SV Röchling Völklingen), Beyer (FC St.Pauli), Kampf (Phönix Lübeck), Gummlich (Olympia Wilhelmshaven), Walter Volkert (Barmbek-Uhlenhorst); i.d.S. Gert Dörfel (im Mai 1972 zu „Highland Powers" Johannesburg)

Tor: Özcan 20, Kargus 14

Feld: Bjørnmose 33/9, Zaczyk 32/5, Kaltz 32/4, Hönig 31/7, Georg Volkert 31/4, Willi Schulz 31, Nogly 28/5, Uwe Seeler 26/11, Memering 23/1, Ripp 23, Winkler 22/2, Hellfritz 14, Sandmann 14, Kurbjuhn 12, Lübeke 11/4, Gerd Dörfel 4, Kröger 4, Selke 2 (insgesamt 20 Spieler)

1972/73

Zu: Kurt Eigl (SC Reilingen), Horst Heese (i.d.S. von Eintracht Frankfurt), Dieter Hochheimer, Walter Krause (beide Offenbacher Kickers), Holger Haltenhof (HSV Amat., vorher Schönkirchen), Edgar Nobs (HSV Amat., 1971 von SuS Northeim), Peter Krobbach (SpVgg Andernach), Peter Hidien (Germania Metternich)

Ab: Uwe Seeler (Laufbahnende), Selke (VfL Osnabrück), Hellfritz (Etr. Braunschweig), Kurbjuhn (Laufbahnende 1971, besaß 1971/72 Ehrenvertrag), Dringelstein (Sportinvalide/VfR Baumholder); i.d.S. Bonn (zum 1.2.73 zu Arminia Bielefeld)

Tor: Özcan 25, Kargus 10

Feld: Hönig 33/11, Kaltz 33/2, Zaczyk 33/7, Nogly 32/3, Volkert 31/10, Memering 30/4, Willi Schulz 29, Winkler 29/3, Bjørnmose 27/2, Hidien 19, Krobbach 19, Heese 18/6, Lübeke 10/3, Ripp 10, Sandmann 7, Krause 5, Nobs 5, Bonn 2, Haltenhof 1, sowie 2 Eigentore der Gegner (insgesamt 21 Spieler)

1973/74

Zu: Peter Hermann (TuS Neuendorf), Hans-Jürgen Sperlich (Durban City / Südafrika), Jörg Martin (HSV Amat., kam 1971 von Buchholz 08), i.d.S. Volker Danner (MSV Duisburg)

Ab: Lübeke (Uerdingen), Sandmann (Barmbek-Uhlenhorst), Nobs (VfL Osnabrück), Haltenhof (Holstein Kiel), Kröger (zurück zu HSV-Amat.), i.d.S.: Danner (Sportinvalide, Vertrag Nov. 1973 gelöst)

Tor: Kargus 33, Özcan 2

Feld: Winkler 34/5, Bjørnmose 34/4, Kaltz 34/2, Zaczyk 32/7, Nogly 32/4, Volkert 31/8, Hidien 31/2, Hönig 28/6, Memering 24/2, Heese 23/5, Krobbach 22/2, Krause 15/2, Sperlich 15/1, Ripp 10, Hermann 2, 2 Eigentore der Gegner (insgesamt 17 Spieler)

1974/75

Zu: Vladimir Kovacic (Dinamo Zagreb), Horst Bertl (Borussia Dortmund), Willi Reimann (Hannover 96), Kurt Eigl (SC Reilingen/Nordbaden), Uwe Mackensen (HSV Amat., kam 1972 von TuSpo Petershütte /-Harz), Dieter Wöbcke (Holsatia Elmshorn, Torwart, blieb ohne Einsatz), HansHeinrich Radbruch (Abwehr, war ausgeliehen an VfB Lübeck, blieb ohne Einsatz)

Ab: Krause (MSV Duisburg), Hönig (SV Wiesbaden), Heese (AS Eupen – Belgien), Hermann (Alemannia Aachen), i.d.S.: Wöbcke (Holsatia Elmshorn)

Tor: Kargus 33, Kovacic 1

Feld: Volkert 34/7, Kaltz 33, Nogly 33/3, Zaczyk 33/5, Sperlich 31/6, Bjørnmose 30/6, Winkler 28, Bertl 28/8, Memering 27/3, Reimann 23/8, Eigl 21/3, Krobbach 21/4, Hidien 20/2, Ripp 16, Mackensen 1 (insgesamt 17 Spieler)

1975/76

Zu: Horst Blankenburg (Ajax Amsterdam), Detlef Spincke (SV Lurup), Hans Ettmayer (VfB Stuttgart)

Ab: Krobbach (Etr. Frankfurt), Özcan (Trainer), Radbruch (reamateurisiert)

Tor: Kargus 34

Feld: Nogly 34/9, Bjørnmose 34/7, Blankenburg 31, Hidien 31/1, Volkert 30/7, Memering 30/7, Kaltz 26/2, Bertl 26/3, Ettmayer 25/4, Sperlich 24/4, Zaczyk 24/2, Reimann 22/7, Ripp 20, Eigl 16/4, Spincke 1, Mackensen 1, sowie 2 Eigentore der Gegner (insgesamt 17 Spieler)

1976/77

Zu: Arno Steffenhagen (Ajax Amsterdam), Wolfgang-Felix Magath (1.FC Saarbrükken), Ferdinand Keller (1860 München)

Ab: keiner!

Tor: Kargus 29, Kovacic 5

Feld: Kaltz 34/1, Ripp 34, Reimann 34/15, Steffenhagen 32/13, Magath 30/1, Volkert 29/13, Bjørnmose 28/3, Zaczyk 25/3, Hidien 22, Memering 22/5, Nogly 20/1, Bertl 16/2, Eigl 14/6, Blankenburg 13, Keller 9/2, Sperlich 8, Winkler 4, Ettmayer 2, Mackensen 1, sowie 2 Eigentore der Gegner (insgesamt 21 Spieler)

1977/78

Zu: Ivan Buljan (Hajduk Split), Kevin Keegan (FC Liverpool), Jürgen Stars (Röchling Völklingen), Andreas Karow (HSV-Jgd.)

Ab: Kovacic, Spincke (beide Wuppertaler SV), Sperlich (RW Essen), Bjørnmose (Dänemark, Laufbahnende als Profi), Ettmayer (FC Lugano-Schweiz), Blankenburg (Wacker Innsbruck), Mackensen (1. FC Kaiserslautern); i.d.S. Winkler (24.11.77 zu FC St. Pauli)

Tor: Kargus 34, Stars

Feld: Kaltz 34/1, Memering 34/3, Magath 33/4, Keller 31/14, Nogly 28/3, Ripp 28, Volkert 28/13, Hidien 25/1, Keegan 25/6, Reimann 21/3, Bertl 20/7, Zaczyk 20/3, Buljan 19/2, Steffenhagen 19, Eigl 15, Karow 4, sowie ein Eigentor des Gegners (von Ottmar Hitzfeld, VfB Stuttgart) (insgesamt 17 Spieler)

1978/79

Zu: Horst Hrubesch (RW Essen), William Hartwig (1860 München), Hans-Günther Plücken (Union Solingen), Bernd Wehmeyer (Hannover 96), Bernd Gorski (FC St. Pauli), Thomas Bliemeister (HSV-Jgd., vorher Tura Harksheide), Uwe Beginski (HSV-Jgd., vorher Jenfelder SV)

Ab: Volkert (VfB Stuttgart), Zaczyk (Hessen Kassel), Eigl (Darmstadt 98), Steffenhagen (Chicago Stings); i.d.S. Keller (10.10.78 zu Borussia Neunkirchen)

Tor: Kargus 34, Stars

Feld: Keegan 34/17, Hrubesch 34/13, Hartwig 34/10, Kaltz 34/6, Memering 34/4, Nogly 34/1, Buljan 32/5, Hidien 31/3, Reimann 26/5, Bertl 24/5, Magath 21/4, Wehmeyer 19/2, Ripp 8, Plücken 7/1, Beginski 1 (insgesamt 16 Spieler)

1979/80

Zu: Dietmar Jakobs (MSV Duisburg), Holger Hieronymus (FC St. Pauli); i.d.S. Jürgen Milewski (Hertha BSC Berlin), Waldomir Pacheco, genannt „Buca“ (FC Sao Paulo)

Ab: Ripp (Lüneburger SK), Bertl (Houston Hurricanes / USA), i.d.S. Gorski (Hannover 96), Karow (Darmstadt 98)

Tor: Kargus 33, Stars 2

Feld: Hrubesch 34/21, Jakobs 34/4, Kaltz 32/5, Magath 32/5, Keegan 31/9, Nogly 31/2, Reimann 30/6, Hartwig 29/9, Buljan 24/7, Memering 23/4, Hidien 20, Hieronymus 17/3, Milewski 16/6, Wehmeyer 13/1, Plücken 10/1, Beginski 1, Gorski 1, „Buca“ 1, sowie 3 Eigentore der Gegner (insgesamt 20 Spieler)

1980/81

Zu: Werner Dreßel (Werder Bremen), Jürgen Groh (1. FC Kaiserslautern), Heinz-Josef Koitka (RW Lüdenscheid), Uli Stein (Arminia Bielefeld), Thomas von Heesen (FC Paderborn); i.d.S. Franz Beckenbauer (Cosmos New York)

Ab: Keegan (FC Southampton), Kargus (1. FC Nürnberg), Stars (VfR Oli Bürstadt), Beginski

(Darmstadt 98), Nogly (Tornados Edmonton), Bliemeister (VfL Stade), Plücken (Bayer Uerdingen, i.d.S. 79/80 ausgeliehen an Hertha BSC Berlin), „Buca“ (Hannover 96), Beginski (Darmstadt 98)

Tor: Koitka 23, Stein 12

Feld: Groh 34/1, Kaltz 34/7, Jakobs 33/3, Magath 33/10, Memering 33/3, Hrubesch 29/17, Buljan 28/8, Hartwig 27/7, Hieronymus 23, Milewski 20/5, Reimann 19/5, Beckenbauer 18, Dreßel 15/3, Wehmeyer 15, Hidien 13, von Heesen 4/1, Schröder 1/1, sowie 2 Eigentore der Gegner (insgesamt 19 Spieler)

1981/82

Zu: Ralf Brunnecker (FC St. Pauli), Dieter Kramer (Preußen Münster), Bernhard Scharold (ASV Herzogenaurach), Michael Schröder (HSV Amat., vorher FC St. Pauli), Lars Bastrup (Aarhus GF), Borisa Djordjevic (Hajduk Split)

Ab: Buljan (Cosmos New York), Reimann (Calgary Boomers), i.d.S. Dreßel (1. FC Nürnberg)

Tor: Stein 34

Feld: Bastrup 34/13, Wehmeyer 34/1, Jakobs 33/4, Hrubesch 32/27, Kaltz 32/9, Groh 32, Hartwig 31/14, Magath 28/8, Hieronymus 28/1, Milewski 23/10, von Heesen 20/7, Memering 23/1, Beckenbauer 10, Djordjevic 7, Hidien 2, Dreßel 1, Kramer 1, Schröder 1 (insges. 19 Spieler)

1982/83

Zu: Wolfgang Rolff (Fortuna Köln), Allan Hansen (BK Odense), Michael Schmidt (SC Charlottenburg)

Ab: Memering (Girondins Bordeaux), Beckenbauer (Laufbahnende), Kramer (VfL Bochum), Hidien (Hummelsbütteler SV), i.d.S. Schmidt (Blau-Weiß 90 Berlin)

Tor: Stein 34

Feld: Magath 34/4, Wehmeyer 34/2, Rolff 32/4, Hieronymus 32/3, Milewski 31/14, Kaltz 31/8, Hartwig 31/6, Jakobs 31/5, Groh 31, Hrubesch 30/18, Bastrup 25/5, von Heesen 20/6, Hansen 13/3, Djordjevic 2, Schmidt 1, Schröder 1 (insgesamt 17 Spieler)

1983/84

Zu: Dieter Schatzschneider (Fortuna Köln), Wolfram Wuttke (Schalke 04), Kai Steffen (HSV-Amat., vorher Seattle Sounders/USA, erhielt zur Saison 1984/85 einen Vertrag), Holger Stein (HSV Amat.)

Ab: Hrubesch (Standard Lüttich), Bastrup (IK Skovbakken/Dänemark), Brunnecker (reamateurisiert, HSV Amat.); i.d.S. Djordjevic (März 84 zu Tennis Borussia Berlin)

Tor: Uli Stein 34

Feld: Magath 34/5, Groh 33/3, Rolff 32/11, Jakobs 32/3, Schatzschneider 31/15, Hieronymus 31, Hartwig 30/6, Kaltz 27/ 9, Wuttke 27/7, Schröder 26/7, Milewski 17/4, von Heesen 15/2, Hansen 7/1, Brefort 2/1, Steffen 2/1, Holger Stein 1 (insgesamt 17 Spieler)

1984/85

Zu: Erik Soler (Lilleström SK-Norwegen), Mark McGhee (FC Aberdeen), Bernd Schuhmann (SpVgg Einbeck 05), Christian Hofmeister (SV Lurup); i.d.S. Gérard Plessers (Standard Lüttich)

Ab: Schatzschneider (Schalke 04), Hartwig (1. FC Köln), Hansen (Odense BK), Brefort (Blau-Weiß 90 Berlin)

Tor: Stein 33, Hain 1

Feld: Wehmeyer 34/4, von Heesen 32/15, Rolff 32/4, Magath 32/3, Schröder 30/3, Kaltz 29/4, Jakobs 29/1, McGhee 26/6, Wuttke 25/7, Groh 24, Soler 24, Milewski 23/9, Plessers 16/1, Hofmeister 10, Steffen 5, Schuhmann 3 (insgesamt 18 Spieler)

1985/86

Zu: Ralf Balzis (Offenbacher Kickers), Bernd Bressem (Komet Blankenese), Jens Duve (Hummelsbütteler SV), Heinz Gründel (Standard Lüttich), Tobias Homp (Kilia Kiel), Thomas Kroth (Etr. Frankfurt), Peter Lux (Etr. Braunschweig), Werner Rusche (VfL Herzlake), Manfred Wasner (FC Vilshofen/Niederbayern); i.d.S. McGhee (Glasgow Celtic).

Ab: Milewski (AS St. Etienne), Schuhmann (Altona 93), Hieronymus (Sportinvalide), Groh (Trabzonspor)

Tor: Stein 34, Hain

Feld: von Hessen 33/8, Rolff 33/5, Jakobs 33/3, Lux 32/3, Gründel 30/11, Schröder 30/8, Magath 29/2, Plessers 29/2, Kroth 29/1, Kaltz 24/2, Balzis 22/5, Homp 18, Wuttke 6/1, Bressem 6, Duve 6, Schmöller 6, McGhee 4/1, Rusche 4, Wasner 4, Hofmeister 3, Wehmeyer 3, Soler 1 (insgesamt 23 Spieler)

1986/87

Zu: Miroslaw Okonski (Lech Poznan), Thomas Hinz (FC St. Pauli), Dietmar Beiersdorfer, Manfred Kastl (beide SpVgg Fürth), Lothar Dittmer (FC Süderelbe), Walter Laubinger (HSV Amat., vorher Bramfelder SV), Frank Schmöller (HSV Amat., vorher TSV Niendorf)

Ab: Rolff (Bayer Leverkusen), Schröder (VfB Stuttgart), Hofmeister (FC St. Pauli), Rusche (SV Meppen), Wasner (SpVgg Unterhaching), Magath (Manager HSV), Steffen (California Surf-/USA)

Tor: Stein 28, Hain 6

Feld: von Heesen 33/12, Okonski 32/8, Kaltz 32/4, Jakobs 32/1, Jusufi 31/8, Homp 31/3, Beiersdorfer 25/1, Lux 24/4, Schmöller 23/4, Plessers 23/2, Kroth 21/2, Kastl 19/10, Dittmer 17/3, Gründel 17/3, Hinz 16, Balzis 8/4, Laubinger 5

(insgesamt 19 Spieler)

1987/88

Zu: Uwe Bein (1. FC Köln), Bruno Labbadia (Darmstadt 98), Michael Enders (Preußen Berlin), Helmut Heininger (FC Vilshofen/Niederbayern), Harald Spörl (VfL Frohnlach), Paul Caligiuri (HSV Amat., vorher UCLA in Los Angeles), Richard Golz (HSV Amat., vorher SC Tegel in Berlin), Carsten Kober (HSV Amat., vorher VfB Lübeck), Josef Klos (ASC Dudweiler/ Saar), Mladen Pralija (Rayo Vallecano in Madrid), Klaus Theiss (Etr. Frankfurt), i.d.S. Koitka.

Ab: Lux (SV Waldhof), Balzis (Etr. Frankfurt), Hain (Etr. Braunschweig); i.d.S. Stein (nach 28.7.87 freigestellt, zu Etr. Frankfurt) Pralija (Nov. 87 zu Roter Stern Belgrad, als Torwarttrainer), Dittmer (27.1.88 zum FC Homburg), Laubinger (ausgeliehen an SpVgg Bayreuth)

Tor: Koitka 16, Pralija 14, Golz 5

Feld: Kaltz 33/7, Labbadia 31/11, von Heesen 31/7, Okonski 30/7, Beiersdorfer 30/3, Jakobs 28/1, Bein 24/7, Kroth 23/3, Möhlmann 19/2, Kastl 18/7, Hinz 18/1, Spörl 17/3, Plessers 17/1, Homp 16, Kober 16, Gründel 15, Jusufi 15, Dittmer 14/2, Laubinger 5/1 (insgesamt 22 Spieler)

1988/89

Zu: Oliver Bierhoff (Uerdingen), Roland Hirsch (VfL Kirchheim/Teck, als Amat.), Oliver Geier (eig. Jgd., vorher SV West Eimsbüttel, als Amat.), John Jensen (Bröndby IF), Fred Klaus (1. FC Nürnberg), Marcus Marin (HSV Amat., vorher SV Hummelsbüttel, als Amat.), Hans-Werner Moser (1. FC Kaiserslautern), Jörg Hoßbach (Etr. Braunschweig), Laubinger (zurück von SpVgg Bayreuth), Jan Furtok (GKS Katowice), Andreas Merkle (VfB Stuttgart)

Ab: Okonski (AEK Athen), Kastl (Bayer Leverkusen), Gründel (Etr. Frankfurt), Kroth (Bor. Dortmund), Plessers (FC Genk-Belgien), Enders (Tasmania 73 Berlin), Theiss (Viktoria Aschaffenburg); i.d.S. Labbadia (1. FC Kaiserslautern, ausgeliehen, danach vom 1. FC verpflichtet)

Tor: Golz 22, Koitka 12

Feld: Kaltz 34/3, von Heesen 33/9, Jensen 32, Jusufi 31/1, Spörl 30/9, Moser 30/2, Jakobs 29/2, Bein 28/15, Kober 28/1, Bierhoff 24/6, Furtok 21/9, Beiersdorfer 21, Klaus 15/2, Merkle 13/1, Homp 10, Labbadia 10, Möhlmann 6, Marin 5 (insgesamt 20 Spieler)

1989/90

Zu: Armin Eck (Bayern München), Detlef Dammeier (Hannover 96), Michael Schröder (VfB Stuttgart), Jörg Bode (Arminia Bielefeld, Vertragsamat.), Ralph Jester (HSV Amat., vorher Bramfelder SV); i.d.S. Fernando Pereira de Pinho, genannt „Nando“ (Flamengo Rio de Janeiro, ausgeliehen, für 1990/91 verpflichtet), Thorsten Kohn (HSV-Amat., vorher Spandauer BC, gehörte als Amat. ab 1990/91 zum Profikader), Jens Bochert (PSV Schwerin)

Ab: Bein (Etr. Frankfurt), Kaltz (Girondins Bordeaux), Hinz (TuS Hoisdorf), Hirsch (VfL Kirchheim/Teck), Homp (FC Homburg)

Tor: Golz 34

Feld: Eck 34/4, Furtok 33/10, von Heesen 32/8, Beiersdorfer 31/3, Jusufi 27/3, Spörl 27/1, Schröder 26, Kober 24, Ballwanz 21/3, Dammeier 21/1, Merkle 20/1, Bode 18/1, Moser 17, Jensen 15, „Nando" 11/4, Bierhoff 10, Marin 10, Fischer 9, Jakobs 9, Bochert 2, Jester 1, Kohn 1 (insgesamt 23 Spieler)

1990/91

Zu: Thomas Doll, Frank Rohde (beide FC Dynamo Berlin-DDR), Waldemar Matysik (AJ Auxerre), Thomas Stratos (Arm. Bielefeld), Michael Koch (Altona 93), Nils Bahr (HSV Amat., vorher SV Siebeneichen, als Amat.), Andree Fincke (HSV Amat., vorher Werder Bremen, als Amat.), Manfred Kaltz (Girondins Bordeaux), Torsten Fröhling (HSV Amat., vorher Stahl Eisenhüttenstadt)

Ab: Jensen (Bröndby IF), Klaus (Hertha BSC Berlin), Moser (Wattenscheid 09), Koitka (Laufbahnende), Marin (Stuttgarter Kickers), Geier, Jester (beide TuS Hoisdorf), Hoßbach (VfL Wolfsburg), Merkle (setzte Studium fort, ab 7.1.92 HSV Amat.), Bierhoff (Austria Salzburg), Jakobs (Sportinvalide)

Tor: Golz 33, Bahr 1

Feld: Matysik 34/1, Beiersdorfer 33/6, Doll 33/4, Furtok 32/20, Eck 32/5, Kober 32, Rohde 32, „Nando" 30/11, Spörl 27/6, von Heesen 25/2, Stratos 23/3, Ballwanz 16, Dammeier 15/1, Bode 13, Kaltz 13, Jusufi 8, Schröder 2, Fröhling 1

(ingesamt 20 Spieler)

1991/92

Zu: Jürgen Hartmann (VfB Stuttgart), Henning Hardt (Holstein Kiel, Vertragsamateur), Luis Firminio Emerson (Flamengo Rio de Janeiro, Amat.), Andreas Reinke (1990 HSV Amat., von PSV Schwerin), Uwe Eckel (Hannover 96); i.d.S. Herbert Waas (FC Bologna, ausgeliehen), Richard Cyron (Gornik Zabrze-Polen)

Ab: Kaltz (Laufbahnende), Doll (Lazio Rom), Jusufi (Schalke 04), Koch (Hannover 96), Fincke (SC Freiburg), Kohn (VfL Wolfsburg), Fröhling (FC St. Pauli)

Tor: Golz 30, Bahr 7, Reinke 1

Feld: Rohde 37/4, Eck 36/8, Hartmann 36, Kober 35, Matysik 35, Spörl 34/2, Beiersdorfer 34/1, Waas 33/2, Bode 31/1, Furtok 30/8, von Heesen 26/2, Nando 24/2, Dammeier 15, Cyron 13/1, Eckel 10, Stratos 10, Schnoor 5, Emerson 4/1, Ballwanz 4 (insgesamt 22 Spieler)

1992/93

Zu: Markus Babbel (Bayern München, ausgeliehen), Karsten Bäron (Hertha Zehlendorf), Uwe Bormann (VfR Langelsheim, Vertragsamat.), Pavel Dotchev, Yordan Letchkov (beide ZSKA Sofia), Marinus Bester (Werder Bremen, ausgeliehen), Michael Spies, Florian Weichert, Thomas Lässig (alle von Hansa Rostock, L. war Vertragsamat.), Oliver Möller (SV Lurup), David Schneider (SpVgg Fürth, Vertragsamat.), Peter Woodring (SV Wiesbaden, Vertragsamat.)

Ab: Beiersdorfer (Werder Bremen), Waas (FC Zürich), Eckel (Hannover 96), Bochert (FC Rouen-Frankreich), Ballwanz, Dammeier (beide VfL Wolfsburg, D. ausgeliehen), Stratos (1. FC Saarbrücken); i.d.S. „Nando" (Sept. '92 zu Internacional Porto Alegre)

Tor: Golz 32, Bahr 2

Feld: Rohde 34/3, Hartmann 33/2, Kober 32, von Heesen 31/6, Letchkov 29/4, Babbel 27/1, Bäron 27/8, Eck 25/2, Matysik 25, Spörl 23/2, Weichert 20/4, Bode 19/1, Furtok 19/4, Schnoor 19/1, Bester 17/3, Spies 14/1, Dotchev 8, Woodring 4, Möller 1 (insgesamt 21 Spieler)

1993/94

Zu: Jörg Albertz (Fortuna Düsseldorf), Michael Kostner (1. FC Saarbrücken), Valdas Ivanauskas (Austria Wien), Andreas Sassen (Uerdingen), Stig Tøfting (Aarhus GF), Riccardo Baich (HSV Amat., vorher Hansa Rostock); i.d.S. Ronny Teuber (Dynamo Dresden), Petr Hubtchev (Lewski Spartak Sofia, ausgeliehen), Jörn Andersen (Etr. Frankfurt), Francisco Copado (HSV Amat., vorher Holstein Kiel)

Ab: Furtok (Etr. Frankfurt), Rohde (Hertha BSC Berlin), Matysik (Wuppertaler SV), Bester (Schalke 04), Reinke (FC St. Pauli), Schneider (SpVgg Fürth), Hardt, Emerson (beide Holstein Kiel), Dotchev (Hansa Rostock); i.d.S. Tøfting (ausgeliehen an Odense BK)

Tor: Golz 34

Feld: Babbel 33, von Heesen 33/14, Letchkov 33/3, Bäron 32/13, Hartmann 32/2, Spörl 32/2, Albertz 31/4, Kober 31, Sassen 30/1, Ivanauskas 27/5, Kostner 18, Hubtchev 13, Schnoor 12, Andersen 11/1, Spies 9/2, Kovacevic 7, Tøfting 5, Baich 2, Eck 2, Woodring 2, Bode 1, Copado 1, Weichert 1, sowie 1 Eigentor des Gegners (insgesamt 24 Spieler)

1994/95

Zu: Sergio Fabian Zarate (1. FC Nürnberg), Jörg Bach (Wattenscheid 09), André Breitenreiter (Hannover 96, ausgeliehen, vor 1995/96 Ablöse), Marijan Kovacevic (HSV Amat., vorher Concordia Hamburg), Andreas Fischer (Bayer Leverkusen), Uli Stein (Etr. Frankfurt), Marco Weißhaupt (RW Erfurt), Tøfting (zurück von Odense BK); i.d.S. Niclas Kindvall (IFK Norrköping-Schweden), Frank Ordenewitz (Furukawa-Japan), Michael Mason (Hessen Kassel)

Ab: Babbel (zurück zu Bayern München), Bahr (TuS Hoisdorf), von Heesen, Bode, Eck (alle Arminia Bielefeld), Cyron (Fortuna Düsseldorf), Möller (SV Lurup), Spies (Dynamo Dresden), Woodring (Aalborg BK , ausgeliehen), Baich (FSV Frankfurt), Bormann (VfR Osterode), Weichert (VfB Leipzig); i.d.S. Andersen (Dynamo Dresden), Zarate (21.12.94 zu Necaxa Mexico City), Sassen (Dynamo Dresden)

Tor: Stein 19, Golz 17

Feld: Albertz 34/9, Letchkov 30/4, Spörl 29/8, Hartmann 29/1, Schnoor 28/3, Hubtchev 28/2, Bach 28, Ivanauskas 27/2, Fischer 25/1, Kober 19, Breitenreiter 16/4, Kindvall 16/2, Ordenewitz 15, Bäron 14/4, Zarate 11/1, Kostner 10, Kovacevic 10, Weißhaupt 9, Sassen 8, Andersen 7, Lüttkenhaus 3, Tøfting 3, Copado 2 (insgesamt 25 Spieler)

1995/96

Zu: Stéphane Henchoz (Neuchatel Xamax – Schweiz), Sven Kmetsch, Uwe Jähnig (beide Dynamo Dresden), Christian Claaßen (SV Wilhelmshaven), Stefan Siedschlag (HSV Jgd., vorher FC St. Pauli, Amat.), Holger Hiemann (Chemnitzer FC, ausgeliehen), Dirk Wojewski (HSV Amat.); i.d.S. Bernd Hollerbach (1. FC Kaiserslautern), Elard Ostermann (SV Lurup)

Ab: Stein (Arm. Bielefeld), Tøfting (Aarhus GF), Kostner (FC Homburg), Bach (Fortuna Düsseldorf); i.d.S. Hiemann (Chemnitzer FC, ausgeliehen, vor 96/97 Ablöse), Copado (Real Deportivo Mallorca), Claaßen (SV Meppen, ausgeliehen), Lüttkenhaus (VfL Wolfsburg), Kindvall (Malmö FF), Ordenewitz (Brumel Sendai/Japan, ausgeliehen, ließ sich danach reamateurisieren / SV Rotenburg-Wümme), Weißhaupt (Mainz 05, ausgeliehen)

Tor: Golz 33, Hiemann 3

Feld: Albertz 34/9, Hartmann 32/1, Spörl 32/14, Fischer 31/4, Henchoz 31/2, Kmetsch 26, Breitenreiter 25/3, Schnoor 23/2, Hubtchev 21, Bäron 19/7, Ivanauskas 17/3, Kovacevic 17/1, Hollerbach 14, Jähnig 13/2, Copado 10, Letchkov 9, Ostermann 9, Salihamidzic 9/2, Stendel 7, Kober 6, Mason 6, Ordenewitz 6/1, Riegel 6, Claaßen 5, Rose 4, Weißhaupt 4, Kindvall 3, Lüttkenhaus 1, Wojewski 1 – 1 Eigentor von Wagner (1. FC Kaiserslautern)

1996/97

Zu: Jens Dowe (1860 München), Jakob Friis-Hansen (Girondins Bordeaux), Jochen Seitz (Vikt. Aschaffenburg), Markus Schopp (Sturm Graz), Markus Schupp (Etr. Frankfurt), Hasan Salihamidzic (HSV Amat., vorher Velez Mostar); i.d.S. Rodolfo E. Cardoso (Werder Bremen, ausgeliehen), Pawel Wojtala (Lech Poznan), Marek Saganowski (Feyenoord Rotterdam, ausgeliehen), sowie v. d. HSV-Amateuren eingesetzt: Tobias Homp (1995 vom FC Homburg zurück zu HSV Amateure), Marco Kück (eigene Jugend), Marko Riegel, Sven Wittfot (beide früher Phönix Lübeck), Matthias Rose (vorher TuS Hoisdorf), Dirk Weetendorf (vorher TSV Pansdorf), Tibor Nadj (vorher Bergedorf 85)

Ab: Albertz (Glasgow Rangers), Letchkov (Olympique Marseille), Claaßen (SV Meppen), Weißhaupt (RW Erfurt), Ostermann (Hannover 96), Kober (Hertha BSC Berlin); i.d.S. Dowe (Wolverhampton Wanderers, ausgeliehen), Hubtchev (Etr. Frankfurt), Schupp (FC Basel, ausgeliehen), Siedschlag (VfB Lübeck)

Tor: Golz 32, Hiemann 2

Feld: Salihamidzic 32/7, Kmetsch 32/4, Fischer 31, Schopp 27/3, Hartmann 27/1, Spörl 26/8, Breitenreiter 26/5, Bäron 25/ 7, Schnoor 21, Ivanauskas 20/3, Cardoso 20/2, Kovacevic 20, Henchoz 18, Friis Hansen 16/1, Hollerbach 16, Schupp 16, Wojtala 12, Homp 5, Dowe 4, Seitz 4, Weetendorf 3/2, Mason 3/1, Hubtchev 3, Riegel 3, Saganowski 3, Jähnig 2/1, Rose 2, Wittfot 2, Kück 1, Nadj 1 – 1 Eigentor des Gegners (insgesamt 32 Spieler eingesetzt)

1997/98

Zu: Rodolfo Cardoso (Werder Bremen, bisher ausgeliehen), Sascha Ilic (Daewoo Soccer / Südkorea), Stefan Böger (FC Gütersloh), Michael Molata (Arm. Bielefeld), Martin Zafirov (Lokomotive Sofia), Dirk Weetendorf (HSV Amat.), Soner Uysal (SV Waldhof), Andreas Zeyer (SC Freiburg), Allan Jepsen (Aarhus GF, Vertragsamat.), Hans-Jörg Butt (VfB Oldenburg), Thomas Vogel (SC Freiburg); zu den HSV Amateuren u.a.: Christoph Babatz (Hannover 96), Matthias Reincke (Concordia Hamburg); i.d.S.: Jacek Dembinski (Widzew Lodz), Joe Simunic (Melbourne Knights), Thomas Gravesen (Vejle BK), Anthony Yeboah (Leeds United), Ingo Hertzsch (Chemnitzer FC), Andrej Panadic (KFC Uerdingen)

Ab: Hartmann (FC Basel), Schupp (Sturm Graz), Ivanauskas (Austria Salzburg), Henchoz (Blackburn Rovers), Mason (FC St. Pauli), Dowe (Hansa Rostock), Saganowski (LKS Lodz), Hiemann, Kovacevic (beide VfL Wolfsburg), Stendel, Rose (beide SV Meppen), i.d.S.: Nadj (1. SC Norderstedt), Uysal (FC Gütersloh, ausgeliehen), Breitenreiter (VfL Wolfsburg), Schopp (Sturm Graz), Cardoso (Boca Juniors Buenos Aires, ausgeliehen), Seitz (SpVgg Unterhaching), Zafirov (Lokomotive Sofia), Wojewski (Lüneburger SK), Riegel (Werder Bremen Amateure)

Tor: Butt 33, Golz 1

Feld: Salihamidzic 32/10, Dembinski 31/8, Böger 30, Zeyer 29/1, Spörl 26/5, Gravesen 26/2, Yeboah 23/3, Schnoor 23/2, Hollerbach 23/1, Kmetsch 22, Fischer 20/1, Weetendorf 18/1, Cardoso 15/1, Hertzsch 15, Panadic 13/2, Schopp 13, Molata 13, Jepsen 12, Trejgis 10, Wojtala 7/1, Babatz 7, Uysal 5, Vogel 4, Reincke 4, Breitenreiter 4, Simunic 2, Zafirov 1, Gümüs 1 (insgesamt 30 Spieler eingesetzt)

1998/99

Zu: Thomas Doll (AS Bari), Sergej Kirjakow (Karlsruher SC), Fabian Ernst (Hannover 96), Martin Groth (FC Hansa Rostock), Alexander Bade, Oliver Straube, Dimitrios Grammozis (alle KFC Uerdingen 05), Vanja Grubac (OFK Belgrad), Soner Uysal (FC Gütersloh, war ausgeliehen), Christof Babatz (HSV Amateure), Nico-Jan Hoogma (FC Twente Enschede); i.d.S. Martin Dahlin (Blackburn Rovers, ausgeliehen), Alexander Curtianu (Zenit St. Petersburg, ausgeliehen)

Ab: Golz (SC Freiburg), Salihamidzic (FC Bayern München), Schnoor (Derby County), Andreas Zeyer, Molata (beide Karlsruher SC), Wojtala (Werder Bremen, dann RW Oberhausen), Jähnig (unbekannt), Friis-Hansen (Sportinvalide), Homp (SV Henstedt-Rhen), Kück (VfL Osnabrück), Reincke (1. SC Norderstedt); i.d.S.: Weetendorf (Werder Bremen).

Tor: Butt 34/7

Feld: Yeboah 34/14, Groth 33/7, Dembinski 31/3, Hoogma 30/1, Hertzsch 30, Kirjakow 29/5, Hollerbach 29/1, Ernst 29, Panadic 26/2, Gravesen 22/3, Fischer 19/0, Grammozis 15, Jepsen 14/1, Babatz 14, Vogel 13, Doll 13, Spörl 11, Curtianu 8, Böger 8, Dahlin 8, Grubac 7/1, Straube 6, Wojtala 1/1, Trejgis 1, Weetendorf 1, Yilmaz 1 (insgesamt 27 Spieler eingesetzt)

1999/2000

Zu: Mehdi Mahdavikia (VfL Bochum, Ablöse an Pirouzi Teheran/Iran), Roy Präger (VfL Wolfsburg), Niko Kovac (Bayer Leverkusen), Rodolfo Esteban Cardoso (Estudiantes de la Plata, war ausgeliehen), Vahid Hashemian (Pas Club Teheran), Rasoul Khatibi (Pas Club Teheran, ausgeliehen), Özkan Gümüs (HSV Amateure, 1994 von Hertha Zehlendorf), Mahmut Yilmaz (HSV Amateure, 1997 von Vorwärts-Wacker Billstedt)

Ab: Böger (HSV Amateure), Dahlin (Sportinvalide), Straube (SpVgg Unterhaching), Curtianu (Zenit St. Petersburg, war ausgeliehen), Vogel (Borussia Mönchengladbach), Trejgis (FC St. Pauli), Jepsen (SC Heerenveen/Niederlande)

Tor: Butt 34/9

Feld: Präger 32/9, Hoogma 31/3, Hertzsch 31, Kovac 30/8, Mahdavikia 29/4, Panadic 29/1, Cardoso 28/8, Gravesen 26/1, Yeboah 24/9, Hollerbach

21/2, Doll 21, Ernst 19, Grammozis 17/1, Fischer 17/1, Groth 15/2, Hashemian 11, Uysal 8/1, Bäron 7, Dembinski 7, Simunic 6, Babatz 5, Grubac 4/1, Khatibi 4, Spörl 4, Yilmaz 2 (insgesamt 26 Spieler eingesetzt)

2000/01

Zu: Sergej Barbarez (Borussia Dortmund), Marcel Ketelaer (Borussia Mönchengladbach), Marek Heinz (Sigma Olomouc/Tschechien), Stig Tøfting (Aarhus GF), Milan Fukal (Sparta Prag), Thomas Hillenbrand (Karlsruher SC), Marinus Bester (Lüneburger SK, Vertragsamateur), Benjamin Kruse (1.SC Norderstedt), Ronald Maul (Arminia Bielefeld), Jan Sandmann (1. FC Magdeburg), Carsten Wehlmann (FC St. Pauli), Mathias Schober (FC Schalke 04, ausgeliehen), René Schneider (FC Hansa Rostock); i.d.S.: Tomas Ujfalusi (Sigma Olomouc), Jochen Kientz (Panionios Athen), Erik Meijer (Preston North End, war dorthin ausgeliehen vom FC Liverpool)

Ab: Bade (1. FC Köln), Gravesen (FC Everton), Grammozis (1. FC Kaiserslautern), Ernst (Werder Bremen), Spörl (LR Ahlen), Ilic (Vardor Skopje/Mazedonien), Grubac (OFK Belgrad), Simunic (Hertha BSC Berlin), Gümüs (Lüneburger SK), Khatibi (Pas Club Teheran, war ausgeliehen); i.d.S.: Babatz (FSV Mainz 05)

Tor: Butt 32/3, Schober 3

Feld: Barbarez 31/22, Hoogma 31/1, Mahdavikia 29/5, Präger 28/5, Tøfting 28/2, Hertzsch 27/1, Hollerbach 27, Heinz 26/4, Kovac 25/4, Panadic 24, Ujfalusi 19, Yeboah 14/2, Ketelaer 14/1, Meijer 12/3, Fukal 12/1, Kientz 12/1, Bester 11/2, Groth 10, Yilmaz 10, Fischer 9, Cardoso 8/1, Doll 7, Sandmann 5, Spörl 3, Maul 3, Kruse 2, Hashemian 1 (insgesamt 29 Spieler eingesetzt)

2001/02

Zu: Jörg Albertz (Glasgow Rangers), Martin Pieckenhagen (FC Hansa Rostock), Marcel Maltritz (VfL Wolfsburg), Stefan Wächter (KFC Uerdingen 05), Roda Antar (Tadamon Sur Club/Libanon, ausgeliehen mit Kaufoption); Collin Benjamin (HSV Amat., vorher Raspo Elmshorn), Kim Christensen (Lyngby FC Kopenhagen), Raphael Wicky (Atletico Madrid), Bernardo Romeo (CA San Lorenzo de Almagro/Argentinien)

Ab: Butt (Bayer Leverkusen), Niko Kovac (FC Bayern München), Fischer (RW Essen), Dembinski (Widzew Lodz), Bäron (Sportinvalide), Doll (Laufbahnende), Hashemian (VfL Bochum), Kientz (Sturm Graz, dann Rostock), Maul (FC Hansa Rostock), Uysal (SV Waldhof Mannheim), Schober (FC Hansa Rostock, war von Schalke 04 ausgeliehen), Kruse (SC Freiburg), Riegel, Wittfot (beide FC Schönberg 95); i.d.S.: Panadic (Sturm Graz), Wehlmann (Hannover 96, ausgeliehen), Yeboah (Al-Ittihad Doha AC/Katar)

Tor: Pieckenhagen 34

Feld: Hertzsch 29, Hollerbach 29, Ujfalusi 29, Hoogma 28/5. Meijer 25/4, Barbarez 24/7, Albertz 24/4, Präger 23/4, Maltritz 22, Groth 21/1, Tøfting 20, Fukal 19/4. Benjamin 17/3, Romeo 16/8, Antar 16/1, Ketelaer 15/2, Heinz 15/1, Wicky 13/1, Mahdavikia 11/1, Cardoso 9/2, Panadic 9, Yeboah 5, Christensen 4, Bester 4, Sandmann 1 (insgesamt 26 Spieler eingesetzt)

2002/03

Zu: Christian Rahn (FC St. Pauli), Cristian Raúl Ledesma (River Plate Buenos Aires/Argentinien), Michael Baur (FC Tirol), Richard Kitzbichler (SV Salzburg), Stephan Kling (FC Bayern München Amat.), Carsten Wehlmann (Hannover 96, war ausgeliehen), Lars Jacobsen (Odense BK); i.d.S.: Naohiro Takahara (Jubilo Iwata/Japan).

Ab: Ketelaer (Borussia Mönchengladbach, war ausgeliehen), Präger (VfL Wolfsburg), Sandmann (Union Berlin), René Schneider (vereinslos, ab 2003 VfL Osnabrück), Bester (HSV Amateure); i.d.S.: Töfting (Bolton Wanderers), Albertz (Shanghai Shenhua), Wehlmann (VfB Lübeck).

Tor: Pieckenhagen 34

Feld: Ujfalusi 31/2, Fukal 28/2, Hoogma 27/1, Romeo 26/14, Mahdavikia 26/2, Wicky 26, Hollerbach 25, Barbarez 24/6, Maltritz 23/1, Cardoso 22/3, Meijer 21/4, Benjamin 20/1, Hertzsch 19, Takahara 16/3, Ledesma 16, Jacobsen 12/1, Heinz 11, Baur 10, Rahn 9/1, Antar 7/1, Kitzbichler 7, Kling 6, Albertz 4/2, Groth 1 (insgesamt 25 Spieler eingesetzt).

2003/04

Zu: Stefan Beinlich (Hertha BSC), Alexander Meier (FC St. Pauli), Bastian Reinhardt (Arminia Bielefeld), Björn Schlicke (SpVgg Fürth), Eren Sen (eigene Jugend); i.d.S.: Vyacheslav Hleb (VfB Stuttgart Amat.), Tom Starke (Bayer Leverkusen).

Ab: Antar (SC Freiburg), Baur (SV Pasching), Christensen (Twente Enschede), Groth (VfB Lübeck), Heinz (Arminia Bielefeld, ausgeliehen, i.d.S. Verkauf an Banik Ostrava), Hertzsch (Bayer Leverkusen), Hillenbrand (TSG Hoffenheim), Kitzbichler (Austria Wien), Meijer (Alemannia Aachen), Ledesma (Monterrey AC/Mexiko, ausgeliehen, i.d.S.: Colon de Santa Fe/Argentinien, ausgeliehen); i.d.S.: Jacobsen (FC Kopenhagen).

Tor: Wächter 24, Pieckenhagen 9, Starke 2

Feld: Barbarez 32/10, Mahdavikia 32/5, Hoogma 30/2, Wicky 30, Romeo 29/11, Takahara 29/2, Reinhardt 26/3, Jarolim 26/1, Ujfalusi 26, Beinlich 23/2, Rahn 22/7, Schlicke 19/1, Maltritz 18/1, Benjamin 17, Kling 15, Hollerbach 13, Jacobsen 10, Cardoso 9, Fukal 8/1, Hleb 7, Meier 4, Sen 1

2004/05

Zu: Alexander Laas (HSV-Amateure, 2000 vom Niendorfer SV), Miso Brecko (ERA Smartno / Slowenien), Daniel van Buyten (Olympique Marseille, war ausgeliehen an Manchester City, Ablöse 3.8 Mio. €), Jean Carlos Dondé (Feyenoord Rotterdam), Oliver Hampel (Hertha BSC Amateure), Sascha Kirschstein (Rot-Weiß Essen), Leonhard Haas (HSV-Amateure, Jan. 04 v. Bayern München Amateure), Benjamin Lauth (TSV 1860 München, 4.3 Mio. €), Emile Mpenza (Standard Lüttich, 2 Mio. €), Almani Moreira da Silva (Lüttich, ausgeliehen), Khaled Boulahrouz (RKC Waalwjik), Mustafa Kukukovic (VfL Bochum A-Jugend).

Ab: Cardoso, Hollerbach (beide Laufbahnende), Fukal (M'gladbach, 350.000 €), Hoogma (Heracles Almelo), Maltritz (VfL Bochum), Ujfalusi (AC Florenz, 7,5 Mio. €), Meier (ausgeliehen an Eintracht Frankfurt), Starke (zurück zu Bayer, war ausgeliehen); i. d. S.: Kling (1.FC Saarbrücken)

Tor: Pieckenhagen 23, Wächter 11

Abwehr: van Buyten 34/5, Schlicke 27/1, Klingbeil 25, Boulahrouz 24/1, Reinhardt 19, Kling 5, Dondé 1

Mittelfeld: Jarolim 32/4, Beinlich 29/3, Benjamin 26/5, Mahdavikia 26/2, Wicky 25/2, Moreira 22/3, Rahn 14, Brecko 7, Hleb 3, Trochowski 3, Laas 1

Sturm: Takahara 31/7, Barbarez 30/11, Mpenza 26/4, Lauth 10/4, Kucukovic 9, Romeo 6/2

2005/06

Zu: Guy Demel (Borussia Dortmund), Mario Fillinger (Chemnitzer FC, 100.000 €), Vyacheslav Hleb (war ausgeliehen an Grashopper Club Zürich), Markus Karl (SpVgg Greuther Fürth, 30.000 €), Bernardo Romeo (war ausgeliehen an RCD Mallorca), Charles Takyi (HSV II, kam 2004 von Schalke 04), Rafael van der Vaart (Ajax Amsterdam, 5.1 Mio. €), Daniel Ziebig (Dynamo Dresden); i. d. S. Thimothée Atouba (Tottenham 2.5 Mio. €), Ailton (ausgeliehen von Besiktas 450.000 € Leihgebühr), Änis Ben-Hatira (Tennis Borussia, Jugend, 25.000 €), Nigel De Jong (Ajax, 1.5 Mio. €), Reto Ziegler (war ausgeliehen an Tottenham, 200.000 €)

Ab: Dondé (Feyenoord Rotterdam, war ausgeliehen), Haas (FC Augsburg), Ledesma (ausgeliehen an Racing Club Avellaneda, vorher ausgeliehen an River Plate Buenos Aires), Meier (Eintracht Frankfurt, war ausgeliehen, 650.000 €), Moreira (Standard Lüttich, war ausgeliehen), Pieckenhagen (Heracles Almelo / Niederlande), Hleb (MTZ Ripo Minsk / Weissrussland), Romeo (CA Osasuna, zuvor ausgeliehen an RCD Mallorca), Schlicke (1.FC Köln, 750.000 €), Sen (FC Thun); i. d. S. Benjamin (Vertrag des Nicht-EU-Spielers aufgelöst, da dieser Platz für Ailton benötigt wurde; Option auf einen neuen Vertrag beim HSV), Mpenza (Al-Rayyan / Katar, 1.5 Mio. €), Ziebig (ausgeliehen an Energie Cottbus), Ziegler (ausgeliehen an Wigan Athletic), Brecko (ausgeliehen an Hansa Rostock), Ledesma (Vertrag im Winter aufgelöst, zuletzt an Club Deportivo Quito ausgeliehen)

Tor: Wächter 20, Kirschstein 14

Abwehr: Atouba 31/1, Boulahrouz 28, van Buyten 27/2, Demel 22/1, Klingbeil 18, Reinhardt 14

Mittelfeld: Barbarez 33/9, Trochowski 32/5, Mahdavikia 31/5, Jarolim 31/2, van der Vaart 19/9, Wicky 18/1, Beinlich 16, de Jong 12/1, Ziegler 8, Laas 5, Karl 3, Fillinger 2

Sturm: Lauth 31/6, Takahara 21/1, Ailton 13/3, Mpenza 10/1, Kukukovic 5/1, Takyi 1

2006/07

Zu: Vincent Kompany (RSC Anderlecht, 8 Mio. €), José Paolo Guerrero (FC Bayern München, 2.8 Mio.), Besart Berisha (2005 von Tennis Borussia Berlin, Jugend, war ausgeliehen: 1/05-05 Aalborg BK, 05-06 AC Horsens, beide Dänemark), Benjamin (war vertragslos wegen Ailton-Verpflichtung), Wolfgang Hesl (seit 1/04 HSV II, vom FC Amberg), Benny Feilhaber (seit 2005 HSV II, von University of California Los Angeles), Rouwen Hennings (seit 2000 HSV, vom VfL Bad Oldesloe), Sidney Sam (seit 2004 HSV-Jugend, von KSV Holstein Kiel), Boris Leschinski (seit 2002 HSV Amat., von Schalke 04), Boubacar Sanogo (1. FC Kaiserslautern, 3,8 Mio.), Joris Mathijsen (AZ Alkmaar, 6 Mio.), Juan Pablo Sorin (FC Villarreal, 3 Mio.), Danijel Ljuboja (VfB Stuttgart, ausgeliehen bis 2007 mit Kaufoption, Leihgebühr 850.000 Euro)

Ab: Daniel van Buyten (FC Bayern München, 10 Mio. €), Ziebig (Energie Cottbus, 125.000 €, bislang ausgeliehen), Takahara (Eintracht Frankfurt, 750.000 €), ablösefrei: Barbarez (Bayer Leverkusen), Beinlich (FC Hansa Rostock), Ailton (war ausgeliehen von Besiktas Istanbul), Brecko (FC Erzgebirge Aue, war vorher ausgeliehen an Hansa Rostock), Takyi (FC St. Pauli), Kukukovic (SpVgg Fürth, 50.000 Euro)

HSV-Ligakader Frauen

Es sind hier nur die Einsätze und Tore aus den fünf Bundesligajahren aufgelistet!

1997/98

Tor: Karen Gross 17, Angela Breuel 5/1 – Feld: Claudia Wenzel 22/1, Sandra Stange 22/1, Claudia Schulz 22, Nicole Schadwell 22, Tanja Vreden 21/6, Antonia Schmale 21/2, Manuela Bleck 20, Meike Scharrenberg 16/2, Svenja Cohn 16, Susann Stephan 13, Monique Müller 11/2, Jannine Thormälen 11/1, Natalie Majeres 11, Carola Raetz 8, Christine Güldenzoph 8, Nicole Huwald 6, Mandy Schulze 5, Carolin Wedel 5, Anja Lassen 3, Verena Schilling 2, Meike Schumann 2, Martina Rohde 2, Claudia Schlichting 1, Sandra Kopitzky 1, Kirsten Altrogge 1 (1 gegnerisches Eigentor)

2001/02

Tor: Claudia von Lanken 21, Bianca Weech 1 – Feld: Vreden 22/7, Aferdita Kameraj 22/2, Britta Carlson 22, Silva Lone Saländer 21/2, Cohn 19/2, Wenzel 18, Schulz 17, Tina Hüllen 14/2, Anna Carbow 13, Güldenzoph 11, Tanja Brüske 11, Alexandra Gärtner 10, Vanessa Schröer 10, Jessica Hansen 8, Vanessa Bastin 8, Mirja Herrmann 8, Tanja Lucht 7/1, Tracey Deeter 7, Maja Schubert 7, Christine Thoma 4, Tanja Bohns 4, Petra Feinbube 4, Diane Kazer 1

2003/04

Tor: von Lanken 19/1, Weech 4 – Feld: Gärtner 22/1, Carlson 22/1, Janina Haye 22, Kathrin Patzke 21/14, Saländer 21/5, Cohn 21/1, Kameraj 21/1, Vreden 20/17, Sarah Günther 19/1, Schröer 17/2, Friederike Engel 16/1, Schubert 14/2, Katharina Freitag 7, Carbow 6, Schulz 5, Friederike Austein 3, Gina Heinßen 2, Hansen 1, Cerina Post 1, Mareike Geidies 1

2004/05

Tor: Weech 15, von Lanken 8 – Feld: Vreden 22/10, Cohn 22, Engel 22, Günther 21/3, Saländer 21/1, Marion Wilmes 20/2, Kameraj 20/1, Freitag 20, Schubert 20, Haye 18, Gärtner 16/1, Patzke 12/2, Julia Weigel 12, Schröer 8, Anna Steckel 7, Janka Rohrberg 6, Esra Torun 3, Geidies 1

2005/06

Tor: Weech 19, Tessa Rinkes 4, Claudia Choinowski 1 – Feld: Vreden 22/17, Saländer 22/6, Gärtner 22, Kameraj 21/9, Haye 21, Schubert 20/1, Wilmes 19/4, Engel 18, Imke Wübbenhorst 16/1, Weigel 14/2, Heinßen 12/1, Patzke 12, Tanja Wörle 10, Stephanie Ende 8, Freitag 8, Miriam Scheib 8, Schröer 5, Katharina Grießemer 5, Steckel 4, Christina Arp 2, Rohrberg 1, Christine Thoma (1 gegenerisches Eigentor)

Die besten HSV-Torschützen

1948 Alfred (Fred) Boller 18 Tore
1949 Erich Ebeling 11
1950 Edmund Adamkiewicz 22
1951 Herbert Wojtkowiak 40
1952 Herbert Wojtkowiak 26
1953 Werner Harden, Herbert Wojtkowiak je 16
1954 Herbert Wojtkowiak 16
1955 Günter Schlegel, Uwe Seeler je 28
1956 Uwe Seeler 32
1957 Uwe Seeler 32
1958 Uwe Seeler 22
1959 Uwe Seeler 29
1960 Uwe Seeler 36
1961 Uwe Seeler 29
1962 Uwe Seeler 28
1963 Uwe Seeler 31
1964 Uwe Seeler 30
1965 Uwe Seeler 14
1966 Manfred Pohlschmidt 18
1967 Uwe Seeler 10
1968 Uwe Seeler 12
1969 Uwe Seeler 23
1970 Uwe Seeler 17
1971 Franz-Josef Hönig 13
1972 Uwe Seeler 11
1973 Franz-Josef Hönig 11
1974 Georg Volkert 8
1975 Horst Bertl, Willi Reimann je 8
1976 Peter Nogly 9
1977 Willi Reimann 15
1978 Ferdinand Keller 14
1979 Kevin Keegan 17
1980 Horst Hrubesch 21
1981 Horst Hrubesch 17
1982 Horst Hrubesch 27
1983 Horst Hrubesch 18
1984 Dieter Schatzschneider 15
1985 Thomas von Heesen 15
1986 Heinz Gründel 11
1987 Thomas von Heesen 12
1988 Bruno Labbadia 11
1989 Uwe Bein 15
1990 Jan Furtok 10
1991 Jan Furtok 20
1992 Armin Eck, Jan Furtok je 8
1993 Karsten Bäron 8
1994 Thomas von Heesen 14
1995 Jörg Albertz 9
1996 Harald Spörl 14
1997 Harald Spörl 8
1998 Hasan Salihamidzic 10
1999 Anthony Yeboah 14
2000 Hans-Jörg Butt, Roy Präger, Anthony Yeboah je 9
2001 Sergej Barbarez 22
2002 Bernardo Romeo 8
2003 Bernardo Romeo 14
2004 Bernardo Romeo 11
2005 Sergej Barbarez 11
2006 Sergej Barbarez, Rafael van der Vaart je 9

(Alle Angaben beziehen sich auf Ligaspiele ohne Endrunden.)

Die Nationalspieler des HSV

In den beiden linken Spalten sind die A-Länderspiel-Einsätze und -Tore dargestellt, hinter den Namen der Zeitraum dieser Spiele sowie B-, Junioren-, Olympia- und Amateur-Auswahleinsätze (-Tore). Stand: Saisonende 2005/06 (inkl. WM)

2	1	Adamkiewicz, Edmund (1942)
2		Albertz, Jörg (1996)
4		Antar, Roda (2002 / Libanon)
6		Atouba, Timothée (seit 2005 / Kamerun)
		Babbel, Markus 11 U-21
		Bähre, Harry 1 Amat.
		Bäron, Karsten 16 U-21 (3)
33	12	Barbarez, Sergej (2000 - 06 / Bosnien-Herzegowina)
9	1	Bastrup, Lars (1981 - 83 / Dänemark)
4		Baur, Michael (2002 - 03 / Österreich)
11		Beier, Albert (1924 - 31)
1		Beiersdorfer, Dietmar (1991) 1 U-21
12	1	Benjamin, Collin (seit 2001Namibia)
		Bierhoff, Oliver 5 U-21 (3)
11	2	Bjørnmose, Ole (1972 - 77 / Dänemark)
1		Blunk, Wilhelm (1929)
		Bode, Jörg 1 U-21, 2 Oly.
15		Boulahrouz, Khalid (2004-06 / Niederl.)
2		Brecko, Miso (2004 / Slowenien) U-21
		Breitenreiter, André 6 U-21 (2)
8	1	Buljan, Ivan (1980 - 81 / Jugoslawien)
1		Butt, Hans-Jörg (2000) 3 A-2
10	2	van Buyten, Daniel (2004 – 06 / Belgien)
2		Carlsson, Otto (1926 / Schweden)
4		Cardoso, Rodolfo E. (1997 / Argentinien)
		Dammeier, Detlev 4 U-21
4		Dembinski, Jacek (1997 – 98 / Polen)
5		Demel, Guy (seit 2005 / Elfenbeinküste)
		Dieckmann, Holger 1 U-23
4	1	Dörfel, Bernd (1966 - 68) 1 U-23, 4 Amat.
2	1	Dörfel, Friedo* (1942)
11	7	Dörfel, Gert (1960 - 64) 1 U-23, 3 Amat. (1)
1		Dotchev, Pavel (1993 / Bulgarien)
3		Doll, Thomas (1991)
		Dreßel, Werner 1 B
		Ernst, Fabian 19 U-21
2		Ettmayer, Hans (1975 / Österreich)
3		Friis-Hansen, Jakob (1996 / Dänemark)
9	1	Fukal, Milan (2000 - 03 / CR)
18	4	Furtok, Jan (1989 - 93 / Polen)
3		Giesemann, Willi (1964 - 65)
		Golz, Richard 6 U-21
		Gorski, Bernd 1 U-21
		Grammozis, Dimitrios (Griechenland) U-21
8		Gravesen, Thomas (1998 - 2000 / DK)
1		Groh, Jürgen (1983) 1 B, 14 Oly.
		Groth, Martin 1 A-2
4		Gründel, Heinz (1985 - 86)
2		Halvorsen, Asbjørn (1923 / Norwegen)
		Hampel, Oliver 1 U-21
2	1	Hansen, Allan (1982 - 84 / Dänemark)
15	14	Harder, Otto (1914 - 26)
2		Hartwig, William (1979) 6 B (2), 8 Oly. (1)
7	1	Hashemian, Vahid (1999 - 2000 / Iran)
		von Heesen, Thomas 6 U-21 (2)
2		Heinz, Marek (2000-01 / CR) 2 Oly. (1)
		Hellfritz, Hans-Jürgen 2 U-23
21		Henchoz, Stéphane (1995-98 / Schweiz)
2		Hertzsch, Ingo (2000 - 02) 5 A-2, 10 U-21, 3 Oly. (1)
		Hidien, Peter 2 U-23
3		Hieronymus, Holger (1981 - 82) 1 B, 8 U-21 (1)
2	1	Hleb, Vyatcheslav (2004, Belarus) 7 U-21 (4)
2		Hof, Norbert (1969 - 70 / Österreich)
3		Horn, Franz (1928 - 29)
21	6	Hrubesch, Horst (1980 - 82) 3 B
20		Hubtchev, Petr K. (1994-96 / Bulgarien)
14	5	Ivanauskas, Valdas (1994 - 97 / Litauen)
20	1	Jakobs, Ditmar (1980 - 86) 2 B
6	1	Janes, Paul ** (1942)
4		Jarolim, David (2005 – 06 / CR)
13		Jensen, John (1988 - 89 / Dänemark)
		Jepsen, Allan (Dänemark) U-21
69	8	Kaltz, Manfred (1975 - 83) 3 B, 2 U-23, 7 Amat.
3		Kargus, Rudi (1975 - 77) 11 B
		Kastl, Manfred 2 U-21
23	12	Keegan, Kevin (1977 - 80 / England)
		Ketelaer, Marcel 2 A-2 (1)
6		Khatibi, Rasoul (2000 / Iran)
2		Kirjakow, Sergej (1998 / Russland)

1		Kitzbichler, Richard (2002 / Österreich)
		Klepacz, Franz 1 B
		Kling, Stephan 1 A-2, 7 U-21
2		Kmetsch, Sven (1997 - 98)
		Kober, Karsten 7 U-21
		Koitka, Hans-Josef 2 B
11	1	Kovac, Niko (1999 - 2001 / Kroatien)
		Krause, Walter 7 Amat. (2)
		Kroth, Thomas 2 Oly.
		Krüger, Manfred 1 B
5		Kurbjuhn, Jürgen (1962 - 66) 2 U-23
2		Kurtijan, Aleksander *** (1999 / Moldawien)
4		Laband, Fritz (1954)
		Labbadia, Bruno 6 U-21 (3)
8		Lang, Hans (1924 - 26)
38	4	Letchkov, Jordan (1992-96 / Bulgarien)
43	3	Magath, Felix (1977 - 86) 3 B (2)
51	5	Mahdavikia, Mehdi (seit 1999 / Iran)
1		Mahlmann, Carl-Heinz (1932)
		Maltritz, Marcel 3 A-2
5		Mason, Michael (1997 / USA)
		Maul, Ronald 1 A-2
		Meinke, Jochenfritz 1 B
3		Memering, Caspar (1979 - 80) 8 B
3		Milewski, Jürgen (1981-84) 2 B, 1 U-21
7	3	Mpenza, Emile (2004 – 06 / Belgien)
3	1	Noack, Rudi (1934 - 37)
4		Nogly, Peter (1977) 1 U-23
1		Okonski, Miroslaw (1987 / Polen)
10	4	Peltonen, Juhani (1964 - 66 / Finnland)
3		Plessers, Gérard (1985 / Belgien)
1		Politz, Karl (1934)
32	1	Posipal, Josef (1951 - 56)
		Präger, Roy 1 A-2
3		Rahn, Christian (2003-04)
		Reimann, Willi 1 B (1)
3		Risse, Walter (1924 - 28)
19		Rolff, Wolfgang (1983 - 86) 4 U-21
2	1	Romeo, Bernardo (2002 / Argentinien)
9	3	Salihamidzic, Hasan (1996 - 98 / Bosnien-Herzegowina)
		Sandmann, Helmut 1 U-23, 6 Amat.
		Schatzschneider, Dieter 4 Oly. (4)
		Schlicke, Björn 3 Team-2006, 5 U-21
		Schmöller, Frank 1 U-21
		Schnoor, Horst 2 B, 1 U-23
7		Schopp, Markus (1996-97 / Österreich)
		Schröder, Michael 7 U-21
41		Schulz, Willi (1965 - 70)
		Seeler, Dieter 1 B
72	43	Seeler, Uwe (1954 - 72) 3 B, 1 U-23
7		Soler, Erik (1984 - 85 / Norwegen)
		Stapelfeldt, Hubert 1 U-23
		Starke, Tom 1 U-21
6		Stein, Ulrich (1983 - 86) 2 B
2	1	Stürmer, Klaus (1954 - 61) 2 B
24	8	Takahara, Naohiro (2003 - 06 / Japan)
12		Tøfting, Stig (2000 - 02 / Dänemark)
		Trochowski, Pjotr 10 U-21
30	2	Ujfalusi, Tomás (2001 - 04 / CR)
9	2	van der Vaart, Rafael (seit 2005 / Niederl.)
6		Volkert, Georg (1977)
		Wehmeyer, Bernd 13 Oly.
4	2	Werner, Jürgen (1961 - 63) 1 U-23
36	1	Wicky, Raphael (seit 2002 / Schweiz)
3		Wojtala, Pawel (1997 / Polen)
1		Wolpers, Eduard (1926)
3		Woodring, Peter (1993 / USA)
		Yilmaz, Mahmut 16 U-21 (4)
		Ziegler, Reto (Schweiz) 6 U-21

* war zu der Zeit Gastspieler bei Dessau 05

** Gastspieler; Heimatverein: Fortuna Düsseldorf

*** landessprachlicher Name: Curtianu

Die Nationalspielerinnen des HSV

3		Carlson, Britta (2004)
21		Günther, Sarah (2003 - 05)
		Kameraj, Aferdita 12 U-21
1		Pedersen, Gitte (2000 / Dänemark)
		Saländer, Silva Lone 11 U-21 (2)
2		Schmale, Toni (1998 - 99)
6	1	Vreden, Tanja (1998 - 99)

Europas Fußballer des Jahres vom HSV

Kevin Keegan 1978, 1979

Fußballer des Jahres vom HSV (seit 1960)

Uwe Seeler 1960, 1964, 1970

Bundesliga-Torschützenkönige vom HSV

1964	Uwe Seeler 30
1982	Horst Hrubesch 27
2001	Sergej Barbarez 22 (mit Ebbe Sand)

Vorsitzende, Manager, Trainer, Aufsichtsräte

Die 1. Vorsitzenden bzw. Präsidenten

(Seit November 1999 hauptamtliche Vorstandsvorsitzende. 1933 bis 1945 „Vereinsführer". Von 1928 bis 1933 gab es ein kollektives Präsidium.)

Jun – Aug 1919	Otto Wulf
Aug – Dez 1919	Johannes Lenzen
Dez 1919 – Apr 1920	Henry Barrelet
Apr – Jun 1920	Otto Wulf
Jun – Dez 1920	Walter Möller
Dez 1920 – Okt 1921	Henry Barrelet
Okt 1921 – Aug 1922	Paul Hauenschild
Aug 1922 – Okt 1924	Carl Staelin
Okt 1924 – Nov 1925	Arthur v. Seckendorff
Nov 1925 – Jan 1927	Carl Staelin
Jan – Okt 1927	Arthur v. Seckendorff
Okt 1927 – Feb 1928	Paul Hauenschild
Feb – Jul 1928	Emil Martens / Ernst Moß / Henry Barrelet*
Jul 1928 – Aug 1932	Martens / Moß
Aug 1932 – Aug 1933	Martens / Moß* / Walter Gratenau
Aug 1933 – Jan 1934	Emil Martens
Jan 1934 – Jun 1935	Otto Schwabe
Jun 1935 – Sep 1937	Karl Mechlen
Sep 1937 – Jul 1941	Hellmuth Schwarz
Jul 1941 – Apr 1949	Karl Mechlen
Apr 1949 – Jan 1950	Paul Hauenschild
Jan 1950 – Jan 1951	Carl Compart
Jan 1951 – Nov 1965	Carl-Heinz Mahlmann
Jan 1966 – Dez 1968	Karl Mechlen
Dez 1968 – Nov 1973	Horst Barrelet
Nov 1973 – Jun 1975	Peter Krohn
Jul 1975 – Dez 1979	Paul Benthien
Dez 1979 – Nov 1987	Wolfgang Klein
Nov 1987 – Jan 1990	Ernst Naumann
Jan – Nov 1990	Horst Becker
Nov 1990 – Okt 1993	Jürgen Hunke
Nov 1993 – Okt 1995	Ronald Wulff
Nov 1995 – Jun 1998	Uwe Seeler
Jun – Okt 1998	Werner Hackmann**
Okt 1998 – Jul 1999	Rolf Mares
Nov 1999 – Okt 2002	Werner Hackmann
Nov 2002 – Jan 2003	Ronald Wulff**
seit Feb 2003	Bernd Hoffmann

* trat nach einigen Wochen zurück
** kommissarisch

Wulf (88) und Schwabe (Germania) waren die letzten Präsidenten der HSV-Vorläufer (jeweils Jan – Jun 1919); bei 88 hatten auch Hauenschild (Dez 1912 – Jul 1914) sowie Henry Barrelet (Jul – Aug 1914) amtiert.

Die Manager

1966 – 1968/69	Georg Knöpfle*
1976 – Nov 1977	Peter Krohn**
Jan 1978 – 1986	Günter Netzer
1986 – Mai 1988	Wolfgang-Felix Magath
1988 – Mai 1989	Erich Ribbeck***
Sep 1990 – 1991	Georg Volkert
1991 – 1992	Horst Eberstein****
1992 – Dez 1994	Heribert Bruchhagen
seit 1995	Bernd Wehmeyer*****
seit 2004	Marinus Bester*****

* Technischer Direktor / „Fußballchef"
** Generalmanager
*** Sportdirektor
**** Ligaobmann
***** Team-Manager; W. jetzt Vereins-Manager

Sportliche Leiter und stellvertretende Vorsitzende

Jul 1998 – Aug 2002	Holger Hieronymus
seit Aug 2002	Dietmar Beiersdorfer

Die Aufsichtsräte

Vorsitzender: Udo Bandow (seit Jan 1997); **Stellvertretende Vorsitzende:** Willi Schulz, Ronald Wulff (beide seit Nov 2004, Wulff Mitglied im AR seit 2000); **Mitglieder:** Horst Becker, Horst Eberstein, Bernd Enge, Gerhard Hein, Frank Mackerodt, Axel Formeseyn, Henning Trolsen, Jürgen Hunke, Ernst Otto Rieckhoff.
Ehemalige Mitglieder: Walter Koninski, Manfred Schmidt, Harald Erichsen, Jürgen Werner, Martin Willich, Dagmar Berghoff, Werner Hackmann, Christian Reichert, Peter Krohn, Henning Voscherau, Dieter Horchler, Jan-Norbert Wendt, Fritz Vahrenholt, Holger Criwitz, Carl Jarchow.

Die Trainer

1919/20	Rudolf Agte*
1920 – Apr 1921	A.W. Turner
Apr – Dez 1921	Richard Girulatis
Jan – Apr 1922	Lajos Banyai
Mai 1922 – 1923	A.W. Turner**
1923 – 1925	Rudolf Agte**
1925 – Nov 1925	Jack Burton
Dez 1925 – 1926	A.W. Turner
1926/27	Adolf Riebe
1927 – Jan 1929	Rudolf Agte**
Feb 1929 – 1929	Ernst Moß** / Theo Lütkenhus**
1929/30	Carl Mattheides
Jan 1931 – 1932	Gyula Kertesz
1932 – Apr 1933	A.W.-Turner**
Apr – Sep 1933	Asbjørn Halvorsen*
Okt 1933 – 1934	Herbert Timm**
Nov 1934	Georg Hochgesang
Jan 1935 – 1935	Carl Mattheides**
1935 – 1939	Hans Lang
1939 – Apr 1942	Jonny Schulz
1942 – Apr 1943	Otto Rohwedder*
Mai – Jun 1943	Karl Höger
1943/44	Otto Rohwedder*
Okt 1944 – 1945	Karl Höger
1945 – 1949	Hans Tauchert
1949 – 1954	Georg Knöpfle
1954 – 1956	Martin Wilke / Günter Mahlmann
1956 – 1962	Günter Mahlmann
1962 – 1964	Martin Wilke
Apr 1964 – Apr 1966	Georg Gawliczek
Apr 1966 – 1967	Jupp Schneider
1967 – Mai 1969	Kurt Koch
Mai 1969 – 1970	Georg Knöpfle
1970 – 1973	Klaus-Dieter Ochs
1973 – 1977	Kuno Klötzer
1977 – Okt 1977	Rudi Gutendorf
Nov 1977 – 1978	Özcan Arkoc
1978 – Dez 1980	Branko Zebec
Jan 1981 – 1981	Aleksandar Ristic
1981 – 1987	Ernst Happel
1987 – Nov 1987	Josip Skoblar
Nov 1987 – Jan 1990	Willi Reimann
Jan 1990 – Mär 1992	Gerd-V. Schock
Mär – Sep 1992	Egon Coordes
Sep 1992 – Okt 1995	Benno Möhlmann
Okt 1995 – Mai 1997	W.-Felix Magath
Mai 1997 – 1997	Ralf Schehr
1997 – Sep 2001	Frank Pagelsdorf
Okt 2001 – Okt 2003	Kurt Jara
Okt. 2003 – 17.10.2004	Klaus Toppmöller
seit 18.10.2004	Thomas Doll

* Spielertrainer

** waren keine angestellten Trainer, sondern übten das Amt in ihrer Eigenschaft als Obleute bzw. Beauftragte des Ligaausschusses ehrenamtlich aus

Die Zuschauer-Bilanz

Z =Zuschauerinnen/Zuschauer in den Heimspielen insgesamt
H =Zahl der Heimspiele
Ø =Durchschnitt pro Heimspiel

Saison	Z	H	Ø
Oberliga Nord:			
1947/48	237.000	11	21.545
1948/49	209.000	11	19.000
1949/50	223.000	15	14.867
1950/51	214.000	16	13.375
1951/52	175.000	15	11.667
1952/53	182.000	15	12.133
1953/54	160.000	15	10.667
1954/55	245.000	15	16.333
1955/56	215.000	15	14.333
1956/57	227.000	15	15.133
1957/58	213.000	15	14.200
1958/59	216.000	15	14.400
1959/60	181.000	15	12.067
1960/61	156.000	15	10.400
1961/62	149.000	15	9.933
1962/63	193.000	15	12.867
Bundesliga:			
1963/64	515.939	15	34.396
1964/65	531.697	15	35.446
1965/66	392.686	17	23.099
1966/67	434.580	17	25.564
1967/68	315.517	17	18.560
1968/69	350.125	17	20.596
1969/70	292.914	17	17.219
1970/71	282.343	17	16.608
1971/72	294.727	17	17.337
1972/73	306.348	17	18.020
1973/74	409.473	17	24.087
1974/75	534.358	17	31.433
1975/76	519.082	17	30.534

Saison	Z	H	Ø
1976/77	530.280	17	31.193
1977/78	510.785	17	30.046
1978/79	686.402	17	40.377
1979/80	609.759	17	35.868
1980/81	539.557	17	31.739
1981/82	576.812	17	33.930
1982/83	481.866	17	28.345
1983/84	469.442	17	27.614
1984/85	374.808	17	22.048
1985/86	308.264	17	18.133
1986/87	379.299	17	22.312
1987/88	256.949	17	15.115
1988/89	253.884	17	14.934
1989/90	312.481	17	18.381
1990/91	410.791	17	24.164
1991/92	396.009	19	20.843
1992/93	402.896	17	23.700
1993/94	532.610	17	31.330
1994/95	518.891	17	30.523
1995/96	485.656	17	28.568
1996/97	501.830	17	29.519
1997/98	548.620	17	32.272
1998/99	387.584	17	22.795
1999/00	681.367	17	40.080
2000/01	704.921	17	41.466
2001/02	728.062	17	42.827
2002/03	759.560	17	44.680
2003/04	790.415	17	46.495
2004/05	814.994	17	47.941
2005/06	894.713	17	51.680

Literatur zum Weiterlesen

Carsten, Norbert: Altona 93. 111 Ligajahre im Auf und Ab. Göttingen 2003.

Grüne, Hardy: Legendäre Fußballvereine. Norddeutschland. Kassel 2004

Grüne, Hardy: Vom Kronprinzen zur Bundesliga. 1890 bis 1963. Kassel 1996.

G.W.E. Partner (Hrsg.): Hundert Jahre HSV 1887-1987. Hamburg 1987.

Hamburger Abendblatt (Hrsg.): HSV 1979. Der Weg zur Meisterschaft. Hamburg 1979.

Hamburger Abendblatt (Hrsg.): HSV 1982. Der Weg zur Meisterschaft. Hamburg 1982.

Hamburger Fußball-Verband (Hrsg.): 100 Jahre Fußball in Hamburg. Hamburg 1994.

Hamburger Institut für Sportgymnastik; Trede, Broder-Jürgen (Projektleiter): Backhaus, Jost; Klee, Ralf: „Uns Uwe", Uwe Seeler-Ausstellung in der Springer-Passage Hamburg, 16.11.-16.12.2002 (ausgezeichnet, nicht nur wegen des Rothenbaum-Modells, das nun im HSV-Museum zu sehen ist.)

Hamburger Sport-Verein (Hrsg.): 75 Jahre HSV. Hamburg 1962. (Texte: Jupp Wolff, Karl-Heinz Jens).

Havekost, Folke: 100 Jahre Fußball in Eimsbüttel. Göttingen 2006

HSV live. Eine hanseatische Institution. Essen 1982.

International Federation of Football History & Statistics/IFFHS (Hrsg.): Libero Spezial Deutsch. Diverse Ausgaben. Wiesbaden o.J.

Keppel, Raphael: Die deutsche Fußball-Oberliga. Band 1 und 2. Hürth 1989.

kicker-Almanach.

Kicker sportmagazin (Hrsg.): 40 Jahre Bundesliga. Nürnberg 2003.

Krall, Gerhard: HSV. Wege zum Erfolg. Taunusstein 1979.

Kropp, Matthias: Deutschlands große Fußballmannschaften, Teil 8: Hamburger Sportverein 1920-1995. Kassel 1996.

Krug, Gerhard: HSV. Portrait eines Fußballvereins. Düsseldorf 1975.

Kühl, Siegfried: Volksparkstadion Hamburg. Abriss Neubau. Hamburg 2001.

Martens, René: Wunder gibt es immer wieder. Die Geschichte des FC St. Pauli. Göttingen 2006.

Meyer, Andreas / Stahl, Volker / Wetzner, Uwe: Fußball Lexikon Hamburg. Göttingen 2006

Netzer, Günter, mit Helmut Schümann: Aus der Tiefe des Raumes. Reinbek 2004.

Norddeutscher Fußball-Verband: 50 Jahre NFV 1905-1955. Hamburg o.J.

Prüß, Jens Reimer (Hrsg.): Spundflasche mit Flachpasskorken. Die Geschichte der Oberliga Nord 1947-1963. Essen 1991.

Rieger, Hermann, mit Gerd Krall: In Hamburg sagt man Tschüß! Lütjensee 2004.

Seehase, Gerhard: HSV. Ein Traum wurde wahr. Taunusstein 1977.

Seeler, Uwe: Danke, Fußball! Reinbek 2003

Skrentny, Werner: Orte der Leidenschaft. Der HSV und seine Stadien. Göttingen 2006

Skrentny, Werner (Hrsg.): Zu Fuß durch Hamburg. Hamburg 2006.

Stein, Uli, mit Broka Herrmann: Halbzeit. Frankfurt/Main 1995.

Verein Jugend und Sport (Hrsg.): Lokalrivalität. Ihr sollt sie ja nicht lieben, aber… Hamburg 1996.

Vinke, Hans: Charly Dörfel. Freibeuter des Fußballfeldes. Kassel 2006

Zeitungen und Zeitschriften

1887, Bild-Zeitung, Chosen View, Deutsche Sport-Illustrierte, Elf Freunde, Frankfurter Allgemeine Sonntagszeitung, Frankfurter Allgemeine Zeitung, Hamburger Abendblatt (HA), Hamburger Morgenpost (MoPo), Hamburger Nachrichten, Hamburger Nachrichten-Blatt der Militärregierung, Hamburger Tageblatt, Hanseatische Sport-Zeitung (HSZ), Hattrick, HSV live, kicker, kicker-Sonderhefte Bundesliga, Neue Hamburger Zeitung (NHZ), Nordkurve, Der Spiegel, Sport (Hamburg), Sport-Illustrierte, sportmagazin, Sport-Mikrofon, stern, Süddeutsche Zeitung (SZ), Supporter News, die tageszeitung (taz), Turnen, Spiel und Sport (TSS), Vereinsmitteilungen/Nachrichten des HSV und seiner Vorläufer (diverse Jahrgänge), Die Welt

Fotonachweis

Fotoagentur Bongarts: S. 7, 285, 289, 291, 295, 303, 342/343, 351, 352, 362 (1), 373
Moenkebild: S. 175, 185, 193,197, 231, 242, 245, 254, 258, 267, 269, 272, 362, 364
Fotoagentur Horst Müller: S. 189, 198, 200 (2), 201, 205, 217, 221, 225, 235, 238, 240, 245, 249, 261, 271, 273, 275, 349, 353, 355 (1), 362 (2), 365 (2), 368 (1), 374, 376, 378 (2), Cover (1).
HSV-Museum: S. 333, 335, 339 sowie alle Farbfotos auf den Farbseiten V-VIII.
Public Address Presseagentur: S. 301, 305, 306, 308, 309, 328, 331, 359, 367 (1), 369, 379 (1), 380 (1)
picture alliance/dpa: S. 8, 299 (2), 311, 313, 315, 317, 319, 321, 323; Farbseiten II, IV; Cover (2)
Nordbild (Hans-Dietrich Kaiser): S. 159, 169, 177, 178, 183, 187, 188, 370, 377
Ralf Klee: S. 76, 79, 83, 95, 97
Harald Nolte: S. 87
Metelmann: S. 161
Deutsche Sportillustrierte: S. 91
Harald Breuer: S. 227
Hans Koch: S. 265
Helle Meister: S. 268
Übrige Fotos: Archiv des HSV, Archiv der Autoren, sonstige Privatarchive.

Die Autoren

Werner Skrentny

Jahrgang 1949, früher Tageszeitungs-Redakteur, lebt seit 1977 als Journalist und Autor in Hamburg. Veröffentlichungen zur Stadt-, Sozial- und Zeitgeschichte, u.a. Stadtführer „Zu Fuß durch Hamburg". Verfasser zahlreicher Reisebücher sowie Herausgeber der Bücher zur Geschichte der ehemaligen Fußball-Oberligen Süd („Als Morlock noch den Mondschein traf", 2. Auflage 2001) und Südwest („Teufelsangst vorm Erbsenberg", 1996), von „Das große Buch der deutschen Fußballstadien", 2. Auflage 2001, und „Orte der Leidenschaft. Der HSV und seine Stadien" (2006). Mitarbeit „100 Jahre Fußball in Hamburg". War beim Projekt HSV-Museum 2003/04 für die Recherche der Inhalte und Objekte sowie die Texte verantwortlich. Ebenso bei den Sonderausstellungen im HSV-Museum („Fusslümmelei", „Hamburg und die Welt") sowie während der WM zum Volksparkstadion (Rathaus Hamburg) und zu „Fußball und Migration" (Deutsches Auswanderer-Haus Bremerhaven). Erstes HSV-Live-Erlebnis: ein 4:0 im Jahr 1963 im Karlsruher Wildparkstadion.

Jens Reimer Prüß

Jahrgang 1950. Journalist, Redenschreiber und Internet-Redakteur in Hamburg. Veröffentlichungen u.a.: „Regional- und Freizeitführer Schleswig-Holstein" (1990, mit Harald Breuer), „Spundflasche mit Flachpasskorken" (Die Geschichte der Oberliga Nord, 1991), „Geschichte schreiben, Zukunft gestalten" (125 Jahre Vorwärts, 2001), „Fußball im Norden" (mit Bernd Jankowski und Harald Pistorius, 2005 zum NFV-Jubiläum). Nicht identisch mit dem Düsseldorfer Kabarettisten! Erstes HSV-Live-Erlebnis: das 4:1 gegen Burnley 1961. Webseite: www.j-r-pruess.de

Dank schulden wir allen Gesprächspartnern, Unterstützern und Kritikern, besonders: Rainer Adam, Harry Bähre, Jürgen Bertram, Alfred Boller, Dave Calvy, Michael Czeschka, Markus Eberwein, Eimsbütteler TV (Geschäftsstelle), Alois Eisenträger, Berthold Erb, Jan Feddersen, Hinnerk Fock, Rudolf Greifenberg, Hamburger Öffentliche Bücherhallen (Zentralbücherei), Hamburger Sport-Verein (Geschäftsstelle und Archiv), Rainer Hansen (Sportamt Hamburg), Fritz Hillemann (†), Karlheinz Höger, Hartmut Irle, Karl-Heinz Jens, Rudi Kargus, Ingeborg Kasper, Ralf Klee, Gerd Krall (†), Brigitte Krause, Frank Kreuzer, Peter Krohn, Gerhard Krug, Herbert Kühl, Walter Lang, Volker Lange, Lutz Mahlerwein, Dirk Mansen, Ulrich Matheja, Michael Matthies, Kerstin McGovern, Helmut Meinhardt, Andreas Meyer, Jochen Meinke, Werner Müller-Storm (†), Harald Nolte, Gunnar Persson, Heikki Pietarinen, Gisela Posipal, Inga Rabehl , Walter Rehmer, Michael Rehnke, Sepp Scherbauer (†), Günter Schlegel (†), Siegfried Schneider, Willi Schnurstein, Rudi Schönauer, Klaus Schwank, Mike Schwerz, Jan Siebert, Bibliothek des Sportinstituts der Universität Hamburg, Staatsarchiv Hamburg, Staatsbibliothek Carl von Ossietzky Hamburg, Yngvar Steen, Kaare M. Torgrimsen, Har Tortike, Broder-Jürgen Trede, Matty Verkammen, Hans Vinke, Jürgen Wähling, Dirk, Walter (†) und Wolf Warning, Martin Wilke, Günther Wolf, Simone Ziegler. Die Autoren danken Bernd Beyer vom Verlag Die Werkstatt für die Zusammenarbeit.